100% EXOS

Tle S

Physique Chimie

Spécifique & spécialité

Thierry Alhalel
Professeur agrégé à l'IUT de Blagnac

Jérôme Fréret
Professeur certifié au lycée Paul-Bert à Paris

Grégoire Garrido
Professeur certifié au lycée Cousteau de Saint-André-de-Cubzac

Alexis Lacroix

Hatier

Maquette de principe : Marie-Astrid Bailly-Maître
Mise en pages : Jouve
Schémas : Jouve
Édition : Jean-Marc Cheminée

 978-2-218-96269-1

Votre ouvrage 100 % exos

■ Conforme au nouveau programme de physique-chimie de T[le] S entré en vigueur à la rentrée 2012, ce « 100 % exos » vous propose une **méthode de travail** complète et un **entraînement intensif** sur mesure tout au long de l'année.

■ Pour chaque thème du programme, vous trouverez un **cours** structuré, les **savoir-faire** qu'il faut maîtriser, des **exercices** progressifs et leurs **corrigés** détaillés.

■ Assortis d'**indications de solution**, de **commentaires** et de **conseils** des auteurs, tous les exercices corrigés vous permettent :
- de **comprendre** les notions essentielles et de **maîtriser** le cours ;
- de **progresser** et de vous **entraîner** à votre rythme ;
- de vous **évaluer** et de **réussir** vos contrôles ;
- de viser la **mention** et l'entrée en classe **prépa**.

Sur le site www.annabac.com

■ L'achat de ce « 100 % exos » vous permet de bénéficier, pendant un an, d'un **ACCÈS GRATUIT** à toutes les ressources d'annabac.com en physique-chimie T[le] S.

■ Pour profiter de cette offre, rendez-vous sur **www.annabac.com**, dans la rubrique « Vous avez acheté un ouvrage Hatier ? »*

* La saisie d'un mot-clé du livre (lors de votre première visite) vous permettra de créer un compte personnel et d'utiliser librement le site pendant un an.

Sommaire

ENSEIGNEMENT SPÉCIFIQUE

Observer

Comprendre

Sommaire

15 Transmettre et stocker de l'information

ENSEIGNEMENT DE SPÉCIALITÉ

16 L'eau

17 Son et musique

18 Les matériaux

ANNEXES

Observer

1 Ondes et particules

Une onde correspond à la propagation d'une perturbation produisant sur son passage la variation d'une ou plusieurs propriétés physiques locales. Elle se déplace avec une vitesse qui dépend du milieu de propagation. Une onde transporte de l'**énergie** sans transporter de matière.
Pour visualiser ce qu'est une onde, on utilise souvent l'exemple d'une pierre que l'on laisse tomber dans une eau calme.

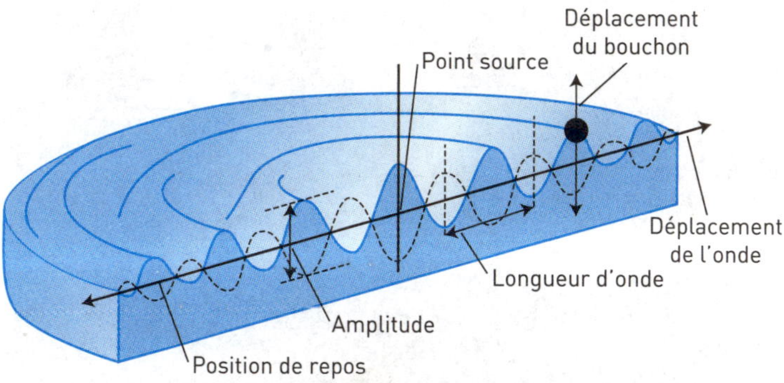

Onde à la surface de l'eau

Le paramètre physique local modifié au passage de l'onde dans cet exemple est la hauteur de la surface de l'eau. Si l'on place un bouchon à proximité, il se déplace verticalement, mais pas horizontalement. Son énergie potentielle est donc modifiée par le passage de l'onde, mais il ne se déplace pas dans le sens de propagation de l'onde. Si l'on remplaçait l'eau par un autre liquide, la vitesse de propagation de l'onde serait modifiée.

I ONDES DANS LA MATIÈRE

Dans la matière, certaines perturbations locales (augmentation de la pression, élévation du niveau de l'eau…) peuvent se propager de proche en proche sans transport de matière : ce sont des **ondes mécaniques**.

1. La houle

La houle est le mouvement ondulatoire de la surface de la mer, causé par le vent loin du point d'observation. On peut la détecter à l'aide de bouées houlographes ou de radars, et ainsi caractériser son amplitude (moitié de la hauteur des vagues) et sa longueur d'onde (distance entre deux crêtes ou deux creux successifs).

2. Les ondes sismiques

■ Lors d'un séisme, les déformations subies par la Terre à l'épicentre se propagent sous forme d'ondes de différents types.
On distingue essentiellement les ondes de volume (ondes primaires, ondes secondaires) rapides et capables de se déplacer à l'intérieur du globe, et les ondes de surface (ondes de Love, ondes de Rayleigh) plus lentes, mais d'amplitude généralement plus élevée.
Les ondes sismiques sont détectées à l'aide d'un sismomètre, appareil sensible aux mouvements du sol.

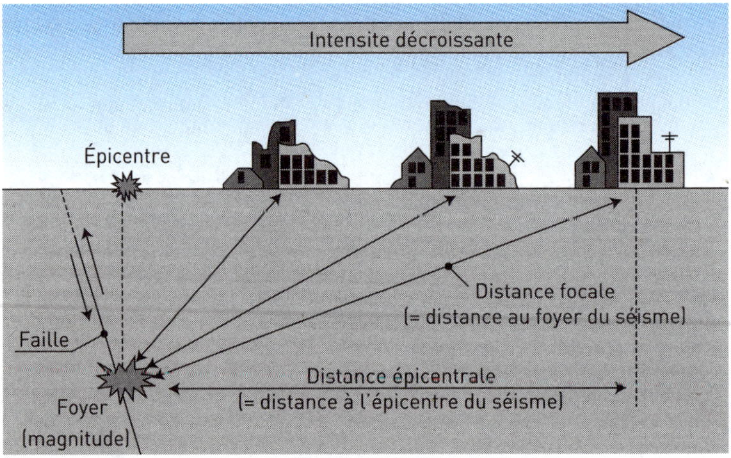

■ La **magnitude** ***M*** d'un séisme, grandeur liée à l'énergie mise en jeu à son épicentre, est donnée dans l'échelle de Richter par la formule :

$$M = \log A - \log A_0$$

où A désigne l'amplitude des ondes sismiques relevées et A_0 est une amplitude de référence pour laquelle la magnitude est égale à 0.

Voir le savoir-faire **1**.

3. Les ondes sonores

■ Les ondes sonores correspondent à la propagation dans un milieu matériel d'une variation de pression. Notre ouïe est capable de percevoir une partie de ces ondes sonores (celles dont la fréquence est comprise entre 20 Hz et 20 kHz). Les ondes sonores dont la fréquence est inférieure à 20 Hz sont appelées **infrasons**, et celles dont la fréquence est supérieure à 20 kHz sont appelées **ultrasons**.
■ Les micros sont des capteurs d'ondes sonores : ils transforment les variations de pression reçues par leur membrane en signal électrique.

■ On définit l'**intensité *I*** d'un son comme la puissance reçue par unité de surface à une distance donnée de la source. Elle s'exprime en watts par mètre carré.

■ Notre oreille ne réagit pas de façon linéaire à l'intensité du son qu'elle reçoit : pour rendre compte de la sensation perçue lors de l'audition d'un son d'intensité donnée, on a créé la notion de **niveau d'intensité sonore**, noté L, et qui s'exprime en décibels :

$$L = 10 \times \log\left(\frac{I}{I_0}\right)$$

où I est l'intensité du son étudié, et I_0 une intensité de référence qui correspond au seuil d'audibilité, $I_0 = 10^{-12}\ \text{W}\cdot\text{m}^{-2}$.

Voir le savoir-faire **2**.

II RAYONNEMENTS DANS L'UNIVERS

■ L'univers tout entier est en permanence parcouru par une multitude de rayonnements, dont nos organes sensoriels, et en particulier notre œil, ne peuvent observer qu'une infime partie. Ces rayonnements sont constitués de différentes particules (protons, noyaux d'hélium, photons, neutrinos…).

Les rayonnements engendrés par un flux de photons sont caractérisés par la propagation d'une perturbation électrique et magnétique, et sont capables de traverser le vide spatial sur des distances inouïes à la vitesse de la lumière : on les appelle **rayonnements électromagnétiques**.

Ces rayonnements peuvent être, selon les cas, décris comme des ondes ou comme un flot de particules.

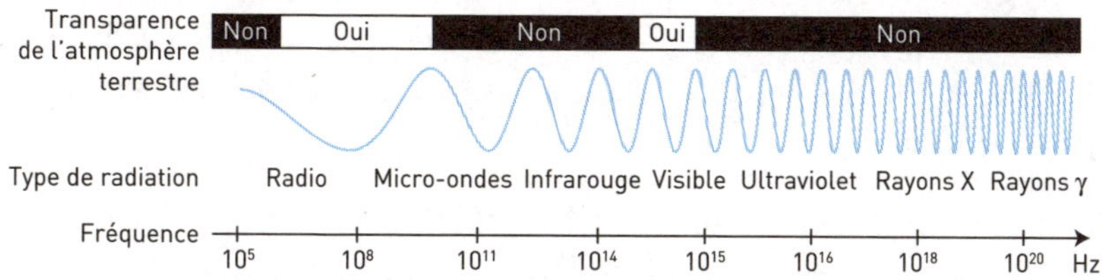

Spectre en fréquence des ondes électromagnétiques

■ Les rayonnements infrarouges et radios peuvent provoquer un échauffement du corps humain en le traversant ; mais en dehors du rayonnement visible, capté par nos yeux et analysé par notre cerveau, on ne peut prendre précisément conscience de l'existence d'un rayonnement qu'à l'aide de détecteurs.

Le premier détecteur de particules est la chambre à brouillard, inventée par Charles Thomson Rees Wilson en 1912 : une chambre fermée est saturée de vapeur, de telle sorte que dès qu'une particule ionisante (proton, électron…) la traverse, la particule laisse derrière elle une traînée de gouttelettes de condensation donnant des informations sur sa trajectoire ainsi que sa nature.

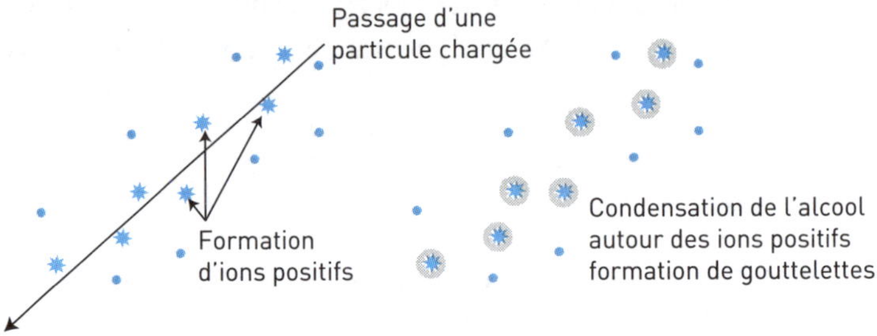

Formation de traces dans une chambre de Wilson

1. Rayonnement visible

■ L'astronomie a longtemps consisté en l'observation des seuls rayonnements visibles par l'œil humain. D'abord à l'œil nu, bientôt épaulé par des instruments optiques (lunette, télescope) ; puis l'œil a été remplacé par des capteurs photographiques, plus sensibles et offrant un meilleur pouvoir de résolution.
L'astronomie de la lumière visible, ou astronomie optique, permet d'observer depuis la Terre de nombreux corps célestes, soit parce qu'ils émettent suffisamment de rayonnements visibles (étoiles, quasars…), soit parce qu'ils les réfléchissent (planètes, comètes…).

■ En l'absence de nuages, l'atmosphère terrestre n'absorbe quasiment pas la lumière visible, ce qui permet de pratiquer l'astronomie optique depuis le sol. Le caractère inhomogène de l'atmosphère altère tout de même les rayonnements qui la traversent : c'est pourquoi les observations les plus précises sont effectuées soit par des télescopes corrigeant les déformations dues à l'atmosphère (optique adaptative) et situés dans des régions du monde très peu polluées (Very Large Télescope au Chili), soit par des télescopes situés à l'extérieur de l'atmosphère terrestre (Hubble).

2. Rayonnement ultraviolet et infrarouge

Les corps célestes les plus froids émettent beaucoup de rayonnements infrarouges, tandis que les plus chauds émettent surtout dans l'ultraviolet. On utilisera donc des capteurs sensibles à l'une ou l'autre de ces gammes de fréquences en fonction de la source étudiée.
Le principe des capteurs utilisés est le même qu'en lumière visible, mais les infrarouges et ultraviolets étant absorbés par l'atmosphère terrestre, on ne pourra les étudier que depuis la haute atmosphère ou l'espace.

3. Autres rayonnements

■ Rayonnement radio

De nombreux corps célestes, comme les supernovae ou les pulsars, émettent des ondes radio. On les détecte depuis la surface terrestre non pas à l'aide de capteurs optiques mais avec d'énormes antennes.

■ Rayonnement X

Certains corps compacts de l'espace (étoiles à neutrons, trous noirs…) produisent des rayonnements X. Comme ils sont absorbés par notre atmosphère, ils sont étudiés, à l'aide de capteurs spécifiques, depuis l'espace.

■ Rayonnement γ

Étant les plus énergétiques, les rayonnements γ sont produits par les phénomènes les plus violents de l'univers (éruptions solaires, supernovae, pulsars, trous noirs…). Ils sont eux aussi captés essentiellement hors de l'atmosphère terrestre grâce à des capteurs semblables à ceux utilisés pour les rayons X.

SAVOIR-FAIRE

Il est utile de rappeler quelques propriétés mathématiques des logarithmes décimaux :

- $\log(A \times B) = \log A + \log B$;
- $\log \frac{A}{B} = \log A - \log B$;
- $10^{\log X} = X$;
- si $\log X = Y$ alors $X = 10^Y$.

1. Déterminer la magnitude d'un séisme à l'aide de l'échelle de Richter

La magnitude M d'un séisme nous est fournie dans l'échelle de Richter par la formule :

$$M = \log A - \log A_0$$

où A désigne l'amplitude des ondes sismiques relevées et A_0 est une amplitude de référence pour laquelle la magnitude est égale à 0.

EXEMPLE : Déterminer la magnitude d'un séisme dont l'amplitude mesurée est $A = 4 \times 10^7 A_0$.

Dans l'échelle de Richter, la magnitude est donnée par la relation $M = \log A - \log A_0$ soit :

$$M = \log(4 \times 10^7 A_0) - \log A_0 = \log\left(\frac{4 \times 10^7 \times A_0}{A_0}\right) = \log(4 \times 10^7) = 7{,}6.$$

Le séisme étudié à donc une magnitude de 7,6 sur l'échelle de Richter.

L'échelle de magnitude est une échelle ouverte, c'est-à-dire qu'elle n'a théoriquement pas de limite maximale. Cela dit, on n'a jamais observé de séisme sur Terre d'une magnitude supérieure à 9,5.

2. Utiliser la relation liant le niveau d'intensité sonore à l'intensité sonore

On rappelle la relation liant le niveau d'intensité sonore L à l'intensité sonore I : $L = 10 \times \log\left(\frac{I}{I_0}\right)$, où I est l'intensité du son étudié et I_0 une intensité de référence qui correspond au seuil d'audibilité $\left(I_0 = 10^{-12}\ \text{W} \cdot \text{m}^{-2}\right)$.

EXEMPLE : En un point d'une salle, un haut-parleur produit un son d'intensité sonore égale à $I_1 = 10^{-3}\ \text{W} \cdot \text{m}^{-2}$.

1. Calculer le niveau d'intensité sonore en ce point.

$$L = 10 \times \log\left(\frac{I_1}{I_0}\right) = 10 \times \log\left(\frac{10^{-3}}{10^{-12}}\right) = 90 \text{ dB}.$$

2. On ajoute un deuxième haut-parleur identique à proximité du premier. Quelle est la nouvelle valeur du niveau d'intensité sonore au même point ?

L'intensité due à deux sources sonores situées au même endroit est égale à la somme de leurs intensités :

$$I = I_1 + I_1 = 2 \times 10^{-3} \text{ W} \cdot \text{m}^{-2}.$$

Donc $L = 10 \times \log\left(\frac{I}{I_0}\right) = 10 \times \log\left(\frac{2 \times 10^{-3}}{10^{-12}}\right) = 93 \text{ dB}.$

Lorsque l'intensité sonore est multipliée par 2, le niveau d'intensité sonore augmente de 3 dB.

3. On souhaite obtenir en un point de la salle un niveau d'intensité sonore $L = 100$ dB. Quelle devra être l'intensité sonore en ce point ?

$$L = 10 \times \log\left(\frac{I}{I_0}\right), \quad \text{donc} \quad \frac{L}{10} = \log\left(\frac{I}{I_0}\right).$$

Pour s'affranchir du logarithme, nous allons prendre la puissance de 10 de chaque terme de cette égalité :

$$10^{\frac{L}{10}} = 10^{\log\left(\frac{I}{I_0}\right)}, \quad \text{soit} \quad \frac{I}{I_0} = 10^{\frac{L}{10}}, \quad \text{donc} \quad I = I_0 \times 10^{\frac{L}{10}}.$$

On calcule : $I = 10^{-12} \times 10^{\frac{100}{10}} = 10^{-2} \text{ W} \cdot \text{m}^{-2}.$

EXERCICES

EXERCICES D'APPLICATION

1 IDENTIFIER DES ONDES | ★ | 5 min | ▸ P. 25

Identifier à quel type d'onde appartient chacun des exemples suivants (électromagnétiques ou mécaniques), en précisant le domaine lorsqu'il s'agit d'ondes électromagnétiques (radio, infrarouge, ultraviolet...).

a. Onde captée grâce à une antenne $\left(f = 87{,}9 \text{ MHz}\right)$.

b. Onde relevée à l'aide d'un sismographe $(f = 6 \text{ Hz})$.

c. Onde captée par un caméscope $\left(f = 5{,}8 \times 10^{14} \text{ Hz}\right)$.

d. Note *la* émise par un diapason $(f = 440 \text{ Hz})$.

e. Ondes perçues par des lunettes de vision nocturne :

$$\left(2 \times 10^{13} \text{ Hz} < f < 4 \times 10^{13} \text{ Hz}\right).$$

f. Ondes traversant le corps d'un patient lors d'un examen radiologique $\left(f = 3 \times 10^{5} \text{ THz}\right)$.

g. Ondes captées par un dauphin $(f = 150 \text{ kHz})$.

Voir le spectre en fréquence des ondes électromagnétiques du cours.

2 ÉCHELLE DE RICHTER | ★ | 10 min | ▸ P. 25

1. On a mesuré l'amplitude d'un séisme : $A = 3{,}3 \times 10^{3} A_0$. Calculer la magnitude de ce séisme sur l'échelle de Richter.

2. La magnitude d'un séisme est 5. Déterminer le rapport $\dfrac{A}{A_0}$ de son amplitude à l'amplitude de référence.

3. À quelle variation d'amplitude correspond une variation de magnitude de 1 sur l'échelle de Richter ?

Voir le savoir-faire **1**.

3 CALCUL D'INTENSITÉ SONORE | ★ | 10 min | ▸ P. 25

1. Quel est le niveau d'intensité sonore d'un son dont l'intensité est :

$$I = 10^{-12} \text{ W} \cdot \text{m}^{-2}$$

correspondant au seuil d'audibilité ?

2. Quelle est l'intensité d'un son dont le niveau d'intensité est de 130 dB (seuil de la douleur) ?

3. Quelle est l'intensité d'un son dont le niveau d'intensité est de 120 dB ?

4. Depuis un décret de 1998, le niveau sonore est strictement limité dans les lieux accueillant du public à 105 dB en moyenne, avec des crêtes ne pouvant excéder les 120 dB.
On relève lors d'un concert une intensité moyenne de $10^{-12}\,\mathrm{W \cdot m^{-2}}$ avec des crêtes allant jusqu'à $5\,\mathrm{W \cdot m^{-2}}$. L'organisateur de ce concert respecte-t-il la législation en vigueur ?

Voir le savoir-faire **2**.

EXERCICES D'ENTRAÎNEMENT

4 ABSORPTION PAR L'ATMOSPHÈRE | ★ | 10 min | ▸ P. 26

Chacun des gaz constituant l'atmosphère absorbe les rayonnements dans des longueurs d'onde particulières délimitant ainsi de nombreuses bandes d'absorption.

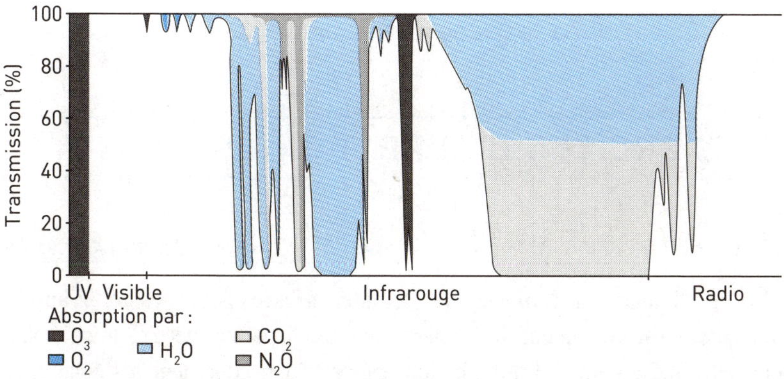

Absorption des ondes électromagnétiques par l'atmosphère

1. Quel domaine du rayonnement électromagnétique est complétement absorbé par l'atmosphère ? Quel gaz est responsable de cette absorption ?
2. Quels sont les deux principaux gaz qui absorbent les rayonnements dans l'infrarouge ?
3. Quels sont les domaines de rayonnement que l'on peut étudier correctement depuis la Terre ? Justifier.

5 CHANT CHORAL

★★ | 10 min | ▸ P. 26

Au centre d'une salle de concert, l'intensité sonore produite par un chanteur de chorale se produisant sur scène est $I = 2 \times 10^{-6}$ W · m^{-2}.

1. Quel est le niveau sonore L perçu au centre de la salle ?

2. Quel niveau sonore L' sera perçu au même endroit lorsque les 30 membres de la chorale chanterons en chœur ? (On admettra que tous les chanteurs chantent avec la même intensité sonore, et que la chorale est suffisamment compacte pour être considérée comme une seule et même source.)

6 NUISANCE SONORE

★★★ | 15 min | ▸ P. 26

Une personne habitant à 10 mètres d'une voie ferrée perçoit une intensité acoustique $I = 10^{-4}$ W · m^{-2}. Elle souhaiterait que le niveau sonore perçu diminue d'au moins 25 %.

1. Calculer l'intensité sonore I' que cette personne juge « acceptable ».

2. Sachant que l'intensité acoustique varie comme l'inverse du carré de la distance d entre la source du son et le récepteur, exprimer la relation entre l'intensité acoustique et la distance émetteur/récepteur.

3. En déduire la distance à laquelle cette personne devra déménager ?

EXERCICES D'APPROFONDISSEMENT

7 LUXMÈTRE

★★ | 15 min | ▸ P. 26

Le lux et le lumen sont deux unités différentes utilisées pour mesurer la lumière. Un luxmètre est un capteur de lumière visible qui permet de mesurer l'éclairement, exprimé en lux : 1 lux (lx) correspond historiquement à l'éclairement provoqué par une bougie à 1 mètre de celle-ci. 1 lux correspond en fait à un flux lumineux de 1 lumen (lm) par mètre carré.

Un luxmètre placé à 2,00 m d'une lampe indique un éclairement $E = 300$ lx. La cellule du luxmètre a une surface de 10 cm^2.

1. Calculer le flux lumineux reçu par la cellule du luxmètre.

2. Calculer le flux lumineux total émis par la lampe en supposant qu'il est le même dans toutes les directions de l'espace. (On rappelle que la surface d'une sphère de rayon r est donnée par la relation : $S = 4\pi r^2$.)

3. Nous considérerons que, lorsque l'on s'éloigne de la lampe, le flux total qu'elle émet se conserve mais se répartit sur une sphère de plus en plus grande. Quel éclairement indiquerait le luxmètre si on plaçait la cellule à 4,00 m de la lampe ?

8 TURBULENCES ATMOSPHÉRIQUES

★★ | 15 min | ▸ P. 27

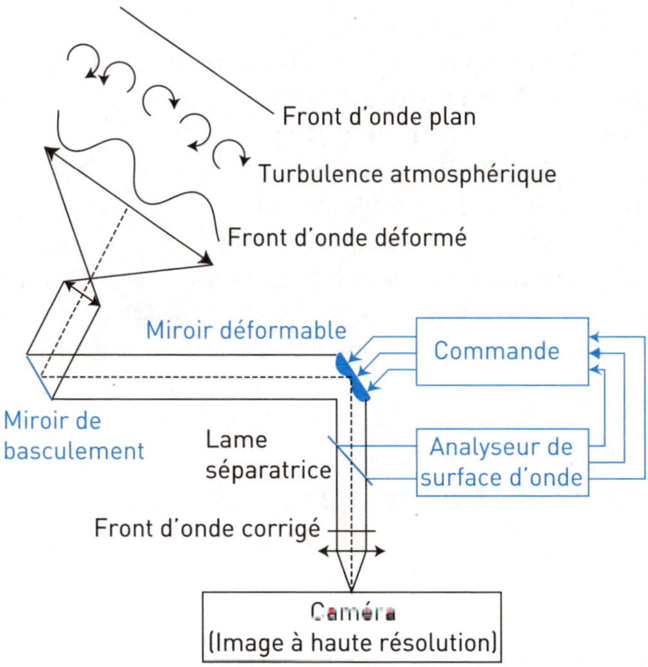

Depuis près de quatre siècles, tous les instruments mis au point pour scruter l'univers souffrent du même mal : la turbulence atmosphérique brouille leur vue. C'est comme lorsque l'on observe un coucher de soleil sur l'eau d'un étang : si la surface de l'eau est parfaitement plane, l'image est excellente, mais dès que l'eau est agitée, l'image se trouble et le soleil n'est plus alors qu'un vague halo lumineux.

Pour s'affranchir des effets néfastes de l'atmosphère, on construit systématiquement les observatoires sur des montagnes soigneusement sélectionnées, où l'air est plus stable et plus transparent qu'en plaine. Peine partiellement perdue, puisqu'au sommet du mont Paranal au Chili, le *Very Large Telescope,* avec un miroir de 8 m de diamètre sans dispositif correcteur, permet seulement d'atteindre, dans le domaine du visible, la résolution théorique correspondant à un télescope de 45 cm ! Apparue dès 1946, l'idée d'installer des télescopes en orbite terrestre, donc au-delà de l'atmosphère, aboutit en 1990 avec le télescope spatial Hubble, lorsque les possibilités techniques qu'elle demandait furent disponibles.

L'optique adaptative restitue à un télescope au sol son pouvoir séparateur, c'est-à-dire son acuité visuelle. Avec le système d'optique adaptative NAOS, mis en service fin 2001, le VLT a une résolution augmentée d'un facteur trois par rapport à celle du télescope spatial Hubble. Avec NAOS, les astronomes atteignent le pouvoir de résolution théorique du télescope dans l'infrarouge. Ils espèrent même, dans des conditions favorables, pouvoir atteindre cette ultime limite dans le visible. Ce regain d'acuité s'accompagne automatiquement d'un regain de sensibilité, du seul fait de la meilleure et constante focalisation de l'image.

« Le projet d'optique adaptative Naos », www.onera.fr/conferences/naos

L'**optique adaptative** est une technique qui permet de corriger en temps réel les déformations d'un front d'onde grâce à un miroir déformable.

1. En dehors de l'absorption par l'atmosphère de certains domaines d'ondes électromagnétiques **(voir l'exercice 4)**, quel autre phénomène limite l'observation de l'univers depuis la surface de la Terre ?
2. Quels sont les deux moyens permettant de s'affranchir de ce phénomène ?
3. Le pouvoir de résolution mesure le plus petit angle séparant deux points que l'on parvient à voir comme distincts l'un de l'autre : plus cet angle est petit et meilleure est la résolution d'un instrument d'optique. Sachant que le pouvoir de résolution du télescope Hubble est de $2{,}43 \times 10^{-7}$ rad, déterminer la plus petite distance séparant deux points à la surface de la Lune vus comme distincts par le VLT.

Données

- Pour des angles θ petits, on a $\tan\theta \approx \theta$.
- Distance Terre/Lune : $d_{T/L} = 384\,000$ km.

CONTRÔLE

9 SÉISME DE 2011 AU JAPON | ★★ | 20 min | ▸ P. 28

1. Le 11 mars 2011, le nord du Japon a subit un terrible séisme, de magnitude 9,0 sur l'échelle de Richter.
Exprimer l'amplitude A de ce séisme en fonction de l'amplitude de référence A_0.

Voir le savoir-faire 1.

2. Dans les jours suivant le séisme, des centaines de répliques se sont produites, dont certaines atteignant une magnitude $M' = 6,9$ sur l'échelle de Richter. Déterminer le rapport $\frac{A}{A'}$ entre l'amplitude du séisme et celle de ses répliques les plus fortes.

3. Le séisme le plus intense jamais mesuré sur Terre, survenu au Chili en 1960, avait une magnitude de 9,5. Comparer l'amplitude M'' de ce séisme à celui du Japon.

4. Voici le schéma, ci-contre, d'un système d'alerte au tsunami, qui se déclenche en cas de détection d'un séisme sous-marin suivi d'une houle « anormale ».

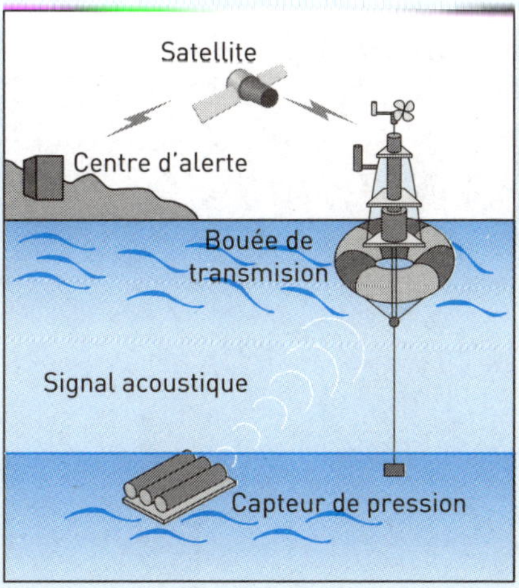

La distance qui sépare le détecteur de tsunami de la bouée est d'environ 5 000 m, et le satellite qui assure la liaison entre la bouée et le centre d'alerte à terre est à environ 35 000 km d'altitude.
Sachant que l'épicentre du séisme de 2011 se trouvait à 130 km de la ville de Sendai sur la côte japonaise, et que le tsunami se déplaçait en moyenne à la vitesse de 800 km/h, de combien de temps disposaient les autorités pour organiser l'évacuation de la population ?

Données
- Vitesse du son dans l'eau : $v_{eau} = 1,5 \times 10^3\ \text{m} \cdot \text{s}^{-1}$.
- Vitesse de la lumière : $c = 3,0 \times 10^8\ \text{m} \cdot \text{s}^{-1}$.

10 SONS

★★ | 15 min | ▸ P. 29

Dans cet exercice, nous négligerons l'absorption des ondes sonores par l'air. On place un micro relié à un sonomètre en un point A situé à une distance $d_A = 10$ m d'un haut-parleur. Le niveau sonore est $L_A = 83$ dB.

1. Calculer l'intensité sonore en A.

2. On rappelle que l'intensité sonore I est inversement proportionnelle au carré de la distance d entre la source et le récepteur. Donner la relation algébrique liant la distance source-récepteur à l'intensité sonore.

3. En déduire l'intensité sonore en un point B situé à 20 m du haut-parleur.

4. On place un sonomètre en un point C. Le niveau sonore est alors $L_C = 60$ dB. À quelle distance du haut-parleur se trouve le point C ?

5. À quelle distance d_0 du haut-parleur devrait-on se placer pour ne plus l'entendre ? Votre résultat parait-il réaliste ? Expliquer.

6. Combien de haut-parleurs identiques faudrait-il utiliser pour obtenir un niveau sonore de 89 dB en A ?

Donnée. $I_0 = 10^{-12}$ W · m^{-2}.

CORRIGÉS

1 a. Onde électromagnétique (domaine des fréquences radio).

b. Onde mécanique (onde sismique).

c. Onde électromagnétique (domaine visible).

d. Onde mécanique (onde sonore).

e. Ondes électromagnétiques (domaine infrarouge).

f. Ondes électromagnétiques (domaine des rayons X).

g. Ondes mécaniques (ultrasons).

2 1. $M = \log A - \log A_0 = \log \frac{A}{A_0} = \log \frac{3{,}3 \times 10^3 A_0}{A_0} = 3{,}5.$

La magnitude de ce séisme sur l'échelle de Richter est de 3,5.

2. $M = \log A - \log A_0 = \log \frac{A}{A_0} = 5.$

Donc $\frac{A}{A_0} = 10^5$.

3. Soient A_1 et A_2 les amplitudes respectives de deux séismes dont la différence de magnitude vaut 1 :

$$\Delta M = (\log A_1 - \log A_0) - (\log A_2 - \log A_0) = (\log A_1 - \log A_2) = \log \frac{A_1}{A_2} = 1.$$

Donc $\frac{A_1}{A_2} = 10^1 = 10$.

Lorsque la magnitude augmente de 1 sur l'échelle de Richter, l'amplitude du séisme est multipliée par 10.

Rappels :

- $\log \frac{A}{B} = \log A - \log B$.
- $10^{\log X} = X$.

3 1. $L = 10 \times \log\left(\frac{I}{I_0}\right) = 10 \times \log \frac{10^{-12}}{10^{-12}} = 0$ dB.

2. $10 \times \log\left(\frac{I}{I_0}\right) = 130$, donc $\log\left(\frac{I}{I_0}\right) = 13$, soit $\log I = 13 + \log I_0$, et :

$$I = 10^{13+\log 10^{-12}} = 10^1 = 10 \text{ W} \cdot \text{m}^{-2}.$$

3. $10 \times \log\left(\frac{I}{I_0}\right) = 120$, donc $\log\left(\frac{I}{I_0}\right) = 12$, soit $\log I = 12 + \log I_0$, d'où :

$$I = 10^{12+\log 10^{-12}} = 10^0 = 1 \text{ W} \cdot \text{m}^{-2}.$$

4. Calculons les niveaux d'intensité sonore correspondant aux intensités relevées :

$$L_{\text{moyen}} = 10 \times \log\left(\frac{I_{\text{moyen}}}{I_0}\right) = 10 \times \log\left(\frac{10^{-2}}{10^{-12}}\right) = 100 \text{ dB}$$

$$L_{\text{crête}} = 10 \times \log\left(\frac{I_{\text{crête}}}{I_0}\right) = 10 \times \log\left(\frac{50}{10^{-12}}\right) = 127 \text{ dB.}$$

Le niveau sonore moyen est bien respecté, mais le niveau sonore maximum est audessus des limites réglementaires et risque d'entraîner des dommages irréversibles sur l'appareil auditif des spectateurs.

4 **1.** Le domaine ultraviolet est totalement absorbé par l'ozone (O_3) de l'atmosphère.
2. Les rayonnements infrarouges sont massivement absorbés par la vapeur d'eau (H_2O) et le dioxyde de carbone (CO_2) contenus dans l'atmosphère terrestre.
3. Le domaine visible et les ondes radio ne sont quasiment pas absorbés par l'atmosphère : on peut donc les étudier depuis la Terre.

5 **1.** $L = 10 \times \log\left(\frac{I}{I_0}\right) = 10 \times \log\left(\frac{2 \times 10^{-6}}{10^{-12}}\right) \approx 63 \text{ dB.}$

2. La source étant considérée comme unique, on additionne les intensités :

$$I_{\text{totale}} = 30 \times I = 60 \times 10^{-6} \text{ W} \cdot \text{m}^{-2}.$$

Donc $L' = 10 \times \log\left(\frac{I_{\text{totale}}}{I_0}\right) = 10 \times \log\left(\frac{60 \times 10^{-6}}{10^{-12}}\right) \approx 78 \text{ dB.}$

6 **1.** Soit L' le niveau maximum d'intensité sonore que l'habitant souhaite percevoir :

$$L' = \frac{75 \times L}{100} = \frac{3 \times L}{4}.$$

Donc :

$$10 \times \log\left(\frac{I'}{I_0}\right) = 10 \times \frac{3}{4} \times \log\left(\frac{I}{I_0}\right)$$

$$\frac{I'}{I_0} = 10^{\left(\frac{3}{4} \times \log\left(\frac{I}{I_0}\right)\right)}$$

$$I' = I_0 \times 10^6 = 10^{-6} \text{ W} \cdot \text{m}^{-2}.$$

2. Comme l'intensité sonore est inversement proportionnelle à la distance de la source, on a :

$$I = \frac{k}{d^2}, \text{ avec } k \text{ une constante.}$$

3. $I = \frac{k}{d^2}$ et $I' = \frac{k}{d'^2}$ donc :

$$\frac{I'}{I} = \frac{d^2}{d'^2}, \quad \text{soit} \quad d'^2 = \frac{d^2 \times I}{I'}.$$

$$d' = \sqrt{\frac{d^2 \times I}{I'}} = \sqrt{\frac{10^2 \times 10^{-4}}{10^{-6}}} = 100 \text{ m.}$$

Il faudra donc déménager à au moins 100 mètres de la voie ferrée pour obtenir les conditions souhaitées.

Rappel : $10^{\log X} = X$.

7 **1.** L'éclairement mesuré par le luxmètre indique un flux lumineux de 300 lux donc de 300 lumens pour une surface d'un mètre carré. La cellule ayant une surface de 10 cm^2, le flux lumineux qu'elle reçoit est :

$$F_{\text{cellule}} = 300 \times 10 \times 10^{-4} = 0{,}3 \text{ lm}.$$

Rappel : $1\text{cm}^2 = 1\text{cm} \times 1\text{cm} = 10^{-2}\text{ m} \times 10^{-2}\text{ m} = 10^{-4}\text{ m}^2$.

2. Considérons la sphère centrée sur la lampe et de rayon 2 m. Sa surface est :

$$S = 4\pi r^2 = 4\pi \times (2{,}00)^2 = 50{,}3 \text{ m}^2.$$

Le flux lumineux total émis par la lampe est donc :

$$F_{\text{total}} = 50{,}3 \times 300 = 15\,090 \text{ lm}.$$

3. À une distance de 4,00 m de la lampe, le flux lumineux émis par la lampe est réparti sur une surface $S' = 4\pi(2r)^2 = 4S$.

Le flux reçu par unité de surface, qui correspond à l'éclairement, est donc 4 fois moins grand que lorsque l'on se trouve à 2,00 m de la lampe. L'éclairement est donc :

$$E = \frac{300}{4} = 75 \text{ lx}.$$

8 **1.** Les turbulences de l'atmosphère, dues à son inhomogénéité, altèrent les ondes qui la traversent, limitant la résolution des appareils d'observation terrestres.

2. On peut s'affranchir de ce phénomène en plaçant les instruments d'observation en dehors de l'atmosphère terrestre, ou en utilisant des miroirs déformables qui s'adaptent en temps réel aux turbulences de l'atmosphère : c'est l'optique adaptative.

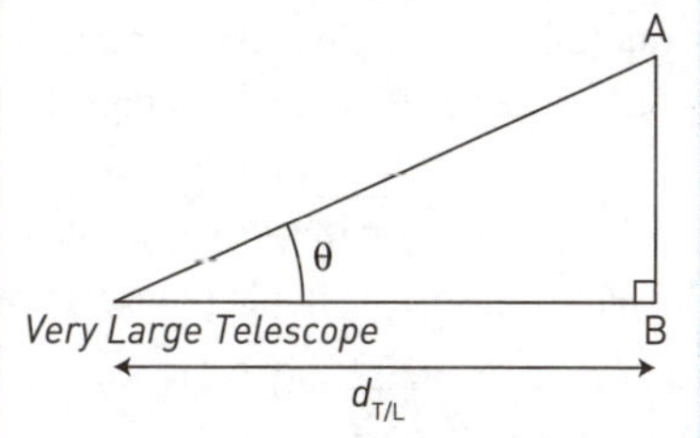

3. Soient A et B deux points situés sur la Lune et espacés de la distance minimale pour être considérés comme distincts lorsqu'ils sont observés depuis le VLT.

Le pouvoir de résolution du VLT est trois fois meilleur que celui de Hubble, ce qui signifie que la valeur de θ est trois fois plus petite pour le VLT que pour Hubble (plus θ est faible et meilleure est la résolution du télescope).

$$\theta_{\text{VLT}} = \frac{\theta_{\text{Hubble}}}{3} = \frac{2{,}43 \times 10^{-7}}{3} = 8{,}10 \times 10^{-8} \text{ rad}.$$

Or, $\tan\theta_{\text{VLT}} \approx \theta_{\text{VLT}} = \dfrac{\text{AB}}{d_{\text{T/L}}}$, donc :

$$\text{AB} = d_{\text{T/L}} \times \theta_{\text{VLT}} = 3{,}84 \times 10^{8} \times 8{,}10 \times 10^{-8} = 31{,}1\ \text{m}.$$

Le VLT, équipé du système d'optique adaptative NAOS, est donc capable de distinguer deux points éloignés d'au moins 31,1 m sur la surface de la Lune.

9 1. $M = \log A - \log A_0 = \log \dfrac{A}{A_0} = 9{,}0.$

Donc $\dfrac{A}{A_0} = 10^{9}.$

2. $M' = \log A' - \log A_0 = \log \dfrac{A'}{A_0} = 6{,}9.$

Donc $\dfrac{A'}{A_0} = 10^{6{,}9}$ et $\dfrac{A}{A'} = \dfrac{10^{9}}{10^{6{,}9}} = 10^{2{,}1} \approx 126.$

L'amplitude du séisme est 126 fois plus intense que celle de ses répliques les plus fortes.

3. $M'' = \log A'' - \log A_0 = \log \dfrac{A''}{A_0} = 9{,}5.$

Donc $\dfrac{A''}{A_0} = 10^{9{,}5}$ $\dfrac{A''}{A} = \dfrac{10^{9{,}5}}{10^{9{,}0}} = 10^{0{,}5} \approx 3{,}2.$

Le tremblement de terre du Chili était donc environ 3,2 fois plus intense que celui survenu au Japon.

4. Une fois le tsunami détecté, l'information va transiter sous forme d'onde sonore jusqu'à la bouée, puis sous forme d'onde électromagnétique jusqu'au satellite puis jusqu'au centre d'alerte. Le temps de parcours de cette information est donc :

$$t = \frac{\text{distance parcourue}}{\text{vitesse de propagation}} = \frac{5\,000}{1{,}5 \times 10^{3}} + \frac{2 \times 3{,}500 \times 10^{7}}{3{,}0 \times 10^{8}} \approx 3{,}6\ \text{s}.$$

Le temps mis par la houle pour parvenir aux côtes les plus proches est :

$$t' = \frac{130}{800} = 0{,}1\,625\ \text{h} = 585\ \text{s} \quad \text{soit 9 minutes et 45 secondes.}$$

Bien que l'alerte ait pu être transmise au centre d'alerte en quelques secondes, les autorités locales ont disposé de moins de 10 minutes pour informer les habitants, ce qui explique en partie le grand nombre de victimes dans la région de Sendai.

Rappels :

- $\log \dfrac{A}{B} = \log A - \log B.$
- $10^{\log X} = X.$

10 **1.** $10 \times \log\left(\frac{I_A}{I_0}\right) = 83$ dB.

Donc $\log\left(\frac{I_A}{I_0}\right) = 8{,}3$, soit $\log I_A = 8{,}3 + \log I_0$.

$$I_A = 10^{8{,}3+\log 10^{-12}} = 10^{-3{,}7} \approx 2{,}0 \times 10^{-4}\ \text{W} \cdot \text{m}^{-2}.$$

2. $I = \frac{k}{d^2}$ avec k une constante et d la distance émetteur-récepteur.

Voir l'exercice 6.

3. $I_A = \frac{k}{{d_A}^2}$ et $I_B = \frac{k}{{d_B}^2}$ donc $\frac{I_B}{I_A} = \frac{{d_A}^2}{{d_B}^2} = \frac{100}{400} = \frac{1}{4}$.

$$I_B = \frac{I_A}{4} = 5{,}0 \times 10^{-5}\,\text{W} \cdot \text{m}^{-2}.$$

4. $10 \times \log\left(\frac{I_C}{I_0}\right) = 60$ dB, donc :

$$I_C = 10^{6{,}0+\log 10^{-12}} = 10^{-6}\ \text{W} \cdot \text{m}^{-2}.$$

Or $\frac{I_C}{I_A} = \frac{{d_A}^2}{{d_C}^2}$, soit $d_C = \sqrt{\frac{{d_A}^2 \times I_A}{I_C}} \approx 1{,}4 \times 10^2$ m.

Le point C se trouve à environ 140 mètres du haut-parleur.

5. Pour que le son du haut-parleur ne soit plus perceptible, il faudrait que l'intensité sonore soit égale à I_0.

En effet, $L_0 = 10 \times \log\left(\frac{I_0}{I_0}\right) = 0$ dB.

Donc, d'après la question **4.**, on a $d_0 = \sqrt{\frac{{d_A}^2 \times I_A}{I_0}} = 1{,}4 \times 10^5$ m.

Il faudrait donc théoriquement se trouver à environ 140 km du haut-parleur pour ne plus l'entendre : il paraît évident qu'on n'entendra plus le haut-parleur bien avant d'atteindre une telle distance !

Cela s'explique par l'approximation faite dans l'exercice de ne pas tenir compte de l'absorption (très importante) des sons par l'air.

6. Soit L'_A le niveau sonore que l'on souhaite obtenir en A et n le nombre de haut-parleurs identiques nécessaires :

$$L'_A = L_A + 6$$

$$10 \times \log\left(\frac{n \times I_A}{I_0}\right) = 10 \times \log\left(\frac{I_A}{I_0}\right) + 10 \times \log 10^{0,6}$$

$$\frac{n \times I_A}{I_0} = \frac{I_A}{I_0} \times 10^{0,6}$$

$$n = 10^{0,6} \approx 4.$$

Il faudra donc 4 haut-parleurs identiques pour produire un niveau sonore de 89 dB.

Rappels :

- $\log(A \times B) = \log A + \log B$.
- $\log \frac{A}{B} = \log A - \log B$.
- $10^{\log X} = X$.
- Si $\log X = Y$, alors $X = 10^Y$.

2 Caractéristiques et propriétés des ondes

Une onde progressive est une perturbation qui se déplace dans l'espace sans déplacement de matière (voir chapitre 1). Ce déplacement peut se produire dans un espace à une dimension (*exemple* : onde le long d'une corde secouée), à deux dimensions (*exemple* : vagues à la surface d'un plan d'eau), ou à 3 dimensions (*exemples* : ondes sonores dans l'air, ondes électromagnétiques dans le vide). Dans un but de simplification, nous nous ramènerons toujours au cas d'une onde progressive à une dimension.

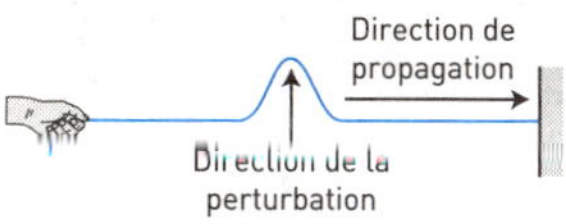

Ondes 1D

Onde 2D

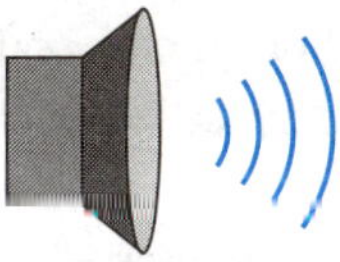

Onde 3D

Dans certains cas, lorsque deux ondes progressives se déplaçant en sens contraire se superposent, on peut observer une onde dite stationnaire.

I PROPAGATION D'UNE ONDE PROGRESSIVE À UNE DIMENSION

1. Amplitude

L'amplitude représente l'ampleur de la perturbation infligée par l'onde sur son milieu de propagation. Elle est mesurée par la différence entre la valeur maximale et la valeur médiane.

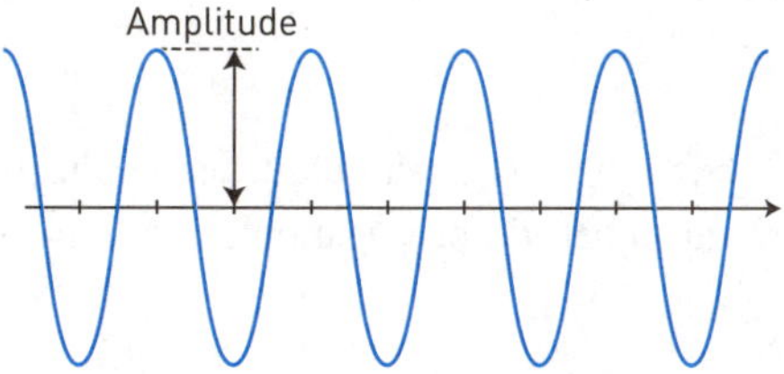

2. Célérité

■ On appelle célérité v de l'onde la vitesse de propagation de l'onde. C'est le rapport entre la distance d parcourue par l'onde et la durée Δt du parcours :

$v = \frac{d}{\Delta t}$	v en $m \cdot s^{-1}$ d en m Δt en s

On préfère le mot célérité au mot vitesse auquel est associé la notion de déplacement de matière.

■ La célérité de l'onde est une propriété du milieu de propagation et ne dépend pas de la façon dont l'onde a été créée. Par exemple, la célérité du son dans l'air dépend de la température de l'air.

3. Retard

Lorsqu'une onde progressive de célérité v se déplace sans amortissement, la perturbation qu'elle provoque en un point M′ est la même que celle observée en M, mais décalée dans le temps. Ce décalage est appelé retard et noté τ.

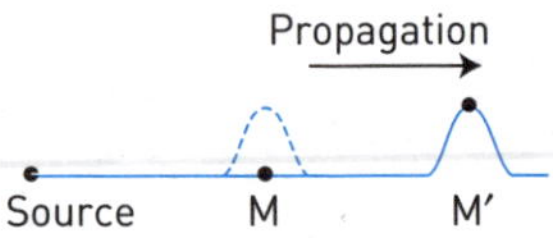

$\tau = \frac{MM'}{v}$	τ en s MM′ en m v en $m \cdot s^{-1}$

II ONDE PROGRESSIVE PÉRIODIQUE

Une onde progressive est périodique si, en un point quelconque du milieu de propagation, la perturbation qu'elle engendre se répète, identique à elle même, régulièrement au cours du temps.

1. Période

La période T d'une onde progressive périodique est la plus petite durée au bout de laquelle un point du milieu de propagation se retrouve dans le même état vibratoire.

La période d'une onde est caractéristique de celle-ci, et ne dépend pas du milieu de propagation.

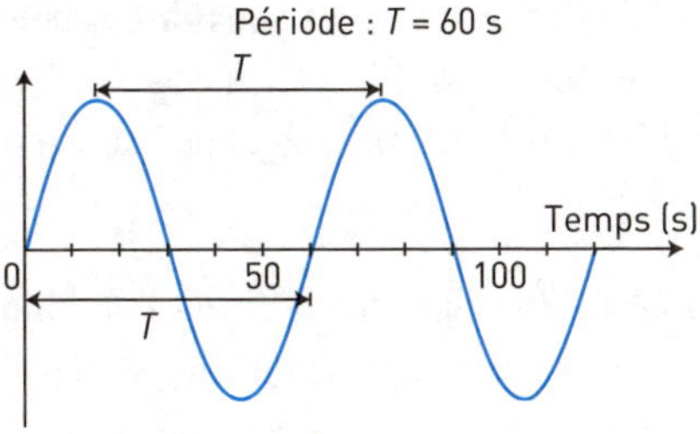

2. Fréquence

La fréquence f d'une onde progressive périodique est définie comme l'inverse de la période T de cette onde :

$f = \frac{1}{T}$	f en Hz T en s

3. Longueur d'onde

La longueur d'onde λ est la distance parcourue par l'onde pendant un temps égal à une période T :

$\lambda = v \times T$	λ en m v en $m \cdot s^{-1}$ T en s

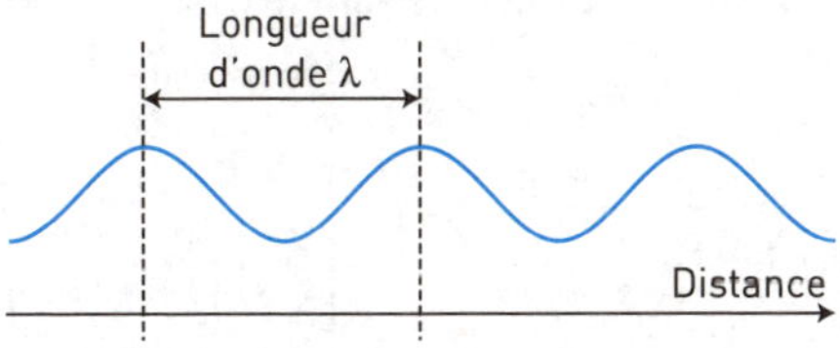

• Contrairement à la période T, la longueur d'onde λ dépend de la célérité de l'onde, et donc du milieu de propagation.

• Attention ! Il ne faut pas confondre période et longueur d'onde. La période, exprimée en secondes, correspond à la périodicité temporelle d'une onde. La longueur d'onde, exprimée en mètres, correspond à la périodicité de l'onde dans l'espace.

III ANALYSE SPECTRALE D'UN SON

Un capteur approprié est chargé de transformer une onde en un signal électrique, ce qui permet notamment de visualiser et d'analyser cette onde à l'aide d'un ordinateur muni d'une interface d'acquisition et d'un logiciel spécifique. Cette méthode est très utilisée pour analyser les sons dits « musicaux » : ces ondes sonores périodiques, situées dans le domaine de fréquences audibles par l'Homme, sont caractérisées par une intensité, une hauteur et un timbre.

1. Intensité

L'intensité d'un son musical est directement liée à l'amplitude de l'onde sonore et nous renseigne sur la force avec laquelle un son est perçu.

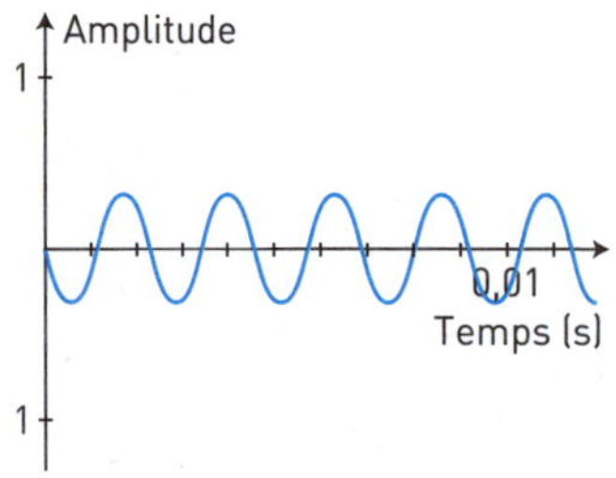

Son faible

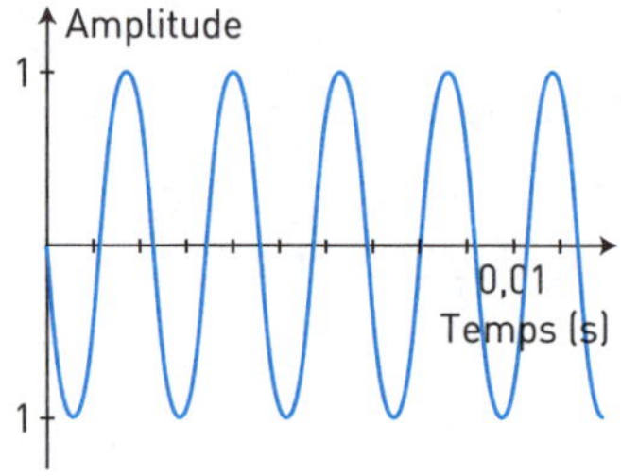

Son fort

Voir chapitre 1, savoir-faire **2**.

2. Hauteur

Un même instrument de musique peut produire des notes de différentes hauteurs. Cette hauteur perçue par notre oreille est liée à la fréquence de l'onde sonore :
- plus la fréquence est élevée, plus la note est perçue comme étant aiguë ;
- plus la fréquence est basse, plus la note sera perçue comme grave.

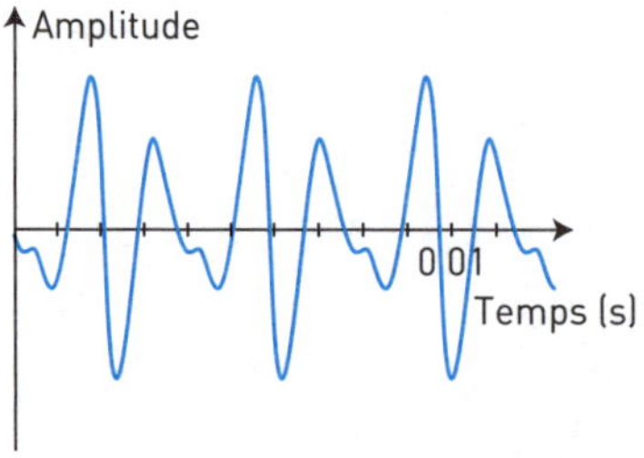

Son grave

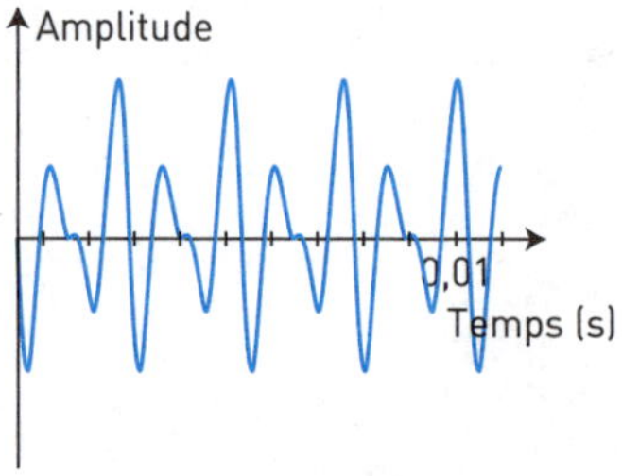

Son aigu

3. Timbre

■ Lorsqu'un piano et une trompette produisent une note de même hauteur, on distingue aisément le son de chaque instrument : cette spécificité, qui nous permet aussi de reconnaître la voix d'une personne, est appelée le **timbre** d'un son.

■ La majorité des sons musicaux ne sont pas sinusoïdaux, mais peuvent être décomposés mathématiquement en une somme de signaux sinusoïdaux de fréquences et d'amplitudes différentes. La représentation des amplitudes des différentes composantes présentes dans le son en fonction de la fréquence est appelée le **spectre** de ce son.

■ Chacun de ces signaux « simples » constituant le son « complexe » est appelé harmonique. L'harmonique de fréquence la plus faible, appelé **fondamental**, a la même fréquence que le son complexe. Les harmoniques suivants ont des fréquences qui sont toutes multiples de la fréquence f_1 du fondamental.
Soit f_n la fréquence de l'harmonique de rang n, on a : $f_n = n \times f_1$.

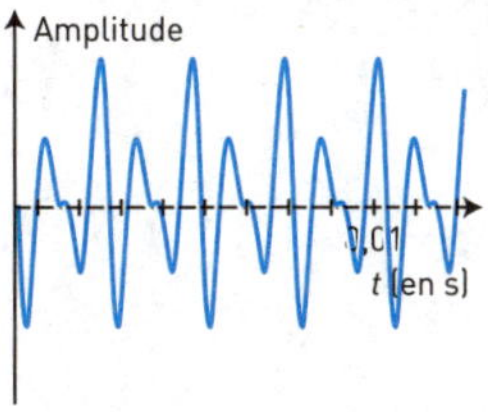

Note jouée par un hautbois

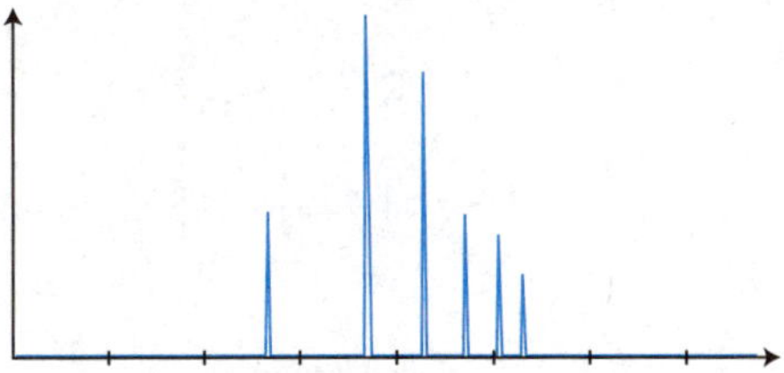

Spectre en fréquence du hautbois

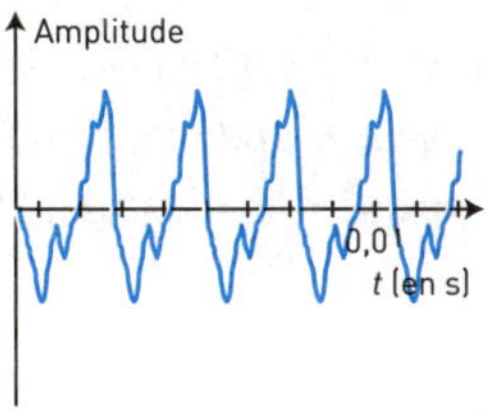

Même note jouée par un violoncelle

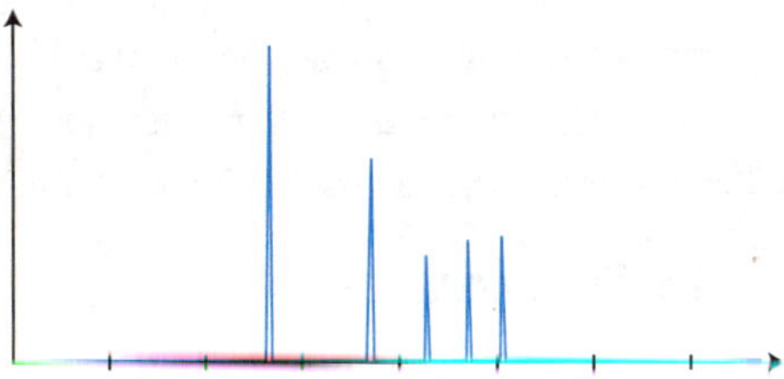

Spectre en fréquence du violoncelle

Un son ne possédant qu'un seul harmonique est appelé **son pur**.
Par exemple, le son produit par un diapason est un son pur.

IV PROPRIÉTÉS DES ONDES PROGRESSIVES

Par nature, les ondes ont des propriétés qui peuvent s'avérer très surprenantes. Mais au-delà de la surprise qu'elles nous procurent et des difficultés qu'elles ont causées aux scientifiques qui s'y sont intéressés, elles trouvent aujourd'hui des applications dans des domaines très variés.

1. Diffraction

■ Lorsqu'elle rencontre un obstacle lui barrant partiellement la route, une onde va dans certaines conditions le contourner : c'est le phénomène de diffraction. On observe ce phénomène aussi bien avec des vagues entrant dans un port, un son pénétrant dans une pièce par l'entrebâillement d'une porte, ou la lumière passant au travers d'un petit trou.

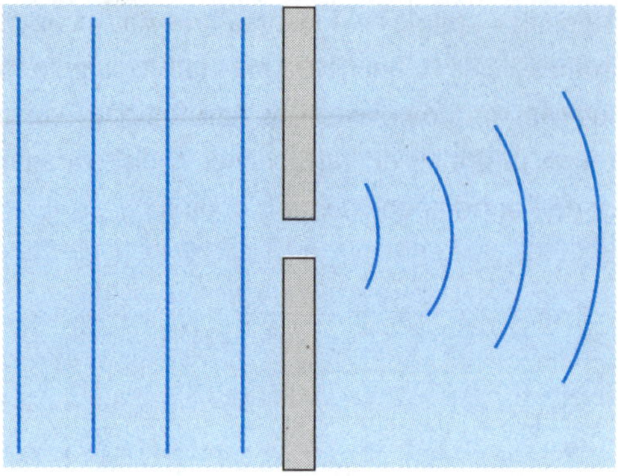

Diffraction d'une onde à la surface de l'eau

■ Le phénomène de diffraction se manifeste quand l'ordre de grandeur des dimensions de l'ouverture est inférieur ou égal à la longueur d'onde de l'onde incidente. L'onde diffractée résultante a la même fréquence que l'onde incidente.

2. Interférences

■ Lorsque deux sources différentes émettent deux ondes de même fréquence et dont le décalage temporel est fixe (on dit alors qu'elles sont « cohérentes »), elles vont interférer entre elles, c'est-à-dire interagir l'une avec l'autre : cela se traduira par des zones de l'espace dans lesquelles les amplitudes vont s'additionner (interférences constructives), et d'autres où elles vont au contraire s'annuler (interférences destructives).

■ Le phénomène de diffraction donne généralement lieu à des interférences, car chaque point de l'ouverture qui provoque le phénomène de diffraction se comporte comme s'il était la source d'une onde diffractée : toutes ces ondes vont pouvoir interagir.

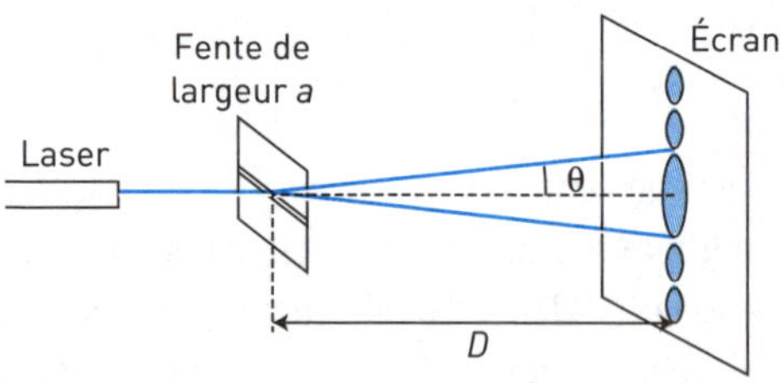

Cas de la diffraction d'une onde lumineuse monochromatique par une fente

■ Lors de la diffraction par une fente de largeur a d'une onde lumineuse de longueur d'onde λ, l'écart angulaire θ entre le centre de la tache centrale et le centre de la première zone sombre est donné par la relation :

$\theta = \frac{\lambda}{a}$	θ en rad λ en m a en m

■ En lumière blanche, on peut considérer que chacune des longueurs d'onde du spectre visible constitue une figure d'interférences qui se superpose aux autres. On obtient donc une raie blanche au centre, puis une succession de raies colorées sur les côtés.

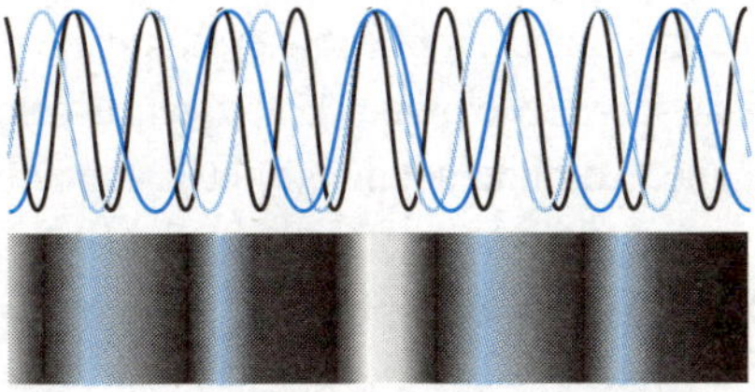

Diffraction par une fente en lumière polychromatique

3. Effet Doppler

■ L'effet Doppler est le décalage de fréquence d'une onde entre la mesure à l'émission et la mesure à la réception lorsque la distance entre l'émetteur et le récepteur varie au cours du temps.
Nous sommes tous témoins de ce phénomène lorsque nous sommes à l'arrêt dans une rue et qu'une ambulance roule dans notre direction toutes sirènes hurlantes : le son de la sirène nous paraît plus aigu (fréquence plus élevée) quand l'ambulance s'approche, puis devient plus grave (fréquence plus faible) quand elle nous dépasse puis s'éloigne. La fréquence de l'onde observée par le récepteur (nos oreilles) est différente de celle de l'émetteur (la sirène) car la distance entre l'émetteur et le récepteur varie au cours du temps. Le pompier qui conduit l'ambulance, lui, perçoit une fréquence constante, car sa vitesse par rapport à la sirène est nulle.

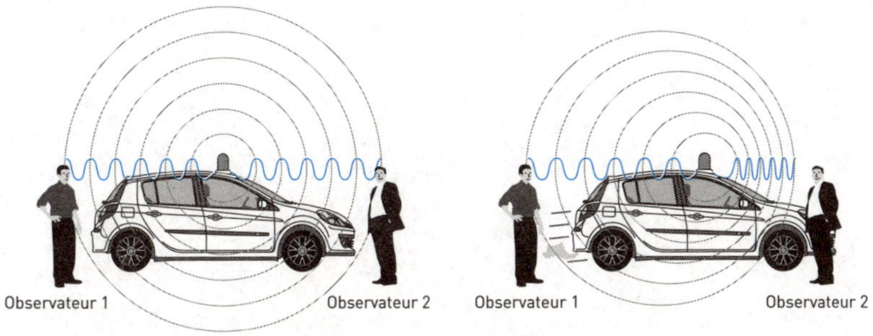

■ Soit v la vitesse de l'onde émise. Dans un référentiel lié au milieu de propagation de l'onde, on a :

$$f_{\text{reçue}} = \frac{v - v_{\text{récepteur}}}{v - v_{\text{émetteur}}} \times f_{\text{émise}}$$

Le sens de déplacement de l'onde sera compté positivement, et le sens inverse négativement.

■ L'effet Doppler se produit également pour les ondes lumineuses : lorsqu'une source se rapproche de l'observateur, la fréquence du rayonnement lumineux perçue augmente (donc la longueur d'onde apparente diminue), sa lumière se déplace vers la partie bleue du spectre visible et l'on parle d'un décalage vers le bleu. Inversement, si la source s'éloigne, la fréquence perçue du rayonnement diminue (donc sa longueur d'onde augmente) et la lumière est décalée vers le rouge.

Cette propriété est très utilisée en astrophysique, notamment pour déterminer la vitesse des étoiles.

SAVOIR-FAIRE

1. Caractériser un son à partir du signal enregistré par un microphone

Voici le signal enregistré lors de la production d'un son par une flûte, ainsi que son spectre, c'est-à-dire la décomposition de ce signal en ses différents harmoniques.

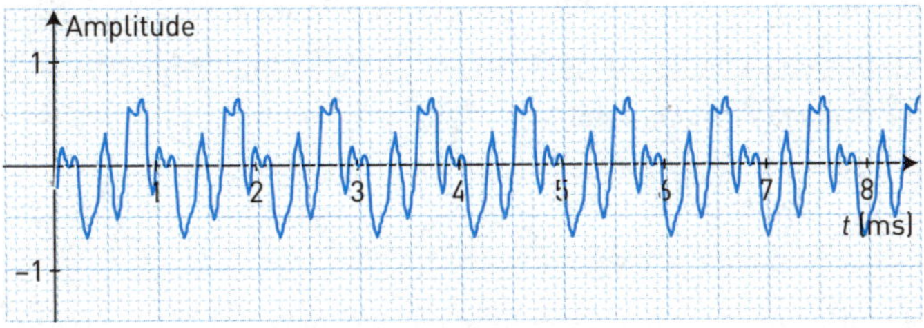

Signal

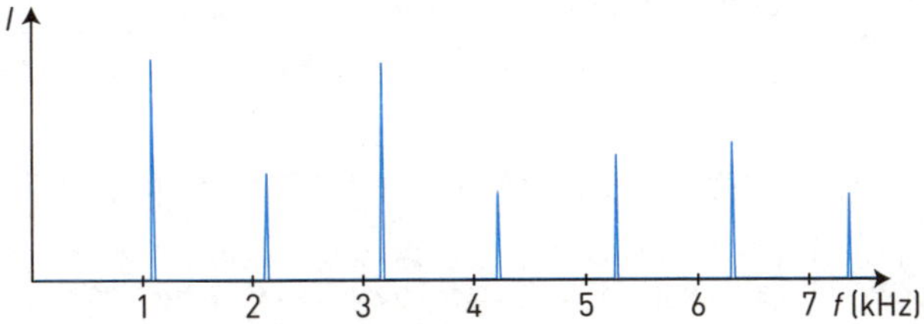

Spectre

1. Déterminer la période de ce son.
2. En déduire sa fréquence.
3. De combien d'harmoniques ce son est-il constitué ?
4. S'agit-il d'un son pur ?

1. Pour déterminer la période de ce son avec un maximum de précision, nous allons mesurer la durée de 8 périodes sur le graphique :

$$8 \times T = 7{,}7 \text{ ms}$$

Donc $T = 9{,}6 \times 10^{-4}$ s.

2. $f = \dfrac{1}{T} = \dfrac{1}{9{,}6 \times 10^{-4}} \approx 1\,040$ Hz.

3. Ce son est constitué de 7 harmoniques d'amplitudes différentes. La fréquence du premier harmonique, appelé fondamental, nous permet de retrouver la fréquence du son calculée au 2.

On remarque que tous les harmoniques ont une fréquence multiple de la fréquence du fondamental.

4. Ce son n'est pas un son pur car, par définition, un son pur n'est constitué que d'un seul harmonique.

2. Mesurer une vitesse en utilisant l'effet Doppler

■ Dans le référentiel terrestre, considéré comme galiléen, un automobiliste roule à vitesse constante en actionnant son klaxon en direction d'un observateur immobile muni d'un fréquencemètre. Le klaxon est réglé en usine pour produire un son de fréquence $f_1 = 440$ Hz. Pourtant, l'observateur mesure une fréquence $f_2 = 460$ Hz. Sachant que la célérité du son dans l'air dans les conditions de l'étude est de $341 \text{ m} \cdot \text{s}^{-1}$. En déduire à quelle vitesse, en km/h, se déplace l'automobile.

■ Nous allons utiliser la formule du cours :

$$f_{\text{reçue}} = \frac{v - v_{\text{récepteur}}}{v - v_{\text{émetteur}}} \times f_{\text{émise}}$$

La seule difficulté est de bien identifier chaque vitesse et chaque fréquence :

$f_{\text{reçue}}$	C'est la fréquence, notée f_2 dans l'énoncé, mesurée par l'observateur.
$f_{\text{émise}}$	C'est la fréquence, notée f_1 dans l'énoncé, du son émis par le klaxon
v	C'est la célérité de l'onde émise, donc la célérité du son dans l'air.
$v_{\text{récepteur}}$	C'est la vitesse à laquelle l'observateur se déplace dans le référentiel terrestre : d'après l'énoncé, elle est nulle.
$v_{\text{émetteur}}$	C'est la vitesse à laquelle l'émetteur (le klaxon et donc l'automobile) se déplace dans le référentiel terrestre : c'est la grandeur que l'énoncé nous demande de calculer.

Une fois identifiée la grandeur à calculer, on l'exprime en fonction des autres :

$$v_{\text{émetteur}} = v - \left(v - v_{\text{récepteur}}\right) \times \frac{f_{\text{émise}}}{f_{\text{reçue}}}$$

$$v_{\text{émetteur}} = 341 - (341 - 0) \times \frac{440}{460} = 14{,}8 \text{ m} \cdot \text{s}^{-1}.$$

Soit $v_{\text{émetteur}} = 53{,}4 \text{ km} \cdot \text{h}^{-1}$.

Attention aux unités employées dans l'énoncé !

EXERCICES D'APPLICATION

1 ONDE SONORE | ★ | 10 min | ▸ P. 48

1. La célérité d'une onde sonore dans l'eau est de 1 500 $m \cdot s^{-1}$. Sachant que sa longueur d'onde est de 3 m, déterminer sa fréquence.
2. Cette onde est-elle audible par un être humain ?

Voir chapitre 1, paragraphe I. Les ondes dans la matière – les ondes sonores.

3. Au cours de sa propagation, cette onde change de milieu et se retrouve dans l'air : sa fréquence est-elle modifiée ?
4. Sachant que la célérité du son dans l'air est de 340 $m \cdot s^{-1}$, déterminer la longueur d'onde de ce son dans l'air.

2 HOULE | ★ | 10 min | ▸ P. 48

La hauteur d'une houle correspond à la dénivellation entre une crête et un creux. Étudions une houle dont la hauteur est 10 m, la période 20 s, et la distance entre deux crêtes consécutives 500 m.
1. Quelle est l'amplitude de cette houle ?
2. Déterminer la longueur d'onde de cette houle.
3. Calculer sa célérité.

3 LAMPE À VAPEUR DE SODIUM | ★ | 10 min | ▸ P. 48

Une lampe à vapeur de sodium émet deux radiations lumineuses distinctes : leurs longueurs d'onde dans le vide sont respectivement 589,0 nm et 589,6 nm.
1. Calculer la fréquence de ces deux ondes lumineuses.
2. Une lampe à vapeur de sodium est-elle une source de lumière monochromatique ou polychromatique ?

Donnée : Célérité de la lumière dans le vide $c = 3{,}000 \times 10^8$ $m \cdot s^{-1}$.

4 ANALYSE SPECTRALE | ★ | 10 min | ▸ P. 48

Voici le spectre en fréquence enregistré lors de l'émission par différents instruments de musique de quatre sons musicaux.

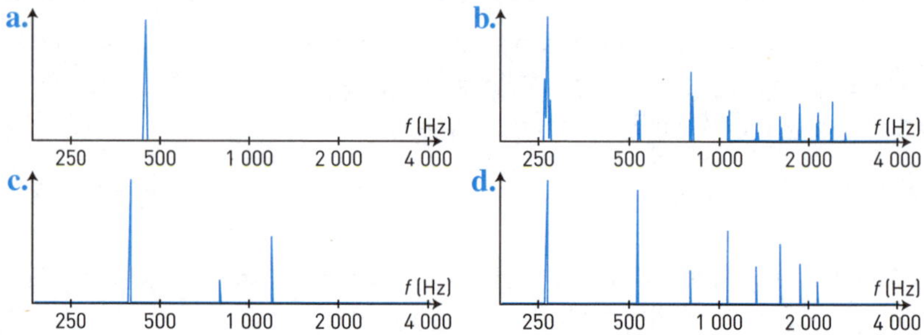

1. L'un ou plusieurs de ces sons peuvent-ils être qualifiés de « sons purs » ? Justifier.

2. Quels sont les sons correspondant à la même note (même hauteur) ? Justifier.

3. Plusieurs sons ont-ils été produits par le même instrument de musique ? Justifier.

5 ORAGE | ★ | 5 min | ▸ P. 48

Lors d'un orage, un observateur mesure le temps séparant la vision d'un éclair de l'audition du tonnerre : $\Delta t = 9{,}00$ s. En considérant que la lumière de l'éclair parcours la distance qui la sépare de l'observateur instantanément, déterminer à quelle distance d de l'observateur la foudre est tombée ?

Donnée : $v_{son} = 340\ \text{m} \cdot \text{s}^{-1}$.

EXERCICES D'ENTRAÎNEMENT

6 ONDES ULTRASONORES | ★★ | 15 min | ▸ P. 49

On dispose, face à face, un émetteur et un récepteur d'ondes ultrasonores. Émetteurs et récepteurs sont respectivement reliés aux voies 1 et 2 d'un oscilloscope.

On observe deux signaux périodiques sinusoïdaux décalés horizontalement. Pour chaque sinusoïde, la distance entre deux crêtes successives est égale à 2,4 divisions. La sensibilité horizontale est de 10 µs/div.

1. Quelle est la fréquence de cette onde ? Pourquoi cette onde est-elle qualifiée d'ultrasonore ?

2. Quelle est le type de périodicité de l'onde qui est mise en évidence ?
Émetteur et récepteur restant face à face, on éloigne le récepteur. On note D leur distance.
3. Pour certaines valeurs de D, les deux sinusoïdes sont en phase. Quelle est le type de périodicité de l'onde qui est mise en évidence ?
4. Entre $D_1 = 0{,}0$ cm et $D_2 = 8{,}3$ cm, les sinusoïdes se retrouvent 10 fois en phase. Calculer la longueur d'onde des ultrasons étudiés.
5. Calculer la célérité dans l'air de cette onde ultrasonore.

7 MESURE DE LA VITESSE DU SON ★★ | 15 min | ▸ P. 49

Un haut-parleur émet un son de fréquence $f = 2{,}0 \times 10^3$ Hz. Ce son est capté par un microphone M_1 et un microphone M_2, placés dans l'axe du haut-parleur sur une règle graduée, et reliés respectivement aux voies 1 et 2 d'un oscilloscope. Les abscisses x_1 et x_2 des deux microphones sont repérées sur la règle.
Quand $x_1 = x_2 = 0$ cm, les deux courbes observées sur l'oscilloscope sont en phase.
On laisse le microphone M_1 en $x_1 = 0$ cm et on éloigne lentement le microphone M_2 du haut parleur. Les deux courbes affichées par l'oscilloscope se décalent alors progressivement, puis finissent par se retrouver à nouveau en phase lorsque $x_2 = 17$ cm.
1. Quelle valeur de la longueur d'onde λ peut-on déduire de ces mesures ?
2. Pour quelles autres valeurs de x_2 les deux courbes seront-elles en phase ?
3. Calculer la célérité v du son dans l'air à la température où sont effectuées les mesures.
4. On déplace maintenant M_2 en $x_2 = 30$ cm. Avec quel retard τ le microphone M_2 perçoit-il l'onde sonore par rapport à M_1 qui est resté en $x_1 = 0$ cm ?

8 RADAR DOPPLER ★★ | 15 min | ▸ P. 49

Un véhicule circulant sur une route où la vitesse est limitée à 90 km/h est contrôlé par un radar Doppler fixe de la gendarmerie qui émet en continu une onde électromagnétique de fréquence $f = 24{,}125$ GHz. Le véhicule, en raison de sa vitesse de déplacement, reçoit l'onde émise par le radar à une fréquence $f' = f + 2\,500{,}0$ Hz. Cette onde sera en partie réfléchie puis détectée et analysée par le radar.
Le conducteur du véhicule est-il en infraction ?
Donnée : Célérité de la lumière dans l'air $c = 2{,}9979 \times 10^8\ \text{m} \cdot \text{s}^{-1}$.

Voir le savoir-faire **2**.

9 DIFFRACTION PAR UNE FENTE

★★ | 20 min | ▸ P. 50

Un rayon laser de longueur d'onde dans l'air $\lambda = 633$ nm traverse une fente de largeur a. On observe la figure de diffraction sur un écran situé à une distance $D = 5{,}0$ m de la fente.

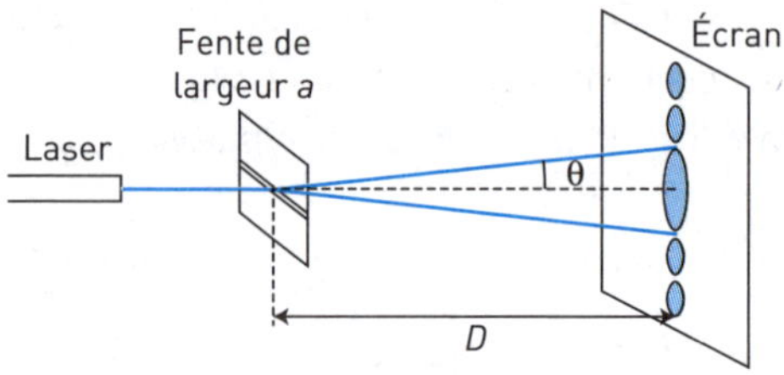

1. La lumière émise par le laser est-elle polychromatique ?

2. Calculer la fréquence de l'onde émise par le laser.

3. La distance d séparant le milieu de la tache centrale du centre d'une des deux zones de première extinction est $d = 52 \text{ mm} \pm 1 \text{ mm}$. Donner un encadrement de la largeur a de la fente utilisée.

4. Quelle serait la largeur l de la tache centrale si la largeur de la fente était de 100 µm ?

5. Pour obtenir une tache centrale deux fois plus large que celle obtenue avec une fente de 100 µm, faut-il prendre une fente de 50 µm ou 200 µm ?

6. Un deuxième laser produit une onde de fréquence $f' = 2{,}83 \times 10^{14}$ Hz. Quelle est sa longueur d'onde dans le vide ? À quel domaine de fréquences appartient-elle (visible, infrarouge, ultraviolet…) ?

Donnée : Célérité de la lumière dans l'air $c = 3{,}00 \times 10^8 \text{ m} \cdot \text{s}^{-1}$.

Voir le cours chapitre 1, paragraphe II. Rayonnements dans l'univers.

EXERCICES D'APPROFONDISSEMENT

10 PROBLÈME DE CANALISATION

★★★ | 15 min | ▸ P. 50

Sur une canalisation en acier remplie d'eau, on donne un coup qui provoque l'émission d'un son. Un capteur situé à une distance d le long de cette canalisation détecte deux signaux sonores brefs séparés par une durée $\Delta t = 0{,}70$ s.

Déterminer la distance d entre l'émetteur du coup et le capteur sonore.

Données : Célérité du son dans l'acier : $v_{acier} = 5\,000 \text{ m} \cdot \text{s}^{-1}$; dans l'eau : $v_{eau} = 1\,500 \text{ m} \cdot \text{s}^{-1}$.

11 EFFET DOPPLER ★★★ 15 min ▸ P. 51

Immobile sur un trottoir, vous percevez une fréquence de 510 Hz provenant de la sirène d'une voiture de police qui s'approche à vitesse constante. Après le passage de la voiture, vous ne percevez plus le son de la sirène qu'à une fréquence de 430 Hz.

1. Déterminer la vitesse de la voiture de police (en $m \cdot s^{-1}$ puis en $km \cdot h^{-1}$) d'après ces observations.

2. Quelle est la fréquence réelle de la sirène ?

Donnée : Célérité du son dans l'air : $v_{son} = 340\ m \cdot s^{-1}$.

12 EFFET DOPPLER EN ASTRONOMIE ★★★ 20 min ▸ P. 51

Quand on étudie la lumière d'une étoile, on constate généralement que cette lumière est décalée vers le rouge. En d'autres termes, la lumière de l'étoile que l'on reçoit sur Terre est plus rouge que la lumière émise.

1. Justifier que le décalage vers le rouge se traduit par l'éloignement de l'étoile.

2. Montrer que :

$$\frac{\lambda'}{\lambda} = 1 + \frac{v}{c}$$

avec v : vitesse d'éloignement de l'étoile ; c : célérité de la lumière dans le vide (environ 300 000 km/s) ; λ : longueur d'onde de la lumière émise par l'étoile ; λ' : longueur d'onde de la lumière reçue sur Terre.

3. L'observation du quasar 3C273 a permis de mesurer un décalage en longueur d'onde de 17 % vers le rouge (ce qui signifie que les longueurs d'ondes observées sur Terre sont 17 % supérieures aux longueurs d'ondes émises par le quasar). En déduire la vitesse d'éloignement de l'amas.

4. La constante de Hubble H_0 donne la relation entre vitesse d'éloignement et distance : $H_0 \approx 25\ km \cdot s^{-1}$ par million d'années-lumière.

Calculer la distance de la Terre au quasar 3C273.

CONTRÔLE

13 SERVICES AU TENNIS

★★★ | 30 min | ▸ P. 52

Dans les compétitions de tennis, le service a toujours posé des problèmes d'arbitrage, en raison de la vitesse à laquelle se trouve propulsée la balle lors de cette mise en jeu. Depuis les années 1970, de nombreux inventeurs se sont donc déménés pour fournir aux arbitres un juge de ligne « électronique », plus fiable que l'être humain. Le système Cyclops, permettant de détecter si un service est trop long, a été utilisé sur la plupart des tournois internationaux de 1980 à 2007 : il est composé de 5 faisceaux lasers et de 5 récepteurs de lumière situés en face de ces faisceaux, de l'autre côté du court de tennis.

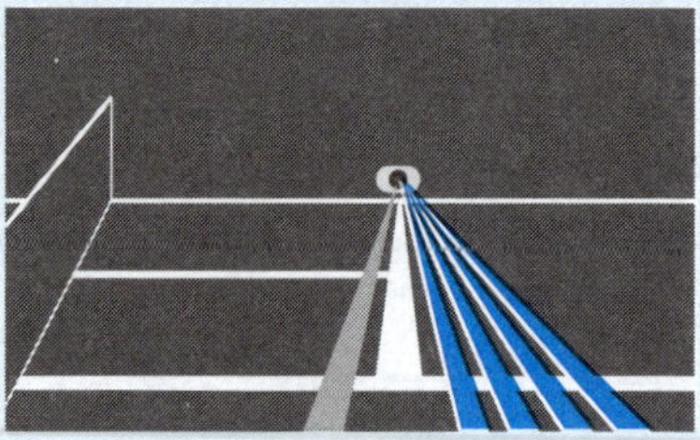

1. La longueur d'onde des faisceaux laser est $\lambda = 850$ nm. À quel domaine appartiennent les ondes électromagnétiques utilisées par le système Cyclops ?

2. Calculer la fréquence de ces rayonnements.

3. À quelle condition un objet placé sur le trajet de l'un de ces faisceaux risque-t-il d'engendrer un phénomène de diffraction ?

4. Sachant que la diffraction de l'un des faisceaux rendrait le système inopérant, expliquer pourquoi on a fixé la valeur de la longueur d'onde de façon à ce qu'elle soit la plus basse possible.

Lorsqu'un service est trop long, il passe devant l'un des faisceaux situés après la ligne, ce qui déclenche un bip sonore reproduit par un haut-parleur sur le court afin de prévenir l'arbitre qu'une faute a été détectée. Voici l'enregistrement de ce son ainsi que son analyse spectrale.

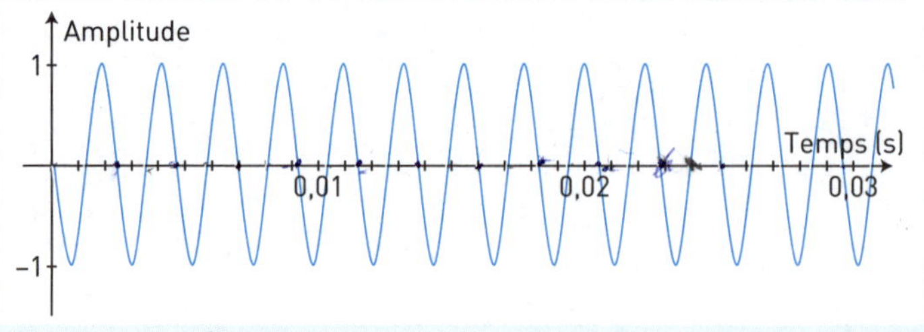

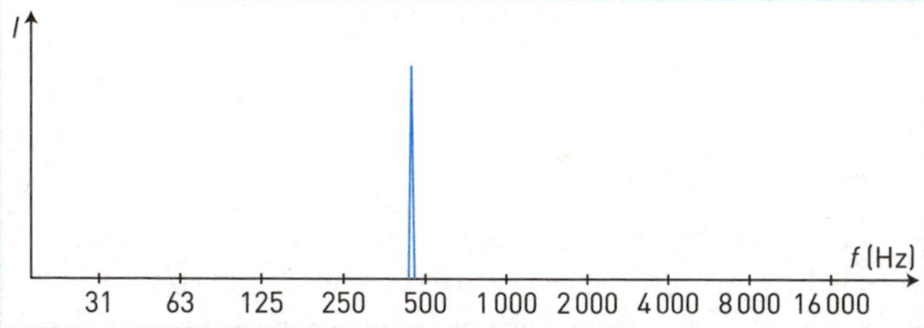

5. a. Déterminer aussi précisément que possible la fréquence de ce son.

b. La note appelée do_1, jouée sur un piano par exemple, a une fréquence de 261,6 Hz. Le son produit lors d'une faute de service est-il plus grave ou plus aigu ?

c. Est-ce un son pur ? Justifier.

Afin de satisfaire un public toujours plus en recherche de statistiques et de records, des « radars de service », fonctionnant grâce à l'effet Doppler, sont installés sur de nombreux court de tennis, à 10 mètres derrière le joueur qui effectue son service. L'onde radio émise par ces radars a une fréquence $f = 34{,}705$ GHz.

6. a. À partir du moment où le radar détecte la balle en mouvement au-dessus de la tête du serveur, combien de temps faut-il avant que l'onde envoyée lui revienne après réflexion sur la balle ? (On considérera que la balle reste au-dessus du serveur pendant cette phase.)

b. La vitesse de la balle est-elle dirigée dans le même sens que la vitesse de l'onde écho reçue par le radar ?

c. On note v la vitesse de la balle et f' la fréquence de l'onde écho émise par la balle par réflexion de l'onde radar. Soit $f' = f - \Delta$.

Montrer que $\Delta = f\left(1 - \frac{c-v}{c}\right)$.

d. Ivo Karlovic détient le record du monde de vitesse au service depuis mars 2011 : 251 $\text{km} \cdot \text{h}^{-1}$. Avec quelle variation de fréquence Δ la balle a-t-elle réfléchi l'onde radar lors de ce service ?

e. Ivo Karlovic détient également le record du monde de vitesse lors d'un second service : l'onde radar a alors été réfléchie avec une variation de fréquence $\Delta = 7\,428{,}3$ Hz. À quelle vitesse avait-il servi ?

Donnée : Célérité de la lumière : $c = 2{,}9979 \times 10^8\ \text{m} \cdot \text{s}^{-1}$.

CORRIGÉS

1 1. $f = \frac{1}{T} = \frac{v}{\lambda} = \frac{1\,500}{3} = 500$ Hz.

2. Cette onde est audible, l'oreille humaine étant capable d'entendre les ondes sonores dont la fréquence est comprise entre 20 Hz et 20 000 Hz.

3. La fréquence est caractéristique d'une onde, elle ne dépend pas du milieu de propagation.

4. $\lambda = \frac{v}{f} = \frac{340}{500} = 0{,}68$ m.

2 1. L'amplitude correspond à la moitié de la hauteur de la vague : $A = 5$ m.

2. La longueur d'onde est la périodicité spatiale de l'onde, c'est-à-dire ici la distance entre deux crêtes ou deux creux consécutifs : $\lambda = 500$ m.

3. $v = \frac{\lambda}{T} = \frac{500}{20} = 25\ \text{m} \cdot \text{s}^{-1}$.

3 1. $f = \frac{c}{\lambda}$ donc :

$$f_1 = \frac{3{,}000 \times 10^8}{589{,}0 \times 10^{-9}} = 5{,}093 \times 10^{14}\ \text{Hz et } f_2 = \frac{3{,}000 \times 10^8}{589{,}0 \times 10^{-9}} = 5{,}088 \times 10^{14}\ \text{Hz.}$$

2. Une source lumineuse peut être considérée comme polychromatique dès lors qu'elle est constituée d'au moins deux radiations de fréquences différentes : une lampe à vapeur de sodium est donc une source polychromatique.

4 1. Le seul son pur est le son représenté en **a.**, car il n'est constitué que d'un seul harmonique.

2. Le son **b.** et le son **d.** semblent être des sons de même hauteur, car la fréquence de l'harmonique fondamental, et donc la hauteur du son, est identique (environ 260 Hz).

3. Tous ces sons ont été produits par des instruments différents : en effet, le nombre et l'amplitude des harmoniques sont différents dans chaque enregistrement.

5 Le son parcourt la distance d en un temps $\Delta t = 9{,}00$ s, donc on a :

$$d = v \times \Delta t$$

$d = 340 \times 9{,}00 = 3{,}06 \times 10^3$ m, soit un peu plus de 3 km.

- On aurait pu ne pas négliger le temps de parcours de la lumière devant celui du son ; il ne devient cependant pertinent dans cet exercice que pour une mesure de la distance au millimètre près.
- Voir l'exercice 10 pour un calcul de distance à partir de deux ondes de célérités différentes.

6 **1.** L'oscilloscope montre l'évolution de l'amplitude de l'onde en fonction du temps : la distance entre deux crêtes successives correspond donc à la période de l'onde.

$$T = 2{,}4 \times 10\ \mu\text{s} = 24\ \mu\text{s} = 2{,}4 \times 10^{-5}\ \text{s}.$$

Donc $f = \dfrac{1}{T} = 4{,}2 \times 10^4\ \text{Hz}$ soit environ 42 000 Hz. On se situe bien dans la plage des ultrasons ($f \geqslant 20\,000\ \text{Hz}$).

2. La période T correspond à un temps, exprimé en secondes : c'est la périodicité temporelle de l'onde.

3. Les deux courbes sont en phase à chaque fois qu'il s'écoule un nombre entier de périodes T entre l'émission et la réception : l'onde se retrouve ainsi dans le même état vibratoire au niveau de l'émetteur et du récepteur. La distance D parcourue par l'onde entre émetteur et récepteur est alors égale à un nombre entier de longueur d'ondes : il s'agit de la périodicité spatiale de l'onde.

4. Entre D_1 et D_2, il y a exactement 10 fois la longueur d'onde λ :

$$\lambda = \frac{8{,}3}{10} = 0{,}83\ \text{cm} = 8{,}3 \times 10^{-3}\ \text{m}.$$

5. $v = \dfrac{\lambda}{T} = \dfrac{8{,}3 \times 10^{-3}}{2{,}4 \times 10^{-5}} = 3{,}5 \times 10^2\ \text{m} \cdot \text{s}^{-1}$, soit environ $350\ \text{m} \cdot \text{s}^{-1}$, ce qui correspond bien approximativement à la vitesse de propagation des sons dans l'air.

7 **1.** Les courbes sont à nouveau en phase quand on déplace l'un des micros de la valeur d'une longueur d'onde $\lambda = 17\ \text{cm} = 1{,}7 \times 10^{-1}\ \text{m}$.

2. Les courbes seront à nouveau en phase à chaque fois que l'on éloignera M_2 d'un nombre entier de longueurs d'onde, donc pour $x_2 = n \times \lambda$.

3. $v = \lambda \times f = 1{,}7 \times 10^{-1} \times 2{,}0 \times 10^3 = 340\ \text{m} \cdot \text{s}^{-1}$.

4. $\tau = \dfrac{x_2 - x_1}{v} = \dfrac{0{,}30}{340} = 8{,}8 \times 10^{-4}\ \text{s}$.

8

$$f' = \frac{c - v_{\text{véhicule}}}{c - v_{\text{radar}}} \times f$$

$$\frac{f'}{f} = \frac{c - v_{\text{véhicule}}}{c - 0}$$

$$c - v_{\text{véhicule}} = \frac{c \times f'}{f}$$

$$v_{\text{véhicule}} = c\left(1 - \frac{f'}{f}\right).$$

Soit $v_{\text{véhicule}} = 2{,}997\,9 \times 10^8 \left(1 - \dfrac{24{,}125 \times 10^9 + 2\,500}{24{,}125 \times 10^9}\right) = -31{,}067\ \text{m} \cdot \text{s}^{-1}$

$= -111{,}84\ \text{km} \cdot \text{h}^{-1}$.

$|v_{\text{véhicule}}| > 90\ \text{km} \cdot \text{h}^{-1}$, donc le conducteur est en infraction.

La vitesse du véhicule est négative car son sens de déplacement est opposé à celui de l'onde émise par le radar.

9 **1.** La lumière du laser n'est constituée que d'une seule longueur d'onde : elle est donc monochromatique.

2. $f = \frac{1}{T} = \frac{v}{\lambda} = \frac{3{,}00 \times 10^8}{633 \times 10^{-9}} = 4{,}74 \times 10^{14}$ Hz.

3. $\theta = \frac{\lambda}{a}$, et $\tan\theta = \frac{d}{D}$.

Comme θ est un angle très petit, on a $\tan\theta \approx \theta$, soit $\theta = \frac{d}{D}$ donc $\frac{\lambda}{a} = \frac{d}{D}$.

Par conséquent $a = \frac{\lambda D}{d}$, avec $51 \text{ mm} \leqslant d \leqslant 53 \text{ mm}$.

D'où l'encadrement : $59\ \mu\text{m} \leqslant a \leqslant 62\ \mu\text{m}$.

4. $a = \frac{\lambda D}{d} = \frac{2\lambda D}{l}$.

Donc $l = \frac{2\lambda D}{a} = \frac{2 \times 633 \times 10^{-9} \times 5{,}0}{100 \times 10^{-6}} = 6{,}3 \times 10^{-2}$ m = 63 mm.

Attention ! $d = \frac{l}{2}$.

5. La largeur de la tache centrale l est inversement proportionnelle à la largeur de la fente a : pour obtenir une tache deux fois plus large, il faut donc une fente dont la largeur initiale (100 µm) est divisée par 2, soit 50 µm.

6. $\lambda = \frac{v}{f} = \frac{3{,}00 \times 10^8}{2{,}83 \times 10^{14}} = 1{,}06 \times 10^{-6}$ m ≈ 1 060 nm.

Cette longueur d'onde ne fait pas partie des longueurs d'ondes visibles (400 nm – 800 nm). Les longueurs d'ondes visibles les plus grandes correspondant à la couleur rouge, la lumière de ce laser est située au-delà, dans le domaine infrarouge.

10 Le son parcourt la distance d dans l'acier en un temps t_1.
Le son parcourt cette même distance dans l'eau en un temps $t_2 = t_1 + \Delta t$, on a donc :

$$d = v_{\text{acier}} \times t_1 \quad \text{et} \quad d = v_{\text{eau}} \times (t_1 + \Delta t).$$

En combinant ces deux équations, on obtient $d = v_{\text{eau}} \times \left(\frac{d}{v_{\text{acier}}} + \Delta t\right)$, donc :

$$d - \frac{v_{\text{eau}} \times d}{v_{\text{acier}}} = \Delta t \times v_{\text{eau}}, \quad \text{soit } d = \frac{\Delta t \times v_{\text{eau}}}{1 - \frac{v_{\text{eau}}}{v_{\text{acier}}}}.$$

$$d = \frac{\Delta t \times v_{eau}}{\left(1 - \frac{v_{eau}}{v_{acier}}\right)} = \frac{0{,}70 \times 1\,500}{\left(1 - \frac{1\,500}{5\,000}\right)} = 1{,}5 \times 10^3 \text{ m} = 1{,}5 \text{ km}.$$

11 **1.** On sait que :

$$f_{reçue} = \frac{v - v_{récepteur}}{v - v_{émetteur}} \times f_{émise}.$$

Dans cette relation, la vitesse de l'émetteur est comptée négativement lorsqu'elle correspond à un éloignement du récepteur.

Quand la voiture se rapproche : $f_{reçue\,1} = \frac{v_{son} - 0}{v_{son} - |v_{émetteur}|} \times f_{émise} = 510 \text{ Hz}.$

Quand la voiture s'éloigne : $f_{reçue\,2} = \frac{v_{son} - 0}{v_{son} - (-|v_{émetteur}|)} \times f_{émise} = 430 \text{ Hz}.$

On en déduit : $f_{émise} = \frac{v_{son} - |v_{émetteur}|}{v_{son}} \times f_{reçue\,1} = \frac{v_{son} + |v_{émetteur}|}{v_{son}} \times f_{reçue\,2}$

$$(v_{son} - |v_{émetteur}|) \times f_{reçue\,1} = (v_{son} + |v_{émetteur}|) \times f_{reçue\,2}$$

$$|v_{émetteur}| \times \left(f_{reçue\,2} + f_{reçue\,1}\right) = v_{son} \times \left(f_{reçue\,1} - f_{reçue\,2}\right)$$

$$|v_{émetteur}| = \frac{v_{son} \times \left(f_{reçue\,1} - f_{reçue\,2}\right)}{\left(f_{reçue\,2} + f_{reçue\,1}\right)} = \frac{340 \times (510 - 430)}{(430 + 510)}$$

$$= 28{,}9 \text{ m} \cdot \text{s}^{-1} = 104 \text{ km} \cdot \text{h}^{-1}.$$

2. D'après la première question, on a :

$$f_{émise} = \frac{v_{son} - |v_{émetteur}|}{v_{son}} \times f_{reçue\,1} = \frac{340 - 28{,}9}{340} \times 510 = 467 \text{ Hz}.$$

12 **1.** D'après la formule de l'effet Doppler, on a, dans le référentiel terrestre :

$f_{reçue} = \frac{c - v_{récepteur}}{c - v_{émetteur}} \times f_{émise} = \frac{c}{c - v_{émetteur}} \times f_{émise}$ car on considèrera la Terre immobile dans le référentiel d'étude.

Si l'étoile s'éloigne du récepteur (la Terre) sa vitesse sera comptée négativement : donc $v_{émetteur} = -v$ et $\frac{c}{c - v_{émetteur}} = \frac{c}{c + v} < 1.$

Par conséquent, on aura $f_{reçue} < f_{émise}$.

Donc $\lambda_{reçue} > \lambda_{émise}$ (car $\lambda = \frac{c}{f}$).

Les longueurs d'ondes reçues seront donc décalées vers des valeurs plus élevées dans le spectre visible, c'est-à-dire vers le rouge.

Le spectre visible va du bleu ($\lambda = 400$ nm) au rouge ($\lambda = 800$ nm).

2. $f' = \dfrac{c}{c+v} \times f$ avec $f = \dfrac{c}{\lambda}$ et $f' = \dfrac{c}{\lambda'}$.

Donc $\dfrac{c}{\lambda'} = \dfrac{c}{c+v} \times \dfrac{c}{\lambda}$, soit :

$$\frac{\lambda'}{\lambda} = \frac{c+v}{c} = 1 + \frac{v}{c}.$$

3. On a $\lambda' = \dfrac{117}{100} \times \lambda$, donc $\dfrac{117}{100} \times \dfrac{\lambda}{\lambda} = 1 + \dfrac{v}{c}$.

Soit $v = \left(\dfrac{117}{100} - 1\right) \times c = \dfrac{17}{100} \times c = 51\,000 \text{ km} \cdot \text{s}^{-1}$.

4. La distance au quasar est obtenue en divisant sa vitesse par la constante de Hubble :

$$D = \frac{v}{H_0} = \frac{51\,000}{25} = 2\,040 \text{ millions d'années-lumière,}$$

soit $D = 2{,}040$ milliards d'années-lumière.

13 **1.** Les ondes émises par le système Cyclops se situent juste au-dessus des longueurs d'ondes visibles (400 nm à 800 nm), dans le domaine de l'infrarouge.

2. $f = \dfrac{c}{\lambda} = \dfrac{2{,}9979 \times 10^8}{850 \times 10^{-9}} = 3{,}53 \times 10^{14}$ Hz.

3. On observera un phénomène de diffraction si un obstacle dont la taille est de l'ordre de grandeur de la longueur d'onde se trouve sur la trajectoire de l'un des faisceaux. Cela correspond ici à une largeur de 850 nm.

4. On limite la longueur d'onde au maximum pour que la probabilité de la présence d'un objet aux dimensions propres à engendrer un phénomène de diffraction sur le trajet du faisceau soit quasi-nulle. Avec une longueur d'onde plus élevée, les petits insectes seraient en effet susceptibles de perturber la réception du faisceau.

5. a. Pour obtenir un maximum de précision, nous allons mesurer la durée de 10 périodes : $10\,T \approx 0{,}022\,8$ s, donc $T \approx 0{,}002\,28$ s.

Soit $f = \dfrac{1}{T} \approx \dfrac{1}{0{,}002\,28} \approx 439$ Hz.

b. Le son produit par le bip est plus aigu que le do_1 car sa fréquence est plus élevée.

c. Il s'agit d'un son pur car il n'est constitué que d'un harmonique.

6. a. L'onde envoyée par le radar va parcourir 10 mètres jusqu'à la balle, puis encore 10 mètres pour revenir au radar :

$$t = \frac{d}{c} = \frac{20}{2{,}997\,9 \times 10^8} = 6{,}7 \times 10^{-8} \text{ s} = 67 \text{ ns}.$$

b. Le radar étant situé derrière le joueur qui sert, l'onde écho qu'il reçoit va dans le sens opposé à celui de la balle pendant la mise en jeu.

c.

$$f' = f - \Delta = \frac{c - v}{c - v_{\text{radar}}} \times f$$

$$\frac{f - \Delta}{f} = \frac{c - v}{c - 0}$$

$$1 - \frac{\Delta}{f} = \frac{c - v}{c}$$

$$\Delta = \left(1 - \frac{c - v}{c}\right) \times f.$$

Le receveur (la balle) se déplaçant dans le même sens que l'onde radar, on comptera la vitesse de l'émetteur *v* positivement !

d. Il faut convertir la vitesse de la balle en mètres par seconde :

$$v = +\,251,000 \text{ km} \cdot \text{h}^{-1} = +\,69,722 \text{ m} \cdot \text{s}^{-1}.$$

$$\Delta = \left(1 - \frac{2,997\,9 \times 10^8 - 69,722}{2,997\,9 \times 10^8}\right) \times 34,705 \times 10^9 = 8\,071,3 \text{ Hz}.$$

e. D'après **c.** on a :

$$1 - \frac{\Delta}{f} = \frac{c - v}{c}, \quad \text{donc } c - v = \frac{c \times f - c \times \Delta}{f}.$$

$$v = c\left(1 - \frac{f - \Delta}{f}\right) = 2,9979 \times 10^8 \left(1 - \frac{34,705 \times 10^9 - 7\,428,3}{34,705 \times 10^9}\right)$$

$$= 64,167 \text{ m} \cdot \text{s}^{-1}$$

$$= 231,00 \text{ km} \cdot \text{h}^{-1}.$$

3 Analyse spectrale

■ Chaque photon constituant un rayonnement électromagnétique porte en lui une énergie E qui dépend de la fréquence υ de ce rayonnement :

$$E = h\upsilon = h\frac{c}{\lambda}$$

h désignant la constante de Planck, $h = 6,625 \times 10^{-34}\ \text{J} \cdot \text{s}$.

■ La matière interagit de nombreuses façons avec les rayonnements électromagnétiques. Les effets observables de ces interactions permettent d'obtenir des informations sur la structure même de la matière : identification de liaisons chimiques, de groupes caractéristiques, voire de la structure complète d'une molécule… L'observation de ces interactions matière-rayonnement a donné naissance à un grand nombre de méthodes d'analyse, dites « spectroscopiques », qui sont aujourd'hui indispensables au chimiste.

Nous nous intéresserons ici uniquement aux deux méthodes les plus utilisées : la spectrométrie d'absorption et la spectrométrie par résonance magnétique nucléaire du proton.

Le terme « spectroscopie » fait étymologiquement référence à l'observation visuelle d'un spectre (sur un écran, par le biais d'un oculaire…), alors que le terme « spectrométrie » sous-entend que le spectre a été enregistré par un appareil (ordinateur, table traçante…).

I SPECTROMÉTRIE D'ABSORPTION

1. Loi de Beer-Lambert

■ Lorsqu'un rayonnement monochromatique traverse un milieu transparent, une partie de son énergie peut être absorbée.

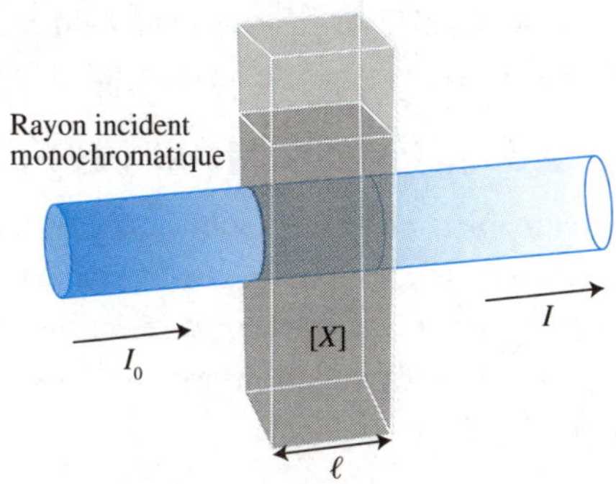

COURS

L'intensité I du rayonnement après le passage dans le milieu (il s'agira généralement d'une solution) est liée à l'intensité I_0 du rayonnement incident par la **loi de Beer-Lambert** :

$$I = I_0 e^{-kl[X]}.$$

Avec k : coefficient d'extinction molaire ;
l : longueur du trajet dans le milieu absorbant en cm ;
$[X]$: concentration du milieu en substance absorbante (en $mol \cdot L^{-1}$).

■ À partir de cette relation, on définit la **transmittance** T :

$$T = \frac{I}{I_0}.$$

Plus l'échantillon absorbe la lumière pour une longueur d'onde donnée, et plus la transmittance est faible pour cette longueur d'onde. La transmittance est généralement exprimée en pourcentage.

■ On définit également l'**absorbance** A par :

$$A = -\log T = -\log \frac{I}{I_0} = \varepsilon l\,[X], \quad \text{avec } \varepsilon = \frac{k}{2,3}.$$

Cette grandeur sans unité prend une valeur d'autant plus élevée que l'échantillon étudié absorbe une grande quantité de lumière à la longueur d'onde utilisée.

■ Pour réaliser un **spectre d'absorption,** on place la solution à étudier dans une cuve dont on connaît la largeur l. On fait ensuite traverser la solution par une succession de rayonnements de longueurs d'ondes différentes et d'intensité I_0 connue. Un capteur mesure l'intensité I à la sortie du milieu absorbant. Le spectre représente généralement l'évolution de l'absorbance A (ou de la transmittance T) du milieu en fonction de la longueur d'onde λ du rayonnement incident.

■ Les maxima d'absorption observés sur un spectre, appelés **bandes d'absorption,** dépendent du composé étudié et nous renseignent sur sa structure. En effet, un transfert d'énergie entre le rayonnement et la molécule traversée ne peut se faire que s'il y a égalité entre l'énergie E transportée par les photons du rayonnement et l'énergie ΔE nécessaire à une transition au sein de la molécule. Ces transitions d'énergie correspondent à des changements de niveau d'énergie des atomes voire des électrons contenus dans la molécule ; ils sont donc intimement liés aux atomes contenus dans la molécule et/ou aux types de liaisons qu'ils forment entre eux.

2. Spectres dans le domaine ultraviolet (UV) et visible

■ Les rayonnements ultraviolets et visibles sont caractérisés par de faibles longueurs d'onde, et transportent donc une énergie suffisamment élevée pour provoquer des transitions d'énergie au niveau de certains électrons : ceux engagés dans une liaison multiple (double ou triple liaison) et ceux présents sur les doublets libres d'un hétéroatome (N, O…).

EXEMPLE : Spectre ultraviolet-visible de l'éthène.

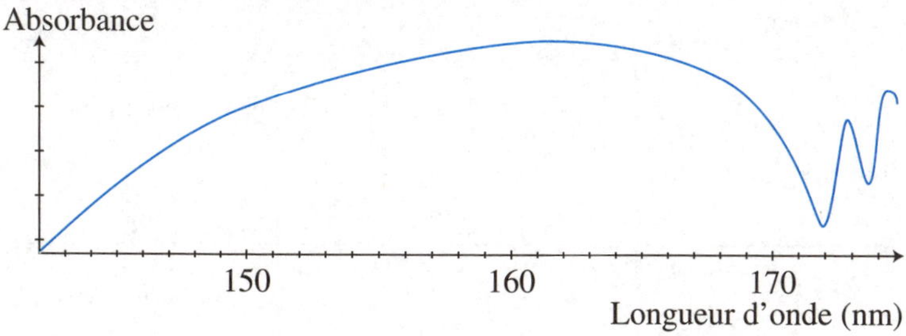

■ Dans les molécules contenant une alternance de liaisons multiples et de liaisons simples (on parle alors de conjugaison des liaisons multiples), le maximum d'absorption est plus intense et il est déplacé vers les grandes longueurs d'ondes. C'est pour cette raison que les composés colorés contiennent souvent de nombreuses doubles liaisons conjuguées.

EXEMPLE : La tartrazine, colorant jaune.

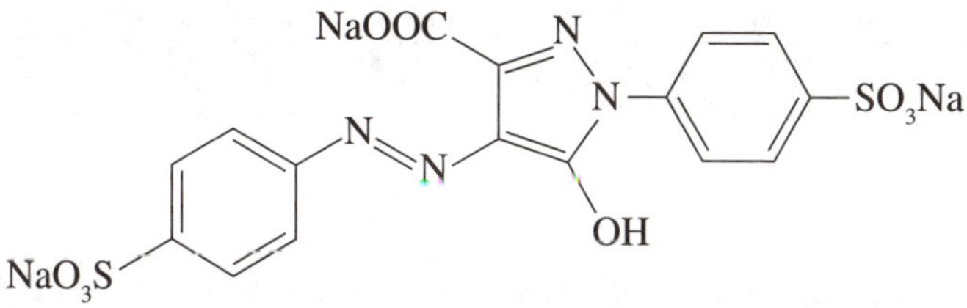

■ Si une bande d'absorption apparaît dans le domaine visible, alors la solution est colorée : sa teinte correspond à la couleur complémentaire des longueurs d'ondes absorbées.

• Les applications de la spectrométrie UV/visible dans le domaine de l'analyse structurale d'une molécule sont très limitées ; on utilisera davantage cette technique à des fins quantitatives (voir les dosages par étalonnage spectrophotométrique dans le chapitre 12 de cet ouvrage).

• Voir le savoir-faire **1**.

3. Spectres dans le domaine infrarouge (IR)

■ L'énergie portée par les rayonnements infrarouges est insuffisante pour modifier l'état énergétique des électrons ; elle peut en revanche provoquer la vibration ou la rotation de certains groupes d'atomes.

EXEMPLE : Spectre infrarouge de l'éthène.

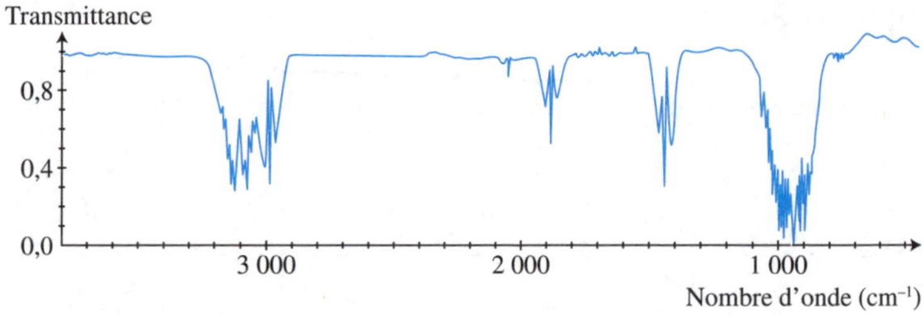

Les spectres réalisés dans l'infrarouge représentent généralement en ordonnée la transmittance, et en abscisse le nombre d'onde, inverse de la longueur d'onde exprimé en cm^{-1}.

■ La position d'une bande d'absorption permet de déterminer quel groupe d'atomes est responsable de cette absorption.

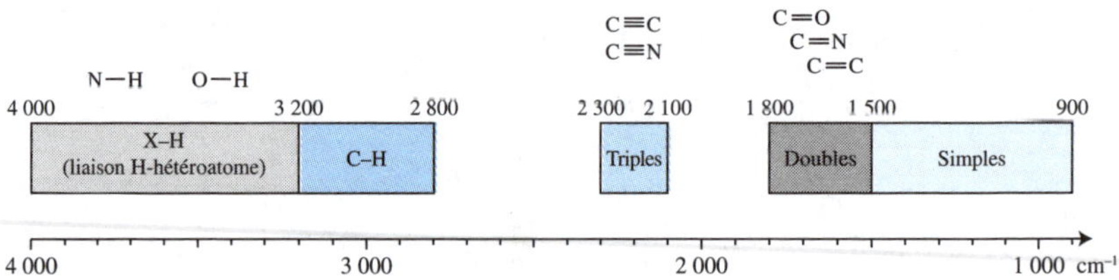

La partie du spectre inférieure à 1 500 cm^{-1} est appelée « empreinte digitale » de l'espèce chimique étudiée : elle est très complexe et ne peut, bien souvent, être interprétée que par comparaison avec un spectre de référence.

II SPECTROMÉTRIE PAR RÉSONANCE MAGNÉTIQUE NUCLÉAIRE (RMN) DU PROTON

1. Principe de la RMN

Dans cette méthode spectroscopique, l'absorption d'une partie d'un rayonnement électromagnétique est due à des transitions énergétiques au sein du noyau de l'atome d'hydrogène, constitué d'un seul proton. L'échantillon analysé est placé dans un champ magnétique B_0 constant et soumis à des ondes d'une fréquence allant de quelques mégahertz à quelques centaines de mégahertz.

Pour une valeur donnée de B_0, un proton isolé « résonne » – et donc absorbe l'énergie du rayonnement incident – pour une fréquence donnée. Mais l'environnement proche d'un proton modifie sensiblement le champ magnétique qui l'entoure : ainsi, des protons ayant un environnement différent au sein d'une même molécule résonneront à des fréquences différentes et donneront des pics d'absorptions distincts.

2. Déplacement chimique

■ Un spectre RMN pourrait représenter l'évolution de l'absorbance en fonction de la fréquence du rayonnement incident ν, mais dans ce cas les valeurs portées en abscisse dépendraient de la valeur du champ B_0 utilisé pour obtenir le spectre. Pour s'affranchir de cela, on mélange à l'échantillon étudié une substance de référence (il s'agit le plus souvent du tétraméthylsilane ou TMS) ne présentant qu'un seul pic d'absorption à une fréquence notée ν_0. L'abscisse d'un spectre RMN représente alors le **déplacement chimique** δ de chaque pic d'absorption de la substance étudiée, exprimé en parties par million (ppm) et défini ainsi :

$$\delta = \frac{\nu - \nu_0}{\nu_0} \times 10^6$$

■ Déplacements chimiques caractéristiques de quelques types d'hydrogènes :

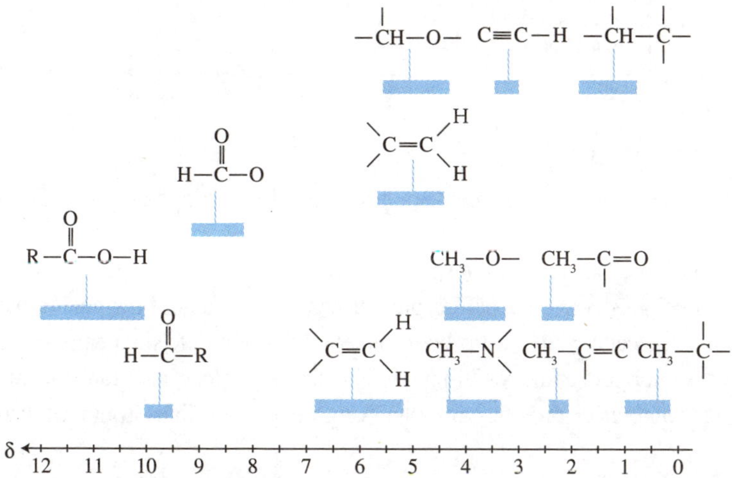

On pourra garder en mémoire la règle suivante :
δ_{CH_3} (≈ 0,8 à 1,0 ppm) < δ_{CH_2} (≈ 1,2 à 1,4 ppm) < δ_{CH} (≈ 1,4 à 1,7 ppm).

■ Les valeurs du déplacement chimique sont représentées croissantes de droite à gauche : le 0, correspondant au déplacement chimique de la substance de référence, est donc placé à droite sur l'axe des abscisses.

■ Tous les hydrogènes équivalents (c'est-à-dire ayant un environnement strictement identique dans la molécule) donnent lieu à un pic pour la même valeur de déplacement chimique.

EXEMPLE : Spectre RMN de l'acide éthanoïque (CH_3—C(=O)—OH).

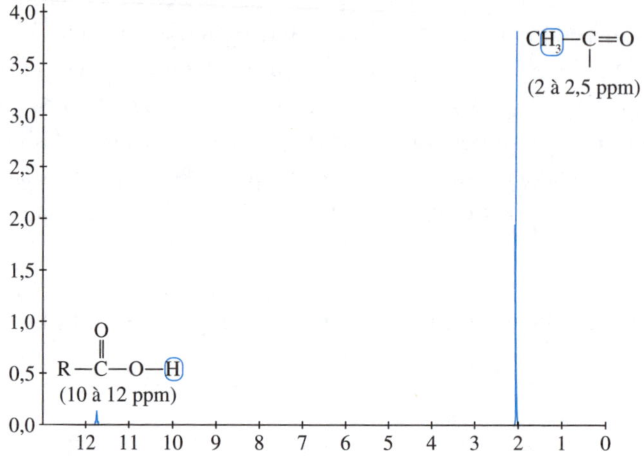

3. Intégration

■ Sur un spectre RMN, l'aire couverte par un pic d'absorption est proportionnelle au nombre de protons responsables de cette absorption.

■ On représente souvent sur un spectre RMN une courbe correspondant à l'intégration des aires couvertes par les pics successifs : la hauteur entre deux paliers successifs de cette courbe est proportionnelle à l'aire du pic situé entre ces deux paliers. Le rapport entre ces différentes hauteurs est donc identique au rapport entre les nombres de protons qui sont à l'origine des pics d'absorption concernés.

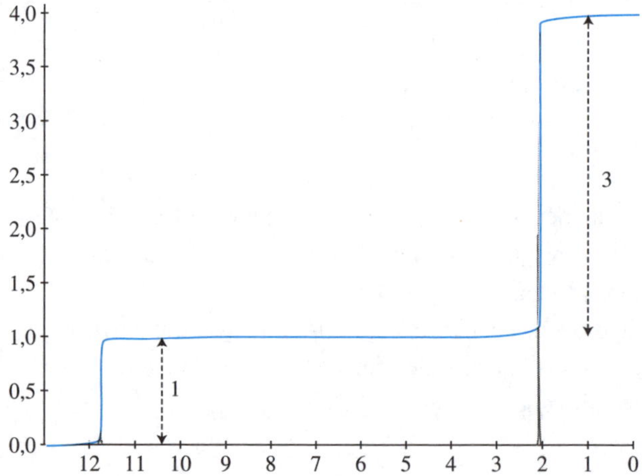

Les nombres inscrits à côté des flèches indiquent le rapport entre les aires des pics (ici, le pic de droite couvre 3 fois plus de surface que celui de gauche).

4. Multiplicité du signal

■ Les pics observés sur un spectre RMN se présentent très souvent sous la forme de groupements de pics appelés multiplets (doublet pour deux pics, triplet pour trois pics, etc.). Cette répartition en plusieurs pics de fréquences très proches est due aux protons non équivalents voisins du proton considéré, c'est-à-dire situés au maximum à trois liaisons de lui (typiquement, deux protons liés à deux carbones adjacents sont voisins).

■ Le nombre N de pics formant le multiplet est lié au nombre de voisins n d'un proton par la relation : $N = n + 1$.

EXEMPLE : Spectre RMN du propane ($CH_3—CH_2—CH_3$).

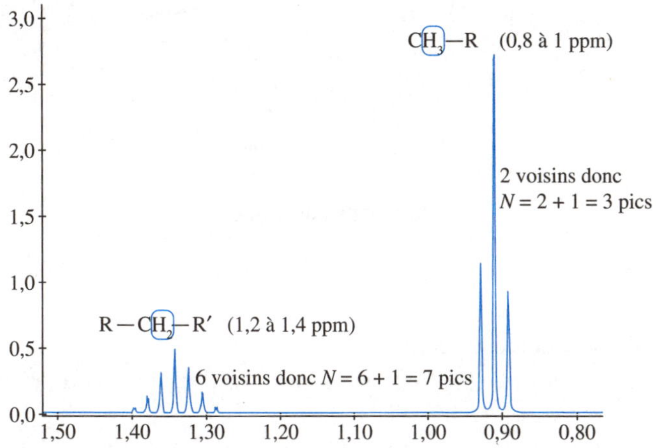

SAVOIR-FAIRE

1. Faire le lien entre couleur perçue et spectre d'absorption dans le visible

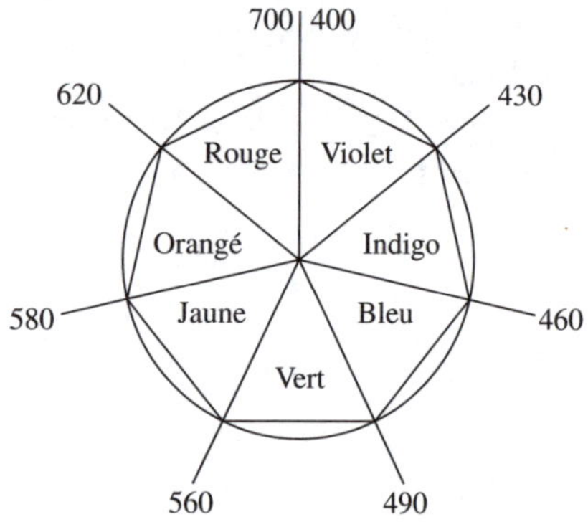

Roue des couleurs

1. Relever la longueur d'onde correspondant au maximum d'absorption. Cette longueur d'onde est la partie du spectre visible essentiellement absorbée par l'espèce chimique étudiée.
2. Repérer sur la roue des couleurs la longueur d'onde relevée précédemment.
3. Le nom du secteur dans le lequel se trouve cette longueur d'onde est la couleur essentiellement absorbée par la substance étudiée. La couleur perçue à la vision de cette substance éclairée en lumière blanche est donnée par le nom du secteur diamétralement opposé à la longueur d'onde absorbée.

EXEMPLE : Voici le spectre d'absorption d'une substance dont on veut connaître la couleur :

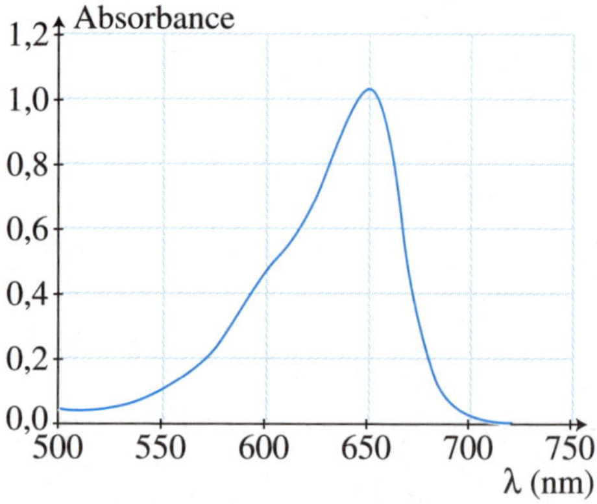

1. Le maximum d'absorption est observé pour $\lambda = 650$ nm.
2. La couleur absorbée majoritairement par cette espèce est le rouge.
3. La couleur perçue en regardant cette substance est le bleu.

2. Exploiter un spectre infrarouge pour déterminer des groupes caractéristiques

1. Rechercher la présence d'un groupe carbonyle C=O : caractérisé par une bande intense vers 1 700 à 1 800 cm^{-1}. Si oui, continuer ci-dessous, sinon, passer au **2.**

a. Essayer de trouver d'autres bandes caractéristiques des fonctions comprenant un C=O :
- bande large et forte correspondant au groupe O—H des acides carboxyliques entre 2 500 et 3 300 cm^{-1} ;
- bande vers 3 300 à 3 500 cm^{-1} pour le N—H des amides primaires et secondaires.

b. Vérifier la fréquence d'absorption du groupe C=O en fonction des autres bandes trouvées :
1 660 – 1 685 cm^{-1} pour les amides ;
1 700 cm^{-1} pour les acides carboxyliques ;
1 715 cm^{-1} pour les cétones ;
1 720 – 1 725 cm^{-1} pour les aldéhydes ;
1 740 – 1 755 cm^{-1} pour les esters.

2. Rechercher la présence de bandes fortes vers 3 250 à 3 500 cm^{-1} :
- groupe O—H des alcools ;
- groupe N—H des amines.

3. Enfin, étude des liaisons C—H :
- alcanes : 2 850 à 2 950 cm^{-1} ;
- alcènes : 3 050 à 3 080 cm^{-1}.

3. Relier un spectre RMN à une molécule organique

1. Compter le nombre de pics distincts (les multiplets, pics très rapprochés, ne comptent que pour 1 pic). Il s'agit du nombre de groupes de protons équivalents présents dans la molécule.

2. Utiliser la courbe d'intégration des aires des pics pour en déduire le rapport entre les nombres de protons équivalents présents dans chaque groupe à l'origine d'un pic : si le rapport des aires entre deux pics distincts est de 1 pour 2 par exemple, cela signifie que le pic couvrant la plus grande aire est dû à un groupe de protons deux fois plus nombreux que ceux à l'origine de l'autre pic.

3. Utiliser la multiplicité des pics pour en déduire le nombre de voisins non équivalents situés au maximum à 3 liaisons des protons à l'origine du pic étudié.

4. Si les trois étapes précédentes ne suffisent pas, utiliser une table de déplacements chimiques remarquables afin d'identifier l'environnement des protons à l'origine de chaque pic.

EXEMPLE :

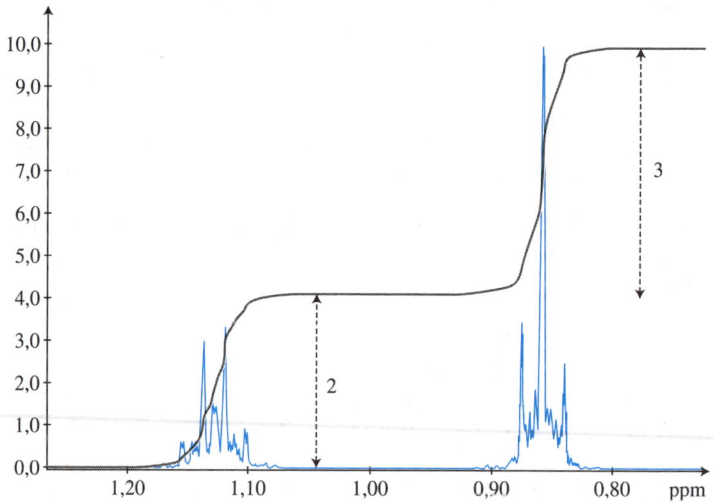

La molécule pour laquelle on a réalisé le spectre RMN du proton précédent a pour formule brute C_4H_{10}.

S'agit-il du butane ou du 2-méthylpropane ?

1. Il y a 2 pics sur le spectre, donc deux groupes de protons équivalents.

Dans le butane, les 6 protons portés par les CH_3 aux deux extrémités de la molécule sont équivalents. Il en va de même pour les 4 protons portés par les CH_2 au centre de la molécule. On s'attend donc à voir deux pics sur le spectre du butane.

Dans le 2-méthylpropane, tous les protons (9) portés par les CH_3 sont équivalents. Le proton isolé sur le carbone central n'a pas d'équivalent. On s'attend donc la aussi à observer 2 pics distincts.

2. Dans le butane, le rapport entre les nombres de protons équivalents des deux groupes est de 6 pour 4, soit 3 pour 2.

Dans le 2-méthylpropane, ce rapport est de 9 pour 1.

Le rapport des aires données par le spectre est de 3 pour 2 : la molécule cherchée est donc le butane (le grand pic correspond au groupe de 6 protons équivalents et le petit pic au groupe de 4 protons équivalents).

3. On peut vérifier notre résultat avec la multiplicité des pics : le plus grand est un triplet (3 pics rapprochés), et les 6 protons à l'origine de ce pic ont bien 2 (soit $3-1$) voisins non équivalents dans la molécule de butane, situés à 3 liaisons de leurs positions respectives.

Réciproquement, le petit pic est en fait un quadruplet (4 pics), ce qui correspond bien au voisinage de 3 (soit $4-1$) protons non équivalents à 3 liaisons de chacun des 4 protons équivalents situés sur les CH_2.

4. L'utilisation d'une table de déplacements chimiques n'est pas utile ici, mais on peut vérifier sur cet exemple que :

$$\delta_{CH_3}\ (\approx 0{,}85\ \text{ppm}) < \delta_{CH_2}\ (\approx 1{,}15\ \text{ppm}).$$

EXERCICES D'APPLICATION

1 FRÉQUENCE ET NOMBRE D'ONDE | ★ | 10 min | ▸ P. 74

Calculer la fréquence υ en Hz et le nombre d'onde σ en cm^{-1} correspondants aux longueurs d'onde suivantes :

$$\lambda_1 = 10{,}0 \text{ cm} \; ; \quad \lambda_2 = 20{,}0 \text{ mm} \quad \text{et} \quad \lambda_3 = 300 \times 10^1 \text{ nm}.$$

Donnée. Célérité de lumière dans le vide $c = 3{,}00 \times 10^8 \text{ m} \cdot \text{s}^{-1}$.

2 DIFFÉRENCE DE NIVEAU D'ÉNERGIE | ★ | 5 min | ▸ P. 74

Calculer la différence d'énergie entre les deux niveaux impliqués dans :

a. une transition correspondant à une longueur d'onde $\lambda = 500$ nm ;

b. une transition correspondant à un nombre d'onde $\sigma = 3\,000 \text{ cm}^{-1}$.

Données. Constante de Planck $h = 6{,}625 \times 10^{-34}$ J · s.

Célérité de lumière dans le vide $c = 3{,}00 \times 10^8 \text{ m} \cdot \text{s}^{-1}$.

3 TRANSMITTANCE-ABSORBANCE | ★ | 5 min | ▸ P. 74

1. Sur un spectre IR, on observe un pic de nombre d'onde $\sigma = 1\,686 \text{ cm}^{-1}$ dû à l'absorption du groupe carbonyle (C═O). La valeur de la transmittance lue sur le spectre est de 4,0 %. Quelle est la valeur de l'absorbance correspondante ?

2. Sur un spectre UV-visible, on observe une bande dont le maximum a pour longueur d'onde $\lambda_{max} = 340$ nm. La valeur de l'absorbance mesurée à ce maximum d'absorption est de 0,55. Quelle est la valeur de la transmittance correspondante ?

4 SPECTRES D'ABSORPTION ET SIROP DE MENTHE | ★★ | 10 min | ▸ P. 74

La couleur verte du sirop de menthe commercial est due à l'adjonction de deux colorants alimentaires : E102 et E131. À l'aide de leurs spectres d'absorption dans le domaine visible, retrouver la couleur respective de chacun de ces colorants.

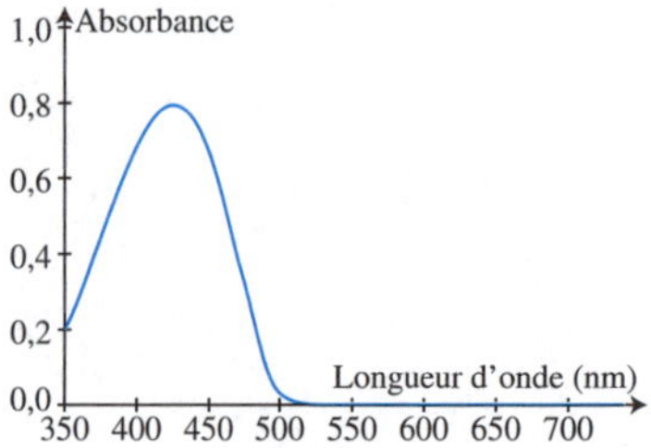

E102

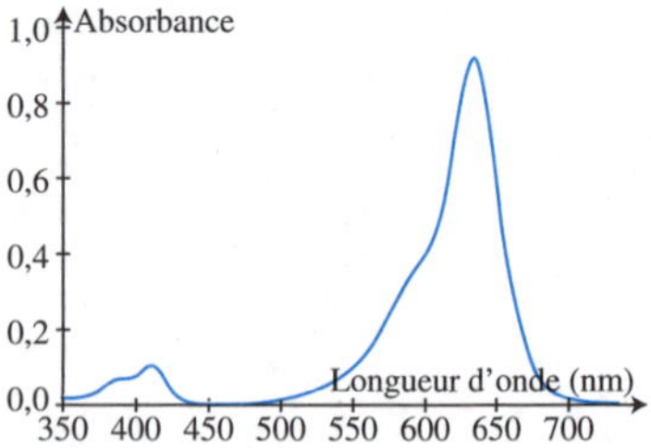

E131

Voir le savoir-faire 1.

EXERCICES D'ENTRAÎNEMENT

5 ATTRIBUTION DE SPECTRE IR

★★ | 10 min | ▸ P. 74

Attribuer à chacune des molécules suivantes son spectre infrarouge, en utilisant la table des nombres d'onde caractéristiques page 63.

1. Butan-2-one 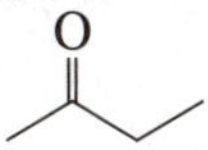

2. Butan-2-ol 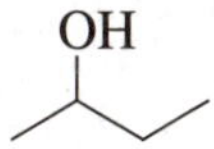

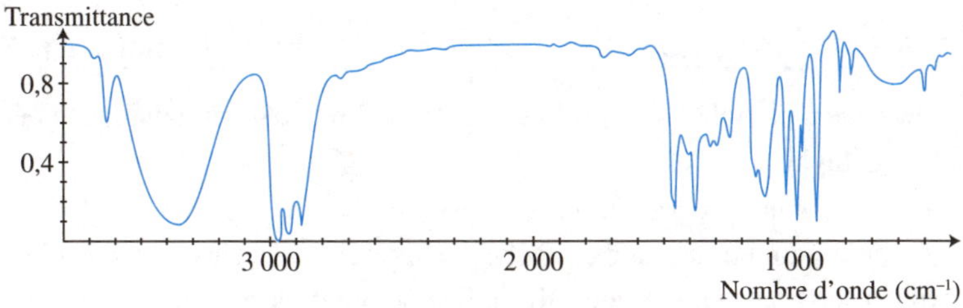

Spectre infrarouge A

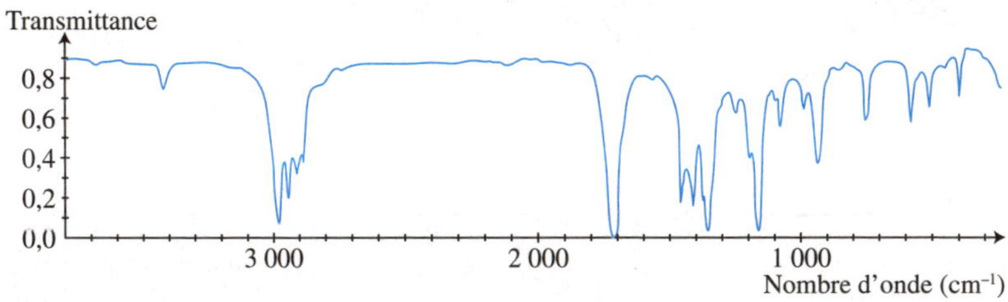

Spectre infrarouge B

Voir le savoir-faire **2**.

6 PROPANE OU PROPÈNE ?

★★ | 15 min | ▸ P. 75

Attribuer à chacune des molécules suivantes son spectre infrarouge.

1. Propane 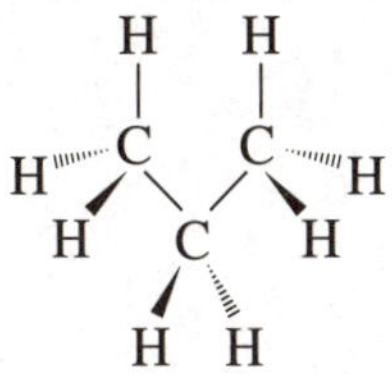

2. Propène 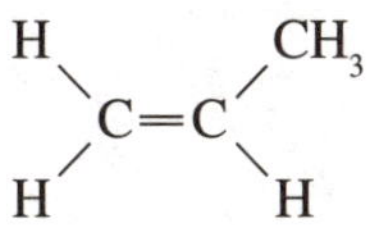

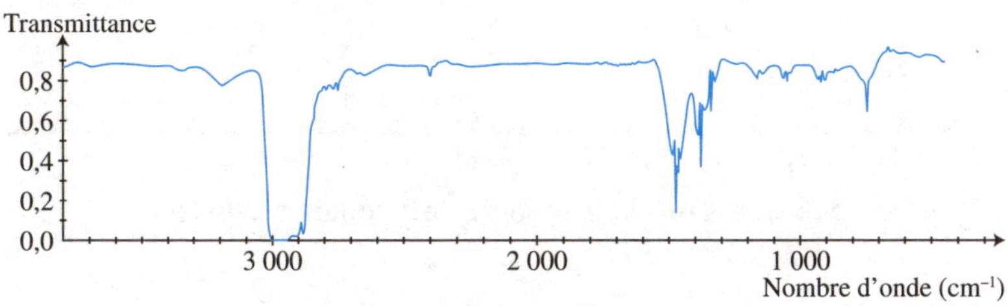

Spectre infrarouge A

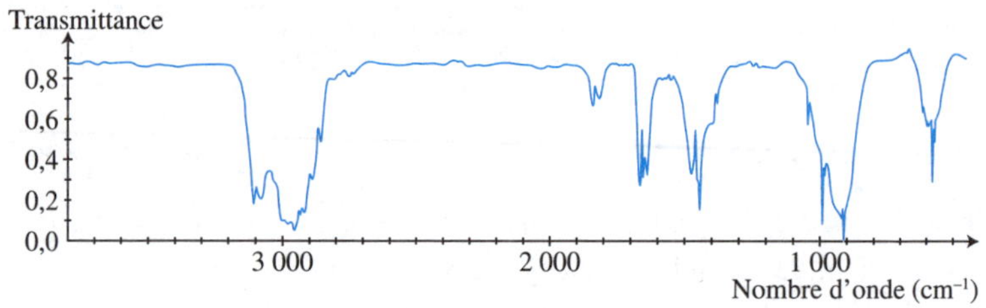

Spectre infrarouge B

7 TROIS ATOMES DE CARBONE

★★★ | 15 min | ▸ P. 75

On s'intéresse aux molécules suivantes : propan-2-ol, acide propanoïque et éthanoate de méthyle.

1. Écrire la formule développée de ces trois molécules.
2. Entourer et nommer le groupe fonctionnel présent dans chaque molécule.
3. Attribuer le spectre infrarouge suivant à la bonne molécule.

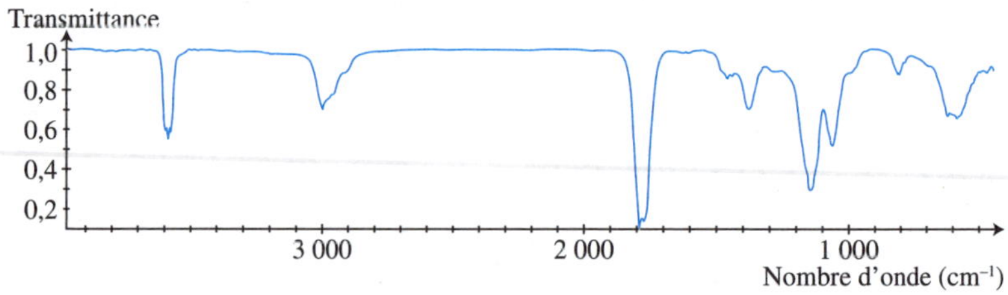

8 MULTIPLICITÉ

★★ | 10 min | ▸ P. 75

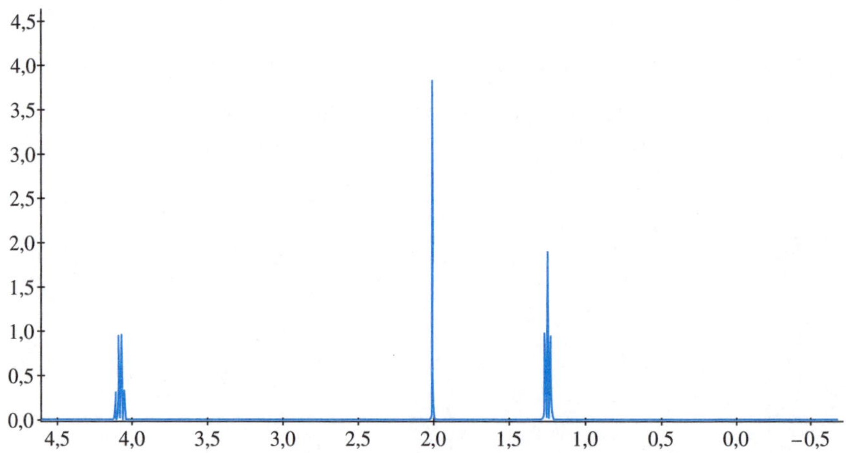

Spectre RMN du proton de l'éthanoate d'éthyle

En vous aidant de la multiplicité des 3 pics observés (singulet, triplet et quadruplet), attribuez chacun d'entre eux à l'un des groupes de protons équivalents repérés par les lettres A, B et C sur la formule de la molécule d'éthanoate d'éthyle.

$$\underset{A}{CH_3}-\overset{\overset{\displaystyle O}{\|}}{C}-O-\underset{B}{CH_2}-\underset{C}{CH_3}$$

9 COURBE D'INTÉGRATION | ★★ | 20 min | ▸ P. 76

Voici le spectre RMN du proton simplifié de la 4-hydroxy-4-méthyl pentan-2-one.

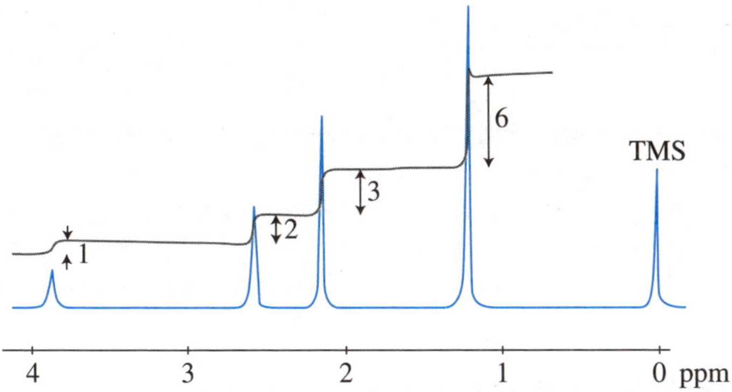

1. Donner la formule semi-développée de la molécule étudiée.
2. Identifier, en les entourant sur la formule, les protons équivalents.
3. Sur le spectre RMN, à quoi correspond le pic à 0 ppm ?
4. À l'aide de la courbe d'intégration, attribuer à chaque groupe de protons le pic correspondant.

EXERCICES D'APPROFONDISSEMENT

10 PROTONS ÉQUIVALENTS | ★★ | 15 min | ▸ P. 76

On se propose de prévoir l'allure du spectre RMN du proton des molécules suivantes :

$$ClCH_2-CH_2Br \quad \text{et} \quad CH_3-O-CH_2-CH_2-O-CH_3$$

Pour chaque molécule, vous répondrez aux questions suivantes :

1. Quels sont les protons équivalents ?
2. En déduire le nombre de pics observés sur le spectre RMN.
3. Quel est le rapport des aires de ces pics ?
4. Préciser pour chaque pic s'il s'agit d'un singulet, d'un doublet, d'un triplet…

11 RECHERCHE DE STRUCTURE | ★★ | 15 min | ▸ P. 77

Voici le spectre RMN du proton d'un alcane de formule brute C_5H_{12}.

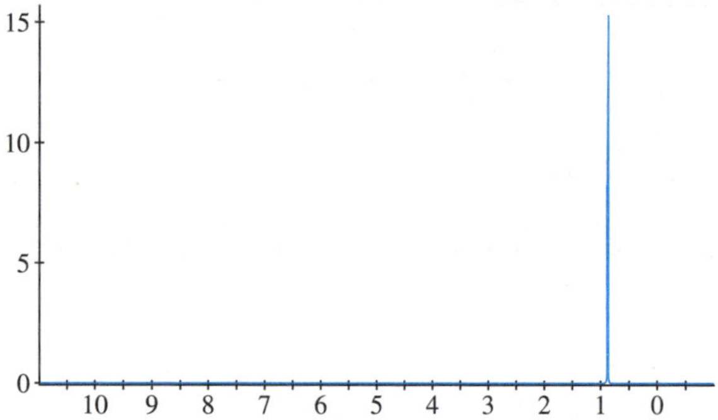

1. Écrire la formule semi-développée et nommer les trois isomères correspondant à cette formule brute.

2. À l'aide du spectre RMN, déterminer la structure de la molécule étudiée.

12 C_3H_8O | ★★★ | 20 min | ▸ P. 77

À l'aide des spectres IR et RMN, déterminer la formule semi-développée et le nom de la molécule étudiée ayant pour formule brute C_3H_8O.

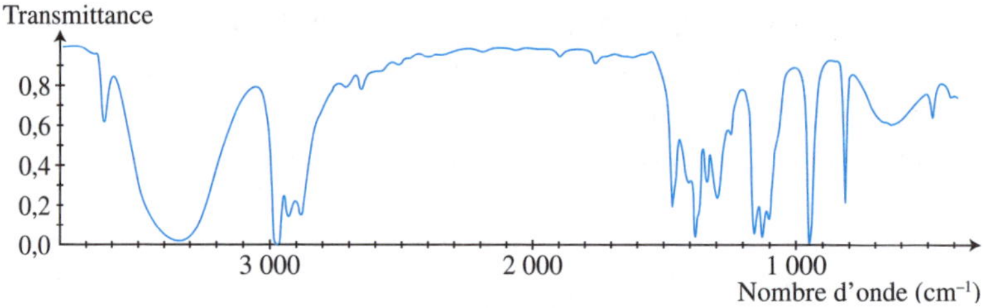

Spectre IR de la molécule C_3H_8O

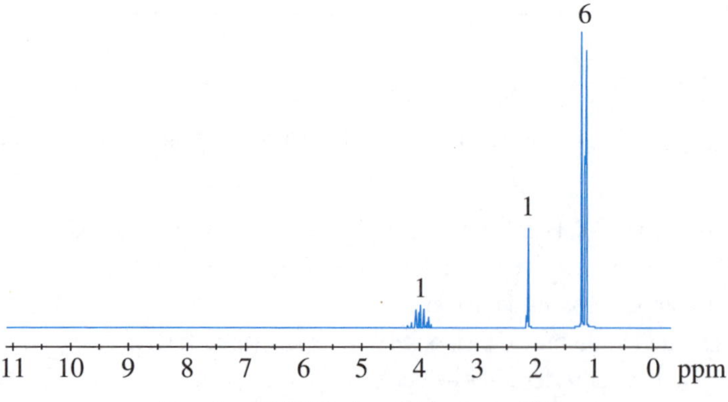

Spectre RMN de la molécule C_3H_8O

CONTRÔLE

13 ANTIOXYDANTS PIGMENTÉS

★★ | 10 min | ▸ P. 77

Inès, jeune étudiante en chimie qui prend grand soin de son alimentation, revient du marché le panier rempli de carottes, de tomates et de maïs. Elle sait que certains des antioxydants présents dans les fruits et légumes donnent aussi leur couleur à ces derniers, mais se demande lesquels sont présents dans son panier. Après une brève recherche sur internet, elle obtient les spectres d'absorption UV-visible de trois de ces pigments.

En utilisant les spectres d'Inès, précisez dans quel légume il est le plus probable de trouver chaque pigment en grande quantité.

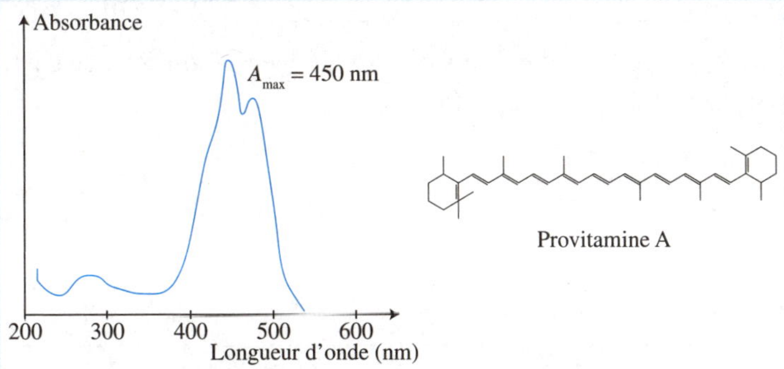

Spectre UV-visible de la provitamine A

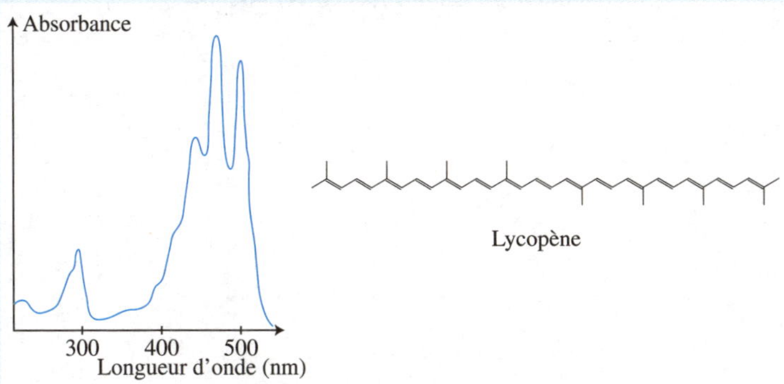

Spectre UV-visible du lycopène

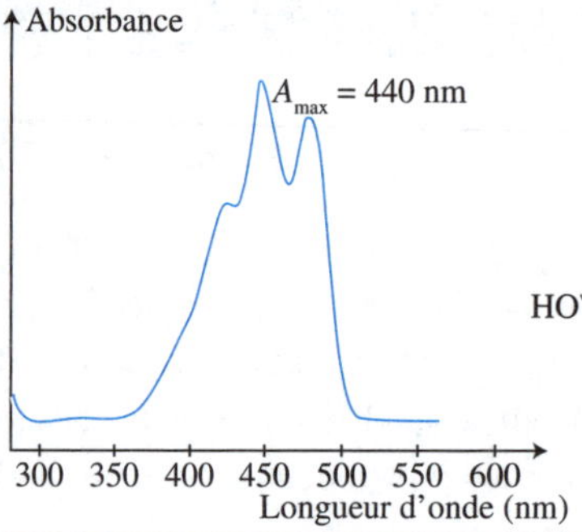

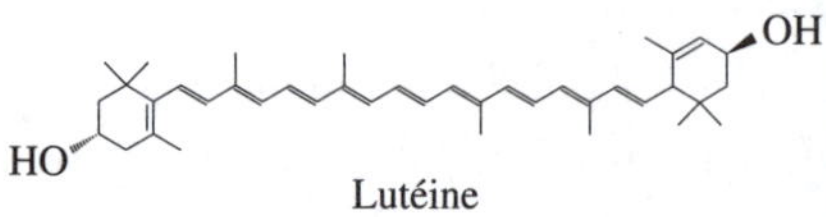

Lutéine

Spectre UV-visible de la lutéine

14 $C_4H_{10}O_2$

★★★ | 20 min | ▸ P. 78

On dispose des spectre IR et RMN d'une molécule de formule brute $C_4H_{10}O_2$ dont on cherche à déterminer la structure.

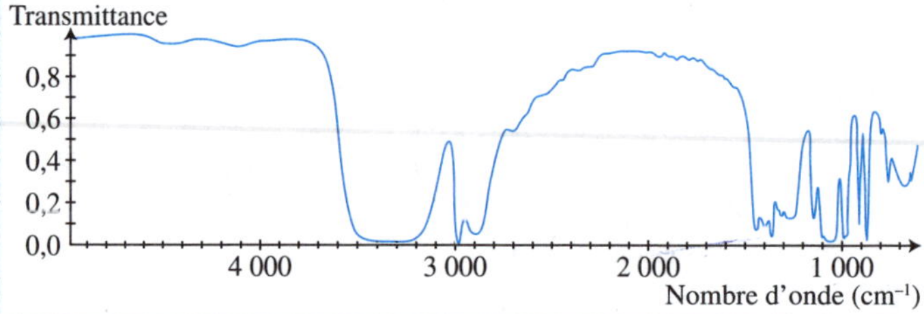

Spectre IR de la molécule $C_4H_{10}O_2$

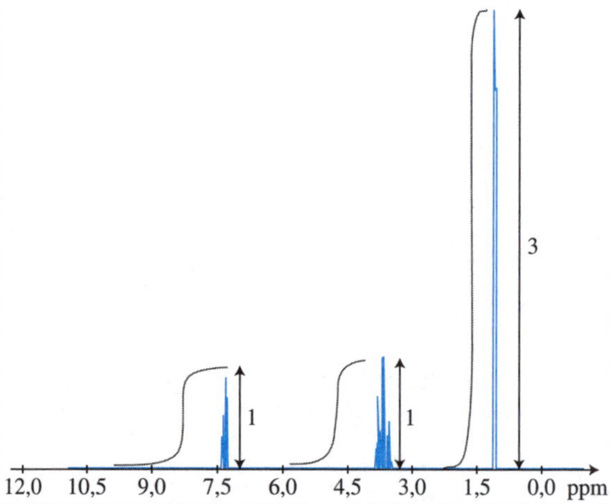

Spectre RMN de la molécule $C_4H_{10}O_2$

1. À l'aide du spectre infrarouge, déterminer si la molécule contient un ou plusieurs groupes carbonyle (C=O).
2. En déduire la nature de la fonction dans laquelle se trouvent les deux atomes d'oxygène de la molécule.
3. Donner la formule topologique des 6 isomères de constitution correspondant à la formule brute et aux informations révélées par le spectre IR.
4. Déterminer les 2 isomères dont la formule pourrait correspondre au nombre de pics révélés par le spectre RMN (sans tenir compte de leur multiplicité ni de leurs aires relatives). Nommer les 2 isomères retenus.
5. En comparant l'aire relative des pics du spectre RMN, déterminer quel est l'isomère correspondant à la molécule étudiée.

CORRIGÉS

1 On rappelle que $\upsilon = \frac{c}{\lambda}$ et $\sigma = \frac{1}{\lambda}$.

Attention ! λ est en mètres dans le calcul des fréquences mais en centimètres dans le calcul des nombres d'onde.

$$\upsilon_1 = \frac{c}{\lambda_1} = \frac{3{,}00\times10^8}{10{,}0\times10^{-2}} = 3{,}00\times10^9 \text{ Hz} \; ; \quad \sigma_1 = \frac{1}{\lambda_1} = \frac{1}{10{,}0} = 0{,}100 \text{ cm}^{-1}.$$

$$\upsilon_2 = \frac{c}{\lambda_2} = \frac{3{,}00\times10^8}{20{,}0\times10^{-3}} = 1{,}50\times10^{10} \text{ Hz} \; ; \quad \sigma_2 = \frac{1}{\lambda_2} = \frac{1}{2{,}00} = 0{,}500 \text{ cm}^{-1}.$$

$$\upsilon_3 = \frac{c}{\lambda_3} = \frac{3{,}00\times10^8}{3\,000\times10^{-9}} = 1{,}00\times10^{14} \text{ Hz} \; ;$$

$$\sigma_3 = \frac{1}{\lambda_3} = \frac{1}{3{,}00\times10^{-4}} = 3{,}33\times10^3 \text{ cm}^{-1}.$$

Tous les résultats sont exprimés avec 3 chiffres significatifs, conformément aux données de l'énoncé.

2 $\Delta E = h\upsilon = h\frac{c}{\lambda} = hc\sigma$.

1. $\Delta E = h\upsilon = h\frac{c}{\lambda} = 6{,}625\times10^{-34} \times \frac{3{,}00\times10^8}{500\times10^{-9}} = 3{,}98\times10^{-19}$ J.

2. $\Delta E = hc\sigma = 6{,}625\times10^{-34} \times 3{,}00\times10^8 \times 3{,}000\times10^5 = 5{,}96\times10^{-20}$ J.

Attention à la conversion du nombre d'onde en mètres :

$$3000 \text{ cm}^{-1} = 3{,}000\times10^5 \text{ m}^{-1}.$$

3 On rappelle que $T = \frac{I}{I_0}$ et $A = \log\frac{I_0}{I}$ soit $A = -\log T$.

1. $T = 4{,}0\ \% = 0{,}040$ donc $A = -\log T = -\log 0{,}040 = 1{,}4$.

2. $T = 10^{-A} = 10^{-0{,}55} = 0{,}28 = 28\ \%$.

4 Le colorant E102 a son maximum d'absorption pour $\lambda \approx 430$ nm. Il absorbe donc essentiellement la couleur violette et nous apparait de couleur jaune.
Le colorant E131 a son maximum d'absorption pour $\lambda \approx 630$ nm. Il absorbe donc essentiellement la couleur rouge et nous apparait de couleur bleue.

5 Il y a beaucoup de similitudes entre les deux spectres, mais le spectre A est le seul à comporter une large bande pour $\sigma = 3\,500$ cm^{-1}, caractéristique de la fonction

alcool (groupe O—H). De plus, le spectre B laisse apparaître une fine bande pour $\sigma \approx 1\,700\ cm^{-1}$, caractéristique du groupe carbonyle (C=O), présent dans la fonction cétone.
Conclusion : le spectre A correspond au butan-2-ol (alcool) et le spectre B correspond au butan-2-one (qui est une cétone).

Il ne faut surtout pas essayer d'interpréter chaque bande d'absorption, mais comparer les deux spectres et essayer d'interpréter leurs différences. On sait ici que l'on doit trouver la fonction alcool dans un spectre et la fonction cétone dans l'autre.

6 On retrouve bien sur les deux spectres la bande caractéristique des liaisons C—H des alcanes, pour $\sigma \approx 2\,950\ cm^{-1}$. En revanche, il n'y a que sur le spectre B que l'on peut noter également un pic à $3\,050\ cm^{-1}$, caractéristique des liaisons C—H dans les alcènes. Cette observation est confirmée par un autre pic vers $1\,650\ cm^{-1}$, typique des liaisons C=C.
Conclusion : le spectre A correspond au propane (un alcane) et le spectre B correspond au propène (un alcène).

7 **1.** et **2.**

Nom	Propan-2-ol	Acide propanoïque	Éthanoate de méthyle
Formule développée	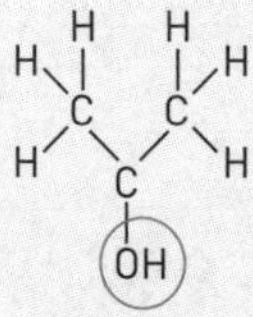	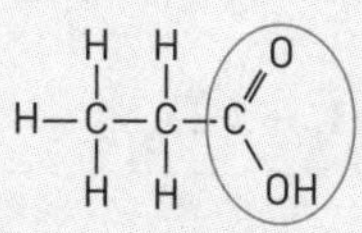	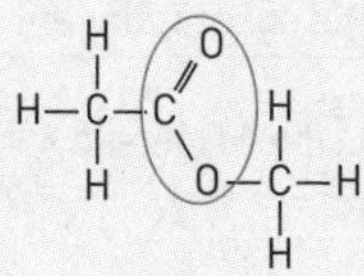
Fonction	Alcool	Acide carboxylique	Ester

3. La présence d'une forte bande entre 1 700 et $1\,800\ cm^{-1}$ indique la présence d'une liaison C=O dans la molécule recherchée : on peut donc éliminer le propan-2-ol.
On note alors la présence d'un pic entre 3 500 et $3\,600\ cm^{-1}$, caractéristique de la liaison O—H. On en déduit que l'espèce recherchée n'est pas un ester mais un acide carboxylique : il s'agit du spectre de l'acide propanoïque.

8 • Le premier pic, situé entre 1 et 1,5 ppm, est un **triplet** : cela signifie que les protons concernés ont deux voisins non équivalents situés au maximum à 3 liaisons de leur position. Ce pic correspond donc aux protons équivalents désignés par la lettre **C**, qui ont deux voisins non équivalents situés en **B**.
• Le second pic, à 2 ppm, est un **singulet** : les protons concernés n'ont donc pas de voisins non équivalents situés à moins de 3 liaisons. Il s'agit du groupe de protons désignés par la lettre **A**, leurs premiers voisins non équivalents étant situés à 4 liaisons.

• Le dernier pic, un peu au-dessus de 4 ppm, est un **quadruplet** : les protons équivalents désignés par la lettre **B** on en effet 3 voisins non équivalents situés à moins de 3 liaisons (en C).

9 **1.** et **2.**

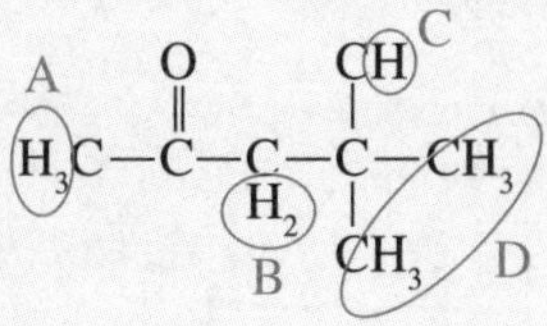

Les protons équivalents sont ceux dont l'environnement est parfaitement identique.

3. Le premier pic, situé à 0 ppm, est provoqué par le solvant utilisé (ici du TMS) et sert de référence.
4. Chacun des groupes de protons équivalents entourés dans la molécule est constitué d'un nombre de protons différent, ce qui va nous permettre de déterminer de quel pic ils sont à l'origine uniquement à l'aide de la courbe d'intégration :

Groupe de protons	A	B	C	D
Nombre de protons	3	2	1	6
Rapport des aires	3	2	1	6
Pic correspondant	2,2 ppm	2,6 ppm	3,8 ppm	1,2 ppm

10 • **Molécule $ClCH_2-CH_2Br$**

	$ClCH_2-CH_2Br$	
1. et **2.** Protons équivalents	Les 2 H portés par le C voisin de Cl	Les 2 H portés par le C voisin de Br
3. Rapport des aires	2 H concernés	2 H concernés
	1	1
4. Allure des pics	2 protons voisins non équivalents : triplet	2 protons voisins non équivalents : triplet

• **Molécule $CH_3-O-CH_2-CH_2-O-CH_3$**

	$CH_3-O-CH_2-CH_2-O-CH_3$	
1. et **2.** Protons équivalents	Les 6 H des CH_3	Les 4 H des CH_2
3. Rapport des aires	6 H concernés	4 H concernés
	3	2
4. Allure des pics	Aucun proton voisin non équivalent : singulet	Aucun proton voisin non équivalent : singulet

11 **1.** Pentane : $CH_3-CH_2-CH_2-CH_2-CH_3$

2-méthylbutane : 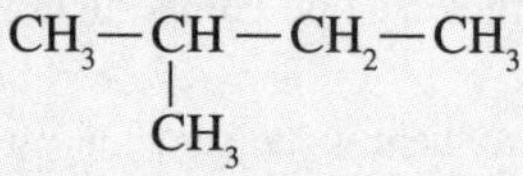

2,2-diméthylpropane : 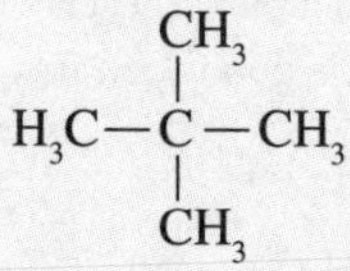

2. Le spectre ne donne qu'un seul pic, ce qui signifie que tous les protons de la molécule sont équivalents.

Le pentane donnerait un spectre contenant 3 pics (3 groupes distincts de protons équivalents) et le 2-méthylbutane, 4 pics (4 groupes distincts de protons équivalents). En conclusion, le 2,2-diméthylpropane possède la seule structure dans laquelle tous les protons sont équivalents, et est donc la molécule recherchée.

12 La formule brute contenant un atome d'oxygène unique, nous pouvons commencer par étudier le spectre IR afin de déterminer dans quelle fonction il est impliqué : alcool, cétone ou aldéhyde.

La grosse bande centrée autour de 3 350 cm^{-1} nous indique que la molécule contient une liaison O—H.

On peut alors sans mal déterminer les deux alcools correspondant à la formule brute :

propan-1-ol : $CH_3-CH_2-CH_2-OH$ et propan-2-ol : 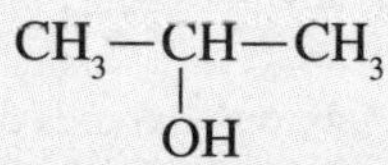

Le spectre RMN montre 3 pics distincts, d'aires relatives 6/1/1, ce qui ne peut correspondre qu'au propan-2-ol. Il possède en effet 1 groupe de 6 protons équivalents ainsi que deux protons n'ayant pas d'équivalent :

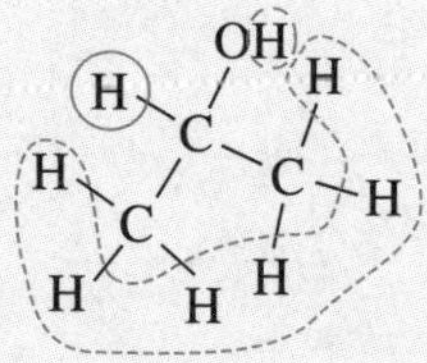

Le propan-1-ol, lui, aurait donné lieu à 4 pics distincts, d'aires relatives 4/2/2/1.

13 L'absorption maximale pour la provitamine A a lieu à 450 nm. Elle absorbe donc l'indigo et apparaît orangé : on la trouvera probablement dans les carottes.

Le second pigment, appelé lycopène, a son maximum d'absorption vers 480 nm. Il absorbe donc le bleu et apparaît rouge : il est sûrement présent dans les tomates.

Le troisième spectre montre un maximum d'absorption à 440 nm. La lutéine absorbe donc l'indigo et apparaît de couleur jaune. Le maïs en contient donc à coup sûr.

14 **1.** Le spectre infrarouge ne présente pas la bande entre 1 700 et 1 800 cm^{-1} caractéristique de la liaison C=O. La molécule ne comporte donc pas de groupe carbonyle.

2. D'après la question **1.**, la molécule ne contient ni aldéhyde, ni cétone, ni acide carboxylique, ni ester. Les atomes d'oxygènes sont donc présents tous les deux dans une fonction alcool (—OH). La molécule comporte donc deux fois le groupe —OH.

3.

A 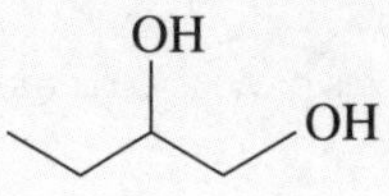	B 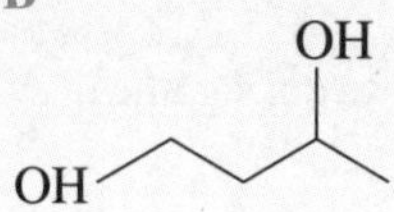	C 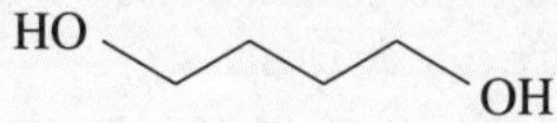
D 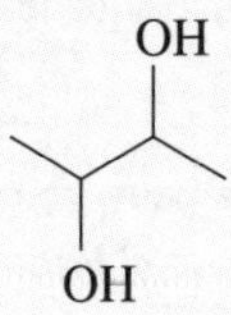	E 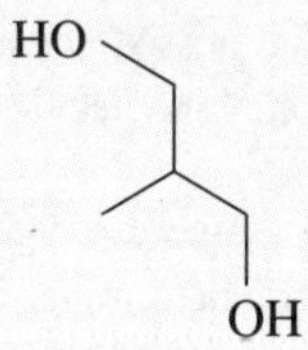	F 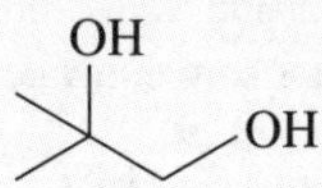

4. Le spectre RMN présente 3 pics distincts : il y a donc dans la molécule 3 groupes de protons équivalents distincts. Les isomères correspondant à cette configuration sont C et D. En raison de leur symétrie, de nombreux protons se trouvent être équivalents.

Les protons entourés par une même forme géométrique sont équivalents :

Isomère C : butan-1,4-diol

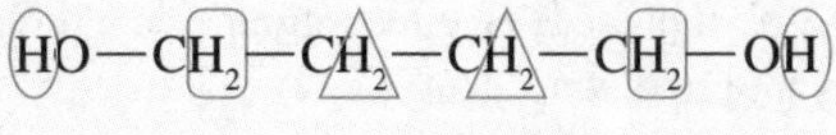

Isomère D : butan-2,3-diol

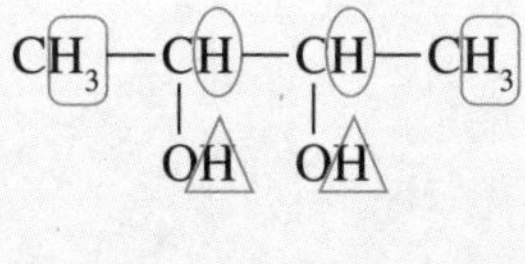

On observe bien 3 groupes de protons équivalents distincts dans les molécules C et D.

5. Dans l'isomère C, il y a un groupe de 2 protons équivalents et 2 groupes de 4 protons équivalents : si le plus petit pic, correspondant au groupe de 2 protons équivalents, a une aire de 1, les deux autres doivent avoir une aire de 2 (car ils correspondent chacun à un groupe contenant 2 fois plus de protons).

Dans l'isomère D, il y a deux groupes de 2 protons équivalents et un groupe de 6 protons équivalents : si les deux plus petits pics, correspondant aux groupes de 2 protons équivalents, ont une aire de 1, le pic restant doit avoir une aire de 3 (car il correspond à un groupe contenant 3 fois plus de protons).

Conclusion : la molécule cherchée est le butan-2,3-diol.

Comprendre

4 Cinématique et dynamique newtoniennes

I CINÉMATIQUE

La cinématique est la science qui s'occupe du mouvement des corps solides sans se préoccuper des causes qui le produisent.

1. Vecteur position

On définit un référentiel R que l'on munit d'un repère orthonormé (Oxyz) et d'une horloge. R permet de repérer au cours du temps les mouvements d'un mobile M. Le vecteur position sera noté :

$$\overrightarrow{OM} = x(t)\vec{i} + y(t)\vec{j} + z(t)\vec{k}.$$

Les trois équations horaires sont les trois fonctions du temps :

$$\begin{cases} t \mapsto x(t) \\ t \mapsto y(t) \\ t \mapsto z(t) \end{cases}$$

2. Vecteur vitesse

Le vecteur vitesse du mobile M à un instant t donné est obtenu en dérivant le vecteur position par rapport au temps. On peut aussi dire que les trois coordonnées du vecteur vitesse sont obtenues en dérivant les trois coordonnées du vecteur position :

$$\vec{v} = v_x\vec{i} + v_y\vec{j} + v_z\vec{k} = \frac{d\overrightarrow{OM}}{dt} = \frac{dx}{dt}\vec{i} + \frac{dy}{dt}\vec{j} + \frac{dz}{dt}\vec{k}.$$

Le vecteur vitesse représente vectoriellement les variations du vecteur position.

En physique on utilise la notation de la dérivée $\frac{dx}{dt}$ ou $\dot{x}$ qui lui est équivalente.
Cela correspond à la notation mathématique x' (le symbole consacré par l'usage rappelle en physique que l'on dérive par rapport au temps).
La dérivée seconde de la fonction f par rapport au temps (c'est-à-dire f'') sera notée en physique $\frac{d^2f}{dt^2}$ ou bien $\ddot{f}$.

3. Vecteur accélération

■ Le vecteur accélération du mobile M à un instant t donné est obtenu en dérivant le vecteur vitesse par rapport au temps. Le vecteur accélération est donc obtenu en dérivant deux fois successivement le vecteur position. On peut aussi dire que les trois coordonnées du vecteur accélération sont obtenues en dérivant les trois coordonnées du vecteur vitesse :

$$\vec{a} = \frac{\mathrm{d}v_x}{\mathrm{d}t}\vec{i} + \frac{\mathrm{d}v_y}{\mathrm{d}t}\vec{j} + \frac{\mathrm{d}v_z}{\mathrm{d}t}\vec{k} = \frac{\mathrm{d}\vec{v}}{\mathrm{d}t} = \frac{\mathrm{d}^2\overrightarrow{\mathrm{OM}}}{\mathrm{d}t^2} = \ddot{x}\vec{i} + \ddot{y}\vec{j} + \ddot{z}\vec{k}.$$

Le vecteur accélération représente vectoriellement les variations du vecteur vitesse.

4. Types de mouvements

■ Dans le cas d'un **mouvement rectiligne uniforme**, le vecteur accélération est nul.

■ Dans le cas d'un **mouvement rectiligne uniformément accéléré**, le vecteur accélération est constant.

■ Dans le cas d'un **mouvement circulaire uniforme**, le vecteur accélération est non nul (car le vecteur vitesse varie) et s'écrit :

$$\vec{a} = \frac{v^2}{r}\vec{n},$$

où v est le module du vecteur vitesse, r le rayon et $\vec{n}$ un vecteur unitaire (de norme 1) radial et centripète, c'est-à-dire dirigé vers le centre du cercle.
La valeur de la vitesse est constante, ainsi que la valeur de l'accélération qui s'écrit : $a = \frac{v^2}{r}$.

■ Dans le cas d'un **mouvement circulaire non uniforme**, le vecteur accélération est non nul et s'écrit :

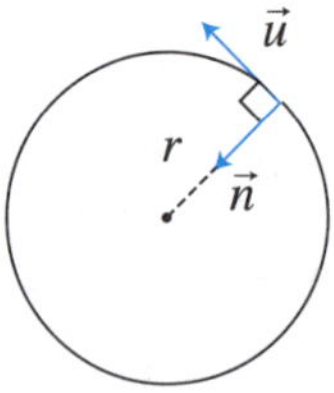

$$\vec{a} = \frac{v^2}{r}\vec{n} + \frac{\mathrm{d}v}{\mathrm{d}t}\vec{u},$$

où v est le module du vecteur vitesse, r le rayon de courbure de la trajectoire, $\vec{n}$ un vecteur unitaire (de norme 1) radial, c'est-à-dire dirigé vers l'intérieur de la trajectoire, $\vec{u}$ un vecteur unitaire tangent à la trajectoire dans le sens du mouvement, et $\frac{\mathrm{d}v}{\mathrm{d}t}$ la dérivée par rapport au temps de la norme du vecteur vitesse.

II DYNAMIQUE

La dynamique est la science qui s'occupe du mouvement des corps mobiles et des causes qui engendrent ce mouvement.

1. Définitions

■ Un système est dit **pseudo isolé** si la somme vectorielle des forces qui lui sont appliquée est nulle : $\sum \vec{F} = \vec{0}$.

■ Un système est dit **isolé** s'il ne subit aucune force extérieure.

2. Première loi de Newton ou principe de l'inertie

■ Le centre d'inertie d'un système pseudo-isolé est soit :

- animé d'un mouvement rectiligne uniforme dans un référentiel galiléen ;
- immobile dans un référentiel galiléen.

Mathématiquement on écrira :

$$\sum \vec{F} = \vec{0} \text{ est équivalent à } \overrightarrow{v_G} = \overrightarrow{\text{Cte}}$$

(cette constante vectorielle pouvant être nulle).

■ Un référentiel galiléen est un référentiel pour lequel le principe d'inertie est vérifié. Cette vérification n'est qu'approximative, car les mesures expérimentales sont toujours entachées d'incertitudes. On utilise couramment les référentiels suivants :

- **Référentiel terrestre** : on lie le système d'axes à un point du sol. On considère ce référentiel comme galiléen pour l'étude des mouvements de durée courte (par rapport à la durée du jour sidéral) et où les distances parcourues sont inférieures quelques kilomètres.
- **Référentiel géocentrique** : l'origine du système d'axes est placée au centre de gravité de la Terre. Les axes pointent vers des étoiles lointaines supposées fixes (il suit le mouvement de révolution de la Terre autour du Soleil, mais n'est pas entraîné dans son mouvement de rotation autour de l'axe des pôles). On utilise ce référentiel pour l'étude du mouvement de satellites terrestres en particulier.
- **Référentiel héliocentrique** : l'origine du système d'axes est placée au centre de gravité du système solaire (presque confondu avec le centre du Soleil). Les axes pointent vers des étoiles fixes et lointaines. Ce référentiel est utilisé pour l'étude du mouvement des planètes, des comètes et des sondes interplanétaires.

3. Deuxième loi de Newton ou principe fondamental de la dynamique

Dans un référentiel galiléen, la somme vectorielle des forces qui s'exercent sur un système est égale au produit de sa masse m par le vecteur accélération de son centre de gravité (ou centre d'inertie) G :

$$\sum \vec{F} = m\overrightarrow{a_G}.$$

Remarquons que le principe d'inertie est un cas particulier de cette loi.

4. Troisième loi de Newton ou loi des actions réciproques

On considère deux système S et S' en interaction réciproque. S exerce la force $\vec{F}_{S \to S'}$ sur S' et S' exerce la force $\vec{F}_{S' \to S}$ sur S.

La troisième loi de Newton stipule que : $\vec{F}_{S \to S'} = -\vec{F}_{S' \to S}$.

> Remarquons que cette relation implique en particulier l'égalité des valeurs des deux forces.

III QUANTITÉ DE MOUVEMENT

■ Le vecteur quantité de mouvement $\vec{p}$ d'un point matériel de masse m se déplaçant à la vitesse $\vec{v}$ dans un référentiel donné, se définit comme :

$$\vec{p} = m\vec{v}.$$

■ On peut énoncer la 2e loi de Newton en l'exprimant en fonction du vecteur quantité de mouvement. Dans un référentiel galiléen (pour un système dont la masse ne varie pas) on écrit :

$$\sum \vec{F} = m\vec{a}_{\text{G}} = m\frac{\text{d}\vec{v}}{\text{d}t} = \frac{\text{d}(m\vec{v})}{\text{d}t} = \frac{\text{d}\vec{p}}{\text{d}t}.$$

■ Si un système est isolé, il y a conservation de sa quantité de mouvement.

> On utilisera ce principe dans l'exercice 18 pour mettre en évidence des particules non détectées directement.

IV LOIS DE KEPLER

1. Mouvement des planètes et satellites

■ On étudie le mouvement des planètes dans le référentiel héliocentrique et celui des satellites artificiels (ou de la Lune) dans le référentiel géocentrique. Pour une planète donnée, le mouvement des satellites sera étudié dans un référentiel « planétocentrique ». On suppose de plus que l'astre central a une masse très supérieure à celle du corps affecté d'un mouvement de révolution.

■ Si le mouvement d'une planète ou d'un satellite est circulaire dans le référentiel adapté (lié au corps central), on peut démontrer qu'il est uniforme, c'est-à-dire que la norme du vecteur vitesse est constante et s'écrit :

$$v = \sqrt{\frac{GM}{r}},$$

où G est la constante universelle de la gravitation, M la masse de l'astre central et r la distance entre les centres des corps.

> Voir l'exercice 7 pour une démonstration.

2. Lois de Kepler

Les trois lois de Kepler décrivent le mouvement des planètes autour du Soleil.

■ 1re loi, ou loi des orbites : les planètes décrivent des orbites elliptiques autour du Soleil. Celui-ci occupe l'un des 2 foyers de l'ellipse. Si l'orbite elliptique est assimilable à un cercle, alors le soleil est au centre de ce cercle.

■ 2e loi, ou loi des aires : le rayon Soleil-planète décrit des aires égales en des temps égaux.

■ 3e loi, ou loi des périodes : le carré de la période de révolution T de la planète est proportionnel au cube du rayon r de l'orbite.

La 3e loi de Kepler peut s'écrire en utilisant les lois de la dynamique :

$$\frac{T^2}{r^3} = \frac{4\pi^2}{GM}.$$

SAVOIR-FAIRE

1. Étudier un mouvement

Rappelons qu'on étudie le mouvement du **centre d'inertie** du système.
On doit toujours :

- définir précisément le système mécanique ;
- choisir un référentiel d'étude galiléen ;
- faire un inventaire des forces extérieures s'exerçant sur le système ;
- faire la somme vectorielle de ces forces extérieures ;
- déduire de la 2e loi de Newton l'accélération du centre de gravité G.

À partir de la valeur de l'accélération trouvée, l'exercice peut demander les valeurs de la vitesse (donc il faudra intégrer), ou encore le calcul d'une des forces, etc.

EXEMPLE : Soit un homme immobile (de masse m) sur un sol faisant un angle α avec l'horizontale. Appliquer la 2e loi de Newton pour trouver l'expression de la valeur des frottements f en fonction de m, g et α.

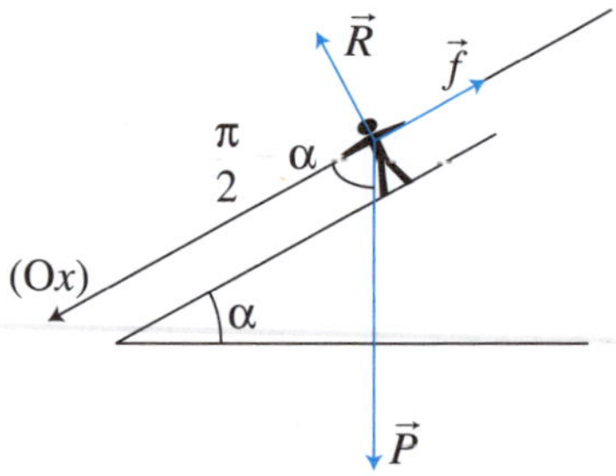

■ On étudie l'équilibre de l'homme (il s'agit de notre système) dans le référentiel terrestre supposé galiléen. L'homme est soumis à trois forces : la réaction $\vec{R}$ du support (perpendiculaire au sol), son poids $\vec{P}$ et les frottements $\vec{f}$.
Comme l'homme est immobile dans le référentiel terrestre, la 2e loi de Newton s'écrit :

$$\vec{P} + \vec{R} + \vec{f} = \vec{0} \qquad \textbf{(1)}$$

Ici, le vecteur accélération est nul : la 2e loi de Newton se ramène au principe d'inertie.

■ Pour déterminer f on projette la relation vectorielle **(1)** sur l'axe (Ox) (voir figure), ce qui permet d'éliminer la réaction : $P_x + R_x + f_x = 0$.

Avec $\begin{cases} R_x = 0 \\ f_x = -f \\ P_x = +mg\sin\alpha \end{cases}$ on obtient l'équation $mg\sin\alpha - f = 0$.

D'où finalement $f = mg\sin\alpha$.

2. Déterminer un vecteur vitesse à partir d'un enregistrement chronophotographique

■ Sur un enregistrement chronophotographique, on doit d'abord tenir compte de l'échelle et de l'intervalle de temps τ séparant deux points.
Ensuite la règle à retenir est que si l'on veut connaître la vitesse en un point P_i on doit se placer de part et d'autre, donc aux points P_{i+1} et P_{i-1}.
■ Pour construire le vecteur vitesse en P_i on doit calculer la valeur moyenne de la vitesse en P_i :

$$v_i = \frac{P_{i+1}P_{i-1}}{2\tau}$$

où le numérateur est la distance entre les points indiqués et le dénominateur l'intervalle de temps séparant ces deux points.
Puis on représente le vecteur vitesse en choisissant une échelle adaptée, en se plaçant au point P_i, tangentiellement à la trajectoire.

EXEMPLE : Construire le vecteur vitesse en P_4 sur l'enregistrement suivant.

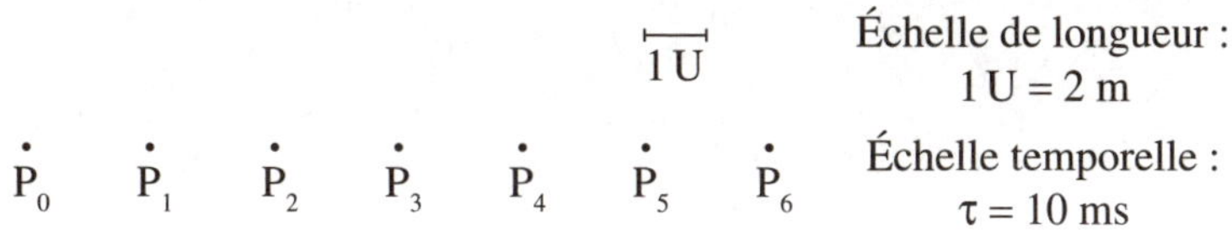

■ On constate que le mouvement est rectiligne, et comme les points sont régulièrement espacés, le mouvement est certainement uniforme.
■ On commence par calculer la valeur de la vitesse « instantanée » en P_4 :

$$v_4 = \frac{P_3P_5}{2\tau} = \frac{4 \times 2}{2 \times 10 \times 10^{-3}} = 400 \text{ m/s}.$$

■ On peut ensuite représenter le vecteur vitesse en P_4 en choisissant l'échelle de vitesses : 0,5 cm pour 400 m/s.

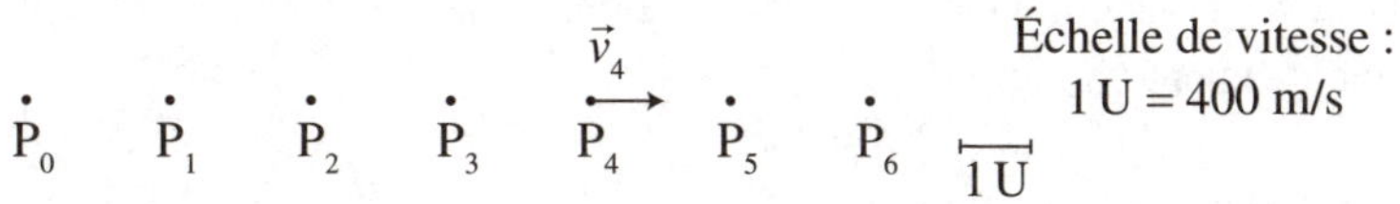

3. Déterminer un vecteur accélération à partir d'un enregistrement chronophotographique

Pour construire le vecteur accélération en P_i on doit :
• construire le vecteur $\Delta\vec{v} = \vec{v}_{i+1} - \vec{v}_{i-1}$ au point P_i et mesurer sa longueur (en tenant compte de l'échelle choisie pour la vitesse) ;

- calculer la valeur de l'accélération $\vec{a} = \dfrac{\Delta\vec{v}}{2\tau}$;
- choisir une échelle pour l'accélération et placer le vecteur au point P_i.

Rappelons que pour un mouvement circulaire uniforme, le vecteur accélération pointe vers le centre du cercle.

EXEMPLE : Construire le vecteur accélération en P_4 sur l'enregistrement suivant.

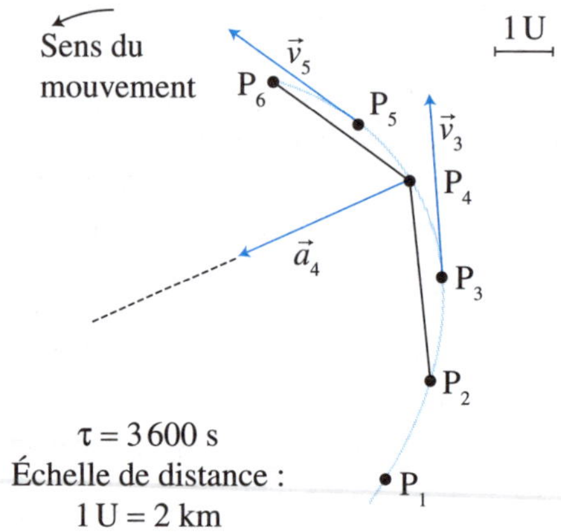

■ On commence par déterminer la valeur des vecteurs vitesse $\vec{v}_3$ et $\vec{v}_5$:

$$v_3 = \frac{3{,}5 \times 2\ 000}{2 \times 3\ 600} = 0{,}97 \text{ m/s} \quad \text{et} \quad v_5 = \frac{3{,}0 \times 2\ 000}{2 \times 3\ 600} = 0{,}83 \text{ m/s}.$$

On choisit une échelle pour la vitesse : 1 cm pour 0,5 m/s et on construit les vecteurs, tangentiellement à la trajectoire.

■ On doit ensuite déterminer le vecteur $\Delta\vec{v} = \vec{v}_5 - \vec{v}_3$, puis sa valeur, et enfin celle de l'accélération.

Graphiquement on mesure :

$$\Delta v = 1{,}5 \times 0{,}5 = 0{,}75 \text{ m/s}.$$

On en déduit l'accélération :

$$a_4 = \frac{\Delta v}{2\tau} = \frac{0{,}75}{2 \times 3\ 600} = 1{,}0 \times 10^{-4} \text{ m/s}^2.$$

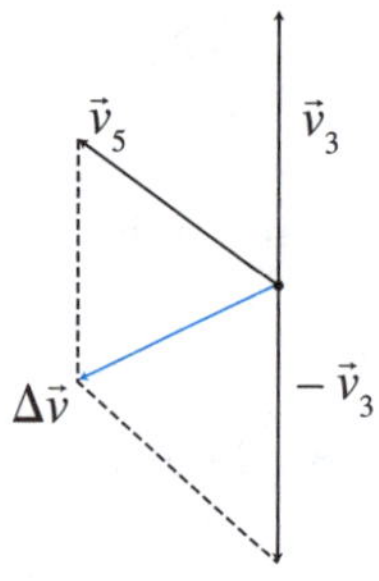

On choisit une échelle pour l'accélération : 1 cm pour $0{,}5 \times 10^{-4}$ m/s^2 et on trace le vecteur $\vec{a}_4$ sur la figure, colinéairement à $\Delta\vec{v} = \vec{v}_5 - \vec{v}_3$.

4. Utiliser la conservation de la quantité de mouvement lors d'un choc

EXEMPLE : On considère un fusil de masse $m_1 = 1{,}0$ kg au repos. Celui-ci tire une balle de masse $m_2 = 10{,}0$ g à $v_2 = 300$ m/s. On veut calculer la vitesse du fusil après le coup de feu, en supposant que le système {balle + fusil} est isolé.

■ Pour cela on doit faire un bilan de quantité de mouvement :

- avant le coup de feu, la quantité de mouvement totale est forcément nulle ;
- après, en appliquant la conservation de la quantité de mouvement, celle-ci doit rester nulle.

■ On note $\vec{p}_1$ la quantité de mouvement du fusil et $\vec{p}_2$ celle de la balle. On a donc :

quantité de mouvement avant = quantité de mouvement après

$$\text{soit } \vec{0} = \vec{p}_1 + \vec{p}_2.$$

On conçoit donc que, lorsque la balle est tirée vers l'avant, le fusil va reculer. Les vitesse $\overrightarrow{v_1}$ et $\overrightarrow{v_2}$ ont même direction, mais des sens opposées. D'où :

$$m_1 v_1 - m_2 v_2 = 0.$$

La vitesse de recul du fusil sera :

$$v_1 = \frac{m_2}{m_1} v_2 = \frac{10{,}0 \times 10^{-3}}{1{,}0} \times 300 = 3{,}0 \text{ m/s}.$$

EXERCICES D'APPLICATION

Dans les exercices qui le nécessitent, on pourra utiliser les valeurs numériques suivantes :

- Constante universelle de la gravitation : $G = 6{,}67 \times 10^{-11}$ SI.
- Rayon de la Terre : $R_T = 6\,400$ km.
- Masse de la Terre : $M_T = 5{,}97 \times 10^{24}$ kg.
- Masse du Soleil : $M_S = 2{,}0 \times 10^{30}$ kg.
- Accélération de la pesanteur terrestre au niveau du sol : $g = 9{,}81$ m/s^2.

1 CHOIX D'UN RÉFÉRENTIEL | ★ | 5 min | ▸ P. 103

Justifier le référentiel à utiliser pour appliquer les lois de la dynamique lorsqu'on veut étudier :

a. le mouvement d'une mission vers Mars ;
b. le mouvement d'un ressort oscillant en salle de TP ;
c. le mouvement d'un satellite géostationnaire ;
d. le mouvement d'un satellite de Mars.

2 ÉQUATIONS HORAIRES | ★ | 5 min | ▸ P. 103

On considère un mobile décrivant une trajectoire rectiligne uniformément accélérée. L'accélération vaut $a = 10$ m/s^2. La vitesse initiale est nulle.

1. Établir les équations horaires du mouvement.
2. Calculer la vitesse à l'instant $t = 10$ s.

3 MOUVEMENTS DE LA PLANÈTE MERCURE | ★ | 5 min | ▸ P. 103

La planète Mercure, la planète la plus proche du Soleil, a une période de révolution autour du Soleil de 88 jours terrestres, et une période de rotation sur elle-même (sidérale) de 59 jours terrestres. On suppose que son mouvement de révolution autour du Soleil est circulaire uniforme, avec un rayon (distance centre du Soleil-Mercure) $R = 58$ millions de km.

1. Calculer la vitesse angulaire de révolution ω de Mercure, en radians par seconde, puis en degrés par heure.
2. Calculer la distance d parcourue par la planète en 1 jour terrestre.
3. Calculer la vitesse angulaire de rotation Ω de Mercure sur elle-même en radians par seconde, puis en degrés par heure.

4. Comparer la vitesse angulaire de rotation Ω' de la Terre avec la vitesse angulaire de rotation Ω de Mercure (faire le quotient).
5. Comparer la vitesse angulaire de rotation Ω de Mercure avec la vitesse angulaire de révolution ω de Mercure.

4 MOUVEMENT RECTILIGNE UNIFORMÉMENT ACCÉLÉRÉ | ★ | 5 min | ▶ P. 103

Une voiture a un mouvement rectiligne uniformément accéléré sur une route horizontale. Son accélération est $a = 1{,}1$ m/s^2. La vitesse initiale est nulle.
1. Rappeler les expressions des vecteurs vitesse et position dans le cas de ce mouvement.
2. Calculer la norme du vecteur vitesse à $t = 3{,}3$ min.
3. Combien de temps faut-il pour que la voiture parcoure une distance $d = 4{,}7$ km ?

5 SATELLITE GÉOSTATIONNAIRE | ★ | 5 min | ▶ P. 104

1. Définir le plus précisément possible ce qu'est un satellite géostationnaire terrestre. On précisera en particulier les caractéristiques de l'orbite.
2. Calculer la valeur de sa vitesse angulaire ω en radians par seconde puis en degrés par heure.
3. Quel est l'intérêt d'un tel satellite ?

EXERCICES D'ENTRAÎNEMENT

6 PROJECTILE TIRÉ VERTICALEMENT DANS UN CHAMP DE PESANTEUR UNIFORME | ★★ | 15 min | ▶ P. 104

On lance un projectile verticalement vers le haut, avec une vitesse initiale v_0. Tous les frottements sont considérés comme négligeables.
1. Appliquer la 2e loi de Newton au projectile dans le référentiel terrestre supposé galiléen, et montrer que le mouvement ne dépend pas de la masse de l'objet.
2. Quelle est la nature du mouvement ?
3. En projection sur l'axe vertical, établir les équations de la vitesse et de la position en fonction du temps t.
4. Établir l'expression de la durée Δt nécessaire au projectile pour atteindre son altitude maximale H en fonction de g et v_0. En déduire l'expression de H en fonction de g et v_0.
5. Application numérique avec $v_0 = 100$ km/h.

Se souvenir que si les frottements sont négligeables, l'accélération d'un corps en chute libre est indépendante de sa masse : la plume et le plomb tombent « aussi vite » l'un que l'autre sur la Lune.

7 3e LOI DE KEPLER | ★★ | 20 min | ▸ P. 105

On considère une planète ayant une trajectoire circulaire de rayon r autour du Soleil (de masse notée M_S).

1. Exprimer le vecteur accélération $\vec{a}$ de cette planète. En déduire l'expression de a en fonction de G, M_S et r. Déduire de ce qui précède que le mouvement de la planète est circulaire uniforme.
2. Montrer que le carré de la période de révolution T de la planète s'exprime en fonction de G, M_S et r^3.
3. Déduire de la question précédente la 3e loi de Kepler dans le cas d'une orbite circulaire.
4. Que devient la loi établie à la question précédente si on considère le mouvement circulaire d'un satellite de Jupiter ? Dans quel référentiel doit-on travailler ?

8 CINÉMATIQUE D'UNE COMÈTE | ★★ | 20 min | ▸ P. 106

La figure ci-dessous représente les différentes positions d'une comète tous les 10 jours, durant la période où elle passe à son périhélie (point de l'orbite le plus proche du Soleil). L'échelle utilisée est 1 cm pour 0,25 ua.

On rappelle que ua est le symbole de l'unité astronomique : 1 ua $= 150 \times 10^6$ km.

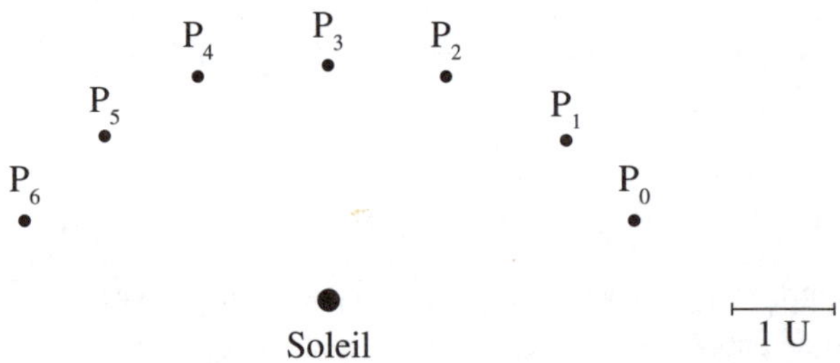

1. Indiquer le périhélie P sur la figure.
2. Calculer les valeurs des vitesses v_1, v_2, v_3, v_4 et v_5 pour les points P_1, P_2, P_3, P_4 et P_5. L'unité utilisée sera l'unité astronomique par jour (ua/j).
3. Utiliser les résultats précédents pour calculer l'accélération au périhélie P, en ua/j puis en m/s^2.
4. En appliquant les lois de la dynamique au point P, calculer numériquement la masse du Soleil M_S. Comparer à la valeur connue et donnée dans ce livre. Comment justifier la différence ?

Revoir de près le savoir-faire **2** pour les questions de détermination graphique.

9 CINÉMATIQUE ★★ | 20 min | ▸ P. 107

Une voiture et une moto roulent sur une route rectiligne horizontale. La voiture a un mouvement rectiligne uniforme avec une vitesse $v_1 = 110$ km/h.

La moto fait un départ arrêté et a une accélération constante $a_2 = 10$ m/s^2. Elle est initialement positionnée à $L = 3{,}0$ km en arrière de la voiture. On note $x_1(t)$ la position de la voiture au cours du temps et $x_2(t)$ celle de la moto. $v_2(t)$ est la fonction qui décrit la vitesse de la moto.

1. Obtenir les expressions de v_2 puis x_2.

2. Obtenir l'expression de x_1.

3. Exprimer le temps t nécessaire pour que la moto rejoigne la voiture, en fonction de a_2, L et v_1.

4. Calculer la valeur numérique de t.

5. Calculer la distance D parcourue par la moto lorsqu'elle rejoint la voiture.

10 ROTATION SYNCHRONE DE LA LUNE AUTOUR DE LA TERRE ★★ | 15 min | ▸ P. 107

La Lune est en rotation synchrone autour de la Terre, c'est-à-dire qu'elle lui présente toujours la même face. Sa période de révolution sidérale T est de 27 jours 1/3. On suppose que l'orbite lunaire est circulaire de rayon R.
On note M_T la masse de la Terre, G la constante universelle de la gravitation.

1. Calculer T en secondes.

2. Exprimer R en fonction de M_T, G et T.

3. Calculer numériquement R.

4. Que vaut numériquement la vitesse angulaire Ω de rotation de la Lune sur elle-même ?

5. À quoi peut servir de suivre le mouvement et les phases de la Lune dans le ciel, au fil des jours ?

11 MOUVEMENT D'UN SKIEUR TIRÉ PAR UNE TIGE ★★ | 15 min | ▸ P. 108

On considère un skieur de masse $m = 80$ kg sur une pente faisant un angle $\alpha = 10{,}0°$ avec l'horizontale. Il est tiré par une tige faisant le même angle α avec l'horizontale. La force de traction T de la tige a une intensité $T = 400$ N. Le skieur remonte la pente à la vitesse constante $v = 0{,}80$ m/s. Les frottements f sont supposés non nuls et constants.

1. Faire un schéma et expliciter le bilan des forces s'appliquant sur le skieur.

2. Appliquer les lois de Newton, et exprimer f en fonction des données du problème : g, m, α et T.

3. Calculer la valeur numérique de f.

4. Calculer la distance D parcourue par le skieur au bout de $\Delta t = 10{,}0$ min.

12 ÉQUILIBRE DANS UN CHAMP ÉLECTRIQUE UNIFORME

★★ | 15 min | ▸ P. 108

On dispose d'un pendule constitué d'un fil de masse négligeable (fixé en un point) et d'une masse ponctuelle de masse m portant la charge Q. Cette masse est plongée dans un champ électrique uniforme horizontal E. Le pendule est à l'équilibre, et incliné d'un angle α par rapport à la verticale.

1. Faire un schéma de l'expérience.
2. Exprimer Q en fonction de E, m, g et α.
3. Calculer Q si $E = 100$ V/m, $m = 1{,}0$ g et $\alpha = 20°$.

La force électrique subie par une particule de charge q plongée dans un champ électrique $\vec{E}$ s'écrit $\vec{F} = q\vec{E}$.

EXERCICES D'APPROFONDISSEMENT

13 SATELLITES DE JUPITER

★★ | 25 min | ▸ P. 108

La planète Jupiter possède de nombreux satellites, ceux visibles à l'œil nu depuis la Terre étant : Io, Europe, Ganymède et Callisto.

Le mouvement de ces satellites est étudié dans un référentiel supposé galiléen lié à Jupiter. Le repère R associé a pour origine le centre de la planète et ses trois axes pointent vers des étoiles lointaines supposées fixes.

On suppose de plus que Jupiter et ses satellites ont une répartition de masse sphérique, ce qui permet de confondre ces corps célestes avec leur centre de gravité.

Les orbites des quatre satellites sont supposées être circulaires.

1. Démontrer que le mouvement dans R d'un de ces satellites est nécessairement circulaire et uniforme.
2. Rappeler l'expression du vecteur accélération pour l'un quelconque de ces satellites.
3. Exprimer la valeur de la norme du vecteur vitesse d'un satellite, en fonction de G, constante universelle de la gravitation, M masse de Jupiter et r distance du centre du satellite au centre de Jupiter.
4. Définir l'expression de la période de révolution T du satellite.
5. Redémontrer la 3e loi de Kepler.
6. On a effectué les mesures suivantes :

	Io	Europe	Ganymède	Callisto
T (jours)	1,769	3,551	7,155	16,689
r (km)	421 800	671 100	1 070 400	1 882 700

À l'aide d'un papier millimétré ou d'un tableur, tracer T^2 en fonction de r^3.

7. Obtenir l'équation de la courbe tracée à la question précédente.

8. Utiliser les questions précédentes pour déterminer numériquement la masse M de Jupiter.

> Avant de traiter cet exercice, bien maîtriser la détermination expérimentale de l'équation d'une droite.

14 MOUVEMENT D'UN SATELLITE | ★★ | 30 min | ▸ P. 110

On suppose que la Terre a une distribution de masse sphérique homogène, ce qui permet d'assimiler la planète à son centre de gravité, lors de l'utilisation des lois de la dynamique. On suppose que le référentiel géocentrique est galiléen.

Le satellite que l'on étudie est supposé avoir une orbite circulaire de rayon r.

On note dans cet exercice R le rayon de la Terre, M sa masse et h_1 l'altitude du satellite.

1. En utilisant la 3e loi de Kepler, établir la relation entre la période T_1 du satellite, G, M, R et h_1.

2. Calculer numériquement T_1 pour $h_1 = 3\,600$ km.

3. Du fait d'un certain nombre d'effets gravitationnels faibles mais bien réels, le satellite perd de l'altitude à chaque tour. On modélise cette réduction comme étant de l'ordre du 1 000e de l'altitude à la fin de chaque tour : $\Delta h = \dfrac{h}{1\,000}$.

Au tour $n = 1$, l'altitude vaut h_1.

a. Calculer l'altitude h_2 au tour $n = 2$, puis h_3 au tour $n = 3$, puis h_5 au tour $n = 5$.

b. En remarquant que h_n est assimilable à une suite géométrique, calculer h_{100} puis $h_{3\,000}$.

c. Combien de tours faut-il pour que l'altitude soit de 150 km ?

> Revoir la notion mathématique de suite géométrique pour traiter la question 3.

15 PROJECTILE TIRÉ DANS LE CHAMP DE PESANTEUR TERRESTRE | ★★★ | 25 min | ▸ P. 110

On tire un projectile avec un vecteur vitesse faisant initialement un angle α avec l'horizontale et ayant une norme notée v_0. Le référentiel d'étude est le référentiel terrestre supposé galiléen et il est muni d'un repère (Oxyz), (Oy) étant la verticale.

Le vecteur vitesse initial a pour expression, dans le repère (Oxyz) :

$$\vec{v}_0 = \begin{pmatrix} v_0 \cos\alpha \\ v_0 \sin\alpha \\ 0 \end{pmatrix}.$$

Les frottements sont considérés comme négligeables.

1. Faire un schéma du problème.

2. En appliquant la 2e loi de Newton, montrer que le vecteur accélération est constant.

3. Déduire de la question précédente les expressions de v_x, v_y et v_z en fonction du temps.

4. Déduire des expressions de la vitesse les équations horaires du mouvement. Montrer que le mouvement est plan. Préciser ce plan.

5. Établir l'expression de la trajectoire $y = f(x)$, en éliminant le temps entre les équations horaires $y(t)$ et $x(t)$. Quelle est cette trajectoire ?

6. On note H l'altitude la plus haute atteinte par le projectile. Exprimer H en fonction de α, g et v_0.
Application numérique avec $\alpha = 20°$ et $v_0 = 100$ m/s.

7. Quel résultat retrouve-t-on si $\alpha = \dfrac{\pi}{2}$?

Voir aussi l'exercice 6.

16 PRINCIPE D'UN SPECTROMÈTRE DE MASSE | ★★★ | 30 min | ▸ P. 111

Initialement développé pour la physique et la chimie, le spectromètre de masse est d'usage courant désormais dans le monde de la biologie, en particulier pour l'étude des protéines. La spectrométrie de masse permet de séparer des molécules selon leur masse, notamment celles ayant des formules voisines (fragments de protéines ionisés) ou des isotopes d'un même élément.

On en rencontre une application dans la distinction entre les hormones naturelles et les hormones de synthèse (dans la lutte contre le dopage).

Dans le cas des molécules, on peut avoir accès à des informations telles que la masse, la formule brute voire l'enchaînement des peptides dans une protéine ou encore la détermination de certaines fonctions organiques.

La spectrométrie de masse peut servir également dans le cas des noyaux atomiques pour mesurer un rapport isotopique.

La méthode se base sur une déviation différentielle dépendant des rapports (masse/charge) des différentes espèces ionisées de l'échantillon à analyser.

L'appareillage se décompose en plusieurs éléments :

- zone 1 : vaporisation et ionisation de l'échantillon ;
- zone 2 : accélération dans un champ électrique uniforme ;
- zone 3 : déviation par un champ magnétique uniforme.

Pour des raisons de simplicité, on va étudier le comportement d'un mélange d'isotopes de l'élément hélium, mais le même raisonnement s'applique en principe aux molécules d'origine biologique, ou du moins à leurs fragments (avec quelques aménagements).

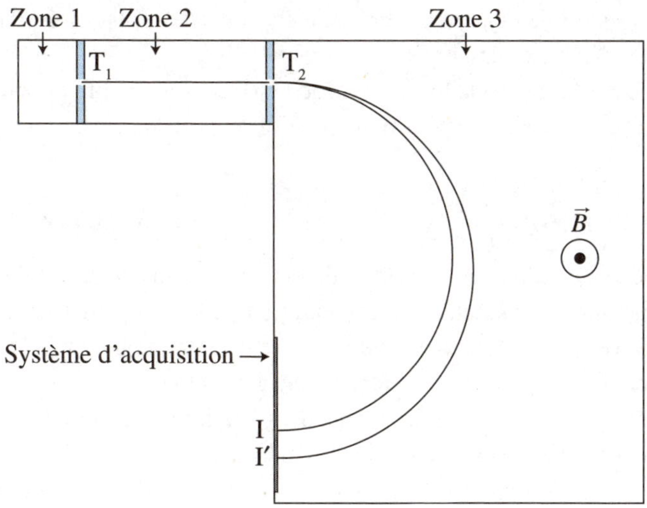

Dans la zone 1, dite « chambre d'ionisation », on produit à partir de l'échantillon à étudier les ions ${}^3_2He^+$, ${}^4_2Hc^+$ et ${}^6_2He^+$, dont les masses respectives sont notées m_1, m_2 et m_3.

Le poids de ces ions sera considéré comme négligeable dans toute la suite.

Les ions pénètrent en T_1 (sans vitesse initiale) dans la zone 2 où règne un champ électrique uniforme E dirigé de T_1 vers T_2.

1. En appliquant la 2e loi de Newton dans le référentiel terrestre supposé galiléen, exprimer les valeurs des accélérations des trois ions en fonction de m_1, m_2 ou m_3, E et q, la charge de chaque ion.

2. Préciser le signe de la charge électrique de plaque T_1 et celui de la plaque T_2.

3. Préciser la nature du mouvement des ions dans la zone 2.

4. Sachant que le travail électrique reçu par l'ion s'écrit $W = q \cdot U$, où U est la tension électrique entre T_1 et T_2, appliquer le théorème de l'énergie cinétique pour exprimer la vitesse de chacun des ions à la sortie de la zone 2, au point T_2 en fonction de m_1, m_2 ou m_3, U et q.

Lorsque les ions sortent de la zone 2 et entrent dans la zone 3, ils sont soumis à un champ magnétique B uniforme, perpendiculaire au plan de la feuille. Ils subissent une force dite magnétique, que l'on n'explicitera pas ici.

On admet que le mouvement des ions est circulaire uniforme, avec un rayon dont l'expression est $R = \dfrac{mv}{qB}$.

5. Expliquer succinctement pourquoi on peut séparer les différents ions isotopes.

6. Calculer les rayons R_1, R_2 et R_3 avec les valeurs numériques suivantes : $q = 1{,}60 \times 10^{-19}$ C ; $B = 1{,}00$ T ; $U = 5\,000$ V ; $m_1 = 5{,}036\,7 \times 10^{-27}$ kg ; $m_2 = 6{,}684\,3 \times 10^{-27}$ kg ; $m_3 = 1{,}005\,1 \times 10^{-26}$ kg.
7. Quel est le paramètre qui permet de discriminer les différents ions ?
8. Dans la zone 3, le mouvement est circulaire uniforme. Rappeler les caractéristiques du vecteur accélération.
9. Comment est orientée la force magnétique ? Que peut-on dire de son orientation par rapport au champ magnétique et au vecteur vitesse ?

17 CONSERVATION DE LA QUANTITÉ DE MOUVEMENT

★★★ 30 min ▸ P. 113

Un accélérateur de particules permet de donner à un faisceau de protons une quantité de mouvement notée $\vec{p}_1$, identique pour toutes les particules. On considère un de ces protons qui vient interagir avec un autre proton (appartenant à la cible) supposé au repos dans le référentiel lié au laboratoire.
Un détecteur (une chambre à fil) permet de suivre les trajectoires des particules électriquement chargées avant et après la collision.
Il est important de remarquer que ce détecteur ne peut mettre en évidence les particules électriquement neutres.
La collision est très brève et on peut supposer qu'il y a conservation de la quantité de mouvement avant et après l'interaction.
La figure suivante fait le bilan des quantités de mouvement détectées par la chambre à fil au point d'interaction : $\vec{p}_1$, $\vec{p}_2$ et $\vec{p}_3$.

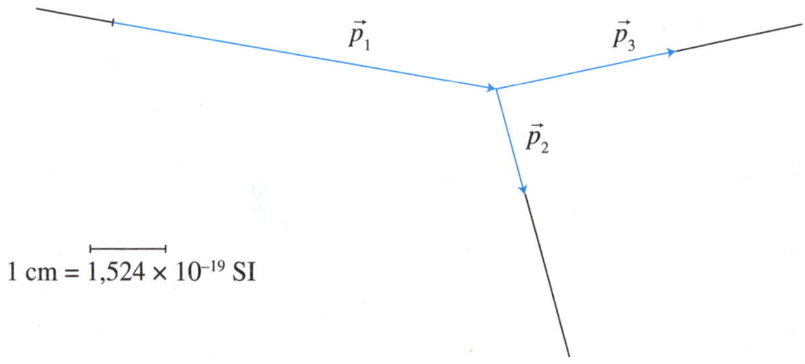

1. Rappeler l'unité SI de la quantité de mouvement.
2. Faire le bilan de la quantité de mouvement avant l'interaction. Quelle est la quantité de mouvement du proton au repos ?
3. Faire le bilan de la quantité de mouvement après l'interaction, d'après les informations de la chambre à fil. Combien de particules sont détectées ?
4. Vérifier graphiquement que $\vec{p}_1 \neq \vec{p}_2 + \vec{p}_3$.

5. Justifier, d'après la question précédente, que la collision doit produire au moins une 3e particule, électriquement neutre.
6. En supposant qu'une seule particule neutre est produite après la collision, en plus des 2 particules électriquement chargées, établir par une méthode graphique la valeur de la quantité de mouvement $\vec{p}_4$ de cette particule.
7. Si on suppose maintenant que 2 particules neutres sont produites, que peut-on dire de la somme de leurs quantités de mouvement ?
8. Selon vous, quel est l'intérêt de faire un bilan de quantité de mouvement à partir d'un enregistrement de chambre à fil ?

CONTRÔLE

18 LANCEUR ARIANE

★★ | 30 min | ▸ P. 114

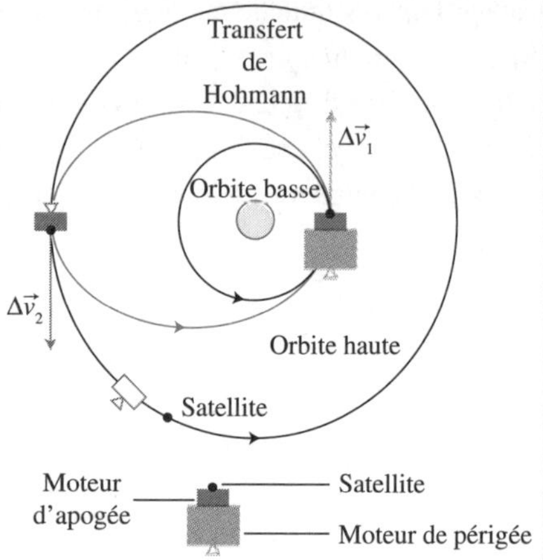

Le lanceur Ariane est conçu pour placer en orbite géosynchrone (c'est-à-dire circulaire équatoriale à une altitude $h = 35\ 800$ km) des satellites qui restent immobiles par rapport à la surface de la Terre.

La mise en orbite à cette altitude s'effectue par une succession de transfert d'orbites. On distingue trois temps dans la manœuvre :

- la fusée porteuse est placée sur une orbite basse circulaire d'altitude 200 km environ ;
- le lanceur largue le satellite, l'« impulsion » qui lui est fournie lui permet de se placer sur une orbite elliptique dont le périgée (point le plus proche de la surface de la Terre) est à l'altitude 200 km, et l'apogée (point le plus éloigné de la surface de la Terre) à 35 800 km ;
- le satellite dispose de son propre moteur fusée, qui va fournir l'« impulsion » nécessaire pour que l'orbite elliptique précédente devienne circulaire, avec l'altitude prescrite de 35 800 km (orbite haute).

1. Que peut-on dire de la vitesse angulaire des satellites géosynchrones (ou géostationnaires) ? Calculer simplement leur vitesse angulaire Ω.

2. Rappeler dans quel référentiel le mouvement du satellite doit être étudié.

3. Expliquer pourquoi une orbite géosynchrone est forcément circulaire et équatoriale (contenue dans le plan de l'équateur).

4. Expliquer le principal intérêt des satellites géostationnaires. Un satellite d'observation au sol est-il géostationnaire ?

5. Précisez le sens de rotation du satellite dans le référentiel géocentrique. Comparer au sens de rotation de la Terre. Pourquoi est-ce logique ?

6. À votre avis, pourquoi la satellisation se passe en trois étapes plutôt qu'une seule ?

7. En utilisant la question **1.** et la 3e loi de Kepler, montrer que l'altitude d'un satellite géosynchrone est nécessairement $h \approx 35\ 800$ km.

19 MOUVEMENT D'UN SKIEUR TIRÉ PAR UNE TIGE

★★ | 20 min | ▸ P. 114

On considère un skieur de masse $m = 80$ kg sur une pente faisant un angle $\alpha = 12,0°$ avec l'horizontale. Il est tiré par une tige faisant un angle $\beta = 45,0°$ avec la pente de la piste.

La force de traction $\vec{T}$ de la tige a une intensité $T = 400$ N. Le skieur remonte la pente à la vitesse constante v.

La force de frottement $\vec{f}$ est supposée non nulle et de norme $f = c \cdot v$, où c est une constante valant $c = 30,0$ SI.

1. Faire un schéma et expliciter le bilan des forces s'appliquant sur le skieur.
2. Donner l'unité SI de la constante c.
3. Appliquer les lois de Newton et exprimer v en fonction des données du problème : g, m, α, β, c et T.
4. Calculer la valeur numérique de v.
5. Calculer la distance D parcourue par le skieur au bout de $\Delta t = 10,0$ min.

20 DÉCOLLAGE D'UNE FUSÉE

★★★ | 30 min | ▸ P. 115

Une fusée de type Ariane 4 a une masse initiale de 470 tonnes. Son premier étage contient 230 tonnes d'ergol (mélange propulseur). La force motrice du premier étage est de 6,0 MN.

On utilisera le référentiel terrestre considéré comme galiléen.

Les frottements sont considérés comme négligeables, on considérera aussi que la masse de la fusée est quasi constante (on néglige la perte de poids due au carburant) pendant les premiers instants du décollage.

1. Faire le bilan des forces qui s'exercent sur la fusée dans le référentiel terrestre, au moment du décollage.
2. En utilisant la 2e loi de Newton, calculer la valeur de l'accélération initiale, au moment du décollage.
3. En considérant maintenant que la masse de la fusée diminue au cours du temps – puisqu'elle éjecte du gaz – que va devenir la valeur de l'accélération de la fusée (la force motrice restant constante) ?
4. On cherche maintenant à étudier le système {fusée + gaz d'échappement} en utilisant la notion de quantité de mouvement, lorsque la fusée est dans l'espace (on négligera son poids). On suppose que la vitesse des gaz d'échappement est constante et la masse de ces gaz éjectée par seconde aussi.

EXERCICES

a. Le système {fusée + gaz} est-il isolé ?

b. Que peut-on en déduire concernant le bilan global de quantité de mouvement du système ?

On suppose dans la suite que la quantité de mouvement totale du système est nulle.

c. Exprimer le vecteur vitesse $\vec{v}$ de la fusée en fonction de la vitesse des gaz d'échappement $\vec{v'}$, de la masse de la fusée m et de la masse de gaz éjectée m' (à chaque unité de temps).

d. Expliquer pourquoi la vitesse de la fusée va augmenter au cours du temps.

CORRIGÉS

1 **a.** Pour étudier le mouvement de la Terre à Mars, on doit choisir le référentiel héliocentrique, dans lequel on peut appliquer la seconde loi de Newton.
b. L'expérience se déroule dans un laboratoire, on choisit le référentiel terrestre comme référentiel supposé galiléen.
c. Le satellite a une orbite qui a le centre de la Terre comme centre, on choisit donc le référentiel géocentrique.
d. Le satellite de Mars a une orbite dont le centre de Mars (noté M) est le centre, on choisira donc un référentiel « marsocentrique », ayant M comme origine.

2 **1.** Dans un référentiel galiléen, on applique la 2e loi de Newton projetée sur l'axe (Ox) parallèle à la direction du mouvement on a donc :

$$a_x = \ddot{x} = a.$$

En intégrant une première fois on obtient la vitesse :

$$v_x = \dot{x} = at + v_0,$$

soit $v_x = at$ car la vitesse initiale v_0 est nulle.
En intégrant une deuxième fois on obtient l'équation horaire du mouvement :

$$x(t) = \frac{1}{2}at^2 + x_0 = \frac{1}{2}at^2,$$

en choisissant $x_0 = 0$ (origine des coordonnées à $t = 0$).
2. À l'instant $t = 10$ s, on trouve : $v = 100$ m/s.

3 **1.** La planète Mercure parcourt 2π radians en 88 jours, ce qui correspond à une vitesse angulaire $\omega = \dfrac{2\pi}{88 \times 24 \times 3\,600} = 8{,}3 \times 10^{-7}$ rad/s, soit :

$$\omega = \frac{360}{88 \times 24} = 0{,}17°/\text{h}.$$

2. En un temps Δt de 1 jour terrestre, Mercure parcourt un arc de cercle de longueur : $l = R \cdot \omega \cdot \Delta t = 58 \times 10^6 \times 8{,}3 \times 10^{-7} \times 24 \times 3\,600 = 4{,}1 \times 10^9$ m $= 4{,}1 \times 10^6$ km.
3. Mercure effectue une rotation complète sur elle-même en 59 jours, soit une vitesse angulaire de rotation $\Omega = \dfrac{2\pi}{59 \times 24 \times 3\,600} = 1{,}2 \times 10^{-6}$ rad/s, ce qui correspond aussi à $\Omega = 0{,}25°/\text{h}$.
4. Mercure met 59 jours terrestres pour effectuer une rotation complète sur elle-même, alors que la Terre ne met qu'un seul jour, on a donc : $\dfrac{\Omega'}{\Omega} = 59$.

5. On effectue le quotient $\dfrac{\Omega}{\omega} = 1{,}49 \approx \dfrac{3}{2}$, ce qui signifie que chaque fois que Mercure effectue 3 tours sur elle-même elle décrit 2 tours autour du Soleil.

CORRIGÉS

4 **1.** Dans le cas d'un mouvement rectiligne uniformément accéléré on a :

$$a = \text{cte} \quad \text{donc} \quad a_x = a.$$

Donc par intégrations successives on trouve la vitesse et la position :

$$\begin{cases} v_x(t) = \dot{x} = at + v_0 \\ x(t) = \frac{1}{2}at^2 + v_0 t + x_0 \end{cases}$$

Dans cet exercice $v_0 = 0$ et on choisit $x_0 = 0$ donc :

$$\begin{cases} v_x(t) = \dot{x} = 1{,}1t \\ x(t) = \frac{1{,}1}{2}t^2 \end{cases}$$

2. À $t = 3{,}3$ min $= 198$ s, on trouve $v = 2{,}2 \times 10^2$ m/s.

3. On cherche à résoudre $x(t) = d$, c'est-à-dire $\frac{at^2}{2} = d$, soit :

$$t = \sqrt{\frac{2d}{a}} = 92 \text{ s.}$$

5 **1.** Un satellite géostationnaire est toujours au-dessus du même point de la Terre. Cette orbite est nécessairement circulaire, car sinon la valeur de la vitesse varierait, et le satellite ne pourrait être « fixe » au-dessus du même point. De plus, l'orbite circulaire est forcément contenue dans le plan de l'équateur sinon le satellite passerait alternativement d'un hemisphère à l'autre. Un satellite géostationnaire ne peut donc être « fixe » qu'au-dessus d'un point de l'équateur.

Il faut retenir la définition d'un satellite géostationnaire.

2. La vitesse angulaire du satellite doit être égale à la vitesse angulaire de rotation de la Terre.

On a donc $\omega = \frac{\Delta\omega}{\Delta t} = \frac{2\pi}{24 \times 3\,600} = 7{,}27 \times 10^{-5}$ rad/s ou bien $\omega = \frac{360}{24} = 15°$/h.

3. Comme le satellite géostationnaire est toujours au-dessus du même point de l'équateur, il est utilisé comme relais pour les communications intercontinentales.

6 **1.** Étant donné que les frottements sont négligés, la seule force extérieure appliquée au système est le poids. Donc dans le référentiel terrestre supposé galiléen, la 2e loi de Newton s'écrit :

$$\vec{P} = m\vec{g} = m\vec{a}.$$

Après simplification par m on obtient $\vec{g} = \vec{a}$, ce qui montre que le mouvement ne dépend pas de la masse m.

2. On projette sur l'axe (Oz) vertical orienté vers le haut, l'origine du repère étant confondue avec la position initiale du projectile : $\ddot{z} = -g$.

La projection sur les axes (Ox) et (Oy) horizontaux donne : $\ddot{x} = 0$ et $\ddot{y} = 0$.

Comme les projections de la vitesse initiale sur (Ox) et (Oy) sont nulles, le mouvement est rectiligne vertical. De plus l'accélération est constante le long de (Oz), cela montre que le mouvement est uniformément accéléré.

3. On intègre l'équation $\ddot{z} = -g$ pour obtenir la vitesse :

$$\dot{z} = v_z = -gt + v_0.$$

On intègre encore une fois pour obtenir l'équation horaire :

$$z(t) = -\frac{1}{2}gt^2 + v_0 t + z_0 = -\frac{1}{2}gt^2 + v_0 t \text{, car } z_0 = 0.$$

4. Lorsque l'altitude maximale est atteinte, la vitesse s'annule, donc on cherche Δt tel que $v_z = 0$, soit $\Delta t = \dfrac{v_0}{g}$.

5. Avec $v_0 = 100$ km/h $= 27{,}8$ m/s on trouve $\Delta t = \dfrac{27{,}8}{9{,}81} = 2{,}83$ s.

7 **1.** La seule force extérieure appliquée à cette planète est la force d'attraction gravitationnelle, donc en appliquant la 2e loi de Newton dans le référentiel héliocentrique supposé galiléen on obtient :

$$\vec{F}_{\text{gravitation}} = m\vec{a} = m\left(\frac{v^2}{r}\vec{n} + \frac{\mathrm{d}v}{\mathrm{d}t}\vec{u}\right).$$

L'accélération est écrite pour un mouvement circulaire quelconque.

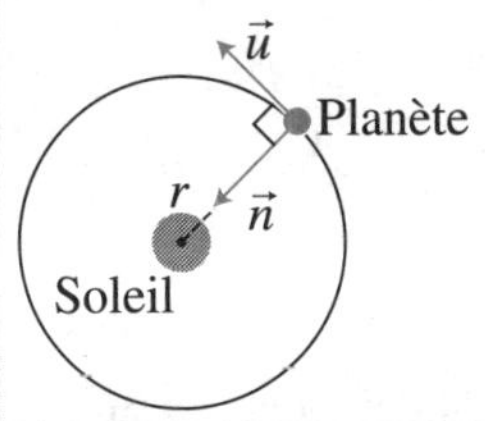

Comme la force de gravitation subie par la planète s'écrit $\vec{F}_{\text{gravitation}} = \dfrac{GM_S m}{r^2}\vec{n}$, la comparaison des deux équations vectorielles donne :

$$m\frac{v^2}{r}\vec{n} = \frac{GM_S m}{r^2}\vec{n} \quad \text{et} \quad m\frac{\mathrm{d}v}{\mathrm{d}t}\vec{u} = \vec{0}$$

soit $\dfrac{GM_S m}{r^2} = m\dfrac{v^2}{r}$, et après simplification $v = \sqrt{\dfrac{GM_S}{r}}$.

Ce qui montre que la valeur du vecteur vitesse est constante (car r est constant par hypothèse), le mouvement est donc bien **circulaire et uniforme**.

2. Le mouvement étant circulaire et uniforme, on peut calculer la période de révolution de la planète autour du Soleil : $T = \dfrac{\text{périmètre}}{\text{vitesse}} = \dfrac{2\pi r}{v}$.

Soit $T = \dfrac{2\pi r}{\sqrt{\dfrac{GM_S}{r}}}$, ou encore $T = \dfrac{2\pi r^{\frac{3}{2}}}{\sqrt{GM_S}}$.

Et en élevant au carré : $T^2 = \dfrac{4\pi^2 r^3}{GM_S}$.

3. La relation précédente est la 3e loi de Kepler dans le cas d'une orbite circulaire.

4. Si on veut étudier le mouvement circulaire d'un satellite de Jupiter, on doit utiliser un référentiel galiléen ayant le centre de Jupiter comme centre (référentiel « jovicentrique »). La 3e loi de Kepler s'applique toujours, la masse centrale étant désormais la masse de Jupiter elle-même :

$$T^2 = \frac{4\pi^2 r^3}{GM_{\text{Jupiter}}}.$$

La 3e loi de Kepler telle qu'écrite ci-dessus peut en fait s'appliquer à tout mouvement circulaire d'un satellite autour d'un astre quel qu'il soit : Soleil, Terre, Jupiter ou toute autre planète.

8 **1.** Le périhélie P est le point le plus proche du Soleil, donc le point noté P_3.

2. On calcule la valeur de la vitesse au point P_i en utilisant l'approximation suivante :

$v(P_i)=\dfrac{P_{i+1}P_{i-1}}{2T}$. Ici T est l'intervalle de temps entre deux points, soit $T = 10$ jours.

Dans le tableau suivant on mesure en centimètres les distances séparant les différents points :

	P_0P_2	P_1P_3	P_2P_4	P_3P_5	P_4P_6
Distance (cm)	2,25	2,4	2,4	2,25	2,15

On déduit du tableau qui précède les vitesses demandées (en tenant compte de l'échelle 1 U pour 0,25 ua) :

	v_1	v_2	v_3	v_4	v_5
Vitesse (ua/j)	$\dfrac{0{,}25\times 2{,}25}{20}=0{,}028$	0,03	0,03	0,028	0,027

3. Le vecteur accélération en P_3 est $\vec{a}_{P_3}=\dfrac{\vec{v}_4-\vec{v}_2}{2T}$.

On doit donc construire les vecteurs vitesses aux points P_2 et P_4, puis construire la différence $\vec{v}_4-\vec{v}_2$, la mesure de sa valeur permettra alors d'en déduire la valeur de l'accélération.

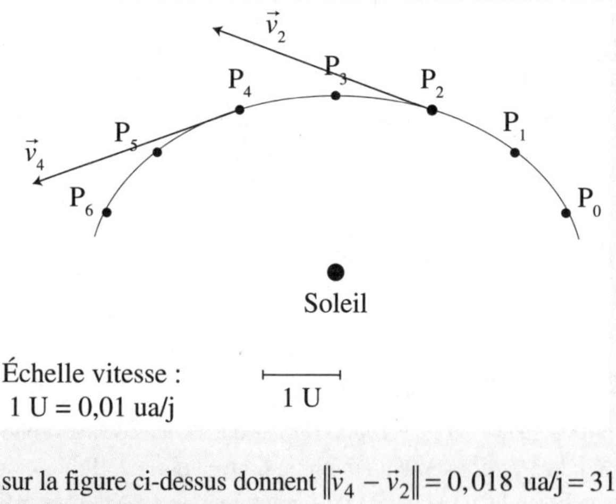

Les mesures sur la figure ci-dessus donnent $\|\vec{v}_4-\vec{v}_2\|=0{,}018$ ua/j = 31 250 m/s.
L'accélération au périhélie vaut donc :

$$a=\frac{\|\vec{v}_4-\vec{v}_2\|}{2T}=\frac{31\ 250}{20\times 86\ 400}=0{,}018\ \text{m/s}^2$$

ou encore : $a = \dfrac{\|\vec{v}_4 - \vec{v}_2\|}{2T} = \dfrac{0{,}018}{20} = 9{,}0 \times 10^{-4}$ ua/j^2.

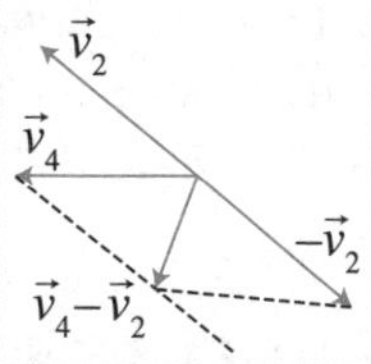

4. On écrit la seconde loi de Newton dans le référentiel héliocentrique, supposé galiléen :

$$\vec{F} = -\frac{GmM_S}{r^2}\vec{n} = m\vec{a}.$$

On peut mesurer r (la distance Soleil-P$_3$) sur l'enregistrement, en tenant compte de l'échelle : $r = 2{,}1 \times 150 \times 109 \times 0{,}25 = 7{,}9 \times 10^{10}$ m.

Soit en projection : $M_S = \dfrac{ar^2}{G} = \dfrac{0{,}018 \times (7{,}9 \times 10^{10})^2}{6{,}67 \times 10^{-11}} = 1{,}7 \times 10^{30}$ kg.

L'écart est de l'ordre de 15 % par rapport à la valeur retenue, il s'explique en particulier par les incertitudes engendrées par la méthode de calcul de l'accélération.

9 **1.** Projetée sur l'axe (Ox) du mouvement, la vitesse de la moto est $v_2 = a_2 t$ (départ arrêté, donc $v_2(0) = 0$).

On en déduit $x_2(t) = \dfrac{1}{2}a_2 t^2 - L$ car la moto se trouve à $x = -3$ km à l'instant $t = 0$.

2. La voiture a un mouvement rectiligne uniforme : $x_1(t) = v_1 t$.

3. Lorsque la moto rejoint la voiture, on a l'égalité $x_1 = x_2$, donc on doit résoudre l'équation du second degré : $\dfrac{1}{2}a_2 t^2 - v_1 t - L = 0$.

La racine positive de l'équation précédente est :

$$t = \frac{v_1 + \sqrt{v_1^2 + 2La_2}}{a_2}.$$

4. L'application numérique donne :

$$t = \frac{30{,}555 + \sqrt{30{,}555^2 + 2 \times 3\,000 \times 10}}{10} = 27{,}74 \text{ s}.$$

5. La distance D vaut : $D = 27{,}74 \times \dfrac{110}{3{,}6} + 3\,000 = 3\,847{,}6$ m.

10 **1.** $T = 2\,361\,600$ s.

2. On écrit la 3e loi de Kepler appliquée au cas de la Terre :

$$\frac{T^2}{R^3} = \frac{4\pi^2}{GM_T}, \text{ on en déduit } R = \sqrt[3]{\frac{GM_T T^2}{4\pi^2}}$$

Voir aussi la démonstration dans l'exercice 7.

3. Numériquement on trouve $R = 383\,164$ km.

4. D'après le texte, la Lune effectue une rotation sur elle-même dans le même temps que pour effectuer une révolution (les deux périodes sont identiques). On en déduit que $\Omega = \dfrac{2\pi}{T} = 2{,}66 \times 10^{-6}$ rad/s.

5. On peut construire un calendrier lunaire, dont l'« unité » est de 27 j 1/3, ce qui correspond presque au mois. Notons que ce calendrier ne permet pas de suivre les saisons, pour cela il faut un calendrier solaire (basé sur les mouvements du Soleil).

11 1. Voir figure ci-contre.

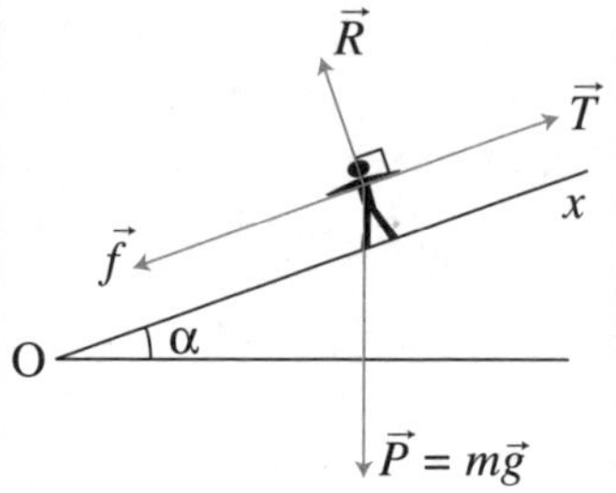

2. On considère le référentiel terrestre comme galiléen, et on y applique la 2e loi de Newton (le mouvement étant rectiligne uniforme dans ce référentiel) :

$$\vec{T} + \vec{R} + \vec{f} + \vec{P} = \vec{0}.$$

On projette ensuite sur l'axe (Ox), selon la ligne de pente :

$$T_x + R_x + f_x + P_x = 0,$$

mais R_x est nul, $T_x = T$ et $f_x = -f$, ce qui donne :

$$T - f - mg\sin\alpha = 0, \text{ soit finalement } f = T - mg\sin\alpha.$$

3. Numériquement $f = 264$ N.

4. La vitesse du skieur est constante : $D = v \cdot \Delta t = 0{,}80 \times 10 \times 60 = 480$ m.

12 1. Voir figure ci-contre.

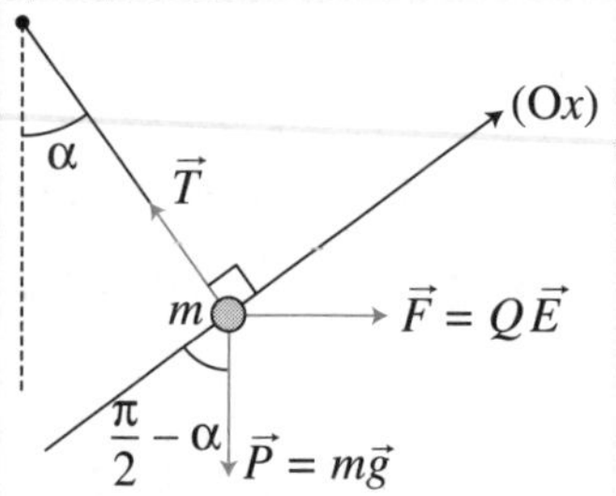

2. On considère le référentiel terrestre comme galiléen, et on y applique la 2e loi de Newton à la masse m (le pendule étant immobile dans ce référentiel) :

$$\vec{T} + \vec{F}_{\text{électrique}} + \vec{P} = \vec{T} + Q\vec{E} + \vec{P} = \vec{0}.$$

On projette ensuite sur l'axe (Ox), perpendiculaire au fil (ainsi on annule la projection de la tension du fil) :

$$T_x + F_x + P_x = 0.$$

Avec $T_x = 0$ et $F_x = QE\cos\alpha$, ce qui donne :

$$QE\cos\alpha - mg\sin\alpha = 0, \text{ soit finalement } Q = \frac{mg\tan\alpha}{E}.$$

3. $Q = \dfrac{1{,}0 \times 10^{-3} \times 9{,}81 \times \tan 20°}{100} = 3{,}6 \times 10^{-5}$ C.

13 1. On fait l'hypothèse que les orbites sont circulaires. On applique la 2e loi de Newton dans le référentiel jovicentrique supposé galiléen :

$\vec{F}_{\text{gravitation}} = m\vec{a} = m\left(\dfrac{v^2}{r}\vec{n} + \dfrac{\mathrm{d}v}{\mathrm{d}t}\vec{u}\right)$, où m est la masse du satellite de Jupiter.

L'accélération est écrite pour un mouvement circulaire quelconque.

Comme la force de gravitation subie par le satellite s'écrit $\vec{F}_{\text{gravitation}} = \dfrac{GMm}{r^2}\vec{n}$, la comparaison des deux équations vectorielles montre que $\dfrac{\mathrm{d}v}{\mathrm{d}t} = 0$, ce qui prouve que la valeur du vecteur vitesse est constante. Le mouvement est donc bien circulaire **et uniforme**.

2. De la question précédente on extrait l'expression du vecteur accélération du satellite : $\vec{a} = \frac{v^2}{r}\vec{n}$.

3. On reprend les résultats de la question **1.** : $\vec{F}_{\text{gravitation}} = \frac{GMm}{r^2}\vec{n} = m\frac{v^2}{r}\vec{n}$, d'où l'on déduit $v = \sqrt{\frac{GM}{r}}$ qui est bien une constante.

4. On définit la période T de révolution du satellite : $T = \frac{2\pi r}{v}$.

5. On en déduit $T = \frac{2\pi r^{\frac{3}{2}}}{\sqrt{GM}}$, soit aussi $T^2 = \frac{4\pi^2}{GM}r^3$, ce qui est bien la 3ᵉ loi de Kepler pour une orbite circulaire.

6. On trace T^2 en fonction de r^3 à l'aide d'un tableur et on mesure le coefficient directeur de la droite (passant par l'origine) obtenue :

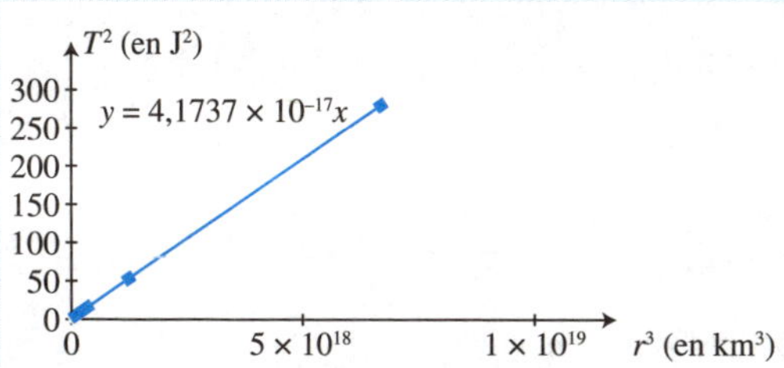

On rappelle que la mesure du coefficient directeur d'une droite d'équation $y = Ax + B$ se fait en prenant deux points éloignés de la droite $(x_1 ; y_1)$ et $(x_2 ; y_2)$, et en calculant $A = \frac{y_2 - y_1}{x_2 - x_1}$.

7. On trouve une valeur de la pente de la droite $A = 4{,}174 \times 10^{-17}$ exprimée en j²/km³, ce qui permet d'écrire dans ce système d'unités :

$$\frac{T^2}{r^3} = 4{,}174 \times 10^{-17} \text{ j}^2/\text{km}^3.$$

Ou, en changeant les unités : $\frac{T^2}{r^3} = 3{,}116 \times 10^{-16} \text{ s}^2/\text{m}^3$.

8. La 3ᵉ loi de Kepler s'écrit $T^2 = \frac{4\pi^2}{GM}r^3$, on en déduit donc que :

$$M = \frac{4\pi^2}{G} \times \frac{1}{A} = 1{,}9 \times 10^{27} \text{ kg}\cdot$$

CORRIGÉS

14 **1.** La 3e loi de Kepler permet d'écrire :

$$T_1^2 = \frac{4\pi^2}{GM}(R_T + h)^3.$$

2. Numériquement : $T_1 = 9\ 960\ \text{s} = 2{,}77\ \text{h}$.

3. a. Il suffit d'itérer le processus :

$$h_2 = h_1 - \frac{h_1}{1\,000} = \left(1 - \frac{1}{1\,000}\right)h_1$$

$$h_3 = h_2 - \frac{h_2}{1\,000} = \left(1 - \frac{1}{1\,000}\right)h_2 = \left(1 - \frac{1}{1\,000}\right)^2 h_1$$

$$h_5 = \left(1 - \frac{1}{1\,000}\right)^4 h_1.$$

b. La suite géométrique permet d'écrire $h_n = \left(1 - \frac{1}{1\,000}\right)^{n-1} h_1$, soit :

$$h_{100} = \left(1 - \frac{1}{1\,000}\right)^{99} h_1 = 3\,261\ \text{km}$$

$$\text{et } h_{3\,000} = \left(1 - \frac{1}{1\,000}\right)^{2\,999} h_1 = 179{,}1\ \text{km}.$$

c. On note N le nombre de tours nécessaires pour atteindre $h_N = 150$ km.

On peut donc écrire $h_N = \left(1 - \frac{1}{1\,000}\right)^{N-1} h_1$.

En prenant le logarithme de l'équation :

$$N = 1 + \frac{\ln\left(\frac{h_N}{h_1}\right)}{\ln\left(1 - \frac{1}{1\,000}\right)} = 3\ 177\ \text{tours}.$$

15 **1.**

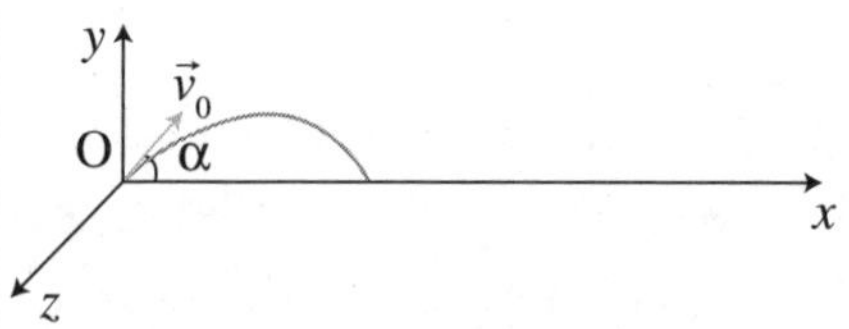

2. On applique la 2e loi de Newton dans le référentiel terrestre supposé galiléen :

$$\sum \vec{F} = m\vec{g} + m\vec{a}, \text{ soit } \vec{g} = \vec{a}.$$

Le mouvement du projectile est donc indépendant de sa masse et son vecteur accélération est constant.

3. On projette la relation précédente dans le repère (Oxyz) :

$$\begin{cases} a_x = \ddot{x} = 0 \\ a_y = \ddot{y} = -g \\ a_z = \ddot{z} = 0 \end{cases}$$

Après intégration :

$$\begin{cases} v_x = \dot{x} = \text{cte} = v_0 \cos\alpha \\ v_y = \dot{y} = -gt + \text{cte} = -gt + v_0 \sin\alpha \\ v_z = \dot{z} = \text{cte} = 0 \end{cases}$$

Les constantes sont obtenues en se plaçant à $t = 0$ et en tenant compte des conditions initiales.

4. On intègre les équations de la vitesse :

$$\begin{cases} x = v_0 t \cos\alpha + \text{cte} = v_0 t \cos\alpha \\ y = -\frac{1}{2}gt^2 + v_0 t \sin\alpha + \text{cte} = -\frac{1}{2}gt^2 + v_0 t \sin\alpha \\ z = \text{cte} = 0 \end{cases}$$

Ces équations montrent que le mouvement s'effectue dans le plan (Oxy).

5. De la première équation on tire $t = \dfrac{x}{v_0 \cos\alpha}$, que l'on introduit dans $y(t)$:

$$y = -\frac{1}{2}g\left(\frac{x}{v_0 \cos\alpha}\right)^2 + x\tan\alpha.$$

La trajectoire est donc une parabole car l'équation obtenue est de la forme $y = ax^2 + bx + c$.

6. Lorsque l'altitude maximale est atteinte, la vitesse est horizontale et donc $\dfrac{\mathrm{d}y}{\mathrm{d}t} = 0$, c'est-à-dire $-gt + v_0 \sin\alpha = 0$. Cela se produit au temps $t_0 = \dfrac{v_0 \sin\alpha}{g}$, ce qui permet de calculer H :

$$H = y_{\max} = -\frac{1}{2}g\left(\frac{v_0 \sin\alpha}{g}\right)^2 + \frac{v_0^2 \sin^2\alpha}{g} = \frac{v_0^2 \sin^2\alpha}{2g}.$$

Soit numériquement $H \approx 60$ m.

7. Si $\alpha = \dfrac{\pi}{2}$ on retrouve le résultat de l'exercice 6 : $H = \dfrac{v_0^2}{2g}$.

16 1. Dans le référentiel terrestre supposé galiléen, on applique la 2e loi de Newton dans la zone 2 (de T_1 à T_2) : la seule force qui s'applique est la force électrique subie par la particule, le poids étant considéré comme négligeable.

$\vec{F}_{\text{électrique}} = q\vec{E} = m\vec{a}$, l'accélération est constante : $\vec{a} = \dfrac{q}{m}\vec{E}$.

On en déduit que le mouvement de la particule est rectiligne uniformément accéléré dans la zone 2.

En projection sur l'axe (T_1T_2) on a donc $a_1 = \dfrac{qE}{m_1}$; $a_2 = \dfrac{qE}{m_2}$ et $a_3 = \dfrac{qE}{m_3}$.

Les trois particules ont la même charge électrique, notée q, donc la seule différence se trouve être leur masse, mais le raisonnement précédent s'applique aussi dans le cas où m et q sont différents selon les ions.

2. Les ions sont chargés positivement, ils doivent donc être attirés par le pôle négatif (et repoussés par le pôle positif) pour être accélérés. On a donc un champ électrique orienté de T_1 vers T_2. Le potentiel de la plaque T_1 est donc supérieur (noté +) à celui de la plaque T_2 (noté –).
3. D'après l'accélération trouvée à la question **1.**, le mouvement des particules est rectiligne uniformément accéléré.
4. On écrit le théorème de l'énergie cinétique entre T_1 et T_2 :

$$\frac{1}{2}mv_2^2 - \frac{1}{2}mv_1^2 = W = qU.$$

La vitesse initiale v_1 est nulle, donc la vitesse de la particule en sortie de la zone 2 est $v_2 = \sqrt{\frac{2qU}{m}}$. La vitesse de sortie dépend donc de la masse de l'ion.

Le théorème de l'énergie cinétique s'écrit : $\Delta E_C = \sum W_{A\to B}(\vec{F})$.
Voir aussi le chapitre 5.

5. D'après la question précédente, on sait que les ions pénètrent dans la zone 3 avec une vitesse qui dépend de leur masse. Le rayon de leur trajectoire dépendant de la vitesse, il est lié aux masses des différents ions.
De plus, d'après l'énoncé, on sait que le rayon de la trajectoire dans la zone 3 est donné par $R = \frac{mv}{qB}$. On a donc $R = \frac{m}{qB}\sqrt{\frac{2qU}{m}} = \sqrt{\frac{2mU}{qB^2}}$.
Le rayon de la trajectoire est donc bien dépendant de la masse (les autres grandeurs de la formule étant constantes). Les points d'impact sur le système d'acquisition seront bien différents.
Lorsque les ions arrivent sur le système d'acquisition, ils ont donc été séparés en fonction de leur masse.
6. On trouve numériquement les vitesses de sortie de la zone 2 et les rayons :

$$\begin{cases} v_1 = 5{,}64\times10^5 \text{ m/s} \\ v_2 = 4{,}89\times10^5 \text{ m/s} \\ v_3 = 3{,}99\times10^5 \text{ m/s} \end{cases} \quad \text{et} \quad \begin{cases} R_1 = 1{,}77 \text{ cm} \\ R_2 = 2{,}04 \text{ cm} \\ R_3 = 2{,}51 \text{ cm} \end{cases}$$

En notant R_1 le rayon associé à ${}^3_2He^+$, R_2 à ${}^4_2He^+$ et R_3 à ${}^6_2He^+$.
7. Le paramètre $\frac{m}{q}$ permet de séparer les ions dans le champ magnétique.
8. L'accélération, dans le cas d'un mouvement circulaire uniforme, est centripète (dirigée vers le centre du cercle) et s'écrit $\vec{a} = \frac{v^2}{R}\vec{n}$.

La norme de l'accélération est $\frac{v^2}{R}$, or $R = \frac{mv}{qB}$, donc $a = vB \times \frac{q}{m}$.

De plus $v = \sqrt{\frac{2qU}{m}}$ d'où $a = \sqrt{\frac{2B^2Uq^3}{m^3}}$.
9. Dans la zone 3, la force magnétique est centripète (colinéaire à l'accélération) et perpendiculaire au vecteur vitesse.

17 **1.** La quantité de mouvement $\vec{p} = m\vec{v}$ se mesure comme le produit d'une masse par une vitesse donc $[p]=[m \cdot v]=[m]\times[v]=M \times L \times T^{-1}$, l'unité SI est $kg \cdot m \cdot s^{-1}$.

2. Avant la collision, le proton au repos a une quantité de mouvement nécessairement nulle, on peut dresser le tableau des quantités de mouvement :

Proton 1	$\vec{p}_1$
Proton cible	$\vec{0}$
{proton 1 + proton cible}	$\vec{p}_1 + \vec{0} = \vec{p}_1$

3. On dresse le tableau des quantités de mouvement après l'interaction :

Particule chargée 2	$\vec{p}_2$
Particule chargée 3	$\vec{p}_3$
{particule 2 + particule 3}	$\vec{p}_2 + \vec{p}_3$

La chambre à fil ne détecte que les particules chargées électriquement, au nombre de deux.

4. On constate graphiquement que $\vec{p}_1 \neq \vec{p}_2 + \vec{p}_3$:

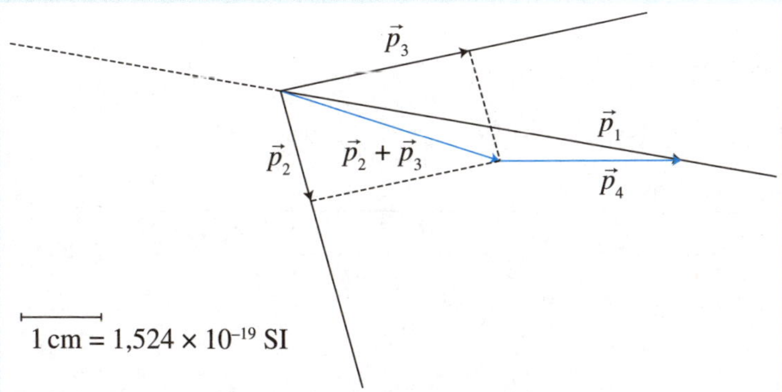

5. On sait qu'il y a conservation de la quantité de mouvement avant/après le choc, le système de particules pouvant être considéré comme isolé.

Le fait d'avoir $\vec{p}_1 \neq \vec{p}_2 + \vec{p}_3$ montre qu'il y a un déficit de quantité de mouvement, c'est-à-dire qu'une particule électriquement neutre (ou plusieurs !) emporte la différence $\vec{p}_4 = \vec{p}_1 - \vec{p}_2 - \vec{p}_3$.

En effet, si on suppose l'existence de trois particules après le choc, la conservation de la quantité de mouvement s'écrit : $\vec{p}_1 + \vec{0} = \vec{p}_2 + \vec{p}_3 + \vec{p}_4$.

6. On mesure graphiquement : $p_4 = 2,2 \times 1,524 \times 10^{-19} = 3,4 \times 10^{-19}$ SI.

7. Si deux particules neutres sont produites, on ne peut plus calculer la valeur de leurs quantités de mouvement respectives, mais on sait que la somme de ces deux vecteurs aura pour résultante le vecteur $\vec{p}_4$.

8. Cet exercice montre que l'on peut faire un bilan de quantité de mouvement grâce à l'enregistrement d'une chambre à fil, ce qui permet de montrer l'existence de particules neutres électriquement (donc indétectables à la chambre à fil) par simple calcul vectoriel.

18 1. Un satellite géostationnaire doit faire un tour complet, soit 2π radians, en $T = 24$ h, ce qui donne une vitesse angulaire $\Omega = \frac{2\pi}{T} = 7{,}27 \times 10^{-5}$ rad/s.

2. On étudie le mouvement d'un satellite terrestre dans le référentiel géocentrique que l'on peut considérer comme galiléen.

3. Si l'orbite n'est pas circulaire, la valeur de la vitesse du satellite va varier à chaque instant, et le satellite ne pourra rester immobile par rapport à la surface de la Terre. De la même façon, si l'orbite n'est pas dans le plan de l'équateur, le satellite passera alternativement au-dessus et au-dessous de l'équateur, et il ne sera donc pas fixe au-dessus d'un point de la Terre (situé sur l'équateur exactement).

4. Un satellite géostationnaire est fixe au-dessus d'un point de l'équateur terrestre. Il est utilisé en général pour transmettre les communications intercontinentales. Un satellite d'observation doit pouvoir photographier la plus grande surface terrestre possible, il ne peut donc pas être géostationnaire.

5. La Terre tourne sur elle-même d'ouest en est, le satellite doit donc tourner dans le même sens pour pouvoir rester toujours au-dessus du même point de l'équateur.

6. Cette technique de satellisation en trois étapes permet de minimiser la consommation d'énergie.

7. On utilise la 3e loi de Kepler : $T^2 = \frac{4\pi^2 (R+h)^3}{GM_T}$.

L'altitude h s'écrit :

$$h = \sqrt[3]{\frac{GM_T T^2}{4\pi^2}} - R = \sqrt[3]{\frac{6{,}67 \times 10^{-11} \times 5{,}97 \times 10^{24} \times 86\ 400^2}{4\pi^2}} - 6\ 400 \times 10^3$$

soit $h = 3{,}58 \times 10^7$ m = 35 800 km.

19 1.

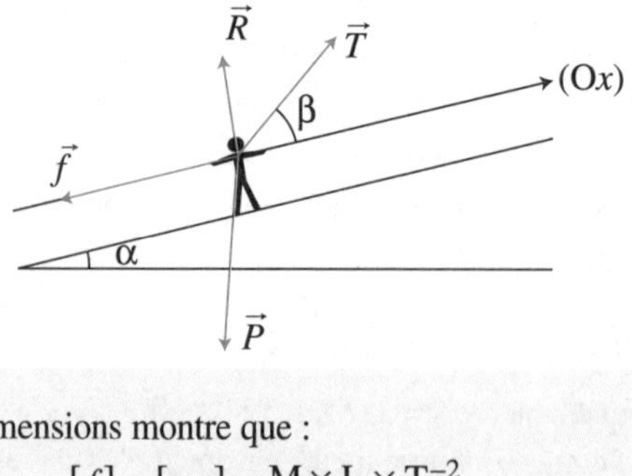

2. L'analyse aux dimensions montre que :

$$[c] = \frac{[f]}{[v]} = \frac{[ma]}{[v]} = \frac{M \times L \times T^{-2}}{L \times T^{-1}} = M \times T^{-1}.$$

c s'exprime donc en $kg \cdot s^{-1}$ dans le système international.

3. Dans le référentiel terrestre supposé galiléen, on écrit la seconde loi de Newton appliqué au skieur : $\vec{P}+\vec{f}+\vec{T}+\vec{R}=\vec{0}$, puisque le mouvement est rectiligne uniforme.

On projette ensuite sur l'axe (Ox) colinéaire à la pente de la piste :

$$P_x+f_x+T_x+R_x=0.$$

Comme $R_x=0$, $P_x=-mg\sin\alpha$, $f_x=-f=-cv$ et $T_x=T\cos\beta$, on a :

$$-mg\sin\alpha-cv+T\cos\beta+0=0, \quad \text{soit } v=\frac{T\cos\beta-mg\sin\alpha}{c}.$$

Pour éliminer les quantités qui posent problème, on peut chercher à projeter sur un axe choisi pour cela. Dans cette question on projette sur l'axe (Ox), le long de la ligne de plus grande pente, car ainsi la résultante des forces de réaction ne jouera aucun rôle.

4. Numériquement, $v=4{,}0$ m/s.

5. Le mouvement étant rectiligne uniforme, on a $D=vt=2{,}4$ km.

20 **1.** Au décollage, la fusée subit son poids et la force motrice.

2. On écrit la 2e loi de Newton dans le référentiel terrestre supposé galiléen, m étant supposé quasi constant au décollage : $\vec{P}+\vec{M}=m\vec{a}$.

En projection sur un axe vertical orienté vers le haut :

$$a=\frac{M}{m}-g=\frac{6{,}0\times10^6}{470\times10^3}-9{,}81=3{,}0\text{ m/s}^2.$$

3. Après le décollage, la masse m de la fusée va diminuer, la question précédente montre alors que l'accélération a ne peut qu'augmenter.

4. a. Dans l'espace (si on néglige le poids), le système {fusée + gaz} ne subit aucune force extérieure. Il est donc isolé.

b. La 2e loi de Newton s'écrit donc : $\sum\vec{F}=\vec{0}=\dfrac{d\vec{p}}{dt}$.

On en déduit que la quantité de mouvement du système $\vec{p}_{\text{fusée}}+\vec{p}_{\text{gaz}}$ est constante.

c. On fait l'hypothèse que la quantité de mouvement totale est en fait nulle. On en déduit donc $\vec{p}_{\text{fusée}}+\vec{p}_{\text{gaz}}=m\vec{v}+m'\vec{v}'=\vec{0}$.

Soit $\vec{v}=-\dfrac{m'}{m}\vec{v}'$, et en projection $v=\dfrac{m'}{m}v'$.

d. La vitesse de la fusée augmente au fur et à mesure qu'elle « éjecte » des gaz brûlés, et ce **d'autant plus vite** que sa masse diminue.

5 Mesure du temps Oscillateur et amortissement

I TRAVAIL D'UNE FORCE CONSTANTE

1. Définitions

■ Le **travail** d'une force constante $\vec{F}$ dont le point d'application se déplace du point A au point B est défini comme un produit scalaire :

$$W_{A \to B} = \vec{F} \cdot \overrightarrow{AB} = F \times AB \times \cos\alpha$$

où W se mesure en joules, F en newtons, AB en mètres et où α représente l'angle entre le vecteur force et le vecteur déplacement.

- Si l'angle α est inférieur à 90°, W est positif et on dit que **le travail est moteur**.
- Si α est supérieur à 90°, W est négatif et on dit que **le travail est résistant**.
- Si α vaut exactement 90°, W est nul car le vecteur force et le vecteur déplacement sont orthogonaux.

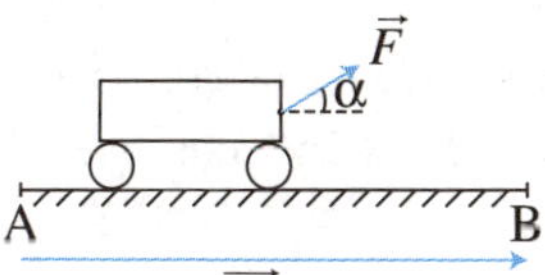

Travail moteur

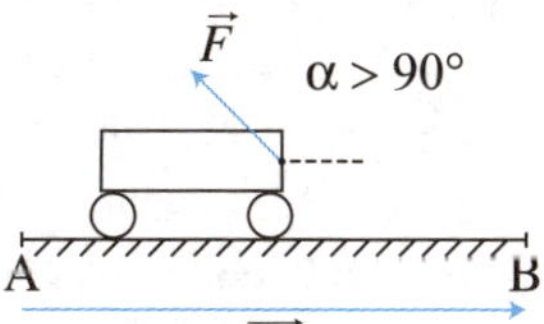

Travail résistant

■ La **puissance moyenne** d'une force se définit par le rapport du travail W de cette même force par le temps écoulé : $P = \dfrac{W(\vec{F})}{\Delta t}$, où Δt est une durée.

La puissance P se mesure en watts (W).

■ La **puissance instantanée** d'une force $\vec{F}$ se définit comme : $P = \vec{F} \cdot \vec{v}$, où $\vec{v}$ est le vecteur vitesse instantanée du solide supposé en translation.

2. Travail d'une force électrique

Dans **un champ électrique uniforme** $\vec{E}$, une particule de charge électrique q se déplaçant de A à B subit le travail :

$$W_{A \to B} = q\vec{E} \cdot \overrightarrow{AB} = q \times E \times AB \times \cos\alpha.$$

3. Travail du poids

Le poids est une force constante. On démontre que dans le référentiel terrestre, le travail du poids d'un objet de masse m ne dépend pas du chemin suivi, mais seulement de la variation de hauteur $\Delta z = z_{\text{final}} - z_{\text{initial}}$ du centre de gravité de cet objet, lors de son déplacement.
Ainsi lors du déplacement de A à B :

$$W_{\text{poids}(A \to B)} = -mg\Delta z = -mg(z_B - z_A).$$

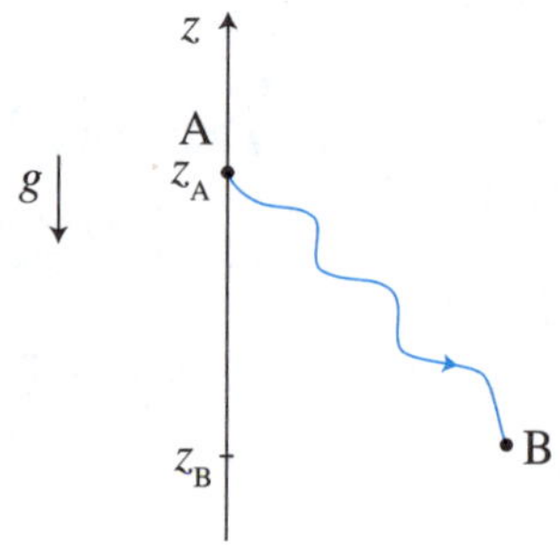

On remarque que le travail du poids est positif (moteur) si Δz est négatif (lors d'une descente) et négatif lors d'une montée (Δz positif).

II CONSERVATION DE L'ÉNERGIE

1. Énergie cinétique

L'énergie cinétique d'un corps de masse m en mouvement de translation à la vitesse $\vec{v}$ dans un référentiel R s'écrit :

$$E_C = \frac{1}{2}mv^2, \text{ elle se mesure en joules.}$$

2. Énergie potentielle

On associe une énergie potentielle aux forces suivantes :

- Le poids (force de pesanteur) $\vec{P} = m\vec{g}$.

$$E_P = mgz + K,$$

où z représente la cote de la position du centre de gravité du corps de masse m sur une échelle verticale (Oz) orientée vers le haut. K est une constante arbitraire qui dépend du zéro potentiel que l'on choisit.

- La force de rappel $\vec{F} = -kx\vec{u}_x$ d'un ressort.

$$E_P = \frac{1}{2}kx^2 + K,$$

où k est la raideur du ressort (en N/m), x son allongement ($x = 0$ correspond à la longueur à vide du ressort) et K une constante arbitraire (en général choisie nulle pour que l'énergie potentielle soit nulle si $x = 0$).
Noter que x est positif si le ressort est allongé, et négatif si le ressort est comprimé.

- La force électrostatique $\vec{F} = q\vec{E}$ dans des cas simples (champ uniforme en particulier).

$$E_P = qV,$$

où q est la charge de la particule et V le potentiel électrique au point où elle est placée.

3. Énergie mécanique

■ L'énergie mécanique d'un système est la somme de son énergie cinétique et de son énergie potentielle :

$$E_{\text{mécanique}} = E_{\text{cinétique}} + E_{\text{potentielle}}.$$

■ Un système est dit **conservatif** si seules les énergies cinétique et potentielle subissent des variations au cours du temps. En pratique, un système mécanique dont les frottements sont négligeables (et sans moteur !) peut être considéré comme conservatif.

L'énergie mécanique d'un système isolé conservatif est constante.

■ Si un système mécanique présente des forces de frottement, son énergie mécanique ne peut rester constante et va diminuer. Pour maintenir un système mécanique réel (avec des frottements) en mouvement, on doit dont périodiquement lui donner de l'énergie pour compenser les pertes mécaniques.

III OSCILLATIONS LIBRES D'UN OSCILLATEUR MÉCANIQUE

1. Pendule simple

■ Un pendule simple est un dispositif constitué d'un fil de longueur L fixé à une extrémité et muni d'une masse ponctuelle m à l'autre extrémité. La position d'équilibre de la masse est le point le plus bas (A), sur la verticale. Si on écarte la masse de cet équilibre et qu'on la lâchc, le pendule va osciller avec une période T, selon une trajectoire en arc de cercle, de rayon L.

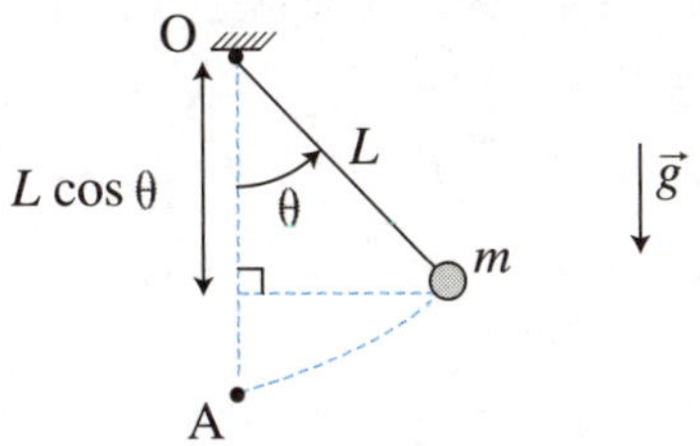

On suppose en général que les oscillations sont de faible amplitude (pas plus de 10° à 20°), ce qui permet d'utiliser l'approximation des petits angles, la période vaut : $T = 2\pi\sqrt{\dfrac{L}{g}}$.

■ Ce régime d'oscillations est appelé **régime d'oscillations libres**. Si les frottements sont considérés comme négligeables, l'énergie mécanique du pendule simple est constante, et s'écrit :

$$E_M = E_C + E_P = \frac{1}{2}mv^2 + mgL(1-\cos\alpha),$$

où α est l'angle formé par le fil avec la verticale (descendante), et où l'énergie potentielle est posée comme nulle au point le plus bas de la trajectoire de la masse m ($E_P = 0$ si $\alpha = 0$).

■ On peut considérer qu'au cours du mouvement il y a des phases de **conversion de l'énergie potentielle en énergie cinétique** (lors de la descente) et des phases de **conversion de l'énergie cinétique en énergie potentielle** (au cours de la montée).

2. Pendule élastique horizontal

■ Un **pendule élastique** horizontal est constitué d'un rail horizontal sur lequel peut osciller librement une masse ponctuelle m reliée à une des deux extrémités d'un ressort de longueur à vide l_0 et de raideur k (l'autre extrémité du ressort est fixée).

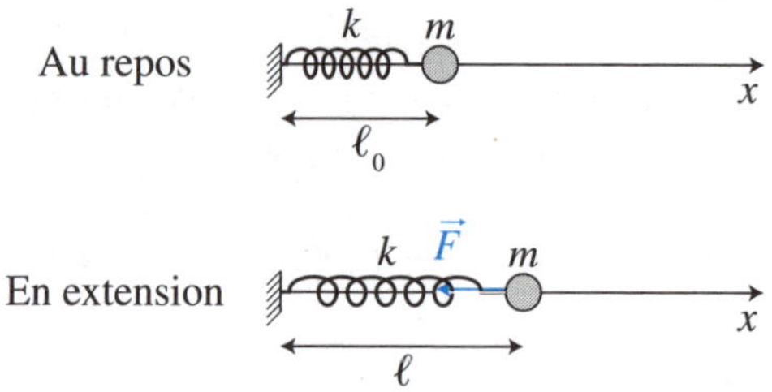

Si on écarte la masse m de sa position d'équilibre et qu'on la lâche, elle va osciller librement avec une période T. Cet oscillateur mécanique libre a une période :

$$T = 2\pi\sqrt{\frac{m}{k}}.$$

■ Si les frottements sont considérés comme négligeables, l'énergie mécanique du pendule élastique est constante, et s'écrit :

$$E_{\mathrm{M}} = E_{\mathrm{C}} + E_{\mathrm{P}} = \frac{1}{2}mv^2 + \frac{1}{2}kx^2,$$

où x l'élongation du ressort par rapport à sa longueur à vide, et où l'énergie potentielle est posée comme nulle si $x = 0$.

■ On peut considérer qu'au cours du mouvement il y a des phases de **conversion de l'énergie potentielle en énergie cinétique** (détente du ressort) et des phases de **conversion de l'énergie cinétique en énergie potentielle** (compression du ressort).

3. Oscillations amorties

■ Les systèmes mécaniques sont en réalité sujets aux forces de frottements, les oscillations libres sont donc amorties, ce qui entraîne que leur amplitude va décroître au cours du temps. Le mouvement oscillant est alors qualifié de **pseudo-périodique**, et on peut mesurer la **pseudo-période** T de l'oscillateur amorti.

L'amortissement lié aux forces de frottements entraîne une diminution de l'énergie mécanique, car le système n'est plus conservatif dans ce cas.

IV LE TEMPS ATOMIQUE

Le TAI ou **Temps atomique international** est une échelle de temps basée sur l'usage d'horloges atomiques qui définissent la seconde. Le TAI établit ainsi un **étalon** de temps (**indépendant des phénomènes astronomiques**) utilisé comme référence.

La seconde est définie depuis 1967 (13e conférence générale des poids et mesures) comme la durée égale à 9 192 631 770 fois une période de la radiation correspondant à la transition entre les 2 niveaux quantiques hyperfins de l'état fondamental de l'atome de césium 133 $\left({}^{133}Cs\right)$.

Le TAI est obtenu par la moyenne de la marche de plus de 300 horloges atomiques.

SAVOIR-FAIRE

1. Faire une étude aux dimensions

EXEMPLE : Exprimer l'unité de la puissance, le watt, dans les unités de base du système international (SI).

- **Étape 1** : identifier la formule à utiliser : $P = \vec{F} \cdot \vec{v}$.
- **Étape 2** : écrire cette équation en terme de grandeurs :

$$[\text{puissance}] = [\text{force}] \times [\text{vitesse}].$$

La seconde loi de Newton exprime qu'une force est homogène au produit d'une masse par une accélération :

$$[\text{force}] = [\text{masse}] \times [\text{accélération}].$$

Soit : $$[\text{puissance}] = [\text{masse}] \times [\text{accélération}] \times [\text{vitesse}].$$

- **Étape 3** : écrire l'équation aux dimensions :

$$[\text{puissance}] = \text{M} \times \text{L} \times \text{T}^{-2} \times \text{L} \times \text{T}^{-1} = \text{M} \times \text{L}^2 \times \text{T}^{-3}.$$

Le Watt est donc homogène au produit d'une masse par une longueur au carré et divisé par un temps au cube.

On peut aussi écrire :

$$[P] = [F] \times [v] = [m] \times [a] \times [v] = \text{M} \times \text{L} \times \text{T}^{-2} \times \text{L} \times \text{T}^{-1}.$$

2. Utiliser la conservation de l'énergie et le théorème de l'énergie cinétique

Si un système mécanique en translation est conservatif, son énergie mécanique est constante. Cela signifie qu'entre deux points A et B on a :

$$E_\text{M} = E_{\text{C}_\text{A}} + E_{\text{P}_\text{A}} = E_{\text{C}_\text{B}} + E_{\text{P}_\text{B}}.$$

On peut en déduire le théorème de l'énergie cinétique, la variation d'énergie cinétique entre A et B d'un solide en translation s'écrit :

$$\Delta E_\text{C} = E_{\text{C}_\text{B}} - E_{\text{C}_\text{A}} = \sum_{\text{A} \to \text{B}} W(\text{forces conservatives}).$$

EXEMPLE : On lance une masse ponctuelle m verticalement vers le haut, à la vitesse $v_\text{A} = 10,0$ m/s.

Calculer la hauteur maximale H atteinte. Les frottements dans l'air sont considérés comme négligeables.

- **Méthode 1** : par la conservation de l'énergie.

On sait que la vitesse v_A est maximale au départ, en A. L'altitude maximale, en B, est atteinte quand la vitesse s'annule $(v_\text{B} = 0)$.

La conservation de l'énergie mécanique donne :

$$E_{\text{C}_\text{A}} + E_{\text{P}_\text{A}} = E_{\text{C}_\text{B}} + E_{\text{P}_\text{B}}.$$

Soit, en prenant une altitude nulle pour le point de départ A et une altitude H (celle recherchée) pour B :

$$\frac{1}{2}mv_A^2 + mg \times 0 = \frac{1}{2}mv_B^2 + mgH, \text{ soit } \frac{1}{2}mv_A^2 = mgH.$$

C'est-à-dire $H = \frac{v_A^2}{2g} = 5{,}09 \text{ m}$.

On notera que H ne dépend pas de la masse de l'objet.

Méthode 2 : par le théorème de l'énergie cinétique.

La seule force qui s'applique au système est le poids, le théorème s'écrit donc :

$$\Delta E_C = E_{C_B} - E_{C_A} = W(\text{poids}) = -mg(z_B - z_A).$$

Or E_{C_B} est nulle et $z_B - z_A = H$ donc $H = \frac{E_{C_A}}{mg} = \frac{v_A^2}{2g} = 5{,}09 \text{ m}$.

Le résultat est bien sûr le même.

EXERCICES D'APPLICATION

Dans les exercices qui le nécessitent, on pourra utiliser la valeur de l'accélération de la pesanteur au niveau du sol sur Terre : $g = 9{,}81 \text{ m/s}^2$.

1 QCM | ★ | 10 min | ▸ P. 132

Pour chaque affirmation, dire si elle est vraie ou fausse, justifier.

1. Le travail W d'une force se mesure en watts.
2. Le travail W d'une force se mesure en joules.
3. La période des oscillations d'un pendule simple dépend de la masse du pendule.
4. La période des oscillations d'un pendule simple diminue lorsque la longueur du fil augmente.
5. Lorsqu'un pendule simple atteint son amplitude angulaire maximale :
a. la vitesse de sa masse est maximale.
b. la vitesse de sa masse est nulle.
6. Le travail du poids d'un mobile dépend du trajet suivi par le mobile.
7. On lâche un objet de masse m sans vitesse initiale, les frottements sont négligeables :
a. son énergie mécanique augmente au cours de la chute.
b. son énergie potentielle de pesanteur diminue au cours de la chute.
8. L'approximation des petits angles est valable pour un pendule simple en oscillations libres dont l'amplitude est de 60°.
9. L'étalon de temps qui mesure la seconde est basé sur le mouvement astronomique de la Terre.
10. On peut utiliser un pendule simple pour définir la seconde.

2 ÉTUDE AUX DIMENSIONS DE LA PÉRIODE D'UN PENDULE | ★ | 10 min | ▸ P. 132

On considère un pendule simple constitué d'un fil de longueur L, fixé en un point et portant une masse ponctuelle m à l'autre extrémité. Ce pendule est en oscillations libres sans frottements, dans le champ de pesanteur terrestre.

1. De quels paramètres peut dépendre la période T des oscillations du pendule ?
2. Montrer par une étude aux dimensions que T ne peut dépendre que de L et g.
3. En utilisant la question précédente, donner la forme de l'équation qui relie T à L et g.
4. En admettant que le facteur de proportionnalité soit 2π, calculer la longueur L du fil si $T = 1{,}0$ s et $m = 100{,}0$ g.

3 ÉTUDE AUX DIMENSIONS DE LA PÉRIODE D'UN PENDULE ÉLASTIQUE | ★ | 5 min | ▸ P. 133

On considère un pendule élastique constitué d'un ressort de raideur k, fixé en un point et portant une masse ponctuelle m à l'autre extrémité. La masse m peut osciller sans frottement sur une tige horizontale.

1. Rappeler la dimension SI de la raideur k du ressort.

2. De quels paramètres peut dépendre la période T des oscillations du pendule élastique ?

3. Par des considérations de dimension, établir que T est proportionnel à $\sqrt{\frac{m}{k}}$.

4 PENDULE DE FOUCAULT | ★★ | 10 min | ▸ P. 133

En 1851, Léon Foucault installa sous la coupole du Panthéon un pendule constitué d'un fil d'acier de longueur $L = 67{,}0\ \text{m}$ fixé au sommet et pourvu à la base d'une boule de laiton lestée de plomb de masse $m = 28\ \text{kg}$. On suppose l'approximation des petites oscillations valable.

1. Rappeler l'expression de la période T d'un pendule simple (L, m).

2. Calculer cette période dans le cas du pendule de Foucault.

3. Quelle serait la période du pendule de Foucault sur la Lune où $\frac{g_{\text{Lune}}}{g} = \frac{1}{6}$?

4. Rappeler l'approximation qui permet d'utiliser la formule de la question **1.** pour calculer la période d'un pendule.

5 TRAVAIL DU POIDS | ★ | 10 min | ▸ P. 133

Un objet de masse $m = 10\ \text{kg}$ est en chute libre (sans frottement), la vitesse initiale au point de départ A est nulle.

1. Exprimer le travail W du poids lorsque l'objet chute d'un dénivelé H (on nomme B le point d'arrivée).

2. Calculer numériquement ce travail pour $H = 50\ \text{m}$.

3. Pourquoi peut-on considérer que l'énergie mécanique de l'objet est constante au cours de la chute ?

4. Utiliser la conservation de l'énergie mécanique (ou le théorème de l'énergie cinétique) pour exprimer la vitesse de l'objet en B en fonction de m, g et H.

5. Calculer la vitesse au point B.

6 MOUVEMENT RECTILIGNE UNIFORME | ★ | 10 min | ▸ P. 134

Une voiture a un mouvement rectiligne uniforme, la valeur de sa vitesse est notée v. La force motrice F vaut 500 N.

1. Calculer la valeur du travail de F lorsque la voiture parcourt la distance $D = 3{,}2$ km.
2. En déduire la valeur du travail W des forces de frottements sur cette même distance.
3. Si l'on suppose que la force de frottement f est constante, quelle est sa valeur ?

EXERCICES D'ENTRAÎNEMENT

7 PUISSANCE D'UN DRAGSTER | ★★ | 15 min | ▸ P. 134

Un dragster a une masse $m = 800$ kg et une puissance motrice $P = 500$ chevaux. On rappelle que 1 cheval correspond à 736 W. On suppose que l'énergie du moteur est entièrement convertie en énergie cinétique.

1. Calculer le travail W du moteur pendant un intervalle de temps $\Delta t = 10$ s.
2. Déduire de la question précédente l'énergie cinétique acquise par le dragster (départ arrêté) puis sa vitesse.
3. Après une à deux minutes, on constate que le dragster atteint une vitesse limite. Interpréter ce phénomène, en particulier au regard de l'hypothèse qui est faite au début de l'exercice.

8 ANALYSE ÉNERGÉTIQUE DU MOUVEMENT D'UN PENDULE ÉLASTIQUE HORIZONTAL | ★★ | 30 min | ▸ P. 135

Un pendule élastique est constitué d'un ressort de raideur k et d'une masse m, le tout monté sur une tige horizontale. La masse m est écartée de sa position d'équilibre et lâchée sans vitesse initiale. On suit ses oscillations dans le tableau ci-après.

Temps (s)	Position (cm)	Vitesse (m/s)
0	10	0
0,01	9,5	– 1
0,02	8,07	– 1,9
0,03	5,83	– 2,6
0,04	3,01	– 3
0,05	– 0,1	– 3,2
0,06	– 3,21	– 3
0,07	– 5,99	– 2,5
0,08	– 8,19	– 1,8
0,09	– 9,57	– 0,9
0,1	– 10	0,1
0,11	– 9,44	1
0,12	– 7,94	1,9
0,13	– 5,66	2,6
0,14	– 2,81	3
0,15	0,31	3,2
0,16	3,4	3
0,17	6,16	2,5
0,18	8,3	1,8
0,19	9,62	0,9
0,2	9,99	– 0,1
0,21	9,37	– 1,1
0,22	7,81	– 2
0,23	5,49	– 2,6
0,24	2,61	– 3,1

Temps (s)	Position (cm)	Vitesse (m/s)
0,25	– 0,52	– 3,2
0,26	– 3,6	– 3
0,27	– 6,32	– 2,5
0,28	– 8,42	– 1,7
0,29	– 9,68	– 0,8
0,3	– 9,98	0,2
0,31	– 9,29	1,2
0,32	– 7,68	2
0,33	– 5,31	2,7
0,34	– 2,41	3,1
0,35	0,72	3,2
0,36	3,79	2,9
0,37	6,48	2,4
0,38	8,53	1,7
0,39	9,73	0,7
0,4	9,97	– 0,3
0,41	9,21	– 1,2
0,42	7,55	– 2,1
0,43	5,14	– 2,7
0,44	2,21	– 3,1
0,45	– 0,93	– 3,1
0,46	– 3,98	– 2,9
0,47	– 6,64	– 2,4
0,48	– 8,63	– 1,6

1. À l'aide d'un tableur, représenter la position x en fonction du temps t.

2. Déduire de la courbe précédente une valeur approximative de la période T.

3. Compléter le tableau précédent en introduisant une colonne calculant l'énergie cinétique à chaque instant.

4. Compléter le tableau précédent en introduisant une colonne calculant l'énergie potentielle du ressort $E_P = \frac{1}{2}kx^2$.

5. Représenter sur une même courbe E_C, E_P et E_M, l'énergie mécanique totale.

6. Interpréter les courbes précédentes, en particulier en terme de conversion.

7. On étudie maintenant expérimentalement un dispositif analogue, les mesures de x en fonction du temps permettant de tracer la courbe $x(t)$ suivante.

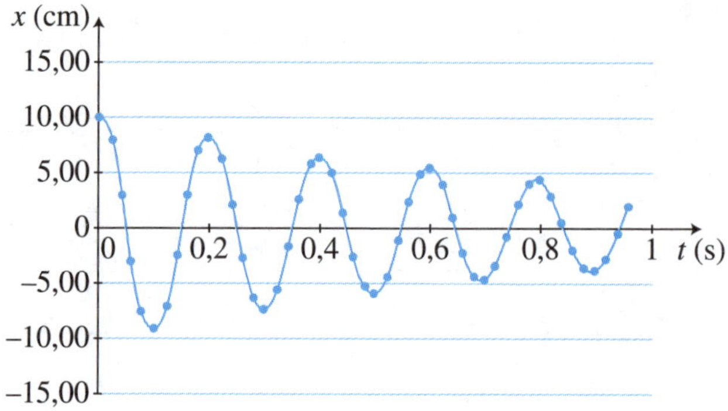

a. Mesurer la pseudo-période de ce mouvement oscillant.

b. Comment interpréter la décroissance de l'amplitude au fil des oscillations ?

c. Interpréter ce phénomène en terme d'énergie.

EXERCICES D'APPROFONDISSEMENT

9 ÉNERGIE CINÉTIQUE D'UNE VOITURE

★★★ 20 min ▸ P. 137

Une voiture de compétition de masse $m = 1\ 000$ kg a une puissance de 100 chevaux (1 cheval = 736 W) lorsqu'elle atteint sa vitesse maximale $v = 190$ km/h, sur une route rectiligne horizontale.

1. Faire le bilan des forces qui s'exercent sur la voiture.
2. Quelles sont les forces qui sont susceptibles d'avoir un travail non nul ?
3. Calculer la valeur de la force motrice du moteur lorsque la vitesse maximale est atteinte.
4. On suppose que la puissance motrice est utilisée pour vaincre les frottements. Calculer la valeur des forces de frottements.
5. Le conducteur coupe maintenant le moteur et roule en roue libre. En supposant que les frottements sont les mêmes qu'à la question précédente, calculer la distance nécessaire à l'arrêt complet du véhicule.

On utilisera dans cet exercice le fait que la puissance d'une force $\vec{F}$ se définit comme $P = \vec{F} \cdot \vec{v}$ lors d'un mouvement de translation à la vitesse $\vec{v}$.

10 AMORTISSEMENT DES OSCILLATIONS D'UN PENDULE

★★★ 15 min ▸ P. 137

Un pendule simple est constitué d'un fil de longueur $L = 35{,}0$ cm, fixé en un point et portant à l'autre extrémité une masse ponctuelle $m = 200$ g. Le pendule est écarté de sa position d'équilibre et lâché sans vitesse initiale. La première oscillation a une amplitude $\alpha_1 = 25°$. Après 100 oscillations successives, l'amplitude n'est plus que de $\alpha_{100} = 5°$.

1. Définir précisément le terme amplitude, pour le pendule. Préciser la vitesse de la masse au point d'angle maximum lors de la première oscillation.
2. À quelle cause attribuer la diminution de l'amplitude du pendule ?
3. Calculer la variation d'énergie mécanique entre la première oscillation et la centième.
4. Calculer le travail W des forces de frottements subies par le pendule entre la première et la centième oscillation.
5. La période T du pendule s'exprime comme $T = 2\pi\sqrt{\dfrac{L}{g}}$. En considérant que la période est parfaitement constante au cours des oscillations, calculer la puissance moyenne P des forces de frottements.

La puissance moyenne d'une force se définit par rapport au travail W de cette même force comme : $P = \dfrac{W(\vec{F})}{\Delta t}$, où Δt est la durée sur laquelle le travail est calculé.

11 PENDULE ÉLASTIQUE

★★★ 25 min ▸ P. 138

On considère un pendule élastique constitué d'un ressort de raideur k, fixé en un point et portant une masse ponctuelle m à l'autre extrémité. La masse m peut osciller sans frottement sur une tige horizontale.

On repère la position de la masse m par son abscisse x par rapport à sa position d'équilibre (ressort de longueur à vide l_0). On écarte la masse de sa position d'équilibre et on la lâche sans vitesse initiale.

1. Faire l'inventaire des forces qui s'exercent sur la masse m.
2. Décrire le mouvement de la masse m.
3. Rappeler l'expression de la période T des oscillations du pendule.
4. On pose que l'énergie potentielle élastique $E_P = \dfrac{1}{2}kx^2$ est nulle lorsque x est nul. L'énergie mécanique est égale à $E_M = 0{,}029$ J, la raideur du ressort vaut $k = 50$ N/m et la masse $m = 200$ g.

Exprimer l'amplitude A du mouvement de la masse en fonction de E_M et k. Calculer numériquement A, puis la valeur de la période T.

EXERCICES

5. Exprimer en fonction de E_M et m la vitesse maximale de la masse, puis la calculer numériquement.

6. Utiliser un tableur pour tracer sur une même figure les graphes de la vitesse et la position de la masse en fonction du temps.

On admettra que l'élongation du ressort (c'est-à-dire la position x de la masse) s'écrit $x(t) = A\cos\left(\frac{2\pi t}{T}\right)$ et la vitesse $v(t) = -\frac{2\pi A}{T}\sin\left(\frac{2\pi t}{T}\right)$.

7. Vérifier sur la figure la valeur numérique de la période T des oscillations.

8. Que peut-on dire, d'après la figure, de la vitesse lorsque l'élongation est maximale ?

9. Que peut-on dire, d'après la figure, de l'élongation lorsque la vitesse est maximale ?

10. En réalité, on observe l'élongation suivante :

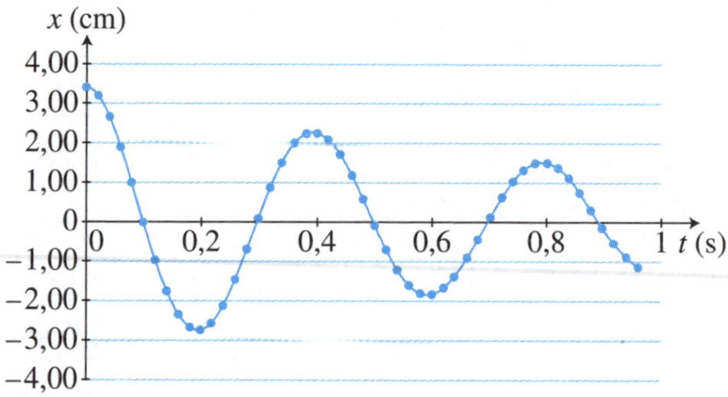

Ainsi que les énergies en fonction du temps suivantes :

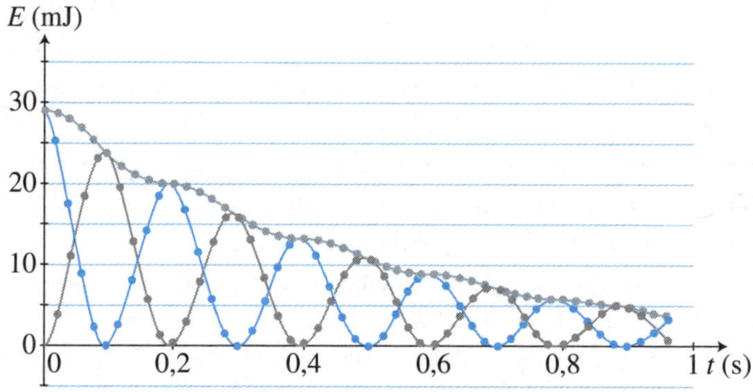

a. Expliquer pourquoi les observations expérimentales ne correspondent pas aux graphes obtenus en question **6.**

b. Mesurer la pseudo-période T et comparer à la question **4.**

c. Décrire et expliquer les graphes de E_M, E_C et E_P en fonction du temps.

CONTRÔLE

12 ÉNERGIE MÉCANIQUE D'UN PENDULE | ★★ | 30 min | ▸ P. 139

Un pendule simple est constitué d'un fil de longueur $L = 1{,}0$ m, fixé en un point et portant à l'autre extrémité une masse ponctuelle $m = 200$ g. Son énergie potentielle est choisie nulle lorsque la masse passe par la verticale, au point le plus bas. L'énergie mécanique E_M du pendule vaut $E_M = 0{,}15$ J.

1. Exprimer la vitesse v_{max} de la masse lorsque celle-ci passe à son point le plus bas, en fonction de E_M et m.

2. Calculer la vitesse v_{max}.

3. Exprimer l'énergie potentielle du pendule en fonction de L, m et de l'angle α que forme le fil avec la verticale.

4. Déduire de la question précédente la valeur maximale de l'angle α, notée α_{max}.

5. Dans l'approximation des petites oscillations, vérifier par un calcul aux dimensions que la période T du pendule peut être proportionnelle à $\sqrt{\frac{L}{g}}$.

6. Calculer la valeur numérique de la période T, sachant que le coefficient de proportionnalité est 2π.

7. On laisse le pendule osciller, et on observe que l'amplitude angulaire maximale diminue oscillation après oscillation.
Donner une explication à ce phénomène.
Que peut-on dire de l'énergie mécanique du pendule au cours du temps ?

8. Peut-on utiliser ce pendule pour mesurer le temps ?

CORRIGÉS

1 1. Faux. Le watt est l'unité SI de la puissance (quotient d'une énergie par un temps).
2. Vrai. L'unité de mesure SI du travail est le joule (produit d'une force par une distance).
3. Faux. On sait que la période vaut $T = 2\pi\sqrt{\frac{L}{g}}$, relation indépendante de la masse m.
4. Faux. D'après l'expression de la période T ci-dessus, plus L est grand, plus T est grand.
5. a. Faux. Énergies potentielle et cinétique ne peuvent être toutes les deux maximales en même temps.
b. Vrai. Lorsque le pendule a son amplitude angulaire maximale, son énergie potentielle de pesanteur est maximale donc l'énergie cinétique est minimale, la vitesse est donc nulle.
6. Faux. On sait que le travail du poids ne dépend que du dénivelé.
7. a. Faux. Lors d'une chute libre, on néglige les frottements et l'énergie mécanique reste constante.
b. Vrai. Lors de la chute libre l'énergie cinétique augmente, et par voie de conséquence l'énergie potentielle de pesanteur diminue.
8. Faux. L'approximation des petits angles est valable jusqu'à 15° ou 20° pas plus.
9. Faux. Depuis 1967, l'étalon temps est basé sur les horloges atomiques.
10. Vrai et faux. On peut construire un pendule qui bat $T = 1$ s, mais il subira forcément un amortissement. Il est nécessaire de lui redonner périodiquement de l'énergie, avec un système d'entretien des oscillations (système du balancier à échappement par exemple).

2 1. Le pendule est caractérisé par sa longueur L, sa masse m et oscille dans le champ de pesanteur terrestre. À priori, T peut dépendre de L, m et g.
2. En notant a, b et c des coefficients qu'il nous faudra déterminer, on suppose que T dépend de L, m et g sous la forme :

$$T = k \times L^a m^b g^c,$$

où k est un facteur de proportionnalité sans dimension.
Soit en calcul de dimensions : $[T] = [L]^a\,[m]^b\,[g]^c$.
Or g est homogène à une longueur divisée par un temps au carré (une accélération), d'où $[T] = \mathrm{L}^a\mathrm{M}^b\mathrm{L}^c\mathrm{T}^{-2c}$.
On obtient par identification le système d'équations :

$$\begin{cases} a + c = 0 \\ b = 0 \\ -2c = +1 \end{cases}, \quad \text{soit} \begin{cases} a = +\dfrac{1}{2} \\ b = 0 \\ c = -\dfrac{1}{2} \end{cases}$$

On constate que T ne dépend effectivement pas de m.

3. On déduit de la question précédente que T peut s'écrire : $T = k\sqrt{\frac{L}{g}}$.

4. De la formule $T = 2\pi\sqrt{\frac{L}{g}}$, on déduit que $L = \frac{g \times T^2}{4\pi^2} = 0,25$ m.

3 1. La force de rappel d'un ressort s'écrit en valeur : $F = kx$, où x représente l'allongement du ressort. On en déduit donc $[k] = \frac{[F]}{[x]}$ soit encore :

$$[k] = \mathrm{M} \times \mathrm{L} \times \mathrm{T}^{-2} \times \mathrm{L}^{-1} = \mathrm{M} \times \mathrm{T}^{-2}.$$

Car on sait qu'une force est homogène au produit d'une masse par une accélération.

2. La masse m oscille horizontalement sous l'action de la force de rappel du ressort, les frottements étant négligeables, la pesanteur n'intervenant pas (le mouvement est horizontal). À priori, T est une fonction de m et k.

3. En notant a et b des coefficients qu'il nous faut déterminer, on suppose que T dépend de k et m sous la forme $T = A \times k^a m^b$, où A est un facteur de proportionnalité sans dimension.

Soit en calcul de dimensions : $[T] = [k]^a [m]^b = \mathrm{M}^a \mathrm{T}^{-2a} \mathrm{M}^b$.

On obtient par identification le système d'équations :

$$\begin{cases} a + b = 0 \\ -2a = 1 \end{cases}, \quad \text{soit} \begin{cases} a = -\frac{1}{2} \\ b = +\frac{1}{2} \end{cases}.$$

Donc on peut écrire $T = A\sqrt{\frac{m}{k}}$.

4 1. La période T d'un pendule simple s'écrit $T = 2\pi\sqrt{\frac{L}{g}}$.

2. L'application numérique donne $T = 2\pi \times \sqrt{\frac{67,0}{9,81}} = 16,4$ s.

3. Sur la Lune, la pesanteur est six fois moindre, on peut écrire :

$$T' = 2\pi\sqrt{\frac{L}{g_{\text{Lune}}}} = 2\pi\sqrt{\frac{L}{g}} \times \sqrt{6} \approx 2,45 \times T = 40,2 \text{ s}.$$

4. La formule de la question **1.** n'est valable que dans l'approximation des petites oscillations, ce qui signifie que le pendule ne doit pas avoir une amplitude d'oscillation de plus de 15°.

5 1. Le travail du poids est moteur lors de la descente de l'objet, on a donc :

$$W_{\mathrm{A} \to \mathrm{B}} = mgH > 0.$$

2. L'application numérique donne : $W = +4\ 900$ J.

3. La seule force qui s'exerce lors de la chute est le poids, car on néglige les frottements. Le poids est une force conservative, donc l'énergie mécanique est constante au cours du mouvement.

4. La conservation de l'énergie mécanique permet d'écrire :

$$E_M = E_C(A) + E_P(A) = E_C(B) + E_P(B).$$

On déduit donc $E_C(B) = \frac{1}{2}mv_A^2 + mgz_A - mgz_B = \frac{1}{2}mv_A^2 + mgH$.

Soit encore $v_B = \sqrt{v_A^2 + 2gH} = \sqrt{0 + 2gH} = 31$ m/s.

Notons que l'application du théorème de l'énergie cinétique donne le même résultat : $\Delta E_C = E_C(B) - E_C(A) = \sum W(\text{forces}) = W_{A \to B}(\text{poids}) = mgH$.

D'où bien sûr : $v_B = \sqrt{v_A^2 + 2gH} = \sqrt{0 + 2gH} = 31$ m/s avec $E_C(A) = 0$.

6 **1.** Le travail d'une force constante sur un trajet rectiligne de longueur D s'écrit $W = \vec{F} \cdot (D\vec{u})$, où $\vec{u}$ est un vecteur unitaire dans le sens et la direction du mouvement. Comme la force motrice de la voiture est selon la direction du mouvement et dans le sens de celui-ci, on a simplement : $W = F \times D = 500 \times 3\,200 = +1{,}6 \times 10^6$ J ($W > 0$, le travail est moteur).

2. Le mouvement est rectiligne uniforme, la deuxième loi de Newton nous indique donc que la somme vectorielle des forces appliquées à la voiture est nulle. Les frottements (de même direction que la force motrice et de sens opposé) compensent donc exactement la force motrice.

On a donc l'égalité : $W(\text{frottements}) = -W(\text{force motrice}) = -1{,}6 \times 10^6$ J.

3. Les forces de frottements étant supposées constantes au cours du mouvement, on a donc $f = \frac{W}{D} = F = 500$ N.

7 **1.** Le travail W est relié à la puissance P par la relation $W = P \cdot \Delta t$, soit numériquement $W = 500 \times 736 \times 10 = 3{,}7 \times 10^6$ J.

2. On utilise le théorème de l'énergie cinétique :

$$\Delta E_C = E_{C_f} - E_{C_i} = \sum W(\text{forces}).$$

Comme on suppose que toute l'énergie du moteur est convertie en énergie mécanique, cela signifie que l'on néglige les frottements (s'ils existaient, ils devraient être compensés par la force motrice), finalement :

$$\Delta E_C = E_{C_f} - E_{C_i} = W(\text{force motrice}) = 3{,}7 \times 10^6 \text{ J}.$$

Soit : $v_f = \sqrt{v_i^2 + \frac{2W}{m}} = \sqrt{0 + \frac{2W}{m}} = \sqrt{\frac{2 \times 3{,}7 \times 10^6}{800}} = 96$ m/s.

3. Si une vitesse limite est atteinte, cela signifie que $\Delta E_C = 0$, ce qui implique qu'en plus du travail moteur (positif) il existe (au moins) un travail résistant, qui compense exactement le travail moteur. Cet effet est dû bien sûr au travail des forces de frottements dans l'air et sur le sol.

Cela implique que si les frottements peuvent être considérés comme quasi nuls au départ, dès que le dragster a atteint une vitesse suffisante cela n'est plus vrai. L'hypothèse de départ est donc une grossière approximation.

8 **1.** Les données permettent de représenter environ deux périodes complètes et le début d'une troisième :

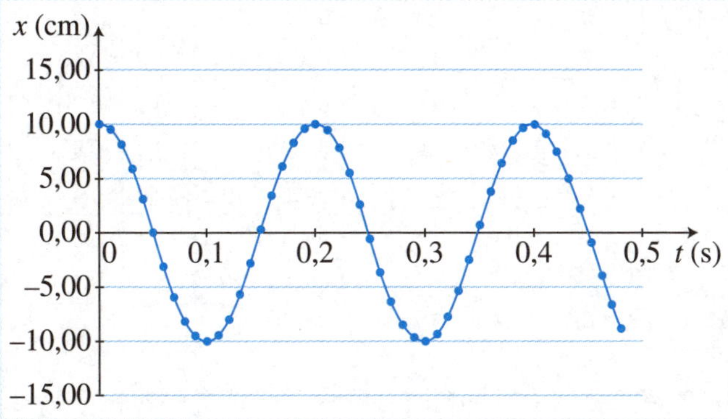

2. On mesure deux périodes sur le graphique : $2T \approx 0,4$ s, soit $T \approx 0,2$ s.

3. et **4.** On utilise les formule suivantes $E_C = \frac{1}{2}mv^2$ et $E_P = \frac{1}{2}kx^2$ pour compléter le tableau :

t (s)	x (cm)	v (m/s)	E_C	E_P	E_M
0	10	0	0	0,5	0,5
0,01	9,5	– 1	0	0,5	0,5
0,02	8,07	– 1,9	0,2	0,3	0,5
0,03	5,83	– 2,6	0,3	0,2	0,5
0,04	3,01	– 3	0,5	0	0,5
0,05	– 0,1	– 3,2	0,5	0	0,5
0,06	3,21	– 3	0,4	0,1	0,5
0,07	– 5,99	– 2,5	0,3	0,2	0,5
0,08	– 8,19	– 1,8	0,2	0,3	0,5
0,09	– 9,57	– 0,9	0	0,5	0,5
0,1	– 10	0,1	0	0,5	0,5
0,11	– 9,44	1	0,1	0,4	0,5
0,12	– 7,94	1,9	0,2	0,3	0,5
0,13	– 5,66	2,6	0,3	0,2	0,5
0,14	– 2,81	3	0,5	0	0,5
0,15	0,31	3,2	0,5	0	0,5
0,16	3,4	3	0,4	0,1	0,5

t (s)	x (cm)	v (m/s)	E_C	E_P	E_M
0,17	6,16	2,5	0,3	0,2	0,5
0,18	8,3	1,8	0,2	0,3	0,5
0,19	9,62	0,9	0	0,5	0,5
0,2	9,99	– 0,1	0	0,5	0,5
0,21	9,37	– 1,1	0,1	0,4	0,5
0,22	7,81	– 2	0,2	0,3	0,5
0,23	5,49	– 2,6	0,3	0,2	0,5
0,24	2,61	– 3,1	0,5	0	0,5
0,25	– 0,52	– 3,2	0,5	0	0,5
0,26	– 3,6	– 3	0,4	0,1	0,5
0,27	– 6,32	– 2,5	0,3	0,2	0,5
0,28	– 8,42	– 1,7	0,1	0,4	0,5
0,29	– 9,68	– 0,8	0	0,5	0,5
0,3	– 9,98	0,2	0	0,5	0,5
0,31	– 9,29	1,2	0,1	0,4	0,5
0,32	– 7,68	2	0,2	0,3	0,5
0,33	– 5,31	2,7	0,4	0,1	0,5

t (s)	x (cm)	v (m/s)	E_C	E_P	E_M
0,34	– 2,41	3,1	0,5	0	0,5
0,35	0,72	3,2	0,5	0	0,5
0,36	3,79	2,9	0,4	0,1	0,5
0,37	6,48	2,4	0,3	0,2	0,5
0,38	8,53	1,7	0,1	0,4	0,5
0,39	9,73	0,7	0	0,5	0,5
0,4	9,97	– 0,3	0	0,5	0,5
0,41	9,21	– 1,2	0,1	0,4	0,5

t (s)	x (cm)	v (m/s)	E_C	E_P	E_M
0,42	7,55	– 2,1	0,2	0,3	0,5
0,43	5,14	– 2,7	0,4	0,1	0,5
0,44	2,21	– 3,1	0,5	0	0,5
0,45	– 0,93	– 3,1	0,5	0	0,5
0,46	– 3,98	– 2,9	0,4	0,1	0,5
0,47	– 6,64	– 2,4	0,3	0,2	0,5
0,48	– 8,63	– 1,6	0,1	0,4	0,5

5. On utilise le tableau précédent pour représenter les énergies.

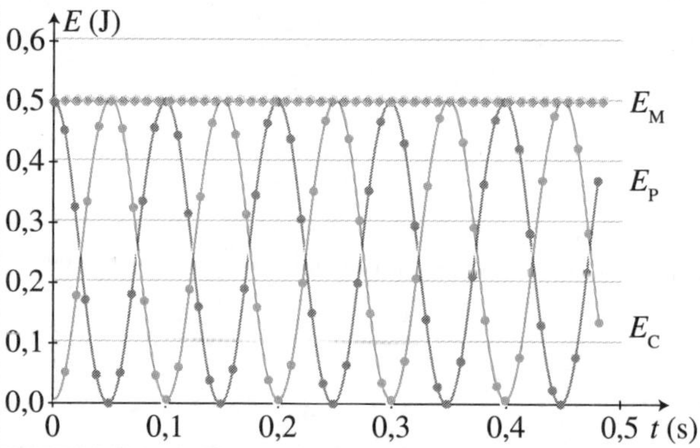

6. On constate que l'énergie mécanique $E_M = E_C + E_P$ est constante et vaut environ 0,5 J. Les énergies cinétique et potentielle élastique, quant à elles, oscillent entre 0 et 0,5 J, avec une période d'environ 0,1 s. Elles sont déphasées l'une par rapport à l'autre, de telle façon que lorsque l'une atteint son maximum, l'autre est à son minimum. On peut dire qu'au cours du temps, E_C et E_P se « transforment » l'une en l'autre.

Initialement par exemple, la vitesse est nulle, E_C aussi, et E_P est maximum. E_P commence par diminuer et E_C va augmenter, du fait même de la diminution de E_P. Plus tard bien sûr, cela va s'inverser. On lit donc les conditions initiales du mouvement directement sur le graphique, en $t = 0$ s.

7. a. On mesure la pseudo-période τ en remarquant sur la figure que $4\tau \approx 0,8$ s, soit $\tau \approx 0,2$ s.

b. Cette fois, les frottements sur la tige ne sont plus négligeables, à chaque oscillation l'amplitude du mouvement diminue.

Cela revient à dire que **l'énergie mécanique n'est plus constante,** car les frottements ne sont pas conservatifs. L'énergie mécanique va donc diminuer à chaque oscillation, de même que les énergies potentielle et cinétique, de telle façon que soit conservée l'égalité $E_M = E_C + E_P = \frac{1}{2}mv^2 + \frac{1}{2}kx^2$.

9 **1.** La voiture subit son poids $\vec{P}$, la résultante des forces de réaction $\vec{R}$ du support (la route) sur la voiture, la force motrice $\vec{M}$ et les forces de frottements $\vec{f}$. Comme la trajectoire est rectiligne, lorsque la voiture atteint sa vitesse maximale, le mouvement est rectiligne uniforme et la 2e loi de Newton permet d'écrire :

$$\sum \vec{F} = \vec{0} = \vec{P} + \vec{R} + \vec{f} + \vec{M}.$$

2. $\vec{P}$ et $\vec{R}$ sont perpendiculaires au mouvement rectiligne et ne peuvent donc travailler. Seules les forces motrice et de frottements peuvent travailler le long de la trajectoire de la voiture.

3. La puissance de la force motrice s'écrit $P = Mv$ soit :

$$\mathrm{M} = \frac{P}{v} = \frac{100 \times 736}{\frac{190}{3,6}} = 1,39 \times 10^3 \text{ N}.$$

4. Lorsque la vitesse est constante, l'énergie cinétique de la voiture ne varie pas. D'après le théorème de l'énergie cinétique cela signifie que la somme des travaux des forces en présence est nulle. D'après la question **2.** on a donc :

$$W(\text{force motrice}) = -W(\text{frottements}).$$

Ou en termes de puissances : $P(\text{force motrice}) = -P(\text{frottements})$.

Soit $P(\text{frottements}) = -fv = -Mv = -P(\text{force motrice})$.

On en déduit donc que $f = M = 1,39 \times 10^3$ N.

5. On applique le théorème de l'énergie cinétique entre le moment où le moteur est coupé en A et le moment où la voiture s'arrête en B :

$$\Delta E_{\mathrm{C}} = E_{\mathrm{C(B)}} - E_{\mathrm{C(A)}} = \sum W(\text{forces}) = W_{\mathrm{A \to B}}(\text{frottements}) = -f\,D,$$

où D représente la longueur recherchée.

$$\text{On a : } D = -\frac{E_{\mathrm{C(B)}} - E_{\mathrm{C(A)}}}{f} = -\frac{0 - \frac{1}{2}mv_{\mathrm{A}}^2}{f} = \frac{1\,000 \times \left(\frac{190}{3,6}\right)^2}{2 \times 1,39 \times 10^3} = 999 \text{ m}.$$

10 **1.** L'amplitude α_0 du mouvement du pendule est l'angle maximum (mesuré par rapport à la verticale descendante) qu'atteint la masselotte m lors d'une oscillation. Si l'angle atteint par la masselotte est maximal (donc égal à l'amplitude), **la vitesse en ce point est nulle.**

2. L'amplitude des oscillations diminue du fait des forces de frottements dans l'air.

3. On se place à la n-ième oscillation : lorsque l'angle formé par le fil et la verticale descendante est maximal, l'énergie cinétique est nulle. Donc en ce point $E_{\mathrm{M}}(n) = 0 + E_{\mathrm{P}}(n)$.

On mesure l'énergie potentielle en prenant comme origine le point de fixation O du fil. On note θ l'angle entre le fil et la verticale descendante.

On a $E_{\mathrm{P}} = -mgL\cos\theta$.

Donc à la 1re oscillation : $E_{\mathrm{M}}(1) = 0 + E_{\mathrm{P}} = -mgL\cos\alpha_1$.

À la 100e oscillation : $E_{\mathrm{M}}(100) = 0 + E_{\mathrm{P}} = -mgL\cos\alpha_{100}$.

4. Le travail des forces de frottements est donc :

$$W = E_M(100) - E_M(1) = mgL\left(\cos\alpha_1 - \cos\alpha_{100}\right) = -\,0{,}063 \text{ J}.$$

5. La période T du pendule est $T = 2\pi\sqrt{\dfrac{35{,}0 \times 10^{-2}}{9{,}81}} \approx 1{,}19$ s. On en déduit la puissance moyenne :

$$P = \frac{|W|}{100 \times T} = \frac{0{,}063}{100 \times 1{,}19} = 5{,}3 \times 10^{-4} \text{ W}.$$

11 **1.** La masse m subit son poids $\vec{P}$, la réaction du support $\vec{R}$ et la force de rappel $\vec{F}$ du ressort.

2. Une fois écartée de sa position d'équilibre et lâchée, la masse m va osciller indéfiniment du fait de l'absence de frottement.

3. On sait que la période vaut $T = 2\pi\sqrt{\dfrac{m}{k}}$.

4. Lorsque l'élongation du ressort est maximale, l'énergie cinétique de la masse est nulle, on a donc $E_M = 0 + \dfrac{1}{2}kA^2$, soit finalement :

$$A = \sqrt{\frac{2E_M}{k}} = 0{,}034 \text{ m} = 3{,}4 \text{ cm}.$$

On calcule la période : $T = 2\pi\sqrt{\dfrac{0{,}200}{50}} \approx 0{,}40$ s.

5. Lorsque la vitesse est maximale, l'énergie potentielle est nulle. On a donc $E_M = \dfrac{1}{2}mv^2$, soit $v = \sqrt{\dfrac{2E_M}{m}} = \sqrt{\dfrac{2 \times 0{,}029}{0{,}200}} = 0{,}54$ m/s.

6. On choisit un pas de temps de 0,02 s et on obtient les graphes suivants de l'élongation :

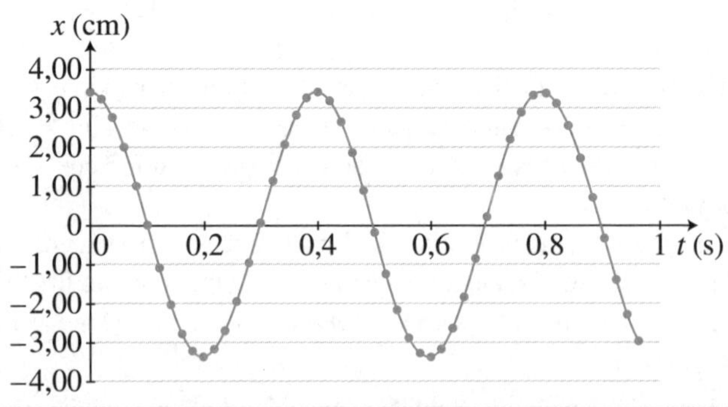

et de la vitesse :

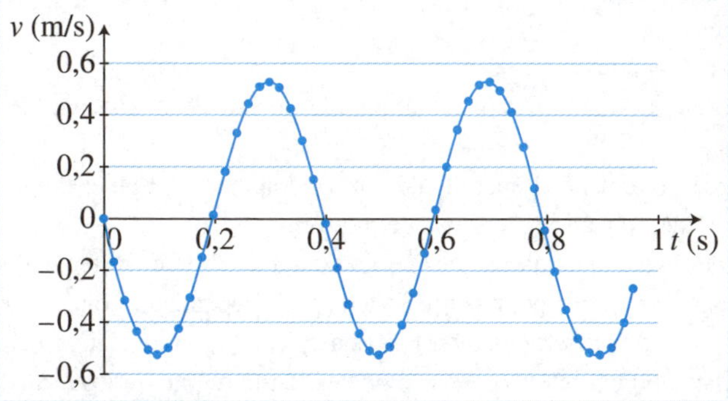

7. On peut mesurer la période sur l'un ou l'autre des deux graphiques, et on trouve bien sûr $T = 0,40$ s.

8. On constate, en comparant les deux graphiques, que la vitesse est nulle lorsque l'élongation du ressort est maximale (ou minimale d'ailleurs).

9. Lorsque la vitesse est maximale en valeur absolue, l'élongation est nulle.

10. a. En réalité le dispositif mécanique subit des frottements sur le support. Le travail de ces frottements ne peut que **faire diminuer l'énergie mécanique** totale, oscillation après oscillation. C'est bien ce que l'on observe sur le graphe des énergies. Bien sûr les énergies cinétique et potentielle subissent un phénomène semblable.
De la même façon, l'élongation maximale doit diminuer oscillation après oscillation, ce que l'on voit bien sur la première courbe, où l'amplitude décroît progressivement.

b. La pseudo-période mesurée directement sur le graphe en élongation donne approximativement $T = 0,40$ s, comme précédemment.

c. On constate de plus que lorsque l'énergie potentielle est maximale, l'énergie cinétique est nulle (c'est-à-dire minimale) et réciproquement, même en présence d'amortissement. Il y a **conversion permanente d'énergie** entre le terme cinétique et le terme potentiel, au cours des différentes oscillations. On dit aussi qu'il y a en permanence transfert énergétique d'une forme d'énergie à l'autre.

12 **1.** et **2.** Puisque l'énergie potentielle est posée comme nulle au point le plus bas, on a donc en ce point $E_M = 0 + E_C$, soit $v_{max} = \sqrt{\dfrac{2E_M}{m}} = 1,22$ m/s.

3. On a posé que l'énergie potentielle était nulle au point le plus bas, on a donc :

$$E_P = mgL(1 - \cos\alpha).$$

4. Lorsque l'énergie potentielle est maximale, l'énergie cinétique est nulle et on a $E_M = 0 + E_P$ soit $E_M = mgL(1 - \cos\alpha_{max})$.

D'où $\cos\alpha_{max} = 1 - \dfrac{E_M}{mgL} = 0,92$, soit $\alpha_{max} = 23°$.

5. Si l'approximation des petites oscillations est valable (dans cet exercice on est à la limite) on sait que $T = 2\pi\sqrt{\dfrac{L}{g}}$.

On vérifie que $[T] = L^{\frac{1}{2}} \times (L \times T^{-2})^{-\frac{1}{2}} = T$. La formule proposée est bien homogène à un temps.

6. On trouve $T \approx 2{,}00$ s.

7. a. Les oscillations diminuent en amplitude du fait de l'existence des forces de frottements.

b. Du fait des frottements, l'énergie mécanique doit aussi diminuer progressivement, jusqu'à s'annuler, quand il n'y a plus de mouvement.

8. Si ce pendule ne subissait pas des pertes énergétiques par frottement, on pourrait effectivement s'en servir pour battre le temps T. Cependant, comme tout système mécanique, il perd (assez rapidement) de l'énergie, on doit donc en principe le munir d'un système compensant ces pertes, si on veut en faire une horloge satisfaisante.

6 Temps et relativité restreinte

I LES POSTULATS D'EINSTEIN

■ La théorie de la relativité restreinte est bâtie sur deux postulats :
• **Le postulat de relativité** : les lois de la nature sont identiques dans tous les référentiels galiléens (ou inertiels). Il existe une infinité de référentiels galiléens qui se déduisent les uns des autres par des mouvements de translation uniforme.
• **Postulat de la constance de la vitesse de la lumière** : la vitesse de la lumière, notée c, est la même dans tous les référentiels galiléens. La valeur de c est 299 792 458 m/s et est souvent arrondie à 3×10^8 m/s.

Cela signifie que les règles d'addition classique des vitesses (voir le QCM) ne s'appliquent pas à la lumière. Celle-ci joue un rôle particulier dans la théorie de la relativité.

■ La théorie de la relativité n'invalide pas la mécanique classique, dite aussi newtonienne, elle étend plutôt son champ d'application. On peut dire que les théories de la relativité (restreinte et générale) contiennent la mécanique classique en tant que cas particulier.

II L'ESPACE-TEMPS EN RELATIVITÉ RESTREINTE

On est habitué en mécanique classique à étudier le mouvement d'un corps en exprimant ses coordonnées spatiales en fonction du paramètre temps t : $X(t)$, $Y(t)$ et $Z(t)$. En relativité restreinte (par définition restreinte à l'absence de gravitation), on ne peut plus séparer coordonnées spatiales et coordonnée temporelle, elles sont liées toutes les quatre entre elles. On parle ainsi d'espace-temps, pour bien rappeler cette intrication.

1. Les concepts de la relativité resteinte

■ On définit le **paramètre γ** par :

$$\gamma = \frac{1}{\sqrt{1 - \frac{u^2}{c^2}}}$$

en notant c la vitesse de la lumière et u la vitesse constante d'un référentiel galiléen par rapport à un autre.
On remarque que si u est petit devant c (c'est toujours le cas dans la vie courante) alors $\gamma \approx 1$. C'est pour cette raison que les prédictions de la relativité restreinte sont difficiles à mettre en évidence, en général la faiblesse des vitesses devant c fait que $\gamma \approx 1$ et qu'on s'éloigne très peu de la situation décrite par la mécanique classique (où $\gamma = 1$ exactement).

■ On définit un **événement** par le lieu et l'instant où il se produit. Par exemple la naissance d'un individu est un événement caractérisé par l'anniversaire (l'instant de la naissance) et le lieu sur Terre où il se produit. Il faut 4 coordonnées d'espace-temps pour caractériser un événement : x, y, z et t.

■ On associe une horloge fixée à un référentiel galiléen R. Le **temps propre** du référentiel galiléen R est mesuré par cette horloge fixe dans R. On peut ainsi définir le temps propre d'une particule en disant que c'est le temps mesuré dans le référentiel où elle est au repos.

2. Relativité de la simultanéité

■ Deux événements sont dits **simultanés dans un référentiel donné** s'ils se produisent en deux lieux différents mais au même instant t.
Cette notion nécessite de synchroniser au moins deux horloges dans deux endroits différents (cela signifie que l'origine des temps est la même et la marche identique pour les deux horloges). Les deux événements sont alors dits simultanés si les deux horloges synchronisées donnent la même indication temporelle.

■ On montre en relativité restreinte que la simultanéité est une notion relative, cela implique qu'un observateur peut voir deux événements comme simultanés, alors qu'un autre, **dans un autre référentiel galiléen,** ne les verra pas comme simultanés.

3. Relativité du temps

■ Il y a **absence de temps absolu** en relativité restreinte.

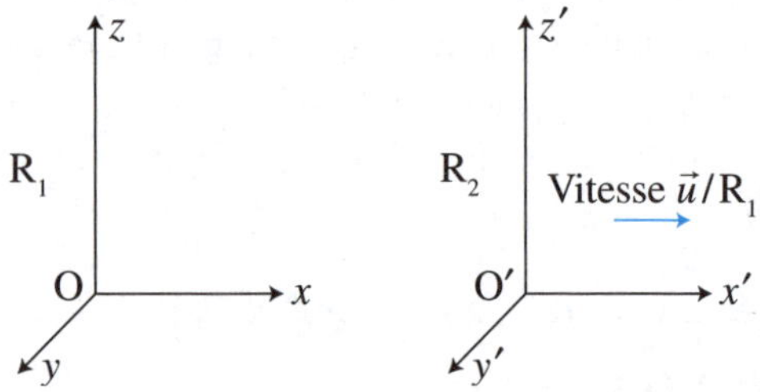

On considère deux référentiels galiléens R_1 (Oxyz) et R_2 (O′$x'y'z'$), de telle sorte que les axes de R_1 et de R_2 coïncident à $t = 0$. On note u la vitesse de R_2 par rapport à R_1, en supposant que R_2 se déplace selon (Ox). On note τ la durée

propre d'un phénomène qui se produit dans R_2 et **mesurée dans R_2**, et T la durée du même phénomène lié à R_2 **mais observé depuis R_1**.
La relativité impose que T et τ soient différents. On a la relation :

$$T = \gamma\tau = \frac{1}{\sqrt{1-\frac{u^2}{c^2}}}\tau \quad \text{avec } T > \tau \quad \text{car} \quad \gamma > 1.$$

■ On peut dire aussi que la durée mesurée d'un phénomène est minimale dans le référentiel dans lequel il se produit au repos.
Ce phénomène est aussi appelé **dilatation relativiste des durées.**

EXEMPLE : R_2 se déplace à $u = 0{,}15c$ par rapport à R_1. Le paramètre γ vaut alors : $\gamma = \frac{1}{\sqrt{1-0{,}15^2}} = 1{,}011$. On suppose que R_2 possède une horloge T_2 qui bat la seconde : $\tau = 1{,}000$ s.
Un observateur de R_1 regarde l'horloge T_2 et mesure le temps $T = \gamma\tau = 1{,}011$ s. Les deux observateurs ne mesurent donc pas la même durée pour le même phénomène.
Remarquons aussi que l'on peut considérer que R_2 voit le référentiel R_1 se déplacer par rapport à lui avec la vitesse $-u$, ce **qui ne change pas la valeur de γ.** Cela implique que lorsqu'un observateur de R_1 mesure la seconde avec son horloge fixe T_1, c'est maintenant R_2 qui mesure un temps $T = 1{,}011$ s.
En conclusion, lorsqu'un observateur en mouvement regarde l'horloge fixe de l'autre observateur, il mesure toujours une durée supérieure à la durée mesurée dans le référentiel où l'horloge est fixe.

III LES PREUVES EXPÉRIMENTALES DE LA RELATIVITÉ RESTREINTE

1. Durée de vie des muons

■ Les **muons** sont des particules instables de courte durée de vie (de l'ordre de la microseconde), produites dans la haute atmosphère par l'interaction des rayons cosmiques et des molécules de l'atmosphère. Les muons produits atteignent environ 99 % de la vitesse de la lumière.

■ Si on tient compte de leur durée de vie, ils ne devraient pas parcourir plus de quelques centaines de mètres avant de se désintégrer complètement. Or on en observe au niveau de la mer, après des dizaines de kilomètres de trajet. Il s'agit de la mise en évidence de l'effet purement relativiste de **dilatation du temps** : dans le référentiel des muons, la durée de vie est bien de l'ordre de la microseconde, mais dans le référentiel lié à la Terre, cette durée est dilatée du fait de la vitesse des muons.

Voir les exercices 5 et 8.

2. Comparaison des durées données par deux horloges atomiques

■ Si on embarque une horloge atomique de très haute précision dans un satellite orbitant autour de la Terre et que l'on compare les durées mesurées à celles mesurées par une horloge atomique en tout point similaire restée sur Terre, on met en évidence un effet de dilatation du temps très semblable à celui de l'expérience des muons.

3. Corrections relativistes du GPS

■ Pour fonctionner avec la précision demandée, le GPS nécessite de connaître précisément les positions et vitesses des satellites permettant le relevé précis de la localisation sur Terre. Pour ne pas commettre d'erreur de positionnement, les calculs GPS doivent tenir compte de corrections relativistes (relatives plus à la relativité générale, cette dernière tenant compte de la gravitation, qu'à la relativité restreinte qui n'en tient pas compte).

SAVOIR-FAIRE

Quelques conseils pour aborder un exercice de relativité restreinte

- Commencer par bien identifier les référentiels galiléens en présence.
- Se souvenir que si R′ se déplace à la vitesse u (selon (Ox) en général) par rapport à R, on peut aussi dire que R se déplace à $-u$ par rapport à R′.
- Se souvenir que le bon sens (newtonien !) risque de conduire à des erreurs de raisonnement.
- Bien identifier le référentiel auquel on associe le temps propre (celui dans lequel le phénomène est au repos).
- Faire attention au calcul du paramètre γ : les effets relativistes sont souvent faible, il faut donc le calculer avec de nombreux chiffres significatifs (voir l'exercice 7 par exemple).

EXERCICES D'APPLICATION

Dans les exercices qui le nécessitent, on pourra utiliser les valeurs numériques suivantes.

- Constante universelle de la gravitation : $G = 6{,}67 \times 11^{-11}$ SI.
- Rayon de la Terre : $R_T = 6\,400$ km.
- Masse de la Terre : $M_T \approx 5{,}97 \times 10^{24}$ kg.
- Masse de Soleil : $M_S \approx 2{,}0 \times 10^{30}$ kg.
- Vitesse de la lumière : $c \approx 300\,000$ km/s.
- Accélération de la pesanteur terrestre au niveau du sol : $g \approx 9{,}81$ m/s^2.

1 QCM | ★ | 10 min | ▸ P. 153

On notera c la vitesse de la lumière dans le vide dans toute la suite. On rappelle qu'un photon est une particule de lumière.

Répondre par oui ou par non aux questions en justifiant à chaque fois.

1. Un train se déplace rectilignement (et horizontalement) à la vitesse v par rapport au sol. Dans le train l'observateur O_1 lance une balle horizontalement à la vitesse u, dans le sens du mouvement du train. L'observateur O_2 est immobile, sur le sol, à côté des rails. On fera un raisonnement classique, newtonien.

a. La vitesse de la balle vue par O_1 est elle égale à u.

b. La vitesse de la balle vue par O_2 est elle égale à $v - u$.

c. La vitesse de la balle vue par O_2 est elle égale à $v + u$.

2. Un train se déplace rectilignement (et horizontalement) à la vitesse v par rapport au sol. Dans le train l'observateur O_1 allume une lampe torche qui émet un faisceau horizontal, dans le sens du mouvement du train. L'observateur O_2 est immobile, sur le sol, à côté des rails. On fera un raisonnement relativiste.

a. La vitesse d'un photon issu de la lampe vue par O_1 est elle égale à c.

b. La vitesse d'un photon issu de la lampe vue par O_2 est elle égale à $2c$.

c. La vitesse d'un photon issu de la lampe vue par O_2 est elle égale à c.

Choisir la bonne réponse.

3. la simultanéité c'est :

a. deux événements distincts qui se produisent au même instant t dans un référentiel galiléen ;

b. deux événements distincts qui se produisent aux mêmes coordonnées d'espace mais à des instants différents dans un référentiel galiléen ;

c. un événement vu au même instant dans deux référentiels galiléens différents.

4. On considère deux référentiels galiléens, l'un en translation uniforme à la vitesse u par rapport à l'autre. Le paramètre γ s'écrit :

a. $\gamma = \dfrac{1}{\sqrt{1-\dfrac{u^2}{c^2}}}$ **b.** $\gamma = \dfrac{1}{\sqrt{1-\dfrac{u}{c}}}$ **c.** $\gamma = \sqrt{1-\dfrac{u^2}{c^2}}$

EXERCICES D'ENTRAÎNEMENT

2 TRANSFORMATION DE GALILÉE ★ | 15 min | ▸ P. 153

On considère deux référentiels galiléens R(Oxyz) et R′(O′$x'y'z'$) dont les axes et les origines sont confondus à un instant donné $t = 0$. R′ se déplace par rapport à R avec une vitesse u orientée selon les x croissants. On suppose dans cet exercice que l'**on raisonne en mécanique classique** (ou newtonienne).

1. Faire un schéma des deux référentiels en translation.

2. On note t et t' les temps associés à R et R′. En supposant que $t = t'$ (temps absolu de la mécanique classique), exprimer les relations entre : x et x', t' et u ; puis y et y' puis z et z'.

> On pourra, pour obtenir ces résultats, utiliser un point M fixé au référentiel R′ par exemple.

3. À votre avis (et sans calcul) cette transformation dite de Galilée peut-elle s'appliquer telle quelle en relativité restreinte ?

3 REPRÉSENTATION DE LA DILATATION DU TEMPS ★★ | 15 min | ▸ P. 154

On considère deux référentiels galiléens R(Oxyz) et R′(O′$x'y'z'$) dont les axes et les origines sont confondus à un instant donné. R′ se déplace par rapport à R avec une vitesse u orientée selon les x croissants.

1. On suppose que l'on mesure la durée d'un phénomène se produisant dans R′ (horloge liée à R′ mesurant une durée τ de désintégration de particules au repos par exemple). Quelle sera l'expression de la durée T du même phénomène dans R ?

2. À l'aide d'un tableur représenter T en fonction de $x = \dfrac{u}{c}$.

3. Que constate-t-on quand x tend vers 1 ? Comment l'interpréter ?

4 ÉTUDE DU COEFFICIENT γ

★★ | 15 min | ▸ P. 154

On considère deux référentiels galiléens R(Oxyz) et R′(O′x′y′z′) dont les axes et les origines sont confondus à un instant donné. R′ se déplace par rapport à R avec une vitesse u orientée selon les x croissants.

1. À l'aide d'un tableur, représenter la courbe de γ en fonction de $x = \frac{u}{c}$. On fera varier x de 0 jusqu'à 1.

2. Un chronomètre classique est précis au $\frac{1}{1\,000}$ de seconde. Si deux de ces chronomètres sont en mouvement de translation uniforme l'un par rapport à l'autre (référentiels galiléens), à partir de quelle valeur de x peut-on espérer mettre en évidence un effet relativiste ? À quelle vitesse (en m/s et km/h) cela correspond-t-il ?

3. On pose la même question si les chronomètres sont remplacés par des horloges atomiques, dont la précision est de 10^{-9} s.

Une précsion au $\frac{1}{1000}$ de seconde, signifie que chaque seconde mesurée est connue avec 4 chiffres significatifs : 1,*xxx*.

5 PARCOURS DES MUONS ATMOSPHÉRIQUES

★★ | 15 min | ▸ P. 155

Un muon μ^- est une particule similaire à l'électron, mais il présente une masse 207 supérieure et se désintègre en un électron e^- et deux neutrinos notés ν, avec une durée de vie $\tau = 2{,}2 \times 10^{-6}$ s (on suppose qu'après cette durée de vie tous les muons se sont désintégrés) :

$$\mu^- \rightarrow e^- + 2\nu.$$

Les muons sont produits à très haute altitude : $h = 15$ km. Leur vitesse est $u = 0{,}999\,5\,c$, ils descendent selon la verticale vers le sol.

1. Calculer, avec un raisonnement de mécanique classique, la distance D qu'ils peuvent parcourir avant d'avoir totalement disparu par désintégration.

2. On observe des muons au niveau du sol. Expliquer cette observation.

3. Calculer le coefficient γ associé aux muons dans le référentiel terrestre (supposé galiléen).

4. Justifier par un calcul relativiste que l'on peut effectivement observer des muons au niveau du sol.

6 EXPÉRIENCE DE PENSÉE : LES JUMEAUX DE LANGEVIN

★★ | 30 min | ▸ P. 155

On suppose que deux jumeaux réalisent l'expérience suivante.

Le premier reste sur Terre, le second monte dans une fusée qui se déplace à la vitesse u constante vers une étoile lointaine, puis fait brutalement demi-tour (on ne tient pas compte des effets d'accélération) et revient sur Terre à la vitesse $-u$.

Pour étudier cette expérience on dispose de trois référentiels galiléens : R_{A1} lié à la fusée qui s'éloigne à la vitesse u, R_{A2} lié à la fusée qui revient vers la Terre à la vitesse $-u$, et R_B lié à la Terre.

1. On note T la durée de l'aller mesurée dans R_{A1}, qui aussi la durée du retour mesurée dans R_{A2}. Exprimer le temps T' mesuré dans R_B de l'aller-retour en fonction de $\gamma = \dfrac{1}{\sqrt{1-\dfrac{u^2}{c^2}}}$.

2. Interpréter le résultat de la question précédente.

3. On se donne $T = 1{,}0$ an. Compléter le tableau suivant (1 an = 365 jours) :

u (km/s)	0,1	10	100	1 000	10 000	130 000
γ						
T' (jours)						

À partir de quelle valeur de γ les effets relativistes commencent-ils à être mesurables ? À quel pourcentage de c cela correspond-t-il ?

On doit calculer une quantité très proche de 1. On pourra utiliser l'approximation suivante :

si a est petit devant 1, $\dfrac{1}{\sqrt{1-a^2}} \approx 1+\dfrac{1}{2}a^2$.

4. En utilisant un tableur, reprendre l'étude de la question **3.**, et tracer T' en fonction de $x = \dfrac{u}{c}$ puis T' en fonction de γ. Commenter ces courbes.

5. En supposant qu'il n'y ait aucune contrainte matérielle (équipement, propergol, etc.) quelle pourrait être la vitesse maximale atteinte par une fusée de masse M (limite physique relativiste) ?

EXERCICES D'APPROFONDISSEMENT

7 EFFETS RELATIVISTES ET HORLOGES ATOMIQUES

★★★ 30 min ▸ P. 157

Le premier étalon atomique de fréquence à jet de césium a été réalisé au Royaume-Uni en 1955. Sa précision était à l'époque de 10^{-9} s. Ce type d'horloge atomique est actuellement utilisé comme étalon primaire de fréquence et de temps.

L'évolution de la précision est la suivante :

Année	1955	1967	1990
Précision absolue (en secondes)	10^{-9}	10^{-12}	10^{-14}

On suppose que l'on dispose de deux horloges atomiques à jet de césium strictement identiques, l'une placée sur terre, l'autre dans un satellite en orbite circulaire à l'altitude $h = 400$ km autour de la Terre.

1. Rappeler l'expression de la vitesse d'un satellite en orbite circulaire à l'altitude h, en fonction de G, M_T, h et R_T.

Voir le chapitre 4.

2. Calculer numériquement cette vitesse. Dans quel référentiel est-elle donnée ?

3. Calculer dans le référentiel géocentrique la vitesse d'un point de la surface de la Terre situé à la latitude de Toulouse ($\lambda = 45°$), du fait de la rotation de celle-ci sur son axe.

4. On suppose que l'horloge du satellite (notée H_2) et l'horloge située à Paris (notée H_1) sont en translation l'une par rapport à l'autre (formellement cela est faux, car les mouvements sont de rotation, mais on peut faire cette hypothèse sur un temps court). Calculer alors la vitesse de H_2 par rapport à H_1.

5. Les référentiels liés à H_1 et H_2 sont supposés être galiléens, calculer alors le coefficient γ avec 11 chiffres significatifs, avec u la vitesse de H_2 par rapport à H_1.

6. On suppose que H_2 mesure une durée (temps propre) $\tau = 1{,}000\,000\,000\,0$ s. Calculer la durée T correspondante mesurée par H_1.

7. En tenant compte des précisions obtenues pour les horloges atomiques, justifier que le phénomène relativiste de dilatation des durées peut être mis en évidence par cette expérience. En comparant aux trois précisions successives des horloges atomiques indiquer à partir de quelle date ce phénomène a pu être vérifié.

On pourra utiliser l'approximation suivante :

si a est petit devant 1, $\dfrac{1}{\sqrt{1-a^2}} \approx 1 + \dfrac{1}{2}a^2$.

CONTRÔLES

8 DÉSINTÉGRATION DES MUONS ATMOSPHÉRIQUES

★★ | 30 min | ▸ P. 158

Le rayonnement cosmique est constitué de particules très énergétiques et relativistes qui viennent frapper les hautes couches de l'atmosphère. Il s'agit essentiellement de protons qui en frappant des noyaux atomiques subissent une collision inélastique qui produit entre autres choses des muons. Ces collisions se produisent à une altitude de l'ordre de $h = 15$ km.

Les expériences en laboratoire ont prouvé qu'un muon au repos a une durée de vie $\tau = 2{,}2 \times 10^{-6}$ s. On sait que la loi de désintégration des muons est donnée par l'expression générale :

$$N(t) = N_0 e^{-\frac{t}{\tau}} \qquad \textbf{(1)}$$

où $N(t)$ est le nombre de muons restant après le temps t, et N_0 le nombre de muons initialement produits.

L'expérience de Rossi et Hall en 1941 a consisté à mesurer au sommet d'une montagne (mont Washington, $h_1 = 1\,910$ m d'altitude) le nombre N_1 de muons détectés en 1 heure, et le nombre N_2 de muons près de la mer à une altitude $h_2 = 3{,}00$ m.

L'appareillage était réglé pour détecter des muons d'une énergie bien précise, correspondant à une vitesse $u = 0{,}995c$.

L'expérience donna : $N_1 = 563 \pm 10$ et $N_2 = 408 \pm 9$.

1. En raisonnant d'un point de vue newtonien (donc non relativiste), calculer le temps T que mettent les muons à parcourir les 1 907 m qui séparent l'altitude du sommet du mont Washington de celle du site près de la mer.

2. En utilisant la relation **(1)**, exprimer le rapport $\frac{N_2}{N_1}$ en fonction de T.

3. Avec la relation de la question **2.**, calculer numériquement N_2 (le nombre de muons atteignant le niveau de la mer) en utilisant la valeur N_1 donnée, et comparer au résultat de l'expérience. Justifier sans calcul la nécessité de faire un raissonement relativiste.

4. Définir les deux référentiels galiléens utiles dans cette expérience.

5. Calculer le coefficient γ correspondant à l'expérience.

6. Exprimer d'un point de vue relativiste le rapport $\frac{N_2}{N_1}$ correspondant à l'expérience faite par un observateur immobile dans le référentiel R lié à la Terre.

7. Calculer numériquement N_2 à partir de N_1. Montrer que le résultat est compatible avec les mesures expérimentales.

8. Quels sont les phénomènes qui peuvent engendrer les incertitudes mesurées dans cette expérience ?

On remarquera que la loi de désintégration des muons est une loi de décroissance exponentielle, la population de muons est initialement définie par N_0, la constante τ est un temps caractéristiques du muon. On peut étudier la désintégration d'autres particules avec une loi semblable, la différence portant sur la valeur de la constante de temps, qui représente finalement la signature de chaque type de particule.

CORRIGÉS

1 **1. a.** Vrai, par rapport à l'observateur O_1, la vitesse de la balle est bien u.
b. Faux, la balle est lancée dans le sens de mouvement du train.
c. Vrai, le train et la balle se déplacent dans le même sens, donc pour l'observateur O_2 les vitesses s'additionnent, celle de la balle est $v+u$.
2. a. Vrai. **b.** Faux. **c.** Vrai, en relativité restreinte la vitesse de la lumière c est une constante quel que soit le référentiel galiléen considéré.
3. Réponse **a.** Par définition, deux événements distincts sont simultanés dans un référentiel s'ils se produisent au même instant.
4. Réponse **a.** C'est la définition.

2 **1.**

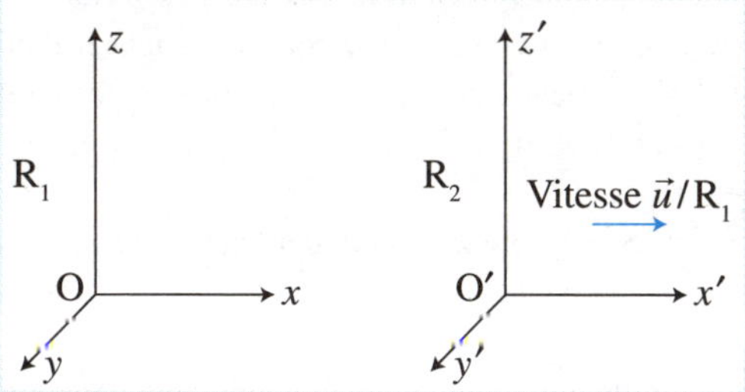

2. En mécanique classique, les horloges (supposées parfaites) de R et R′ mesurent les mêmes temps et durées. Si elles ont été au préalable synchronisées : $t = t'$.
De plus, comme le mouvement de R′ par rapport à R s'effectue selon (Ox) à la vitesse u, un point M de coordonnées $(x\,;y\,;z)$ dans R sera vu dans R′ comme ayant les même coordonées y et z soit : $y = y'$ et $z = z'$.
La seule coordonnée qui change est x (en supposant le point $M(x'\,;y'\,;z')$ fixe dans R′). Comme les deux origines de R et R′ sont confondues à $t = 0$ s, on peut écrire : $x = x' + ut$ (ainsi $x = x'$ à $t = 0$).
On obtient ainsi **la transformation de Galilée** entre les deux systèmes de coordonnées :

$$\begin{cases} x = x' + ut \\ y = y' \\ z = z' \\ t = t' \end{cases} \quad \text{ou, ce qui revient au même :} \quad \begin{cases} x' = x - ut \\ y' = y \\ z' = z \\ t' = t \end{cases}$$

3. La transformation de Galilée ne peut s'appliquer en relativité restreinte, car le facteur γ n'apparait pas et car les durées mesurées dans les 2 référentiels seront toujours les mêmes (temps absolu de Newton). Il existe une transformation dite de Lorentz plus générale, qui s'applique en relativité restreinte, et dont la transformation de Galilée est un cas particulier quand $\gamma \approx 1$.

3 **1.** En notant τ la durée mesurée dans R′ (temps propre), on sait que la durée mesurée dans R sera $T = \gamma\tau > \tau$ (dilatation des durées).
2. On choisit par exemple $\tau = 1{,}0$ s. Avec un tableur on obtient la courbe de T en fonction de x :

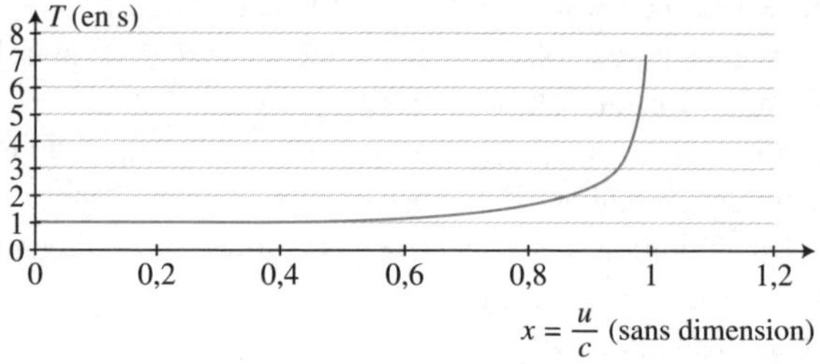

3. Quand x tend vers 1 (sans jamais le dépasser car un corps massif ne peut dépasser la vitesse de la lumière en relativité), la durée observée dans R tend vers l'infini. On peut considérer que l'observateur situé dans R voit une sorte de « gel » temporel, une seconde dans R′ devient quasi infinie dans R.

4 **1.** On calcule γ grâce au tableur et on obtient la courbe :

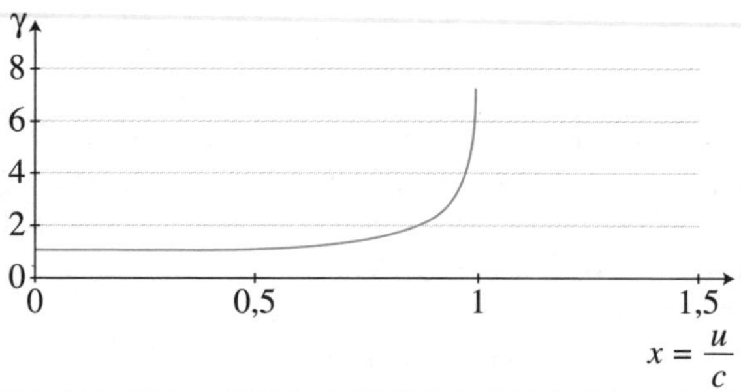

On remarque que γ vaut 1 lorsque $x = 0$ et que γ tend vers l'infini lorsque x tend vers 1.

2. On tient compte de la précision au $\frac{1}{1\,000}$ de l'horloge, et on cherche un effet relativiste qui, pour $\tau = 1{,}000$ s, vaut au minimum $\Delta t = \frac{1}{1\,000}$ s, soit :

$$T = \gamma\tau = 1 + \frac{1}{1\,000}\text{ s}.$$

On trouve donc $\gamma = \frac{T}{\tau} = \frac{1{,}001}{1{,}000} = 1{,}001$ soit en élevant au carré :

$$\gamma^2 = \frac{1}{1 - \frac{u^2}{c^2}} = 1{,}001^2.$$

Soit encore :

$$\frac{u^2}{c^2} = 1 - \frac{1}{\gamma^2} = 1 - \frac{1}{1{,}001^2} = 1{,}997 \times 10^{-3} \quad \text{d'où} \quad u = 4{,}469 \times 10^{-2}\, c.$$

L'effet relativiste est donc détectable à partir de 4,47 % de la vitesse de la lumière, soit en fait $u = 1{,}3 \times 10^7$ m/s ou $4{,}8 \times 10^7$ km/h. C'est une vitesse gigantesque, une fusée se déplace au mieux à 10 000 km/h.

3. On doit refaire le même calcul avec une précision de 10^{-9} s.

Soit $\gamma^2 = \dfrac{1}{1 - \dfrac{u^2}{c^2}} = 1{,}000\,000\,001^2$ d'où $u = 4{,}47 \times 10^{-5}\, c$.

On a alors $u = 1{,}3 \times 10^4$ m/s ou encore $u = 4{,}7 \times 10^4$ km/h.

5 **1.** Avec un raisonnement classique, on suppose que l'observateur « voit » les muons « vivre » pendant $\tau = 2{,}2 \times 10^{-6}$ s. La distance parcourue par ceux-ci est donc $D' = 0{,}9995 \times c \times \tau = 660$ m.

2. La question précédente montre que le raisonnement classique ne permet pas d'expliquer la présence des muons après 15 km de parcours. On doit bien sûr tenir compte des effets relativistes.

3. On calcule $\gamma = \dfrac{1}{\sqrt{1 - \dfrac{u^2}{c^2}}} = \dfrac{1}{\sqrt{1 - 0{,}9995^2}} = 31{,}6$.

4. La durée de vie propre des muons (dans leur référentiel) est $\tau = 2{,}2 \times 10^{-6}$ s, mais l'observateur voit leur durée de vie comme $T = \gamma\tau = 7{,}0 \times 10^{-5}$ s, ils peuvent donc parcourir environ $D' = 0{,}9995 \times c \times T = 20{,}8$ km. On peut donc voir des muons au niveau du sol.

6 **1.** Dans le référentiel de l'observateur R_B, le temps de trajet du jumeau voyageur s'écrit :

$$T' = \frac{1}{\sqrt{1 - \dfrac{u^2}{c^2}}} T + \frac{1}{\sqrt{1 - \dfrac{(-u)^2}{c^2}}} T = \frac{2}{\sqrt{1 - \dfrac{u^2}{c^2}}} T = 2\gamma T.$$

2. Que la fusée s'éloigne ou se rapproche de la Terre, comme la vitesse est la même en valeur absolue, le fait que l'on ait u ou $-u$ n'influe pas sur le paramètre γ. Le jumeau resté sur Terre va mesurer un temps $T' > 2T$, tandis que le jumeau voyageur mesure un temps $2T$ pour l'ensemble de son voyage aller-retour.

3. On complète le tableau en utilisant la formule $\gamma \approx 1 + \dfrac{1}{2}\dfrac{u^2}{c^2}$ tant que $u \ll c$.

u (km/s)	0,1	10	100
γ	≈ 1	1,000 000 000 56	1,000 000 056
T' (jours)	730 j	730 j + 0,04 s	730 j + 3,5 s
u (km/s)	1 000	10 000	130 000
γ	1,000 005 6	1,000 56	1,109 59
T' (jours)	730 j + 350 s	730,4 j	810,0 j

Le tableau montre que les effets relativistes sont visibles à partir de $u = 10$ km/s $= 10\,000$ m/s, soit 0,003 3 % de c.

4. Grâce au tableur on représente T' en fonction de $x = \dfrac{u}{c}$.

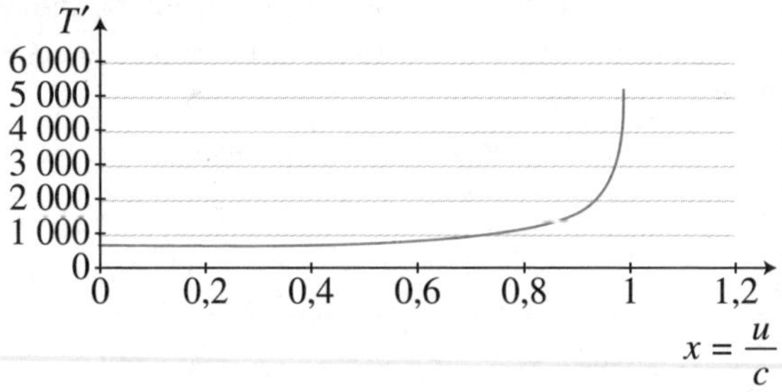

On constate que la relation entre T' et x n'est pas linéaire et tend vers l'infini lorsque x tend vers 1.
On trace ensuite la relation linéaire entre T' et le paramètre γ.
Ici γ peut tendre en abscisse vers l'infini (lorsque x tend vers 1) et T' tend vers l'infini. À la limite, cela signifie que le jumeau resté sur Terre verra son jumeau comme « gelé » dans le temps, puisque T' est infini quelque soit la valeur τ de temps propre mesurée par le jumeau voyageur.

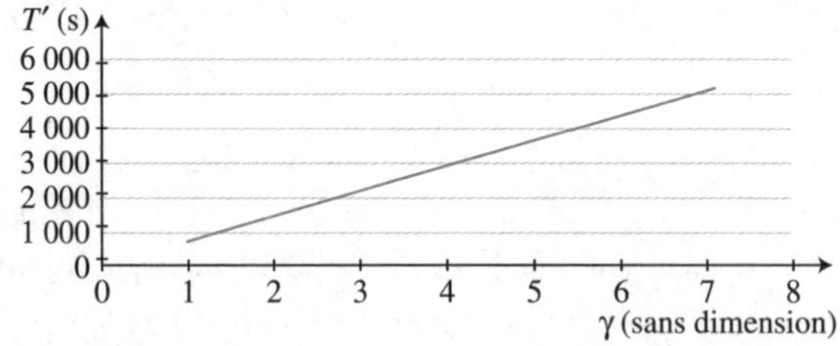

5. Un objet de masse non nulle ne peut jamais atteindre ni dépasser c, la vitesse de la lumière. En imaginant que l'on construise une fusée surpuissante, sa vitesse pourrait donc approcher c d'aussi près que l'on veut sans jamais atteindre cette valeur. Ceci étant, cela nécessiterait une énergie gigantesque, impossible à atteindre en réalité.

7 **1.** On sait d'après le cours que la vitesse de révolution pour un satellite en orbite circulaire à l'altitude h autour de la Terre s'écrit (dans le référentiel géocentrique) :

$$v = \sqrt{\frac{GM_T}{R_T + h}}.$$

2. Le calcul est fait dans le référentiel géocentrique. Numériquement on trouve :

$$v = \sqrt{\frac{6{,}67 \times 10^{-11} \times 5{,}97 \times 10^{24}}{(6\,400 + 400) \times 10^3}} = 7{,}65 \times 10^3 \text{ m/s} = 27{,}5 \times 10^3 \text{ km/h}.$$

3. Un point situé à la latitude λ est à la distance $d = R_T \times \cos\lambda$ de l'axe de rotation nord-sud (on retrouve la distance $d = R_T$ si la latitude est nulle). Ainsi pour Toulouse : $d = 6\,400 \times \cos 45° = 4\,525$ km. Par ailleurs on sait que la Terre fait un tour complet sur elle-même en 24 h soit une vitesse angulaire de rotation :

$$\omega = \frac{2}{24 \times 3\,600} = 7{,}27 \times 10^{-5} \text{ rad/s}.$$

Un point de la surface de la Terre situé à la latitude de Toulouse a donc une vitesse, dans le référentiel géocentrique, de :

$$v' = d \times \omega = 4\,525 \times 10^3 \times 7{,}27 \times 10^{-5} = 329 \text{ m/s}.$$

4. Dans le référentiel géocentrique, H_1 a la vitesse v' et H_2 la vitesse v calculée à la question **2.** H_1 et H_2 tournent dans le même sens dans le référentiel géocentrique, on en déduit que H_2 a la vitesse $w = v - v'$ dans le référentiel terrestre lié à H_1, soit :

$$w = 7{,}32 \times 10^3 \text{ m/s}.$$

5. On a $u = 7{,}32 \times 10^3$ m/s, d'où :

$$\gamma = \frac{1}{\sqrt{1 - \frac{u^2}{c^2}}} = \frac{1}{\sqrt{1 - \left(\frac{7{,}32 \times 10^3}{3 \times 10^8}\right)^2}} = 1{,}000\,000\,000\,3.$$

Attention ! si la calculatrice ne peut afficher autant de décimales, on emploie la formule approchée suivante : $\frac{1}{\sqrt{1-a^2}} \approx 1 + \frac{1}{2}a^2$.

Avec $a = \frac{u}{c} \ll 1$, on trouve le même résultat :

$$\gamma \approx 1 + \frac{1}{2}\left(\frac{7{,}32 \times 10^3}{3 \times 10^8}\right)^2 = 1 + 3 \times 10^{-10} = 1{,}000\,000\,000\,3.$$

6. On utilise la formule de dilatation de la durée, et dans H_1 (référentiel terrestre) on a $T = \gamma\tau = 1{,}000\,000\,000\,3$ s.

7. L'effet relativiste mis en évidence est de 3×10^{-10} s. Lorsque la précision des horloges atomiques était de 10^{-9} s il ne pouvait être mis en évidence. Dès que la précision a atteint 10^{-10} s et en dessous, l'effet relativiste est devenu décelable, c'est-à-dire depuis 1967.

8 **1.** On cherche le temps $T = \dfrac{h_1 - h_2}{0,995c} = \dfrac{1\,907}{0,995 \times 3,0 \times 10^8} = 6,4 \times 10^{-6}$ s. On remarque qu'avec un raisonnement newtonien, T est 3 fois supérieur à la valeur de la durée de vie du muon.

2. On part des deux expressions :

$$\begin{cases} N_1 = N_0 e^{-\frac{t_1}{\tau}} \\ N_2 = N_0 e^{-\frac{t_2}{\tau}} \end{cases}$$

En faisant le quotient des deux on obtient :

$$\frac{N_2}{N_1} = \frac{e^{-\frac{t_2}{\tau}}}{e^{-\frac{t_1}{\tau}}} = e^{\frac{t_1 - t_2}{\tau}} = e^{-\frac{T}{\tau}}.$$

3. On suppose que $N_1 = 563$, la question précédente donne donc :

$$\frac{N_2}{N_1} = e^{-\frac{6,4\times10^{-6}}{2,2\times10^{-6}}} = 5,5 \times 10^{-2},$$

soit $N_2 = 563 \times 5,5 \times 10^{-2} = 31$ muons par heure.

Cela est très inférieur à la valeur de 408 mesurée expérimentalement. On doit faire un raisonnement relativiste, vu la grande vitesse des muons, car clairement le calcul classique ne donne pas du tout le bon ordre de grandeur.

4. On définit le référentiel du laboratoire R et le référentiel R′ du muon (qui se déplace à la vitesse $u = 0,995c$ par rapport à R). Ces deux référentiels sont supposés être en translation l'un par rapport à l'autre, ils sont galiléens.

5. Le calcul donne : $\gamma = \dfrac{1}{\sqrt{1 - \dfrac{u^2}{c^2}}} = \dfrac{1}{\sqrt{1 - 0,995^2}} = 10,0 \approx 10.$

6. On reprend le raisonnement de la question **2.**, mais en se plaçant dans le référentiel du laboratoire on doit considérer que la durée de vie des muons n'est plus simplement τ mais bien $\gamma\tau$, car τ est une durée associée au référentiel des muons et non pas au référentiel du laboratoire.

On écrit donc :

$$\begin{cases} N_1 = N_0 e^{-\frac{t_1}{\gamma\tau}} \\ N_2 = N_0 e^{\frac{-t_2}{\gamma\tau}} \end{cases}$$

d'où finalement :

$$\frac{N_2}{N_1} = \frac{e^{-\frac{t_2}{\gamma\tau}}}{e^{-\frac{t_1}{\gamma\tau}}} = e^{\frac{t_1 - t_2}{\gamma\tau}} = e^{-\frac{T}{\gamma\tau}} = e^{-\frac{6,4}{22}} = 0,75 = \frac{1}{1,33}.$$

7. On suppose que $N_1 = 563$, la question précédente donne donc :

$$N_2 = \frac{N_1}{1,33} = 423 \text{ muons par heure.}$$

Cette fois on obtient le bon ordre de grandeur. Cette expérience permet de mettre en évidence l'existence des effets relativistes.

Les incertitudes sont de l'ordre de $\frac{10}{400}$ soit environ 2,5 %. Les appareils de mesure ne sont pas parfaits, ils peuvent se déclencher arbitrairement ou bien détecter d'autres particules que des muons (bruit).

7 Temps et évolution chimique

I RÉACTIONS CHIMIQUES LENTES ET RAPIDES

■ On appelle cinétique d'une réaction chimique son déroulement au cours du temps. On écrit formellement la réaction : réactifs = produits.

■ Plus la durée de formation d'une quantité de produit donnée est petite, plus la réaction est rapide.

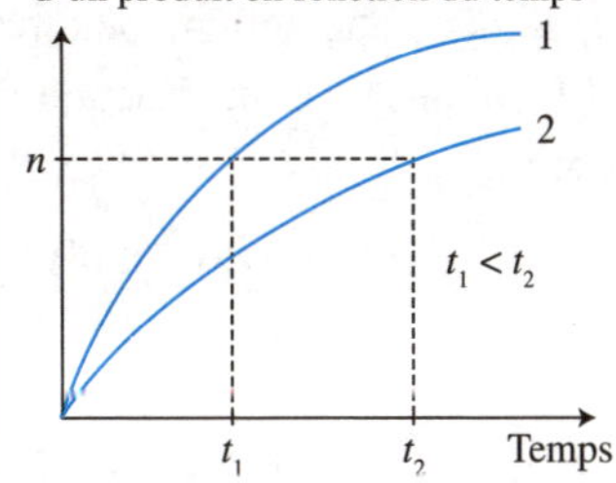

■ Plus la quantité de produits obtenue dans une durée *t* donnée est grande, plus la réaction est rapide.

■ Lorsque l'avancement final x_f est atteint, on peut considérer la réaction comme terminée (voir le savoir-faire 1). On a alors le moyen de mesurer la durée d'une réaction lente.

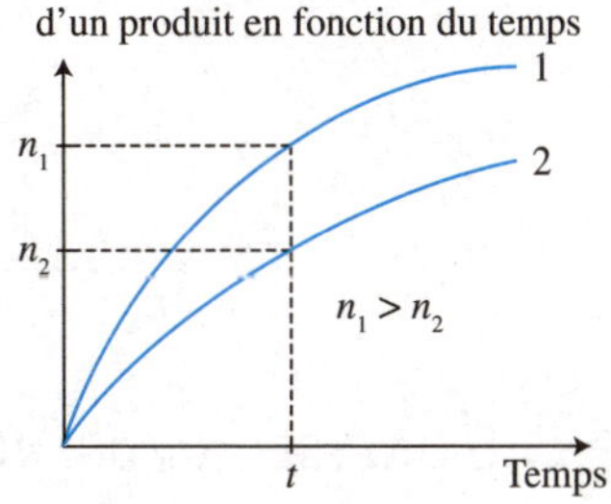

II FACTEURS CINÉTIQUES

■ Un facteur cinétique est un paramètre dont la variation influence la vitesse de réaction :

- La **température** ***T*** est un facteur cinétique : plus *T* est élevée, plus la réaction chimique est rapide.
- La **concentration des réactifs** est un facteur cinétique : plus les concentrations initiales des réactifs sont importantes, plus la réaction est rapide.
- Le **solvant** peut aussi être un facteur cinétique.

■ De ce qui précède, on voit que nombre de synthèses peuvent et doivent être accélérées par chauffage. On conçoit aussi que l'abaissement brutal de température permet de figer le système réactionnel. Il devient possible d'analyser ce système après l'opération dite de **trempe.**

III TEMPS DE DEMI-RÉACTION

■ Le temps de demi-réaction $t_{1/2}$ est l'intervalle de temps nécessaire pour que l'avancement atteigne la moitié de sa valeur finale :

$$x\left(t_{1/2}\right) = \frac{x_{\text{final}}}{2}.$$

■ On peut aussi définir le temps de demi-réaction $t_{1/2}$ comme la durée au bout de laquelle la concentration d'un réactif est égale à la moitié de sa valeur initiale. Si les réactifs ne sont pas dans les proportions stœchiométriques, alors on peut appliquer cette définition au réactif en défaut.

■ Le temps de demi-réaction **diminue** en général **lorsque la température augmente.**

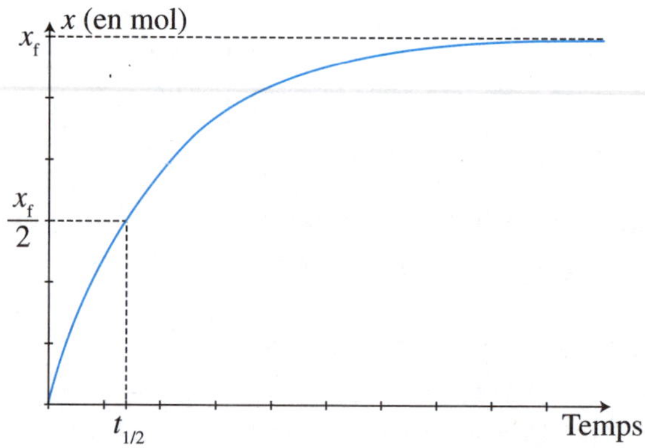

IV CATALYSE HOMOGÈNE, HÉTÉROGÈNE ET ENZYMATIQUE

1. Définition

Un catalyseur est une substance solide, liquide ou gazeuse qui augmente la vitesse d'une réaction chimique, sans apparaitre dans le bilan réactionnel et sans changer l'état d'équilibre s'il en existe un.

2. Types de catalyse

■ Une catalyse est dite **homogène** lorsque les réactifs et le catalyseur sont dans la même phase.

EXEMPLE : Les ions H_3O^+ sont catalyseurs de l'estérification :

$$CH_3COOH_{(aq)} + CH_3CH_2OH_{(aq)} \xrightarrow{H_3O^+} CH_3COOCH_2CH_{3(aq)} + H_2O$$

■ Une catalyse est dite **hétérogène** lorsque les réactifs et le catalyseur sont dans deux phases distinctes, ce qui est souvent le cas lorsque le catalyseur est solide (cuivre ou platine le plus souvent). On dit alors que le catalyseur adsorbe les réactifs (phénomène **d'adsorption**).

Les molécules de réactifs se fixent temporairement par adsorption sur la paroi solide du catalyseur (mousse de platine par exemple), les nouveaux liens créés rendent les molécules adsorbées plus réactives, ce qui permet d'augmenter la vitesse de réaction.

EXEMPLE : Synthèse du monoxyde d'azote par oxydation de l'ammoniaque :

$$4NH_{3(gaz)} + 5O_{2(gaz)} \xrightarrow{Pt} 4NO_{(gaz)} + 6H_2O$$

Le catalyseur est la mousse de platine qui offre une surface très importante à l'adsoption.

3. Propriétés de la catalyse

■ Un catalyseur est dit **sélectif** lorsqu'il augmente la vitesse d'une réaction particulière parmi plusieurs permises.

■ Une catalyse est dite **enzymatique** lorsque le catalyseur est une substance issue du monde vivant (une protéine). Une enzyme est un catalyseur le plus souvent sélectif : elle agit sur une molécule bien déterminée, que l'on appelle **substrat.** La spécificité des enzymes est liée à leur configuration tridimensionnelle dans l'espace.

SAVOIR-FAIRE

1. Utiliser l'avancement *x* d'une réaction

On suppose que l'on connaît la composition initiale d'un système chimique et l'équation de la réaction qui modélise la transformation. L'avancement x (qui s'exprime en moles) permet de déterminer les quantités de matière des réactifs transformés et des produits formés tout au long de la transformation.
Il y a deux cas possibles :

- Les réactifs sont dans les proportions stœchiométriques : si la réaction est totale, alors en fin de réaction tous les réactifs auront disparu.
- Les réactifs ne sont pas dans les proportions stœchiométriques, alors il existe forcément un réactif en défaut. Il disparaît complétement lors de la transformation, et c'est lui qui conditionne l'évolution de l'avancement chimique x.

L'avancement x d'une réaction est une notion qui a été introduite dans le programme de Première S et qu'il faut connaître.

EXEMPLE :

1. On étudie la réaction $2H_2 + O_2 = 2H_2O$. On considère que l'on dispose initialement de 2 moles de H_2 et 1 mole de O_2.
On remarque que **les réactifs sont dans les proportions stœchiométriques**, ce qui implique que si la réaction est totale (ce que l'on suppose) ils auront totalement disparu en fin de réaction.
On peut dresser le tableau d'avancement, en sachant que cette réaction est totale :

	H_2	O_2	H_2O
État initial	2	1	0
État intermédiaire	$2 - 2x$	$1 - x$	$2x$
État final	0	0	2

On remarque que la quantité de matière du produit H_2O est égale à l'avancement x multiplié par le coefficient stœchiométrique correspondant.
L'avancement final est $x_f = 1$ mol.

Cette remarque est générale : la quantité de matière d'un produit est toujours égale à l'avancement x multiplié par son nombre stœchiométrique.

2. On suppose maintenant que l'on dispose de 0,5 mole de H_2 et 2 moles de O_2. On étudie la même réaction $2H_2 + O_2 = 2H_2O$.

On remarque que **les réactifs ne sont pas dans les proportions stœchiométriques**, le réactif en défaut aura totalement disparu (mais pas le réactif en excès) si la réaction est totale. Ici H_2 est en défaut et O_2 en excès.
On peut dresser le tableau d'avancement :

	H_2	O_2	H_2O
État initial	0,5	2	0
État intermédiaire	$0{,}5 - 2x$	$2 - x$	$2x$
État final	0	1,75	0,5

On remarque que la quantité de matière du produit H_2O est égale à l'avancement x multiplié par le coefficient stœchiométrique correspondant.
Il est important de noter que c'est **le réactif en défaut** (ici H_2) qui **est lié à l'avancement *x***. Lorsque le réactif en défaut a totalement disparu, x atteint sa valeur maximale.
L'avancement final ici vaut $x_f = 0{,}25$ mol.

2. Suivre la cinétique d'une réaction

■ On peut analyser un mélange réactionnel par spectrophotométrie (voir le cours de Première S). Un spectrophotomètre mesure une quantité nommée absorbance (notée A, sans dimension). L'absorbance A dépend de la longueur d'onde utilisée. On montre que pour une solution contenant un réactif (ou un produit) coloré dilué, A est proportionnelle à sa concentration :

$$A = kC.$$

Cette relation est appelée loi de Beer-Lambert.
On comprend que si la concentration en espèce colorée varie du fait de la cinétique de la réaction, la mesure de A permettra de suivre l'évolution de la transformation chimique.

■ On peut bien sûr utiliser d'autres méthodes de suivi cinétique : mesure de volume de gaz produit, suivi conductimétrique, pH-métrique ou par CCM (chromatographie sur couche mince).

Il convient de revoir les techniques vues en classe de Première S.

EXERCICES D'APPLICATION

1 QCM

★ | 10 min | ▸ P. 176

On étudie la cinétique d'une réaction : réactifs = produits.
Choisir la bonne réponse et justifier.

1. La vitesse initiale de formation d'un produit est en général :
a. maximale ;
b. minimale ;
c. nulle.

2. Le temps de demi-réaction est :
a. la durée au bout de laquelle la vitesse de formation d'un produit est divisée par 2 ;
b. la durée au bout de laquelle la moitié du réactif en défaut a réagi ;
c. la durée correspondant à la moitié de la durée de la réaction.

3. Une réaction chimique peut s'emballer (sa vitesse augmente jusqu'à l'explosion) si :
a. elle est exothermique ;
b. elle est endothermique ;
c. elle est athermique.

EXERCICES D'ENTRAÎNEMENT

2 CINÉTIQUE ET TEMPS DE DEMI-RÉACTION

★★ | 10 min | ▸ P. 176

On étudie la cinétique d'une réaction de type : réactifs = produits, pour deux températures fixées différentes $T_1 < T_2$.
On mesure l'avancement de la réaction x au cours du temps et on représente ses variations dans les deux cas sur la figure ci-dessous.

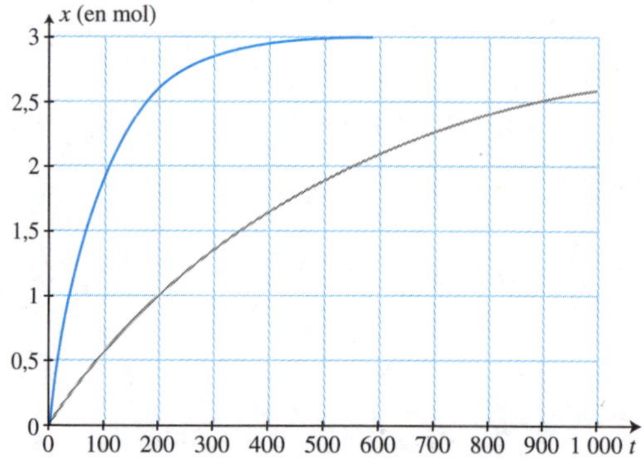

1. Peut-on identifier la température associée à chaque courbe ? Justifier.
2. Définir la notion de temps de demi-réaction.
3. Mesurer le temps de demi-réaction pour chacune des courbes.
4. Définir ce qu'est un catalyseur. Quel est son rôle ?

3 OXYDATION DE L'ÉTHANOL, RÔLE D'UN CATALYSEUR

★★ | 20 min | ▸ P. 176

Partie I. Utilisation de la tournure de cuivre

Dans un ballon on chauffe un volume $V = 100$ mL d'éthanol absolu CH_3CH_2OH. On fait passer les vapeurs d'éthanol dans un tube placé dans un four à 200 °C. Ce tube contient de la tournure de cuivre.

À la sortie du tube, les vapeurs obtenues passent dans un flacon contenant de la DNPH (dinitrophénylhydrazine).

On observe dans le flacon un précipité orange caractéristique d'un aldéhyde : l'éthanal CH_3CHO. Il y a également un dégagement de dihydrogène H_2.

L'oxydation de l'éthanol en éthanal s'écrit :

$$CH_3CH_2OH_{(g)} = CH_3CHO_{(g)} + H_{2(g)}$$

1. Quel est le rôle du cuivre ?
2. Lorsque tout l'éthanol a été oxydé, calculer :

a. la masse d'éthanal formée ;

b. le volume de dihydrogène dégagé, après refroidissement à 20 °C.

Partie II. Utilisation de l'alumine

Dans un ballon on chauffe un volume $V = 100$ mL d'éthanol. On fait passer les vapeurs d'éthanol dans un tube dans un four chauffé à 400 °C. Le tube contient de l'alumine Al_2O_3.

Les vapeurs obtenues à la sortie du tube plongent dans un flacon piège (eau + glace) qui récupère l'éthanol qui n'a pas réagi.

Un gaz combustible s'échappe du piège : l'éthylène CH_2CH_2. On récupère ainsi, après refroidissement à 20 °C, un volume $V_{gaz} = 1{,}00$ L d'éthylène.

1. Sachant que lors de cette réaction il se forme aussi de l'eau, écrire l'équation de la déshydratation de l'éthanol.
2. Quel est le rôle de l'alumine ?
3. Calculer l'avancement final de la réaction et la masse d'éthylène formée.
4. Comparer le rôle du cuivre Cu et celui de l'alumine Al_2O_3.

Données. Masses molaires : $M_C = 12{,}0 \text{ g}\cdot\text{mol}^{-1}$; $M_O = 16{,}0 \text{ g}\cdot\text{mol}^{-1}$; $M_H = 1{,}00 \text{ g}\cdot\text{mol}^{-1}$.

Volume molaire d'un gaz parfait à 20 °C : $V_m = 24{,}0 \text{ L}\cdot\text{mol}^{-1}$.

Masse volumique de l'alcool : $\rho = 0{,}800 \text{ g}\cdot\text{cm}^{-3}$.

Il faut se souvenir qu'un catalyseur peut accélérer la cinétique d'une réaction permise, mais peut aussi être sélectif, c'est-à-dire accélérer une réaction chimique parmi plusieurs permises.

4 AMYLASE DE LA SALIVE ET HYDROLYSE DE L'AMIDON

★★ | 20 min | ▸ P. 177

■ On prépare trois tubes à essais :

- le tube n° 1 contient 10 mL d'eau, $m = 0{,}1$ g d'amidon en poudre dissous et quelques gouttes de liqueur de Fehling ;
- le tube n° 2 contient 10 mL d'eau, $m = 0{,}1$ g d'amidon en poudre dissous, 10 gouttes d'acide sulfurique H_2SO_4 de concentration $c = 18\ \text{mol} \cdot \text{L}^{-1}$, et quelques gouttes de liqueur de Fehling ;
- le tube n° 3 contient 10 mL d'eau, $m = 0{,}1$ g d'amidon dissous, un peu de salive, et quelques gouttes de liqueur de Fehling.

■ La liqueur de Fehling est une solution contenant des ions Cu^{2+} complexés par des ions tartrate T^{2-} en milieu basique. Elle est d'un bleu intense. Lorsqu'on chauffe une solution contenant du glucose et un peu de liqueur de Fehling, il y a formation d'un précipité rouge brique d'oxyde de cuivre Cu_2O, qui caractérise la présence de glucose.

■ L'amidon a pour formule $(C_6H_{10}O_5)_n$ où n est un entier relativement grand $n \approx 1\,500$. L'amidon est une macromolécule. Le glucose (qui peut être obtenu par hydrolyse de l'amidon) a pour formule $C_6H_{12}O_6$.

■ On place les tubes n° 1 et n° 3 dans un bain thermo-régulé à la température $T = 37$ °C, et le tube n° 2 dans un bain à 90 °C.

On observe la formation d'un précipité rouge à $t = 30$ min dans le tube n° 2 et à $t = 5$ min dans le tube n° 3. Rien n'est observable dans le tube n° 1, même après un temps supérieur à 3 heures.

1. Sachant que l'amidon est hydrolysé (l'autre réactif est l'eau), écrire l'équation de la réaction qui mène à la formation du glucose.
2. Quel est le rôle de l'acide ? Quel est le rôle de la salive ? Lequel des deux est le plus efficace ?
3. Que peut-on conclure de l'expérience avec le tube n° 1 ?
4. Que peut-il se passer si on chauffe le tube n° 3 à la température $T = 90$ °C (comme le tube n° 2) ?
5. Que se passe-t-il quand on mâche longuement du pain (qui contient de l'amidon) ? Pourquoi ?

La salive contient une enzyme nommée amylase. Elle permet au processus de digestion de s'amorcer, en hydrolysant l'amidon en glucose, directement assimilable par l'organisme.

EXERCICES D'APPROFONDISSEMENT

5 DISMUTATION DE L'EAU OXYGÉNÉE, INFLUENCE DE LA TEMPÉRATURE

★★★ 45 min ▶ P. 177

L'eau oxygénée H_2O_2 est l'oxydant du couple H_2O_2 / H_2O et le réducteur du couple O_2 / H_2O_2.

La dismutation de l'eau oxygénée est l'action de H_2O_2 sur elle-même. Le bilan de la réaction de dismutation s'écrit : $H_2O_2 = \frac{1}{2}O_2 + H_2O$.

On dispose d'un volume $V = 1{,}00\ \text{L}$ d'eau oxygénée de concentration $c = 1{,}00 \times 10^{-2}\ \text{mol} \cdot \text{L}^{-1}$.

On prendra pour volume molaire des gaz parfaits à 20 °C :

$$V_\text{m} = 24{,}0\ \text{mol} \cdot \text{L}^{-1}.$$

1. Comment peut-on mettre en évidence la nature du gaz produit lors de la dismutation ?

2. On mesure le volume V_gaz du dégagement gazeux au cours du temps :

t (min)	0	5	10	15	20	25	35	55	60	70	80	100
V_gaz (mL)	0	16,0	27,5	39,5	49,0	57,2	72,0	90,0	96,0	101,5	106,0	111

La température est constante à $T = 20$ °C.

a. Compléter le tableau avec la quantité de gaz formé.

b. Définir l'avancement $x(t)$ et le relier à la quantité de gaz formé.

c. Tracer x en fonction de t.

3. Déterminer graphiquement le temps de demi-réaction.

4. Dresser le tableau de la concentration de H_2O_2 en fonction du temps.

5. Tracer la courbe de la concentration $[H_2O_2]$ en fonction du temps t.

6. Expliquer le fait que $[H_2O_2]$ diminue de moins en moins vite avec le temps.

7. On dispose maintenant de trois échantillons d'eau oxygénée de même concentration initiale. On les place dans des flacons fermés à des températures différentes $T_1 = 40$ °C, $T_2 = 25$ °C et $T_3 = 5$ °C. On suit la concentration $[H_2O_2]$ au cours du temps. Interpréter le tableau des résultats.

Temps t (en min)	$[H_2O_2]$ en mol/L à T_1	$[H_2O_2]$ en mol/L à T_2	$[H_2O_2]$ en mol/L à T_3
0	0,50	0,50	0,50
100	0,41	0,47	0,50
200	0,34	0,45	0,49
300	0,28	0,43	0,485
400	0,23	0,41	0,048
500	0,19	0,38	0,475

• Cet exercice nécessite la maîtrise de la notion d'avancement molaire et de volume molaire. Il faut se souvenir que le volume molaire V_m est le volume (en général donné en litres) occupé par 1,0 mole de gaz parfait à une température T fixée.

• Voir le savoir-faire **1** pour la notion d'avancement.

6 FACTEURS CINÉTIQUES : RÔLE DE LA CONCENTRATION

★★★ | 30 min | ▸ P. 180

L'action du peroxodisulfate $S_2O_8^{2-}$ sur les ions iodure est lente et met en jeu les couples I_2/I^- et $S_2O_8^{2-}/SO_4^{2-}$. On dispose initialement de deux béchers contenant l'un un volume $V_1 = 100$ mL d'une solution d'iodure de potassium $(K^+ + I^-)$ de concentration $c_1 = 1{,}1\ mol \cdot L^{-1}$ et l'autre un volume $V_2 = 100$ mL d'une solution contenant des ions peroxodisulfates $S_2O_8^{2-}$ de concentration $c_2 = 0{,}55\ mol \cdot L^{-1}$.

Les ions iodures réagissent avec les ions peroxodisulfates pour donner du diiode et des ions sulfates.

À l'instant $t = 0$ s on mélange les deux solutions, le mélange est incolore.

1. Écrire l'équation bilan de la réaction d'oxydation de I^- par $S_2O_8^{2-}$.

2. Quel paramètre permet de mettre en évidence l'avancement $x(t)$ de la réaction ?

3. On effectue les mesures suivantes :

t (min)	0	5	10	15	30	40	50	60	70	80	90	100
$x(t)$ (mol)	0	0,01	0,02	0,030	0,041	0,047	0,050	0,052	0,054	0,055	0,055	0,055

a. Tracer la courbe $x(t)$ en fonction du temps t.

b. Comment évolue la vitesse au cours du temps ? Comment peut-on le justifier ?

4. Mesurer l'avancement final de la réaction. Cette réaction est-elle totale ?

5. Mesurer le temps de demi-réaction $t_{1/2}$. Rappeler son interprétation.

6. Que peut-on faire pour oxyder plus rapidement les ions iodure I^- disponibles initialement ?

7. On réalise maintenant la mesure de la concentration en diiode $[I_2]$ par un procédé spectrophotométrique, en suivant l'évolution de l'oxydation des ions iodures par le peroxodisulfate dans deux béchers différents. La température est la température ambiante, les concentrations initiales sont les suivantes :

	Flacon 1	Flacon 2
$[S_2O_8^{2-}]_i$	0,000 50 mol/L	0,005 0 mol/L
$[I^-]_i$	0,002 0 mol/L	0,020 mol/L

On obtient les deux courbes suivantes représentant $[I_2]$ en fonction du temps :

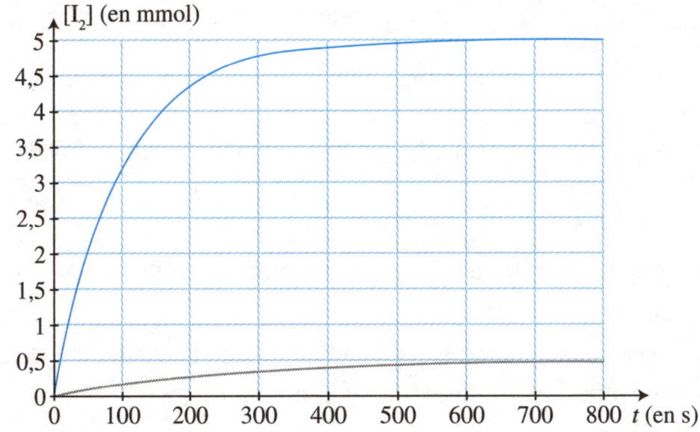

a. Préciser quel est le réactif en défaut.

b. Mesurer le temps de demi-réaction dans les deux cas.

c. Attribuer son flacon à chaque courbe et justifier.

d. Que peut-on dire de la concentration en tant que facteur cinétique ?

• La vitesse d'apparition d'un produit à un instant *t* donné est directement proportionnelle au coefficient directeur de la tangente à la courbe représentant l'avancement *x* en fonction du temps. Plus ce coefficient est élevé plus la vitesse est grande, plus ce coefficient se rapproche de 0, plus cette vitesse est faible.

• Voir le savoir-faire **1** pour la notion d'avancement.

7 OXYDATION DES IONS IODURE PAR L'EAU OXYGÉNÉE - SUIVI PAR SPECTROPHOTOMÉTRIE ★★★ 30 min ▸ P. 181

L'oxydation des ions iodure I^- par l'eau oxygénée H_2O_2 est une réaction dont l'équation s'écrit : $H_2O_2 + 2I^-_{(aq)} + 2H_3O^+ = I_{2(aq)} + 4H_2O$.

On met en évidence la moindre trace de diiode I_2 solubilisé en ajoutant quelques gouttes d'empois d'amidon. Celui-ci a la propriété de colorer la solution en bleu-noir en présence de la moindre trace de I_2.

On prépare dans un bécher le mélange suivant :

- 16 mL d'acide sulfurique H_2SO_4 de concentration $2{,}0\ mol \cdot L^{-1}$;
- 40 mL d'iodure de potassium $(K^+ + I^-)$ de concentration $1{,}0 \times 10^{-1}\ mol \cdot L^{-1}$;
- 4,0 mL d'eau oxygénée H_2O_2 de concentration $1{,}0 \times 10^{-1}\ mol \cdot L^{-1}$.

On prélève une partie de ce mélange dans une cuve et on suit la cinétique de la réaction par spectrophotométrie.

On mesure l'absorbance *A* en fonction du temps à la longueur d'onde $\lambda = 700$ nm.

On obtient le tableau suivant :

t (s)	0	100	200	300	400	500	700
$[I_2]$ ($\times 10^{-3}$ mol·L^{-1})	0	1,45	2,62	3,50	4,20	4,75	5,50

t (s)	900	1 000	1 300	1 500	1 800	2 000	2 500
$[I_2]$ ($\times 10^{-3}$ mol·L^{-1})	6,00	6,10	6,40	6,50	6,60	6,60	6,65

1. Rappeler l'expression de la loi de Beer-Lambert en précisant les unités des différents termes.

2. Expliquer comment la mesure de l'absorbance A permet de déterminer la valeur de la concentration en diiode I_2 au cours du temps.

3. a. Identifier les couples oxydant/réducteur mis en jeu lors de l'oxydation des ions iodure par l'eau oxygénée.

b. Déterminer le réactif limitant dans cette réaction.

4. Déduire des mesures précédentes le tableau de l'avancement x de la réaction en fonction de t.

5. Tracer la courbe de x en fonction de t. Calculer l'avancement final x_f de la réaction.

6. Que peut-on dire de la vitesse de la réaction au cours du temps ? Quel facteur cinétique permet d'expliquer l'évolution de la vitesse au cours du temps ?

7. Déterminer le temps de demi-réaction $t_{1/2}$.

• La loi de Beer-Lambert stipule que l'absorbance A d'une solution diluée (en composant absorbant noté i) est proportionnelle à la concentration C de i.
Une mesure d'absorbance permet donc de fait une mesure de concentration.

• Voir aussi le savoir-faire **1** pour la notion d'avancement.

8 ATTAQUE ACIDE DU MAGNÉSIUM

★★★ **30 min** ▸ **P. 182**

Dans un bécher contenant $V = 60{,}0$ mL d'acide chlorhydrique $H_3O^+ + Cl^-$ de concentration $c = 5{,}00\ \text{mol} \cdot \text{L}^{-1}$, on introduit une masse $m = 1{,}0$ g de magnésium métallique.

On observe un dégagement gazeux de dihydrogène H_2 de plus en plus prononcé, jusqu'à la disparition complète du magnésium. On mesure à intervalles de temps réguliers le volume dégagé de dihydrogène H_2.

t (min)	0	1	3	4	5	6	7	8	9	10	11
V_{gaz} (mL)	0	317	705	816	881	916	960	987	987	987	987

La réaction d'oxydoréduction met en présence les couples Mg^{2+}/Mg et H_3O^+/H_2.

1. Écrire l'équation bilan de la réaction entre le magnésium Mg et l'ion oxonium H_3O^+ qui mène à la formation de H_2 (gaz), d'ions magnésium Mg^{2+} et d'eau.
2. Compléter le tableau précédent avec l'avancement $x(t)$ de la réaction.
3. Tracer la courbe x en fonction du temps t.
4. Mesurer l'avancement final x_f. Montrer que la réaction est totale.
5. Déterminer la valeur du temps de demi-réaction $t_{1/2}$.

6. Calculer, en fin de réaction, la concentration en ions oxonium H_3O^+.
Comparer à la valeur initiale. Conclure.
7. Pour chaque valeur de $x(t)$, compléter le tableau avec la valeur de la concentration en ions oxonium H_3O^+.
Tracer la courbe représentant $[H_3O^+]$ en fonction du temps t.

Données. Masse molaire $M_{Mg} = 24,3 \text{ g} \cdot \text{mol}^{-1}$.

Volume molaire à 25 °C : $V_m = 24,0 \text{ L} \cdot \text{mol}^{-1}$.

CONTRÔLES

9 SUIVI D'UNE ESTÉRIFICATION PAR CCM | ★★ | 20 min | ▸ P. 184

On cherche à étudier la cinétique d'une estérification : la synthèse de l'éthanoate d'éthyle à partir de l'acide éthanoïque et de l'éthanol.
La synthèse s'écrit :

$$CH_3COOH + CH_3CH_2OH = CH_3COO - CH_2CH_3 + H_2O$$
$$A \quad + \quad B \quad = \quad C \quad + D$$

On réalise un mélange équimolaire des deux réactifs que l'on place dans un ballon et on chauffe à reflux à $T = 50$ °C en présence d'acide sulfurique. À intervalle de temps régulier on prélève une microgoutte de mélange, avec laquelle on réalise une CCM.
Pour la CCM on utilise une phase fixe en silice et un éluant liquide adapté à l'estérification. On dépose sur la phase fixe 3 microgouttes, une de A pur, une de B pur, et une du mélange réactionnel. Une fois la migration de la phase mobile effectuée et après révélation on étudie le nombre de taches.
On suppose que l'eau ne produit pas de tache.
Dans le tableau ci-après on donne le nombre de taches obtenu aux différents instants de prélèvement.

Temps *t* (min)	0	10	20	30	40	50	60
A	1	1	1	1	1	1	1
B	1	1	1	1	1	1	1
Mélange réactionnel	2	3	3	3	3	3	3
« Grosses » taches	2	2	2	2	2	1	1
« Petites » taches	0	1	1	1	1	2	2

1. Que contient le mélange réactionnel à un instant donné ?
2. Rappeler le principe d'une chromatographie en couche mince CCM.
3. Expliquer pourquoi il n'y a que deux taches au temps $t = 0$ s.
4. Expliquer comment on peut estimer la durée de la réaction d'estérification.
5. Quel est le rôle de l'acide sulfurique ?
6. Qu'est ce qu'un mélange à reflux ?

10 SYNTHÈSE INDUSTRIELLE ET CATALYSE HÉTÉROGÈNE

★★ | 20 min | ▸ P. 185

Dans le processus de synthèse industrielle de l'acide nitrique HNO_3, on commence par former de l'oxyde d'azote NO (et de l'eau) à partir d'ammoniac NH_3 et de dioxygène O_2.

Il s'agit d'une synthèse catalytique sur mousse de platine.

Les réactifs et les produits sont tous gazeux.

À partir de deux bouteilles de NH_3 et O_2 on injecte le mélange réactif dans un tube contenant la mousse de platine, l'ensemble étant chauffé à 300 °C. La réaction est vive, la mousse de platine présente des points d'incandescence.

Pour éviter un risque d'emballement et d'explosion, on se place loin des proportions stœchiométriques, en régulant le débit des gaz.

1. Écrire l'équation de la réaction, que l'on suppose totale.

2. Quel est le rôle de la mousse de platine ? Comment agit-elle ? Comment appelle-t-on cette action ? Pourquoi utilise-t-on une mousse ?

3. Calculer le volume d'oxyde d'azote formé à partir d'une masse d'ammoniac injectée $m_1 = 1\,000$ g et d'une masse de dioxygène $m_2 = 1\,000$ g, une fois la température ramenée à 20 °C.

Quel est le réactif limitant ?

Données. Masses molaires : $M_N = 14{,}0 \text{ g} \cdot \text{mol}$; $M_H = 1{,}0 \text{ g} \cdot \text{mol}^{-1}$; $M_O = 16{,}0 \text{ g} \cdot \text{mol}^{-1}$.

Volume molaire d'un gaz parfait à $T = 20$ °C : $V_m = 24{,}0$ L/mol.

CORRIGÉS

1 1. Réponse a. À l'instant initial, les concentrations en réactifs sont maximales, ce qui permet à la réaction de se produire avec la plus grande célérité. Microscopiquement, les chocs utiles sont les plus nombreux à cet instant initial.
2. Réponse b. C'est la définition de la durée de demi-réaction.
3. Réponse a. Si une réaction est exothermique, la température du mélange réactionnel va augmenter, or T est un facteur cinétique, cela peut donc amener un emballement de la réaction, c'est-à-dire éventuellement une explosion.

2 1. On sait que la température est un facteur cinétique, plus la température est élevée plus la réaction est rapide. Donc T_1 correspond à la courbe inférieure et T_2 à la courbe supérieure.
2. Le temps de demi-réaction $t_{1/2}$ est l'intervalle de temps nécessaire pour que l'avancement atteigne la moitié de sa valeur finale (la valeur finale se lisant au temps maximum) :

$$x\left(t_{1/2}\right)=\frac{x_{\text{final}}}{2}.$$

3. Pour la courbe supérieure (T_2) le temps de demi-réaction est $t_{1/2} = 75$ unités temporelles, pour la courbe inférieure (T_1), $t_{1/2} = 350$ unités temporelles.
4. Un catalyseur n'apparaît pas dans le bilan réactionnel d'une réaction chimique, mais il permet d'accélérer la cinétique de la réaction.

3 **Partie I**

1.

$$CH_3CH_2OH_{(g)} \overset{Cu}{\downarrow}{=} CH_3CHO_{(g)} + H_{2(g)}$$

Le cuivre est un catalyseur de la réaction, il n'apparaît pas dans le bilan réactionnel. Il s'agit d'une catalyse hétérogène car le cuivre est solide et les réactifs gazeux.
2. a. La quantité de matière d'éthanol disponible est :

$$n_{\text{éthanol}}=\frac{\rho_{\text{éthanol}}\times V}{M_{\text{éthanol}}}=\frac{0{,}800\times 100}{46{,}0}=1{,}74\text{ mol}.$$

Lorsque tout l'alcool est oxydé, il s'est formé $n_{\text{éthanal}} = 1{,}74$ mol, soit une masse $m_{\text{éthanal}} = n_{\text{éthanal}} \times M_{\text{éthanal}}$, d'où :

$$m_{\text{éthanal}} = 1{,}74\times(2\times 12{,}0+16{,}0+4{,}0)=76{,}6\text{ g}.$$

b. La quantité de gaz H_2 formé en fin de réaction est :

$$n_{H_2}=1{,}74\text{ mol},\quad \text{soit}\quad V_{H_2}=n_{H_2}\times V_m=1{,}74\times 24{,}0=41{,}8\text{ L}.$$

Partie II

1. L'équation bilan de la réaction peut s'écrire :

$$CH_3CH_2OH_{(g)} \overset{Al_2O_3}{\downarrow =} CH_2{=}CH_{2(g)} + H_2O_{(g)}$$

2. L'alumine AL_2O_3 catalyse la réaction de déshydratation de l'éthanol en éthylène (catalyse hétérogène).

3. L'avancement final est donné par la quantité de matière d'éthylène $CH_2 = CH_2$ formée (on fait l'hypothèse que tout l'éthanol n'a pas réagi) :

$x_f = \dfrac{V_{gaz}}{V_m} = \dfrac{1{,}00}{24{,}0} = 0{,}042$ mol, ce qui confirme que l'hypothèse est correcte.

Cela correspond à une masse :

$$m_{\text{éthylène}} = x_f M_{\text{éthylène}} = 0{,}0417 \times (2 \times 12{,}0 + 4{,}0) = 1{,}17 \text{ g.}$$

4. Le cuivre et l'alumine sont deux catalyseurs solides, spécifiques d'une réaction précise :

- le cuivre Cu sélectionne l'oxydation de l'éthanol en éthanal ;
- l'alumine AL_2O_3 sélectionne la déshydratation de l'éthanol en éthylène.

4 **1.** L'hydrolyse s'écrit formellement : amidon $= n \times$ glucose,
soit plus précisément : $(C_6H_{10}O_5)_n + nH_2O = nC_6H_{12}O_6$.

2. L'acide et la salive sont des catalyseurs de l'hydrolyse de l'amidon.
La salive (ou plutôt l'enzyme amylase qu'elle contient) est la plus efficace.

3. Le fait que l'on n'observe rien dans le tube n° 1 après $t = 3$ h signifie que l'hydrolyse de l'amidon (sans catalyseur) est extrêmement lente.
Un catalyseur ne fait qu'accélérer une réaction précise. En aucun cas il ne provoque une réaction.

4. L'amylase de la salive risque d'être détruite à haute température (90 °C). Chauffer à 90 °C empêcherait l'hydrolyse de se produire rapidement (par absence de catalyseur). Noter que l'amylase est un catalyseur biologique qui est détruit au-delà d'une certaine température (très supérieure à celle du corps humain).

5. Au bout d'un certain temps, on a un goût sucré dans la bouche dû au glucose produit par hydrolyse de l'amidon, réaction catalysée par l'amylase.

5 **1.** Le gaz produit est le dioxygène O_2. On sait que si on plonge une bûchette à peine éteinte dans O_2, la flamme réapparaît.
O_2 est donc caractérisé par un avivement de la combustion.

2. a. En utilisant la relation $n_{gaz} = \frac{V_{gaz}}{V_m}$ on complète le tableau :

t (min)	0	5	10	15	20	25
V_{gaz} (mL)	0	16,0	27,5	39,5	49,0	57,2
n_{gaz} (10^{-4} mol)	0	6,67	11,5	16,5	20,4	23,8

t (min)	35	55	60	70	80	100
V_{gaz} (mL)	72,0	90,0	96,0	101,5	106	111
n_{gaz} (10^{-4} mol)	30,0	37,5	40,0	42,3	44,2	46,3

b. On peut dresser le tableau d'avancement suivant (H_2O_2 est le réactif limitant) :

	H_2O_2	O_2	x
État initial	cV	0	0
État à l'instant t	$cV - x(t)$	$\frac{x(t)}{2}$	$x(t)$
État final	$cV - x_f$	$\frac{x_f}{2}$	x_f

L'avancement $x(t)$ est simplement le double de la quantité de dioxygène formée à l'instant t : $x(t) = 2n_{O_2}(t)$.

c. On obtient le tableau des valeurs de $x(t)$:

t (min)	0	5	10	15	20	25
$x(t)$ (10^{-4} mol)	0	13,3	22,9	32,9	40,8	47,7

t (min)	35	55	60	70	80	100
$x(t)$ (10^{-4} mol)	60,0	75,0	80	84,6	88,3	92,5

Ces valeurs permettent de tracer la courbe représentative de l'avancement.

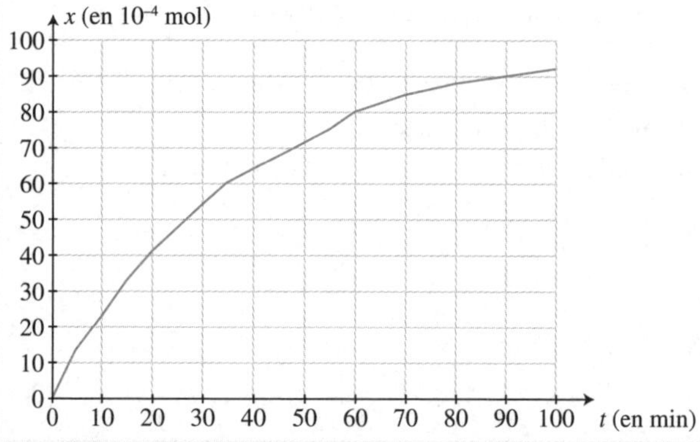

3. On remarque que la vitesse de la réaction est maximale au début, et diminue peu à peu. L'avancement final vaut $x_f = 92 \times 10^{-4}$ mol, le temps de demi-réaction est donc l'abscisse correspondant à l'ordonnée $x = 46 \times 10^{-4}$ mol, on trouve $t_{1/2} \approx 23$ min.

4. On rappelle l'équation de la dismutation : $H_2O_2 = \frac{1}{2}O_2 + H_2O$.

On a donc : $[H_2O_2]_{(t)} = [H_2O_2]_{(t=0)} - x(t) = c - x$.

D'où le tableau de valeurs :

t (min)	0	5	10	15	20	25
$[H_2O_2]$ $(mol \cdot L^{-1})$	$1{,}0 \times 10^{-2}$	$8{,}7 \times 10^{-3}$	$7{,}7 \times 10^{-3}$	$6{,}7 \times 10^{-3}$	$5{,}9 \times 10^{-3}$	$5{,}2 \times 10^{-3}$

t (min)	35	55	60	70	80	100
$[H_2O_2]$ $(mol \cdot L^{-1})$	$4{,}0 \times 10^{-2}$	$2{,}5 \times 10^{-3}$	$2{,}0 \times 10^{-3}$	$1{,}5 \times 10^{-3}$	$1{,}2 \times 10^{-3}$	$7{,}5 \times 10^{-4}$

5. Les valeurs du tableau permettent de construire la courbe de concentration en eau oxygénée : on constate évidemment que cette concentration diminue avec le temps, du fait de la dismutation de l'eau oxygénée.

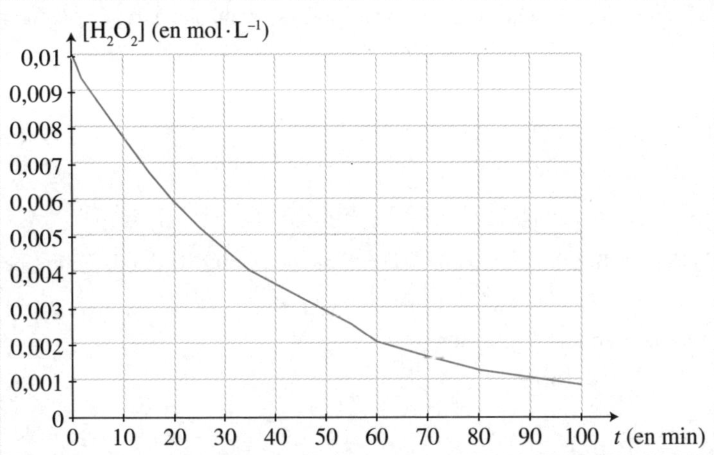

6. Plus le temps s'écoule, plus la concentration en réactif H_2O_2 diminue, moins la probabilité d'un choc entre deux molécules H_2O_2 est importante : la vitesse de la réaction ne peut que diminuer avec le temps, $[H_2O_2]$ décroît toujours, **mais de moins en moins vite.**

Il apparaît clairement que la dismutation de l'eau oxygénée est d'autant plus rapide que la température du flacon est élevée. On peut tracer les trois courbes de la concentration $[H_2O_2]$ en fonction du temps sur un même graphe pour s'en rendre compte.

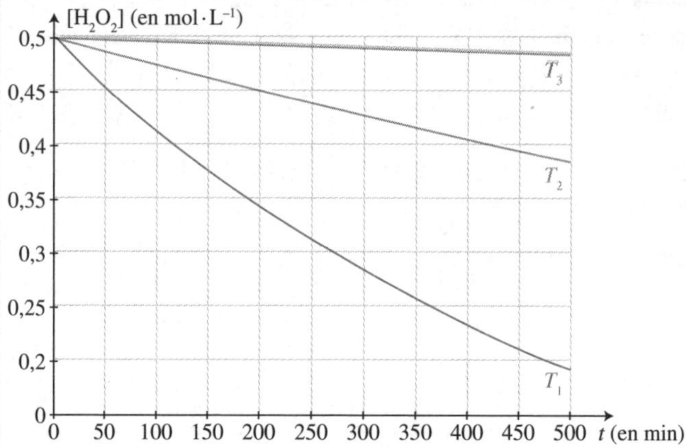

Plus la température est élevée, plus la courbe représentant $[H_2O_2]$ en fonction du temps diminue rapidement. On comprend pourquoi il vaut mieux conserver l'eau oxygénée à température basse : cela ralentit sa dismutation.

6 **1.** les ions iodures réagissent avec les ions peroxodisulfates selon la réaction :

$$2I^- + S_2O_8^{2-} = I_2 + 2SO_4^{2-}$$

2. Les réactifs sont dans les proportions stœchiométriques car initialement, on dispose de :

$$n_{\text{iodure, i}} = c_1 \times V_1 = 0{,}11 \text{ mol}$$

et $$n_{\text{peroxodisulfate}} = c_2 \times V_2 = 0{,}055 \text{ mol} = \frac{1}{2} n_{\text{iodure, i}}.$$

On peut donc définir l'avancement $x(t)$ comme la quantité de diiode I_2 formée :

$$x(t) = n_{\text{diiode}}(t)$$

3. a. On trace x en fonction du temps t :

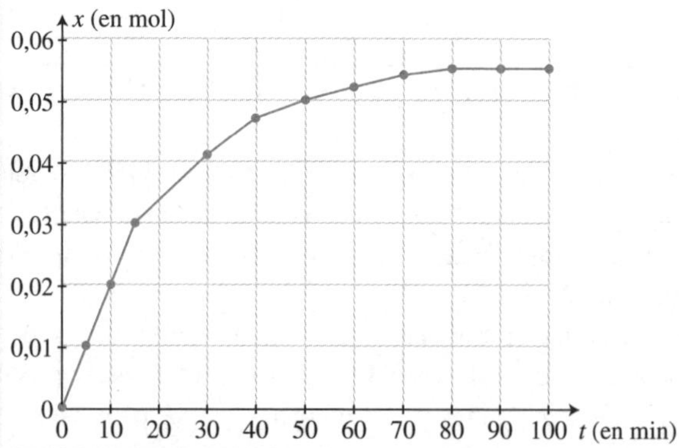

b. La courbe d'avancement montre que la vitesse est maximale au début de la réaction, puis décroît progressivement jusqu'à s'annuler lorsque l'avancement final est atteint (réactifs consommés).

Microscopiquement cela provient du fait que la concentration des réactifs diminue avec le temps, rendant moins probables les chocs réactionnels.

4. Sur la courbe, on lit l'avancement final $x_f = 5{,}5 \times 10^{-2}$ mol.

Or la quantité initiale de peroxodisulfate $S_2O_8^{2-}$ est $n_{\text{peroxodisulfate}} = 5{,}5 \times 10^{-2}$ mol.

La réaction est donc totale (avec les réactifs en proportions stœchiométriques).

5. On constate que $x_f = 5{,}5 \times 10^{-2}$ mol.

Le temps $t_{1/2}$ de demi-réaction est tel que $x(t_{1/2}) = \frac{x_f}{2} = 2{,}8 \times 10^{-2}$ mol ; on lit sur la courbe $t_{1/2} = 17$ min.

6. Pour augmenter la vitesse de réaction, il faut jouer sur les facteurs cinétiques, c'est-à-dire soit augmenter la température, soit augmenter la concentration des réactifs.

7. a. On constate que dans les deux cas $[I^-]_i > 2[S_2O_8^{2-}]_i$, donc les ions iodures sont en excès et les ions peroxodisuflfates en défaut.

b. Pour la courbe du haut, le temps de demi-réaction est $t_{1/2} = 70$ s, pour celle du bas, $t_{1/2} = 200$ s.

c. En regardant les valeurs des concentrations finales en diiode, on voit clairement que la courbe la plus haute correspond au flacon 2 et la courbe la plus basse au flacon 1.

d. La concentration du réactif en défaut joue clairement un rôle sur la vitesse de la réaction : une augmentation de sa concentration initiale augmente la vitesse.

7 **1.** Le diiode étant la seule espèce colorant la solution, la loi de Beer-lambert peut s'écrire : $A = \varepsilon \cdot L \cdot [I_2]$.

A est sans dimension ; ε est une constante à la longueur d'onde λ considérée, le coefficient d'extinction molaire, qui s'exprime en $L \cdot mol^{-1} \cdot cm^{-1}$; L est la largeur de la cuve utilisée, en cm.

2. La relation entre A et $[I_2]$ est linéaire, la constante de proportionnalité étant $k = \varepsilon \cdot L$.

On peut déduire de l'absorbance A à un temps donné et à une longueur d'onde donnée, la concentration en diiode : $[I_2] = \frac{A}{k}$.

3. a. La réaction s'écrit : $H_2O_2 + 2I^- + 2H_3O^+ = I_2 + 4H_2O$.

Les couples oxydant/réducteur sont H_2O_2/H_2O et I_2/I^-.

b. On dresse le tableau des quantités de matières initiales.

	H_2O_2	I^-	H_3O^+
n_i (mol)	$4{,}0 \times 10^{-4}$	$4{,}0 \times 10^{-3}$	$6{,}4 \times 10^{-2}$

D'après les nombres stœchiométriques de la réaction et les quantités initiales des réactifs, c'est H_2O_2 qui est le facteur limitant.

4. On sait que H_2O_2 est le facteur limitant, l'avancement $x(t)$ est égal à la quantité de I_2 formée à l'instant $t\left(x=[I_2]\times V_{\text{total}}\right)$.

On dresse le tableau suivant :

t (s)	0	100	200	300	400	500	700
x (mol)	0	$8{,}7\times10^{-5}$	$1{,}6\times10^{-4}$	$2{,}1\times10^{-4}$	$2{,}5\times10^{-4}$	$2{,}9\times10^{-4}$	$3{,}3\times10^{-4}$

t (s)	900	1 000	1 300	1 500	1 800	2 000	2 500
x (mol)	$3{,}6\times10^{-4}$	$3{,}7\times10^{-4}$	$3{,}8\times10^{-4}$	$3{,}9\times10^{-4}$	$4{,}0\times10^{-4}$	$4{,}0\times10^{-4}$	$4{,}0\times10^{-4}$

5. L'avancement final est $x_f \approx 4{,}0\times10^{-4}$ mol, ce qui montre que H_2O_2, le facteur limitant, a été entièrement consommé.

On trace la courbe $x(t)$:

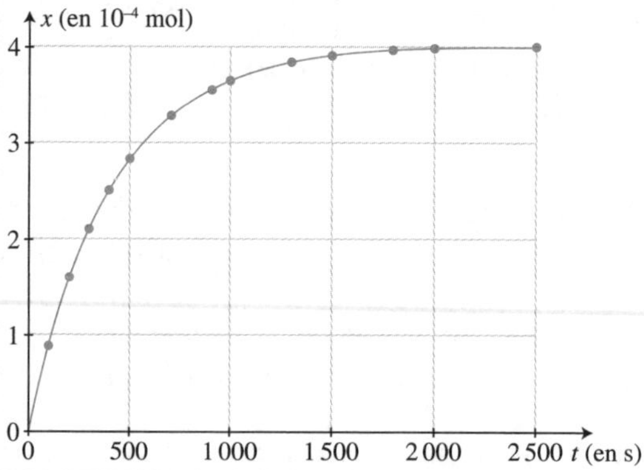

6. La vitesse diminue au cours du temps, car la concentration en réactifs (I^-, H_2O_2 et H_3O^+) diminue, ce qui diminue la probabilité des chocs microscopiques entre réactifs.

7. Le temps de demi-réaction $t_{1/2}$ correspond au temps pour lequel l'avancement atteint la moitié de sa valeur finale :

$$x\left(t_{1/2}\right)=\frac{x_f}{2}=\frac{4{,}0\times10^{-4}}{2}=2{,}0\times10^{-4}\ \text{mol}.$$

Sur la courbe, on lit : $t_{1/2}=280$ s.

8 **1.** L'équation bilan de la réaction est :

$$2H_3O^+ + Mg = H_2 + 2H_2O + Mg^{2+}$$

2. Le magnésium disparaît complétement, c'est donc le réactif en défaut.

L'avancement $x(t)$ est donc simplement égal au nombre de moles de Mg^{2+} formées à l'instant *t*.

D'après l'équation, $n_{H_2} = n_{Mg^{2+}}$ à chaque instant.

En utilisant la relation $n_{H_2} = \frac{V_{H_2}}{V_m}$, on complète le tableau. :

t (min)	0	1	3	4	5	6
x(t) (mol)	0	0,0132	0,0294	0,0340	0,0367	0,0382

t (min)	7	8	9	10	11
x(t) (mol)	0,0400	0,0411	0,0411	0,0411	0,0411

3. On obtient la courbe suivante :

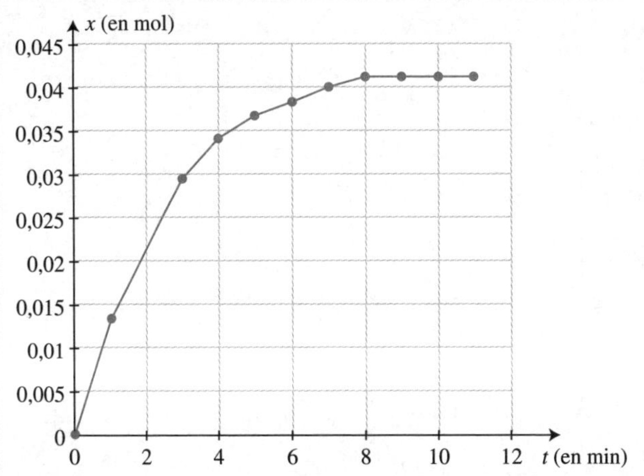

4. L'avancement final est $x_f = 0,0411$ mol et on dispose initialement d'une quantité de matière de magnésium :

$$n_{Mg} = \frac{m}{M_{Mg}} = \frac{1,0}{24,3} = 0,041 \text{ mol}.$$

Le magnésium a été entièrement oxydé, la réaction est donc totale (H_3O^+ est en excès).

5. Au temps $t_{1/2}$, l'avancement vaut $x\left(t_{1/2}\right) = 0,020\,5$ mol.

Sur la courbe on lit $t_{1/2} = 1,7$ min.

6. En fin de réaction, il reste une quantité d'ions oxonium :

$$n_{\text{oxonium}} = n_{\text{oxonium, i}} - 2x_f = c \cdot V - 2x_f$$

$$n_{\text{oxonium}} = 5,00 \times 60,0 \times 10^{-3} - 2 \times 0,0411 = 0,218 \text{ mol}$$

soit la concentration finale $\left[H_3O^+\right]_f = 3,63 \text{ mol} \cdot L^{-1}$.

$\left[H_3O^+\right]_f < \left[H_3O^+\right]_i = c = 5,00 \text{ mol} \cdot L^{-1}$.

7. La concentration en ions oxonium à l'instant t s'écrit :

$$\left[H_3O^+\right]_t = c - 2\frac{x}{v} = 5,00 - 33,3x(t).$$

D'où le tableau de valeurs :

t (min)	0	1	3	5	6
$x(t)$ (mol)	0	0,0132	0,0294	0,0367	0,0382
$[H_3O^+]$ (mol·L^{-1})	5	4,56	4,02	3,78	3,73

t (min)	7	8	9	10
$x(t)$ (mol)	0,040	0,0411	0,0411	0,0411
$[H_3O^+]$ (mol·L^{-1})	3,67	3,63	3,63	3,63

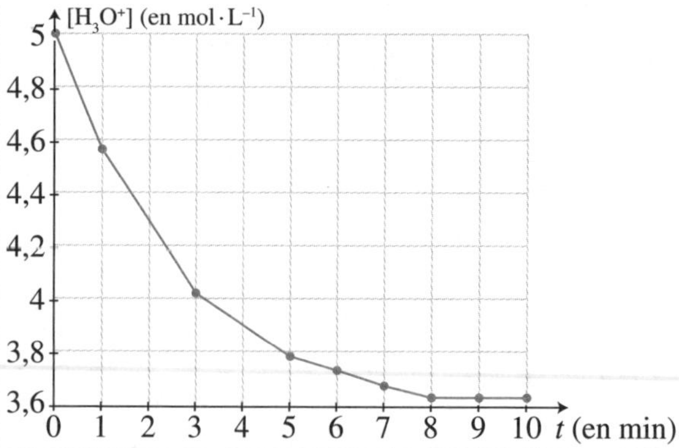

9 **1.** Le mélange réactionnel, dès que la réaction d'estérification a démarré contient de l'éthanol, de l'acide éthanoïque de l'ester (éthanoate d'éthyle) et de l'eau.

2. L'éluant monte par capillarité le long de la plaque de silice, en emportant les différents composants du mélange. La hauteur finale atteinte dépend de la nature de l'interaction entre l'éluant, le composant et le support. Il y a en général séparation des différents composants. On peut donc identifier les différents composants en comparant les hauteurs de taches (cas du mélange) à la hauteur atteinte dans le cas d'élution des corps purs de référence.

3. Avant que la réaction ne démarre, on n'a que les 2 réactifs, donc 2 taches seulement.

4. On constate qu'il y a toujours 3 taches en ce qui concerne le milieu réactionnel. On en déduit que cette estérification est un équilibre (la réaction n'est pas totale). Mais la taille des taches nous renseigne approximativement sur les proportions respectives réactifs/produits. En supposant que l'eau ne produit pas de tache, lorsqu'il n'y a plus qu'une grosse tache ce sera celle associée à l'ester : la réaction a atteint son équilibre. Tant qu'il y a 2 grosses taches, les réactifs sont toujours présents en grande quantité. On peut donc estimer **approximativement** la durée de la réaction à $t = 50$ min, dans cet exercice.

5. L'acide sulfurique joue le rôle de catalyseur : il n'apparaît pas dans le bilan réactionnel mais accélère la cinétique de la réaction.

6. Un montage à reflux (à colonne) permet la condensation des vapeurs chaudes et donc de limiter les pertes des composants du mélange dont la température d'ébullition est la plus basse.

10 **1.** L'équation bilan de la transformation s'écrit :

$$4NH_{3(g)} + 5O_{2(g)} \xrightarrow{Pt} 4NO_{(g)} + 6H_2O_{(g)}$$

2. La mousse de platine permet une catalyse hétérogène de la réaction, les réactifs réagissent par contact sur la mousse (on parle d'**adsorption**). Une mousse permet de maximiser la surface de contact catalyseur/réactifs.

3. Les quantités de matière initiales de réactifs sont :

$$n_1 = \frac{m_1}{M_{NH_3}} = \frac{1\,000}{14,0+3,0} = 58,8 \text{ mol} \quad \text{et} \quad n_2 = \frac{m_2}{M_{O_2}} = \frac{1\,000}{32,0} = 31,3 \text{ mol}.$$

Étant donnés les coefficients stœchiométriques, O_2 est le réactif limitant. En effet 31,3 mol de O_2 réagissent avec $\frac{4}{5} \times 31,3 = 25,0$ mol de NH_3.

Il se forme 25,0 mol d'oxyde d'azote NO, soit un volume $V = 25,0 \times 24,0 = 600$ L.

8 Chimie organique Structure et transformation des molécules

I QUELQUES DÉFINITIONS

■ La chimie organique est la chimie des composés du carbone.

■ Un **carbone asymétrique** est un atome de carbone qui est lié par quatre liaisons covalentes à quatre groupements d'atomes différents.

EXEMPLE :

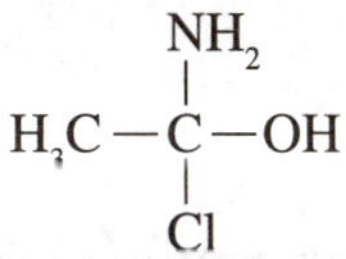

■ La **chiralité** d'un objet désigne sa propriété de ne pas être superposable à son image dans un miroir plan.

EXEMPLE : Une main est chirale, tout comme les trois molécules suivantes.

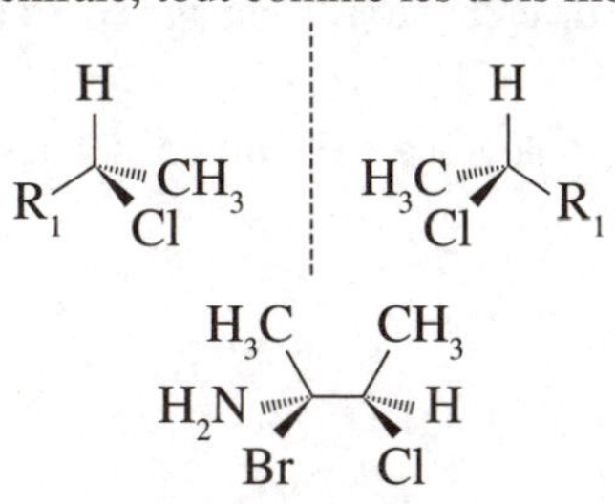

Toutes les molécules possédant **un seul carbone asymétrique** sont **chirales**.

■ Zoom sur le vivant : les **acides aminés** sont à la base des protéines et autres peptides des êtres vivants. Il en existe uniquement vingt différents dans la plupart des êtres vivants et ils sont tous de la forme :

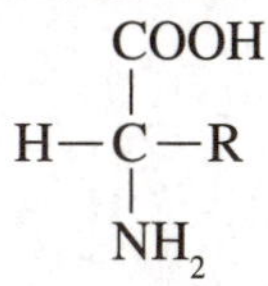

Seul le radical R les différencie et ils possèdent tous un carbone asymétrique (exceptée la glycine pour laquelle R est un hydrogène).

II REPRÉSENTATION SPATIALE DES MOLÉCULES

■ Les différentes formules et représentations connues avant la Terminale sont rappelées dans le tableau ci-dessous, pour l'urée.

Formule brute	Formule développée
C_2H_7ON	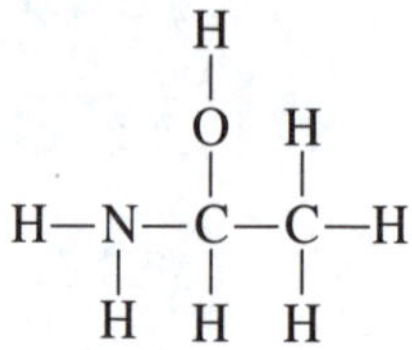
Formule semi-développée	**Représentation de Lewis**
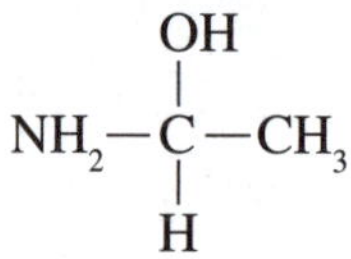	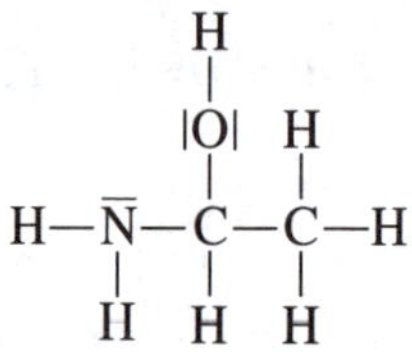

1. La formule topologique

■ La formule topologique est une représentation simplifiée à l'extrême : les atomes de carbone et ceux d'hydrogène liés à des carbones ne sont plus écrits, seuls les « hétéroatomes » (autres que C et H) sont notés. Les chaînes carbonées sont des traits continus et chaque changement de direction de ce trait, ou intersection, représente un atome de carbone (accompagné des atomes hydrogène correspondants).

■ Cette représentation topologique est surtout intéressante pour les grosses molécules.

EXEMPLES : L'urée devient ainsi :

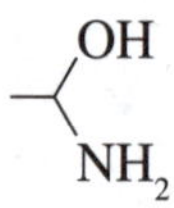

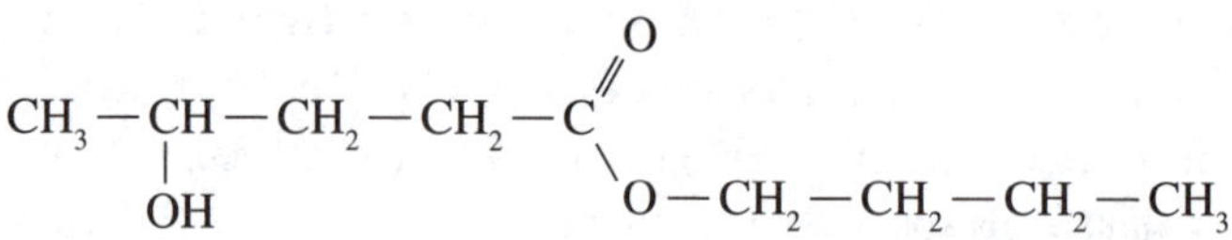

est représenté par : 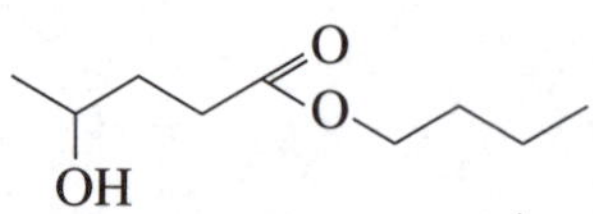

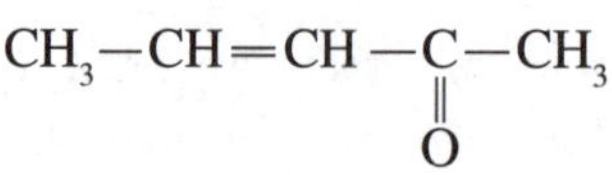 est représenté par : 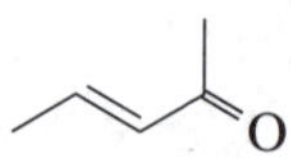

2. La représentation de Cram

La représentation de Cram est une des représentations qui permettent de rendre compte de l'aspect tridimensionnelle des molécules. On adopte les notations suivantes :

- liaison **dans** le plan de la feuille : ——
- liaison à l'**arrière** du plan de la feuille : 
- liaison à l'**avant** du plan de la feuille : 

EXEMPLES :

Pour 1 atome de carbone

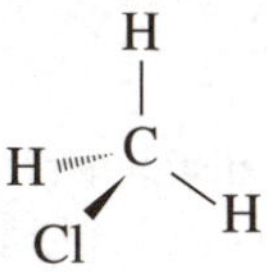

Pour 2 atomes de carbone

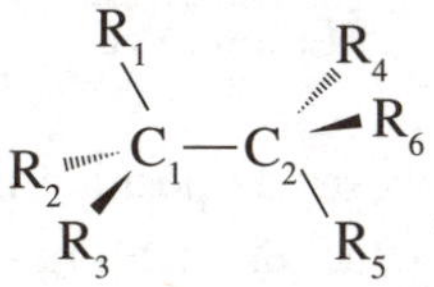

III ISOMÉRIES

■ À la fin du XIXe siècle, le français Le Bel et le néerlandais van 't Hoff (premier prix Nobel de chimie) démontrent chacun de leur côté que la géométrie des molécules est essentielle dans la compréhension des réactions chimiques. Ils ont, entre autres, mis en évidence le fait que des molécules composées des mêmes atomes, avec le même enchaînement des groupes d'atomes ont des propriétés différentes si leurs géométries sont différentes.

Hormis les atomes et les liaisons chimiques, l'organisation géométrique est donc importante dans les molécules.

■ Pour rendre compte de ces travaux qui prouvent que les deux molécules images l'une de l'autre dans un miroir n'ont pas les mêmes propriétés, il faut élargir la définition d'isomérie vue en classe de Seconde (qui est l'isomérie de constitution).

■ Des **isomères** sont des molécules qui ont la même formule brute mais au sein desquelles les atomes ne se trouvent pas aux mêmes emplacements. Ils ont des propriétés chimiques, et physiques différentes.

■ On peut schématiser les différentes isoméries par le diagramme ci-dessous.

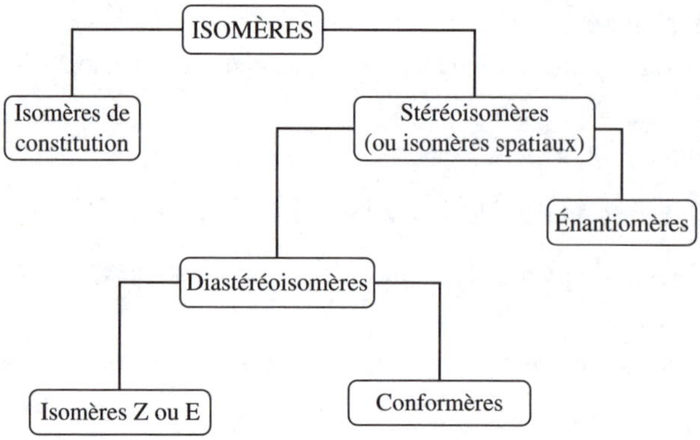

■ Les **isomères de position ou stéréoisomères** se distinguent par des assemblages d'atomes différents (les atomes ne sont pas liés de la même façon).

• Des molécules **énantiomères** sont deux molécules images l'une de l'autre dans un miroir.

• Les **diastéréoisomères** sont des stéréoisomères non énantiomères. Parmi les diastéréoisomères, on distingue plusieurs cas possibles :

– l'**isomérie Z-E** est une isomérie spécifique à la liaison double. Lorsque la chaîne carbonée principale « reste du même côté » de la double liaison, c'est l'isomère Z (de l'allemand *Zusammen*) ; lorsqu'elle « traverse » la double liaison, il s'agit de l'isomère E (*Entgegen*) ;

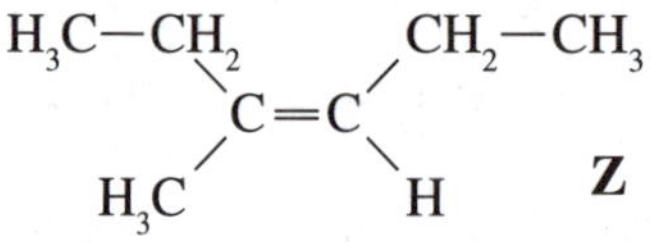

Z

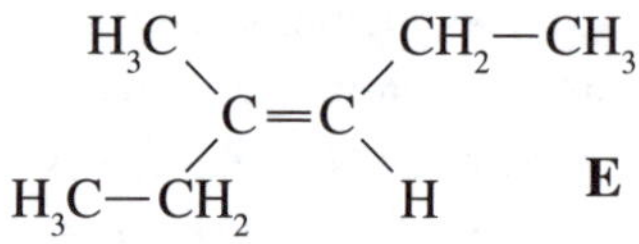

E

– pour une molécule ayant deux carbones asymétriques consécutifs, on peut trouver plusieurs stéréoisoméries comme le montre cet exemple :

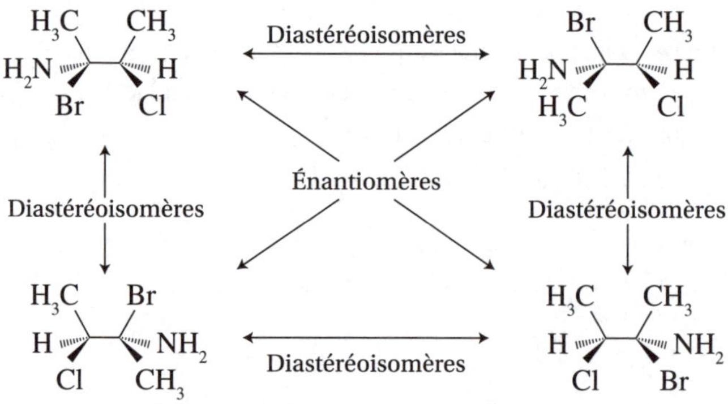

– on passe d'un **conformère** à un autre en tournant une liaison covalente sur elle-même (comme un tournevis) ou en « tordant » la molécule (pour les molécules cycliques par exemple). La molécule se présente ainsi dans plusieurs conformations, **il n'est pas nécessaire de casser une liaison pour passer de l'un à l'autre des conformères**.

Lorsque plusieurs conformations sont possibles, la molécule privilégie celle qui minimise l'énergie car il s'agit de la plus stable.

EXEMPLES :

- Rotation d'une liaison C — C.

- « Torsion » d'une structure cyclique.

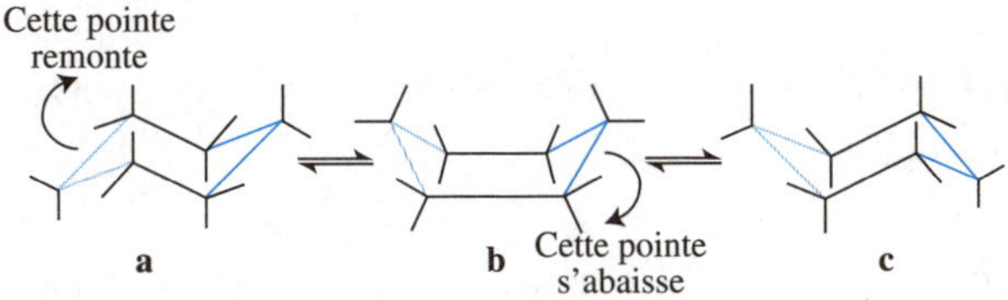

On parle aussi d'**isomérie de fonction** lorsque les molécules ont la même formule brute mais des groupes fonctionnels organiques différents. Par exemple :

$CH_3—CH_2—O—CH_3$ et $CH_3—CH_2—CH_2—OH$

■ La stéréoisomérie est très importante dans les molécules biologiques.
Les acides aminés ont quasiment toujours plusieurs stéréoisomères chacun.

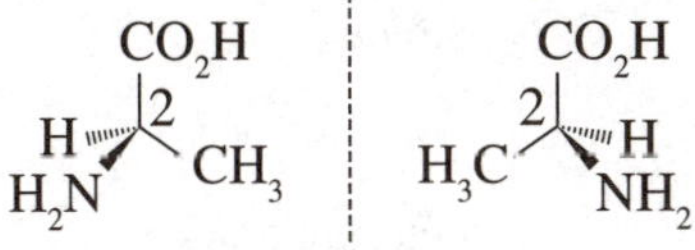

I II

Ces deux molécules sont deux molécules différentes de l'alanine (un acide aminé).

■ On appelle **mélange racémique** un corps, ou une solution, contenant les deux énantiomères d'une molécule dans les mêmes quantités (50 % de l'un et 50 % de l'autre).

IV FONCTIONS ET GROUPES CARACTÉRISTIQUES

Formule	Classe	Suffixe
R—H	alcane	…ane
$>C=C<$	alcène	…ène
R—X (X = Cl, Br, I)	dérivé halogéné	halogénoalcane
R—O—H (groupe hydroxyle : —O—H)	alcool	…ol
$R-NH_2$	amine	…anamine
R—C(=O)—H (groupe carbonyle : C=O)	aldéhyde	…al
R—C(=O)—R′ (groupe carbonyle : C=O)	cétone	…one
R—C(=O)—OH (groupe carboxyle : —C(=O)—OH)	acide carboxylique	acide …oïque
R—C(=O)—OR′	ester	…oate de …yle
R—C(=O)—NH—R′	amide	
R—C(=O)—Cl	chlorure d'acyle (d'acide)	
R—C(=O)—O—C(=O)—R′	anhydride d'acide	

Préfixe en fonction du nombre de carbones de la chaîne carbonée linéaire :

1 C : méth…	2 C : éth…	3 C : prop…
4 C : but…	5 C : pent…	6 C : hex…

Outre savoir reconnaître et nommer les groupes fonctionnels, il faut savoir nommer les molécules simples : voir le savoir-faire 1.

V TRANSFORMATIONS EN CHIMIE ORGANIQUE

1. Aspect macroscopique

a. Quelques exemples d'une réaction avec modification de la chaîne carbonée

■ La combustion complète des hydrocarbures conduit à la formation de dioxyde de carbone et d'eau.

Par exemple, la combustion de l'octane a pour équation :

$$2\,C_8H_{18} + 25\,O_2 \rightarrow 16\,CO_2 + 18\,H_2O$$

Toutes ces réactions (combustion, complète ou incomplète d'hydrocarbure) se font avec modification de la chaîne carbonée.

■ L'ozonolyse est une réaction d'oxydation où l'ozone (O_3) réagit avec une liaison double C=C.

Par exemple :

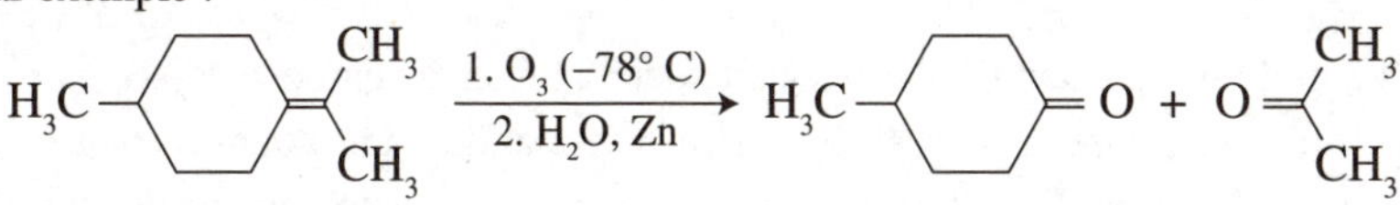

b. Réactions d'addition

Il s'agit des réactions de type :

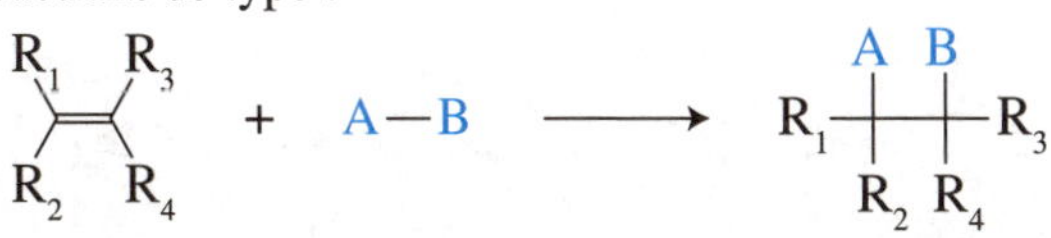

Lors de ces réactions, l'ensemble des deux molécules est « fusionné », additionné en une seule.

Il n'y a pas de modification de la chaîne carbonée dans une réaction d'addition.

EXEMPLES :

- Hydrogénation d'un alcène :

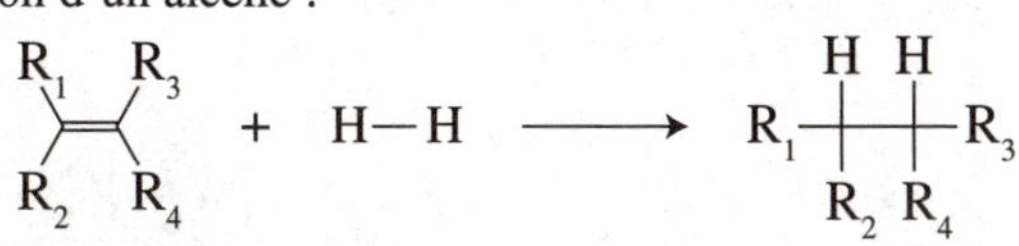

- Hydratation d'un alcène : obtention d'un alcool

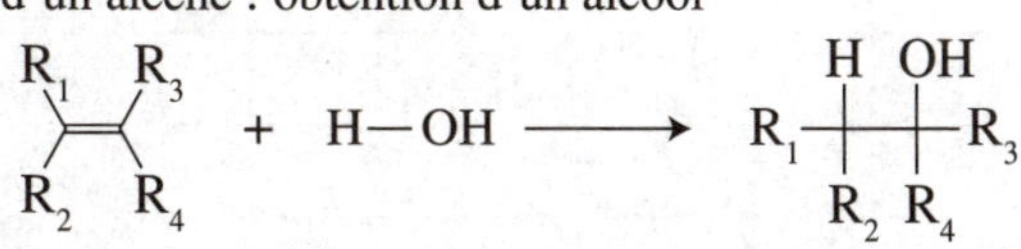

c. Réactions de substitution

Il s'agit de réaction du type :

$$R{-}X + A \longrightarrow R{-}A + X$$

Lors de ces réactions, il y a « substitution » c'est-à-dire un échange d'un groupe de la molécule organique par un autre groupe.

Il n'y a pas de modification de la chaîne carbonée dans une réaction de substitution.

EXEMPLE :

$$R{-}OH + NH_3 \longrightarrow R{-}NH_2 + H_2O$$

d. Réactions d'élimination

Nous nous limitons à l'étude de l'élimination de deux atomes, ou groupes d'atomes, portés par des atomes de carbone adjacents.

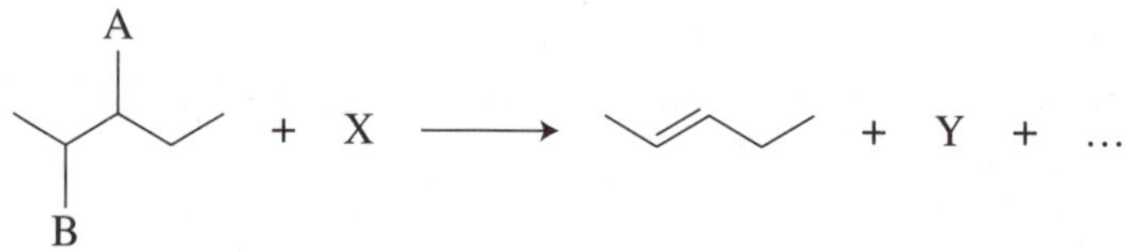

Il s'agit d'une réaction pendant laquelle deux atomes de carbone adjacents vont « perdre » un groupe chacun. Il s'ensuivra la formation d'une double liaison entre ces deux carbones. Il peut se former une ou plusieurs autres molécules lors de cette réaction.

EXEMPLE : Déshydratation des alcools :

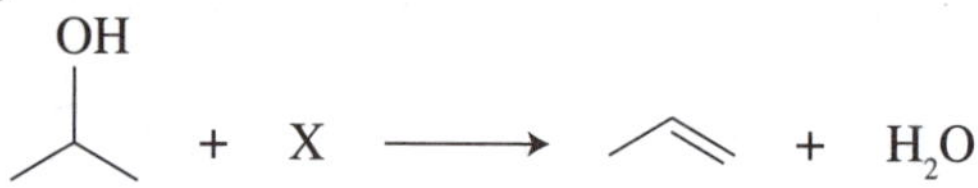

2. Aspect microscopique

■ L'**électronégativité** d'un élément est la grandeur qui caractérise sa capacité à attirer les électrons.

Sur la classification périodique, cette capacité est croissante de gauche à droite sur une ligne et de bas en haut sur une colonne.

H 2,2																	He
Li 0,96	Be 1,57											B 2,04	C 2,55	N 3,04	O 3,44	F 3,38	Ne
Na 0,93	Mg 1,31											Al 1,61	Si 1,9	P 2,19	S 2,58	Cl 3,16	Ar
K 0,82	Ca 1	Sc 1,36	Ti 1,54	V 1,63	Cr 1,66	Mn 1,55	Fe 1,83	Co 1,88	Ni 1,91	Cu 1,91	Zn 1,65	Ga 1,81	Ge 2,01	As 2,18	Se 2,55	Br 2,96	Kr
Rb 0,82	Sr 0,95	Y 1,22	Zr 1,33	Nb 1,6	Mo 2,16	Tc 2,1	Ru 2,2	Rh 2,28	Pd 2,2	Ag 1,93	Cd 1,69	In 1,78	Sn 1,96	Sb 2,05	Te 2,1	I 2,66	Xe 2,6
Cs 0,79	Ba 0,89	*	Hf 1,3	Ta 1,5	W 1,7	Re 1,9	Os 2,2	Ir 2,2	Pt 2,2	Au 2,4	Hg 1,9	Ti 1,9	Pb 1,8	Bi 1,9	Po 2	At 2,2	Rn
Fr 0,7	Ra 0,7	**	Rf	Db	Sg	Bh	Hs	Mt	Ds	Rg	Cn	Uut	Uuq	Uup	Uuh	Uus	Uuo
*	La 1,1	Ce 1,12	Pr 1,13	Nd 1,14	Pm	Sm 1,17	Eu	Gd 1,2	Tb	Dy 1,22	Ho 1,23	Er 1,24	Tm 1,25	Yb	Lu 1		
**	Ac 1,1	Th 1,3	Pa 1,5	U 1,7	Np 1,3	Pu 1,3	Am	Cm	Bk	Cf	Es	Fm	Md	No	Lr		

a. Liaison polarisée – Site donneur et site accepteur de doublet d'électrons

■ Une **liaison covalente** est un partage d'électrons : chaque atome lié met en commun un électron, parmi ses électrons célibataires.

Une liaison covalente simple est donc la mise en commun de 2 électrons ; une double liaison correspond à 4 électrons et une triple liaison à 6 électrons.

Or cette répartition peut être déséquilibrée par une attraction plus forte d'un côté que de l'autre. On aura alors une liaison dite polarisée, c'est-à-dire sur laquelle les électrons mis en commun seront davantage « portés » par un des deux atomes : celui qui les attire davantage.

Une liaison covalente impliquant deux atomes d'électronégativités différentes est dite **polarisée**.

EXEMPLES :

- Dans la molécule d'eau, les électrons sont davantage attirés par l'oxygène que par l'hydrogène donc ces électrons seront plus souvent « autour » de l'atome d'oxygène qu'« autour » de l'atome d'hydrogène. En conséquence, les charges négatives sont davantage côté oxygène : l'oxygène sera donc porteur d'une charge négative fictive (schéma ci-contre).

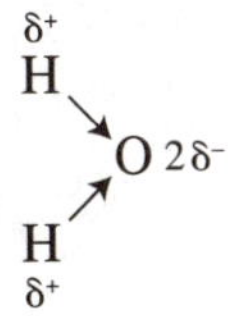

- Dans les molécules d'alcool, l'oxygène étant plus électronégatif que l'hydrogène et que le carbone, il attirera davantage les électrons : l'atome d'oxygène est donc porteur d'une charge fictive δ^-.

■ Une molécule est dite **polaire** si elle comporte une ou des liaisons polarisées σ **et** que les charges partielles n'annulent pas ce caractère polaire du fait de la géométrie de la molécule.

EXEMPLE : Le méthanol (CH_4O) est polaire alors que le CCl_4 ne l'est pas (à cause de la symétrie des quatre charges) :

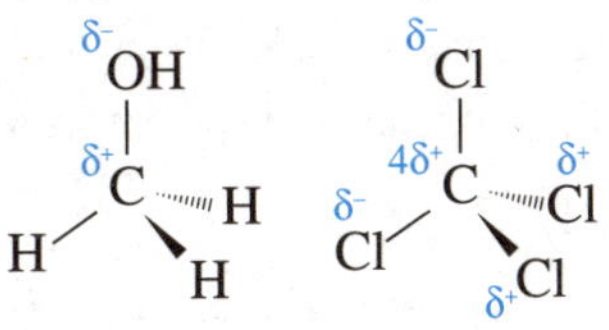

Pour en savoir plus sur la polarité des molécules : voir le savoir-faire **2**.

b. Mécanismes réactionnels

■ Les liaisons chimiques sont toujours liées aux charges électriques (électrons) et à leurs mouvements. Une réaction chimique implique donc forcément des mouvements de charges.

Il y a deux types de charges électriques : les charges réelles (portées par les ions) et les charges fictives (dans les liaisons polarisées).

Pour simplifier les mouvements en chimie, on peut, dans un premier temps, séparer les centres réactifs en deux types :

- **les sites donneurs ou centres nucléophiles**, ce sont les anions, les centres portant une charge δ^- ou les atomes portant un doublet non liant ; ils sont attirés par les charges positives ;
- **les sites accepteurs ou centres électrophiles**, ce sont les cations, les centres portant une charge δ^+ ; ils sont attirés par les charges négatives.

■ Le principe du **mécanisme réactionnel** est de schématiser et visualiser les attaques chimiques et ainsi visualiser les mouvements des électrons et les liaisons qui se créent ou se cassent.

Les atomes essayent de respecter la règle de l'octet donc lorsqu'un centre électrophile s'approche et crée une liaison chimique, il faut forcément qu'une de ses liaisons précédentes s'en détache.

EXEMPLE : Attaque nucléophile d'un alcool.

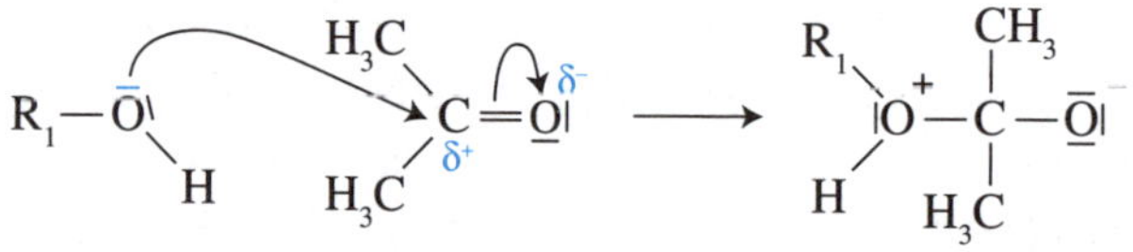

Un doublet non liant est un site donneur. Celui de l'alcool va attaquer le carbone de la cétone, qui lui est déficitaire en électron car moins électronégatif que l'oxygène donc porteur d'une charge fictive δ^+.

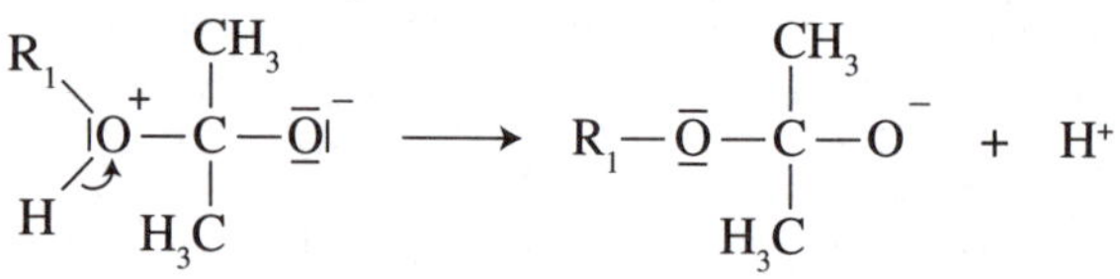

Une deuxième étape est alors le détachement de l'hydrogène puisque l'atome d'oxygène auquel il est lié possède une liaison « en trop ». Le doublet de la liaison devient doublet non liant, l'hydrogène perd son électron et devient alors H^+.

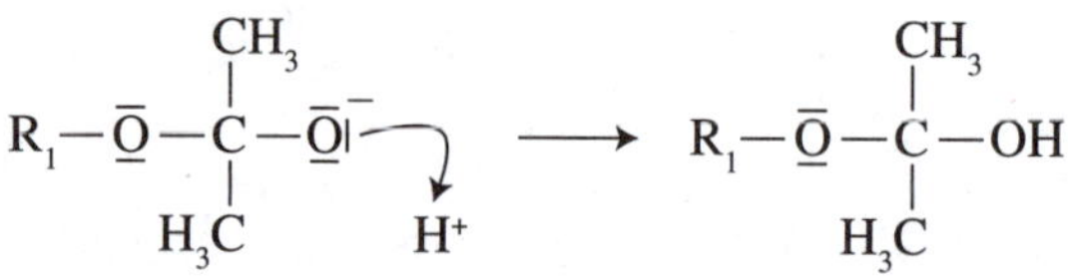

La troisième étape peut être l'attaque du cation, site accepteur d'électron, par un doublet du deuxième oxygène porteur d'une charge négative.

EXEMPLE : Un mécanisme possible pour une réaction d'addition en deux étapes.

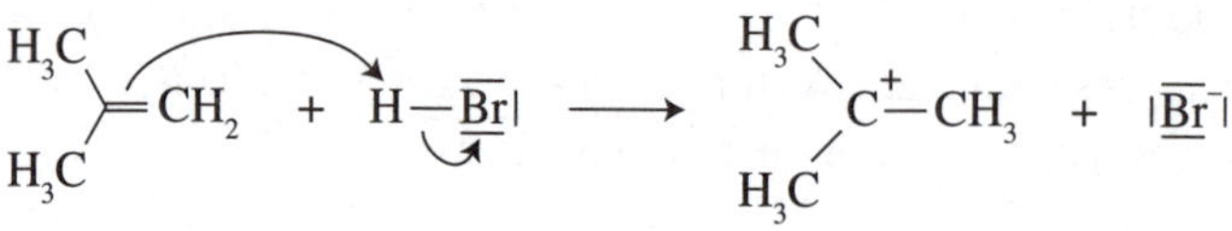

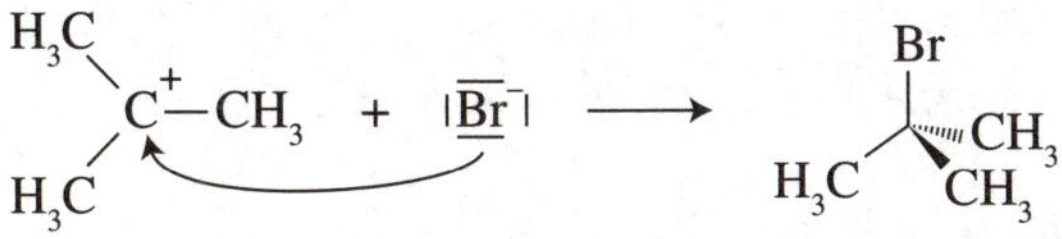

Lors de la première étape, la double liaison est un site donneur. De plus, l'atome de brome est bien plus électronégatif que l'hydrogène donc la molécule HBr est polaire et la charge δ^+ est portée par l'atome d'hydrogène.

On a alors une attaque nucléophile d'un doublet d'électrons sur H ce qui repousse le doublet liant l'hydrogène au brome jusqu'à la formation de l'ion bromure Br^-. Cet ion est porteur d'une charge négative (réelle), il va donc attaquer le site positif proche et créer la liaison C—Br.

EXEMPLE : Mécanisme d'une réaction de substitution en une seule étape.

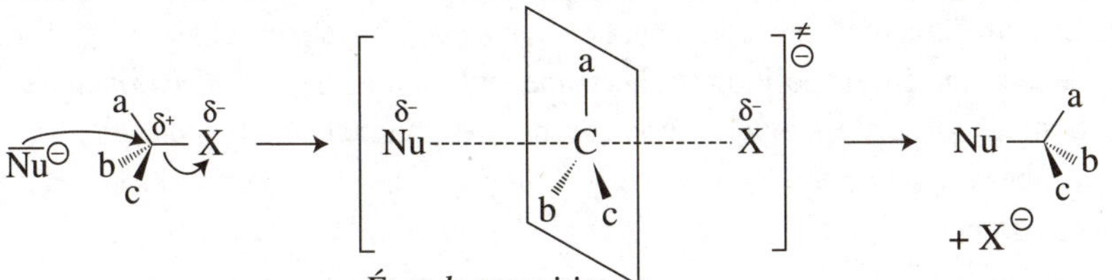

État de transition

Lors de cette réaction, une molécule ou un ion nucléophile (anion ou centre portant une charge fictive δ^- ou atome possédant un doublet non liant) va attaquer un carbone déficitaire en électron (δ^+), le doublet liant ce carbone déficitaire à l'élément X est repoussé sur ce dernier jusqu'à rupture totale de cette liaison.

SAVOIR-FAIRE

1. Nommer une molécule organique

Outre les noms des groupes alkyles et des fonctions organiques à connaître (voir page 192), il faut dans l'ordre :

- déterminer la plus longue chaîne carbonée, elle donnera le corps du nom ;
- identifier le groupe fonctionnel, le suffixe du nom ;
- numéroter la chaîne principale pour avoir le plus petit chiffre sur le carbone portant la fonction ;
- identifier les alkyles rattachés à la chaîne principale (préfixe) et leur position sur cette chaîne.

Le nom de la molécule commence toujours par les groupes alkyles précédés de leur numéro de position sur la chaîne, puis le nom de la chaîne principale terminé par le suffixe donnant la fonction organique de cette molécule. S'il y a besoin, on indiquera le numéro de la position de la fonction juste avant son nom.

EXEMPLES :

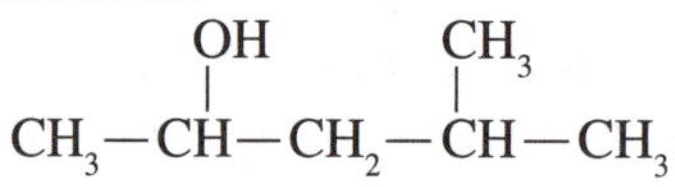

est le 4-méthylpentan-2-ol.

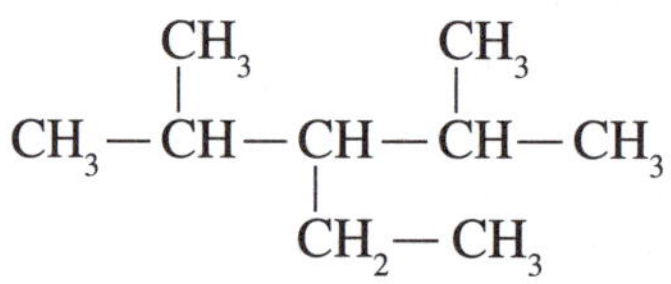

est le 3-éthyl-2,4-diméthylpentane.

Remarques :

- La position des groupes caractéristiques des aldéhydes, acides carboxyliques et esters n'a pas besoin d'être précisée car elle est toujours terminale donc portée par le carbone n° 1.
- S'il y a plusieurs groupes alkyles identiques dans la molécule, on écrira di, tri ou tétra devant le nom de l'alkyle (respectivement pour 2, 3 ou 4 groupes identiques).
- S'il y a plusieurs groupes alkyles différents sur la chaîne, on les écrira par ordre alphabétique.

2. Reconnaître une molécule polaire ou apolaire

Étude des molécules NH_3, H_2O et CO_2

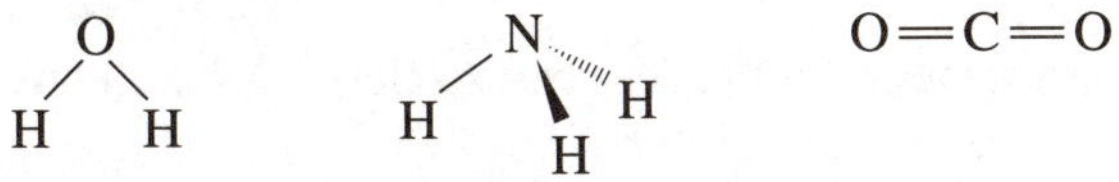

■ Pour avoir une molécule polaire, il faut obligatoirement au moins une liaison polarisée. Donc vous devez inspecter les atomes composant la molécule et vérifier leur électronégativité respective.

$$\chi(\text{H}) = 2{,}2\ ; \quad \chi(\text{C}) = 2{,}5\ ; \quad \chi(\text{N}) = 3 \quad \text{et} \quad \chi(\text{O}) = 3{,}5.$$

L'oxygène est plus électronégatif que le carbone et que l'hydrogène ; l'azote est plus électronégatif que l'hydrogène.

Donc les liaisons O—H, O—C et N—H sont toutes polarisées :

$$\text{O} \leftarrow \text{H}\ ; \quad \text{O} \leftarrow \text{C}\ ; \quad \text{N} \leftarrow \text{H}.$$

■ Si un atome est plus électronégatif que son voisin alors la liaison est polarisée : la charge fictive δ^- est sur celui qui est le plus électronégatif et la charge fictive δ^+ est sur le moins électronégatif.

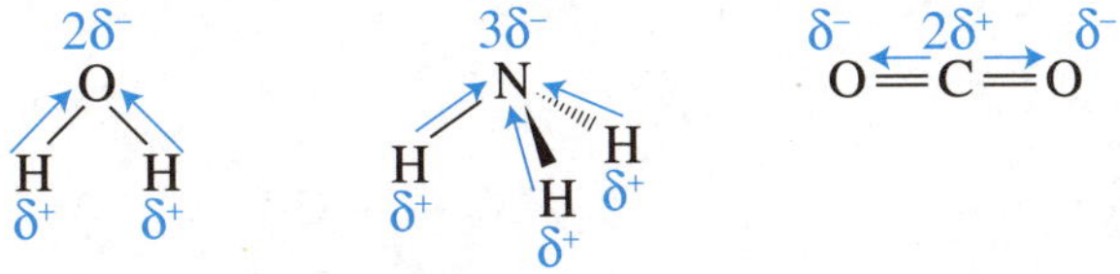

Remarque : si sur le même atome arrivent plusieurs liaisons polarisées, il faut additionner les charges fictives (exemple $2\delta^-$ sur l'oxygène dans la molécule d'eau).

■ En général, si on a une liaison polarisée, la molécule sera polaire *sauf* s'il existe une autre liaison, ou un ensemble de liaisons, qui la compense.

Sur nos exemples, H_2O et NH_3 sont polaires et CO_2 ne l'est pas car la molécule de CO_2 est linéaire donc la charge fictive de la liaison C=O « vers la droite » est compensée par celle de la liaison C=O « vers la gauche ».

EXERCICES D'APPLICATION

Les molécules suivantes serviront dans les exercices 1 à 4 ainsi que dans le 9.

A $H_3C-CH_2-CH_2-CH_3$

B

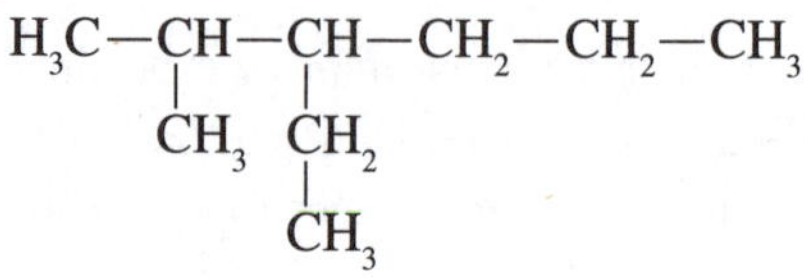

C $H_3C-CH=CH-CH_3$

D $H_2C=CH-CH_2-CH_3$

E $H_3C-CH_2-CH_2-CH_2-OH$

F

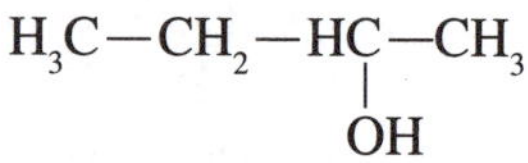

G

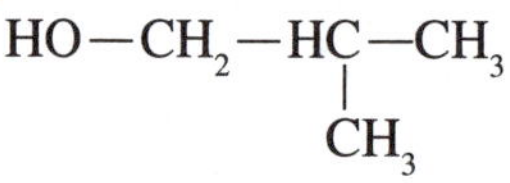

H

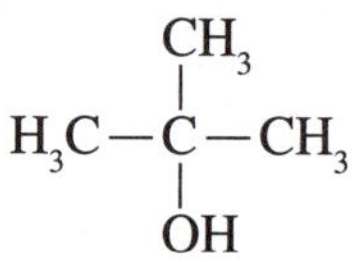

I $H_3C-CH=O$

J

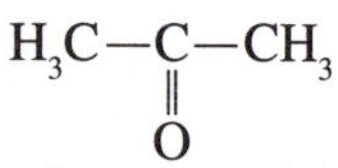

K

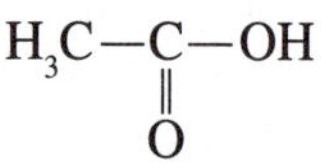

L

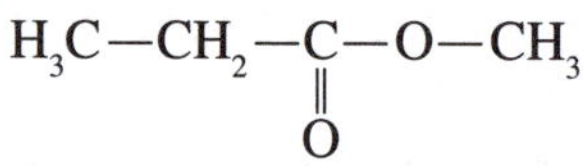

M

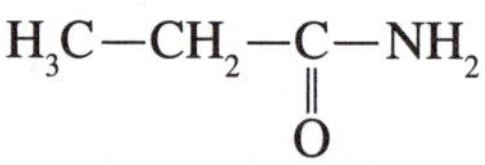

N

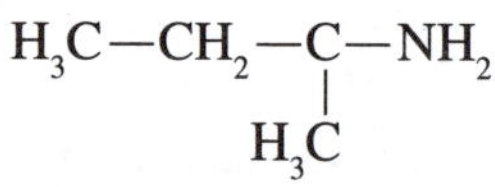

1 NOMENCLATURE

★★ | 20 min | ▸ P. 211

Nommer les molécules A à N suivant la nomenclature officielle.

En cas de problème, consulter le savoir-faire **1**.

2 CARBONE ASYMÉTRIQUE ET CHIRALITÉ

★★ | 10 min | ▸ P. 211

1. Parmi toutes les molécules présentées (A à N), lesquelles possèdent un carbone asymétrique ?

2. Parmi ces molécules, quelles sont celles qui sont chirales ?

3 LES REPRÉSENTATIONS ★★ | 15 min | ▸ P. 212

1. Utiliser la formule topologique pour représenter ces 14 molécules.

2. Représenter la molécule H avec la représentation de Cram en prenant le carbone n° 2 comme centre de la représentation.

4 CLASSE DES ALCOOLS ★ | 5 min | ▸ P. 212

Parmi toutes les molécules présentées (A à N) lesquelles sont des alcools ? Préciser la classe de ces alcools.

> La classe des alcools est au programme de Première S. Il faut s'en rappeler en Terminale S.

5 GROUPES FONCTIONNELS ★ | 5 min | ▸ P. 212

Entourer et nommer les groupes fonctionnels présents dans les molécules ci-dessous :

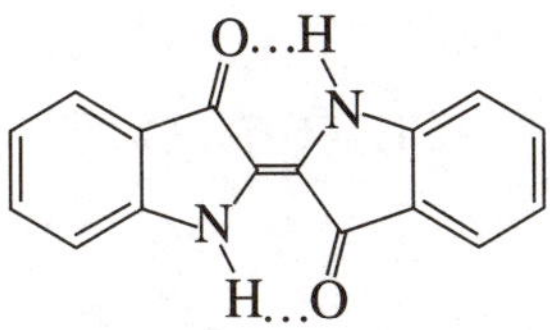

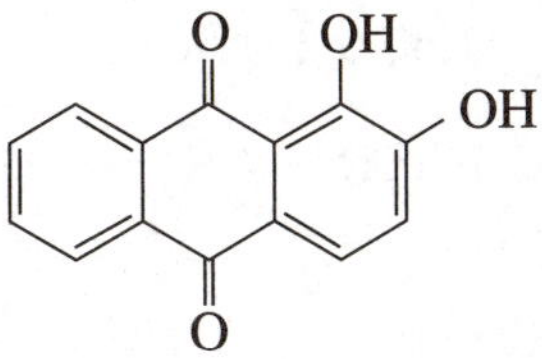

EXERCICES D'ENTRAÎNEMENT

6 DE L'IMPORTANCE DES DÉTAILS ★★ | 5 min | ▸ P. 213

Le limonène est représenté ci-dessous :

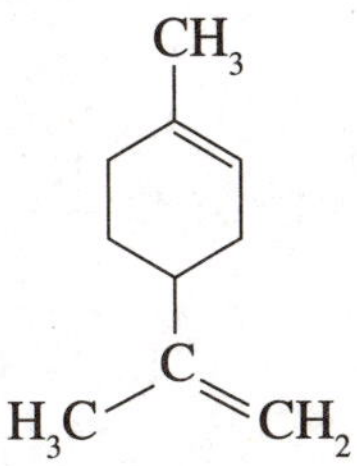

1. Combien d'atome de carbone sont asymétriques dans cette molécule ?

2. On peut représenter les deux isomères de cette molécule :

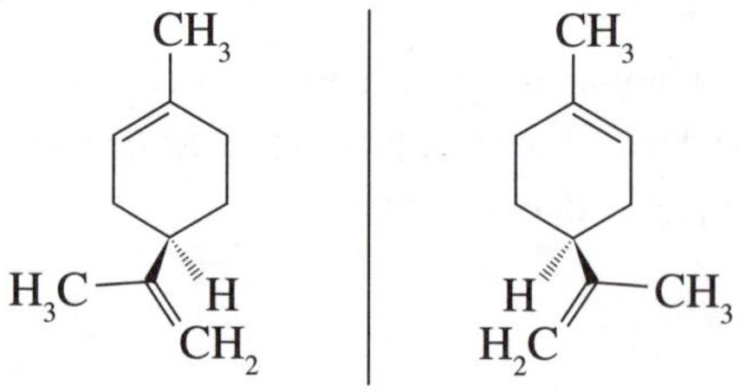

I　　　　　　II

Ces molécules sont-elles énantiomères ou diastéréoisomères ?

7 QUELLE EST CETTE RÉACTION ? | ★★ | 20 min | ▸ P. 213

Parmi les réactions ci-après, lesquelles sont des réactions :

1. d'addition ?

2. de substitution ?

3. d'élimination ?

Préciser à chaque fois s'il s'agit d'une réaction avec modification de chaîne ou avec modification de fonction.

a. $$H_3C-\underset{\substack{|\\ OH}}{CH}-CH_2-CH_3 \xrightarrow{H^+} H_3C-CH{=}CH-CH_3 + H_2O$$

b. $$H_3C-\underset{\substack{|\\ OH}}{CH}-CH_3 + NH_3 \longrightarrow H_3C-\underset{\substack{|\\ NH_2}}{CH}-CH_3 + H_2O$$

c.

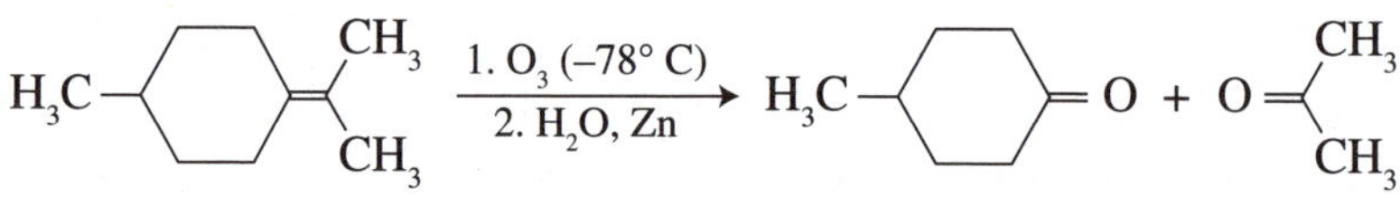

d. $$H_3C-\underset{\substack{\|\\ O}}{C}-CH_3 + HC{\equiv}N \longrightarrow H_3C-\underset{\substack{|\\ OH}}{\overset{\substack{C\equiv N\\ |}}{C}}-CH_3$$

e. $$H_3C-\underset{\substack{|\\ Br}}{CH}-\underset{\substack{|\\ Br}}{CH}-CH_3 + Zn \longrightarrow H_3C-CH{=}CH-CH_3 + ZnBr_2$$

f. $$H_3C-\underset{\substack{\|\\ O}}{C}-CH_3 + H_3C-CH_2-CH_2-MgCl \xrightarrow{H_2O} H_3C-\underset{\substack{|\\ OH}}{\overset{\substack{H_2C-CH_2-CH_3\\ |}}{C}}-CH_3 + MgClOH$$

g. $$H_3C-\underset{\substack{\|\\ O}}{C}-CH_3 + H_2 \longrightarrow H_3C-\underset{\substack{|\\ OH}}{CH}-CH_3$$

h. $$H_3C-CH{=}CH-CH_3 + HCl \longrightarrow H_3C-\underset{\substack{|\\ Cl}}{CH}-CH_2-CH_3$$

i. 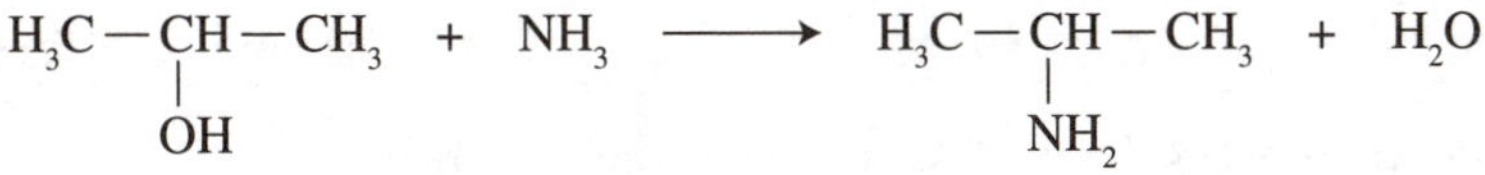

8 DES MOLÉCULES DANS TOUS LES SENS ★★ | 10 min | ▸ P. 213

1. Parmi les quatre molécules suivantes, quelles sont celles qui sont :
- identiques ?
- énantiomères ?
- diastéréoisomères ?

A
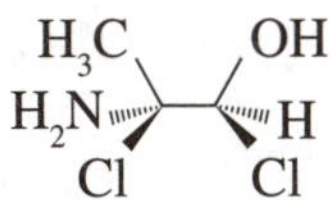

B
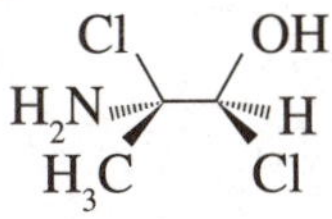

C
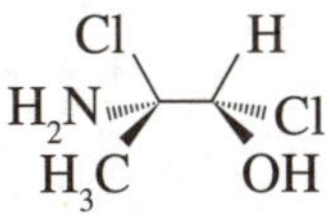

D
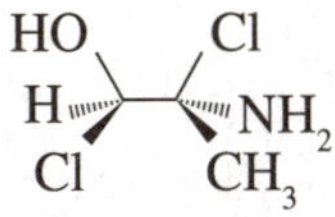

2. Les deux molécules ci-dessous sont-elles identiques, énantiomères ou diastéréoisomères ?

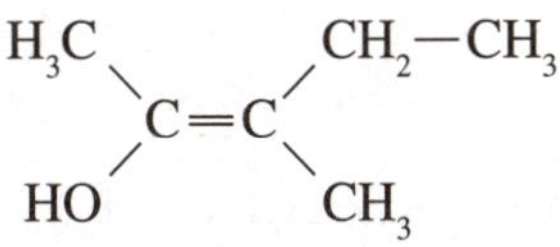

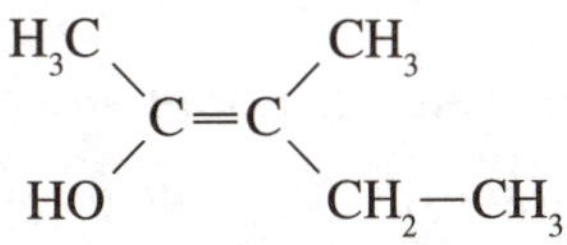

Donner les noms de ces deux molécules.

9 QUESTION D'ATTIRANCE ★ | 10 min | ▸ P. 214

1. En vous aidant des données sur l'électronégativité ci-après, déduire le caractère polaire des liaisons C—O, C—C, C—H et C—N.
2. Parmi les molécules A, D, E, H et N page 200, quelles sont celles qui sont polaires ?

Données.

Électronégativités : χ(hydrogène) = χ(carbone) < χ(azote) < χ(oxygène).

10 NOMENCLATURE ET ISOMÉRIES

★★ | 15 min | ▸ P. 214

1. Nommer les molécules A, B, C et D représentées ci-dessous.

A

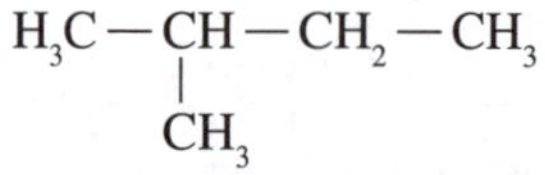

B

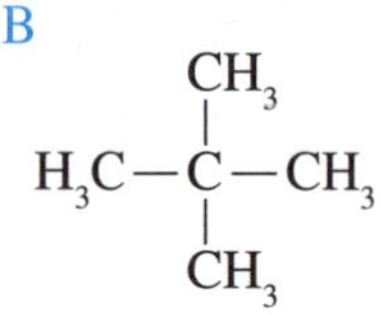

C

$H_3C-CH=CH-CH_3$

D

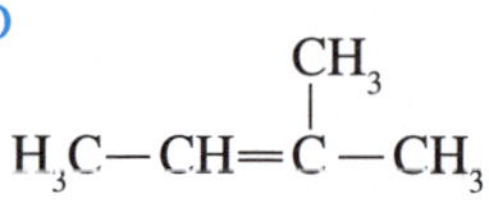

2. Quel est le lien d'isomérie entre les molécules A et B ?

3. Parmi ces quatre molécules, une seule peut présenter une isomérie Z/E. Laquelle ?

11 MÉCANISMES RÉACTIONNELS

★★ | 10 min | ▸ P. 214

Schématiser, à l'aide de flèches, les déplacements électroniques entre les étapes du mécanisme de la réaction suivante.

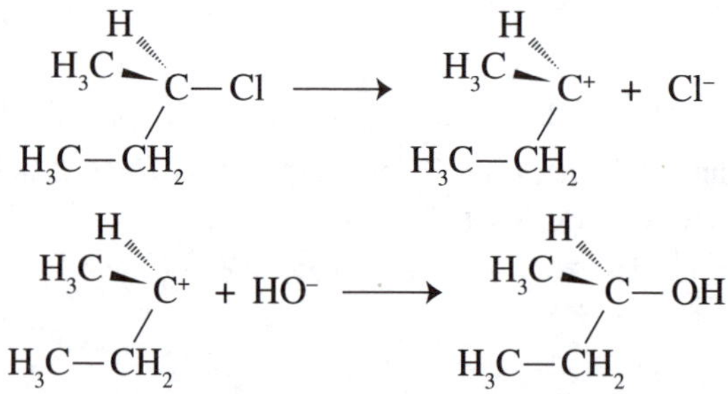

S'agit-il d'une réaction d'addition, d'élimination ou de substitution ?

12 FAITES TOURNER

★★★ | 15 min | ▸ p. 214

1. Précisez les relations (identiques, énantiomères, diastéréoisomères, conformères) entre les deux molécules des différents couples de molécules suivants.

A

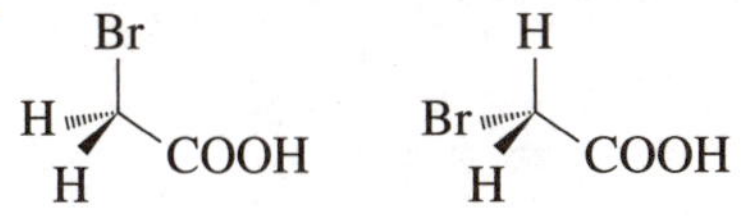

B

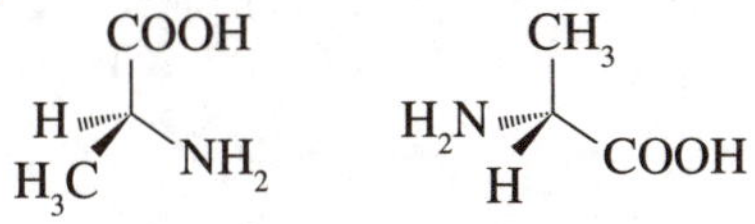

C

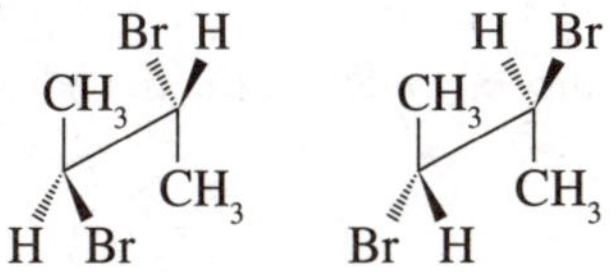

D

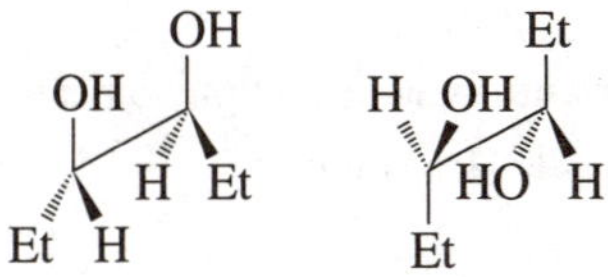

E

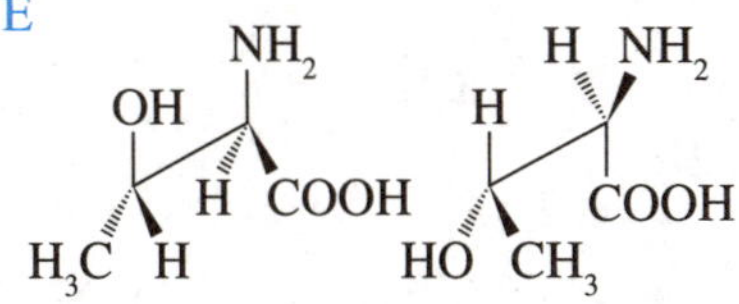

2. Quels sont parmi ces molécules, les composés achiraux ?

EXERCICES D'APPROFONDISSEMENT

13 POLARISATION DE LIAISONS

★★ | 10 min | ▸ p. 215

Précisez la polarisation des liaisons dans les molécules suivantes, en faisant apparaître les éventuelles charges partielles δ^+ et δ^-.

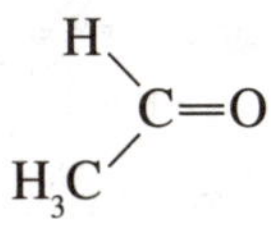

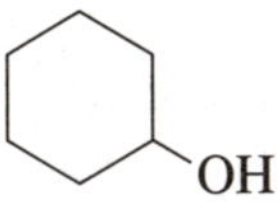

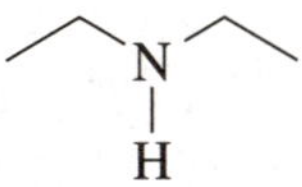

En cas de difficultés, consulter le savoir- faire **2**.

14 QCM

★★ | 20 min | ▸ P. 215

La représentation de Newman d'une molécule est basée sur la vision que l'on a de cette molécule suivant un axe de prise de vue. Ici, on regarde la molécule de butane selon l'axe de la liaison entre les carbones n° 2 et n° 3 :

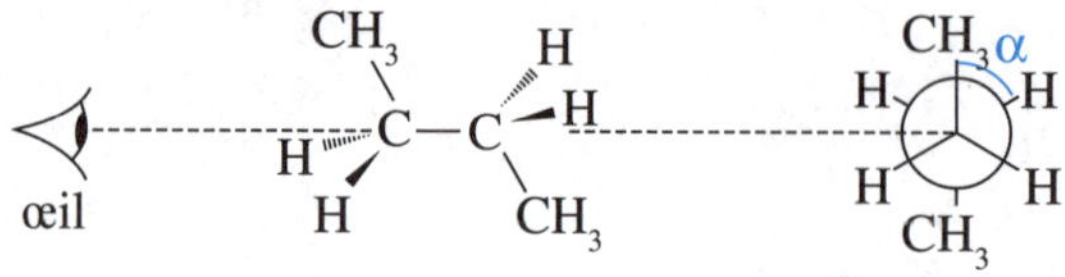

En faisant pivoter cette liaison C—C sur elle-même, on obtient plusieurs possibilités pour le butane :

1

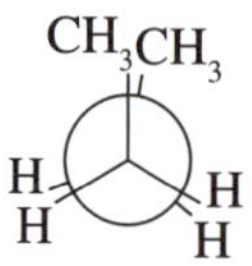

2

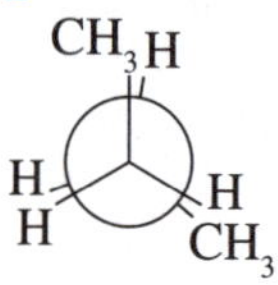

3

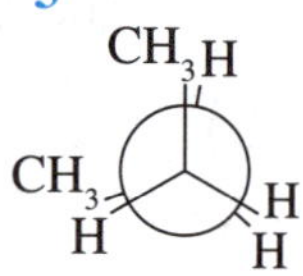

4

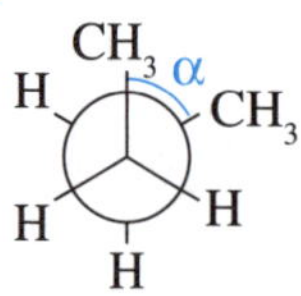

5

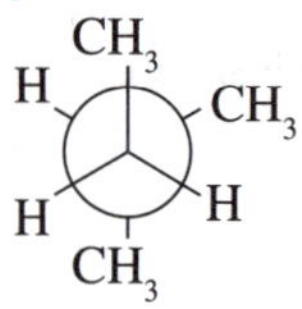

6

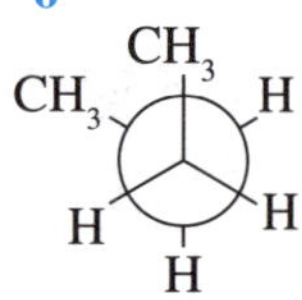

1. Ces représentations sont toutes :
- énantiomères ?
- conformères ?
- diastéréoisomères ?

2. Quelle est la plus stable de ces six molécules ?

3. Répondez par *vrai* ou *faux* aux affirmations suivantes :

	Vrai	Faux
a. Les molécules 1 et 5 sont énantiomères.		
b. Pour passer de l'une de ces molécules à une autre, il faut casser une liaison chimique.		
c. La molécule 1 est l'isomère Z du butane.		
d. Tous les carbones de cette molécule sont tétraédriques.		

15 LE RÉTINAL

★★★ | 15 min | ▸ P. 215

La molécule de rétinal est le chromophore contenu dans la rétine de l'œil humain. C'est cette molécule qui réagit lorsque l'œil capte un photon. C'est donc une molécule essentielle dans le processus de la vision.

La réaction chimique se produisant alors peut s'écrire :

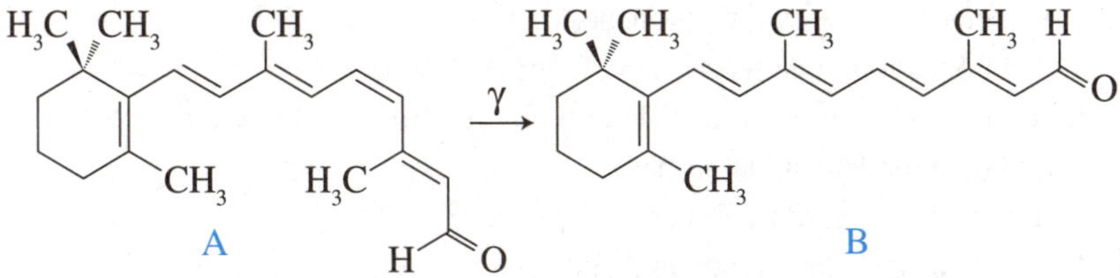

1. Entourer et nommer les groupes fonctionnels de la molécule A.
2. D'après les données sur l'électronégativité ci-dessous, préciser si la molécule A contient une liaison polarisée.
3. La molécule A est-elle une molécule polaire ?
4. La réaction chimique A → B se fait-elle avec modification de la chaîne carbonée ? Avec modification de groupe fonctionnel ?
5. Quel est le lien entre les molécules A et B ?
6. Les molécules A et B sont-elles diastéréoisomères ? Sont-elles énantiomères ?

Données.

χ(carbone) < χ(oxygène) et χ(carbone) = χ(hydrogène).

16 DE L'IMPORTANCE DE LA POUDRE ★★★ 25 min ▸ P. 216

Le propan-1-ol peut réagir différemment lorsqu'il est chauffé suivant le milieu où il se trouve :

- si ce chauffage a lieu en présence de poudre d'alumine (Al_2O_3) comme en A sur le schéma, on obtient du propène et de l'eau ;
- si ce chauffage est effectué en présence de poudre de cuivre, comme en B, on obtient du propanal.

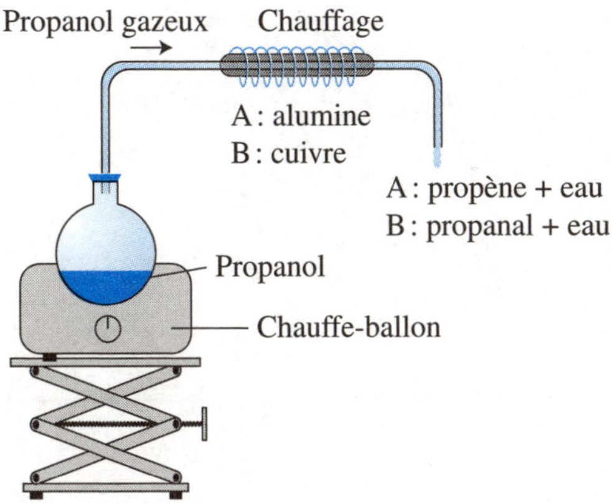

Partie A. Avec la poudre d'alumine

1. Représenter la molécule de propène.
2. Écrire l'équation de la réaction chimique d'élimination.
3. Le propène obtenu réagit ensuite avec du dibrome selon une réaction d'addition sur la double liaison du propène.

a. La molécule de dibrome Br_2 est-elle polaire ?

b. Écrire l'équation de la réaction d'addition.

4. La molécule obtenue appelée 1-2-dibromoéthane peut subir une réaction de substitution dans laquelle un atome de brome est remplacé par un groupe azoté NH_2. En fait cette réaction aboutit à deux isomères de la molécule de formule brute C_3H_8NBr.

Représenter ces deux molécules à l'aide de la représentation de Lewis.

Partie B. Avec la poudre de cuivre

1. Représenter la molécule de propanal en formule semi-développée.
2. L'équation de la réaction est :

$$HO-CH_2-CH_2-CH_3 + \frac{1}{2}O_2 \longrightarrow O=CH-CH_2-CH_3 + H_2$$

Cette réaction est-elle une réaction d'addition ?

3. Le propanal obtenu peut réagir avec du dihydrogène pour redonner le propan-1-ol. Dans ce cas, s'agit-il d'une réaction d'addition, ou de substitution ?

CONTRÔLE

17 LES ISOMÈRES DU C_6H_{12} | ★★ | 30 min | ▸ P. 217

Il existe 16 isomères différents pour la molécule de formule brute C_6H_{12}.

Partie A. Les isomères linéaires

1. Représenter les trois isomères linéaires (non ramifiés) et nommer-les.

2. Parmi ces trois isomères de constitution, il y a celui présenté ci-après :

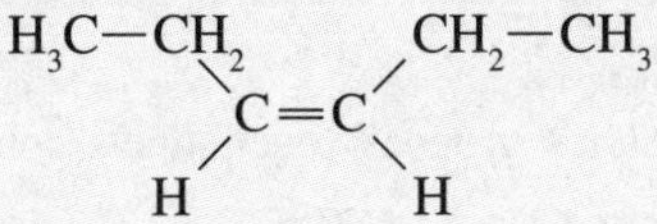

Possède-t-il un carbone asymétrique ? S'agit-il de l'isomère E ou Z ? Donner son nom complet.

3. Ce composé subit une hydratation, c'est-à-dire une réaction d'addition avec la molécule d'eau. Écrire l'équation de la réaction de cette addition. À quelle famille organique le produit de cette réaction appartient-il ?

Partie B. Les isomères ramifiés

1. L'hydratation d'un autre de ces isomères : le 3-méthylpent-1-ène, permet d'obtenir un mélange de deux produits de réaction de formule brute $C_6H_{14}O$.

a. Représenter le 3-méthylpent-1-ène.

b. Déterminer les deux molécules produites par l'hydratation de cet isomère (il s'agit toujours d'une réaction d'addition).

2. Parmi les trois isomères suivants, quel est celui à partir duquel on peut former un alcool tertiaire par une simple réaction d'addition d'eau ?

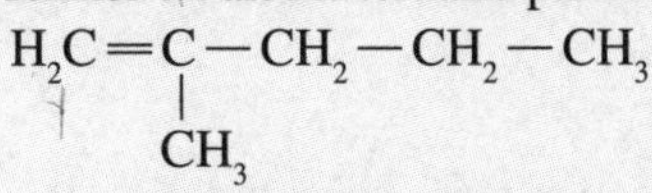

2-méthylpent-1-ène

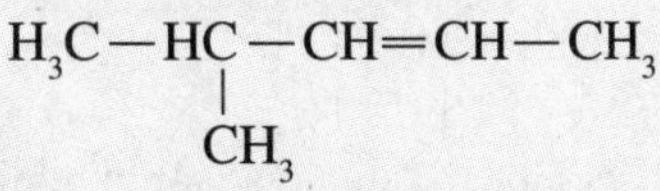

4-méthylpent-2-ène

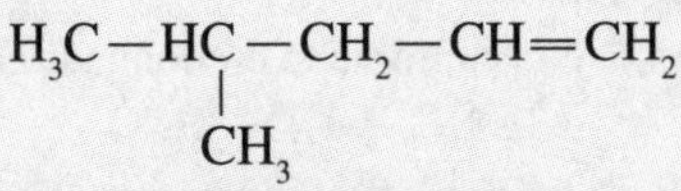

4-méthylpent-1-ène

3. L'alcool obtenu est donné ci-dessous en représentation de Cram :

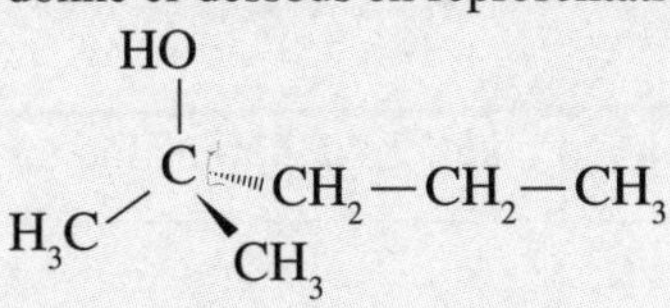

Possède-t-il un carbone asymétrique ? Cette molécule est-elle chirale ?

18 RÉACTIONS AVEC TROIS CARBONES | ★★ | 30 min | ▸ P. 218

A
$H_2C=CH-CH_3$

B
$H_3C-CH_2-CH_2-OH$

C
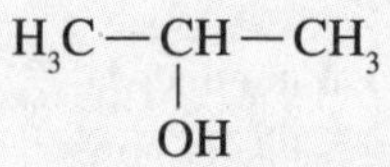

D
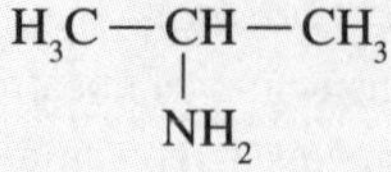

Partie A. Les molécules

1. Entourer et nommer les groupes fonctionnels contenus dans les quatre molécules ci-dessus.

2. Nommer les molécules A, B et C.

3. Représenter ces quatre molécules à l'aide de la formule topologique.

4. Les molécules B et C sont-elles des isomères de constitution, de fonction ou des stéréoisomères ?

5. Y a-t-il une molécule chirale parmi les molécules A, B, C ou D ? Si oui, laquelle ?

6. Quelles sont les molécules polaires parmi A, B, C et D ?

7. Les molécules C et D contiennent respectivement une liaison polarisée C—O et C—N. Laquelle de ces liaisons est la plus polarisée ?
Donnée. $\chi(N) = 3{,}5$.

Partie B. Réactivité

1. La molécule A placé dans un milieu acide réagit et donne un mélange de deux molécules organiques B et C et de l'eau. On peut alors écrire l'équation de cette réaction :

$$A + H_2O \rightarrow B + C$$

a. S'agit-il d'une réaction d'addition, d'élimination ou de substitution ?

b. Décrire le mécanisme réactionnel.

2. La molécule A réagit avec l'ammoniac en donnant D.

$$A + NH_3 \rightarrow D + H_2O$$

S'agit-il d'une réaction d'addition, d'élimination ou de substitution ?

3. Enfin B peut réagir pour donner A selon l'équation suivante :

$$B \rightarrow A + X$$

a. Identifier la molécule X.

b. S'agit-il d'une réaction d'addition, d'élimination ou de substitution ?

CORRIGÉS

1 **A.** C'est un alcane car uniquement composé de carbone et d'hydrogène et de simples liaisons. Il s'agit du butane.

B. C'est aussi un alcane, mais la chaîne principale comporte six carbones et il y a deux groupes alkyles. La numérotation minimisant les groupes alkyles se fait de gauche à droite donc on obtient le 3-éthyl-2-méthylhexane.

C. Il s'agit d'un hydrocarbure avec une liaison double C=O donc le but-2-ène.

D. C'est aussi le but-1-ène.

E. On a un groupe hydroxyle OH, il s'agit donc d'un alcool, c'est le butan-1-ol.

F. C'est le butan-2-ol.

G. Il s'agit d'un alcool avec un groupe alkyle, c'est le 2-méthylpropan-1-ol.

H. C'est le 2-méthylpropan-2-ol.

I. Il s'agit de l'éthanal (chaîne de deux carbones et une fonction carbonyle).

J. C'est la propanone. (Ici il est inutile de préciser propan-2-one car le carbone n° 2 est la seule possibilité pour avoir une fonction cétone sur une chaîne de trois atomes de carbone. Néanmoins propan-2-one est accepté.)

K. Son nom officiel est l'acide éthanoïque (groupe carboxyle sur une chaîne de deux carbones) et **son nom usuel est aussi à connaître** : l'acide acétique.

L. On a une fonction ester. Le nom commence par la partie attachée au carbone du groupe ester et se termine par la partie attachée à l'oxygène. On a donc ici le propanoate de méthyle.

M. Il s'agit d'une fonction amide (primaire) : la propanamide.

N. Une chaîne carbonée de quatre carbones ayant un groupe amine attaché sur le carbone n° 2 : c'est la butan-2-amine.

2 **1.** Un carbone asymétrique est un carbone possédant quatre groupes différents. Seules les molécules B, F et N possèdent un carbone asymétrique : le carbone n° 3 pour la molécule B, le n° 2 pour F ainsi que pour N.

Un carbone portant une liaison double ne peut pas être asymétrique car il n'est lié qu'à trois groupes (on dit qu'il est lié deux fois au même groupe).

2. Toutes les trois sont chirales car elles possèdent **un carbone asymétrique et un seul**. On aura bien une représentation de Cram de la forme :

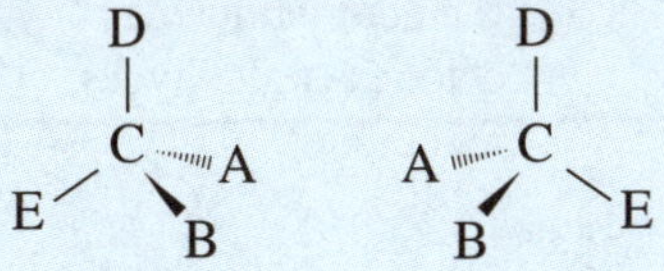

Attention ! lorsqu'une molécule possède plusieurs carbones asymétriques elle n'est pas obligatoirement chirale.

3 **1.** On obtient :

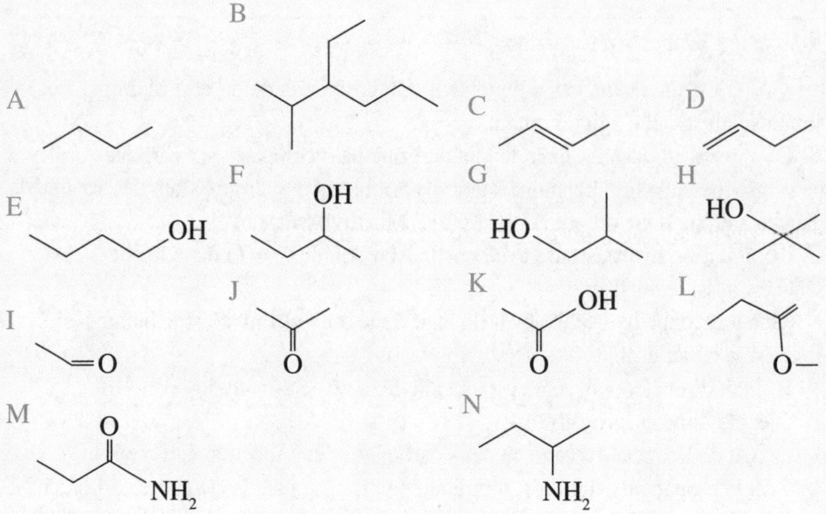

2. En représentation de Cram, la molécule H devient :

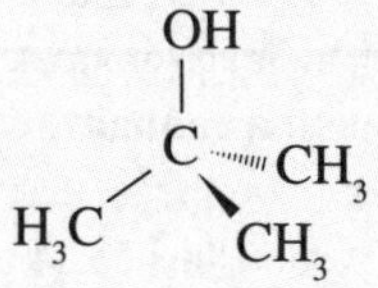

4 Le groupe caractéristique des alcools est le groupe hydroxyle —OH.
E, F, G et H sont donc des alcools (attention K n'en est pas un car il s'agit du groupe carboxyle —COOH).

La classe de l'alcool est donnée par le nombre de carbones au(x)quel(s) est lié l'atome portant le groupe hydroxyle :

- s'il n'est lié qu'à un seul carbone, c'est un alcool primaire, comme E et G ;
- s'il est lié à deux carbones, c'est un alcool secondaire, comme F ;
- s'il est lié à trois carbones, c'est un atome tertiaire, comme H.

5

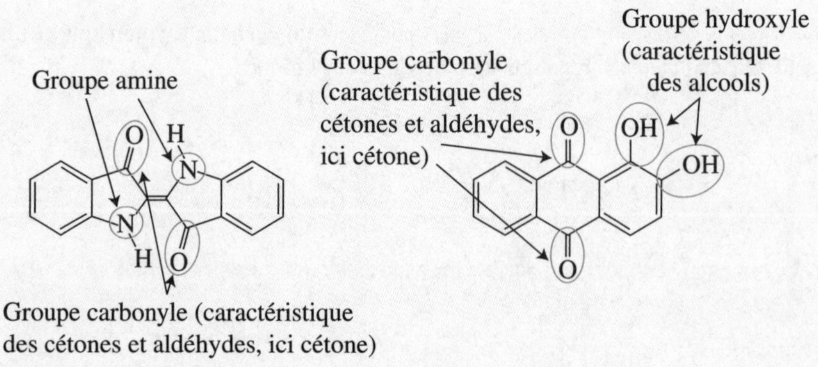

6 **1.** Un seul carbone est asymétrique dans la molécule de limonène (signalé par une * sur le schéma ci-dessous).

2. On peut représenter les deux isomères de cette molécule

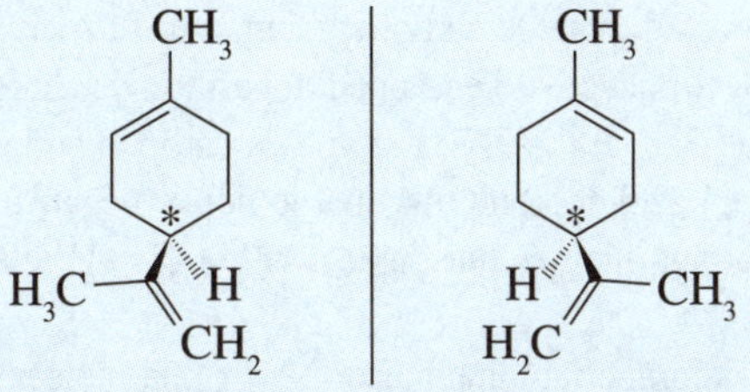

Ce sont des images l'une de l'autre dans un miroir, ce sont donc des énantiomères.

7 **1.** Une réaction d'addition se fait au niveau d'une liaison double qui « s'ouvre » sur laquelle viennent se greffer deux parties de la molécule additionnée.

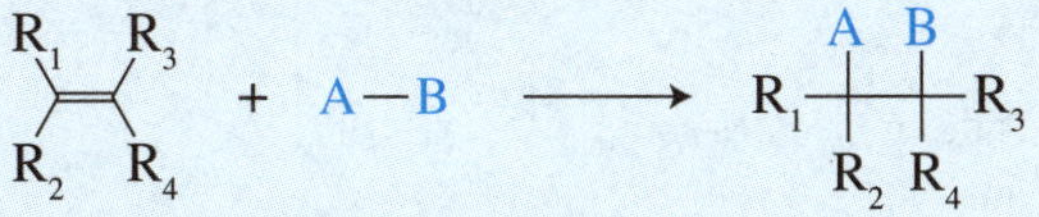

Les réactions d'addition sont donc les **d.**, **f.**, **g.** et **h.**

2. La molécule organique dans une réaction de substitution voit un de ces groupes être substitué par un autre. On a donc exactement le même enchaînement de carbones sur lequel un atome, ou un groupe d'atomes, sera remplacé par un autre.

$$R{-}X + A \longrightarrow R{-}A + X$$

Les réactions **b.** et **i.** sont des réactions de substitution.

3. Si on a une réaction d'élimination on a obligatoirement création d'une double liaison. L'apparition d'une double liaison, très souvent C=C ou C=O, avec la perte d'un groupe sur chacun des atomes liés par cette liaison double est la caractéristique d'une réaction d'élimination.

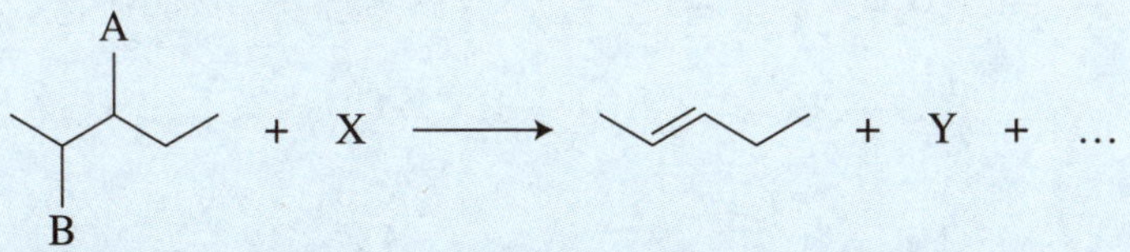

Les réactions **a.** et **e.** sont des réactions d'élimination.

Toutes ces réactions, à l'exception de **c.** et **f.**, se font sans modification de chaîne et avec modification de fonction.

Remarque : la réaction **c.** n'est ni une substitution ni une élimination ni une addition. Il s'agit en fait d'une réaction d'oxydation.

8 **1.** • B et C sont identiques : il suffit de tourner la liaison centrale.

• B et D sont énantiomères (image l'une de l'autre dans un miroir), ainsi que C et D.

• A et B sont diastéréoisomères ainsi que A et D, et A et C.

2. Il s'agit de l'isomérie Z/E donc ce sont des diastéréoisomères.

Les molécules sont respectivement le (Z) 3-méthylpentan-2-ol et le (E) 3-méthylpentan-2-ol.

9 1. Les liaisons C—C et C—H ne sont pas polarisées puisque l'hydrogène et le carbone ont des électronégativités très proches, voire égales.
Par contre les liaisons C—O et C—N sont polarisées. En effet l'oxygène attire davantage les électrons à lui que le carbone, idem pour l'azote.
Cette différence d'électronégativité entraîne l'apparition de charges fictives de part et d'autre des liaisons C—O et C—N ; l'atome de carbone portant une charge fictive positive, l'oxygène et l'azote portant une charge fictive négative.
2. A et D ne comportant que des liaisons C—C et C—H, elles ne sont donc pas polarisées.
Les molécules E et H comportant une liaison C—O, la molécule N comportant une liaison C—O, elles sont donc polaires.

Une molécule polaire est soluble dans l'eau car l'eau est un solvant polaire lui aussi. Les deux molécules ont donc une affinité chimique qui implique la solubilité.

10 1. Les noms des molécules sont :
A : 2-méthylbutane ;
B : 2,2-diméthylpropane ;
C : but-2-ène ;
D : 2-méthylbut-2-ène.
2. A et B sont des **isomères de constitution**.
3. Seule la molécule C peut avoir une isomérie Z/E car il faut obligatoirement une liaison double C=O **et** que les atomes de carbone de cette double liaison soient liés à deux groupes différents.

11 Les déplacements électroniques sont représentés de la façon suivante :

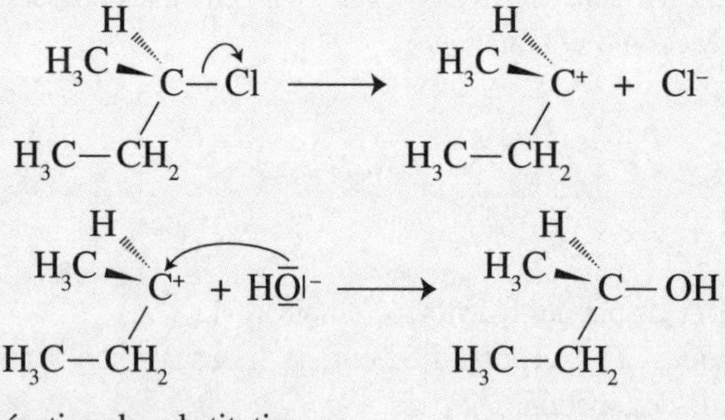

Il s'agit d'une réaction de substitution.

12 1. Les molécules A sont identiques.
Les molécules B sont énantiomères.
Les molécules C sont énantiomères (directement images l'une de l'autre dans un miroir).
Les molécules D ne sont pas énantiomères (l'image de l'une diffère de l'autre) elles ne sont pas identiques (en faisant de simples rotations, on ne peut pas passer de l'une à l'autre). Donc elles sont diastéréoisomères.

Les molécules E sont conformères : elles sont identiques par rapport à leurs liaisons chimiques mais on passe de l'une à l'autre par une rotation autour de l'axe en perspective.
2. Les composés achiraux sont les molécules B, D et E.

13 Le brome est plus électronégatif que le carbone donc il sera porteur d'une charge fictive négative.
De la même façon, les atomes d'oxygène et ceux d'azote attirent davantage les électrons à eux que les atomes de carbone ou/et d'hydrogène.
On obtient alors :

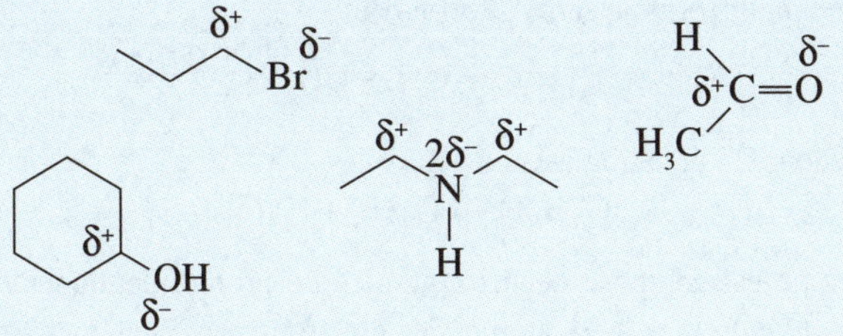

14 **1.** • Elles ne sont pas énantiomères.
• Elles sont toutes conformères, il faut faire pivoter la liaison C—C pour passer de l'une à l'autre.
• Elles ne sont pas diastéréoisomères.
2. La plus stable est la conformation 5 car c'est celle pour laquelle les deux groupes CH_3 (qui sont les plus encombrants) sont les plus éloignés l'un de l'autre.
Remarque : les trois premiers conformères ne sont que très peu stables car les groupes liés au premier carbone sont très proches de ceux liés au deuxième carbone.
3. a. Faux. Les énantiomères ne sont pas superposables, or il suffit d'effectuer une rotation de la liaison C2-C3 pour passer de la molécule 1 à la molécule 5.
b. Faux. La simple rotation de la liaison C2-C3 suffit.
c. Faux. L'isomère Z/E nécessite une liaison double or il n'y a que des liaisons simples dans ces molécules.
d. Faux. Un atome de carbone ayant quatre liaisons simples est forcément tétraédrique.

15 **1.**

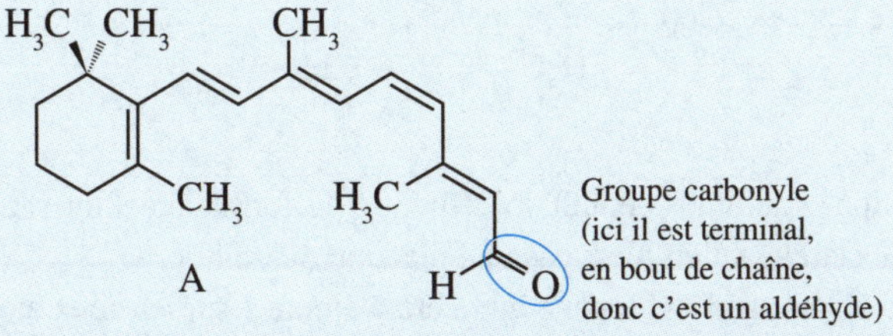

A

2. D'après les valeurs des électronégativités, les liaisons C—H ne peuvent pas être polarisées, tout comme les liaisons C—C et C=C. Par contre, la liaison C=O est polarisée car l'oxygène est plus électronégatif que le carbone donc attire davantage les électrons autour de lui.

3. La molécule A ne contient qu'une seule liaison polarisée donc elle est forcément polaire.
4. La réaction chimique A → B ne se fait ni avec modification de la chaîne carbonée, ni avec modification de groupe fonctionnel. Seule la géométrie de la molécule est modifiée (stéréoisomérie).
5. A et B sont des stéréoisomères Z/E.
6. A et B sont diastéréoisomères (c'est toujours le cas pour une isomérie Z/E).

16 **Partie A**

1. Le propène a pour formule semi-développée :

$$H_2C{=}CH{-}CH_3$$

2. D'après l'énoncé, l'équation est :

$$C_3H_8O \rightarrow C_3H_6 + H_2O$$

3. a. Le dibrome est composé de deux atomes de brome identiques donc dans la liaison covalente entre ces deux atomes les électrons sont également attirés par les deux extrémités. Il n'y a donc pas de déséquilibre et la molécule n'est pas polarisée. Elle est apolaire.
b. La réaction d'addition est :

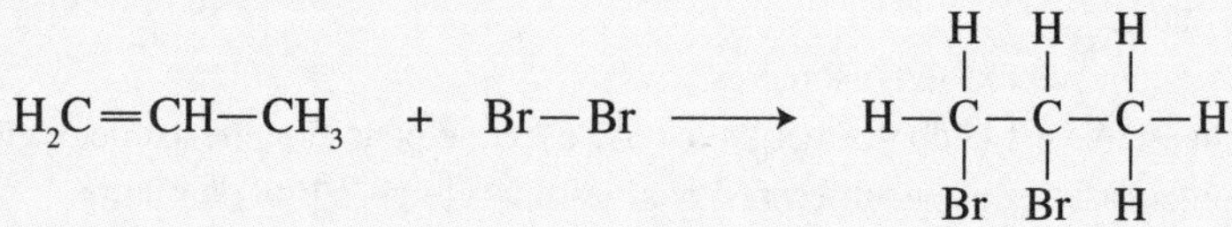

4. Il s'agit d'une substitution de Br par NH_2 donc on peut substituer l'atome de brome qui se trouve à l'extrémité de la chaîne ou bien celui qui se trouve au centre de la chaîne carbonée. On trouve ainsi les deux molécules suivantes :

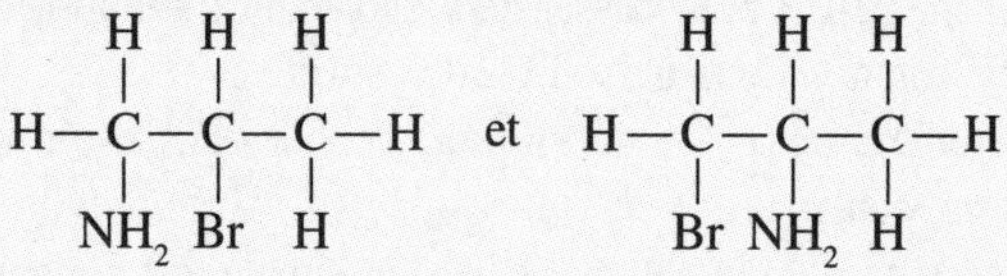

Partie B

1. La formule semi-développée du propanal est :

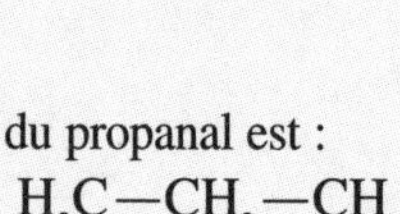

2. Une réaction d'addition aboutit forcément à la formation d'un seul produit de réaction donc cette réaction n'est pas une réaction d'addition.
3. On a donc un atome d'hydrogène qui a été « ajouté » sur les deux atomes liés par la double liaison. Il s'agit donc d'une réaction d'addition (de dihydrogène).

17 **Partie A**

1. Les isomères linéaires sont :

$$H_2C{=}CH{-}CH_2{-}CH_2{-}CH_2{-}CH_3$$
hex-1-ène

$$H_3C{-}CH{=}CH{-}CH_2{-}CH_2{-}CH_3$$
hex-2-ène

$$H_3C{-}CH_2{-}CH{=}CH{-}CH_2{-}CH_3$$
hex-3-ène

2. Il n'y a pas de carbone asymétrique dans cette molécule (un carbone ayant une liaison double ne peut pas être asymétrique).

Il s'agit de l'isomère Z car la chaîne carbonée reste du même côté de la double liaison.

C'est le (Z)hex-3-ène.

3. Lors d'une réaction d'addition sur une double liaison, la molécule à additionner se rompt en deux parties qui vont se lier sur chacun des atomes de la double liaison.

Ici on obtient :

$$H_3C{-}CH_2{-}CH{=}CH{-}CH_2{-}CH_3 + H_2O \longrightarrow$$

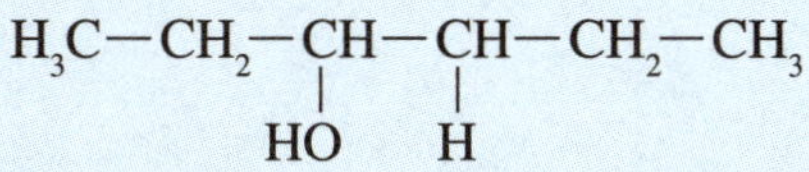

On a un groupe —OH (hydroxyle), il s'agit d'un alcool.

Partie B

1. a. Le 3-méthylpent-1-ène est :

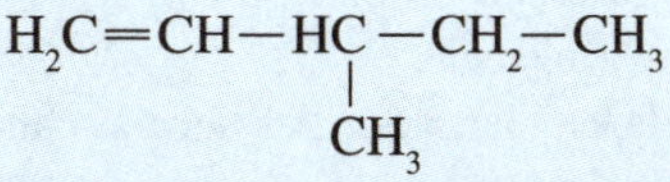

b. Lors de l'hydratation, on a addition d'un groupe hydroxyle d'un côté de la double liaison et addition d'un hydrogène sur l'autre côté.

On obtient donc les deux produits suivants :

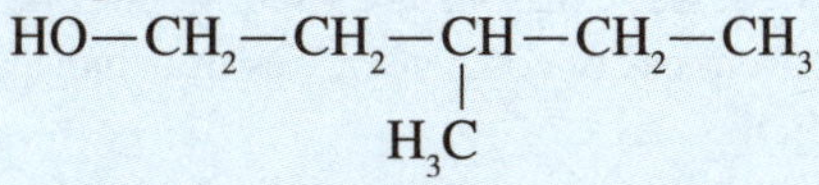

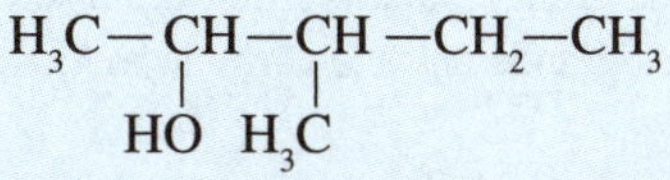

2. Pour obtenir un alcool tertiaire, il faut que le groupe hydroxyle se lie à un atome de carbone déjà lié à trois autres atomes de carbone. Il s'agit donc de la première molécule.

3. La molécule d'alcool représentée ne possède pas de carbone asymétrique car ils sont tous liés à deux ou trois atomes d'hydrogène ou à deux groupes méthyle, identiques donc. La molécule n'est donc pas chirale.

18 **Partie A**

1.

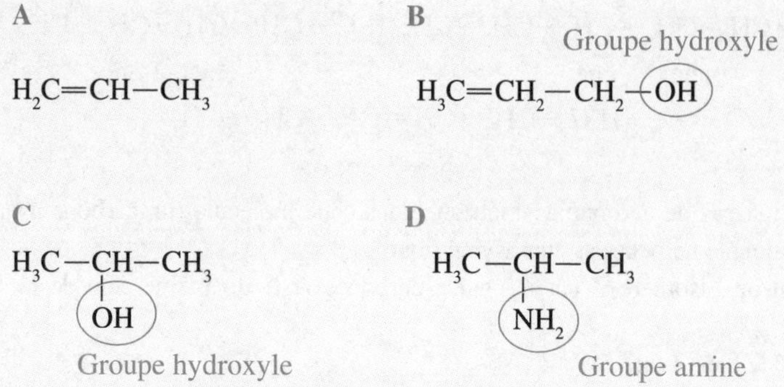

2. A est le propène, B le propan-1-ol et C le propan-2-ol.

3.

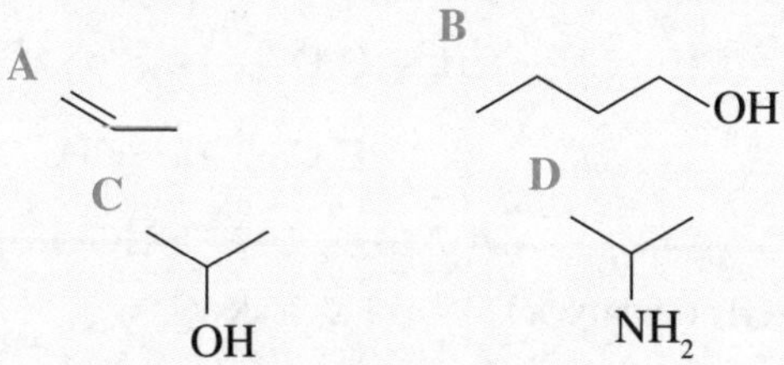

4. Les molécules B et C sont des isomères de constitution.

5. Aucune des quatre molécules n'est chirale. Attention ! D ne l'est pas car le carbone central est lié à deux groupes méthyle.

6. L'aspect polaire vient de la polarisation des liaisons chimiques et donc des différences d'électronégativités.

B, C et D comportent toutes des liaisons polarisées C—O, O—H, C—N et N—H.

Dans chacune il n'y a que deux liaisons polarisées et elles ne sont pas opposées à 180° donc elles ne peuvent pas se compenser. Ces trois molécules sont donc toutes polaires.

7. La liaison C—N est davantage polarisée que la liaison C—O car la différence d'électronégativité est plus grande entre le carbone et l'azote qu'entre le carbone et l'oxygène.

Partie B

1. a. C'est une réaction d'addition : le groupe OH (hydroxyle) se lie à un carbone et le H restant se lie à l'autre carbone de la liaison double.

b. Le mécanisme réactionnel se fait en deux étapes et peut être écrit de la façon suivante :

• Étape 1

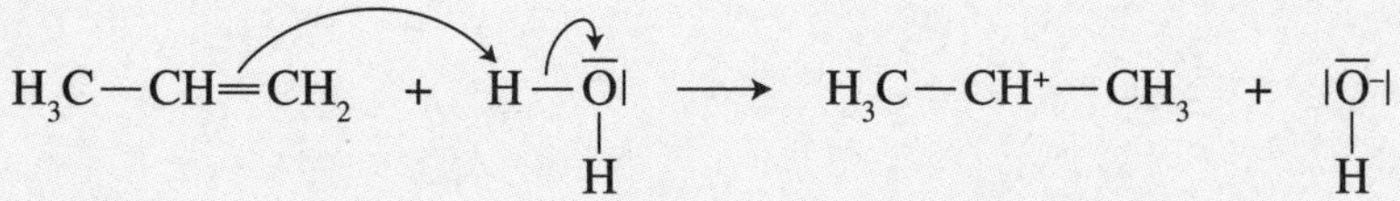

• Étape 2

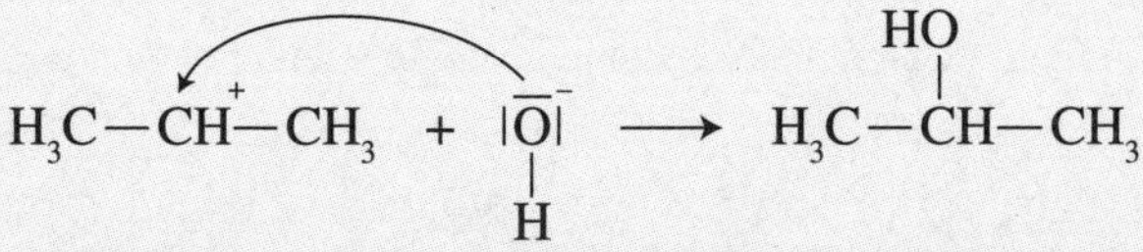

2. Il s'agit d'une réaction de substitution, un groupe amine remplaçant le groupe OH.

3. a. X est une molécule d'eau puisqu'une double liaison a été créée sur la chaîne et celle-ci a perdu un groupe OH et un H.

b. Il s'agit d'une réaction d'élimination : création d'une double liaison.

9 Réaction chimique par échange de proton

I LE PH

1. Définitions

■ Le pH est une grandeur sans **unité** qui caractérise le **caractère acide ou basique d'une solution**. Il peut prendre des valeurs comprises entre 0 et 14 (pour des solutions aqueuses à 25 °C).

■ Une solution aqueuse est :

- acide si $[H_3O^+] > [HO^-]$;
- basique si $[H_3O^+] < [HO^-]$;
- neutre si $[H_3O^+] = [HO^-]$.

$[H_3O^+]$ et $[HO^-]$ désignant respectivement les concentrations en ions H_3O^+ et en ions HO^- en solution.

Concrètement, **à 25 °C**, une solution aqueuse est :
acide si $pH < 7$; basique si $pH > 7$; neutre si $pH = 7$.

2. Mesure du pH

On mesure le pH soit à l'aide d'un **papier pH** (mesure très approximative : à 1 unité de pH près), soit à l'aide d'un **pH-mètre** (mesure beaucoup plus précise : à 0,05 unité de pH près).

3. Lien entre le pH d'une solution et $[H_3O^+]$

Le pH d'une solution est donné par la relation :

$pH = -\log[H_3O^+]$	$[H_3O^+]$ est en $mol \cdot L^{-1}$ le pH est une grandeur sans unité

Inversement, $[H_3O^+]$ est donnée par :

$$[H_3O^+] = 10^{-pH}$$

Cette concentration s'exprime en $mol \cdot L^{-1}$.

II ACIDES ET BASES

1. Notion d'acide et de base selon Brønsted

■ Un **acide** est une espèce **susceptible de céder un proton H^+.**

EXEMPLES : L'acide éthanoïque (ou acétique) CH_3COOH, l'ion oxonium H_3O^+, l'ion hydrogénocarbonate HCO_3^- et l'eau H_2O sont des acides.

■ Une **base** est une espèce **susceptible de capter un proton H^+.**

EXEMPLES : L'ammoniac NH_3, l'ion hydroxyde HO^- et l'eau H_2O sont des bases.

■ Une espèce qui est à la fois un acide et une base est un **ampholyte** (ou **amphotère**).

EXEMPLE : L'eau H_2O est un ampholyte

Ne pas confondre **un acide** (un donneur de proton) et une **solution acide** (solution dans laquelle $[H_3O^+] > [HO^-]$) : la molécule CH_3COOH est un acide (elle est susceptible de céder un proton H^+ et d'être transformée en l'ion CH_3COO^-) mais une solution dans laquelle on a introduit CH_3COOH peut être acide ou basique (selon la nature des autres espèces introduites dans la solution).

2. Couple acide/base

Un couple acide/base est composé d'un acide et de sa base conjuguée (l'espèce obtenue lorsque l'acide a cédé un proton H^+). Il est noté **acide/base** (l'acide est toujours placé à gauche).

EXEMPLES : CH_3COOH / CH_3COO^- ; NH_4^+/NH_3 ; H_3O^+/H_2O ; H_2O/HO^- ; HCO_3^-/CO_3^{2-} sont des couples acide/base.

III RÉACTION ENTRE UN ACIDE ET UNE BASE

1. Cas général

■ Un acide peut réagir avec la base d'un autre couple : l'acide cède alors un proton H^+ (et se transforme en sa base conjuguée). Le proton libéré est aussitôt capté par la base avec laquelle l'acide a réagi (et cette base se transforme en son acide conjugué).

■ Il y a donc eu échange de proton entre l'acide et la base. On parle de **réaction chimique par échange de proton**, ou de **réaction acido-basique.**

EXEMPLE : L'acide éthanoïque CH_3COOH réagit avec l'ammoniac NH_3 selon l'équation suivante :

$$CH_3COOH_{(aq)} + NH_{3\,(aq)} \rightleftarrows CH_3COO^-{}_{(aq)} + NH_{4\,(aq)}^+$$

Le signe $\rightleftarrows$ signifie qu'au bout d'un certain temps le système n'évolue plus : on a atteint un **équilibre chimique** (à l'échelle microscopique, des molécules CH_3COOH cèdent un proton à des molécules NH_3, mais dans le même temps, des ion CH_3COO^- arrachent un proton à des ions NH_4^+).

2. Réaction d'un acide avec l'eau

Lorsqu'on met un acide (acide du couple A/B) en contact avec l'eau, **l'eau se comporte comme une base.** Il se produit la réaction :

$$A_{(aq)} + H_2O_{(l)} \rightleftarrows B_{(aq)} + H_3O^+{}_{(aq)}$$

EXEMPLE : Réaction de l'acide éthanoïque CH_3COOH avec l'eau :

$$CH_3COOH_{(aq)} + H_2O_{(l)} \rightleftarrows CH_3COO^-{}_{(aq)} + H_3O^+{}_{(aq)}$$

3. Réaction d'une base avec l'eau

Lorsqu'on met une base (base B du couple A/B) en contact avec l'eau, **l'eau se comporte comme un acide.** Il se produit la réaction :

$$B_{(aq)} + H_2O_{(l)} \rightleftarrows A_{(aq)} + HO^-{}_{(aq)}$$

EXEMPLE : Réaction de l'ammoniac NH_3 avec l'eau :

$$NH_{3\,(aq)} + H_2O_{(l)} \rightleftarrows NH_{4\,(aq)}^+ + HO^-{}_{(aq)}$$

4. Acides forts/faibles

a. Définition d'un acide fort

- Un **acide fort** est un acide qui **réagit totalement avec l'eau** :

$$A_{(aq)} + H_2O_{(l)} \rightarrow B_{(aq)} + H_3O^+{}_{(aq)}$$

- S'il ne réagit **pas totalement** avec l'eau, l'acide est dit **faible**.

Le signe $\rightarrow$ signifie que la réaction est totale, c'est-à-dire qu'elle se produit jusqu'à l'avancement maximal.
La méthode permettant de savoir si un acide introduit en solution est fort ou faible est détaillée dans le savoir-faire **2**.

b. pH d'une solution aqueuse d'acide fort

- Le pH d'une solution d'acide fort de concentration apportée c est donné par :

$$\boxed{pH = -\log c}$$

En effet, tout l'acide se transforme en ions H_3O^+ et en sa base conjuguée, donc $[H_3O^+] = c$ ce qui entraîne $pH = -\log[H_3O^+] = -\log c$.

5. Bases fortes/faibles

a. Définition d'une base forte

- Une **base forte** est une base qui **réagit totalement avec l'eau** :

$$B_{(aq)} + H_2O_{(l)} \rightarrow A_{(aq)} + HO^-{}_{(aq)}$$

- Si elle ne réagit **pas totalement** avec l'eau, la base est dite **faible**.

> La méthode permettant de savoir si une base introduite en solution est forte ou faible est détaillée dans le savoir-faire **3**.

b. pH d'une solution aqueuse de base forte

Le pH d'une solution de base forte de concentration apportée c est donné par :

$$\boxed{pH = pK_e + \log c}$$

En effet, toute la base se transforme en ions HO^- et en son acide conjugué, donc $[HO^-] = c$. Ainsi, $[H_3O^+] = \frac{K_e}{c}$ ce qui entraîne :

$$pH = -\log\left(\frac{K_e}{c}\right) = -\log K_e + \log c = pK_e + \log c.$$

6. Réaction d'un acide fort avec une base forte

Lorsqu'on met en présence **un acide fort et une base forte** dans l'eau, **ils commencent par réagir totalement l'un avec l'autre.** Si l'un des deux est en excès, la quantité restante réagit alors totalement avec l'eau.

Sécurité ! La réaction entre un acide fort et une base forte étant une **réaction fortement exothermique** (elle dégage de la chaleur), on doit veiller à la réaliser avec des solutions diluées, ou bien goutte à goutte avec un dispositif réfrigérant.

IV FORCE DES ACIDES ET DES BASES

1. Constante d'acidité K_A

Selon la force de l'acide considéré, la réaction d'un acide faible avec l'eau est plus ou moins avancée.

- Pour caractériser la force d'un acide, on définit sa **constante d'acidité K_A**, qui est la **constante d'équilibre de la réaction de cet acide avec l'eau** :

$$A_{(aq)} + H_2O_{(l)} \rightleftarrows B_{(aq)} + H_3O^+{}_{(aq)}$$

On a donc $K_A = \frac{[B]_{éq} \times [H_3O^+]_{éq}}{[A]_{éq}}$.

Comme toutes les constantes d'équilibre, K_A s'exprime **sans unité**, bien que les concentrations soient exprimées en $mol \cdot L^{-1}$.

Plus K_A est grand, plus l'acide est fort (plus il est dissocié dans l'eau) et plus sa base conjuguée est faible.

EXEMPLE : Constante d'acidité de l'acide éthanoïque : $K_A = 1,6 \times 10^{-5}$.

■ On utilise également une échelle réduite et **inversée** pour classer les acides, leur **pK_A** défini par :

$$pK_A = -\log(K_A)$$

■ Inversement, on a la relation : $K_A = 10^{-pK_A}$.

• Plus le pK_A est grand, plus l'acide est faible, et plus sa base conjuguée est forte.
• La méthode permettant de calculer la constante de réaction d'une réaction acido-basique est détaillée dans le savoir-faire **4**.

2. Cas particulier : le produit ionique de l'eau K_e

L'eau étant un acide faible, elle peut « réagir avec l'eau » selon la réaction suivante, appelée réaction d'**autoprotolyse de l'eau** :

$$2\,H_2O_{(l)} \rightleftarrows HO^-_{(aq)} + H_3O^+_{(aq)}$$

Sa constante d'acidité, notée **K_e**, est appelée **produit ionique de l'eau.**
On a donc :

$$\boxed{K_e = [H_3O^+]_{éq} \times [HO^-]_{éq}}$$

■ À 25 °C, le produit ionique de l'eau vaut $K_e = 1,0 \times 10^{-14}$ et donc :

$$pK_e = -\log(K_e) = -\log\left(1,0 \times 10^{-14}\right) = 14.$$

• K_e augmente avec la température. Il en va de même pour la concentration en ions oxonium et en ions hydroxyde, ce qui entraîne une baisse du pH (à 40 °C, le pH d'une solution neutre est égal à 6,8).
• La méthode permettant de déterminer $[H_3O^+]$ et $[HO^-]$ connaissant le pH d'une solution est détaillée dans le savoir-faire **1**.

V DOMAINES DE PRÉDOMINANCE

1. Relation entre le pH et les concentrations en acide et en base

On sait que $K_A = \dfrac{[B]_{éq} \times [H_3O^+]_{éq}}{[A]_{éq}}$

donc $\log K_A = \log \dfrac{[B]_{éq}}{[A]_{éq}} + \log[H_3O^+]_{éq}$

donc $-\log\left[H_3O^+\right]_{éq} = -\log K_A + \log \dfrac{[B]_{éq}}{[A]_{éq}}$.

On a donc :

$$pH = pK_A + \log \frac{[B]_{éq}}{[A]_{éq}}$$

2. Domaines de prédominance

■ Pour un couple acide/base donné :

- si $pH < pK_A$ alors la forme acide prédomine ;
- si $pH > pK_A$ alors la forme basique prédomine ;
- si $pH = pK_A$ alors les concentrations en acide et en base sont égales.

■ Cela nous permet de tracer le **diagramme de prédominance** :

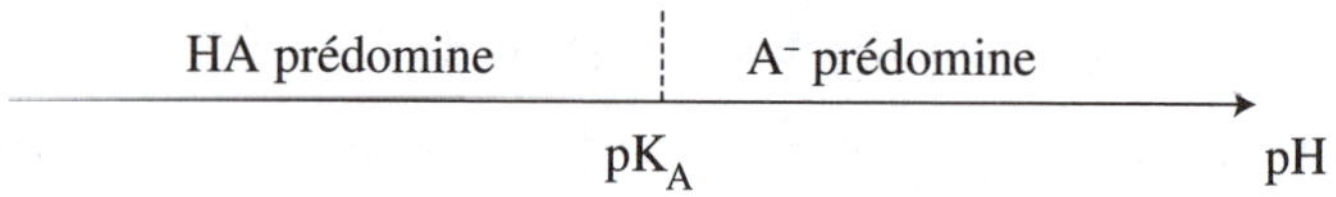

Pour savoir quelle espèce prédomine en solution, on compare le pH au **pK_A du couple**, pas au pH d'une solution neutre. Autrement dit, dans une solution acide l'espèce prédominante peut être la forme basique ou la forme acide, selon le pK_A du couple.

EXEMPLES :

- Les acides α-aminés sont des molécules omniprésentes dans les êtres vivants. Leur pK_A est voisin de 2 : cela signifie que leur forme acide n'existe que dans des solutions très acides.
- À l'inverse, les amines sont des bases dont le pK_A est voisin de 10 : cela signifie que leur forme basique n'existe que dans des solutions très basiques.
- Les acides carboxyliques, quant à eux, ont des pK_A de l'ordre de 5.

VI SOLUTION TAMPON

■ Une **solution tampon** est une solution dont la composition est telle que **son pH varie très peu** lorsqu'on y ajoute une petite quantité d'acide, une petite quantité de base, ou lorsqu'on la dilue.

EXEMPLE : Le sang est une solution tampon formée par le couple H_2CO_3/HCO_3^- (ou $CO_2, H_2O/HCO_3^-$), ce qui lui permet de conserver un pH voisin de 7,4 quelles que soient les substances apportées par notre alimentation.

■ Lorsqu'on mélange **un acide et sa base conjuguée en quantités égales**, on obtient une **solution tampon dont le pH est égal au pK_A du couple** considéré.

SAVOIR-FAIRE

1. Calculer $[H_3O^+]$ et $[HO^-]$ lorsqu'on connaît le pH

On commence par calculer la concentration en ions H_3O^+, qui est donnée par : $[H_3O^+] = 10^{-pH}$.
On peut alors calculer la concentration en ions hydroxyde, qui est donnée par : $[HO^-] = \frac{K_e}{[H_3O^+]}$.

2. Déterminer si un acide est fort ou faible

Attention ! Il ne s'agit pas de savoir ce qu'est un acide fort ou un acide faible, mais de savoir si un acide donné, introduit en solution à la concentration apportée c, est fort ou faible.
On commence par calculer la concentration en ions H_3O^+ en solution.

- Si $[H_3O^+] \approx c$, alors l'acide est un acide fort (en effet, tout l'acide a réagi, formant une quantité d'ions H_3O^+ égale à la quantité d'acide introduite).
- Si $[H_3O^+] < c$, alors l'acide est un acide faible.

3. Déterminer si une base est forte ou faible

On commence par calculer la concentration en ions HO^- en solution.

- Si $[HO^-] \approx c$, alors la base est une base forte (en effet, toute la base a réagi, formant une quantité d'ions HO^- égale à la quantité de base introduite).
- Si $[HO^-] < c$, alors la base est une base faible.

4. Calculer la constante d'équilibre d'une réaction acide/base

On souhaite déterminer la constante d'équilibre K de la réaction entre un acide (l'acide du couple A_1/B_1, de pK_A égal à pK_{A1}) et une base (la base du couple A_2/B_2, de pK_A égal à pK_{A2}).
L'équation de la réaction s'écrit : $A_1 + B_2 \rightleftarrows B_1 + A_2$.

Donc $K = \frac{[B_1]_{éq} \times [A_2]_{éq}}{[A_1]_{éq} \times [B_2]_{éq}}$.

On multiplie alors le numérateur et le dénominateur par $[H_3O^+]$ pour faire apparaître l'expression de K_{A1} et de K_{A2} :

$$K = \frac{[B_1]_{éq} \times [A_2]_{éq} \times [H_3O^+]_{éq}}{[A_1]_{éq} \times [B_2]_{éq} \times [H_3O^+]_{éq}} = \frac{[B_1]_{éq} \times [H_3O^+]_{éq}}{[A_1]_{éq}} \times \frac{[A_2]_{éq}}{[B_2]_{éq} \times [H_3O^+]_{éq}}$$

soit $K = \frac{K_{A1}}{K_{A2}} = \frac{10^{-pK_{A1}}}{10^{-pK_{A2}}}$.

EXERCICES D'APPLICATION

1 COUPLES ACIDE/BASE | ★ | 5 min | ▸ P. 235

1. Donner la formule brute de la base conjuguée de chacun des acides suivants : acide nitrique HNO_3, acide sulfurique H_2SO_4.

2. Donner la formule brute de l'acide conjugué de chacune des bases suivantes : ion chlorure Cl^-, ion sulfate SO_4^{2-}.

3. Écrire les différents couples acide/base correspondants.

2 ACIDE FORT OU ACIDE FAIBLE ? | ★ | 5 min | ▸ P. 235

On dispose d'une solution aqueuse d'acide nitreux HNO_2, de concentration en soluté apporté $c = 1{,}0 \times 10^{-1}\,\text{mol} \cdot \text{L}^{-1}$ et de pH égal à 2,1 à 25 °C.

1. Déterminer la concentration en ions oxonium H_3O^+ et en ions hydroxyde HO^-.

2. De quel type d'acide s'agit-il ?

3 SOLUTION DE POTASSE | ★★ | 20 min | ▸ P. 235

L'hydroxyde de potassium KOH, communément appelé potasse, est une base forte. On prépare un litre de solution d'hydroxyde de potassium en dissolvant 1,0 g de KOH.

1. Déterminer la quantité de matière d'hydroxyde de potassium introduite.

2. En déduire la concentration en espèce apportée.

3. Écrire l'équation de la réaction de dissolution.

4. Déterminer la concentration en ions K^+, en ions HO^- et en ions H_3O^+ en solution lorsque la dissolution est terminée.

5. En déduire le pH de la solution obtenue.

Données. $M_H = 1{,}0\ \text{g} \cdot \text{mol}^{-1}$; $M_O = 16{,}0\ \text{g} \cdot \text{mol}^{-1}$; $M_K = 39{,}1\ \text{g} \cdot \text{mol}^{-1}$.

EXERCICES D'ENTRAÎNEMENT

4 QUEL EST L'ACIDE LE PLUS FORT ? ★★ 15 min ▸ P. 235

L'ammoniac NH_3 est une base. On dispose d'une solution d'ammoniac, de concentration en espèce apportée $c = 1,0 \times 10^{-4}$ mol · L^{-1} et dont le pH est égal à 9,5.

La concentration d'ammoniac en solution est $[NH_3] = 6,7 \times 10^{-5}$ mol · L^{-1}.

1. Donner la formule de l'acide conjugué de l'ammoniac, appelé ion ammonium.
2. Écrire l'équation de la réaction de l'ammoniac avec l'eau.
3. Déterminer la concentration en solution de l'ion ammonium.
4. Déterminer la valeur du pK_A du couple acide/base considéré.
5. Comparer la force de l'ion ammonium avec l'acide éthanoïque, de pK_A égal à 4,75.

5 QUI S'Y FROTTE S'Y PIQUE ★★★ 20 min ▸ P. 236

L'acide méthanoïque, de formule HCOOH, est couramment appelé acide formique. Ce nom d'usage vient du latin *formica* (fourmi) car les fourmis en sécrètent dans leur abdomen. On en trouve également dans l'abdomen des abeilles et des guêpes, ainsi que dans certaines plantes urticantes comme les orties.

1. Donner la formule de la base conjuguée de l'acide formique.
2. Écrire l'équation de la réaction entre l'acide formique et l'eau.
3. On prépare une solution aqueuse d'acide formique de concentration en acide apporté $c = 2,00 \times 10^{-2}$ mol · L^{-1}. La concentration en solution de la base conjuguée, l'ion formiate est égale à $1,80 \times 10^{-3}$ mol · L^{-1}.
a. Déterminer la concentration en solution d'acide formique.
b. Déterminer la concentration en solution des ions oxonium en supposant qu'ils proviennent tous de la dissociation de l'acide formique dans l'eau.
c. Déterminer le pH de la solution obtenue.
d. Déterminer le pK_A du couple acide/base en jeu.

6 CHAUD DEVANT ★★★ 30 m ▸ P. 236

On prépare un volume $V_1 = 50,0$ mL de solution de chlorure d'hydrogène HCl, (appelée solution d'acide chlorhydrique) de concentration en espèce apportée $c_1 = 5,00 \times 10^{-2}$ mol · L^{-1}, et un volume $V_2 = 20,0$ mL de solution d'hydroxyde de potassium KOH (appelée solution de potasse) de concentration en espèce apportée $c_2 = 2,00 \times 10^{-2}$ mol · L^{-1}. À 25 °C, le pH de la solution d'acide chlorhydrique vaut $pH = 1,30$ et celui de la solution de potasse vaut $pH = 12,3$.

1. Indiquer le couple acide-base auquel appartient le chlorure d'hydrogène.
2. Écrire l'équation de la réaction entre le chlorure d'hydrogène et l'eau.
3. Déterminer la concentration en ions oxonium dans la solution de chlorure d'hydrogène. Que pouvez-vous en déduire concernant le chlorure d'hydrogène ?
4. Écrire l'équation de la réaction de dissolution de l'hydroxyde de potassium dans l'eau.
5. Déterminer la concentration en ions hydroxyde dans la solution de potasse. Que pouvez-vous en déduire concernant l'hydroxyde de potassium ?
6. On souhaite mélanger ces deux solutions. Quelles précautions doit-on prendre pour effectuer un tel mélange ?
7. a. Déterminer la quantité de matière d'ions oxonium présents en fin de réaction.
b. En déduire le pH de la solution obtenue.

7 CONSTANTES D'ACIDITÉ | ★★ | 15 min | ▸ P. 237

On dispose de deux solutions aqueuses dont le pH est égal à 5,20 :

- une solution S_1 d'acide éthanoïque, dont les concentrations en solution sont :
$[CH_3CO_2H] = 2,80 \times 10^{-2}\ mol \cdot L^{-1}$
et $\left[CH_3CO_2^-\right] = 7,89 \times 10^{-2}\ mol \cdot L^{-1}$;
- une solution S_2 d'acide propanoïque, dont les concentrations en solution sont :
$[CH_3CH_2CO_2H] = 2,10 \times 10^{-2}\ mol \cdot L^{-1}$
et $\left[CH_3CH_2CO_2^-\right] = 4,50 \times 10^{-2}\ mol \cdot L^{-1}$.

1. Calculer la constante d'acidité K_A de chacun des couples en jeu.
2. En déduire la valeur des pK_A correspondants.
3. Quel est l'acide le plus fort ?
4. Quelle hypothèse peut-on faire concernant l'influence du nombre de carbones de la chaîne carbonée d'un acide carboxylique.

EXERCICES D'APPROFONDISSEMENT

8 QUAND LA SOUDE PREND L'AIR ★★★ 45 min ▸ P. 238

Au contact du CO_2 de l'air, une solution d'hydroxyde de sodium (plus communément appelée soude) se dégrade. En effet, le CO_2, associé à l'eau, constitue un acide qui réagit avec les ions hydroxyde HO^- contenus dans la soude pour former des ions hydrogénocarbonate HCO_3^-. Les ions HCO_3^- réagissent à leur tour avec les ions HO^- pour former des ions carbonate CO_3^{2-}. On dit que la soude se carbonate, car il se forme alors des cristaux brillants de carbonate de sodium Na_2CO_3.

1. Quelle particularité possèdent les ions HCO_3^- ? Comment appelle-t-on une espèce qui possède cette particularité ?

2. Écrire l'équation de la réaction acido-basique entre le dioxyde de carbone dissous noté CO_2, H_2O et les ions hydroxyde contenus dans la soude, puis calculer sa constante d'équilibre K_1.

3. Écrire l'équation de la réaction acido-basique entre les ions hydrogénocarbonate et les ions hydroxyde contenus dans la soude, puis calculer sa constante d'équilibre K_2.

4. En déduire l'équation de la réaction de formation des ions carbonate CO_3^{2-} à partir du dioxyde de carbone dissous CO_2, H_2O et des ions HO^- contenus dans la soude, puis calculer sa constante d'équilibre K en faisant apparaître les constantes K_1 et K_2.

5. Le pH de la solution de soude est-il modifié lors de la carbonatation ?

6. Quelle précaution doit-on prendre pour conserver une solution de soude ?

Données.

$pK_{A1} = pK_A(CO_2, H_2O / HCO_3^-) = 6,35.$

$pK_{A2} = pK_A(HCO_3^- / CO_3^{2-}) = 10,3.$

$pK_e = 1,0 \times 10^{-14}.$

9 SOYONS PRÉCIS ★★★ 20 min ▸ P. 239

Lorsqu'on effectue une mesure, le résultat obtenu n'est jamais rigoureusement égal à la valeur réelle de la grandeur mesurée. En effet, différentes sources d'incertitude entachent la mesure.

Un chimiste souhaite connaître la concentration en ions oxonium dans une solution. Pour cela, il mesure le pH d'une solution à l'aide d'un pH-mètre usuel et lit sur l'affichage digital la valeur pH = 3,60.

1. Quelles sont les sources d'incertitude qui entachent la valeur indiquée par le pH-mètre ?

2. On considère en général que l'incertitude entachant une mesure effectuée soigneusement, à l'aide d'un pH-mètre usuel, est d'environ 0,05 unité de pH. Déterminer un encadrement de la valeur réelle du pH de cette solution en supposant que la mesure ait été effectuée soigneusement.
3. En déduire un encadrement de la valeur réelle de la concentration en ions oxonium.
4. Ayant lu une valeur avec 3 chiffres significatifs, ce chimiste a effectué un calcul, puis il a inscrit sur ses notes la valeur suivante : $\left[H_3O^+\right] = 2,51 \times 10^{-4}$. Quel commentaire ce résultat vous inspire-t-il ?

10 LE pH SANGUIN

★★★ | 40 min | ▸ P. 240

Le pH du sang doit être maintenu constamment a une valeur voisine de 7,4. Un pH trop faible entraîne des spasmes des muscles respiratoires puis des convulsions tandis qu'un pH trop élevé entraîne une désorientation et des perturbations du fonctionnement du cœur. En deçà de 7 et au-delà de 7,7 le pronostic vital est engagé.
Pour maintenir le pH du sang entre 7,35 et 7,45, l'organisme dispose :
– d'une part, de tampons chimiques (le tampon principal étant celui composé par le couple H_2CO_3/HCO_3^-) qui agissent instantanément ;
– d'autre part, des deux systèmes régulateurs que sont l'appareil respiratoire (qui agit en quelques minutes) et l'appareil rénal (qui agit en quelques heures).
Nous considérerons ici, par souci de simplicité, que l'acide carbonique H_2CO_3 et sa base conjuguée – l'ion hydrogénocarbonate ou bicarbonate – constituent le principal tampon chimique du sang et que le pKa de ce couple est égal à 6,1.
1. Donner la formule chimique de l'ion hydrogénocarbonate.
2. Écrire l'équation de la réaction chimique entre l'acide carbonique et l'eau.
3. Sachant qu'à 37° C, le pKe est égal à 13,72, déterminer la valeur du pH d'une solution neutre à cette température.
4. Tracer le diagramme de prédominance du couple H_2CO_3/HCO_3^- et en déduire quelle est la forme qui prédomine dans le sang.
5. Déterminer la valeur de la concentration en ions oxonium et en ions hydroxyde dans le sang lorsque celui-ci a un pH égal à 7,4.
6. Déterminer la valeur que doit avoir le rapport $\dfrac{[HCO_3^-]}{[H_2CO_3]}$ pour que le pH du sang soit égal à 7,4.

CONTRÔLE

11 UN VERRE D'ASPIRINE

★★★ 45 min ▸ P. 240

On introduit dans un verre le contenu d'un sachet d'aspirine 500 (contenant 500 mg d'acide acétylsalicylique), on y ajoute de l'eau et on agite quelques instants.

On suppose que le volume de la solution obtenue est $V = 150$ mL. Le pH de la solution obtenue est égal à 2,6.

1. Déterminer la concentration c en acide acétylsalicylique apporté.

2. Écrire l'équation de la réaction de l'acide acétylsalicylique (noté HA) avec l'eau.

3. Déterminer le taux d'avancement de la réaction.

4. En déduire la nature de l'acide acétylsalicylique.

5. Calculer le pK_A du couple considéré.

6. Tracer le diagramme de prédominance du couple considéré.

7. Quelle forme prédomine dans la solution ?

8. Pour quelle raison l'ingestion de cette solution acide n'a-t-elle aucun effet sur le pH du sang ?

Donnée. $M_{\text{aspirine}} = 180 \text{ g} \cdot \text{mol}^{-1}$.

12 MÉLANGE D'UN ACIDE ET D'UNE BASE

★★★ 45 min ▸ P. 241

On introduit 0,50 mole d'un acide faible, l'acide méthanoïque HCO_2H, et 0,45 mole d'une base faible, l'ammoniac NH_3, dans un volume $V = 1{,}0$ L d'eau distillée. Une fois la solution préparée, on mesure son pH et on trouve $pH = 4{,}7$. Le pK_A du couple faisant intervenir l'acide méthanoïque vaut $pK_{A1} = 3{,}75$ et celui du couple faisant intervenir l'ammoniac vaut $pK_{A2} = 9{,}20$.

1. Donner la formule de la base conjuguée de l'acide éthanoïque. Comment appelle-t-on cette espèce chimique ?

2. Sachant que les espèces chimiques mises en présence lors de la dissolution sont l'acide éthanoïque, l'ammoniac et l'eau, écrire les équations chimiques des quatre réactions acido-basiques possibles.

3. Tracer le diagramme de prédominance des deux couples en jeu (on pourra éventuellement tracer les deux diagrammes sur le même schéma).

4. En déduire les espèces qui prédominent dans cette solution.

5. Déterminer la valeur du rapport $\alpha = \frac{[HCO_2^-]}{[HCO_2H]}$.

6. En déduire la valeur des concentrations en acide méthanoïque et en ions méthanoate en solution.

7. On ajoute de la soude à cette solution jusqu'à ce que son pH soit égal à 7. Indiquer, pour chacune des espèces en jeu, si c'est la forme acide ou la forme basique qui prédomine, ou si les formes acide et basique sont en proportions égales.

CORRIGÉS

1 **1.** La base conjuguée de l'acide nitrique HNO_3 a pour formule brute NO_3^- (il s'agit de l'ion nitrate), et la base conjuguée de l'acide sulfurique H_2SO_4 a pour formule brute HSO_4^- (il s'agit de l'ion hydrogénosulfate).

2. L'acide conjugué de l'ion chlorure Cl^- a pour formule brute HCl (il s'agit du chlorure d'hydrogène), et l'acide conjugué de l'ion sulfate SO_4^{2-} a pour formule brute HSO_4^- (il s'agit de l'ion hydrogénosulfate).

3. Les couples acide/base correspondants s'écrivent :

$$HNO_3 / NO_3^-, \quad H_2SO_4 / HSO_4^-, \quad HCl / Cl^-, \quad HSO_4^- / SO_4^{2-}.$$

Remarque : HSO_4^- est à la fois un acide et une base : c'est un ampholyte (ou amphotère).

2 **1.** La concentration en ions oxonium H_3O^+ est donnée par :

$$[H_3O^+] = 10^{-pH} = 10^{-2,1} = 7,9 \times 10^{-3} \text{ mol} \cdot L^{-1}.$$

La concentration en ions hydroxyde HO^- est donnée par :

$$[HO^-] = \frac{K_e}{[H_3O^+]} = \frac{1,0 \times 10^{-14}}{7,9 \times 10^{-3}} = 1,3 \times 10^{-12} \text{ mol} \cdot L^{-1}.$$

2. $[H_3O^+] = 7,9 \times 10^{-3}$ mol · L^{-1} or $c = 1,0 \times 10^{-1}$ mol · L^{-1}

donc $[H_3O^+] < c$: l'acide nitreux HNO_2 est donc un acide faible.

3 **1.** La quantité de matière de KOH introduite est donnée par :

$$n_{KOH} = \frac{m_{KOH}}{M_{KOH}} = \frac{m_{KOH}}{M_K + M_O + M_H} = \frac{1,0}{39,1 + 16,0 + 1,0} = 1,8 \times 10^{-2} \text{ mol}.$$

2. La concentration en espèce apportée est donc donnée par :

$$c_{KOH} = \frac{n_{KOH}}{V} = \frac{1,8 \times 10^{-2}}{1,0} = 1,8 \times 10^{-2} \text{ mol} \cdot L^{-1}.$$

3. L'équation de la réaction de dissolution s'écrit :

$$KOH_{(s)} \rightarrow K^+{}_{(aq)} + HO^-{}_{(aq)}$$

4. L'hydroxyde de potassium étant une base forte, la réaction est totale.

On a donc : $[K^+] = [HO^-] = 1,8 \times 10^{-2}$ mol · L^{-1}.

D'autre part, on a :

$$[H_3O^+] = \frac{K_e}{[HO^-]} = \frac{1,0 \times 10^{-14}}{1,8 \times 10^{-2}} = 5,6 \times 10^{-13} \text{ mol} \cdot L^{-1}.$$

5. Le pH de la solution est donné par :

$$pH = -\log[H_3O^+] = -\log(5,6 \times 10^{-13}) = 12,3.$$

4 **1.** L'ion ammonium a pour formule NH_4^+ (l'ammoniac NH_3, en captant un proton H^+, forme l'ion ammonium NH_4^+).

2. Équation de la réaction de l'ion ammonium avec l'eau :

$$NH_{3\,(aq)} + H_2O_{(l)} \rightleftarrows NH^+_{4\,(aq)} + HO^-_{\ (aq)}$$

3. La concentration en solution de l'ion ammonium est donnée par :
$c = [NH_3] + [NH_4^+]$, car l'ammoniac NH_3 introduit à la concentration c se retrouve après la réaction soit sous la forme NH_3 soit sous la forme NH_4^+.

Donc $[NH_4^+] = c - [NH_3] = 1{,}0 \times 10^{-4} - 6{,}7 \times 10^{-5} = 3{,}3 \times 10^{-5}$ mol · L^{-1}.

4. Le pH est lié au pK_A par la relation : $\text{pH} = \text{p}K_A + \log \dfrac{[B]_{éq}}{[A]_{éq}}$.

Donc $\text{p}K_A = \text{pH} - \log \dfrac{[B]_{éq}}{[A]_{éq}} = 9{,}5 - \log\left(\dfrac{6{,}7 \times 10^{-5}}{3{,}3 \times 10^{-5}}\right) = 9{,}2.$

5. $\text{p}K_A(NH_4^+ / NH_3) > \text{p}K_A(CH_3COOH / CH_3COO^-)$ donc l'ion ammonium est un acide plus faible que l'acide éthanoïque.

5 **1.** La base conjuguée de l'acide formique a pour formule $HCOO^-$ (l'acide formique HCOOH, en cédant un proton H^+, forme l'ion formiate $HCOO^-$).
2. Équation de la réaction de l'acide formique avec l'eau :

$$HCOOH_{(aq)} + H_2O_{(l)} \rightleftarrows HCOO^-_{\ (aq)} + H_3O^+_{\ (aq)} \quad (1)$$

3. a. La concentration en solution d'acide formique est donnée par :
$c = [HCOOH] + [HCOO^-]$ (l'acide formique HCOOH introduit à la concentration c se retrouve après la réaction soit sous la forme HCOOH soit sous la forme $HCOO^-$) donc :

$$[HCOOH] = c - [HCOO^-] = 2{,}00 \times 10^{-2} - 1{,}80 \times 10^{-3} = 1{,}82 \times 10^{-2} \text{ mol} \cdot \text{L}^{-1}.$$

b. Si on néglige les ions H_3O^+ présents dans l'eau avant la réaction, alors d'après les coefficients de l'équation de la réaction (1) :

$$[H_3O^+] = [HCOO^-] = 1{,}80 \times 10^{-3} \text{ mol} \cdot \text{L}^{-1}.$$

Remarque : l'hypothèse faite précédemment est donc validée puisque, à 25 °C, la concentration des ions oxonium dans l'eau pure (donc avant la réaction) est de :

$$10^{-\text{pH}} = 10^{-7} \text{ mol} \cdot \text{L}^{-1} \leqslant 1{,}80 \times 10^{-3} \text{ mol} \cdot \text{L}^{-1}.$$

c. Le pH de la solution est donné par :

$$\text{pH} = -\log[H_3O^+] = -\log(1{,}80 \times 10^{-3}) = 2{,}74.$$

d. Le pK_A du couple est donné par : $\text{pH} = \text{p}K_A + \log \dfrac{[B]_{éq}}{[A]_{éq}}$.

Donc $\text{p}K_A = \text{pH} - \log \dfrac{[HCOO^-]_{éq}}{[HCOOH]_{éq}} = 2{,}74 - \log\left(\dfrac{1{,}80 \times 10^{-3}}{1{,}82 \times 10^{-2}}\right) = 3{,}7.$

6 **1.** Le chlorure d'hydrogène appartient au couple HCl / Cl^-.
2. Équation de la réaction entre le chlorure d'hydrogène et l'eau :

$$HCl_{(aq)} + H_2O_{(l)} \rightleftarrows Cl^-_{\ (aq)} + H_3O^+_{\ (aq)}$$

3. Dans la solution de chlorure d'hydrogène, la concentration en ions oxonium est donnée par : $\left[H_3O^+\right] = 10^{-pH} = 10^{-1,30} = 5,0 \times 10^{-2}\ mol \cdot L^{-1}$.

On a $\left[H_3O^+\right] = c_1$, donc le chlorure d'hydrogène est un acide fort.

4. Équation de la réaction de dissolution de l'hydroxyde de potassium dans l'eau :

$$KOH_{(s)} \rightleftarrows K^+{}_{(aq)} + HO^-{}_{(aq)}$$

5. Dans la solution de potasse, la concentration en ions oxonium est donnée par $\left[H_3O^+\right] = 10^{-pH} = 10^{-12,30} = 5,0 \times 10^{-13}\ mol \cdot L^{-1}$. Donc la concentration en ions hydroxyde est donnée par :

$$\left[HO^-\right] = \frac{K_e}{\left[H_3O^+\right]} = \frac{10^{-14}}{5,0 \times 10^{-13}} = 2,0 \times 10^{-2}\ mol \cdot L^{-1}.$$

On a $\left[HO^-\right] = c_2$, donc l'hydroxyde de potassium est une base forte.

6. On doit verser la solution lentement, et refroidir le récipient dans lequel on effectue le mélange, car la réaction entre un acide fort et une base forte est très exothermique.

7. a. Les ions hydroxyde introduits réagissent totalement avec les ions oxonium selon la réaction : $H_3O^+{}_{(aq)} + HO^-{}_{(aq)} \rightarrow 2\ H_2O$.

On écrit ici une flèche simple $\rightarrow$ (et non $\rightleftarrows$) car la réaction est totale entre acide fort et base forte.

Or, la quantité de matière initiale d'ions oxonium est :

$$n\left(H_3O^+\right)_i = c_1 \cdot V_1 = 5,00 \times 10^{-2} \times 50,0 \times 10^{-3} = 2,5 \times 10^{-3}\ mol.$$

D'autre part, la quantité de matière initiale d'ions hydroxyde est :

$$n\left(HO^-\right)_i = c_2 \cdot V_2 = 2,00 \times 10^{-2} \times 20,0 \times 10^{-3} = 4,0 \times 10^{-4}\ mol.$$

D'après les coefficients de l'équation bilan, l'ion HO^- est le réactif limitant de la réaction, et la quantité de matière d'ions oxonium restants est donnée par :

$$n\left(H_3O^+\right) = n\left(H_3O^+\right)_i - n\left(H_3O^+\right)_{\text{consommés}} = 2,5 \times 10^{-3} - 4,0 \times 10^{-4}$$
$$= 2,1 \times 10^{-3}\ mol.$$

b. Le pH de la solution est donné par :

$$pH = -\log\left[H_3O^+\right] = -\log\left(2,1 \times 10^{-3}\right) = 2,7.$$

7 1. La constante d'acidité du couple $CH_3CO_2H / CH_3CO_2^-$ est donnée par :

$$K_{A1} = \frac{\left[CH_3CO_2^-\right] \times \left[H_3O^+\right]}{\left[CH_3CO_2H\right]} = \frac{\left[CH_3CO_2^-\right] \times 10^{-pH}}{\left[CH_3CO_2H\right]}.$$

Donc $K_{A1} = \dfrac{7,89 \times 10^{-5,20}}{2,80 \times 10^{-2}} = 1,78 \times 10^{-5}$.

La constante d'acidité du couple $CH_3CH_2CO_2H / CH_3CH_2CO_2^-$ est donnée par :

$$K_{A2} = \frac{\left[CH_3CH_2CO_2^-\right] \times \left[H_3O^+\right]}{\left[CH_3CH_2CO_2H\right]} = \frac{\left[CH_3CH_2CO_2^-\right] \times 10^{-pH}}{\left[CH_3CH_2CO_2H\right]}.$$

Donc $K_{A2} = \dfrac{4,50\times10^{-2}\times10^{-5,20}}{2,1\times10^{-2}} = 1,35\times10^{-5}$.

2. Le pK_A du couple $CH_3CO_2H\,/\,CH_3CO_2^-$ est donné par :

$$pK_{A1} = -\log(K_{A1}) = -\log\left(1,78\times10^{-5}\right) = 4,75.$$

Le pK_A du couple $CH_3CH_2CO_2H\,/\,CH_3CH_2CO_2^-$ est donné par :

$$pK_{A2} = -\log(K_{A2}) = -\log\left(1,35\times10^{-5}\right) = 4,87.$$

3. L'acide propanoïque a un pKa plus fort que l'acide éthanoïque, donc c'est un acide plus faible que l'acide éthanoïque.

4. On peut donc émettre l'hypothèse que l'acidité d'un acide carboxylique diminue avec le nombre d'atomes de carbones de la chaîne carbonée.

8 **1.** D'après l'enoncé, l'ion HCO_3^- est à la fois la base du couple CO_2, $H_2O\,/\,HCO_3^-$ et l'acide du couple $HCO_3^-\,/CO_3^{2-}$. L'ion HCO_3^- est donc un amphotyte.

2. Équation de la réaction :

$$CO_2,\, H_2O_{(aq)} + HO^-{}_{(aq)} \rightleftarrows HCO_{3\,(aq)}^- + H_2O_{(aq)} \qquad (K_1)$$

L'acide CO_2, H_2O cède un proton H^+ (et se transforme en HCO_3^-), et ce proton est capté par la base HO^- (qui se transforme en H_2O).

La constante d'équilibre K_1 est donc donnée par :

$$K_1 = \frac{[HCO_3^-]_{éq}}{[CO_2,H_2O]_{éq}\times[HO^-]_{éq}} = \frac{[HCO_3^-]}{[CO_2,H_2O]_{éq}\times[HO^-]_{éq}} \times \frac{[H_3O^+]_{éq}}{[H_3O^+]_{éq}}$$

Donc

$$K_1 = \frac{[HCO_3^-]_{éq}\times[H_3O^+]_{éq}}{[CO_2,H_2O]_{éq}\times K_e} = \frac{K_A\,(CO_2,H_2O)}{K_e} = \frac{K_{A1}}{K_e} = \frac{10^{-pK_{A1}}}{10^{-pK_e}}.$$

A.N. : $K_1 = \dfrac{10^{-6,35}}{10^{-14}} = 4,5\times10^7$.

Ne pas confondre la constante d'équilibre K_1 (qui est la constante d'équilibre de la réaction de CO_2,H_2O avec HO^-) avec la constante d'acidité K_{A1} (qui est la constante d'équilibre de la réaction de CO_2,H_2O avec H_2O).

3. Équation de la réaction :

$$HCO_{3\,(aq)}^- + HO^-{}_{(aq)} \rightleftarrows CO_{3\,(aq)}^{2} + H_2O_{(aq)} \qquad (K_2)$$

La constante d'équilibre K_2 s'écrit :

$$K_2 = \frac{[CO_3^{2-}]_{éq}}{[HCO_3^-]_{éq}\times[HO^-]_{éq}}.$$

De même qu'à la question **2.**, on montre que $K_2 = \dfrac{10^{-pK_{A2}}}{10^{-pK_e}}$.

A.N. : $K_2 = \dfrac{10^{-10,3}}{10^{-14}} = 5,0 \times 10^3$.

4. Équation de la réaction :

$$CO_2,H_2O \times 2HO^-_{(aq)} \rightleftarrows CO_3^{2-}{}_{(aq)} + 2\,H_2O_{(l)} \qquad (K)$$

La constante d'équilibre s'écrit :

$$K = \frac{[CO_3^{2-}]_{éq}}{[CO_2,\ H_2O]_{éq} \times [HO^-]^2_{éq}} = \frac{[CO_3^-]_{éq}}{[CO_2,H_2O]_{éq} \times [HO^-]^2_{éq}} \times \frac{[HCO_3^-]_{éq}}{[HCO_3^-]_{éq}}$$

$$\text{d'où } K = \frac{[HCO_3^-]_{éq}}{[CO_2,\ H_2O]_{éq} \times [HO^-]_{éq}} \times \frac{[CO_3^{2-}]_{éq}}{[HCO_3^-]_{éq} \times [HO^-]_{éq}} = K_1 \times K_2.$$

A.N. : $K = 4,5 \times 10^7 \times 5,0 \times 10^3 = 2,2 \times 10^{11}$.

5. Lors de la carbonatation, les ions HO^- contenus dans la soude sont consommés, donc leur concentration en solution diminue, ce qui entraîne une augmentation de la concentration en ions H_3O^+ en solution (puisque $[H_3O^+] = \dfrac{K_e}{[HO^-]}$).

La carbonatation provoque donc une acidification de la solution, autrement dit une diminution de son pH.

6. Étant donné que la solution de soude se carbonate au contact de l'air, pour conserver une solution de soude, on doit donc veiller à la protéger de l'air, et donc la fermer hermétiquement, dans un flacon qui contienne le moins d'air possible.

9 1. Les sources d'incertitude entachant la mesure sont : l'imperfection du pH-mètre et la qualité de l'étalonnage de ce dernier.

Remarque : lorsque la mesure est effectuée à l'œil nu, par exemple avec un appareil analogique (ce qui n'est pas le cas ici puisqu'il s'agit d'un pH-mètre à affichage digital), la lecture de la mesure par l'œil induit également une incertitude.

2. Si la mesure a été effectuée soigneusement, on a :

$3,60 - 0,05 < pH < 3,60 + 0,05$ soit : $3,55 < pH < 3,65$.

3. Or $[H_3O^+] = 10^{-pH}$, donc $10^{-3,65} < [H_3O^+] < 10^{-3,55}$ soit :

$$2,2 \times 10^{-4}\ mol \cdot L^{-1} < [H_3O^+] < 2,8 \times 10^{-4}\ mol \cdot L^{-1}.$$

4. Il est impossible de donner un résultat aussi précis. En effet, la valeur de $[H_3O^+]$ étant comprise entre $2,2 \times 10^{-4}\ mol \cdot L^{-1}$ et $2,8 \times 10^{-4}\ mol \cdot L^{-1}$, le troisième chiffre significatif n'a aucun sens. On peut, au mieux, écrire le résultat avec deux chiffres significatifs (soit $[H_3O^+] = 2,5 \times 10^{-4}\ mol \cdot L^{-1}$), sachant que même le second chiffre n'est pas exact. En fait, il serait plus rigoureux d'écrire $[H_3O^+] = (2,5 \pm 0,3) \times 10^{-4}\ mol \cdot L^{-1}$.

Remarque : d'une façon générale, une concentration en ions oxonium calculée à partir d'une mesure du pH ne peut être écrite avec plus de deux chiffres significatifs.

10 **1.** L'ion hydrogénocarbonate a pour formule HCO_3^- (l'acide carbonique H_2CO_3, en cédant un proton H^+, forme l'ion hydrogénocarbonate HCO_3^-).

2. Équation de la réaction de l'acide carbonique avec l'eau :

$$H_2CO_{3\,(aq)} + H_2O_{(l)} \rightleftarrows HCO^-_{3(aq)} + H_3O^+{}_{(aq)}$$

3. Une solution neutre contient autant d'ions oxonium H_3O^+ que d'ions hydroxyde HO^-. On a donc : $[H_3O^+] = [HO^-]$.

D'autre part, on a : $[H_3O^+] \times [HO^-] = K_e$ d'où $[H_3O^+]^2 = K_e$.

Et donc : $[H_3O^+] = \sqrt{K_e}$.

Le pH d'une solution neutre à 37 °C est donc donné par :

$$pH = -\log[H_3O^+] = -\log\left(K_e^{\frac{1}{2}}\right) = \frac{1}{2} \times (-\log(K_e)) = \frac{1}{2} \times pK_e = 6{,}86.$$

4. Diagramme de prédominance du couple H_2CO_3 / HCO_3^- :

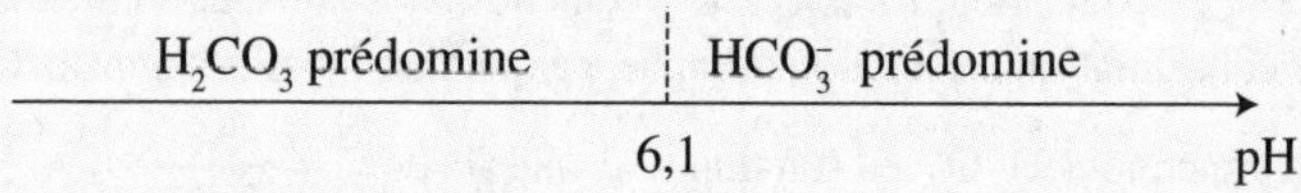

Le pH du sang étant voisin de 7,4, il est supérieur au pK_A du couple H_2CO_3 / HCO_3^- donc la forme qui prédomine dans le sang est l'ion hydrogénocarbonate HCO_3^-.

5. La concentration en ions oxonium H_3O^+ est donnée par :

$$[H_3O^+] = 10^{-pH} = 10^{-7,4} = 4{,}0 \times 10^{-8}\,\text{mol} \cdot L^{-1}.$$

La concentration en ions hydroxyde HO^- est donnée par :

$$[HO^-] = \frac{K_e}{[H_3O^+]} = \frac{10^{-13,72}}{4{,}0 \times 10^{-8}} = 4{,}8 \times 10^{-7}\ \text{mol} \cdot L^{-1}.$$

6. On a $K_A = \dfrac{[HCO_3^-] \times [H_3O^+]}{[H_2CO_3]}$ donc :

$$\frac{[HCO_3^-]}{[H_2CO_3]} = \frac{K_A}{[H_3O^+]} = \frac{10^{-pK_A}}{10^{-pH}} = \frac{10^{-6,1}}{10^{-7,4}} = 20.$$

Ce résultat confirme bien que l'espèce prédominante est l'ion HCO_3^- puisque $[HCO_3^-] = 20 \times [H_2CO_3]$.

11 **1.** La concentration c en acide apporté est donnée par :

$$c = \frac{n}{V} = \frac{m}{M \times V} = \frac{500 \times 10^{-3}}{180 \times 150 \times 10^{-3}} = 1{,}85 \times 10^{-2}\ \text{mol} \cdot L^{-1}.$$

2. Équation de la réaction de l'acide HA avec l'eau :

$$HA_{(aq)} + H_2O_{(l)} \rightleftarrows A^-{}_{(aq)} + H_3O^+{}_{(aq)}$$

3. On dresse un tableau d'avancement de la réaction :

	$HA_{(aq)}$	$+ H_2O_{(l)} \rightleftarrows$	$A^-_{(aq)}$	$+ H_3O^+_{(aq)}$
État initial	$cV = 2{,}8 \times 10^{-3}$ mol	excès	0	0
État intermédiaire (avancement x)	$cV - x$	excès	x	x
État final (avancement x_f)	$cV - x_f$	excès	x_f	x_f

L'avancement final x_f est donné par :

$$x_f = \left[H_3O^+\right] \times V = 10^{-pH} \times V = 10^{-2,6} \times 150 \times 10^{-3} = 3{,}8 \times 10^{-4} \text{ mol}.$$

Par ailleurs, HA étant le réactif limitant, l'avancement maximal x_{max} est donné par : $cV - x_{max} = 0$, donc $x_{max} = cV = 2{,}8 \times 10^{-3}$ mol.

Le taux d'avancement de la réaction est donc donné par :

$$\tau = \frac{x_f}{x_{max}} = \frac{3{,}8 \times 10^{-4}}{2{,}8 \times 10^{-3}} = 0{,}14.$$

4. $\tau \ll 1$ donc la réaction de l'acide acétylsalicylique avec l'eau est peu avancée : c'est un acide faible.

5. La constante d'équilibre de la réaction est donnée par :

$$K_A = \frac{[B]_{éq} \times \left[H_3O^+\right]_{éq}}{[A]_{éq}} = \frac{x_f \times \left[H_3O^+\right]_{éq}}{cV - x_f}$$

donc $K_A = \dfrac{3{,}8 \times 10^{-4} \times 2{,}5 \times 10^{-3}}{1{,}85 \times 10^{-2} \times 150 \times 10^{-3} - 3{,}8 \times 10^{-4}} = 3{,}9 \times 10^{-4}$.

Donc $pK_A = -\log(K_A) = -\log\left(3{,}9 \times 10^{-4}\right) = 3{,}4$.

6. Diagramme de prédominance :

HA prédomine | A^- prédomine

$pK_A = 3{,}4$ → pH

7. Comme pH = 2,6 c'est donc la forme acide qui prédomine car $pH < pK_A$.

8. Le sang constitue une solution tampon, peu sensible à l'ajout d'une solution acide, d'une solution basique ou à la dilution.

12 1. La base conjuguée de l'acide méthanoïque a pour formule HCO_2^- (l'acide méthanoïque HCO_2H, en cédant un proton H^+, forme l'ion HCO_2^-). Il s'agit de l'ion méthanoate.

2. Les différentes équations chimiques s'écrivent :

$$HCO_2H_{(aq)} + H_2O_{(l)} \rightleftarrows HCO_2^-{}_{(aq)} + H_3O^+{}_{(aq)}$$

$$NH_{3\,(aq)} + H_2O_{(l)} \rightleftarrows NH_4^+{}_{(aq)} + HO^-{}_{(aq)}$$

$$HCO_2H_{(aq)} + NH_{3\,(aq)} \rightleftarrows HCO_2^-{}_{(aq)} + NH_4^+{}_{(aq)}$$

$$2\,H_2O_{(l)} \rightleftarrows H_3O^+{}_{(aq)} + HO^-{}_{(aq)}$$

3. Diagramme de prédominance :

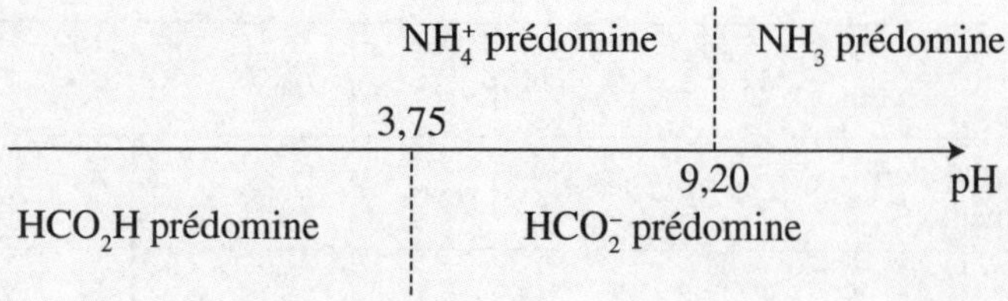

4. Le pH vaut 4,7. Il est donc supérieur à 3,75 et inférieur à 9,20 : les espèces prédominantes sont donc HCO_2^- et NH_4^+.

5. On a $K_{A1} = \dfrac{[HCO_2^-]\times[H_3O^+]}{[HCO_2H]}$ donc :

$$\alpha = \frac{[HCO_2^-]}{[HCO_2H]} = \frac{K_{A1}}{[H_3O^+]} = \frac{10^{-pK_{A1}}}{10^{-pH}} = \frac{10^{-3,75}}{10^{-4,7}} = 8,9$$

6. La conservation de la matière implique que $[HCO_2H]+[HCO_2^-]=c$ où c est la concentration en espèce apportée, égale à $0,50\ \text{mol}\cdot\text{L}^{-1}$.
D'autre part, $[HCO_2^-]=\alpha\cdot[HCO_2H]$ donc $(1+\alpha)\cdot[HCO_2H]=c$.

Donc $[HCOOH]=\dfrac{c}{1+\alpha}=\dfrac{0,50}{1+8,9}=5,1\times10^{-2}\ \text{mol}\cdot\text{L}^{-1}$.

D'où $[HCO_2^-]=\alpha\cdot[HCO_2H]=\dfrac{\alpha\cdot c}{1+\alpha}=\dfrac{8,9\times0,50}{1+8,9}=4,5\times10^{-1}\ \text{mol}\cdot\text{L}^{-1}$.

7. Un pH égal à 7 est supérieur à 3,75 et inférieur à 9,20. Donc dans une solution de pH égal à 7, la forme prédominante du couple HCO_2H / HCO_2^- est la forme basique HCO_2^-, et la forme prédominante du couple NH_4^+ / NH_3 est la forme acide NH_4^+.

10 Transfert d'énergie entre systèmes macroscopiques

I ÉNERGIE INTERNE D'UN SYSTÈME – TRAVAIL ET CHALEUR

1. Notion de système

■ On considère l'univers comme composé de deux parties :

• le **système** que l'on veut étudier ;

• le reste du monde que l'on appelle le **milieu extérieur**.

■ La **thermodynamique** est la science qui étudie les échanges d'énergie et/ou de matière entre le système et le milieu extérieur.

■ On distingue trois types de systèmes :

• le **système isolé** qui n'échange rien avec le milieu extérieur, ni énergie ni matière ;

• le **système fermé** qui n'échange que de l'énergie avec le milieu extérieur, sous forme de chaleur, d'énergie mécanique, d'énergie électrique, etc.

• le **système ouvert** qui échange aussi bien de l'énergie que de la matière avec le milieu extérieur.

2. Énergie interne *U*

■ Un **système thermodynamique** est composé de molécules ou d'atomes auxquels on associe une énergie totale décomposable en :

• énergie macroscopique : somme de l'éventuelle énergie cinétique globale du système et de son énergie potentielle dans les champs extérieurs (champs de pesanteur, champs électrique, etc.) ;

• énergie microscopique : somme des énergies cinétiques microscopiques des molécules et des énergies potentielles microscopiques entre atomes (liaisons chimiques, etc.).

■ On note ***U* l'énergie interne** du système. U correspond uniquement à la somme des énergies microscopiques :

$$U = E_{\text{C(microscopique)}} + E_{\text{P(microscopique)}}.$$

L'unité SI de U est le joule.

3. Échange d'énergie : le travail W

■ Le travail W représente un échange d'énergie macroscopique ordonnée entre le système étudié et le milieu extérieur. W est reçu par le système à travers la surface qui le délimite, du fait des forces qui s'exercent sur cette surface. L'unité SI du travail W est le joule.

■ On peut rencontrer dans les exercices le travail W reçu des forces de pression, le travail électrique, etc.

■ Par convention le travail W est positif s'il est reçu par le système, et négatif s'il est donné par le système à l'extérieur.

4. Échange d'énergie : la chaleur Q

■ La chaleur Q représente un transfert d'énergie microscopique désordonnée entre le système et le milieu extérieur.
L'unité SI de Q est le joule.

■ Si on considère un corps de masse m (en kg), la quantité de chaleur Q (en joules) nécessaire pour élever sa température de la température T_{initiale} à T_{finale} est proportionnelle à la différence $\Delta T = (T_{\text{finale}} - T_{\text{initiale}})$.
Ce que l'on écrit :

$$Q = mC\Delta T = mC(T_{\text{finale}} - T_{\text{initiale}}).$$

C est appelée **capacité thermique massique**, elle est caractéristique du corps condensé considéré, et s'exprime en $J \cdot kg^{-1} \cdot K^{-1}$.

- Si Q est positif, la chaleur est reçue par le système.
- Si Q est négatif, la chaleur est cédée par le système au milieu extérieur.

Quelques valeurs usuelles de capacités thermiques massiques :

Corps condensé	Capacité thermique massique C ($J \cdot kg^{-1} \cdot K^{-1}$)
Eau liquide	4 180
Eau glace	2 100
Fer	460
Aluminium	895

■ Si un système (de capacité thermique totale mC) est fermé, et qu'il ne reçoit pas de travail W, il ne peut recevoir que de la chaleur Q. Dans ce cas, la variation de son énergie interne est égale simplement à :

$$\Delta U = Q = mC\Delta T.$$

■ On peut mesure les échanges de chaleur à l'aide d'un **calorimètre** (voir aussi le cours de Première S).

5. Relation entre la variation d'énergie interne, Q et W

S'il n'est pas nécessaire de tenir compte de l'énergie cinétique macroscopique et des énergies potentielles extérieures (de pesanteur par exemple), alors la variation de l'énergie interne ΔU est égale à la somme du travail et de la chaleur échangés par le système avec le milieu extérieur :

$$\Delta U = Q + W.$$

Cette relation est nommée le **premier principe de la thermodynamique.**

II DIFFÉRENTES FORMES DE TRANSFERT THERMIQUE

Le transfert d'énergie sous forme de chaleur agit au niveau microscopique, c'est un phénomène irréversible (une fois le transfert effectué, on ne peut revenir naturellement en arrière : par exemple le corps « chaud » a cédé de l'énergie au corps « froid » par conduction – voir plus bas –, les températures se sont égalisées, le transfert inverse n'est pas possible).

Il existe trois modes de transfert thermique de la chaleur : la conduction, la convection et le rayonnement.

1. La conduction

■ La chaleur transfère de l'énergie d'un corps à l'autre par contact direct. On parle aussi de **diffusion** de la chaleur. Le transfert s'effectue jusqu'à ce que l'équilibre soit atteint, c'est-à-dire lorsqu'il y a égalisation des températures des deux corps en contact. Le « moteur » de la conduction est donc la différence de température entre les deux corps en contact.

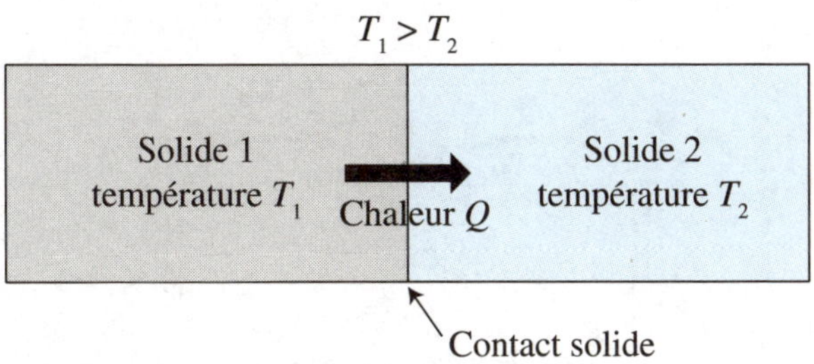

■ On définit la **résistance thermique** de conduction comme la résistance d'un élément de matière au flux de chaleur en régime stationnaire. L'unité de la résistance thermique est le kelvin par watt (K/W) ou le °C/W.

La résistance thermique entre deux surfaces isothermes $T_1 > T_2$ se définit comme :

$$R_{th} = \frac{T_1 - T_2}{\varphi}.$$

Les températures peuvent s'exprimer en K ou °C (R_{th} est définie à partir d'une différence de températures) et le flux φ représente le flux de chaleur entre les deux isothermes (exprimé en watts).

■ Une analogie avec les résistances électriques montre que si on dispose de plusieurs matériaux les uns, à la suite des autres, la résistance thermique R de l'ensemble est égale à la somme des résistances thermiques de chacun des éléments :

$$R_{\text{total}} = \sum_{\text{éléments}} R_{\text{élément}}.$$

■ Un bon isolant thermique possède une grande résistance thermique. On peut comparer la résistance thermique d'une vitre simple et d'un double vitrage en mesurant la différence de température intérieur/extérieur et le flux de chaleur traversant la vitre. On s'attend à ce que la résistance thermique du double vitrage soit supérieure à celle du simple vitrage.

Il faut noter que la conduction a lieu sans transfert de matière. Il s'agit de la transmission au niveau microscopique de l'agitation thermique des molécules ou atomes.

2. La convection

La convection est un mode de transfert de la chaleur lié à un déplacement de matière fluide. Ainsi un radiateur chauffe l'air qui est au-dessus de lui, le dilatant, ce qui le met en mouvement vers le haut. L'air chaud qui monte est alors remplacé par de l'air froid, à son tour réchauffé. Cela crée une cellule de convection, ce qui réchauffe efficacement une pièce.

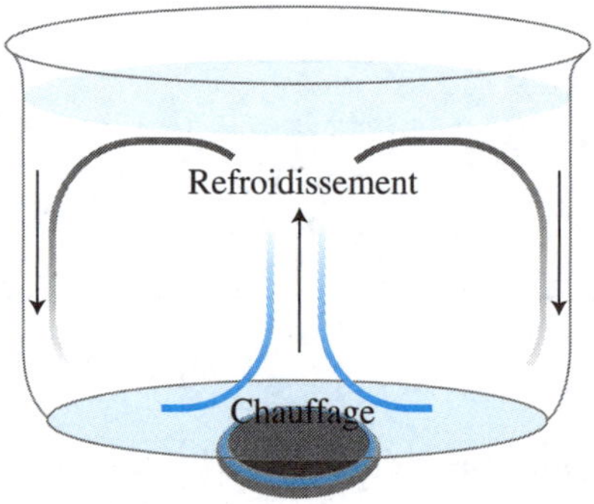

Cellules de convection dans une casserole

3. Le rayonnement

Tout corps rayonne dans une gamme de longueurs d'ondes qui dépend de sa température. Par exemple le corps humain rayonne essentiellement dans l'infrarouge (longueurs d'onde supérieures à 750 nm). Un corps peut parfaitement rayonner dans le vide, sans présence de matière : le Soleil en est un exemple.

En général, le transfert d'énergie par la chaleur combine les trois modes (ou au moins deux) en même temps : conduction, convection et rayonnement.

III LA CONSTANTE D'AVOGADRO

■ La constante ou **nombre d'Avogadro** représente le nombre d'entités dans une mole de corps pur. Elle est définie précisément comme le nombre d'atomes de carbone (isotope 12) dans **12 g de carbone 12.**

Le nombre d'Avogadro vaut environ :

$$N_A \approx 6{,}022\,141\,29 \times 10^{23} \text{ entités par mole.}$$

En général les calculs sont fait avec la valeur $6{,}022 \times 10^{23}$ entités par mole.

■ C'est le physicien Jean Perrin qui détermina le premier en 1908 une valeur assez précise de cette constante, par plusieurs méthodes différentes, dont celle du mouvement brownien.

Voir l'exercice 8.

SAVOIR-FAIRE

1. Calculer et utiliser une résistance thermique

Il faut connaître la relation qui définit la résistance thermique $R_{th} = \dfrac{T_1 - T_2}{\varphi}$ et se souvenir que les résistances thermiques des matériaux mis à la suite les uns des autres s'ajoutent (cas « série »).

EXEMPLE : Exprimer la résistance thermique globale de cet assemblage de matériaux.

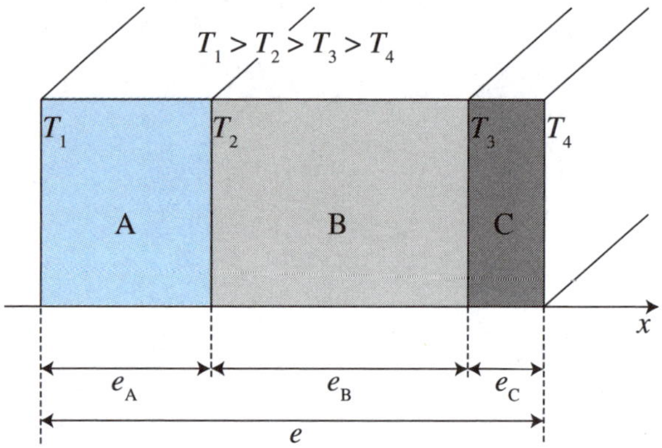

Les résistances thermiques correspondant aux différents matériaux sont assemblées en « série » : la différence de température à considérer dans le calcul global de R est $T_4 - T_1$. Les trois blocs A, B et C ont respectivement pour résistance thermique R_A, R_B et R_C.

La résistance thermique de l'ensemble est $R = R_A + R_B + R_C$.

Les températures T_2 et T_3 sont en principe inconnues, on n'a besoin que de mesurer T_1 et T_4.

Voir l'exercices 7.

2. Faire un bilan d'énergie

- On doit toujours commencer par définir ce qui est le système et ce qui est le milieu extérieur.
- Une fois ceci posé, on doit vérifier si le processus est **adiabatique** (pas de chaleur échangée), ou s'il présente telle ou telle particularité.
- Enfin on peut estimer le travail W et la chaleur Q échangés, et faire le bilan :

$$\Delta U = W + Q.$$

Voir les exercices 5, 6 et 9.

EXERCICES D'APPLICATION

1 QCM | ★ | 10 min | ▸ P. 257

Répondre aux questions suivantes en justifiant la (ou les) réponse(s) choisie(s).

1. Nous percevons la chaleur créée par un feu de cheminée à cause :

a. de la convection ;

b. du rayonnement ;

c. de la conduction.

2. Un double vitrage enserre entre deux vitres une couche d'air. La résistance thermique de l'ensemble est :

a. inférieure à celle d'une vitre seule ;

b. supérieure à celle d'une vitre seule.

3. Lorsqu'on comprime de l'air dans une pompe à vélo, le travail reçu par le gaz est :

a. positif ;

b. négatif.

4. Le rôle d'un moteur de voiture à explosion est de convertir :

a. toute la chaleur de l'explosion en travail mécanique ;

b. une partie de la chaleur de l'explosion en travail mécanique ;

c. le travail mécanique en chaleur.

5. La chaleur transmise par conduction entre deux corps en contact à deux températures différentes :

a. augmente l'agitation microscopique moyenne du corps « froid » et celle du corps « chaud » ;

b. augmente l'agitation microscopique moyenne du corps « froid » et diminue celle du corps « chaud » ;

c. diminue l'agitation microscopique moyenne du corps « froid » et augmente celle du corps « chaud ».

2 MARCHE SUR LE FEU | ★★ | 20 min | ▸ P. 257

On sait qu'il est possible de marcher sur le feu. Sur un lit de braises (de charbon de bois) portées à une température d'au moins 500 °C et étendues sur une longueur de plusieurs mètres, un physicien peut se déplacer pieds nus sans se brûler (et sans faire appel aux forces de l'esprit, mais seulement en connaissant les lois de la physique).

Par contre le même physicien refuserait de marcher sur une plaque de cuivre de plusieurs mètres de long, elle aussi portée à 500 °C.

Voir par exemple le site du Dr Henri Broch :
webs.unice.fr/site/broch/broch.html.

1. Expliquer pourquoi la conduction est le mode de transfert de chaleur le plus important à prendre en considération dans le cas de la marche sur le feu.
2. Comment se manifeste le rayonnement dans le cas de la marche sur le feu ?
3. Que représente physiquement la conductivité thermique ? Donner son unité.
4. En étudiant les données du tableau ci-dessous, expliquer pourquoi la marche sur le feu est possible sur un lit de braises mais pas sur une plaque de cuivre.
5. Que représente physiquement la capacité thermique massique ? Rappeler son unité.
6. Sachant que la capacité thermique massique du charbon de bois est très inférieure à celle du cuivre, expliquer pourquoi cela permet la marche sur les charbons ardents mais pas sur le cuivre.
7. Résumer la discussion précédente en donnant deux arguments en faveur de la marche sur les charbons ardents.

Données. Tableau des conductivités thermiques en $W \cdot m^{-1} \cdot K^{-1}$.

Cuivre	Diamant	Charbon de bois	Acier	Aluminium
390	1 500	0,055	26	237

3 LE SACCHAROSE ET LA CONSTANTE D'AVOGADRO | ★ | 5 min | ▸ P. 258

On donne quelques propriétés du saccharose (sucre blanc) :

Formule Chimique	Masse molaire M	Température de fusion	Masse volumique ρ	Solubilité dans le méthanol	pK_A
$C_{12}H_{22}O_{11}$	342,3 g/mol	185,5 °C	1,59 g/cm^3	10 g/L	12,6

1. En utilisant le tableau ci-dessus, calculer la masse de saccharose contenue dans un sucre de volume $V = 1{,}00\ cm^3$.
2. Calculer le nombre de molécules de saccharose contenues dans ce sucre.

EXERCICES D'ENTRAÎNEMENT

4 RÉSISTANCE THERMIQUE ★★ | 10 min | ▸ P. 258

La résistance thermique d'une vitre de surface $S = 1{,}0\ \text{m}^2$ est mesurée et vaut $R = 5{,}0 \times 10^{-3}\ °\text{C} \cdot \text{W}^{-1}$. Les températures intérieur/extérieur de la vitre sont $T_1 = 10{,}0\ °\text{C}$ et $T_2 = 5{,}0\ °\text{C}$.

1. Convertir la résistance thermique en $\text{K} \cdot \text{W}^{-1}$.
2. Calculer le flux de chaleur φ à travers la vitre.
3. Pour les mêmes températures, on mesure le flux thermique au travers d'un mur de brique de surface $S = 1{,}0\ \text{m}^2$: $\varphi = 10\ \text{W}$. En déduire la valeur de la résistance thermique du mur.
4. Des deux surfaces, quelle est la plus isolante thermiquement ?

5 CHALEUR REÇUE PAR UN LIQUIDE ★★ | 15 min | ▸ P. 258

On considère une masse $m = 1{,}4\ \text{kg}$ d'eau dont la température initiale est $T_\text{i} = 15\ °\text{C}$. On introduit le liquide dans un récipient adiabatique en même temps qu'un conducteur ohmique de résistance $R = 1\,000\ \Omega$. On branche un générateur de tension continue aux bornes de R.
Un courant d'intensité $I = 0{,}90\ \text{A}$ circule dans le circuit pendant un temps $\Delta t = 10\ \text{min}$.

L'eau liquide a une capacité thermique $c = 4{,}18\ \text{kJ} \cdot \text{kg}^{-1} \cdot °\text{C}^{-1}$.

1. Que signifie le terme « adiabatique » ?
2. Comment s'exprime la puissance dissipée par le conducteur ohmique ? Calculer sa valeur numérique.
3. Déduire de la question précédente l'expression de l'énergie E totale dissipée par la résistance. Calculer sa valeur numérique.
4. Exprimer la chaleur Q reçue par l'eau en fonction de la masse m, de la capacité thermique c de l'eau et d'une différence de température.
5. Calculer la température finale T_f de l'eau.

6 BILAN ÉNERGÉTIQUE ★★★ | 15 min | ▸ P. 258

On met en contact, dans un calorimètre parfaitement isolé thermiquement, $m_1 = 1{,}0\ \text{kg}$ de fer et $m_2 = 1{,}0\ \text{kg}$ d'aluminium. Leurs capacités thermiques massiques respectives sont notées C_1 et C_2. La température initiale du fer est $T_1 = 50\ °\text{C}$ et celle de l'aluminium $T_2 = 40\ °\text{C}$. Il n'y a pas d'échange de travail avec le milieu extérieur.

1. Quel est le système étudié ?
2. Le système est-il isolé ou fermé ?
3. Faire un bilan énergétique, et exprimer la variation d'énergie interne du système.
4. En divisant le système en deux sous-systèmes bien choisis, faire un bilan énergétique.
5. Exprimer la température finale T_f du système $\{$aluminium + fer$\}$ en fonction de T_1, T_2, C_1, C_2, m_1 et m_2.
6. Calculer numériquement T_f.

Données. Capacités thermiques des corps usuels :

Corps condensé	Capacité thermique massique $(J \cdot kg^{-1} \cdot K^{-1})$
Eau liquide	4 180
Eau glace	2 100
Fer	460
Aluminium	895

EXERCICES D'APPROFONDISSEMENT

7 LE DOUBLE VITRAGE

★★★ 25 min ▸ P. 259

Un double vitrage de surface $S = 1{,}0\ m^2$ est constitué de 2 plaques de verre d'épaisseur $e_1 = 4{,}0\ mm$, séparées par une couche d'air d'épaisseur $e_2 = 12{,}0\ mm$.

La conductivité thermique λ_1 du verre vaut $0{,}70\ W \cdot m^{-1} \cdot °C^{-1}$ et celle de l'air $\lambda_2 = 0{,}025\ W \cdot m^{-1} \cdot °C^{-1}$.

Les températures extrêmes de part et d'autre du double vitrage sont différentes de 5,0 °C.

On admet que la résistance thermique d'un matériau d'épaisseur e, de surface S et de conductivité λ peut s'exprimer comme $R = \dfrac{e}{\lambda S}$.

1. Que peut-on dire de la résistance thermique totale ? Comment l'écrire ? Calculer sa valeur numérique.
2. Calculer le flux thermique φ_1 passant au travers du double vitrage.
3. Comparer le flux φ_1 traversant le double vitrage à φ_2, celui qui traverse une vitre unique d'épaisseur $e = 4{,}0\ mm$, si la différence de température extérieur/intérieur est toujours de 5,0 °C.
4. Calculer le rapport $\dfrac{\varphi_2}{\varphi_1}$ et justifier l'intérêt thermique d'un double vitrage.

5. En reprenant le cas du double vitrage, tracer le profil des températures en fonction de la distance x à la face interne de la première vitre.

Lorsque des matériaux différents sont mis les uns derrière les autres (cas du double vitrage) les résistances thermiques s'ajoutent.

8 MOUVEMENT BROWNIEN ET MESURE DE LA CONSTANTE D'AVOGADRO

★★★ | 25 min | ▸ P. 260

Le mouvement brownien fut découvert par le botaniste R. Brown au XIXe siècle. Il a observé au microscope le mouvement aléatoire de minuscules particules (des grains de pollen) en suspension dans un liquide.

De façon plus générale, le mouvement brownien est associé au déplacement aléatoire de particules en suspension dans un liquide. C'est une preuve indirecte de l'existence des atomes et molécules, puisqu'on peut interpréter ce mouvement en disant que les petites molécules composant le liquide viennent frapper de tous côtés les particules en suspension (plus grosses donc visibles) ce qui leur donne un mouvement aléatoire (sans direction déterminée) microscopique.

Le physicien Jean Perrin a réalisé un test expérimental sur la théorie du mouvement brownien d'Albert Einstein. Cela lui a permis de mesurer le nombre d'Avogadro précisément et lui a valu le prix Nobel en 1926.

La théorie du mouvement brownien d'Einstein conduit à la formule du nombre d'Avogadro : $N_A = \dfrac{\Delta t}{R \times \lambda_x^2} \times K$ où Δt est l'intervalle de temps pendant lequel on observe le mouvement, K une constante (dépendant en fait de la température T et de la viscosité du liquide), R le rayon des particules browniennes et λ_x^2 le déplacement quadratique moyen, selon une direction notée x, de la particule pendant l'intervalle de temps Δt.

Dans les conditions de l'expérience, $K \approx 2{,}325 \times 10^{11}\ \text{cm}^3 \cdot \text{s}^{-1} \cdot \text{mol}^{-1}$.

La figure suivante montre le suivi de 3 particules dans un plan (Oxy) pendant Δt. Chaque point représente la position d'une particule à un instant donné. Une division sur l'enregistrement représente une longueur de $3{,}125\ \mu\text{m}$. Le rayon R d'une particule vaut $0{,}52\ \mu\text{m}$.

On peut, à partir de cet enregistrement, mesurer le déplacement quadratique moyen λ_x^2 : pour cela on doit mesurer la distance parcourue par la particule entre 2 points consécutifs (on relève la distance qui sépare 2 points consécutifs sur le maillage), puis on élève cette distance au carré. Il suffit ensuite de faire la moyenne de ces carrés (en divisant par 2 pour des raisons de géométrie plane).

Voir aussi l'article (en anglais) : www.chem13news.uwaterloo.ca/issues/339/may06_2006_page_14.pdf.

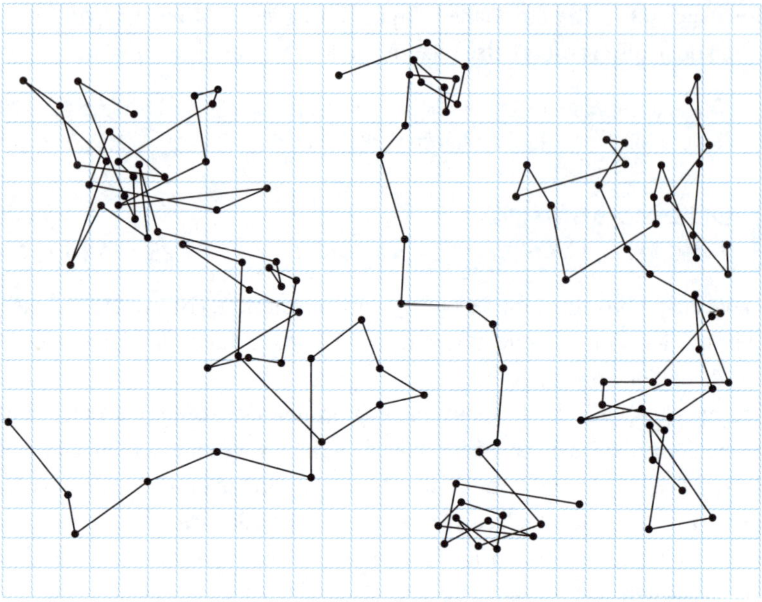

Voici les résultats obtenus par Jean Perrin, pour des valeurs de Δt différentes et 50 particules browniennes à chaque fois :

Durée de la mesure Δt (en s)	Déplacement quadratique moyen (en cm²)	N_A (en mol⁻¹)
30	19×10^{-8}	
60	$40{,}5 \times 10^{-8}$	
90	$59{,}5 \times 10^{-8}$	
120	85×10^{-8}	

1. En utilisant les données du texte, calculer les valeurs de N_A pour chaque valeur de Δt. Compléter le tableau.

2. Les valeurs sont proches les unes des autres, que peut-on en conclure ?

3. Calculer la moyenne des valeurs obtenues de la constante d'Avogadro.

4. Calculer les différences relatives en %, par rapport à la valeur officielle de N_A.

5. Justifier la dimension de la constante K.

CONTRÔLE

9 EXPÉRIENCE DE JOULE BILAN ÉNERGÉTIQUE

★★★ 25 min ▸ P. 260

On introduit dans un tube, placé dans un calorimètre parfaitement calorifugé, un volume $V = 5{,}0\ \text{ml}$ d'éther. Un petite palette mobile plonge dans le liquide, elle permet en tournant de lui donner du travail que l'on considérera intégralement converti en chaleur.

La palette est mise en mouvement par un fil lié à une masse $M = 2{,}0\ \text{kg}$ qui descend sous l'effet de son poids. La hauteur maximale de chute est $h = 2{,}0\ \text{m}$.

Un thermomètre permet de mesurer les changements de température du liquide, initialement à $T_\text{i} = 15{,}0\ °\text{C}$. On constate expérimentalement que la température du liquide augmente au cours du mouvement.

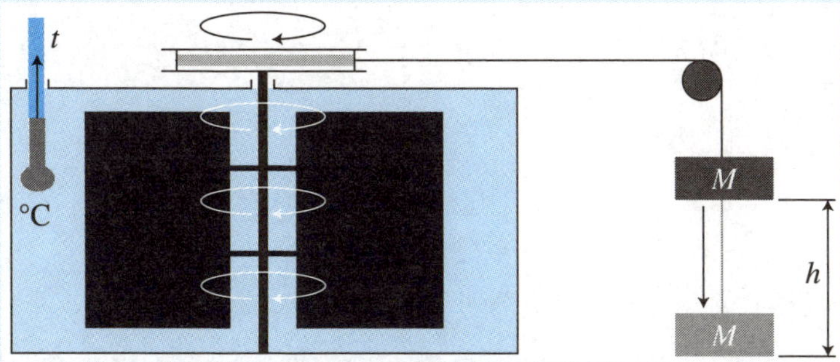

1. Exprimer l'énergie potentielle de pesanteur E_p en fonction de la cote z de la masse M.

Quel choix d'origine des potentiels faites-vous ?

2. Si on néglige tous les frottements, quel est le travail W que la masse en descente va transmettre au liquide ?

3. Comment interprétez-vous l'augmentation de température de l'éther ?

4. En faisant un bilan d'énergie, exprimer ΔU, la variation d'énergie interne de l'éther à l'issue de la descente de la masse.

5. Exprimer la chaleur reçue par l'éther Q en fonction de la température finale T_f et de T_i.

6. Calculer T_f, la température finale attendue.

7. On mesure en fait $T_\text{f} = 18{,}2\ °\text{C}$. Expliquer la différence avec la valeur théorique.

Données.

On prendra $g = 10\ m/s^2$.

On donne dans le tableau suivant les principales propriétés de l'éther (éther diéthylique) :

Température de fusion T_{fusion}	−116 °C
Température d'ébullition $T_{ébullition}$	+35 °C
Capacité thermique C	$2\,260\ J \cdot kg^{-1} \cdot °C^{-1}$
Solubilité dans l'eau s	69 g/L à 20 °C
Masse volumique ρ	0,714 g/cm^3 à 20 °C

CORRIGÉS

1 1. Réponses **a.** et **b.** C'est le rayonnement que nous percevons en s'approchant des flammes, mais c'est la convection de l'air chaud qui permet de réchauffer la pièce rapidement.

2. Réponse **b.** La résistance thermique augmente avec l'épaisseur traversée, elle est donc supérieure dans le cas du double vitrage à sa valeur dans le cas d'une vitre simple. Le choix des matériaux est, bien sûr, aussi important.

3. Réponse **a.** Par convention, le travail W reçu par le système est positif, il est négatif si le système donne du travail au milieu extérieur. Le système gaz est comprimé, il reçoit donc du travail.

4. Réponse **b.** Le moteur convertit la chaleur Q de l'explosion (énergie microscopique) en travail W (énergie macroscopique), mais les pertes (et le second principe de la thermodynamique, voir l'année prochaine) font que seule une partie de la chaleur produite est utilisée pour le travail.

5. Réponse **b.** La chaleur Q transfère de l'énergie microscopique du corps chaud vers le corps froid. L'énergie microscopique du corps froid augmente donc, et celle du corps chaud diminue.

2 1. Puisqu'il s'agit de marcher sur les charbons de bois, le transfert de chaleur se fera lors du contact entre la plante des pieds et le charbon. C'est donc le phénomène de conduction qui est le plus important.

2. Le marcheur perçoit le rayonnement en particulier au niveau du visage (c'est d'ailleurs ce qui peut le faire reculer), mais la chaleur transférée sera très inférieure à celle mis en œuvre lors de la conduction.

3. La conductivité thermique s'exprime en $W \cdot m^{-1} \cdot K^{-1}$. Elle représente la plus ou moins grande capacité que possède un matériau de transmettre rapidement la chaleur à un autre corps par contact direct.

4. Le tableau de données indique que la conductivité du cuivre est 7 000 fois plus importante que celle du charbon de bois. La valeur faible de la conductivité du charbon de bois implique que si le marcheur pose et relève rapidement le pied, celui-ci n'aura pas le temps de s'échauffer jusqu'à la brûlure. Par contre la marche sur le cuivre « cuirait » le pied au premier contact.

5. La capacité thermique massique mesure la quantité de chaleur que doit céder ou absorber un corps de masse unité pour que sa température varie d'un degré. Elle s'exprime en $J \cdot kg^{-1} \cdot °C^{-1}$.

6. Comme la capacité thermique massique du charbon de bois est faible par rapport à celle du cuivre, cela signifie qu'il « contient » peu de chaleur. Le contact avec le pied du marcheur ne permettra qu'un transfert modeste d'énergie. Comme on peut considérer que le pied est surtout fait d'eau, de grande capacité thermique, cela implique que la température du pied n'augmentera que peu lors du contact avec les braises. Par contre, la marche sur le cuivre est impossible étant donné la grande capacité thermique massique de ce métal.

7. En conclusion, la marche sur les braises est (théoriquement) possible, car les braises ont une mauvaise conductivité thermique et une faible capacité thermique massique. Les risques de brûlures sont bien réels, mais essentiellement parce que des braises peuvent rester coincées entre les doigts de pieds : l'argument de rapidité n'est alors plus valable, et même la mauvaise conductivité n'empêchera plus le marcheur de se brûler.

3 1. La masse de saccharose est simplement $m = \rho V = 1{,}59$ g.
2. On déduit le nombre de molécules de saccharose dans un sucre de 1,00 cm³ :

$$N = \frac{mN_\text{A}}{M} = \frac{1{,}59 \times 6{,}022 \times 10^{23}}{342{,}3} = 2{,}80 \times 10^{21}.$$

4 1. Comme la résistance thermique se définit par $R = \dfrac{T_1 - T_2}{\varphi}$, la valeur de R ne change pas que T soit en kelvins ou en degrés Celcius.
Donc $R = 5{,}0 \times 10^{-3}\ \text{K} \cdot \text{W}^{-1}$.
2. On déduit de la définition de la résistance thermique que $\varphi = \dfrac{\Delta T}{R}$.
Soit $\varphi = \dfrac{5{,}0}{5{,}0 \times 10^{-3}} = 1\,000$ W.
3. La résistance thermique du mur est $R = \dfrac{T_1 - T_2}{\varphi} = \dfrac{5{,}0}{10} = 0{,}5\ °\text{C} \cdot \text{W}^{-1}$.
4. La résistance thermique du mur est plus importante que celle de la vitre, pour une même surface, donc le mur est un meilleur isolant thermique.

5 1. Adiabatique est un adjectif signifiant : sans échange de chaleur entre le système étudié et le milieu extérieur.
2. La puissance électrique s'écrit :

$$P = RI^2 \text{ et vaut } P = 1\,000 \times 0{,}90^2 = 810 \text{ W}.$$

3. On sait que $E = P\Delta t$, soit une énergie dissipée en $\Delta t = 10$ min :

$$E = 810 \times 10 \times 60 = 486 \text{ kJ}.$$

4. Si on néglige les pertes d'énergie, la totalité de la chaleur dissipée par effet Joule est transférée à l'eau, soit $E = Q = mc(T_\text{f} - T_\text{i})$.
5. On déduit la température finale :

$$T_\text{f} = T_\text{i} + \frac{E}{mc} = 15 + \frac{486}{1{,}4 \times 4{,}18} = 98{,}0\ °\text{C}.$$

6 1. Le système étudié (noté S) est constitué de l'ensemble des 2 masses solides : {fer + aluminium}.
2. Le système S est isolé, car il n'échange pas de chaleur (parfaitement calorifugé) et n'échange pas de travail par hypothèse.
3. Le bilan donne $\Delta U = 0$.
4. On peut diviser le système S en deux sous-systèmes : S_1 (fer) et S_2 (aluminium). Dans ce cas, la variation d'énergie interne totale du système S s'écrit :

$$\Delta U = 0 = \Delta U_1 + \Delta U_2.$$

Par ailleurs, les deux sous-systèmes S_1 et S_2 peuvent échanger entre eux de la chaleur : on les note Q_1 et Q_2 (mais pas de travail).
On a $Q_1 = m_1 C_1 (T_f - T_1)$ et $Q_2 = m_2 C_2 (T_f - T_2)$.

Soit donc : $Q_1 + Q_2 = m_1 C_1 (T_f - T_1) + m_2 C_2 (T_f - T_2) = 0$.

5. La formule précédente donne :

$$T_f = \frac{m_1 C_1 T_1 + m_2 C_2 T_2}{m_1 C_1 + m_2 C_2}.$$

6. Numériquement on trouve : $T_f = 43{,}4\ °C$.

7 **1.** On sait que les résistances thermiques s'ajoutent lorsque les matériaux sont placés les uns derrière les autres (montage « série ») :

$$R = \frac{e_1}{\lambda_1 S} + \frac{e_2}{\lambda_2 S} + \frac{e_1}{\lambda_1 S} = 2 \times \frac{4{,}0 \times 10^{-3}}{0{,}70 \times 1{,}0} + \frac{12{,}0 \times 10^{-3}}{0{,}025 \times 1{,}0} = 0{,}49\ \text{K} \cdot \text{W}^{-1}.$$

2. On utilise la relation $R = \dfrac{T_1 - T_2}{\varphi}$. Le flux φ_1 est donc :

$$\varphi_1 = \frac{T_1 - T_2}{R} = \frac{5{,}0}{0{,}49} = 10{,}2\ \text{W}.$$

3. Pour une vitre seule la résistance thermique s'écrit :

$$R = \frac{e}{\lambda_1 S} = \frac{4{,}0 \times 10^{-3}}{0{,}70 \times 1{,}0} = 0{,}0057\ \text{K} \cdot \text{W}^{-1}.$$

Le flux vaut alors $\varphi_2 = \dfrac{T_1 - T_2}{R} = \dfrac{5{,}0}{0{,}0057} = 880\ \text{W}$.

4. Le rapport des flux vaut donc : $\dfrac{\varphi_2}{\varphi_1} = 86$. Le double vitrage permet donc de réduire le flux thermique vers l'extérieur d'un facteur 86, d'où son intérêt pour l'isolation thermique.

5. On peut tracer le profil suivant :

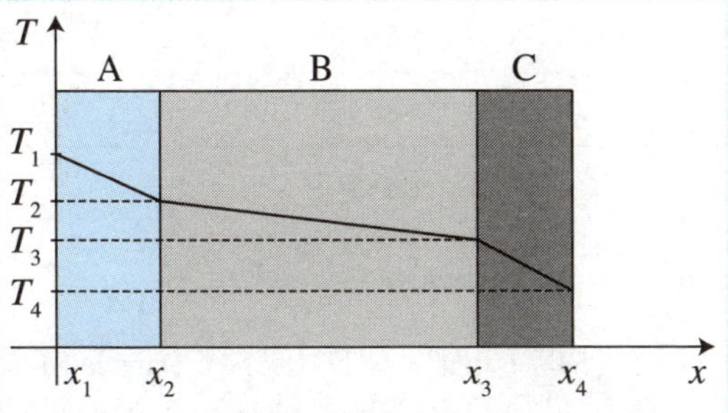

A est la vitre intérieure, B la couche d'air et C la vitre extérieure.
La face intérieure est à la température T_1 (côté gauche de A), la face extérieure à la température T_4 (côté droit de C) : $T_1 - T_4 = 5{,}0\ °C$. Les températures intermédiaires T_2 et T_3 ne sont pas connues.

8 1. On calcule la valeur de N_A dans le cas $\Delta t = 30$ s :

$$N_A = \frac{30 \times 2,325 \times 10^{11}}{0,52 \times 10^{-4} \times 19 \times 10^{-8}} = 7,06 \times 10^{23}\ \text{mol}^{-1}.$$

Attention ! Les longueurs sont exprimées en centimètres.

On complète de façon similaire le tableau :

Durée de la mesure Δt (en s)	Déplacement quadratique moyen (en cm^2)	N_A (en mol^{-1})
30	19×10^{-8}	$7,1 \times 10^{23}$
60	$40,5 \times 10^{-8}$	$6,6 \times 10^{23}$
90	$59,5 \times 10^{-8}$	$6,8 \times 10^{23}$
120	85×10^{-8}	$6,3 \times 10^{23}$

2. Le déplacement quadratique moyen dépend forcément du temps, le fait que le quotient du temps de mesure par ce déplacement soit à peu près constant valide la théorie d'Einstein. Cela a permis de mesurer pour la première fois assez précisément la constante d'Avogadro.

3. La moyenne obtenue est $N_A \approx 6,7 \times 10^{23}\ \text{mol}^{-1}$.

4. La valeur officielle de N_A est $6,022 \times 10^{23}\ \text{mol}^{-1}$ ce qui donne les variations suivantes :

Durée de la mesure Δt (en s)	N_A (en mol^{-1})	Écart à la valeur officielle de N_A (en %)
30	$7,1 \times 10^{23}$	18 %
60	$6,6 \times 10^{23}$	9,6 %
90	$6,8 \times 10^{23}$	13 %
120	$6,3 \times 10^{23}$	4,6 %

5. On fait l'étude dimensionnelle de $K = \dfrac{N_A R \lambda_x^2}{\Delta t}$.

On voit que $[K] = [N_A][R][\lambda_x^2][\Delta t]^{-1} = N^{-1}L^3T^{-1}$. Dans le SI, K est exprimé en $m^3 \cdot s^{-1} \cdot mol^{-1}$.

9 1. On sait que l'énergie potentielle de pesanteur s'écrit $E_p = Mgz$, une origine des potentiels étant choisie sur l'axe vertical (Oz). On fait le choix de l'origine au point le plus bas atteint par la masse M : la valeur maximum de l'énergie sera Mgh (au début du mouvement), la valeur minimum 0 (à la fin du mouvement).

2. La descente de la masse entraîne le mouvement de la palette : l'énergie potentielle de pesanteur est intégralement transformée en travail W, si les frottements sont négligés : $W = Mgh$.

3. L'éther reçoit le travail (transfert d'énergie macroscopique) W, ce qui va élever la température du liquide (énergie microscopique).

4. Le système {éther} est fermé, il reçoit du travail (palette en mouvement) et ne peut recevoir de chaleur du milieu extérieur car il est placé dans un calorimètre parfaitement calorifugé. On écrit donc le bilan énergétique :

$$\Delta U = W = Mgh.$$

5. Le travail reçu étant converti en chaleur :

$$Q = mC(T_\mathrm{f} - T_\mathrm{i}) = Mgh.$$

(Attention ! m représente la masse de liquide.)

6. On a donc :

$$T_\mathrm{f} = T_\mathrm{i} + \frac{Mgh}{mC} = T_\mathrm{i} + \frac{Mgh}{\rho VC}.$$

Soit finalement $T_\mathrm{f} = 15{,}0 + \dfrac{2{,}0 \times 10 \times 2{,}0}{0{,}714 \times 10^{-3} \times 5{,}0 \times 2\,260} = 20{,}0\ °\mathrm{C}$.

7. Il y a nécessairement des frottements mécaniques et peut-être aussi des fuites thermiques qui font que les mesures donnent une température un peu inférieure à celle calculée.

11 Transferts quantiques d'énergie Dualité onde-particule

I LE LASER

1. Émission et absorption quantiques

■ Les niveaux d'énergie des atomes sont **quantifiés**, c'est-à-dire qu'ils ne peuvent prendre que certaines valeurs discrètes permises par les lois de la physique quantique.

■ Les différents états des électrons de l'atome sont repérés par un nombre quantique, appelé **nombre quantique principal *n***, qui est un entier strictement positif. L'énergie d'un atome est donnée par la répartition de ses électrons sur les différentes couches (ou niveaux d'énergie) associées chacune à un nombre quantique principal n bien déterminé.

On dit aussi que l'électron est sur une **orbitale** donnée, et tout changement d'orbitale implique un échange d'énergie spécifique.

■ Un atome peut donc :

• **Absorber** un photon dont l'énergie correspond à une transition électronique permise entre la couche basse n (initial) et la couche haute n' (final) :

$$E_{\text{photon}} = h\upsilon = E_{n'\,(\text{final})} - E_{n\,(\text{initial})} > 0.$$

où υ est la fréquence du photon (particule ou quantum de lumière, exprimée en Hz).

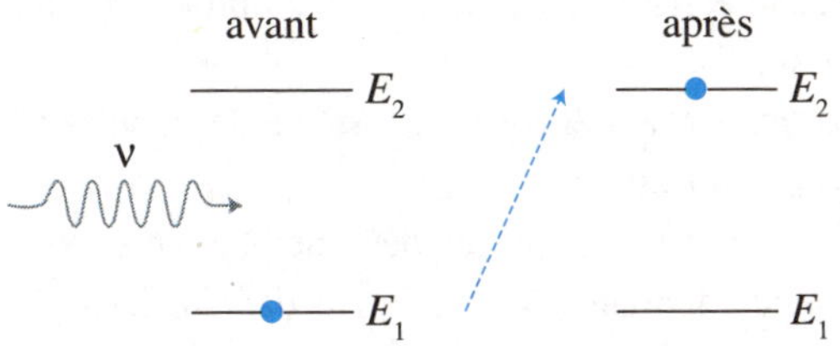

Absorption d'un photon d'énergie $E = E_2 - E_1$

• **Émettre spontanément** un photon dont l'énergie correspond à la transition de l'état n (initial) à l'état n' (final) (avec $n > n'$) : le photon émis aura alors l'énergie $E_{\text{photon}} = E_n - E_{n'} > 0$.

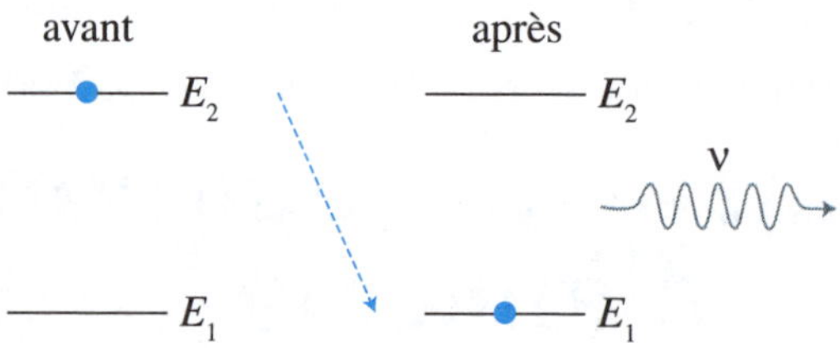

Émission spontanée d'un photon d'énergie $E = E_2 - E_1$

• **Émettre un photon de manière stimulée**, sous l'action d'un photon déjà présent, dont l'énergie correspond à la transition de l'état n (initial) à l'état n' (final) (avec $n > n'$) : $E_{\text{photon}} = E_n - E_{n'} > 0$.

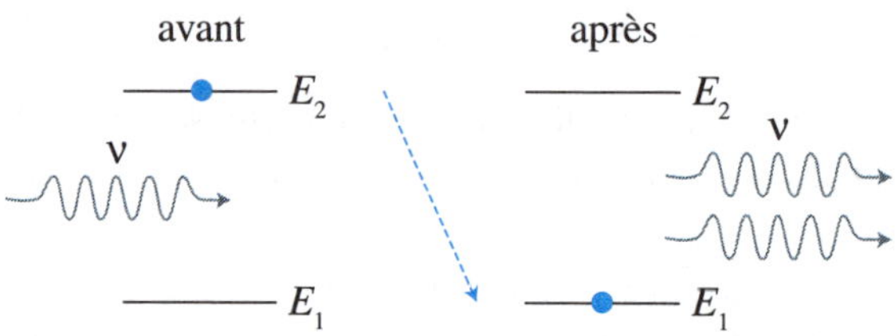

Émission stimulée d'un photon d'énergie $E = E_2 - E_1$ sous l'action d'un photon de même énergie déjà présent

2. Pompage optique, principe du laser

On peut utiliser l'émission stimulée pour amplifier un faisceau lumineux, c'est le principe sur lequel est bâti le laser.

On peut schématiser le laser de la façon suivante :

■ On suppose que dans une cavité on dispose d'une population d'atomes possédant 2 états énergétiques seulement (haut et bas), pour simplifier. Naturellement les atomes seront majoritairement dans l'état bas (état de plus basse énergie), une petite minorité étant dans l'état haut. On peut cependant **inverser** le rapport entre les populations haute et basse, de sorte qu'il y ait plus d'atomes dans l'état haut que dans l'état bas.

Pour cela on doit donner de l'énergie au système des atomes : c'est ce que l'on appelle le **pompage optique**.

■ Une fois cette inversion réalisée, le phénomène d'émission stimulée est possible pour un nombre important d'atomes (ceux de l'état haut). L'émission stimulée est donc favorisée par l'inversion de population dans la cavité laser, puisqu'un photon aura plus de chance de stimuler l'émission d'un autre photon identique (transition haut → bas) que d'être absorbé par un atome lors de la transition bas → haut.

■ Le laser fonctionne comme un amplificateur de lumière par émission stimulée. On peut le considérer comme une cavité contenant une majorité d'atomes dans l'état haut (grâce au pompage optique), et fermée par des miroirs (dont l'un est semi-réfléchissant, pour permettre à la lumière de sortir). Si un photon est émis par émission spontanée, il va permettre l'émission stimulée d'autres photons semblables : c'est **l'amplification**.

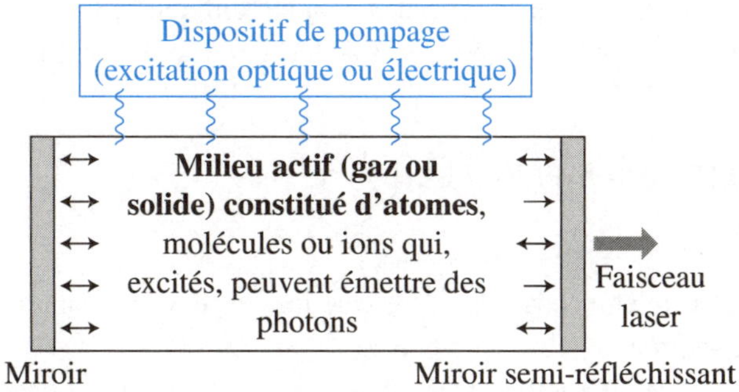

3. Caractéristiques de la lumière laser

■ Le laser émet une lumière quasi **monochromatique** et **cohérente**, dont le faisceau est **directif**. Les lasers usuels émettent une longueur d'onde unique (monochromaticité) comprise entre 10 nm et 100 µm. L'angle d'ouverture du faisceau lumineux est étroit, on parle donc de directivité de l'émission. La cohérence est une propriété caractéristique des lasers, on se contentera de dire que les ondes lumineuses émises par le laser sont toutes en phase.

■ Certains lasers (dits à impulsions) émettent une énergie E pendant un temps Δt très court, de l'ordre de la femtoseconde $\left(10^{-15}\text{ s}\right)$. Comme la puissance est obtenue en faisant le quotient de l'énergie émise par le temps de l'impulsion, on peut obtenir une valeur de puissance très importante, de l'ordre du térawatt $\left(1\text{ TW} = 10^{12}\text{ W}\right)$: cette puissance est supérieure à celle d'une centrale électrique, mais bien sûr l'énergie produite est comparativement très faible.

On distingue les lasers femtosecondes, picosecondes (émettant de la lumière par brèves bouffées de quelques picosecondes, 10^{-12} s) ou continus.

4. Les applications du laser

■ Les propriétés de **directivité** et de **puissance** des lasers sont utilisées :

- dans le milieu industriel pour réaliser des soudures point par point sur métal, ou bien pour des opération de découpe de précision sur du métal, du plastique ou du tissu ;
- en médecine (microchirurgie) comme bistouri : par exemple la rectification de la cornée pour certaines affections oculaires ;
- en métrologie, pour mesurer des distances de façon très précise : laser de télémétrie pour étudier la distance Terre-Lune par exemple ;

- en physique des plasmas, on espère réaliser la fusion des noyaux d'hydrogène à l'aide de lasers de très forte puissance.

■ Les propriétés de **monochromaticité** et de **cohérence** sont utilisées :

- pour la transmission d'information par fibre optique (la monochromaticité assure que l'indice de réfraction de la fibre soit unique) ;
- pour obtenir des images 3D appelées hologrammes (ce qui n'a rien à voir avec la 3D au cinéma, qui utilise un procédé tout à fait différent) ;
- pour la lecture des informations codées de façon binaire sur un CD ou un DVD réfléchissant.

II DUALITÉ ONDE-PARTICULE

1. Le cas de la lumière

■ La lumière peut être considérée dans certaines expériences comme **une onde électromagnétique.**

L'expérience de la **diffraction** de la lumière d'un laser par une ouverture en est un exemple :

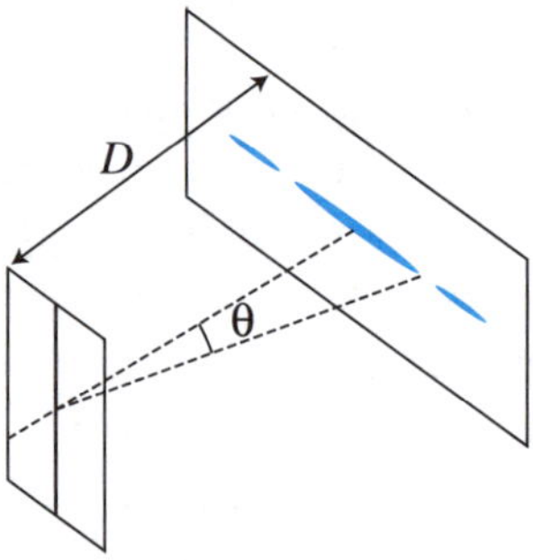

Le laser émet une lumière monochromatique de longueur d'onde λ qui passe au travers d'une fente verticale de largeur ε. On observe sur l'écran situé à la distance D une série de taches lumineuses horizontales, la tache centrale a une taille $d = \dfrac{2\lambda D}{\varepsilon}$.

Remarquons aussi le demi-angle d'ouverture : $\theta = \dfrac{d}{2D}$.

■ D'autres expériences avec la lumière ne sont interprétables que si on la considère comme composée de particules (les **quanta**) que l'on appelle des photons.

L'effet photoélectrique se met en évidence en portant à une certaine différence de potentiel U une anode et une cathode dans une ampoule à vide. Si on laisse cette ampoule dans le noir, l'ampèremètre branché aux bornes de l'ampoule ne détecte aucun courant.

Si on éclaire l'ampoule avec une lumière monochromatique de longueur d'onde supérieure à un certain seuil λ_0 (par exemple une lumière rouge), l'ampèremètre ne détecte aucun courant, et ce, **quelque soit l'intensité du faisceau lumineux.**

Si par contre on éclaire l'ampoule avec un faisceau monochromatique de longueur d'onde inférieure à λ_0 cette fois on peut mesurer le passage d'un courant, dont l'intensité est proportionnelle à l'intensité lumineuse.
Le seuil mis en évidence ne peut être expliqué par l'interprétation ondulatoire. On doit donc considérer la lumière, dans cette expérience, comme faite de particules nommées photons, d'énergie $\boldsymbol{E = h\upsilon = \frac{hc}{\lambda}}$ où h est la constante de Planck. Si les photons ont une énergie suffisante (au-dessus du seuil), ils arrachent les électrons à l'anode et on mesure un courant, s'ils n'ont pas l'énergie suffisante (en dessous du seuil) on ne détecte pas de courant. S'il y a peu de photons dans le faisceau mais qu'ils ont une énergie suffisante, le courant sera petit mais non nul.
La nature corpusculaire de la lumière explique donc à la fois l'effet de seuil et le fait qu'au-delà du seuil l'intensité du courant dépend de l'intensité du faisceau lumineux.

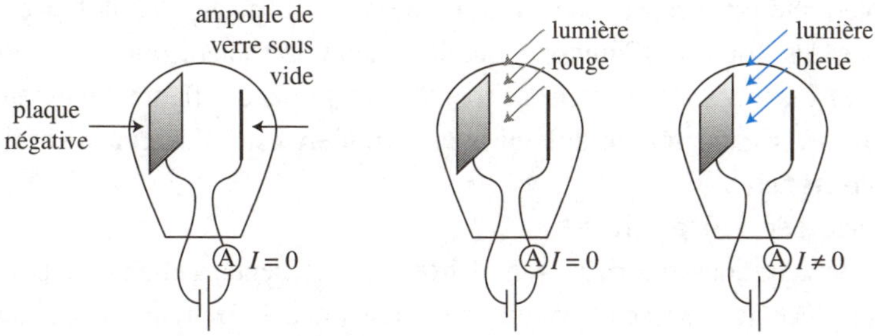

■ En conclusion, la lumière présente à la fois une nature ondulatoire (qui explique la diffraction) et une nature corpusculaire (qui explique l'effet photoélectrique) : on dit qu'il y **dualité onde-particule**.

2. Généralisation aux autres particules Relation de de Broglie

■ Dans les années 1920, le physicien Louis de Broglie à étendu la dualité onde-particule de la lumière à toutes les « particules » microscopiques : électrons, neutrons, protons, etc.

■ Cela revient à affirmer que la matière corpusculaire a aussi un comportement ondulatoire, et que l'on peut associer à chaque particule une longueur d'onde caractéristique λ selon la relation :

$$p = \frac{h}{\lambda}$$

où p est la quantité de mouvement de la particule.

■ Rappelons que si la particule n'est pas relativiste (vitesse v faible devant la vitesse de la lumière c), alors $p = mv$, m étant la masse de la particule et v sa vitesse.

3. Une preuve expérimentale de la dualité onde/particule

■ Interférences lumineuses

On peut créer une figure d'interférence sur un écran distant de *D* en faisant passer un faisceau laser de lumière monochromatique au travers de 2 trous ou fentes séparés d'une distance *d*. On observa une figure caractéristique dite d'interférence, composée de bandes alternativement sombres et lumineuses.

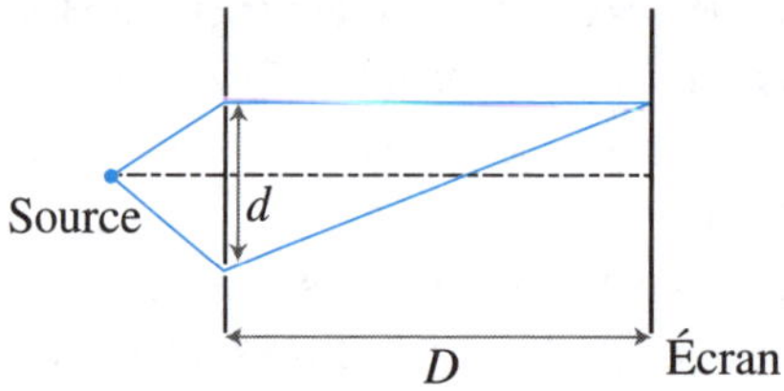

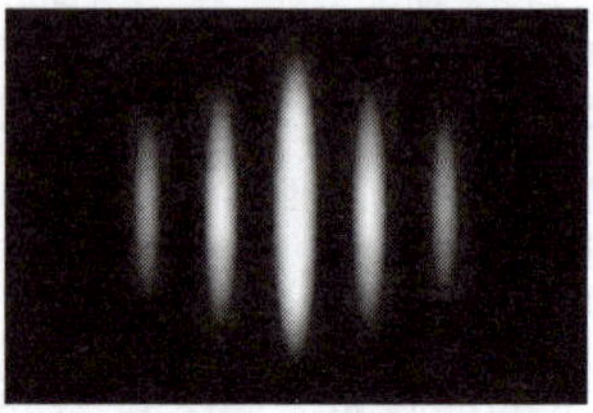

On interprète cette expérience en disant qu'il y a diffraction de la lumière par chacune des 2 fentes d'Young, et que le résultat de l'interaction de la lumière issue des 2 sources secondaires que sont les fentes donne la figure d'interférence. En résumé, **le caractère ondulatoire de la lumière est à l'origine de la figure d'interférence.**

■ Interférences de particules.

On peut réaliser des expériences similaires à la précédente, au moins en principe, en remplaçant le faisceau de photons par un faisceau d'électrons ou de neutrons. L'observation des franges d'interférences met en évidence le caractère ondulatoire des électrons et des neutrons.

Il y a donc **dualité onde-particule de la matière.**

■ Interférences particule par particule

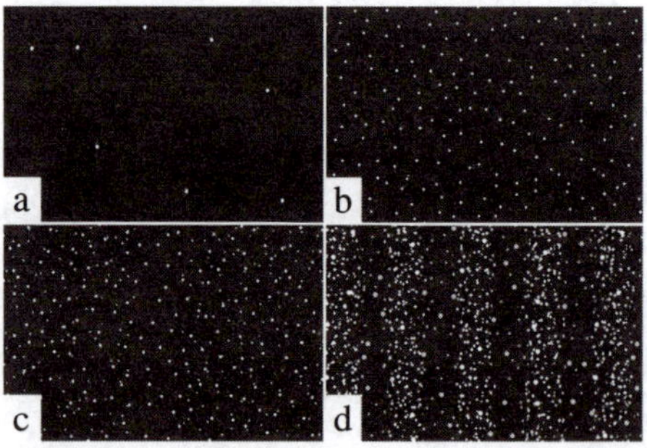

On peut reprendre l'expérience d'interférences d'Young en émettant les photons (ou les électrons) un par un en direction de l'écran via les fentes. Petit à petit on voit se former au cours du temps les franges habituelles d'interférences (de **a** à **d** le temps augmente). On ne peut interpréter cette expérience en considérant la nature corpusculaire des photons ou électrons, il s'agit donc bien d'une vérification de la nature ondulatoire de ces particules.

■ Il faut retenir qu'au niveau microscopique, ce que l'on appelle particule (photon, électron, neutron, proton…) présente un double comportement :

- ondes (donc avec une certaine **extension spatiale**) dans certaines expériences ;
- particules (donc **localisées ponctuellement**) dans d'autres.

Cela n'est pas antinomique mais correspond au fait que nos modèles macroscopiques peinent à décrire le monde microscopique.

Cet état de fait implique qu'on ne peut connaître avec précision la position d'un électron par exemple, puisque d'un point de vue ondulatoire il présente une certaine extension spatiale : celle de l'onde !

Les spécialistes du monde microscopique (de la mécanique dite quantique) introduisent donc **la notion centrale de probabilité dans tous les phénomènes microscopiques**. La réalité du monde microscopique ou quantique est donc de nature probabiliste.

SAVOIR-FAIRE

1. Passer des fréquences aux longueurs d'ondes

Il faut connaître les relations liant longueur d'onde, fréquence et période :

- Longueur d'onde – fréquence :

$$\lambda = \frac{c}{\upsilon}$$

où λ est la longueur d'onde en m, υ la fréquence en Hz, et c la vitesse de la lumière en m/s.

- Longueur d'onde – période :

$$\lambda = cT$$

où λ est la longueur d'onde en m, T la période en s et c la vitesse de la lumière en m/s.

2. Calculer énergie et puissance dans le cas d'un faisceau laser monochromatique

- L'énergie E_{p} d'un photon de fréquence υ vaut :

$$E_{\text{p}} = h\upsilon = \frac{hc}{\lambda}, \quad \text{où } h \text{ est la constante de Planck.}$$

- Relation entre l'énergie E d'un faisceau laser et l'énergie E_{p} d'un photon :

$$E = N \cdot E_{\text{p}},$$

où N est le nombre de photons dans le faisceau d'énergie E.

EXEMPLE : Calculer le nombre de photons émis par un laser de puissance $P = 5{,}0$ W qui émet pendant $\tau = 10{,}0$ ns une lumière de longueur d'onde $\lambda = 550$ nm.

L'énergie E du faisceau laser est $E = P\tau$ et s'écrit aussi :

$$E = NE_{\text{p}} = N\frac{hc}{\lambda}.$$

Soit finalement : $N = \dfrac{P\tau\lambda}{hc} = 1{,}4 \times 10^{11}$ photons.

3. Utiliser une unité d'énergie adaptée aux particules

On définit l'unité d'énergie électronvolt (eV) comme : $1 \text{ eV} = 1{,}6 \times 10^{-19}$ J. Cette unité (qui ne fait partie du Système international) est adaptée aux énergies habituelles des particules.

Les multiples sont :

$1 \text{ keV} = 1\,000 \text{ eV}$;

$1 \text{ MeV} = 10^6 \text{ eV}$;

$1 \text{ GeV} = 10^9 \text{ eV}$.

EXERCICES D'APPLICATION

Données

Pour tous les exercices on pourra utiliser les valeurs suivantes :

- Vitesse de la lumière $c = 299\,792\,458$ m/s ≈ 300 000 km/s.
- Constante de Planck : $h = 6{,}62 \times 10^{-34}$ J/s.
- Électronvolt : 1 eV $= 1{,}60 \times 10^{-19}$ J.

1 LUMIÈRE ET ONDES (QCM) | ★ | 10 min | ▸ P. 277

1. la lumière visible a une longueur d'onde comprise entre :

a. 400 nm et 700 nm ;

b. 400 µm et 700 µm ;

c. 400 mm et 700 mm.

2. Un laser émet une lumière :

a. polychromatique ;

b. monochromatique.

3. Un laser émet une lumière :

a. continue dans le temps ;

b. par impulsions.

4. La diffraction de la lumière est un phénomène qui prouve :

a. la nature corpusculaire de la lumière ;

b. la nature ondulatoire de la lumière.

5. le microscope électronique illustre le comportement :

a. ondulatoire des électrons ;

b. corpusculaire des électrons.

EXERCICES D'ENTRAÎNEMENT

2 LASER NÉODYME | ★★ | 10 min | ▸ P. 277

Un laser à impulsion néodyme utilise une transition de l'ion néodyme Nd^{3+}. Les photons émis sont tous d'énergie $E = 1{,}17$ eV. Le laser fournit une puissance $P = 1{,}0 \times 10^{13}$ W.

1. Calculer la longueur d'onde λ de la lumière émise en µm.

2. Dans quel domaine est situé cette lumière ?

3. Si l'impulsion laser dure $\tau = 3{,}0$ ns, calculer le nombre N de photons émis lors de chaque impulsion, pour la puissance P.

On peut utiliser le fait que la puissance P du faisceau lumineux est reliée à l'énergie émise E pendant le temps τ par : $E = P \cdot \tau$.

3 IMPULSION LASER | ★ | 5 min | ▸ P. 277

Un laser à impulsion émet une lumière monochromatique de longueur d'onde $\lambda = 9{,}6\ \mu\text{m}$ pendant $\tau = 0{,}10$ ns, avec une puissance $P = 2\,000$ GW.

1. Calculer l'énergie d'un photon en eV.
2. Calculer le nombre N de photons émis à chaque impulsion.

L'électronvolt est une unité d'énergie que l'on doit convertir en joules.

4 LONGUEUR D'ONDE ASSOCIÉE À UN ÉLECTRON | ★★ | 10 min | ▸ P. 277

On fait l'hypothèse que les électrons de cet exercice ont un comportement newtonien, ce qui signifie qu'ils ne sont pas dans le domaine relativiste.
On rappelle que l'électronvolt (eV) est une unité de mesure de l'énergie adaptée aux valeurs microscopiques : $1\ \text{eV} = 1{,}6 \times 10^{-19}$ J.
On étudie un canon à électron qui projette des électrons monocinétiques d'énergie $E_C = 5{,}00$ keV.

1. Exprimer leur énergie cinétique E_C en joules.
2. Exprimer leur quantité de mouvement p en fonction de E_C et m, la masse d'un électron (hypothèse newtonienne).
3. En appliquant la relation de de Broglie, calculer leur longueur d'onde associée.

Donnée. La masse d'un électron est $m = 9{,}11 \times 10^{-31}$ kg.

EXERCICES D'APPROFONDISSEMENT

5 TÉLÉMÉTRIE LASER | ★★ | 20 min | ▸ P. 278

Un télémètre est équipé d'un laser qui permet de déterminer la distance le séparant d'une cible réfléchissante. La lumière émise effectue un aller vers la cible, un retour vers le télémètre et est captée par ce dernier. Le télémètre est donc constitué du laser, d'un capteur de lumière et d'un chronomètre mesurant le temps séparant l'émission de la réception.
On utilisera la valeur $c = 299\,792\,458$ m/s.

1. Si la distance séparant le télémètre de l'objet est $l = 100{,}0$ m, calculer τ, le temps séparant l'émission de la réception du signal.

2. L'appareil indique en fait une distance $l = 100{,}02$ m. Si on tient compte de la précision sur l, quelle est la précision (nombre de chiffres significatifs) sur la mesure de τ ? Calculer l'erreur relative sur τ.

6 ÉNERGIE D'UN LASER

★★★ 20 min ▸ P. 278

On veut couper une plaque d'aluminium d'épaisseur $e = 15{,}0$ mm avec un laser continu de puissance $P = 5{,}00$ kW. Le laser permet de couper cette plaque à la vitesse de $v = 15{,}0$ mm/s. les tables montrent que la chaleur Q nécessaire pour vaporiser 1,00 kg d'aluminium est $Q = 13{,}0$ MJ. La masse volumique de l'aluminium est $\rho = 2{,}71$ g/cm^3.

1. Calculer l'énergie E nécessaire pour couper une plaque d'aluminium de longueur $L = 1{,}0$ m et d'épaisseur e.

2. En supposant que toute l'énergie du laser sert à la découpe, calculer la masse m de métal vaporisé lors de la découpe de la plaque d'épaisseur e.

3. Calculer la largeur l du trait de découpe.

7 NATURE ONDULATOIRE D'UN FAISCEAU DE NEUTRONS

★★★ 15 min ▸ P. 278

On dispose de neutrons de températures données $T_1 = 30$ K, $T_2 = 300$ K et $T_3 = 3\,000$ K. On associe aux neutrons une énergie cinétique microscopique donnée par : $E_C = \frac{3}{2}kT$, où k est la constante de Boltzmann.

1. Exprimer la quantité de mouvement p des neutrons en fonction de T, k et m, leur masse.

2. En déduire les longueurs d'onde de de Broglie associées.

3. Si on se sert des ces neutrons pour analyser la matière, quel faisceau privilégier si l'on veut sonder la matière au niveau atomique ?

Données.

- Masse du neutron : $m = 1{,}675 \times 10^{-27}$ kg.
- Constante de Boltzmann : $k = 1{,}38 \times 10^{-23}$ SI.

8 PRINCIPE DU MICROSCOPE ÉLECTRONIQUE

★★★ 30 min ▸ P. 279

Le microscope électronique utilise un faisceau d'électrons qui « éclaire » une cible et en renvoie une image. Le pouvoir de résolution de ce type de microscope est très supérieur à un microscope optique, du fait de la petitesse des longueurs d'onde de de Broglie associées aux électrons. Un microscope optique peut grossir jusqu'à 2 000 fois, un microscope électronique jusqu'à 2 millions de fois.

Principe d'un microscope électronique

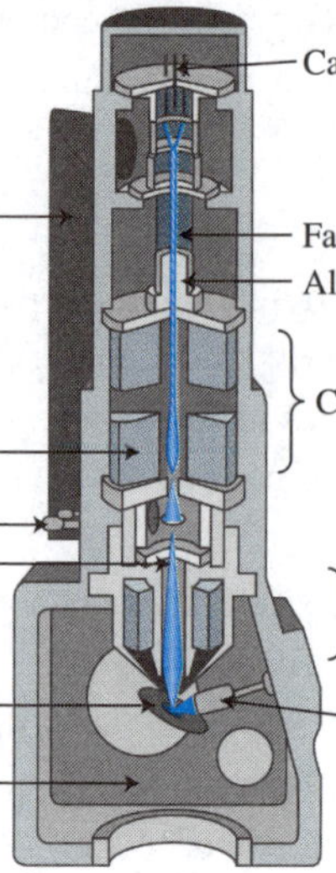

Un microscope électronique en transmission (voir figure ci-dessus) utilise une cathode de métal comme source d'électrons qui sont ensuite accélérés par une différence de potentiel de 0,1 à 2 kV.

Le faisceau d'électrons est ensuite condensé par une série de lentilles électrostatiques ou électromagnétiques et arrive ensuite sur la cible à étudier. Les électrons sont en partie diffusés par la cible, en partie transmis. Les électrons transportent ainsi une information sur l'échantillon à étudier.

L'image est alors enregistrée sur caméra CCD et traitée par un logiciel adapté.

Dans cet exercice on définit le grossissement G comme le rapport du plus petit objet observable à l'œil nu $(l = 1{,}0\ \text{mm})$ sur le plus petit objet (théoriquement) observable avec le microscope.

Données.

- Charge de l'électron : $q = 1{,}6 \times 10^{-19}$ C.
- Masse d'un électron : $m = 9{,}11 \times 10^{-31}$ kg.

1. On considère qu'à l'œil nu les plus petits objets visibles sont de taille minimale $l = 1{,}0$ mm. Comment peut-on justifier simplement qu'un microscope optique a un grossissement maximum d'environ 2 000 ?

2. Pourquoi doit-on mettre l'échantillon à observer dans le vide ? (Voir la figure.)

3. Sur la figure, à quoi servent les lentilles de mise au point et le condenseur ? Sont-elles en verre ?

4. On considère que l'énergie cinétique des électrons est donnée par la formule : $E_C = qV$, où V est la tension électrique accélératrice.

Compléter le tableau suivant :

V (kV)	0,1	0,5	1,0	1,5	2,0
E_C (J)					

5. En utilisant le tableau précédent et en supposant que la quantité de mouvement des électrons s'écrit $p = \sqrt{2mE_C}$, calculer les quantités de mouvement dans chacun des cas indiqués.

6. Calculer les longueurs d'onde de de Broglie dans chacun des cas précédents (en pm : $1\text{pm} = 10^{-12}$ m).

7. En tenant compte des valeurs de longueurs d'onde trouvées, justifier les valeurs de grossissement du microscope électronique indiquées dans le texte.

CONTRÔLE

9 LA FUSION DE L'HYDROGÈNE

★★ | 20 min | ▸ P. 280

Parmi toutes les voies explorées pour arriver à contrôler la fusion nucléaire de l'hydrogène, l'une des plus prometteuses est celle qui utilise des lasers de forte puissance, de type nanoseconde ou femtoseconde. En effet la lumière exerce une pression de radiation sur l'hydrogène (en fait du deutérium), ce qui peut amener à la fusion si on dispose de l'énergie suffisante.

On étudie ici un dispositif comportant 8 lasers nanosecondes chacun de puissance $P = 10$ GW émettant de façon synchrone pendant une durée $\tau = 1{,}0$ ns sur une microbille d'hydrogène de masse $m = 1{,}0\ \mu$g.

Données.

- Masse molaire du deutérium : $M = 2{,}014$ g/mol.
- Constante de Boltzmann : $k = 1{,}38 \times 10^{-23}$ SI.
- Nombre d'Avogadro : $N_A = 6{,}02 \times 10^{23}\ \text{mol}^{-1}$.

1. Calculer l'énergie E reçue par la bille, si on considère qu'il n'y a aucune perte lors d'une impulsion de l'ensemble des lasers.

2. Justifier le fait que la microbille contienne des molécules D_2 (D est le symbole du deutérium).

3. Les molécules de la cible sont au départ à l'état solide et subissent une sublimation, une dissociation de D_2 en 2 atomes D, une ionisation totale et une élévation de température des noyaux lors de l'irradiation par les lasers. On ne tient compte dans cette question que de l'élévation de température, les autres phénomènes nécessitant des énergies que l'on néglige.

a. Calculer le nombre N de noyaux de deutérium dans la cible.

b. On admet que chaque noyau a une énergie qui dépend de sa température sous la forme : $\varepsilon = \frac{3}{2}kT$.

Calculer la température T des noyaux après l'impulsion des lasers.

c. Sachant que la fusion n'est possible qu'à partir de $T = 10^8$ K, quelle devrait être l'ordre de grandeur de la puissance des lasers pour la permettre ?

CORRIGÉS

1 1. Réponse **a.** 400 nm correspond à une longueur d'onde dans le bleu violet et 700 nm dans le rouge.
2. Réponse **b.** Les lasers émettent une lumière monochromatique.
3. Réponses **a.** et **b.** Les deux types de lasers existent.
4. Réponse **b.** La diffraction met en évidence le caractère ondulatoire de la lumière.
5. Réponse **a.** Le microscope électronique met en évidence le comportement ondulatoire des électrons.

2 1. Les photons sont d'énergie $E = \dfrac{hc}{\lambda}$, soit :

$$\lambda = \frac{hc}{E} = \frac{6{,}62\times10^{-34}\times3{,}00\times10^{8}}{1{,}17\times1{,}60\times10^{-19}} = 1{,}06\ \mu\text{m} = 1\,060\ \text{nm}.$$

2. La longueur d'onde des photons est supérieure à 700 nm, il s'agit d'une lumière infrarouge.
3. On relie l'énergie d'une impulsion laser à l'énergie E des photons, à la puissance P et à la durée τ de l'impulsion :

$$E_{\text{laser}} = P\tau = NE, \quad \text{où } N \text{ est le nombre de photons par impulsion.}$$

Soit $N = \dfrac{P\tau}{E} = \dfrac{1{,}0\times10^{13}\times3{,}0\times10^{-9}}{1{,}17\times1{,}6\times10^{-19}} = 1{,}6\times10^{23}$ photons.

3 1. Un photon est d'énergie $E = \dfrac{hc}{\lambda}$, soit :

$$E = \frac{6{,}62\times10^{-34}\times3\times10^{8}}{9{,}6\times10^{-6}} = 2{,}07\times10^{-20}\ \text{J}.$$

En électronvolts : $E = \dfrac{2{,}07\times10^{-20}}{1{,}6\times10^{-19}} = 0{,}13$ eV.

2. L'énergie d'une impulsion laser s'écrit :

$$E_{\tau\ \text{laser}} = P\tau = NE$$

où N est le nombre de photons par impulsion et E est l'énergie d'un photon.

On a donc : $N = \dfrac{P\tau}{E} = \dfrac{2\,000\times10^{9}\times0{,}10\times10^{-9}}{2{,}07\times10^{-20}} = 9{,}7\times10^{21}$ photons.

4 1. Les électrons sont tous d'énergie :

$$E_{\text{C}} = 5\,000\times1{,}6\times10^{-19} = 8{,}0\times10^{-16}\ \text{J}.$$

2. On peut écrire $E_{\text{C}} = \dfrac{p^2}{2m}$ soit $p = \sqrt{2mE_{\text{C}}}$.

3. La relation de de Broglie donne :

$$\lambda = \frac{h}{p} = \frac{h}{\sqrt{2mE_{\text{C}}}} = \frac{6{,}62\times10^{-34}}{\sqrt{2\times9{,}11\times10^{-31}\times8{,}0\times10^{-16}}} = 0{,}017\ \text{nm}.$$

5 **1.** La distance aller-retour parcourue vaut $2l = c \cdot \tau$ soit :

$$\tau = \frac{2l}{c} = \frac{200{,}0}{299\,792\,458} = 6{,}671 \times 10^{-7} \text{ s} = 0{,}6671\,\mu\text{s}.$$

(On donne le résultat avec 4 chiffres significatifs.)

2. La distance l est connue avec 5 chiffres significatifs. L'incertitude sur l est de $\varepsilon = 0{,}01$ m (1 unité sur le dernier chiffre de la mesure), ce qui indique que l'incertitude sur τ est : $\varepsilon(\tau) = \frac{2\varepsilon}{c} \approx 7 \times 10^{-11}$ s soit 7×10^{-5} µs.

La mesure de τ est donc précise à 0,000 07 µs, soit en recalculant τ avec la valeur l plus précise :

$$\tau = \frac{2l}{c} = \frac{200{,}04}{299\,792\,458} = 6{,}6726 \times 10^{-7} \text{ s} = 0{,}667\,26\,\mu\text{s}.$$

Soit $\tau = 0{,}667\,26 \pm 0{,}000\,07\,\mu\text{s}$.

L'incertitude relative est donc : $\frac{\varepsilon(\tau)}{\tau} \approx 1 \times 10^{-4} = 0{,}01\,\%$.

6 **1.** On calcule le temps nécessaire à la découpe : $t = \frac{L}{v} = \frac{1{,}0 \times 10^3}{15{,}0} = 67$ s.

L'énergie E nécessaire (en supposant qu'il n'y a pas de pertes énergétiques) est :

$$E = P \cdot t = 5{,}00 \times 10^3 \times 67 = 3{,}3 \times 10^5 \text{ J}.$$

2. Q étant l'énergie nécessaire pour vaporiser 1 kg d'aluminium, l'énergie pour vaporiser une masse m d'aluminium est $E = mQ$. On obtient :

$$m = 0{,}026 \text{ kg} = 26 \text{ g}.$$

3. De la question précédente on déduit le volume d'aluminium vaporisé :

$$V = \frac{m}{\rho} = \frac{26}{2{,}71} = 9{,}5 \text{ cm}^3.$$

Comme $V = L \times l \times e$ on calcule la largeur du trait de découpe :

$$l = \frac{V}{L \cdot e} = \frac{9{,}5}{1{,}0 \times 10^2 \times 1{,}50} = 0{,}063 \text{ cm} = 630\,\mu\text{m}.$$

7 **1.** Les neutrons sont d'énergie $E = \frac{3}{2}kT = \frac{p^2}{2m}$.

On déduit leur quantité de mouvement : $p = \sqrt{3kmT}$.

2. La longueur d'onde de de Broglie des neutrons est définie par $p = \frac{h}{\lambda}$ d'où finalement : $\lambda = \frac{h}{\sqrt{3kmT}}$.

Numériquement, on obtient les longueurs d'ondes de de Broglie pour les trois températures de neutrons :

$$\lambda_1 = 0{,}46 \text{ nm} ; \quad \lambda_2 = 0{,}145 \text{ nm} \quad \text{et} \quad \lambda_3 = 0{,}0459 \text{ nm}.$$

3. Les atomes ont une taille approximative de 0,1 nm (ou encore 1 Å), ce qui montre qu'un faisceau de neutrons de longueur d'onde λ_2 sera adapté pour sonder au niveau atomique, ce qui correspond à la température $T_2 = 300\ K$.

8 **1.** La longueur d'onde du faisceau incident (que ce soit de la lumière ou des électrons) donne la taille minimale (en réalité la taille minimale acceptable est très supérieure à cette valeur) des détails que l'on peut espérer voir sur la cible à étudier. La lumière visible a une longueur d'onde comprise entre 400 nm et 750 nm. Cela signifie que la résolution maximale est au mieux de 400 nm avec un microscope optique. Si on considère qu'à l'œil nu le plus petit objet visible est de taille 1,0 mm, cela signifie que le microscope optique permet au maximum un grossissement $G = \dfrac{1{,}0 \times 10^{-3}}{400 \times 10^{-9}} = 2\,500$. Cela confirme la valeur annoncée de 2 000.

2. Si les électrons rencontrent de la matière sur leur parcours (avant la cible) ils seront absorbés ou diffusés, ce qui rend le microscope non opérationnel.

3. Les lentilles de mise au point et le condenseur permettent de focaliser le faisceau d'électrons. Elles ne sont bien sûr pas en verre, mais créent un champ électromagnétique ou électrostatique focalisateur (auquel sont sensibles les électrons).

4. On complète le tableau :

V (kV)	0,1	0,5	1,0	1,5	2,0
E_C (J)	$1{,}6\times10^{-17}$	$8{,}0\times10^{-17}$	$1{,}6\times10^{-16}$	$2{,}4\times10^{-16}$	$3{,}2\times10^{-16}$

5. Avec la formule $p = \sqrt{2mE_C}$ on calcule les quantités de mouvement :

V (kV)	0,1	0,5	1,0	1,5	2,0
p (kg · m · s^{-1})	$5{,}4\times10^{-24}$	$1{,}2\times10^{-23}$	$1{,}7\times10^{-23}$	$2{,}1\times10^{-23}$	$2{,}4\times10^{-23}$

6. La longueur d'onde de de Broglie s'écrit $\lambda = \dfrac{h}{p}$, d'où les valeurs en picomètres (pm) :

V (kV)	0,1	0,5	1,0	1,5	2,0
λ (pm)	123	55	39	32	27

7. En utilisant le raisonnement de la question **1.**, on montre que les détails les plus fins observables ont une taille de 28 pm, soit un grossissement :

$$G = \frac{10^{-3}}{28 \times 10^{-12}} = 36 \times 10^{6}.$$

G vaut donc environ 35 millions.

L'ordre de grandeur réel est plutôt de l'ordre de quelques millions. Nous avons défini le grossissement de façon très grossière, et de plus nous n'avons pas tenu compte des effets relativistes subis par les électrons (vitesse non négligeable devant c, la vitesse de la lumière).

9 1. l'énergie développée par les 8 lasers s'écrit :

$$E = 8\,P\tau = 80\text{ J}.$$

2. Le deutérium est un isotope de l'hydrogène. Puisqu'on trouve naturellement l'hydrogène sous la forme moléculaire H_2, le deutérium forme lui aussi la molécule D_2.

3. a. La cible de masse m est composée de $n = \dfrac{m}{2M}$ mol de D_2, soit :

$$n = \frac{1{,}0\times10^{-6}}{2\times2{,}014} = 2{,}5\times10^{-7}\text{ mol}.$$

Cela correspond à un nombre de noyaux de deutérium :

$$N = 2nN_A = 3{,}0\times10^{17}\text{ noyaux}.$$

b. Chaque noyau reçoit une énergie $\varepsilon = \dfrac{E}{N} = 2{,}7\times10^{-16}$ J.

La température atteinte est donc : $T = \dfrac{2\varepsilon}{3k} = 1{,}3\times10^{7}$ K.

c. Comme $T < 10^8$ K, la fusion n'est pas possible, chaque laser doit avoir au minimum une puissance P' égale à :

$$P' = \frac{E'}{8\tau} = \frac{N\times\frac{3}{2}kT}{8\tau} = \frac{3{,}0\times10^{17}\times\frac{3}{2}\times1{,}38\times10^{-23}\times10^{8}}{8{,}0\times10^{-9}}$$

$$= 7{,}8\times10^{10}\text{ J} = 78\text{ GW}.$$

Agir

12 Gérer les ressources et l'environnement

I LES APPORTS DE LA PHYSIQUE-CHIMIE À L'ENVIRONNEMENT

Le XIXe siècle est celui de la révolution industrielle rendue possible notamment grâce à l'évolution des techniques et de la physique. Le XXe siècle, lui, bénéficie pleinement des avancées de la chimie.
Les apports les plus notables pour l'environnement sont dans les domaines :
- de la création moléculaire (notamment en chimie organique) ;
- du contrôle et de la mesure ;
- de la gestion des ressources et de l'énergie.

Les synthèses et stratégies en chimie organique seront traitées dans le chapitre 13.

II ENJEUX ÉNERGÉTIQUES ET RESSOURCES

1. Différentes formes d'énergie

■ **L'énergie** est un concept physique essentiel mais il est très difficile d'en donner une définition ; nous nous contenterons de dire qu'il s'agit d'une grandeur qui permet de faire évoluer un système.
■ Par contre, on connaît et il faut savoir identifier les **principales formes** qu'elle peut prendre :
- énergie mécanique (cinétique, potentielle élastique ou potentielle de pesanteur) ;
- énergie de masse (en physique nucléaire) ;
- énergie chimique ;
- énergie thermique ;
- énergie électrique…

■ Dans la vie quotidienne, il y a trois pôles principaux de consommation d'énergie : les transports, le chauffage et l'électricité.

2. Différentes sources d'énergie

■ **Les énergies fossiles** sont des substances extraites du sous-sol dont l'origine est très ancienne. Elles libèrent de l'énergie par combustion et représentent **environ 83 % de l'énergie consommée dans le monde** : elles sont donc très utilisées. Les principales sources d'énergie fossile sont : les pétroles (37 %), les charbons (23 %) et les gaz naturels (23 %).

Les énergies fossiles dégagent toutes du CO_2 donc augmentent l'effet de serre et accélèrent le réchauffement climatique. Elles sont de plus en quantité limitée (50 à 100 ans de pétrole et de gaz naturel, 400 ans pour le charbon). La fossilisation est un processus très lent qui a progressivement minéralisé les squelettes, coquillages et végétaux qui vivaient au temps préhistoriques. Mais ces processus géologiques lents se sont aussi appliqués aux fonds marins où des forêts entières avaient été englouties.

■ **L'énergie nucléaire** : il s'agit de produire de l'énergie par fission du noyau d'uranium. L'énergie nucléaire est très condensée (1 g d'uranium permet de dégager autant d'énergie que 15 kg de pétrole) mais elle est difficile à maîtriser et engendre des déchets radioactifs.

■ **Les énergies renouvelables** : le soleil, le vent, la chaleur de la Terre, les chutes d'eau, les marées ou encore la croissance des végétaux permettent de fournir de l'énergie et n'engendrent pas ou peu de déchets ou d'émissions polluantes.

Les énergies renouvelables sont des formes d'énergies dont la consommation ne diminue pas la ressource à l'échelle humaine ; elles permettent donc un non-épuisement des ressources. Elles sont fournies par des flux énergétiques et non des stocks. Il s'agit du solaire (photovoltaïque ou thermique), de l'hydroélectricité, de l'éolien, de la biomasse, ou encore de la géothermie.

3. Principe du fonctionnement d'une centrale thermique

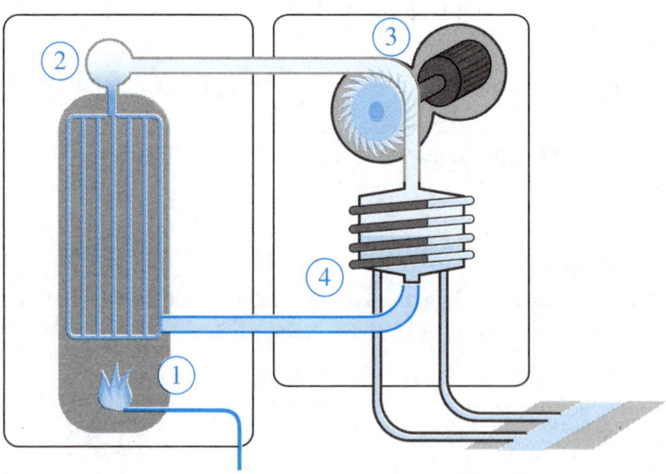

■ Une centrale thermique possède toujours une source de chaleur ①. Celle-ci permet de faire évaporer de l'eau ②. Le courant de vapeur créé va faire tourner une turbine ③. L'axe de la turbine est rattaché à l'alternateur dans lequel le mouvement du rotor génère un courant électrique. Il faut ensuite refroidir la vapeur à l'aide d'un circuit de refroidissement ④ pour pouvoir la condenser et de nouveau la chauffer.

■ Ce schéma est celui d'une centrale à flamme (charbon, fioul ou gaz naturel). Le principe est légèrement modifié pour une centrale nucléaire qui nécessite un deuxième circuit d'eau, et pour un dispositif géothermique qui ne nécessite pas de combustion.

■ Les centrales mécaniques, hydrauliques et éoliennes font tourner le rotor de l'alternateur directement avec les pales de l'éolienne ou la turbine dans laquelle passe l'eau.

III LA CHIMIE VERTE

■ En 1990, la publication du *Pollution Prevention Act* par l'administration Clinton aux États-Unis fut le déclencheur d'une réflexion dont l'aboutissement est le concept de *Green Chemistry*.

L'objectif de cette chimie verte est de limiter les déchets lors des synthèses chimiques et de rechercher l'usage de procédés moins polluants.

■ **Les 12 principes de la chimie verte**

1. Prévention
2. Économie d'atomes
3. Synthèses chimiques moins nocives
4. Conception de produits plus sécuritaires
5. Solvants et auxiliaires plus sécuritaires
6. Amélioration du rendement énergétique
7. Utilisation de matières premières renouvelables
8. Réduction de la quantité de produits dérivés
9. Catalyse
10. Conception de substances non-persistantes
11. Analyse en temps réel de la lutte contre la pollution
12. Chimie essentiellement sécuritaire afin de prévenir les accidents

■ Le deuxième principe introduit la notion d'économie d'atomes. Les synthèses doivent être conçues dans le but de maximiser l'incorporation des réactifs dans la fabrication du produit souhaité.

La notion traditionnelle de rendement ne suffit donc plus pour évaluer l'efficacité des procédés chimiques. De nouveaux indicateurs de l'efficacité des procédés ont alors été introduits :

- L'**utilisation atomique** ou économie d'atomes :

$$UA = \frac{\text{masse du produit désiré}}{\text{masse des produits obtenus}}.$$

COURS

On définit aussi le pourcentage d'utilisation atomique : %UA = UA × 100.

• Le « **facteur *E*** » est défini par :

$$E = \frac{\text{masse des déchets}}{\text{masse du produit désiré}}.$$

Un procédé sera donc d'autant plus efficace que son facteur *E* sera proche de 0 et que son utilisation atomique est proche de 1.

IV LES MESURES ET LES INSTRUMENTS DE MESURE EN CHIMIE

1. Le choix de la verrerie

■ Quel que soit le protocole expérimental suivi, il faut savoir quels sont les instruments de verrerie à employer.

■ Pour **mesurer un volume**, la verrerie de précision à utiliser est la pipette jaugée, la fiole jaugée et la burette.

Les pipettes graduées sont précises, mais ne servent qu'en l'absence de pipette jaugée pour mesurer le volume souhaité. L'éprouvette est d'une précision assez faible.

• Pour les dilutions et les dissolutions voir les savoir-faire **1** et **2**.

• Erlenmeyer et bécher ne doivent **jamais** être utilisés pour mesurer un volume.

2. Les appareils de mesure utilisés en chimie

■ **Le pH-mètre**

C'est l'appareil de mesure le plus employé en chimie. Un pH-mètre mesure le pH d'une solution, qui est une valeur comprise entre 0 et 14, et ce avec une précision de 0,1 unité de pH.

Le pH-mètre mesure directement la concentration des ions oxonium H_3O^+ : en effet $[H_3O^+] = 10^{-pH}$, et à 25 °C on a aussi $[HO^-] = 10^{14-pH}$.

■ **Le spectrophotomètre**

Le spectrophotomètre mesure l'**absorbance** d'une solution, c'est-à-dire sa capacité à absorber une onde lumineuse.

Cette absorbance dépend des **espèces chimiques** contenues dans la solution : seules les espèces colorées absorbent de la lumière visible. Pour une espèce chimique donnée de concentration *C*, l'absorbance *A* d'une solution, à la longueur d'onde λ utilisée, est proportionnelle à sa concentration *C*, et est donnée par la loi de **Beer-Lambert :**

$A(\lambda) = kC$	*A* est sans unité *k* s'exprime en $L \cdot mol^{-1}$ *C* s'exprime en $mol \cdot L^{-1}$

Remarque : k est une constante qui dépend de l'appareil. Elle est obtenue à partir de la courbe d'étalonnage.
S'il n'y a qu'une seule espèce colorée dans la solution, la mesure de l'absorbance donne directement sa concentration, à condition de connaître k.
Les espèces chimiques n'absorbent pas de la même façon toutes les longueurs d'ondes (A dépend de λ). Pour régler le spectrophotomètre, il faut toujours choisir la longueur d'onde pour laquelle A est maximale.

EXEMPLE : Le graphique ci-dessous représente l'absorbance d'une espèce chimique sur toutes les longueurs d'onde du spectre visible. La longueur d'onde pour laquelle A est maximale est ici 625 nm.

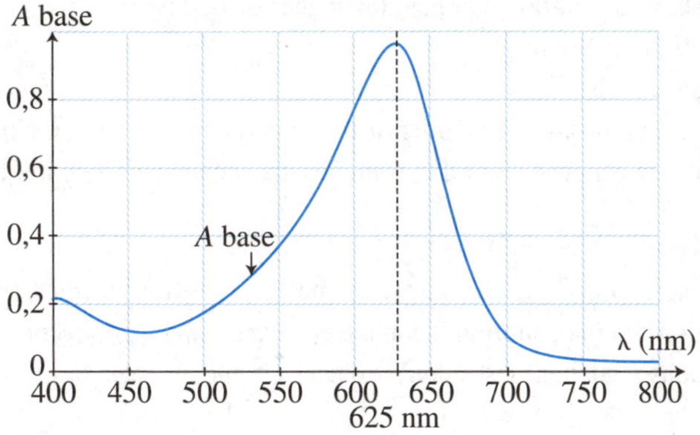

L'absorbance peut aussi être mesurée en dehors du spectre visible (infrarouge ou ultraviolet). Dans ce cas, les espèces absorbantes peuvent être incolores !

■ **Le conductimètre**

Le conductimètre mesure la **conductivité** (ou la conductance) d'une solution, c'est-à-dire sa capacité à conduire le courant.
La **loi de Kohlrausch** : $\sigma = kC$ signifie que la conductivité d'une espèce est proportionnelle à sa concentration.
Attention ! contrairement à l'absorbance, il faut **tenir compte de tous les ions** qui conduisent chacun une partie du courant et additionner chacune de ces contributions. On a donc :

$\sigma = \sum_i \lambda_i C_i$	σ en S/m λ_i est la conductivité molaire ionique en $S \cdot m^2 \cdot mol^{-1}$ C_i s'exprime en $mol \cdot m^{-3}$

Les concentrations dans cette formule sont à mettre en **mol/m³** !

Cette conductivité σ dépend donc de toutes les espèces chimiques en solution mais aussi précisément de la nature des ions et de leurs concentrations C_i.

EXEMPLE : La conductivité d'une solution d'acide chlorhydrique est :

$$\sigma_{\text{solution}} = \lambda_{[H_3O^+]} \times [H_3O^+] + \lambda_{[Cl^-]} \times [Cl^-].$$

Pour la conductance G d'une solution, on a alors :

$G = k\sigma$	G est en siemens (S) σ en S/m

IV LES DOSAGES

Le but d'un dosage est la **détermination de la concentration** d'une espèce contenue dans une solution. On peut distinguer deux types :

- les dosages par étalonnage ;
- les dosages directs.

Un **titrage** est un dosage particulier, il fait intervenir une réaction chimique. Le terme de dosage est plus général et n'impose pas une réaction chimique.

1. Dosage par étalonnage

■ L'étalonnage consiste à prendre une mesure (absorbance ou conductance) d'une solution de concentration inconnue et de la comparer, de façon rigoureuse, à des solutions contenant les mêmes espèces chimiques mais de concentrations connues.

On dresse alors un tableau de mesures contenant les absorbances (ou les conductances) des solutions et les concentrations correspondantes.

On dresse ensuite une **courbe d'étalonnage** à l'aide de laquelle on détermine la concentration inconnue.

Pour l'utilisation d'une courbe d'étalonnage, voir le savoir-faire **3**.

■ Pour que la loi soit simple (une droite, la plupart du temps) il faut n'avoir qu'une seule espèce colorée en solution pour l'absorbance, et avoir une solution « simple » (un seul cation et un seul anion) pour la conductance, ou conductivité.

2. Dosages directs

■ Il s'agit d'utiliser une réaction chimique pour consommer entièrement l'espèce de concentration inconnue.

Pour connaître la concentration d'une espèce en solution, on la fait réagir totalement puis on calcule combien il a fallu mettre de réactif pour cela. On pourra alors savoir combien il y avait de cette espèce.

Tous les dosages directs reposent sur cette idée. Seule la façon dont on visualise l'instant de l'équivalence change suivant le titrage.

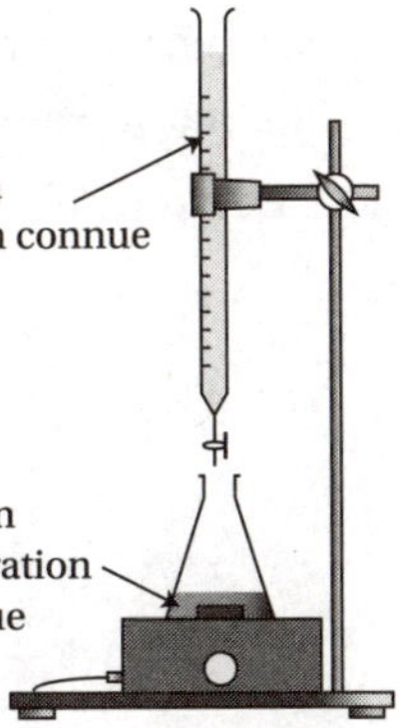

■ **Définition de l'équivalence :** à l'équivalence, les réactifs ont été introduits dans les proportions stœchiométriques.

■ Pour que cette technique fonctionne, il faut **obligatoirement** que la réaction du titrage soit :

- **rapide** (pour être pratique, on n'a pas à attendre plusieurs minutes entre chaque ajout) ;
- **totale** (sinon on ne pourrait pas savoir quelle proportion de réactif a réagit) ;
- **unique** (que l'ajout du titrant ne provoque pas d'autres réactions que celle du titrage).

Ce sont les trois caractéristiques d'une réaction de dosage.

3. Titrage colorimétrique

L'équivalence est repérée visuellement sans appareil de mesure par un changement de couleur de la solution (coloration ou décoloration).

- Soit l'un des réactifs est coloré.

Si l'espèce colorée est dans la solution titrée alors l'équivalence est repérée par la décoloration complète de la solution. Si l'espèce colorée est dans la solution titrante, l'équivalence est repérée par la coloration de la solution.

- Soit il n'y a aucun réactif coloré.

On ajoute alors un indicateur coloré qui change de couleur au « bon moment ». Pour choisir un indicateur coloré, il faut que le pH à l'équivalence soit compris dans la zone de virage de l'indicateur coloré.

L'indicateur coloré n'intervient jamais dans la réaction de titrage.

4. Titrage avec suivi pH-métrique

On utilise un pH-mètre pour déterminer l'équivalence lorsque la réaction modifie fortement le pH. On le fait lorsque des ions H_3O^+ ou HO^- (ou les deux) se trouvent dans les réactifs de la réaction de titrage.

À l'équivalence, il y aura donc une disparition complète de H_3O^+ ou de HO^- (ou des deux) et donc une brusque variation du pH : c'est le saut de pH.

EXEMPLE : Courbe de titrage avec suivi pH-métrique.

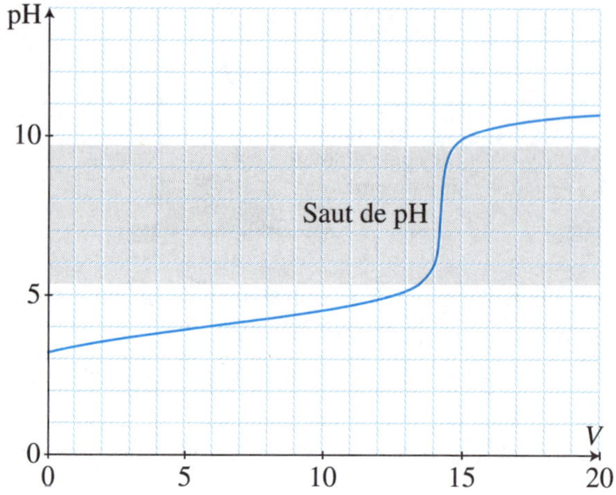

Deux méthodes permettent de déterminer le volume équivalent :

- la **méthode des tangentes ;**
- l'**extremum de la courbe dérivée.**

Voir les savoir-faire **5** et **6**.

5. Titrage avec suivi conductimétrique

On peut utiliser un conductimètre pour déterminer l'équivalence lorsque la réaction modifie la quantité et la nature des ions (porteurs de charge).
Si c'est le cas, on aura à l'équivalence un changement de la conduction du courant, donc de la conductivité de la solution. On verra donc sur le graphique un changement de pente.

Voir le savoir-faire **6** et l'exercice **6**.

6. Tableau d'avancement, calcul et exploitation de V_E

Étant donné que la quantité d'un des réactifs est inconnue (dans cet exemple, il s'agit de C_B), on écrit dans le tableau des valeurs algébriques et non simplement numériques.

Équation de la réaction		aA	+ bB	→ cC	+ dD
État du système	Avancement	Quantité de matière en mol			
État initial	0	$C_A V_A$	$C_B V_B$	0	0
État intermédiaire	x	$C_A V_A - ax$	$C_B V_B - bx$	cx	dx
État final	x_{max}	$C_A V_A - ax_{max}$	$C_B V_B - bx_{max}$	cx_{max}	dx_{max}

• **Avant l'équivalence** : on n'a pas encore ajouté suffisamment du réactif titrant A donc c'est lui le réactif en défaut et l'on a $C_A V_A - ax_{max} = 0$.
Après l'équivalence : on a trop ajouté du réactif titrant donc c'est le réactif titré B qui est en défaut et on a $C_B V_B - bx_{max} = 0$.
• **À l'équivalence** : par définition les réactifs sont introduits dans les proportions stœchiométriques :

$$\frac{C_A V_A}{a} = \frac{C_B V_B}{b}.$$

La quantité ajoutée de titrant consomme totalement la quantité, inconnue, de l'espèce titrée. Or si on est à l'équivalence alors le volume versé est V_E. On a donc $\frac{C_A V_E}{a} = \frac{C_B V_B}{b}$ et on peut alors trouver la concentration de l'espèce B :

$$C_B = \frac{b}{a} \times \frac{C_A V_E}{V_B}.$$

• Vous ne devez pas écrire directement cette formule, elle doit être déduite de la définition de l'équivalence.
• Pour une réaction acido-basique, les nombres stœchiométriques sont très souvent égaux à 1 donc la formule se simplifie : $C_B = \frac{C_A V_E}{V_B}$.
• Pour les réactions d'oxydoréduction par contre, les nombres stœchiométriques sont rarement égaux à 1, il ne faut donc pas les oublier !

SAVOIR-FAIRE

1. Écrire un protocole de dilution

Le principe de la dilution est simple : ajouter de l'eau distillée dans une solution déjà faite pour diminuer la concentration.
On attend dans les protocoles de dilution principalement **3 éléments** :

- **le nom des éléments de verrerie** à utiliser ;
- **les volumes** de ces éléments de verrerie (ce n'est pas « une fiole » mais « une fiole jaugée de 20 mL ») ;
- les **manipulations** à effectuer pour réaliser la dilution. Précisez éventuellement les précautions à prendre.

EXEMPLE : Préparer 50 mL d'une solution d'acide chlorhydrique en diluant par 10 une solution mère.

Il existe couramment des fioles de 10, 20, 50, 100, 200, 250, 500, 1 000 et 2 000 mL.

1. Une dilution se fait obligatoirement dans une fiole jaugée et le prélèvement de la solution mère avec une pipette, jaugée si le volume le permet, graduée sinon.
2. Il faut donc connaître le volume de la fiole : il suffit de regarder combien vous voulez fabriquer de la solution diluée.
Ici 50 mL donc la fiole doit être de 50 mL.
3. Il faut déterminer le volume de la pipette pour prélever la solution mère.
Tout l'acide prélevée dans la pipette se retrouve dans la solution fille. La quantité d'acide chlorhydrique (ici pour l'exemple) prélevée est :

$$n_{\text{sol. mère}} = C_{\text{sol. mère}} \times V_{\text{sol. mère}}.$$

Or dans la solution fille cette quantité sera la même (mais dans un plus grand volume d'eau). Donc, $n_{\text{sol. fille}} = C_{\text{sol. fille}} \times V_{\text{sol. fille}}$.
D'où $C_{\text{sol. fille}} \times V_{\text{sol. fille}} = C_{\text{sol. mère}} \times V_{\text{sol. mère}}$.

Le volume de la solution fille est le volume de la fiole, celui de la solution mère est celui de la pipette.

De plus « en diluant par 10 » signifie que la concentration de la solution fille est 10 fois plus petite que celle de la solution mère.
On a alors le volume de la pipette à utiliser :

$$V_{\text{sol. mère}} = \frac{C_{\text{sol. fille}} \times V_{\text{sol. fille}}}{C_{\text{sol. mère}}} = \frac{\frac{C_{\text{sol. mère}}}{10} \times V_{\text{sol. fille}}}{C_{\text{sol. mère}}} = \frac{V_{\text{sol. fille}}}{10}$$

$$= \frac{50}{10} = 5{,}0 \text{ mL}.$$

4. Il reste à décrire le protocole.

- En utilisant des gants et des lunettes de protection si la concentration de la solution est supérieure à 1 mol/L, on verse un peu de la solution mère dans un bécher de 20 mL.
- On prélève, à l'aide d'une pipette jaugée, 5,0 mL de la solution mère.
- On verse ces 5,0 mL dans une fiole jaugée de 50 mL, à moitié remplie d'eau distillée.
- On agite, en bouchant la fiole, pour homogénéiser.
- On complète la fiole jaugée jusqu'au trait de jauge avec de l'eau distillée.
- On agite en bouchant la fiole jaugée.

Entraînez-vous avec les exercices 6 et 7.

2. Écrire un protocole de dissolution

Le protocole de dissolution est plus simple que celui de la dilution.

EXEMPLE : Préparer 50 mL d'une solution de chlorure de sodium à 20 g/L.

- On pose une coupelle sur une balance.
- On tare la balance avec la coupelle vide (remise à zéro).
- On ajoute la masse souhaitée de chlorure de sodium dans la coupelle (ici $m_{\mathrm{NaCl}} = C_{\mathrm{m}} \times V = 20 \times 0,050 = 1,0$ g).
- On verse cette masse dans une fiole jaugée de 50 mL, à moitié remplie d'eau distillée.
- On agite, en bouchant la fiole, jusqu'à dissolution complète du chlorure de sodium.
- On complète la fiole jaugée jusqu'au trait de jauge avec de l'eau distillée.
- On agite en bouchant la fiole jaugée.

Entraînez-vous avec l'exercice 7.

3. Utiliser une courbe d'étalonnage

Voici des mesures d'absorbance de solutions contenant du diiode (jaune-orange). À partir de ce tableau de mesures, on trace la courbe, qui est ici une droite linéaire conformément à la loi de Beer-Lambert.

$[I_2]$	0	4×10^{-4}	8×10^{-4}	1×10^{-3}	2×10^{-3}	3×10^{-3}	4×10^{-3}
A	0	0,108	0,208	0,262	0,511	0,731	1,013

Ce graphique s'appelle une **droite d'étalonnage** ; il est fait à partir des mesures de solutions de concentrations connues (voir le tableau ci-dessus).

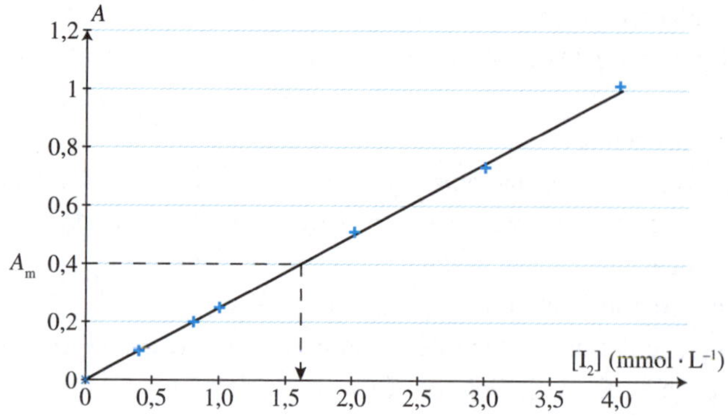

En physique-chimie, les coefficients directeurs ont souvent une unité car les axes en ont aussi une !

1. Pour déterminer une concentration inconnue, il faut tout d'abord mesurer au spectrophotomètre l'absorbance de cette solution de concentration inconnue (par exemple $A_m = 0,4$). Puis deux méthodes sont possibles.

2. **Graphiquement** : il suffit de reporter cette valeur de A sur l'ordonnée du graphique et de lire la valeur de la concentration en abscisse (en pointillé sur le graphique). On trouve ici $1,6 \times 10^{-3}$ mol/L.

3. **Par le calcul :** on trouve le coefficient directeur de la droite :

$$k = \frac{y_B - y_A}{x_B - x_A} = 248,9\left(S \cdot L \cdot mmol^{-1} \cdot m^{-1}\right).$$

Il faut ensuite se servir de la loi de Beer-Lambert :

$$[I_2] = \frac{A_m}{k} = \frac{0,4}{248,9} = 1,6 \times 10^{-3} \text{ mol/L}. \text{ Même résultat !}$$

4. Lire un énoncé de titrage

Un titrage est très souvent « annoncé » par une phrase type comme : « On dose 20 mL d'une solution aqueuse de X de concentration C_X **par** une solution aqueuse de Y de concentration $C_Y = 1,0 \times 10^{-2}$ mol/L. »

- Cette phrase vous permet de repérer les réactifs et donc de commencer à écrire l'équation de la réaction de titrage. Ce qui est important ici c'est le terme « par » : **on dose** une solution **par** une autre solution. Cela signifie que la première solution est la solution titrée (dans le bécher) et la deuxième est la solution titrante (dans la burette).

Remarque : on peut avoir au lieu de « par », l'expression « à l'aide de ».

- Il faut ensuite trouver les espèces qui réagissent. Pensez à regarder les couples redox ou A/B qui sont donnés en annexe ou en en tête du sujet.
- Il faut ensuite voir quelle est la méthode de suivi choisie. Reportez-vous au cours page 289.

5. Déterminer le point équivalent lors d'un titrage pH-métrique par la méthode des tangentes

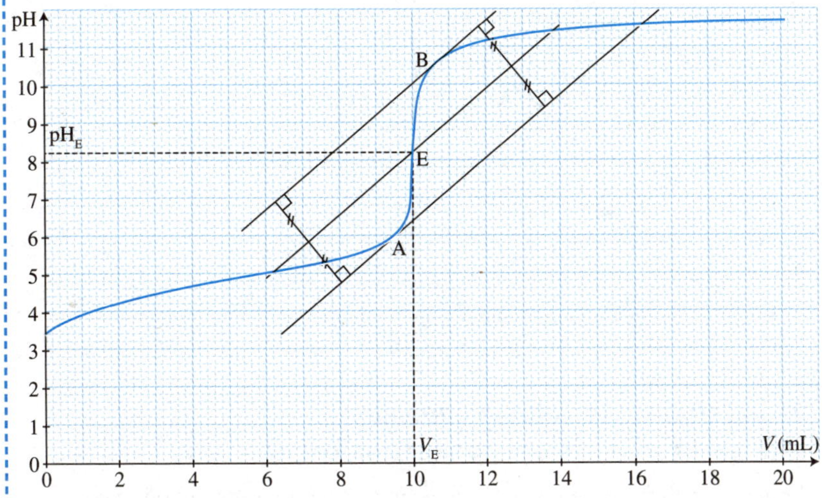

1. Tracez une tangente à la courbe au point A (virage avant le saut de pH). Cette tangente doit être penchée à environ 45° par rapport à l'horizontale.
2. Tracez une parallèle à cette droite passant par le point B. Cette deuxième droite doit aussi être tangente à la courbe de titrage.
3. Tracez deux droites perpendiculaires aux deux tangentes.
4. Tracez la droite passant par le milieu des perpendiculaires.
5. Le point d'intersection de cette droite des milieux avec la courbe est le point E, point de l'équivalence.
6. Projetez l'abscisse et l'ordonnée de ce point : l'ordonnée est le pH à l'équivalence et l'abscisse est le volume équivalent V_E.

Entraînez-vous avec les exercices 7 et 11.

6. Déterminer le volume équivalent avec la courbe dérivée

Le volume équivalent est donné par l'abscisse de l'extremum de cette courbe dérivée $\frac{dpH}{dV}$, c'est-à-dire l'abscisse du pic de la courbe (attention elle peut être inversée si l'on dose une base par un acide).

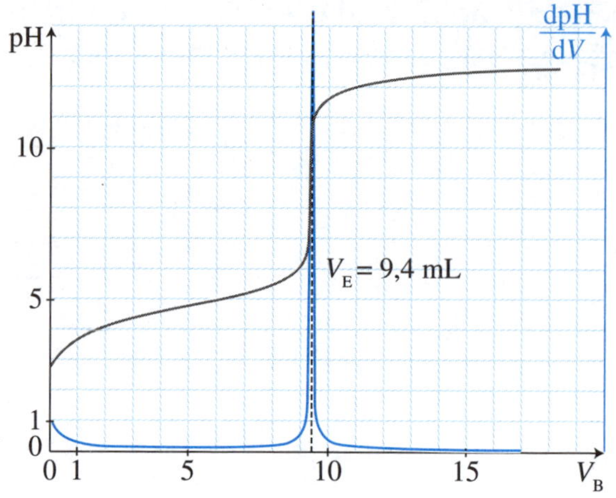

7. Déterminer le volume équivalent à partir d'un titrage conductimétrique

Lorsque l'on effectue un suivi conductimétrique d'un titrage, on obtient un graphique modélisable par deux demi-droites.

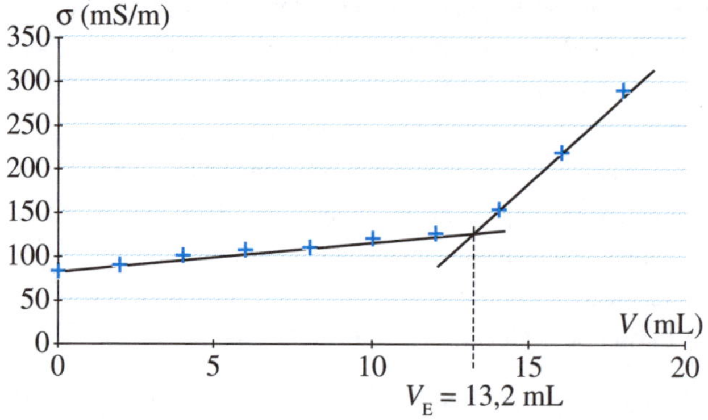

Pour déterminer le volume équivalent, il faut donc tracer les deux droites modélisant au mieux l'évolution de la conductivité avant et après le changement de pente.

Le volume équivalent sera l'abscisse du point d'intersection de ces deux droites.

Entraînez-vous avec l'exercice 11.

EXERCICES D'APPLICATION

1 UTILISATION D'UNE COURBE D'ÉTALONNAGE | ★ | 10 min | ▸ P. 318

La Bétadine est une solution contenant du diiode utilisée en médecine comme antiseptique pour les brûlures ou pour préparer à une opération chirurgicale. Pour déterminer sa concentration, on décide de faire un dosage à l'aide d'un spectrophotomètre car le diiode est une espèce colorée.
Pour cela, on fabrique huit solutions contenant du diiode à des concentrations différentes et on mesure leur absorbance pour une longueur d'onde correctement choisie.

1. Comment s'appelle l'appareil mesurant l'absorbance d'une solution ? Rappeler son principe de fonctionnement.

2. À l'aide du spectre d'absorption du diiode ci-dessous, déterminer la longueur d'onde la plus appropriée pour mesurer l'absorbance de ces solutions.

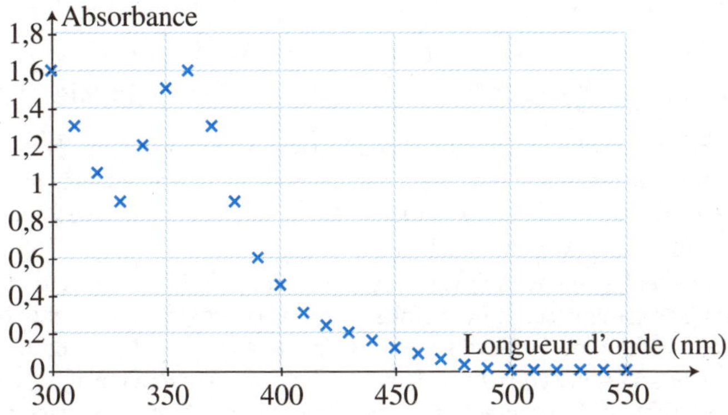

3. Les mesures des absorbances des huit solutions connues sont données dans le tableau ci-dessous.

$[I_{2(aq)}]$ (mmol/L)	0,1	0,3	0,5	0,8	1,1	1,4	1,6	2,0
A	0,4	0,9	1,5	2,3	3,2	4,1	4,7	5,8

Tracer la courbe d'étalonnage $A = f([I_{2\,(aq)}])$.

4. La mesure de la solution de Bétadine indique une absorbance égale à 2,9. Déterminer graphiquement sa concentration.

La suite de cet exercice avec l'exercice 6.

2 DOSAGE D'UNE SOLUTION D'ACIDE CHLORHYDRIQUE | ★ | 10 min | ▸ P. 319

Afin de déterminer la concentration d'une solution d'acide chlorhydrique $\left(H_3O^+_{(aq)} + Cl^-_{(aq)}\right)$, on effectue un titrage de 20 mL de cette solution à l'aide d'une solution d'hydroxyde de sodium $\left(Na^+_{(aq)} + HO^-_{(aq)}\right)$ de concentration :

$$C_b = 1{,}0 \times 10^{-2}\ \text{mol} \cdot \text{L}^{-1}.$$

Le volume équivalent est $V_E = 13{,}4$ mL.

Données. Couples acide/base : $H_3O^+_{(aq)}/H_2O$ et $H_2O/HO^-_{(aq)}$.

1. Faire un schéma complet de l'expérience.
2. Écrire l'équation de la réaction du titrage sachant que les ions chlorures et les ions sodium sont spectateurs.
3. Déterminer la concentration en ion oxonium H_3O^+ de l'acide chlorhydrique.
4. Pour pouvoir tremper suffisamment la sonde pH, il a fallu ajouter 50 mL d'eau distillée avant de commencer le titrage. Le résultat de la question **3.** est-il modifié ?

3 LE RETOUR DU CHARBON ? | ★ | 15 min | ▸ P. 319

L'accident de Fukushima a fortement réduit l'intérêt pour le nucléaire. Et puisque les énergies renouvelables ne sont pas suffisantes pour satisfaire les besoins du Vieux Continent, les pays européens se tournent vers le combustible le plus ancien et le moins cher, mais aussi le plus polluant.

Le charbon revient, celui qui noircissait les épais brouillards de la révolution industrielle, celui des romans réalistes d'Émile Zola, des cauchemars des petits hommes qui, en Wallonie comme en Sardaigne, descendaient dans le ventre de la terre. Il semblait destiné à l'exil. Et puis l'accident de Fukushima a réécrit l'histoire, relançant une ressource dont il y il a seulement un an l'Europe demandait le bannissement d'ici aux années 2050.

Toutes les puissances mondiales refont maintenant leurs comptes et leurs plans pour réduire la part du nucléaire parce que l'opinion publique le demande et, en attendant que les énergies renouvelables deviennent vraiment rentables, elles se tournent à nouveau vers le premier or noir qui, bien que considéré comme une énergie obsolète, éclaire encore aujourd'hui une ampoule électrique sur deux.

C'est dire si on est encore loin de la « décarbonisation » ! Nobuo Tanaka, directeur exécutif de l'Agence internationale pour l'énergie (AIE) a rapporté il y a quelques jours au Parlement européen que le désastre japonais a entraîné la décision de réduire de moitié les programmes pour la construction de nouvelles centrales nucléaires d'ici à 2035. Prévues pour 360 GW, elles n'en fourniront que 180. Avec pour résultat, au niveau planétaire, une diminution de 14 % à 10 % de la part du nucléaire dans la production globale d'énergie. On estime qu'un tiers de la demande devra être réorientée et se fournira sur le marché du charbon. Avec deux conséquences problématiques : l'augmentation inévitable des prix du marché et des coûts de réduction des émissions de gaz à effets de serre. [...]

L'Allemagne, premier consommateur européen d'anthracite, a entrepris un retour douloureux, et la Pologne qui peut extraire du fossile noir 90 % de ses besoins en énergie, s'apprête à faire de même. Les Anglais, soutenus par un bon équilibre entre nucléaire, charbon et gaz, jouent la carte verte pour remplacer les *powerstations* les plus décrépites. [...]
Les seigneurs du charbon assurent que la leur [leur énergie] est « démocratique », car elle est relativement bon marché et, grâce à ses forts besoins en main d'œuvre, elle est créatrice d'emplois. C'est vrai. Il y a toutefois un piège social évident puisque la Commission européenne a annoncé qu'elle voulait un engagement éthique pour ce type d'exploitation qui, surtout en Chine et en Amérique du Sud, a souvent recours à des enfants, comme le faisaient les Anglais au temps de Dickens.

« L'Europe redécouvre le charbon », août 2011, *www.fedre.org*

1. Nucléaire, renouvelable ou fossile : le charbon fait partie de quel type d'énergie ?

2. Les centrales qui produisent de l'électricité ou du chauffage à partir du charbon sont-elles des centrales mécaniques, thermiques, électriques, solaires ou nucléaires ?

3. Donner un intérêt et un inconvénient de l'utilisation du charbon.

4. Déduire du document la proportion occupée par le charbon dans la consommation électrique mondiale.

EXERCICES D'ENTRAÎNEMENT

4 CENTRALES ÉLECTRIQUES

★★ | 15 min | ▸ P. 320

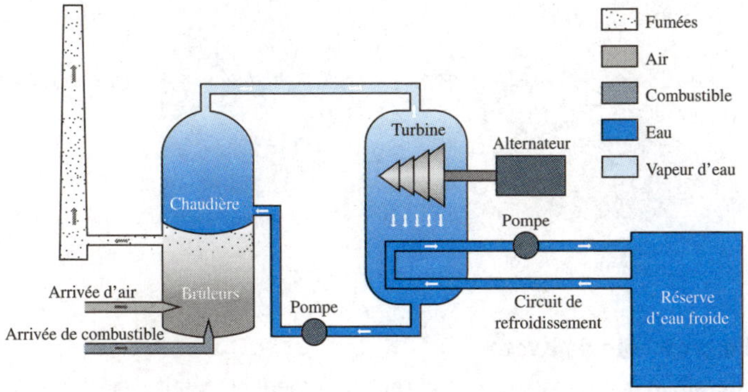

Le schéma ci-dessus représente une centrale thermique classique, c'est-à-dire non nucléaire.

1. Retrouver tous les transferts d'énergie qui se produisent dans cette centrale lors de son fonctionnement.

2. Quel est le rôle de la turbine ?

3. Quel est le rôle de l'alternateur ?

4. Quelle est la principale différence entre le fonctionnement de ces centrales et celui d'une centrale thermique nucléaire ?

5. Le schéma ci-dessous est celui d'une centrale de cogénération. Quelle particularité une centrale de ce type présente-t-elle par rapport à une centrale thermique classique ?

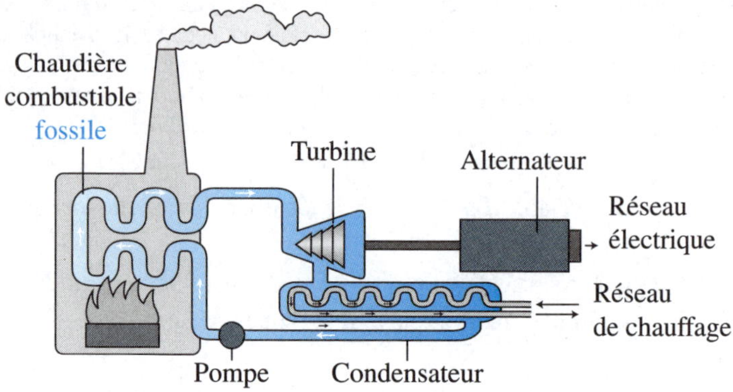

5 LE « MIX ÉNERGÉTIQUE » FRANÇAIS | ★ | 15 min | ▶ P. 321

Doc 1 Consommation d'énergie primaire en France 2007

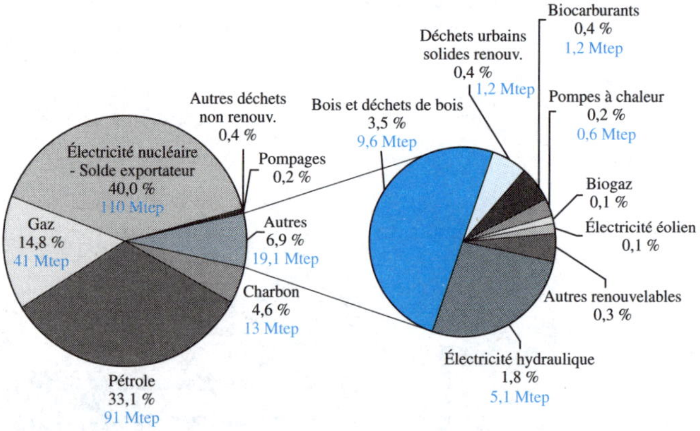

Doc 2 Le protocole de Kyoto

Traité international visant à enrayer le réchauffement planétaire, signé en 1997 dans le cadre de négociations au sein de l'ONU.

En décembre 1997, au Japon, environ 180 nations ont signé un traité selon lequel 38 pays industrialisés s'engagent à réduire leurs émissions des six gaz à effet de serre accusés de provoquer un réchauffement global. Le protocole de Kyoto stipule qu'entre 2008 et 2012, ces émissions devront baisser jusqu'à un niveau moyen inférieur de 5,2 % à ce qu'il était en 1990.

Le protocole de Kyoto fixe des objectifs de réduction variables selon les pays :
- 8 % pour l'Union européenne ;
- 7 % pour les USA ;
- 6 % pour le Japon et le Canada.

Pour parvenir à ces taux, les pays concernés devront développer les énergies renouvelables et nucléaires, promouvoir les économies d'énergie, ou encore remplacer le charbon par le gaz naturel (moins émetteur de gaz à effet de serre). Les pays en développement, en revanche, ne sont pour le moment tenus à aucune réduction.

« Le protocole de Kyoto », Dictionnaire multimédia des mots de science, © Cité des sciences et de l'industrie, 2003, *www.universcience.fr/fr/lexique*

1. Citer 4 sources d'énergie différentes utilisées pour la production d'électricité.

2. Donner le pourcentage d'énergie fossile utilisé en France, comme énergie primaire.

3. Quels sont les deux principaux produits issus de la combustion des sources d'énergie fossile ?

4. Peut-on dire qu'une énergie renouvelable ne rejette pas de CO_2 ?

5. Parmi les énergies présentes à plus de 1 % dans le mix énergétique français, quelles sont celles qui permettraient d'atteindre l'objectif du protocole de Kyoto ?

6 ALLONS PLUS LOIN... | ★★ | 15 min | ▸ P. 321

Cet exercice fait suite à l'exercice 1.

En fait, la mesure de l'absorbance de la Bétadine n'a pas pu être faite directement. Celle-ci étant trop concentrée, il a fallu auparavant la diluer par 40.

1. On dispose des lots de verrerie A, B, C, D suivants :

Lot A	Lot B	Lot C	Lot D
Pipette jaugée de 5,0 mL Bécher de 20 mL Éprouvette de 200 mL	Pipette graduée de 10,0 mL Fiole jaugée de 500 mL	Pipette jaugée de 5,0 mL Fiole jaugée de 200,0 mL	Éprouvette graduée de 25 mL Fiole jaugée de 100,0 mL

Choisir le lot de verrerie permettant de réaliser la dilution le plus précisément. Justifier l'élimination des trois autres lots de verrerie.

2. La mesure de l'absorbance est bien égale à 2,9 comme dans l'exercice d'origine mais pour cette solution diluée et non pour la Bétadine. Déterminer alors la concentration de la Bétadine commerciale.

3. L'étiquette indique une concentration égale à « environ 10 g/L ». Calculer l'écart relatif $E = \left|\dfrac{\text{valeur théorique} - \text{valeur expérimentale}}{\text{valeur théorique}}\right|$ et conclure.

4. *Ouverture sur un autre chapitre :* Comme on le voit sur la figure de l'exercice 1 page 298, le spectrophotomètre mesure les valeurs entre 300 nm et 550 nm. À quels domaines sont associées ces longueurs d'onde ?

7 LA VITAMINE C

★★ | 15 min | ▶ P. 322

On souhaite vérifier la teneur en vitamine C de comprimés vendus en grande surface. On effectue pour cela un titrage suivi par pH-métrie car la vitamine C est un acide, l'acide ascorbique.

Le pK_A du couple $C_6H_8O_6/C_6H_7O_6^-$ est 4,1.

La vitamine C est représentée ci-contre.

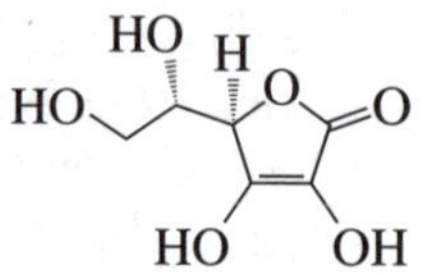

Partie A. Dissolution et dilution

On dissout un comprimé de vitamine C 500 mg dans un volume $V_0 = 100$ mL d'eau distillée. À l'aide d'une pipette jaugée, on prélève un volume 20 mL de cette solution appelée S_0. On les verse dans une fiole jaugée de 100 mL que l'on complète au trait de jauge avec de l'eau distillée. On homogénéise la solution obtenue S_1.

En supposant la valeur « 500 mg » de l'étiquette correcte, calculer la concentration molaire de la solution S_0 puis celle de la solution S_1.

Parti B. Titrage pH-métrique

Afin de vérifier la concentration, on effectue le titrage de 5,0 mL de la solution S_1 par une solution aqueuse d'hydroxyde de sodium $\left(Na^+{}_{(aq)} + OH^-{}_{(aq)}\right)$ de concentration $C_2 = 2{,}0 \times 10^{-3}$ mol/L.

En relevant la valeur du pH lors de chaque ajout de la solution titrante, on obtient le graphique ci-dessous en fonction du volume ajouté.

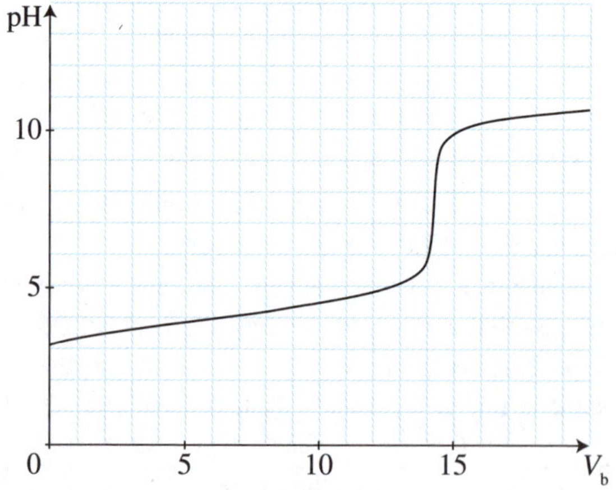

1. Représenter sur ce graphique, l'allure de la courbe $\frac{dpH}{dV}$. Justifier.
2. Écrire l'équation de la réaction de dosage.

3. Après avoir défini l'équivalence, déterminer le volume équivalent.
4. Quelle valeur trouvez-vous alors pour la concentration de la solution S_1 ?
5. Conclure

8 L'ÉOLIEN (EXTRAIRE ET EXPLOITER DES DONNÉES) | ★ | 10 min | ▸ P. 324

Produire dans les dix ans à venir au moins 20 % des besoins énergétiques de l'ensemble des États membres de l'Union européenne à partir de l'énergie renouvelable du vent, du soleil, du bois ou des chutes d'eau...

C'est pour atteindre cet objectif ambitieux fixé par la directive de la Commission de Bruxelles du 27 septembre 2001 que le gouvernement français a souhaité favoriser, dès le début de la précédente décennie, le développement d'une filière éolienne significative dans notre pays. [...]

On estime que la production d'électricité d'origine éolienne devrait ainsi atteindre en France une puissance installée de l'ordre de 25 000 MW à la fin de la présente décennie. Ce qui correspondrait à un parc d'environ 8 000 éoliennes implantées sur l'ensemble du territoire national. [...]

Avec une puissance totale installée de l'ordre de 200 000 mégawatts, elle [l'énergie éolienne] couvre aujourd'hui certainement 2 % de la consommation mondiale d'électricité. Aux États-Unis, en Chine, en Inde ainsi qu'en Allemagne, en Espagne et au Danemark, elle occupe une place plus importante encore dans le « mix énergétique » de chacun de ces pays. L'explication de ce succès ? En grande partie, les impératifs liés à la lutte contre le réchauffement climatique. Abondante, gratuite, inépuisable, disponible presque partout, cette forme d'énergie permet en effet de produire de l'électricité sans émission de gaz à effet de serre ni rejet d'aucune sorte. Selon une étude publiée en février 2008 par les services du ministère de l'Écologie et du Développement durable, on estime que la production d'électricité d'origine éolienne devrait permettre à la France d'éviter à partir de 2020 l'émission dans l'atmosphère de 16 millions de tonnes de CO_2. Soit l'équivalent de la pollution produite actuellement par 8 millions de véhicules automobiles en circulation pendant un an. [...]

La puissance des machines s'est considérablement accrue au cours des dernières années. D'une moyenne de 0,5 mégawatt par éolienne au tournant des années 2000, elle atteint couramment 2,5 mégawatts aujourd'hui. Ce qui correspond aux besoins de consommation électrique, chauffage inclus, de 2 000 personnes environ pendant un an.

Chiffres clés : puissance du parc éolien installé en France en décembre 2010 : 5 600 MW ; nombre de mâts (éolienne) : 3 500.

Didier Willot, « Éoliennes – Le vent en poupe », *Le nouvel économiste*, Journal numérique, mars 2011

1. Donner deux raisons pour lesquelles l'Union européenne encourage l'éolien ?
2. Calculer la puissance moyenne par mât actuellement installé en France.
3. Le watt est l'unité officielle de quelle grandeur physique ?
4. Calculer, d'après le document, la masse de CO_2 produite par une automobile en circulation pendant un an.
5. Calculer la puissance électrique totale consommée dans le monde.

9 LES DÉCHETS (EXTRAIRE ET EXPLOITER DES DONNÉES) | ★ | 15 min | ▸ P. 324

Doc 1

Le groupe Auchan a annoncé fin février la poursuite, dans trois nouveaux sites, de ses expérimentations pour la valorisation des aliments périmés normalement envoyés en décharge lorsqu'ils ne peuvent pas être donnés à une banque alimentaire. Grâce à ce procédé déjà en œuvre dans quinze magasins du nord de la France, le groupe a évité la mise au rebut de 3 100 tonnes de déchets en 2009, pour produire du biogaz par l'intermédiaire d'une société belge.

[...] Certes, l'entreprise ne gagne pas d'argent grâce à ce dispositif, mais en dépense moins. Le coût d'enfouissement tourne autour de 120 euros par tonne pour ce type de déchet.

[...] En outre, certaines technologies plus innovantes permettent de réutiliser en interne les déchets produits. C'est le cas de certains solvants. Le traitement de ces déchets chimiques coûte assez cher, souvent entre 200 et 300 euros la tonne. « Un de nos clients avait des centaines de tonnes de déchets en solvants à jeter chaque année, se souvient Bruno Costes. Nous l'avons fait rentrer dans un processus qui lui permet de nettoyer ces solvants et de les réutiliser. En clair, ce procédé consiste à nettoyer le solvant par la distillation. Le produit pur peut ensuite être renvoyé à l'entreprise pour être réutilisé. »

[...] Selon l'Ademe, les entreprises ont produit près de 90 millions de tonnes de déchets en 2008 (hors agriculture, sylviculture, mines carrières, et BTP producteurs de plus de 730 millions de tonnes de déchets).

Chiffres clés :

- 0,5 % du chiffre d'affaires d'une entreprise en moyenne selon l'Ademe est alloué à la gestion des déchets ;
- 100 € la tonne, c'est le coût moyen d'un déchet banal, jusqu'à 600 € la tonne, le coût d'un déchet spécial.

Doc 2 Construction d'une usine de biomasse à Bordeaux

La centrale d'énergie produira l'intégralité de sa chaleur à partir d'énergies renouvelables. Cofely aura ainsi recours à du bois-énergie mais également à de l'huile végétale. Les besoins annuels en combustibles pour les 2 200 logements et les locaux publics (écoles, collège, gymnase) sont estimés à 4 500 tonnes de bois et 500 m^3 d'huile végétale, produits localement.

Cette installation permettra d'éviter le rejet dans l'atmosphère de 3 500 tonnes de CO_2 par an soit l'équivalent de la consommation annuelle de 2 300 véhicules par rapport à une énergie fossile.

« Une centrale 100 % biomasse dédiée à Bordeaux », août 2011, *www.fedre.org*

1. Quelles sont les deux « techniques » de revalorisation des déchets qui sont évoquées dans les documents ci-dessus ?
2. Citer une autre source d'énergie que les déchets provenant de la biomasse.
3. En 2008, en France, le chiffre d'affaires moyen d'un hypermarché Auchan atteint 142,2 millions d'euros. Selon les chiffres de l'Ademe, quel budget moyen doit allouer un de ces magasins à la gestion des déchets ?
4. Calculer les coûts annuels de traitement des déchets par enfouissement économisés par le groupe Auchan, suite à leur valorisation.

EXERCICES D'APPROFONDISSEMENT

10 VÉRIFICATION DU DEGRÉ D'UN VINAIGRE | ★★ | 20 min | ▸ P. 324

Le degré d'un vinaigre est égal à la masse d'acide éthanoïque pur, exprimée en grammes, contenue dans 100 grammes de vinaigre.

On se propose de doser un volume $V_A = 1{,}00$ mL de vinaigre balsamique par une solution aqueuse de soude de concentration $C_B = 0{,}10$ mol/L.

On appellera C_A la concentration du vinaigre en acide éthanoïque et V_B le volume de soude versée.

Le graphique obtenu en relevant le pH en fonction du volume versé est complété ci-après par la courbe représentant $\frac{\text{dpH}}{\text{d}V}$.

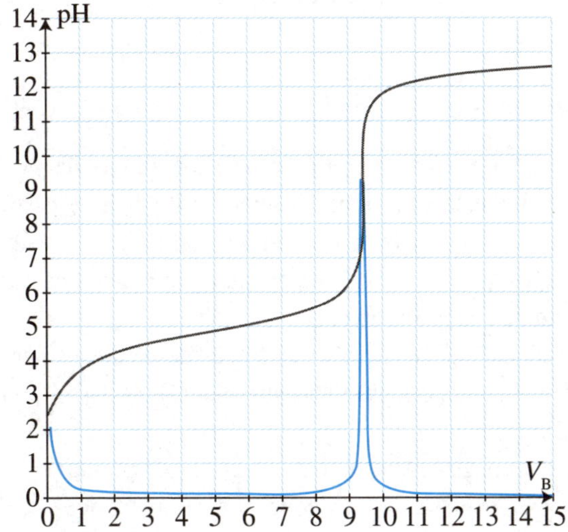

1. Écrire la réaction du titrage.

2. Compléter le tableau d'avancement ci-dessous, en utilisant les grandeurs C_A, C_B, V_A et V_B.

Équation de la réaction		…	+ …	→ …	+ …
État du système	Avancement	Quantité de matière en mol			
État initial					
État intermédiaire					
État final					

3. Déterminer le volume équivalent V_E en explicitant la méthode choisie.

4. Écrire la relation existant entre C_A,V_A, C_B et V_E à l'équivalence. En déduire la valeur de la concentration molaire C_A du vinaigre.

5. La densité du vinaigre étant $d = 1{,}02$, déterminer le degré d'acidité du vinaigre.

6. L'étiquette de ce vinaigre est ci-dessous.
Calculer l'écart relatif entre la valeur indiquée et celle calculée.

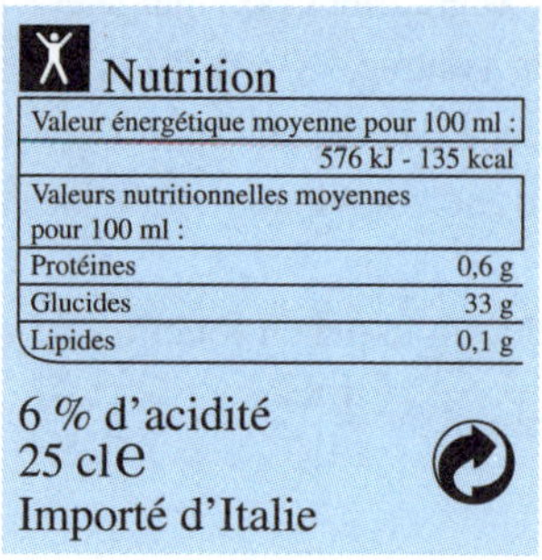

11 ATTENTION SOUDE CAUSTIQUE ! ★★★ 40 min ▸ P. 326

Dans un laboratoire, on retrouve près de deux kilogrammes de pastilles blanches que les chimistes reconnaissent immédiatement : il s'agit de pastilles de soude. Le problème est qu'il n'y a aucune indication sur la pureté de ces pastilles et que la soude est très dangereuse lorsqu'elle est pure, ou même très concentrée (voir le film *Fight club* de David Fincher).
On décide donc d'analyser ces pastilles en faisant deux titrages pour être plus sûr. Par dissolution de 2,0 g de ces pastilles dans une fiole de 10 mL, on fabrique une solution S_0 initiale.
Pour permettre de répéter les manipulations en cas de problème et par prudence au cas où les pastilles seraient très concentrées, on fabrique une solution S_1, 20 fois plus diluée que S_0.

Écrire le protocole des deux étapes (dissolution et dilution) en n'oubliant pas les précautions à respecter.

Partie A. Titrage pH-métrique
On titre 5,0 mL de la solution S_1 par une solution aqueuse d'acide chlorhydrique de concentration $C_A = 0{,}10$ mol/L.

La courbe de titrage obtenue est la figure ci-dessous.

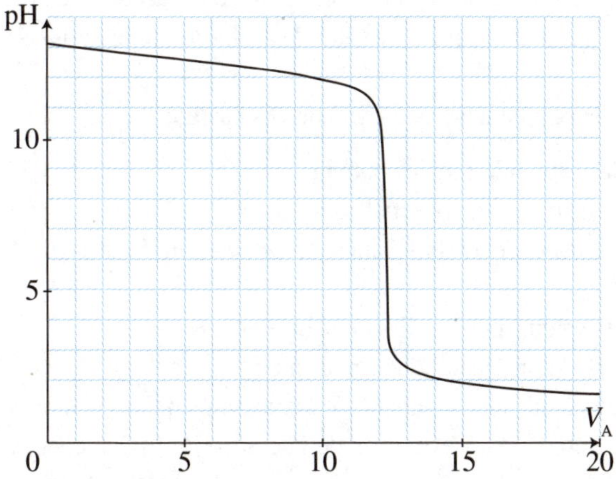

1. Écrire l'équation de la réaction de titrage.

2. Déduire graphiquement le volume V_E de solution aqueuse d'acide chlorhydrique versé à l'équivalence.

3. Écrire la relation existant entre C_A, V_1, C_1 et V_E à l'équivalence ; C_1 étant la concentration de la solution S_1 et V_1 le volume dosé.

4. En déduire la valeur de la concentration molaire C_1.

5. Déterminer la quantité d'hydroxyde de sodium contenu dans les 2,0 g de pastille.

6. En déduire le pourcentage de pureté de ces pastilles.

Partie B. Titrage conductimétrique

On utilise maintenant un conductimètre à la place du pH-mètre pour effectuer un deuxième dosage à partir d'un autre prélèvement de 5,0 mL de S_1 et en effectuant la même réaction chimique que dans la partie A. Les mesures permettent de réaliser le graphique ci-après :

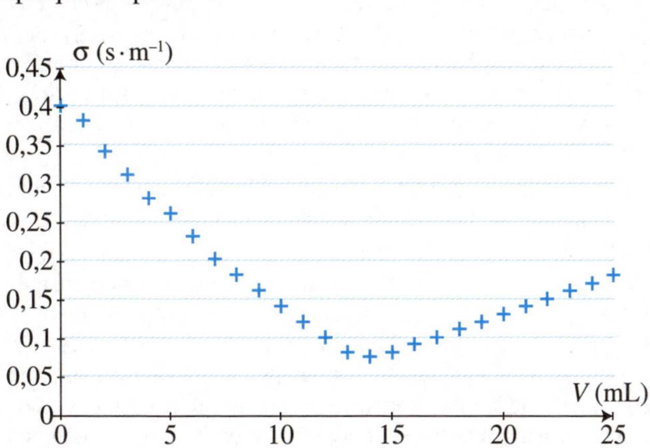

1. Déterminer précisément le volume équivalent.
2. Après avoir défini l'équivalence, calculer la concentration de la solution S_1.
3. En déduire la quantité d'hydroxyde de sodium contenue dans les 2,0 g de pastilles.
4. En déduire le pourcentage de pureté de ces pastilles.

Partie C. Aller plus loin sur les courbes

1. Pour la courbe de titrage pH-métrique :

a. Dire quels sont les réactifs limitant de la réaction de dosage en fonction du volume versé.

b. Expliquer la valeur du pH à l'équivalence.

2. Sur la courbe de titrage conductimétrique :

En vous appuyant sur les valeurs des conductivités molaires ioniques suivantes, expliquer qualitativement l'évolution de la courbe du titrage conductimétrique.

$\lambda_{H_3O^+} = 35,9 \times 10^{-3}\ S \cdot m^2 \cdot mol^{-1}$; $\lambda_{Na^+} = 5,0 \times 10^{-3}\ S \cdot m^2 \cdot mol^{-1}$;

$\lambda_{Cl^-} = 7,63 \times 10^{-3}\ S \cdot m^2 \cdot mol^{-1}$; $\lambda_{OH^-} = 19,9 \times 10^{-3}\ S \cdot m^2 \cdot mol^{-1}$.

Il peut être intéressant de revenir sur le cours concernant la conductimétrie, pour revoir les calculs spécifique de conductivité.

12 BOIS ET ÉNERGIES RENOUVELABLES (EXTRAIRE ET EXPLOITER DES DONNÉES)

★★★ 25 min ▸ P. 329

Doc 1

Pour tenir les engagements du Grenelle de l'environnement, l'État mise gros sur le développement du bois-énergie. Les défis à relever sont nombreux. Il faudra encourager fortement l'usage du bois de chauffage dans le secteur industriel, tertiaire et collectif, mais également achever la reconversion du parc des appareils domestiques. L'objectif 2020 correspondant à un quasi-doublement de la production. [...]

Confrontés à la hausse des prix du pétrole, les Français sont de plus en plus nombreux à opter pour le chauffage bois : en 2009, la filière a vendu pas moins de 470 000 appareils à usage domestique. Combustible économique, le bois-énergie est aussi, et surtout, la première source d'énergie renouvelable en France : avec une production d'environ 9 millions de tonnes équivalents pétrole (tep) en 2009, il dépasse même largement celles de l'éolien et du solaire qui se situent respectivement autour de 667 000 tep et 66 000 tep. [...]

La France a pourtant encore fort à faire pour rivaliser avec ses voisins européens. La Suède et la Finlande sont les champions de la centrale électrique thermique en co-combustion. [...]

La France, troisième potentiel forestier européen, a théoriquement de quoi atteindre les objectifs qu'elle s'est fixés lors du Grenelle de l'environnement. Comme le souligne le rapport Puech d'avril 2009, nos massifs sont même largement sous-exploités. [...] On recense ainsi pas moins de 3,5 millions de propriétaires se partageant les trois quarts de la forêt française. « La majorité d'entre eux n'ont que trois, quatre hectares, précise Mathieu Fleury, directeur développement de Biomasse

Normandie, une association de promotion du bois-énergie. Il faut bien comprendre que parfois, la vente du bois de certaines parcelles ne rembourse même pas les frais engagés pour la coupe. On s'en sert pour la chasse, la cueillette. Parfois, les gens ne savent même plus vraiment où se situe leur bien. [...] »

Mais ce ne peut être que le point de départ d'une action bien plus vaste. Il est impossible de découpler le développement du bois-énergie de celui de la filière bois dans son ensemble. « Un arbre n'a pas vocation à être intégralement transformé en énergie, confirme Antoine Colin de l'Inventaire forestier national. Le tronc est valorisé en bois d'œuvre ou en bois d'industrie. Il part dans les industries de la construction, de l'ameublement. Non seulement c'est plus intéressant d'un point de vue financier, mais cela permet aussi de stocker du CO_2 dans le produit sur une longue période. »

Chiffres clés : La forêt française couvre 30 % du territoire et emploie 450 000 personnes. Le bois-énergie est la première source d'énergie renouvelable en France. Selon le rapport Puech, la mobilisation de 20 millions de m^3 de bois supplémentaires d'ici 2020 entraînerait la création de 80 000 postes non délocalisables. Dès 2012, un tel développement permettrait à 40 000 emplois de voir le jour dont 14 000 dans l'exploitation forestière.

Anne Cagan, « Le bois-énergie – Retour en grâce », *Le nouvel économiste*, Journal numérique, mars 2011

Doc 2 Quelques ordres de grandeur pour la production d'électricité

Une production moyenne de 10 TWh sur une année peut être obtenue avec l'un des moyens de production suivants :

Thermonucléaire	9/10e d'un réacteur REP 1 450 MW (type Chooz ou Civaux)	
Éolien	2 000 éoliennes d'une puissance de 2 MW	
Photovoltaïque	10 millions d'installations de 10 m^2, d'une puissance de 1 KW pour 10 m^2	
Thermique à flamme	biomasse	16 millions de tonnes de bois
	charbon	3,5 millions de tonnes
	pétrole	2,2 millions de tonnes
	gaz	1,6 milliard de m^3

Commissariat général au développement durable

Doc 3 Consommation d'énergie finale par secteur et par énergie (en millions de tep)

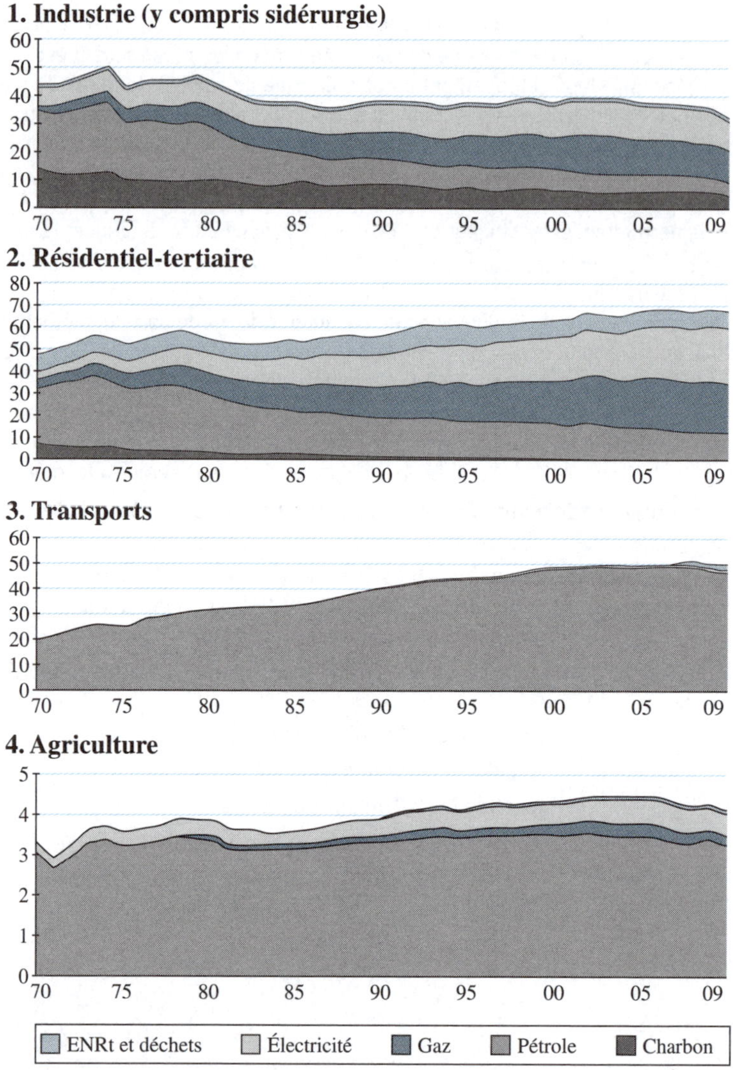

1. Quelles sont les deux applications du bois citées dans le document 1 ?

2. Citer une source d'énergie renouvelable dont ce document ne parle pas.

3. D'après les documents, quel est le secteur économique qui utilise le plus les énergies renouvelables ?

4. Expliquer le graphique de consommation d'énergie des transports.

5. On le voit dans le document 2, l'un des principaux intérêts des centrales nucléaires est la puissance produite sur un seul site. Quel en est le principal inconvénient ?

6. D'après le document 2, quelle superficie de panneau solaire pourrait remplacer une éolienne ?

7. Selon le conseil mondial de l'énergie, 1 tonne de bois = 0,3215 tep. À l'aide du document 2, déterminer le nombre d'éoliennes qu'il faudrait pour égaler la production énergétique du bois qui est de 9 millions de tep par an (document 1).

8. Expliquer « *cela permet aussi de stocker du* CO_2 *dans le produit sur une longue période* » qui se trouve dans la dernière phrase du document 1.

9. La superficie du territoire de la France métropolitaine est 551 000 km^2. Calculer la superficie moyenne des exploitations forestières en km^2 puis en hectares.

CONTRÔLE

13 CONTRÔLES DE LA POLLUTION D'UNE SOURCE

★★ | 30 min | ▸ P. 330

Afin de contrôler la potabilité d'une source, on procède à différentes mesures.
Les parties A et B sont indépendantes.

Données.

- Masses molaires (en $g \cdot mol^{-1}$) : $M_N = 14$; $M_O = 16$; $M_H = 1{,}0$; $M_{Cl} = 35{,}5$.
- Conductivités molaires ioniques : $\lambda_{Cl^-} = 7{,}63 \times 10^{-3}\ S \cdot m^2 \cdot mol^{-1}$; $\lambda_{NO_3^-} = 7{,}14\ mS \cdot m^2 \cdot mol^{-1}$.

Partie A

On effectue tout d'abord un dosage des ions nitrates.

On prépare alors une solution étalon mère en dissolvant 129 mg de nitrate d'ammonium de formule brute NH_4NO_3 dans 0,50 L d'eau distillée.

La teneur en nitrate d'une eau est égale à sa concentration massique en ions nitrate.

1. Calculer la teneur de la solution mère.

2. On ajoute quelques gouttes d'acide 2,4-phénoldisulfonique à cette solution mère. La solution prend une coloration jaune.

Pour obtenir la courbe d'étalonnage, on fabrique 4 autres solutions, solutions filles, en diluant par 2, 5, 10 et 25 la solution mère.

Déterminer les volumes qu'il faut prélever de la solution mère pour fabriquer chacune des solutions filles et remplir le tableau ci-dessous.

Solution	S_1	S_2	S_3	S_4
Facteur de dilution	2	5	10	25
Volume total	50 mL	50 mL	50 mL	50 mL
Volume à prélever				
Teneur (mg/L)				

3. Décrire le protocole précis pour obtenir la solution S_1.

4. On mesure l'absorbance A de chaque solution, y compris la solution mère, et on trace la courbe d'étalonnage suivante.

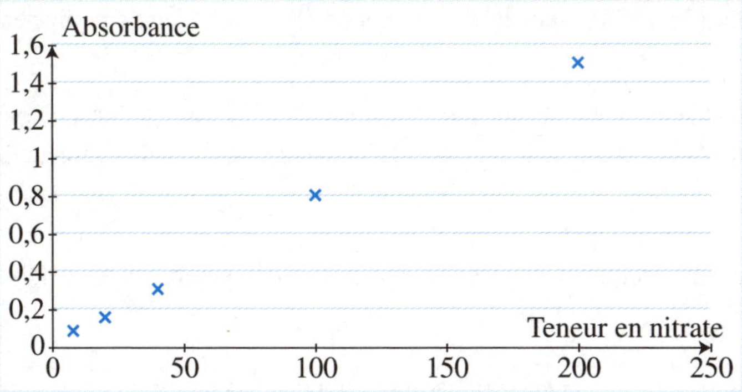

En ajoutant la même quantité d'acide 2,4-phénoldisulfonique, on mesure l'absorbance de l'eau de la Seine et on trouve $A = 0{,}60$.
Déterminer la teneur en nitrate de l'eau de cette source.

Partie B

On effectue ensuite un titrage conductimétrique pour déterminer la teneur des ions chlorure dans cette eau.
Pour cela, on titre 10 mL de cette eau par une solution de nitrate d'argent de concentration $0{,}10\ \text{mol} \cdot \text{L}^{-1}$ et on obtient le graphique ci-dessous.

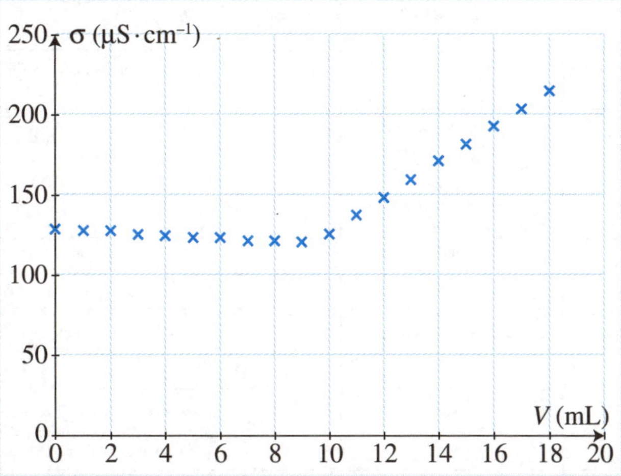

1. Déterminer le volume équivalent.

2. Sachant qu'il se forme un précipité de chlorure d'argent, écrire la réaction de ce titrage.

3. En déduire la concentration molaire des ions chlorure dans l'eau testée.

EXERCICES

4. Expliquer qualitativement l'évolution de σ avant et après l'équivalence.

Partie C

On effectue enfin la mesure directe du pH de cette eau et l'on compare les résultats des analyses avec le tableau des critères de potabilité donné ci-dessous.

Le pH mesuré est de 6,2.

À l'aide du document ci-dessous, conclure sur la potabilité de cette eau de source.

6 février 2007 JOURNAL OFFICIEL DE LA RÉPUBLIQUE FRANÇAISE Texte 17 sur 121

ANNEXE I

LIMITES ET RÉFÉRENCES DE QUALITÉ DES EAUX
DESTINÉES À LA CONSOMMATION HUMAINE, À L'EXCLUSION DES EAUX CONDITIONNÉES

PARAMÈTRES	RÉFÉRENCES DE QUALITÉ	UNITÉS	NOTES
Chlore libre et total			Absence d'odeur ou de saveur désagréable et pas de changement anormal.
Chlorites	0,20	mg/L	Sans compromettre la désinfection, la valeur la plus faible possible doit être visée.
Chlorures	250	mg/L	Les eaux ne doivent pas être corrosives.
Conductivité	⩾ 180 et ⩽ 1 000 ou ⩾ 200 et ⩽1 100	mS/cm a 20 °C mS/cm a 25 °C	Les eaux ne doivent pas être corrosives.
pH (concentration en ions hydrogène)	⩾ 6,5 et ⩽ 9	unités pH	Les eaux ne doivent pas être agressives.
Saveur	Acceptable pour les consommateurs et aucun changement anormal, notamment pas de saveur détectée pour un taux de dilution de 3 à 25 °C		
Sodium	200	mg/L	
Sulfates	250	mg/L	Les eaux ne doivent pas être corrosives.

PARAMÈTRES	LIMITES DE QUALITÉ	UNITÉS	NOTES
Nickel	20	mg/L	
Nitrates (NO_3^-)	50	mg/L	La somme de la concentration en nitrates divisée par 50 et de celle en nitrites divisée par 3 doit rester inférieure à 1.
Nitrites (NO_2^-)	0,50	mg/L	En sortie des installations de traitement, la concentration en nitrites doit être inférieure ou égale à 0,10 mg/L.

14 UN CONSERVATEUR ALIMENTAIRE | ★★★ | 25 min | ▸ P. 332

Le benzoate de sodium est utilisé dans l'industrie alimentaire comme conservateur sous le code E211. Son utilisation est réglementée et limitée suivant les aliments : 150 ppm pour les boissons aromatisée et 3 000 ppm pour les betteraves cuites.

1. 1 ppm correspond à 1 mg (de benzoate de sodium) pour 1 kg (de betterave). Calculer la masse maximale autorisée pour un kilogramme de betterave.
2. Le benzoate de sodium a pour formule C_6H_5COONa. Sa dissolution dans l'eau est totale. Écrire la réaction de dissolution dans l'eau.
3. On veut tester un échantillon de betterave vendue cuite et assaisonnée. On broie 200 g de la betterave à tester et après l'avoir filtrée, on dilue le filtrat obtenu avec de l'eau distillée pour obtenir 100 mL de solution.

On titre 15 mL de cette solution contenant l'ion benzoate par une solution d'acide chlorhydrique de concentration $C_1 = 6{,}0 \times 10^{-2}$ mol/L et l'on obtient le tableau de mesures suivant :

V_a	0	1	2	3	4	5	6	7	8	9
pH	10,3	8,9	8,5	8,3	8,1	7,9	7,7	7,4	7	3,2

V_a	10	11	12	13	14	15	16	17
pH	2,5	2,3	2,1	2	2	1,9	1,9	1,8

Représenter la courbe du titrage $pH = f(V)$.

4. Écrire l'équation de la réaction du titrage.

Donnée. Couple de l'ion benzoate $C_6H_5COOH/C_6H_5COO^-$.

5. Déterminer le volume équivalent.
6. Calculer la concentration de l'ion benzoate dans la solution titrée.
7. Déterminer la quantité de matière correspondante.
8. À l'aide de la question **2.**, déterminer la masse de benzoate de sodium contenue dans les 200 g de betteraves.
9. La norme alimentaire est-elle respectée ?

15 CHIMIE VERTE ET ACIDE ACÉTIQUE | ★★ | 25 min | ▸ P. 334

Partie A. Étude de la réaction entre le dichromate de potassium et l'éthanol

La réaction « classique » d'obtention d'acide acétique est basée sur l'oxydation de l'éthanol. L'équation de réaction est :

$$3\,CH_3-CH_2OH_{(aq)} + 2\,Cr_2O_{7(aq)}^{2-} + 16\,H^+_{(aq)} = 3\,CH_3-COOH_{(aq)} + 4\,Cr^{3+}_{(aq)} + 11\,H_2O_{(l)} \quad (1)$$

Pour réaliser cette transformation chimique les réactifs mélangés sont l'éthanol CH_3-CH_2-OH, le dichromate de potassium $K_2Cr_2O_7$ et de l'acide sulfurique H_2SO_4. Les produits obtenus sont alors l'acide acétique CH_3-COOH, le sulfate double de chrome et potassium $KCr(SO_4)_2$ et de l'eau H_2O.
Pour étudier la réaction en tenant compte de toutes les espèces chimiques impliquées, il faut donc utiliser l'équation :

$$3\,CH_3-CH_2OH + 2\,K_2Cr_2O_7 + 8\,H_2SO_4 \longrightarrow 3\,CH_3-COOH + 4\,KCr(SO_4)_2 + 11\,H_2O \quad (1')$$

1. Dans cette réaction, l'éthanol est oxydé.
a. Retrouver les couples redox intervenant dans la réaction.
b. Écrire les demi-équations correspondantes.
2. La réaction (1′) précédente se fait en mélangeant $m_1 = 1{,}38$ kg d'éthanol, $m_2 = 5{,}88$ kg de dichromate de potassium et $m_3 = 7{,}84$ kg d'acide sulfurique pur.

Données.

Espèces chimiques	CH_3-CH_2-OH	$K_2Cr_2O_7$	H_2SO_4	CH_3-COOH	$KCr(SO_4)_2$	H_2O
Masses molaires en $g \cdot mol^{-1}$	46	294	98	60	283	18

Déterminer la masse m_4 de CH_3-COOH que l'on peut espérer obtenir au maximum. (On pourra s'aider d'un tableau d'avancement.)
3. Sachant que l'on forme en réalité $m = 1{,}0$ kg d'acide éthanoïque, calculer le rendement de la réaction.
4. À l'aide de l'équation de réaction (1′), identifier le ou les produits désirés lors de cette oxydation, ainsi que les réactifs et les déchets.
5. Calculer la valeur du pourcentage d'utilisation atomique $\%UA_1$.
6. Que pouvez-vous déduire du rendement et du pourcentage d'utilisation atomique de cette réaction ?

Partie B. Étude de la réaction entre le dioxygène et l'éthanol en présence de levures

L'équation de réaction est :

$$CH_3-CH_2OH_{(aq)} + O_{2(aq)} \xrightarrow{\text{enzyme}} CH_3-COOH_{(aq)} + H_2O_{(l)} \quad (2)$$

1. Dans cette réaction, l'éthanol est oxydé.
a. Retrouver les couples redox intervenant dans la réaction.

b. Écrire les demi-équations correspondantes.

2. Quel rôle joue l'enzyme ?

3. À l'aide de l'équation de réaction (2), identifier le ou les produits désirés lors de cette oxydation, ainsi que les réactifs et les déchets.

4. En supposant que l'on se trouve dans les proportions stœchiométriques, calculer la valeur du pourcentage d'utilisation atomique % UA_2.

Données.

Espèces chimiques	$CH_3—CH_2—OH$	O_2	$CH_3—COOH$	H_2O	Enzyme
Masses molaires en $g \cdot mol^{-1}$	46	32	60	18	milliers

5. Quel est le procédé le plus « vert » entre ces deux réactions de synthèse de l'acide acétique ?

CORRIGÉS

1 1. Il s'agit d'un spectrophotomètre. Cet appareil mesure la quantité de lumière absorbée par une solution. D'après la loi de Beer-Lambert, il y a proportionnalité entre cette absorbance et la concentration de l'espèce colorée (s'il n'y a qu'une espèce colorée), on peut alors déterminer la concentration de cette espèce colorée.
2. Il faut choisir la longueur d'onde pour laquelle le diiode absorbe le plus. D'après la courbe, on doit régler le spectrophotomètre sur 360 nm.
3. On obtient la courbe ci-dessous.

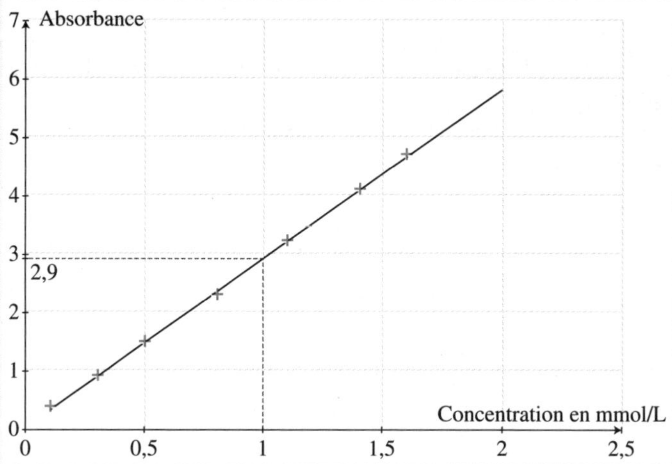

Il faut modéliser les valeurs par la courbe la plus appropriée, ici une droite proportionnelle.
4. En reportant la valeur de l'absorbance de la solution de concentration inconnue sur l'axe des ordonnées, on trace alors une droite horizontale jusqu'à la droite d'étalonnage, puis on trace la droite verticale au point d'intersection. Il ne reste plus qu'à lire l'abscisse correspondante. Ici, on trouve $\left[I_{2\,(aq)}\right] = 1{,}0$ mmol/L (voir construction graphique).

Sur la copie du bac, ne pas oublier de laisser la construction sur le graphique.

2 **1.**

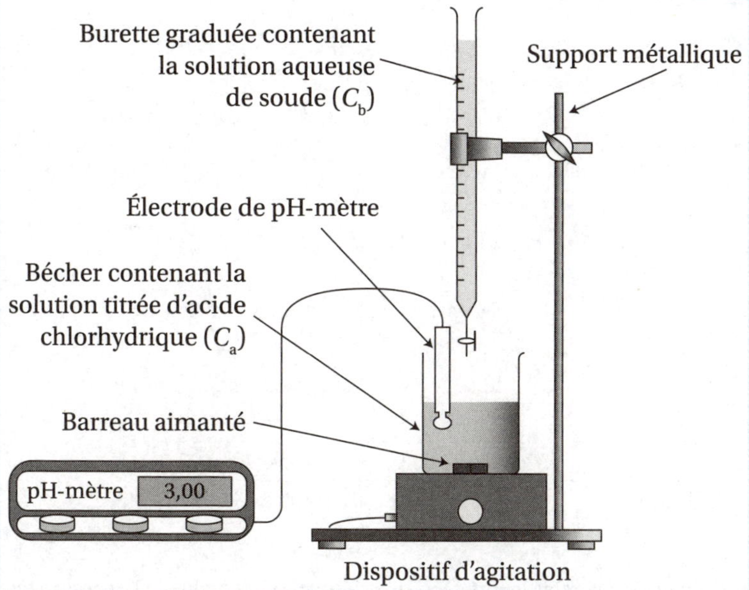

2. Les ions spectateurs (Cl^- et Na^+) ne participent pas à la réaction donc ne sont jamais à écrire dans les équations de réaction :

$$H_3O^+ + HO^- \rightarrow 2H_2O$$

Attention : l'acide chlorhydrique est une solution dans laquelle HCl est totalement dissocié, donc la solution d'acide chlorhydrique c'est $\left(H_3O^+{}_{(aq)} + Cl^-{}_{(aq)}\right)$.

3. À l'équivalence, les réactifs ont été introduits dans les proportions stœchiométriques donc on peut écrire :

$$n\left(H_3O^+\right) = n\left(HO^-\right).$$

La quantité d'ions hydroxyde versés jusqu'à l'équivalence égale la quantité d'ions oxonium présents dans la solution d'acide chlorhydrique titrée.
D'où $C_a V_a = C_b V_E$, soit :

$$C_a = \frac{C_b V_E}{V_a} = \frac{1,0 \times 10^{-2} \times 13,4}{20} = 6,7 \times 10^{-3} \text{ mol/L}.$$

4. Non, le résultat de la question précédente n'est pas modifié. En effet, la concentration en ions oxonium est calculée à partir de la formule de stœchiométrie à l'équivalence dans laquelle les volumes qui interviennent sont ceux des solutions titrante et titrée. Celui concernant l'ion oxonium est donc 20 mL titré quel que soit le volume d'eau éventuellement ajouté après.

3 1. Le charbon est une source d'énergie fossile.

Attention à ne pas confondre le charbon « de bois » et le charbon « de terre ». Le premier est tout à fait renouvelable, puisqu'il s'agit de bois coupé carbonisé, c'est-à-dire partiellement consumé (combustion lente à l'étouffé). De ce fait, on concentre l'énergie du bois : le charbon de bois est plus léger et moins volumineux que le bois. On l'utilise en France pour les barbecues, par exemple.
Le second est fossile (voir sources fossiles p. 284). Il en existe différentes sortes selon le degré de transformation, classés d'après leur teneur en carbone et donc leur pouvoir calorifique :

Type	Pouvoir calorifique (en kJ/kg)	Teneur en carbone (en %)
Tourbe	12 500	moins de 50
Lignite	25 000	entre 50 et 60
Houille	32 000 à 36 000	entre 70 et 93
Anthracite	33 500 à 34 900	entre 93 et 97

2. Il s'agit de centrales thermiques, dans lesquelles on récupère l'énergie venant de la source sous forme de chaleur (comme toutes les centrales à flammes et les centrales nucléaires).
3. Avantages : la facilité d'utilisation car le charbon est un solide, le prix et l'accessibilité car les gisements sont répartis en de nombreux endroits sur terre.
Inconvénients : dégage du CO_2 ; conditions d'extraction souvent très difficiles et dangereuses (coup de grisou).

Attention ! Lorsqu'on vous demande un avantage, vous ne devez en citer qu'un seul, deux à la limite en mettant un « ou ». Étaler plusieurs réponses peut vous desservir !

4. De l'extrait du texte : « le premier or noir qui, bien que considéré comme une énergie obsolète, éclaire encore aujourd'hui une ampoule électrique sur deux. » on peut déduire que le charbon fournit 50 % de l'électricité mondiale !

4 1. Au niveau de la chaudière à flamme, l'énergie sous forme chimique du combustible est transférée à l'eau sous forme thermique (dégagement de chaleur).
La vapeur d'eau est mise en mouvement à cause de la pression, grande au niveau de la chaudière, et fait tourner la turbine : on a alors une énergie cinétique (caractéristique d'un mouvement).
Dans l'alternateur, l'énergie cinétique est transformée en énergie électrique. Enfin, il y a encore un échange d'énergie thermique entre la vapeur et le condenseur.
2. La turbine sert à faire tourner le rotor de l'alternateur. En effet, les pales de la turbine vont tourner lorsque la vapeur d'eau circulera et l'axe de la turbine est relié au rotor de l'alternateur donc celui-ci tourne en même temps.

3. L'alternateur sert à transformer l'énergie mécanique (due à la rotation du rotor) en énergie électrique (fabriquée par l'interaction rotor-stator de l'alternateur).
4. Ce qui différentie une centrale nucléaire des centrales thermiques classiques (on dit aussi « à flamme ») c'est qu'il existe un deuxième circuit d'eau en plus du circuit de refroidissement. Ce circuit permet d'isoler l'eau du circuit primaire, celle qui est chauffée par le réacteur, de celle du circuit de refroidissement, qui vient souvent d'un fleuve ou d'une rivière.
5. La différence vient du circuit de refroidissement : dans une centrale classique, ce circuit ne sert qu'à refroidir la vapeur d'eau pour la condenser et pouvoir s'en resservir de nouveau dans le circuit primaire. Dans une centrale de cogénération, on se servira de la chaleur prise à la vapeur pour alimenter un réseau de chauffage collectif : l'eau du condenseur est toujours réchauffée lorsqu'elle refroidit la vapeur du circuit primaire donc cette énergie est récupérée sous forme de chauffage.

5 1. L'uranium, le charbon, le gaz naturel et le vent sont quatre sources d'énergie utilisées pour la production d'électricité.
2. Les sources fossiles sont le pétrole, le charbon et le gaz donc elles représentent 52,5 % $(33,1 + 14,8 + 4,6)$ de l'énergie primaire utilisée.
3. La combustion de sources fossiles produit toujours du dioxyde de carbone et de l'eau.
4. Une énergie renouvelable fait appel à une source qui se renouvelle ou que l'on peut renouveler. Le fait qu'elle dégage ou pas du CO_2 n'a rien à voir avec le caractère renouvelable : par exemple le bois est une énergie renouvelable mais son utilisation énergétique produit du CO_2.
5. L'énergie nucléaire et les énergies renouvelables en dehors du bois ne dégagent pratiquement pas de CO_2. Pour le bois et les déchets de bois, le constat est plus complexe : sa combustion produit du CO_2 mais sa culture en absorbe (lors de la photosynthèse). Le bilan du bois comme énergie est donc globalement neutre : il remplit donc les objectifs de Kyoto.
Le gaz naturel est cité dans le document car il est moins émetteur de CO_2 que le charbon et le pétrole.

6 1. Les lots A et D comportent des éprouvettes alors que les instruments de verrerie à utiliser pour une dilution précise sont une pipette jaugée et une fiole jaugée. L'éprouvette apporte une moins bonne précision que la fiole jaugée donc on peut éliminer les lots A et D.
On souhaite réaliser une dilution par 40 donc le volume prélevé de solution mère doit être 40 fois plus petit que le volume final de la solution fille. Donc la pipette doit avoir un volume 40 fois plus petit que la fiole jaugée.
Seul le lot C correspond à ce rapport, le lot B permettrait de diluer par 50.

Calculons le rapport des volumes. On a la même quantité de matière de l'espèce prélevée dans la solution mère et dans la solution finale diluée donc $n_f = n_m$, d'où $C_f \times V_f = C_m \times V_m$. Donc $\frac{V_m}{V_f} = \frac{C_f}{C_m} = \frac{1}{40}$, soit $V_f = 40\,V_m$.

2. Si l'absorbance est bien égale à 2,9 alors la concentration de la solution diluée est 1,0 mmol/L (voir l'exercice 1). Or cette solution est 40 fois plus diluée que la solution de Bétadine donc la concentration de la Bétadine commerciale C_{exp} vaut :

$$C_{exp} = 40 \times 1,0 \times 10^{-3} = 4,0 \times 10^{-2} \text{ mol/L}.$$

3. La concentration massique mesurée est :

$$C_m = M \times C_{exp} = 253,8 \times 4,0 \times 10^{-2} = 10,2 \text{ g/L}$$

D'où l'écart relatif entre l'étiquetage et la valeur trouvée :

$$E = \left| \frac{10 - 10,2}{10} \right| = 2\ \%.$$

L'étiquetage est tout à fait cohérent (« environ 10 g/L »).

4. Le domaine visible s'étend en longueur d'onde de 400 nm à 800 nm. Ici, le spectrophotomètre va de 300 nm à 550 nm. Il balaye donc une partie des ultraviolets et du visible.

Les préfixes « infra » et « ultra » signifient respectivement « en dessous » et « au-dessus », or les ultraviolets ont une longueur d'onde inférieure au violet et les infrarouges une longueur d'onde supérieure au rouge ! En fait, les préfixes sont cohérents si l'on s'intéresse à la fréquence et non à la longueur d'onde (qui, de plus, dépend du milieu).

7 **Partie A**

Pour la solution S_0, on a $C_0 = \frac{n_{vitC}}{V_0}$, or $n_{vitC} = \frac{m_{vitC}}{M_{vitC}} = 2,84 \times 10^{-3}$ mol.

D'où $C_0 = \frac{m_{vitC}}{M_{vitC} \times V_0} = \frac{0,500}{176 \times 0,100} = 2,84 \times 10^{-2}$ mol/L.

Lors de la dilution, la quantité de soluté prélevée est conservée donc :

$C_0 \times V_m = C_1 \times V_f$ (V_m est le volume de la solution mère, V_f, de la solution fille).

D'où $C_1 = \frac{C_0 \times V_m}{V_f} = \frac{2,84 \times 10^{-2} \times 20}{100} = 5,7 \times 10^{-3}$ mol/L.

Lors du calcul de C_0, les données sont toutes avec 3 chiffres significatifs, donc le résultat aussi.

Pour C_1, 20 mL est donné avec 2 chiffres significatifs, donc le résultat ne peut avoir que 2 chiffres significatifs.

Partie B

1. $\frac{dpH}{dV}$ est la fonction dérivée du pH par rapport au volume de solution titrante ajouté. Il s'agit donc de la valeur des coefficients directeurs des tangentes à la courbe de titrage.

Cette courbe est croissante mais faiblement jusqu'à environ 13 mL donc une valeur de coefficient directeur positif mais faible. Puis lors du saut de pH, la pente, donc le coefficient directeur, augmente et devient très grand jusqu'au point équivalent puis la pente diminue jusqu'à redevenir faible après 16 mL. L'allure est donc la suivante :

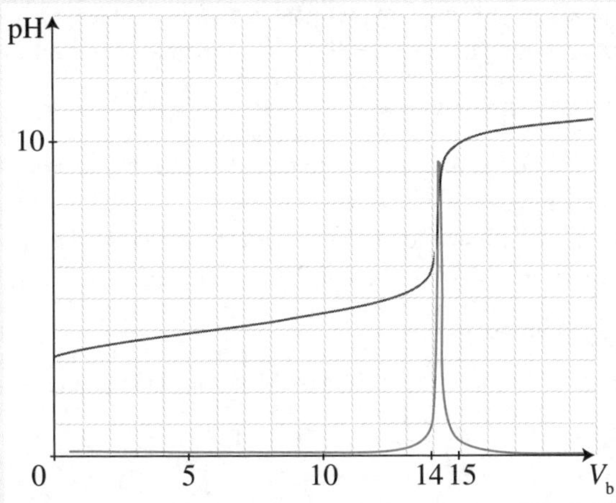

2. Ici la soude apporte les ions hydroxyde HO^- ($Na^+{}_{(aq)}$ n'est ni un acide, ni une base) et ceux-ci réagissent avec la vitamine C qui est un acide :

$$C_6H_8O_6 + HO^-{}_{(aq)} \rightarrow C_6H_7O_6^- + H_2O$$

Les réactions de dosage sont obligatoirement totales, donc écrivez-les avec une flèche dans le sens direct.

3. À l'équivalence, les réactifs ont été introduits dans les proportions stœchiométriques.
On détermine graphiquement le volume équivalent soit par la méthode des tangentes soit par l'abscisse du maximum de la courbe $\frac{dpH}{dV}$. Ici, on trouve $V_E = 14{,}2\,\text{mL}$.

4. À l'équivalence, on a donc $n(C_6H_8O_6) = n(HO^-) = C_2 \times V_E$.
D'où, en notant C_1 et V_1 respectivement la concentration et le volume de la solution S_1, on arrive à $C_1 \times V_1 = C_2 \times V_E$ donc :

$$C_1 = \frac{C_2 \times V_E}{V_1} = \frac{2{,}0 \times 10^{-3} \times 14{,}2}{5{,}0} = 5{,}7 \times 10^{-3}\,\text{mol/L}.$$

Dans cette formule, on peut laisser les volumes en mL car s'ils le sont tous les deux, les facteurs 10^{-3} se compensent.

5. La concentration est celle qui était attendue après la dilution (voir partie A) donc la masse comprise dans le comprimé est bien de 500 mg d'acide ascorbique (vitamine C).

8 1. Il s'agit d'une énergie qui ne dégage pas de gaz à effet de serre et qui est renouvelable. On peut aussi dire qu'elle permet une indépendance du pays producteur puisqu'elle est produite sans matière première (une fois l'éolienne construite).
2. Le parc actuel est composé de 3 500 mats d'éolienne et fournit 5 600 MW. La puissance moyenne par mât est donc $P_m = \frac{5600}{3500} = 1,6 \text{ MW}$.
3. Le watt est l'unité de puissance, ici électrique. Attention ! le Wh (wattheure) est, elle, une unité d'énergie.
4. D'après le texte, 8 millions de véhicules en circulation pendant un an dégagent 16 millions de tonnes de CO_2. La masse de CO_2 produite par un véhicule pendant un an est donc $\frac{16}{8} = 2 \text{ tonnes}$.
5. D'après le texte, 2 % représentent 200 000 MW donc la puissance électrique mondiale est de l'ordre de $\frac{200\,000 \times 100}{2} = 10\,000\,000 \text{ MW} = 10 \text{ TW}$.

9 1. Deux techniques sont évoquées : nettoyer par distillation un solvant pour pouvoir l'utiliser à nouveau, et fabriquer du biogaz, qui pourra alimenter une centrale à flamme, à partir de déchets alimentaires.
2. Le bois et les déchets de bois sont la principale source énergétique provenant de la biomasse et même la principale source parmi les énergies renouvelables.
3. Selon le document 1, une entreprise dépense environ 0,5 % de son chiffre d'affaire pour la gestion de ses déchets. Le chiffre d'affaire moyen d'un hypermarché Auchan est 142,2 millions d'euros donc il dépense environ :

$$\frac{0,5 \times 142,2}{100} = 0,7 \text{ million d'euro} = 700\,000 \text{ euros}.$$

4. D'après le document, « le groupe a évité la mise au rebut de 3 100 tonnes de déchets » alors que le coût d'enfouissement de ces déchets est de 120 euros par tonne. La facture annuelle d'enfouissement de ces déchets est donc de :

$$120 \times 3\,100 = 372\,000 \text{ euros}.$$

10 1. D'après l'énoncé, on sait que le vinaigre contient de l'acide éthanoïque (CH_3COOH formule à connaître) et on sait qu'on le titre avec une solution de soude (ou hydroxyde de sodium $Na^+{}_{(aq)} + OH^-{}_{(aq)}$).

Il s'agit donc d'une réaction acido-basique et l'équation de cette réaction est :

$$CH_3COOH_{(aq)} + OH^-{}_{(aq)} \rightarrow CH_3COO^-{}_{(aq)} + H_2O_{(l)}$$

2. Les quantités initiales des réactifs sont calculées à partir de la formule $n = CV$. Attention à respecter les notations de l'énoncé.

Équation de la réaction		$CH_3COOH_{(aq)}$ +	$OH^-_{(aq)}$ →	$CH_3COO^-_{(aq)}$ +	$H_2O_{(l)}$
État du système	Avancement	Quantité de matière en mol			
État initial	0	C_AV_A	C_BV_B	0	Solvant
État intermédiaire	x	$C_AV_A - x$	$C_BV_B - x$	x	Solvant
État final	x_{max}	$C_AV_A - x_{max}$	$C_BV_B - x_{max}$	x_{max}	Solvant

3. À partir de la courbe $\frac{dpH}{dV_B}$, on détermine le volume équivalent V_E en prenant l'abscisse de son maximum.

$V_E = 9{,}4$ mL.

4. À l'équivalence, les réactifs sont dans les proportions stœchiométriques donc $C_AV_A = C_BV_B$ or à l'équivalence $V_B = V_E$.

Donc $C_AV_A = C_BV_E$.

On en déduit $C_A = \frac{C_BV_E}{V_A} = \frac{0{,}10 \times 9{,}4}{1{,}00} = 9{,}4 \times 10^{-1}$ mol/L.

5. Pour déterminer le degré d'acidité, il faut calculer la masse d'acide éthanoïque présent dans 100 g de vinaigre.

Pour cela, il faut savoir quel volume correspond à ces 100 g de vinaigre. On va donc utiliser la définition de la masse volumique :

$$\rho = \frac{m}{V_{vinaigre}} \quad \text{d'où} \quad V_{vinaigre} = \frac{m_{vinaigre}}{\rho_{vinaigre}}.$$

Or ici on ne connaît que la densité et non la masse volumique du vinaigre, il faut donc aussi utiliser la relation $\rho_{vinaigre} = d_{vinaigre} \times \rho_{eau}$.

Finalement : $V_{vinaigre} = \frac{m_{vinaigre}}{d_{vinaigre} \times \rho_{eau}} = \frac{100}{1{,}02 \times 1\,000} = 9{,}8 \times 10^{-2}$ L.

La formule suivante peut être apprise par cœur :

$$V = \frac{m}{d \times \rho_{eau}}, \quad \text{avec } \rho_{eau} = 1{,}0 \text{ kg/L}.$$

Or d'après le résultat de la question **4.**, la concentration du vinaigre en acide acétique est C_A.

On déduit ensuite la quantité d'acide contenue dans 100 g de vinaigre :

$$n_{acide} = C_A \times V_{vinaigre} = 9{,}4 \times 10^{-1} \times 9{,}8 \times 10^{-2} = 9{,}2 \times 10^{-2} \text{ mol}.$$

Enfin, on calcule la masse correspondante d'acide :

$$m_{acide} = n_{acide} \times M(CH_3COOH) = 9{,}2 \times 10^{-2} \times 60 = 5{,}5 \text{ g}.$$

D'après la définition du degré d'acidité donnée dans l'énoncé, ce vinaigre est à 5,5° d'acidité.

6. L'écart relatif est donné par la formule :

$$E = \left| \frac{\text{valeur théorique} - \text{valeur expérimentale}}{\text{valeur théorique}} \right|$$

$$= \left| \frac{6-5{,}5}{6} \right| = 0{,}083 = 8{,}3\ \%.$$

Tant que l'écart relatif est en dessous de 10 à 15 %, une valeur expérimentale est tout à fait cohérente.

11 Protocole de dissolution

Ici on dissout 2,0 g d'hydroxyde de sodium dans une fiole jaugée de 10 mL. Il est nécessaire d'utiliser des lunettes de protection et des gants car l'hydroxyde de sodium est corrosif.
Pour la dilution on peut difficilement utiliser intégralement les 10 mL préparés par la dissolution car il y a toujours des pertes sur les parois donc on va en prélever 5 mL pour fabriquer 100 mL de la solution S_1.

Voir les protocoles des savoir-faire **1** et **2**.

Partie A

1. De la même façon que l'acide chlorhydrique, l'hydroxyde de sodium se dissocie immédiatement dans l'eau, on a donc directement et exclusivement les deux ions lorsqu'on dissout ce solide dans l'eau : $Na^+{}_{(aq)} + HO^-{}_{(aq)}$.
Les ions chlorure Cl^- et sodium Na^+ sont indifférents aux réactions acido-basiques donc la réaction qui se produit a pour équation :

$$H_3O^+{}_{(aq)} + HO^-{}_{(aq)} \rightarrow 2\,H_2O$$

2. La méthode des tangentes nous donne 12,2 mL pour le volume équivalent.

Pour déterminer le volume équivalent d'un titrage avec un suivi pH-métrique, voir le savoir-faire **5**.

3. À l'équivalence, les réactifs sont dans les proportions stœchiométriques donc $C_A V_E = C_1 V_1$.

4. On en déduit $C_1 = \dfrac{C_A \times V_E}{V_1} = \dfrac{0{,}10 \times 12{,}2}{5{,}0} = 0{,}24$ mol/L.

5. La solution S_0 est 20 fois plus concentrée que S_1 donc :

$$C_0 = 20 \times C_1 = 4{,}8 \text{ mol/L}.$$

Or les pastilles ont été dissoutes dans 10 mL donc la quantité de soude dissoute est :

$$n(\text{NaOH}) = C_0 \times 10 \times 10^{-3} = 0{,}048 \text{ mol}.$$

On va maintenant calculer la masse de NaOH contenue dans les pastilles dissoutes :

$$m = n(\text{NaOH}) \times M = 0{,}048 \times 40 = 1{,}92 \text{ g}.$$

6. On en déduit que 1,92 g de ces pastilles est composé de soude donc un pourcentage de pureté égal à $\dfrac{1{,}92}{2{,}0} = 0{,}96 = 96\,\%$.

Partie B

1.

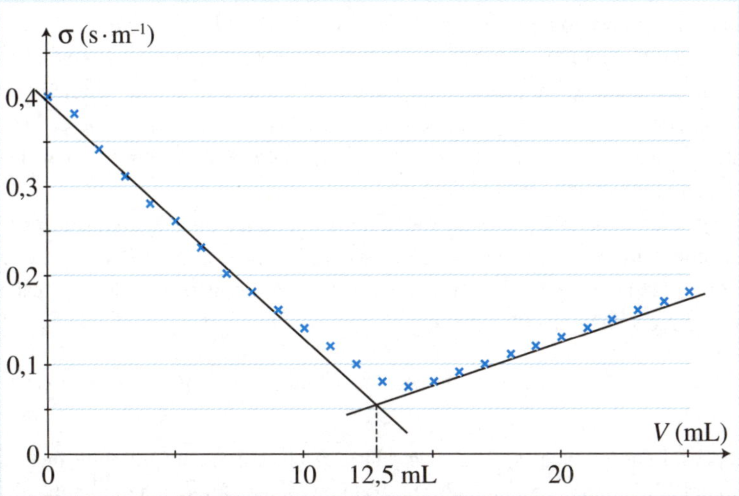

Ici on trouve $V_E = 12{,}5$ mL.

Pour déterminer le volume équivalent d'un titrage avec un suivi conductimétrique, voir le savoir-faire **7**.

2. À l'équivalence, les réactifs sont introduits dans les proportions stœchiométriques donc on a $n\left(H_3O^+{}_{(aq)}\right) = n\left(HO^-{}_{(aq)}\right)$.

Donc avec les notations de l'énoncé :

$$C_1 = \frac{C_A \times V_E}{V_1} = \frac{0{,}10 \times 12{,}5}{5{,}0} = 0{,}25 \text{ mol/L}.$$

3. Pour fabriquer la solution S_1, on a fait une dilution par 20 donc la concentration de la solution S_0 est $C_0 = 20 \times C_1 = 5{,}0$ mol/L.

D'après cette concentration, on déduit la quantité d'hydroxyde de soude contenue dans la solution S_0 :

$$n_0\,(\text{NaOH}) = C_0 \times V_0 = 5{,}0 \times 10 \times 10^{-3} = 5{,}0 \times 10^{-2} \text{ mol}.$$

En multipliant par la masse molaire de NaOH, on obtient la masse correspondante d'hydroxyde de sodium :

$$m_0\,(\text{NaOH}) = n_0\,(\text{NaOH}) \times M\,(\text{NaOH}) = 5{,}0 \times 10^{-2} \times 40 = 2{,}0 \text{ g}.$$

Question identique à la question **A. 5.** La rédaction est légèrement différente mais les deux sont correctes.

4. Il y a donc 2,0 g d'hydroxyde de sodium dans 2,0 g de pastilles donc les pastilles sont pures à 100 %.

Partie C

1. a. Par définition du volume équivalent, lorsque le volume ajouté est V_E les réactifs sont dans les proportions stœchiométriques (tous les réactifs sont consommés).
Par conséquent, lorsqu'on ajoute un volume inférieur à V_E, le réactif limitant est le réactif ajouté, c'est-à-dire titrant. En effet, si l'on est avant V_E cela signifie que l'on n'a pas encore mis assez de l'espèce contenue dans la burette, c'est-à-dire de l'espèce titrante : l'espèce titrée n'est donc pas encore entièrement consommée. Elle ne le sera que lorsque le volume versé sera V_E.
À l'inverse, si le volume versé est supérieur à V_E, alors il ne reste plus de l'espèce titrée (celle dans le bécher) car elle aura été entièrement consommée à l'équivalence et que l'on ajoutera encore de l'espèce titrante. Cette dernière sera donc en excès et l'espèce titrée sera le réactif en défaut.

Ce raisonnement est valable pour *tous* les titrages, pas uniquement pH-métrique.

b. Le pH à l'équivalence est ici de 7 car les espèces chimiques présentes quantitativement à l'équivalence ne sont ni des bases ni des acides forts : il ne reste plus d'ions hydroxyde car ils ont été entièrement consommés ; il ne reste pas d'ions oxonium car on est dans les proportions stœchiométriques donc ils sont entièrement consommés également. Les molécules d'eau fabriquées ne sont que les conjugués d'acide ou de base forte donc sont indifférentes.

Attention ! Ce n'est pas toujours le cas !
Par exemple, le dosage de l'acide éthanoïque par une solution aqueuse de soude se fait selon la réaction :

$$CH_3COOH + HO^- \rightarrow CH_3COO^- + H_2O$$

À l'équivalence, il n'y aura ni CH_3COOH, ni HO^- car ils seront entièrement consommés *mais* il y aura des ions CH_3COO^- base conjuguée de l'acide éthanoïque donc le pH sera supérieur à 7 (car il y aura finalement une espèce basique dans la solution).
Le pH à l'équivalence est 7 *uniquement* pour les titrages acide fort / base forte.

2. La conductivité d'une solution est due aux ions, donc il faut regarder les changements qui se produisent par rapport aux nombre de porteurs de charge (ions) et à leur capacité à porter le courant (leur conductivité molaire ionique λ).
Au niveau des porteurs de charge, on constate que la réaction de titrage consomme des ions (HO^- et H_3O^+) et crée des molécules non chargées (H_2O) donc non porteuses électriquement. Mais attention, il ne faut pas oublier les ions spectateurs Cl^- que l'on ajoute à chaque goutte.
Donc au final, dans la première partie du titrage on ajoute 1 ion H_3O^+ et 1 ion Cl^-. L'ion H_3O^+ est tout de suite consommé par 1 ion HO^- qui disparaît du même coup et on crée une molécule d'eau.
Bilan pour la conduction électrique : Cl^- ajouté, HO^- disparu.
Or les ions Cl^- sont moins conducteurs que les ions HO^- :

$$\lambda_{Cl^-} = 7{,}63 \times 10^{-3} \text{S} \cdot \text{m}^2 \cdot \text{mol}^{-1} < \lambda_{OH^-} = 19{,}9 \times 10^{-3} \text{ S} \cdot \text{m}^2 \cdot \text{mol}^{-1}.$$

Donc la conductivité diminue jusqu'à ce que le bilan des porteurs change, c'est-à-dire jusqu'à l'équivalence.
Après l'équivalence, l'ajout des ions H_3O^+ ne consomme plus d'ion HO^- puisqu'il n'y en a plus !
Donc, dans la seconde partie du titrage on ajoute toujours 1 ion H_3O^+ et 1 ion Cl^- mais ces ions ne font qu'augmenter le nombre de porteurs de charge, donc le courant est mieux conduit puisque la solution est de plus en plus riche en porteurs.

L'ajout de l'ion H_3O^+ est encore plus bénéfique pour la conductivité car c'est l'ion qui a le meilleure conductivité molaire ionique entre tous les ions (le plus petit et le plus léger des porteurs).

12 1. Le bois est utilisé comme combustible de chauffage et comme matière première pour l'ameublement.
2. Réponses possibles : l'énergie hydraulique, les biocarburants, les biogaz...
3. C'est le secteur résidentiel et tertiaire qui est le plus gros consommateur d'énergies renouvelables, c'est-à-dire les habitations et le secteur économique des services.
4. Ce graphique montre que le secteur des transports n'utilise quasiment qu'une seule source d'énergie : le pétrole. L'électricité et les biocarburants apparaissent après 2005 car les premières voitures électriques sont alors commercialisées et l'apparition des biocarburants est aussi balbutiante. Ces énergies n'en sont tout de même encore qu'à leurs débuts et sont encore totalement marginales.
5. Le principal inconvénient de l'énergie nucléaire est la pollution radioactive. Elle demande des conditions de sécurité très élevées.
6. D'après le document 2, la même puissance est fournie par 2 000 éoliennes ou par 10 millions d'installations de 10 m^2.

Donc, pour une éolienne, il faut $\frac{10 \times 16^6}{2000} = 5000$ installations de 10 m^2 c'est-à-dire une surface de 50 000 m^2 de panneaux photovoltaïques.
7. La production énergétique du bois est de 9 millions de tep par an, or la combustion d'une tonne de bois produit 0,321 5 tep d'énergie. Donc la consommation annuelle de bois est de $\frac{9}{0{,}3215} = 28$ millions de tonnes de bois.

De plus le document 2 nous apprends que 16 millions de tonnes de bois fournissent la même puissance que 2000 éoliennes. Il faudrait donc :

$$\frac{2000 \times 28}{16} = 3500 \text{ éoliennes.}$$

8. Le bois vivant absorbe du dioxyde de carbone lors de la photosynthèse (et rejette du dioxygène). Ce carbone « emmagasiné » dans le bois n'est remis dans l'atmosphère que lorsque ce bois est brulé. Le carbone est donc « piégé » dans le bois durant sa vie mais aussi durant son utilisation en tant que matériau (ameublement, charpente…).
9. D'après le document 1, 30 % du territoire est recouvert de forêts, ce qui correspond à $\frac{30}{100} \times 551\,000 = 165\,000$ km^2 de forêts.

Il y a 3,5 millions de propriétaires de forêt d'où une surface moyenne d'exploitation égale à :

$$\frac{165\,000}{3\,500\,000} = 4{,}7 \times 10^{-2}\ \text{km}^2.$$

Or 1 hectare $= 10^{-2}$ km^2 donc la superficie moyenne d'une exploitation est de 4,7 ha.

13 **Partie A**

1. D'après l'énoncé, « la teneur en nitrate d'une eau est égale à sa concentration massique en ions nitrate » donc la teneur t_m de la solution mère est $t_\text{m} = \frac{m}{V}$, où m est la masse d'ions nitrate apportés et V le volume de la solution. La masse molaire du nitrate d'ammonium est $M(NH_4NO_3) = 2 \times 14 + 4 \times 1{,}0 + 3 \times 16 = 80\ \text{g} \cdot \text{mol}^{-1}$, celle de l'ion nitrate $M\left(NO_3^-\right) = 62\ \text{g} \cdot \text{mol}^{-1}$, d'où :

$$t_\text{m} = \frac{129 \times 62}{0{,}5 \times 80} = 200\ \text{mg} \cdot \text{L}^{-1}.$$

2. On fait quatre dilutions et l'on connaît les facteurs de dilution f_i, respectivement 2, 5, 10 et 25.

Pour une dilution, on a $C_{\text{S}i} \times V_\text{f} = C_\text{m} \times V_i$ où $C_{\text{S}i}$ sont les concentrations des solutions filles, C_m celle de la solution mère, V_f le volume de la solution fille et V_i les volumes que l'on doit prélever de la solution mère.

Voir le savoir-faire **1**.

Donc les volumes à prélever sont :

$$V_i = \frac{C_{\text{S}i} \times V_\text{f}}{C_\text{m}} = \frac{C_{\text{S}i}}{C_\text{m}} \times V_\text{f} = \frac{1}{f_i} \times V_\text{f}.$$

Donc $V_1 = \frac{1}{2} \times 50 = 25\ \text{mL}$; $V_2 = \frac{1}{5} \times 50 = 10\ \text{mL}$; $V_3 = \frac{1}{10} \times 50 = 5{,}0\ \text{mL}$ et $V_4 = \frac{1}{25} \times 50 = 2{,}0\ \text{mL}$.

On peut calculer directement les teneurs en nitrate des solutions filles à partir des facteurs de dilution :

$C_{\text{S}i} = \frac{C_\text{m}}{f_i}$ d'où les teneurs données dans le tableau ci-dessous.

On peut aussi les calculer à partir de la formule de dilution :

$$C_\text{m} \times V_i = C_{\text{S}i} \times V_\text{f} \quad \text{d'où} \quad C_{\text{S}i} = \frac{C_\text{m} \times V_i}{V_\text{f}}.$$

Solution	S_1	S_2	S_3	S_4
Facteur de dilution	2	5	10	25
Volume total	50 mL	50 mL	50 mL	50 mL
Volume à prélever	25 mL	10 mL	5,0 mL	2,0 mL
Teneur en nitrate (mg/L)	100	40	20	8,0

3. • On verse un peu de la solution mère dans un bécher de 50 mL.
• On prélève, à l'aide d'une pipette jaugée, 25 mL de la solution mère.
• On verse ces 25 mL dans une fiole jaugée de 50 mL, à moitié remplie d'eau distillée.
• On agite, en bouchant la fiole, pour homogénéiser.
• On complète la fiole jaugée jusqu'au trait de jauge avec de l'eau distillée.
• On agite en bouchant la fiole jaugée.

4. Il faut d'abord tracer la droite d'étalonnage à partir des points de mesure du graphique.
Puis sur ce graphique, on trace une droite horizontale d'ordonnée 0,60 ; On détermine l'abscisse du point d'intersection de cette droite avec la courbe : 80 mg/L
La teneur en nitrate de cette source est donc de 80 mg/L.

Partie B

1.

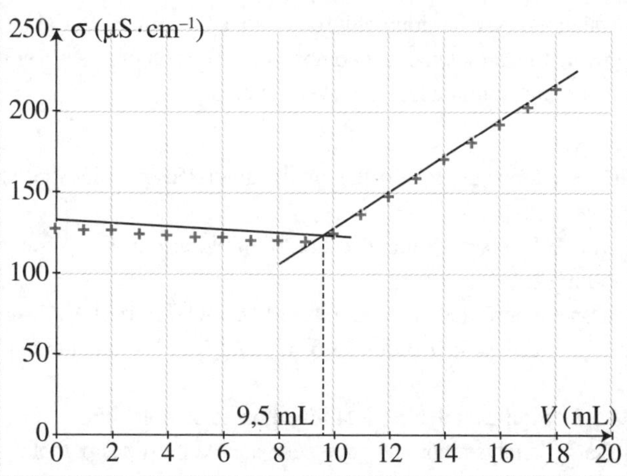

Ici on trouve $V_E = 9{,}5$ mL.

Pour déterminer le volume équivalent d'un titrage avec un suivi conductimétrique, voir le savoir-faire 7.

2. Le chlorure d'argent est un solide. Sa formule est donc AgCl.

L'énoncé précise qu'il s'agit d'une précipitation donc de la formation de ce solide à partir des ions. L'équation de la réaction est :

$$Cl^- + Ag^+ \rightarrow AgCl$$

3. D'après l'équation de la réaction, la quantité ajoutée d'ion argent est égale à la quantité d'ions chlorure présents dans la solution titrée. On a donc :

$$n(Cl^-) = n(Ag^+).$$

$$[Cl^-] = \frac{C_1 \times V_E}{V} = 9{,}5 \times 10^{-2} \text{ mol} \cdot L^{-1}.$$

La formule des solides ioniques commence toujours par le cation alors que le nom commence par celui de l'anion.

4. Les valeurs de la conductivité dépendent de la nature et de la concentration des ions en solution. Avant l'équivalence, chaque ion argent consomme un ion chlorure donc la quantité d'ion chlorure diminue. Cependant, en ajoutant un ion argent, on ajoute aussi un ion nitrate NO_3^- donc au final, avant l'équivalence, l'ajout du nitrate d'argent « remplace » un ion Cl^- par un ion NO_3^-. Or la conductivité ionique molaire de ces ions est très proche donc la conductivité de la solution ne change pratiquement pas (la légère diminution constatée sur le graphique est cohérente avec la valeur légèrement inférieure de λ_{Cl^-} par rapport à $\lambda_{NO_3^-}$).

Après l'équivalence, tous les ions chlorure sont consommés et l'ajout du nitrate d'argent augmente tout simplement le nombre d'ions en solution (Ag^+ et NO_3^-) donc la conductivité de la solution augmente avec cet ajout.

Partie C

Ce document nous donne les valeurs maximales autorisées pour les ions chlorure, les ions nitrate et celle du pH.

D'après la partie A, la teneur en nitrate est de 80 mg/L, ce qui est supérieur à la limite autorisée de 50 mg/L.

La concentration molaire des ions chlorure est $9{,}5 \times 10^{-2}$ mol · L^{-1}, on en déduit leur teneur $C_m = C \times M = 0{,}095 \times 35{,}5 = 3{,}37$ g/L. La teneur maximale est 250 mg/L.

Le pH est de 6,2 ce qui est inférieur à la limite basse de potabilité.

Tous les résultats d'analyse indiquent que cette source n'est pas potable.

14 1. On utilise un produit en croix :

1 ppm correspond à 1 mg d'acide benzoïque par kilo de betterave, donc 3 000 ppm correspondent à 3 000 mg. La masse maximale autorisée est 3 g d'acide benzoïque par kilo de betterave.

2. La réaction de dissolution est :

$$C_6H_5COONa_{(s)} \rightarrow C_6H_5COO^-{}_{(aq)} + Na^+{}_{(aq)}$$

Pendant la dissolution, les ions se séparent grâce aux molécules d'eau qui les « entourent ».

3. La courbe de titrage :

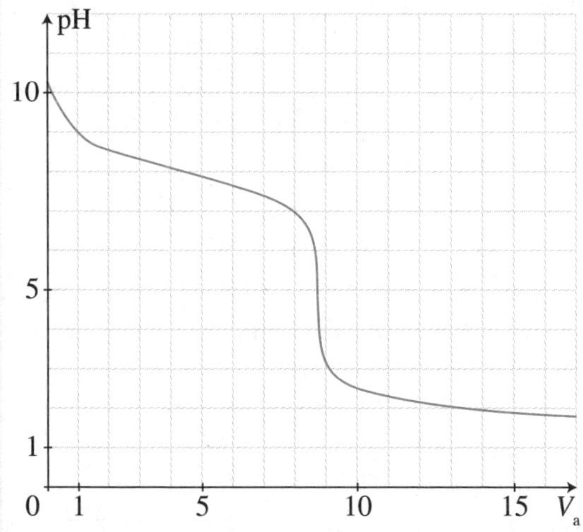

4. La réaction du dosage est la réaction de l'ion benzoate avec l'ion oxonium H_3O^+ de l'acide chlorhydrique :

$$C_6H_5COO^- + H_3O^+ \rightarrow C_6H_5COOH + H_2O$$

5. À l'aide de la méthode des tangentes, on trouve un volume équivalent égal à 9,7 mL.

6. D'après l'équation de la réaction du titrage, à l'équivalence, la quantité d'ion oxonium versée est égale à celle d'ions benzoate initialement présent dans la solution titrée donc :

$$n(H_3O^+) = n(C_6H_5COO^-).$$

La concentration en ions benzoate dans la solution titrée est donc :

$$C = \frac{C_1V_E}{V} = \frac{6{,}0\times10^{-2}\times9{,}7}{15} = 3{,}9\times10^{-2}\ \text{mol/L}.$$

7. D'après l'équation de la réaction de dissolution, la quantité de benzoate de sodium dissout est égale à la quantité d'ions benzoate présents en solution (en supposant la réaction de dissolution totale). On en déduit alors la quantité de benzoate de sodium présent dans les 200 g de betterave cuite :

$n(C_6H_5COONa) = n_d(C_6H_5COO^-)$, où n_d est la quantité dosée.

$n(C_6H_5COONa) = C\times V_T$, où V_T est le volume de la solution obtenue à partir de betterave, soit 100 mL.

Soit $n(C_6H_5COONa) = 3{,}9\times10^{-3}$ mol.

8. $m(C_6H_5COONa) = n(C_6H_5COONa)\times M(C_6H_5COONa)$

$m(C_6H_5COONa) = 3{,}9\times10^{-3}\times144 = 5{,}6\times10^{-1}$ g.

9. On en déduit que la masse de benzoate par kilogramme de betteraves est $5\times m(C_6H_5COONa) = 2{,}8$ g. Cette masse est inférieure à la masse maximale autorisée donc la norme est respectée.

15 **Partie A**

1. a. Si l'éthanol est oxydé dans cette réaction alors il s'agit d'un réducteur. Il fait donc partie du couple CH_3-COOH/CH_3-CH_2OH.
L'oxydant est l'ion dichromate $Cr_2O_7^{2-}$ et le réducteur associé est dans les produits de réaction : l'ion chrome III Cr^{3+}. Le couple est $Cr_2O_7^{2-}/Cr^{3+}$.

b. On peut donc écrire les demi-équations :

$$CH_3-CH_2OH + H_2O = CH_3-COOH + 4\,H^+ + 4\,e^-$$

$$Cr_2O_7^{2-} + 6\,e^- + 14\,H^+ = 2\,Cr^{3+} + 7\,H_2O$$

2. On détermine la masse maximale d'acide éthanoïque (nom officiel de l'acide acétique) en supposant la réaction maximale et donc en déterminant l'avancement maximal de la réaction.
On calcule pour cela les quantités initiales des réactifs.

Pour l'éthanol : $n_1 = \dfrac{m_1}{M\,(CH_3-CH_2OH)} = \dfrac{1\,380}{46} = 30 \text{ mol}.$

Pour le dichromate de potassium : $n_2 = \dfrac{m_2}{M\,(K_2Cr_2O_7)} = \dfrac{5\,880}{294} = 20,0 \text{ mol}.$

Pour l'acide sulfurique : $n_3 = \dfrac{m_3}{M\,(H_2SO_4)} = \dfrac{7\,840}{98} = 80 \text{ mol}.$

On se trouve donc dans les conditions stœchiométriques :

$$\frac{n_1}{3} = \frac{n_2}{2} = \frac{n_3}{8} = 10 \text{ mol}.$$

On aura alors $x_{max} = 10$ mol et d'après l'équation de la réaction (1´) la quantité d'acide acétique obtenu est $n_4 = 3x_{max} = 30$ mol.
On obtient alors $m_4 = n_4M(CH_3-COOH) = 1,8$ kg.

3. Le rendement est donné par la relation :

$$r = \frac{n_{\text{expérimental}}}{n_{\text{théorique}}} = \frac{m_{\text{expérimental}}}{m_{\text{théorique}}} = \frac{1,0}{1,8} = 55,6\ \%.$$

4. Lors de la réaction (1´), on peut distinguer 3 types d'espèces chimiques :

Produit(s) désiré(s)	Acide acétique (éthanoïque)
Déchets	Eau, sulfate double de chrome et potassium
Réactifs	Éthanol, dichromate de potassium et acide sulfurique

5. $UA_1 = \dfrac{\text{masse du produit souhaité}}{\text{somme des masses des produits formés}}$

$$= \frac{3x_{max}M(CH_3-COOH)}{3x_{max}M(CH_3-COOH) + 4x_{max}M(KCr(SO_4)_2) + 11x_{max}M(H_2O)}$$

$$= \frac{3M(CH_3-COOH)}{3M(CH_3-COOH) + 4M(KCr(SO_4)_2) + 11M(H_2O)}$$

$$UA_1 = \frac{3 \times 60}{3 \times 60 + 4 \times 283 + 11 \times 18}$$

$$= \frac{180}{1\,510}$$

$$= 0{,}12.$$

L'utilisation atomique de la réaction (1) est donc de 12 %.

• Une autre méthode aurait été de calculer les masses d'eau et de double sulfate de chrome et de potassium formées par la réaction.

• À retenir : l'utilisation atomique est le rapport de la masse du produit souhaité sur la masse totale des produits obtenus mais la formule devient un rapport de masses molaires dans lequel il ne faut pas oublier les coefficients stœchiométriques.

6. Le rendement de la réaction n'est pas très élevé (55 %) et le pourcentage d'utilisation atomique est faible (12 %), il s'agit donc d'une réaction pour laquelle on dépense beaucoup de quantité de réactifs pour ne former que peu du produit souhaité.

Partie B

L'équation de réaction est :

$$CH_3-CH_2OH_{(aq)} + O_{2(aq)} \xrightarrow{\text{enzyme}} CH_3-COOH_{(aq)} + H_2O_{(l)}$$

1. a. Le couple de l'éthanol est le même que la première réaction, c'est-à-dire CH_3-COOH/CH_3-CH_2OH. Le dioxygène est donc l'oxydant responsable de cette oxydation de l'éthanol. Le couple correspondant est O_2/H_2O.

b. $O_2 + 4e^- + 4H^+ = 2H_2O$

2. L'enzyme joue le rôle de catalyseur de la réaction.

3. Pour la réaction (2) on a :

Produit(s) désiré(s)	Acide acétique (éthanoïque)
Déchets	Eau
Réactifs	Éthanol et dioxygène

4. Le pourcentage d'utilisation atomique est :

$$UA_2 = \frac{M(CH_3-COOH)}{M(CH_3-COOH) + M(H_2O)} = \frac{60}{60+18} = 0{,}77 = 77\ \%.$$

5. Le pourcentage d'utilisation atomique est un paramètre de la chimie verte : plus il est proche de 1, plus le procédé respecte l'environnement (si tous les autres paramètres sont équivalents).

Le second procédé, avec le dioxygène, est donc le plus « vert ».

13 Stratégie de la chimie organique

Ce chapitre traite de la synthèse organique et des différentes techniques et stratégies que l'on peut choisir lors de cette synthèse. Les compétences de ce chapitre sont donc très souvent basées sur l'expérience et les choix pris des différents paramètres expérimentaux : température, solvant, montage, catalyseur...

I DÉFINITIONS

■ **Catalyseur.** Espèce chimique accélérant une réaction mais ne figurant pas dans l'équation chimique car elle n'est pas consommée pendant cette réaction.

■ **Rendement.** Un rendement en chimie se calcule toujours à partir de la formule suivante :

$$r = \frac{\text{quantité du produit formé expérimentalement}}{\text{quantité maximale du produit pouvant être formé}}.$$

On peut aussi l'écrire $r = \dfrac{n(\text{expérimentale})}{n(\text{théorique})}$.

Il est toujours inférieur à 1 et peut s'exprimer en pourcentage.

■ **Réactif chimiosélectif.** Se dit d'un réactif qui n'agit que sélectivement sur certains sites d'une molécule alors qu'il pourrait le faire autre part sur cette même molécule. On a alors sélectivement un produit formé au détriment d'autres produits chimiquement possibles.

II RAPPELS DE CHIMIE ORGANIQUE

1. Effet de la température

■ L'élévation de la température accélère toujours une réaction chimique. En effet, plus la température augmente, plus les chocs entre les molécules sont nombreux et énergiques : ils sont donc d'autant plus efficaces.

■ À l'inverse, on effectue souvent une **trempe** (plonger le bécher dans un bain glacé ou dans de la glace pillée) dans les protocoles chimiques pour stopper l'évolution du milieu réactionnel et arrêter toutes les réactions chimiques.

2. Influence de la concentration

Plus la concentration des réactifs est grande, plus le temps de la réaction chimique est court. On dit que la concentration (d'un réactif) est un facteur cinétique, au même titre que la température. On pourra donc utiliser un réactif concentré si on veut augmenter la vitesse d'une réaction.

3. Influence du solvant

■ Utiliser un solvant plutôt qu'un autre a comme principales conséquences :

- de permettre la rencontre des réactifs. Si les réactifs ne sont pas miscibles ou sont dans deux phases séparées, il peut être intéressant de les introduire dans un solvant commun ;
- de jouer sur la solubilité d'une espèce pour la faire précipiter (la mettre dans un solvant dans lequel elle n'est pas ou très peu soluble) ou au contraire la solubiliser davantage.

■ On peut distinguer deux types de solvants : les **solvants polaires** et les **solvants apolaires**.

Les espèces chargées (ions) ou polaires (la plupart des alcools) sont solubles dans les solvants polaires (H_2O). Les espèces apolaires (les alcanes) sont plutôt favorisées dans les solvants apolaires (par exemple cyclohexane ou CCl_4).

4. Ajout d'un réactif ou enlèvement d'un produit à l'équilibre

■ Lorsque l'équilibre d'une réaction est atteint, si on **ajoute un réactif**, la réaction se fera de nouveau et l'autre réactif continuera ainsi à être consommé. Le rendement sera donc meilleur. La réaction se continuera dans le sens direct.

■ Pour la même raison, si on arrive à **enlever l'un des produits** du milieu réactionnel, la réaction se poursuivra jusqu'à refaire le produit enlevé : on améliore encore le rendement de cette façon.

■ Une autre possibilité est de mettre un des réactifs en grand excès, l'équilibre sera déplacé dans le sens de davantage de consommation de ce réactif. On formera donc davantage de produit

On parle de **déplacement d'équilibre**.

5. Influence du pH

L'ajout d'un acide ou d'une base est fréquent dans un protocole. Plusieurs cas se présentent :

- la réaction est catalysée par les ions $H^+_{(aq)}$ et l'ajout d'acide va donc l'accélérer ;
- la réaction souhaitée ne se fait que dans un domaine particulier de pH. On ajoute donc base ou acide pour se mettre dans ces conditions ;
- l'un des réactifs est une espèce acide ou basique et par conséquent n'est réellement présent (en quantité) que dans un domaine de pH déterminé.

Revoir le chapitre 9 et les diagrammes de prédominance.

III QUELQUES MONTAGES ET TECHNIQUES EXPÉRIMENTALES CLASSIQUES

1. Montage à reflux

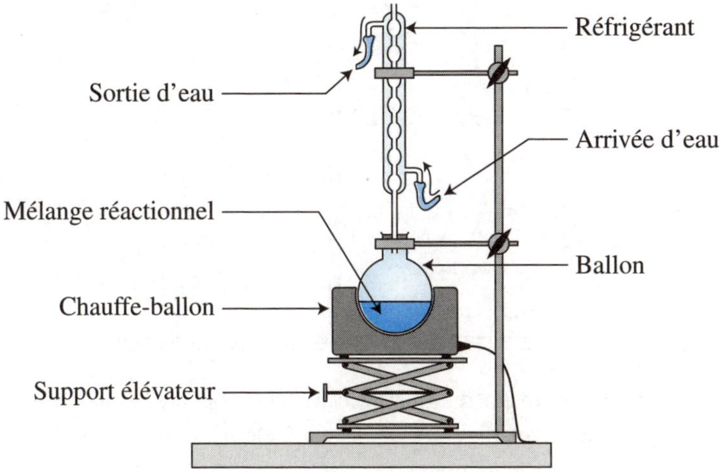

Ce montage permet de chauffer un mélange (donc d'augmenter la vitesse de réaction) sans perdre ni les réactifs ni les produits par l'évaporation due au chauffage, en effet les vapeurs produites sont renvoyées (reflux) dans le mélange réactionnel par condensation. La réaction est donc accélérée.

2. Hydrodistillation ou distillation simple

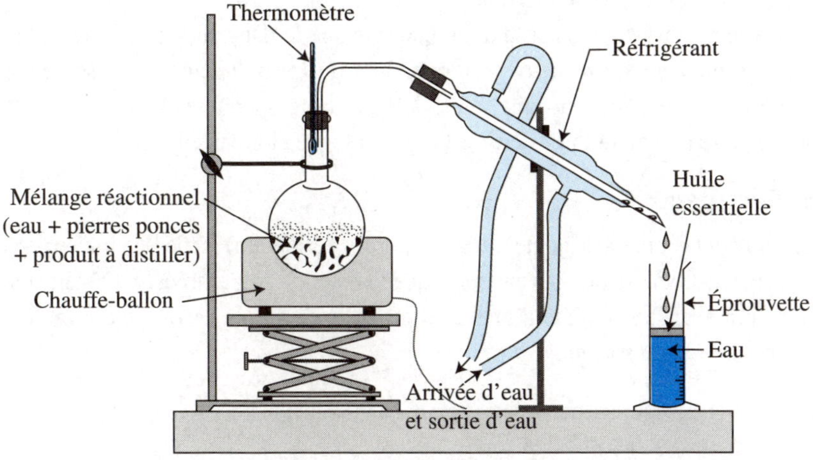

Ce montage permet de séparer les espèces les plus volatiles : il est souvent employé pour récupérer les huiles essentielles pour la parfumerie.

3. Distillation fractionnée

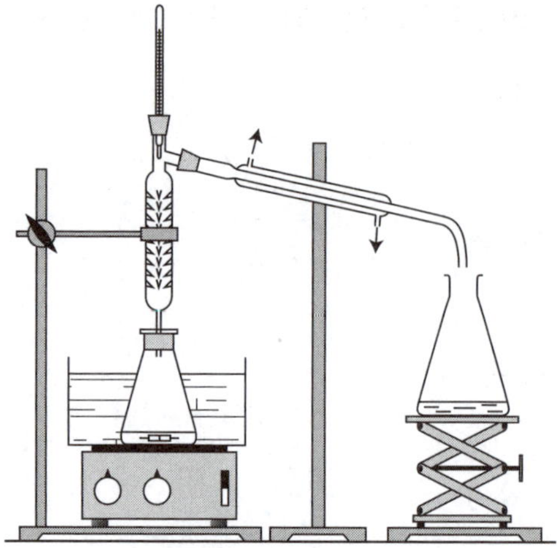

Ce montage permet de récupérer les espèces les plus volatiles en premier puis les espèces un peu moins volatiles et ainsi de suite. On parle de coupes. Technique utilisée notamment en pétrochimie.

4. Cristallisation et recristallisation

■ La **cristallisation** est une opération permettant de récupérer un solide après sa synthèse. La plupart du temps, il s'agit de faire évaporer le solvant dans lequel l'espèce souhaitée se trouve ou de diminuer la température du mélange pour que l'espèce voulue se solidifie. Le solide obtenu contient souvent des impuretés d'où la nécessité d'une recristallisation.

■ La **recristallisation** consiste à dissoudre le solide dans un solvant à chaud et laisser lentement les cristaux se former lors du refroidissement. La solubilité d'une espèce est souvent plus faible lorsque la température diminue donc la baisse de température fait « sortir » l'espèce en question du solvant.

5. Relargage

Le **relargage** consiste à ajouter du sel (chlorure de sodium) ou de l'eau salée dans le mélange réactionnel (souvent après que la réaction soit terminée). On fait cela pour diminuer la solubilité d'une espèce (par exemple un savon) que l'on veut récupérer hors du solvant.

Le rôle des **pierres ponces** dans un mélange réactionnel est toujours d'homogénéiser le mélange et la température.

IV COMPOSÉS POLYFONCTIONNELS ET STRATÉGIE DE PROTECTION DE FONCTION

1. Composés polyfonctionnels

■ Lorsqu'une molécule possède plusieurs groupes fonctionnels, on dit qu'elle est **polyfonctionnelle**. Elle a alors d'emblée plusieurs sites très réactifs, et lors d'une transformation, il n'est pas rare que plusieurs de ces sites puissent réagir avec le même réactif.

EXEMPLES :

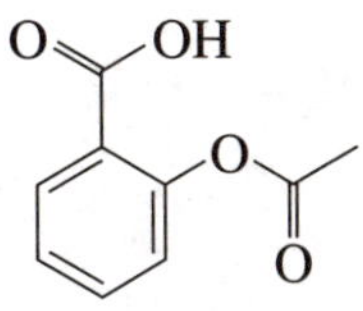

Aspirine

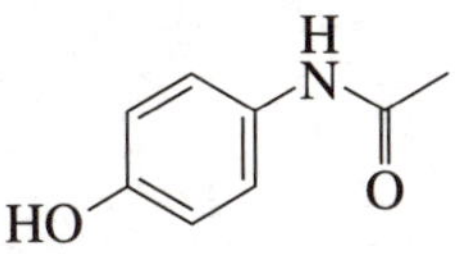

Paracétamol

■ Par exemple, un oxydant comme le permanganate MnO_4^- peut attaquer un groupe carbonyle mais aussi un groupe hydroxyle. Si une molécule possédant plusieurs groupes carbonyle et hydroxyle est mise en contact avec du permanganate, la réaction pourra alors se faire sur plusieurs de ces sites.

■ Lors d'une synthèse organique particulière, on souhaite la plupart du temps n'avoir qu'une seule réaction possible (et aucune réaction parasite).

On va alors **protéger** le ou les sites que l'on ne souhaite pas modifier, pour ensuite effectuer la réaction de synthèse. Il faudra enfin **déprotéger** le ou les sites pour revenir aux fonctions de la molécule de départ.

2. Protection de fonction dans la synthèse de peptides

■ Un **peptide** est un polymère d'acides aminés. Les **acides aminés** naturels sont au nombre de 20. Ils possèdent, comme leur nom l'indique, une fonction amine et une fonction acide carboxylique.

Voir la definition d'un polymère au chapitre 14.

■ Pour synthétiser un peptide, il faut donc au minimum « regrouper » deux molécules d'acides aminés. Or, à partir de deux acides aminés, on peut fabriquer quatre molécules différentes.

En effet, on peut schématiser un acide aminé de la façon suivante :

$$H_2N-\boxed{A}-COOH$$

et l'on sait qu'un groupe amine réagit avec un groupe carboxyle pour donner un groupe amide.

Donc, lorsque l'on mélange deux acides aminés A et B différents pour les faire réagir ensemble, le carboxyle de A pourra réagir avec l'amine de B et donner :

$$H_2N-\boxed{A}-COO-NH-\boxed{B}-COOH$$

À l'inverse, cela peut être le groupe amine de A qui réagit sur le carboxyle de B pour donner :

$$H_2N-\boxed{B}-COO-NH-\boxed{A}-COOH$$

Mais il faut aussi tenir compte de la possibilité qu'un des acides aminés réagissent avec lui-même ! Il possède un groupe amine et un groupe carboxyle donc on aura aussi :

$$H_2N-\boxed{A}-COO-NH-\boxed{A}-COOH$$

et

$$H_2N-\boxed{B}-COO-NH-\boxed{B}-COOH$$

EXEMPLE :

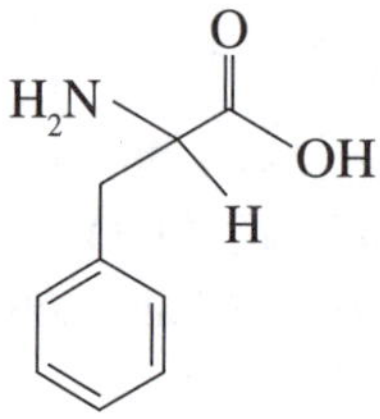

Phénylalanine (Phe)

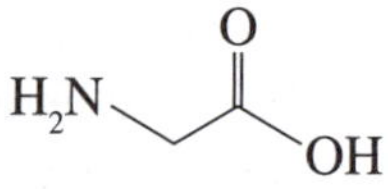

Glycine (Gly)

■ À partir de la phénylalanine et de la glycine ci-dessus, on peut faire les quatre associations suivantes :

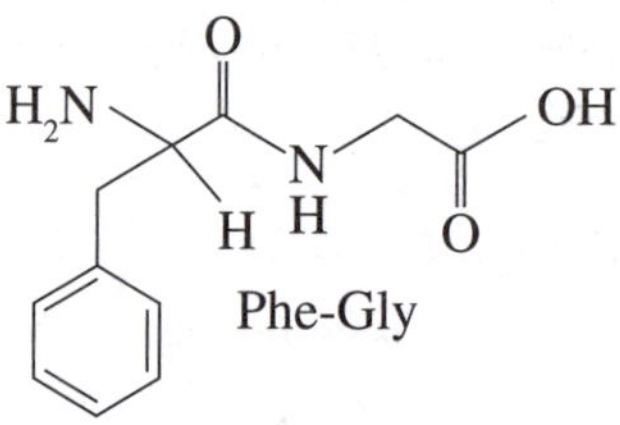

Phe-Gly

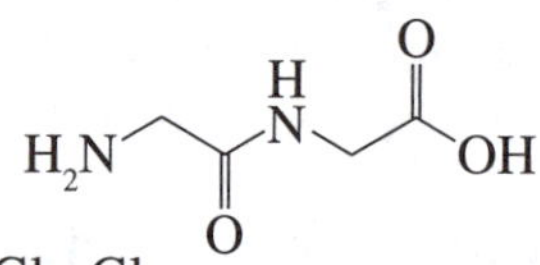

Gly-Gly

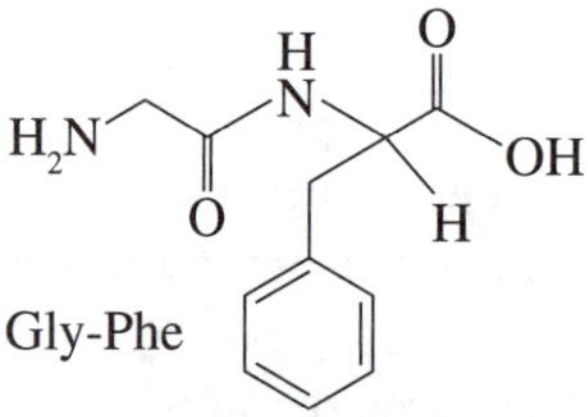

Gly-Phe

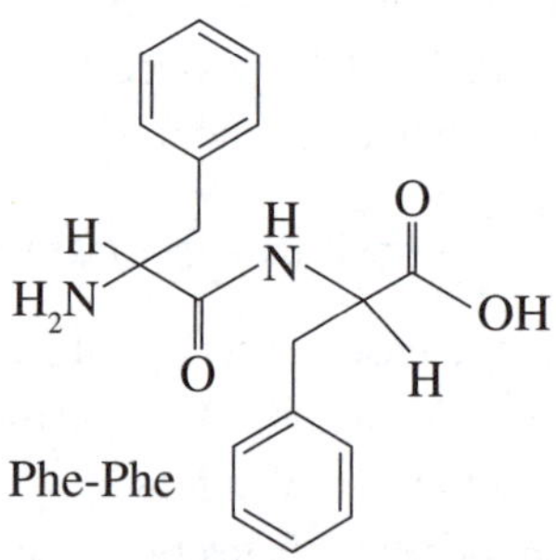

Phe-Phe

■ Si l'on souhaite synthétiser un seul de ces quatre dipeptides, il faut **agir sélectivement** avec l'idée de **laisser libre les seuls sites que l'on souhaite voir réagir**. La première étape est donc de faire réagir les sites que l'on ne souhaite pas modifier pour qu'ils ne soient pas touchés par la réaction principale : c'est le principe de la **protection de fonction**.

On appelle GP le **groupe protecteur** sur les schémas ci-après.

■ **1re étape :** transformer les acides aminés de départ – protéger les fonctions.

La phénylalanine devient :

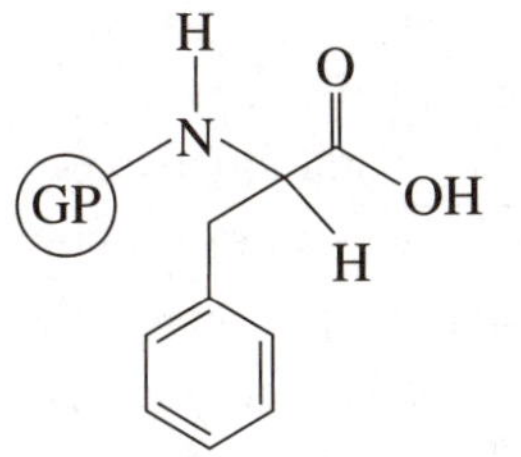

et la glycine devient :

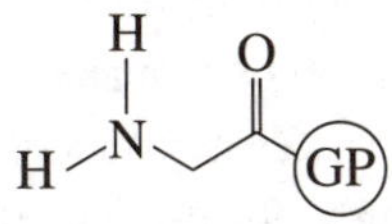

■ **2e étape :** effectuer la réaction principale souhaitée – ici la synthèse peptidique.

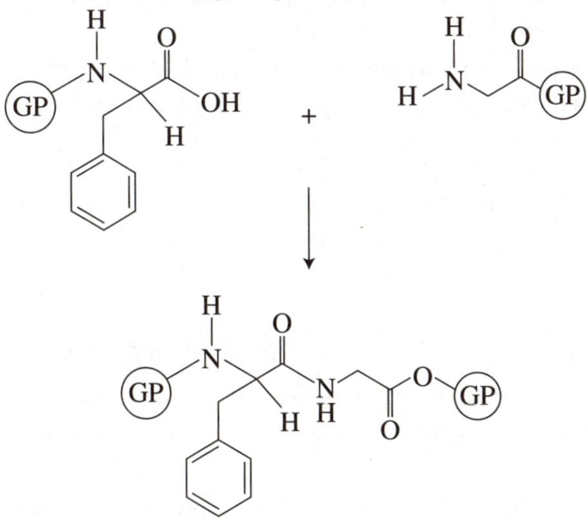

■ **3e étape :** effectuer la déprotection des fonctions initiales.

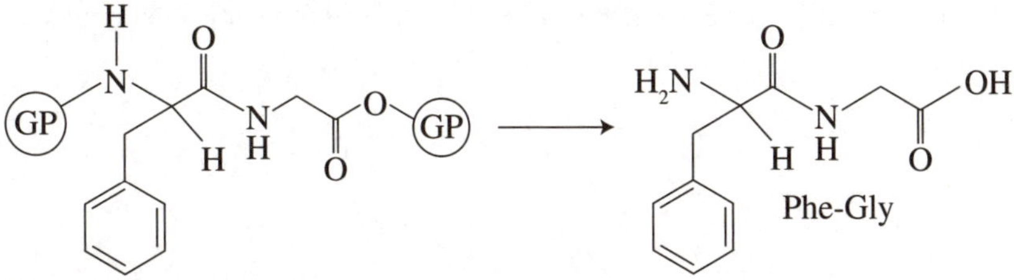

Phe-Gly

Avec cette technique de protection, seul l'enchainement Phe-Gly est synthétisé et il n'y a pas de mélange des quatre isomères.

SAVOIR-FAIRE

1. Calculer un rendement

Le rendement d'une réaction est défini par :

$$r = \frac{\text{quantité du produit formé expérimentalement}}{\text{quantité maximale du produit pouvant être formé}}.$$

■ La quantité maximale formée est toujours à déterminer à partir des conditions optimales, c'est-à-dire en prenant l'hypothèse d'une réaction totale. On fait donc un tableau d'avancement avec pour état final, l'état maximal, donc en trouvant x_{max} et le réactif limitant.

Ce calcul donne directement la quantité maximale possible.

■ Pour calculer le rapport, il faut ensuite déterminer la quantité expérimentale formée : la plupart du temps, elle est donnée plus ou moins directement par l'énoncé car c'est une donnée expérimentale. Par exemple « on pèse l'échantillon, après l'avoir séché, et on obtient 2,3 g ».

Attention, cnfin, à mettre dans la même unité la quantité maximale et la quantité expérimentale.

- On peut aussi calculer le rendement par le rapport des masses.
- Bien vérifier que le rendement est inférieur à 1.
- Le calcul de rendement est fréquent dans l'épreuve expérimentale du baccalauréat.

2. Reconnaître une protection de fonction

Les étapes lors d'une protection de fonction sont toujours au minimum de trois : la réaction de protection, la réaction de synthèse, puis la réaction de déprotection.

Finalement, on peut toujours remarquer que la première et la dernière étape vont se contrecarrer. On va faire réagir un groupe fonctionnel dans la première étape et retrouver ce même groupe fonctionnel produit par la dernière étape.

EXERCICES D'APPLICATION

1 QUEL MONTAGE POUR ÇA ? | ★ | 5 min | ▸ P. 366

Retrouver la technique adaptée dans les situations suivantes :

1. On veut éliminer des impuretés solides d'une solution.
2. On souhaite identifier les différents composants colorés dans un mélange.
3. On veut purifier un solide.
4. On utilise du chlorure de sodium pour récupérer davantage de savon.
5. On veut séparer des espèces chimiques miscibles d'un mélange.
6. On veut chauffer un mélange réactionnel pendant tout le temps d'une synthèse.
7. On a synthétisé un ester à partir d'un mélange d'acide carboxylique et d'un alcool et l'on souhaite maintenant le récupérer pur.

2 LA RECRISTALLISATION | ★★ | 10 min | ▸ P. 366

Répondre par *vrai* ou par *faux* aux questions ci-dessous :

1. Le but d'une recristallisation est de purifier un composé liquide.
2. Pour une recristallisation, il faut dissoudre un solide dans l'eau puis le récupérer par filtration.
3. Une recristallisation permet de mieux dissoudre un solide.
4. Le but d'une recristallisation est de purifier un composé solide.

3 LE CHLORURE DE BENZOYLE | ★★ | 15 min | ▸ P. 366

Le chlorure de benzoyle est un dérivé de l'acide benzoïque. On peut récupérer cet acide en hydrolysant le chlorure de benzoyle selon l'équation suivante :

$$C_6H_5COCl + H_2O \rightarrow C_6H_5CO_2H + HCl$$

1. L'acide benzoïque est peu soluble dans l'eau. Comment peut-on le récupérer ?
2. L'acide benzoïque obtenu ainsi n'est pas pur. Donner deux dispositifs pour s'en assurer.
3. On décide alors de recristalliser le solide obtenu. Pour cela, on le dissout dans l'eau et l'on porte à ébullition le mélange.
Si le solide n'est pas complétement solubilisé, pourquoi ne met-on pas le mélange à recristalliser ?
4. En ajoutant de l'eau, le solide se dissout complétement. Que faut-il faire ensuite ?
5. Les cristaux obtenus sont filtrés sous vide. Donner l'autre nom de cette filtration.
6. Les cristaux humides sont enfin mis dans une étuve à 70 °C. Quel est le but de cette étape ?

4 SYNTHÈSE ORGANIQUE | ★★ | 5 min | ▸ P. 366

On s'intéresse à la synthèse organique suivante :

Étape 1 :

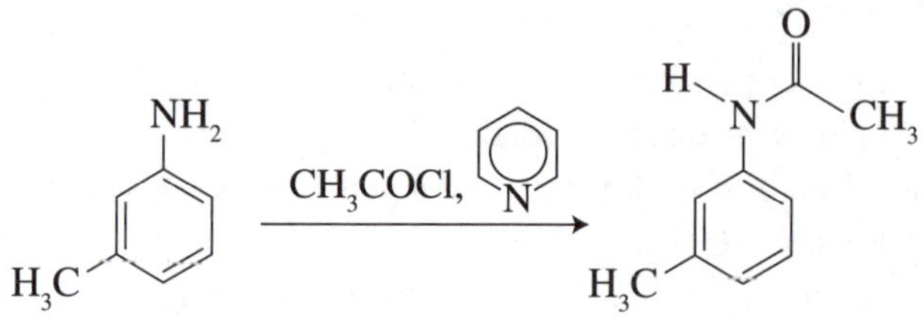

Étape 2 :

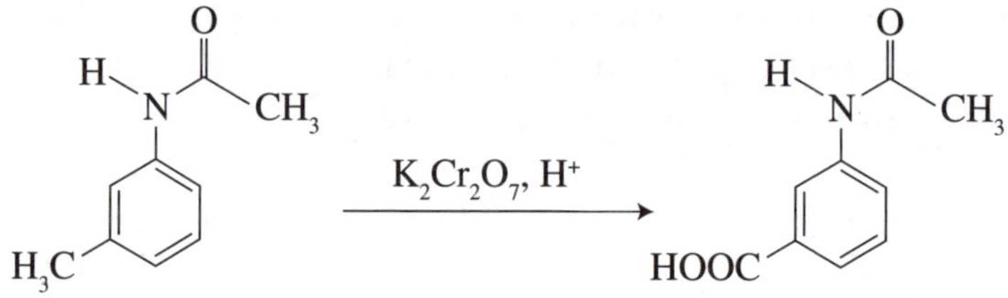

Étape 3 :

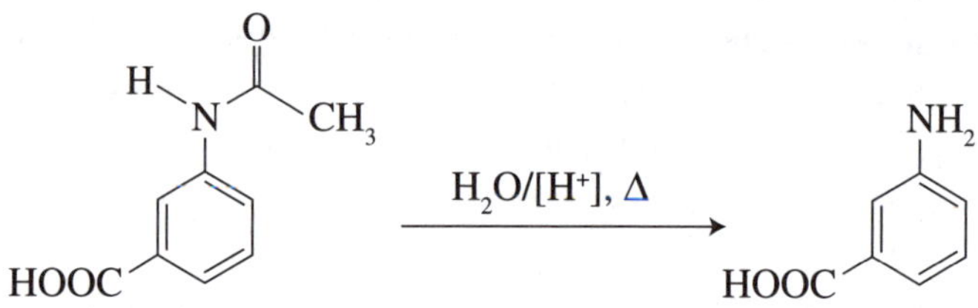

Étape 4 :

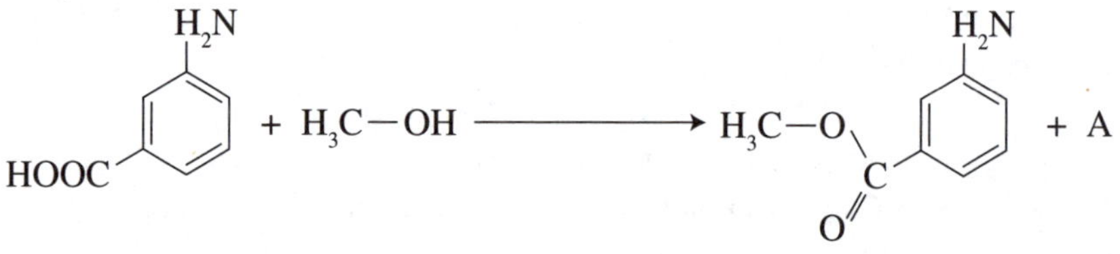

1. Parmi ces quatre étapes de synthèse, laquelle est une étape de protection de fonction ? Quelle fonction est ainsi protégée ?

2. Dans l'étape 4, identifier la molécule A formée.

3. Quels sont les groupes fonctionnels de la molécule formée lors de cette synthèse ?

EXERCICES D'ENTRAÎNEMENT

5 UN CONSTITUANT DU BEURRE | ★ | 30 min | ▸ P. 367

Cet exercice est un QCM. À chaque question, associer la ou les bonnes réponses.
Le chimiste français T.J. Pelouze fût le premier, au XIXe siècle, à décrire la synthèse d'un triglycéride : la butyrine (notée E dans tout l'exercice), principal constituant du beurre.

Le texte ci-dessous est inspiré de son mémoire, paru dans les *Annales de chimie et physique*, en 1844.

L'acide butyrique (ou acide butanoïque) a été découvert en 1814, parmi les produits de la saponification du beurre, par M. Chevreul, qui en a décrit l'histoire avec beaucoup de soin dans son ouvrage sur les corps gras d'origine animale. [...]

Nous nous bornerons aujourd'hui à présenter quelques observations relatives à l'action de l'acide butyrique sur la glycérine.

(1) Lorsqu'on chauffe légèrement un mélange de ces deux substances et d'acide sulfurique concentré et qu'on le verse ensuite dans une grande quantité d'eau, on voit aussitôt se séparer de la solution aqueuse une huile liquide légèrement jaunâtre notée (E). On peut laver cette huile avec de grandes quantités d'eau car elle est peu soluble dans l'eau.

(2) Si on mélange à chaud cette matière grasse (E) avec une solution concentrée de potasse caustique, on en retire du butanoate de potassium et de la glycérine.

Données.

- La transformation de l'étape (1) est ni exothermique, ni endothermique, mais athermique.
- La potasse caustique est une solution aqueuse d'hydroxyde de potassium $\left(K^+ + HO^-\right)$.
- Masse molaire de la butyrine : $M_1 = 302\ g \cdot mol^{-1}$.
- Masse molaire du butanoate de potassium : $M_2 = 126\ g \cdot mol^{-1}$.

Nom du composé	Acide butanoïque (Acide butyrique)	Glycérine	Butyrine (E)
Formule semi-développée	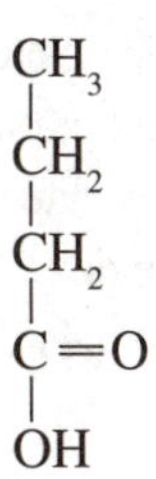	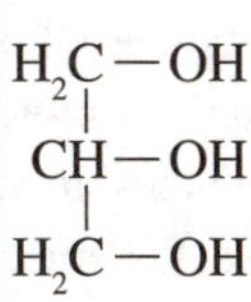	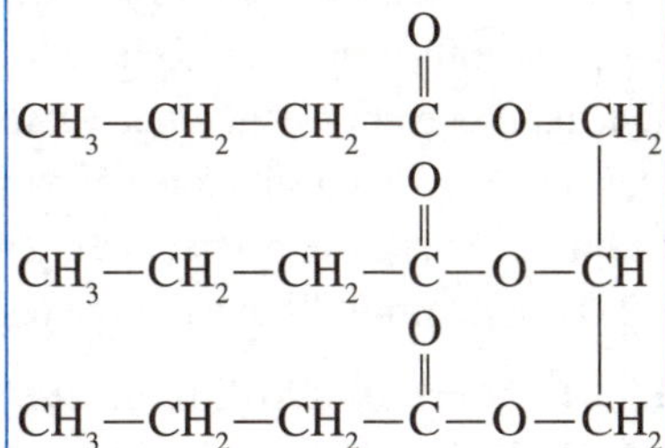

1. Lors de la transformation décrite dans l'étape (1), l'acide sulfurique joue le rôle de :
a. solvant
b. réactif
c. catalyseur
2. Le chauffage utilisé dans l'étape (1) permet de :
a. homogénéiser le milieu réactionnel
b. augmenter le rendement
c. accélérer la transformation
3. Pour séparer l'huile obtenue dans l'étape (1) de la solution aqueuse, on peut utiliser :
a. une filtration sur Büchner
b. une ampoule à décanter
c. une filtration sur papier filtre
4. L'ion butanoate obtenu lors de l'étape décrite en (2) possède :
a. une partie hydrophobe
b. une partie anhydre
c. une partie hydrophile
5. « On mélange 15 g de butyrine avec 0,15 mol d'hydroxyde de potassium. »
Les réactifs sont introduits dans les proportions :
a. stœchiométriques
b. non stœchiométriques : la butyrine est en excès
c. non stœchiométriques : la potasse est en excès
6. « On obtient une masse $m = 6{,}3$ g de butanoate de potassium. »
Le rendement de la réaction est de :
a. 33 %
b. 50 %
c. 99 %

6 FABRICATION ET PROPRIÉTÉS D'UN SAVON | ★★ | 40 min | ▸ P. 367

La fabrication du savon est l'une des plus anciennes utilisations des corps gras. Jusqu'au milieu du XXe siècle, elle se réalisait dans des chaudrons, en milieu aqueux. L'opération était longue et fastidieuse. En travaux pratiques, on la réalise plus rapidement, en solution alcoolique, selon les mêmes étapes.

Étape 1. On chauffe pendant trente minutes un mélange de :
- $2{,}0 \times 10^{-2}$ mol d'huile de soja (essentiellement constituée d'oléine) ;
- $5{,}0 \times 10^{-2}$ mol d'hydroxyde de sodium (soude) ;
- 2 mL d'éthanol ;
- quelques grains de pierre ponce.

Étape 2. On laisse refroidir le mélange quelques minutes puis on le transvase dans un bécher contenant une solution aqueuse concentrée de chlorure de sodium.
Étape 3. Le précipité obtenu est filtré, rincé à l'eau salée, séché puis pesé. La masse expérimentale obtenue est $m_{exp} = 10,5$ g.

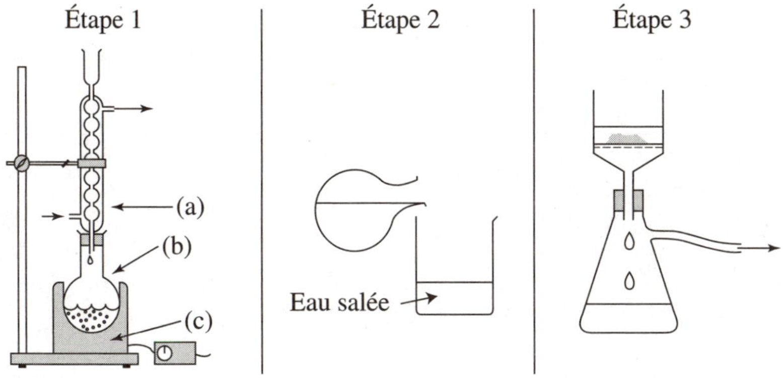

Données.

- Formule de l'oléine :

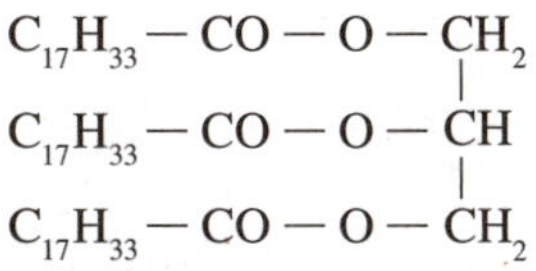

Réactif	oléine	hydroxyde de sodium (soude)	savon
Solubilité dans l'eau	insoluble	soluble	soluble
Solubilité dans l'éthanol	soluble	soluble	
Solubilité dans l'eau salée	insoluble	soluble	peu soluble
Masse molaire moléculaire (g·mol^{-1})	884	40	304

1. À propos du mode opératoire

a. Préciser le nom de l'opération réalisée aux étapes 1 et 3.

b. Justifier, en vous aidant du tableau des solubilités, l'emploi de l'eau salée dans l'étape 2.

c. Nommer les éléments (a), (b) et (c), du montage utilisé dans l'étape 1.
Quel est le rôle de l'élément (a) ?

d. Quel est le rôle de la pierre ponce ?

e. Pourquoi opère-t-on à chaud ?

2. Étude quantitative

a. Écrire l'équation de la réaction modélisant la transformation qui a lieu dans l'étape 1 en utilisant les formules semi-développées. Nommer les produits obtenus (produits 1 et 2).

b. Compléter le tableau d'avancement ci-après.
En déduire le réactif limitant.

	Oléine	Soude	Produit 1	Produit 2
Quantité de matière dans l'état initial (en mol)				
Quantité de matière en cours de transformation (en mol)				
Quantité de matière dans l'état final (en mol)				

c. Définir puis calculer le rendement de cette transformation.

7 DIPEPTIDE

★★ | 20 min | ▸ P. 369

Un dipeptide, est formé à partir de L-alanine et de L-glutamine.

- Formule de la glutamine :

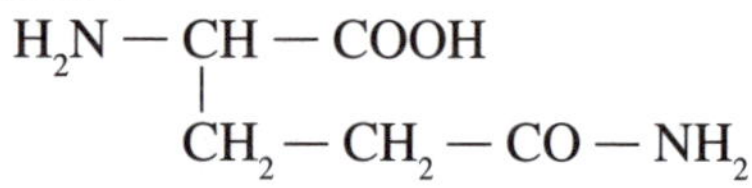

- Formule de l'alanine :

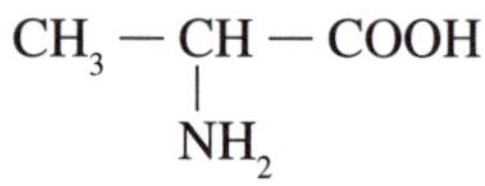

Données.

- Masse molaire de l'alanine-glutamine : $M = 217\ \text{g} \cdot \text{mol}^{-1}$.
- Masse molaire de l'alanine : $M' = 89\ \text{g} \cdot \text{mol}^{-1}$.

1. Entourer et nommer les groupes fonctionnels présents sur ces deux molécules.

2. Un laboratoire désire fabriquer un dipeptide constitué à partir de ces deux acides aminés. On rappelle qu'un peptide comporte une fonction amide, formée par la réaction d'un groupe amine avec un groupe carboxyle.
Écrire l'équation de la réaction entre l'alanine (Ala) et la glutamine (Gln) permettant d'obtenir le dipeptide « alanine-glutamine » noté Ala-Gln.

3. Ce laboratoire désire fabriquer une masse $m = 100$ tonnes d'alanine-glutamine. De quelle masse d'alanine a-t-il besoin ?

4. En fait le rendement de cette réaction n'est pas très élevé et égal à 35 %. Calculer la masse de dipeptide alanine-glutamine alors fabriquée dans les mêmes conditions.

5. En déduire la masse d'alanine finalement nécessaire à la production de 100 tonnes de dipeptide.

8 SYNTHÈSE D'UN ARÔME, LA VANILLINE | ★★ | 40 min | ▸ P. 370

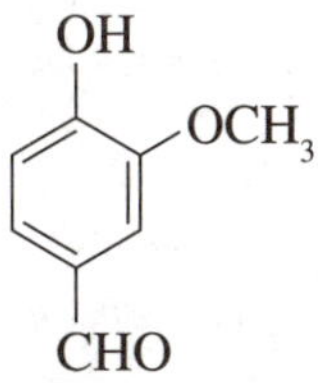

La vanille contient de nombreux composés aromatiques. La note dominante de son parfum est due à la molécule de vanilline (4-hydroxy-3-méthoxybenzaldéhyde) représentée ci-contre. Depuis plus d'un siècle, la vanilline est essentiellement produite artificiellement. Elle est très utilisée en parfumerie.

La synthèse de la vanilline se fait en trois étapes.

Première étape : synthèse de l'acétate d'isoeugénol à partir de l'isoeugénol.

La réaction est représentée par l'équation suivante :

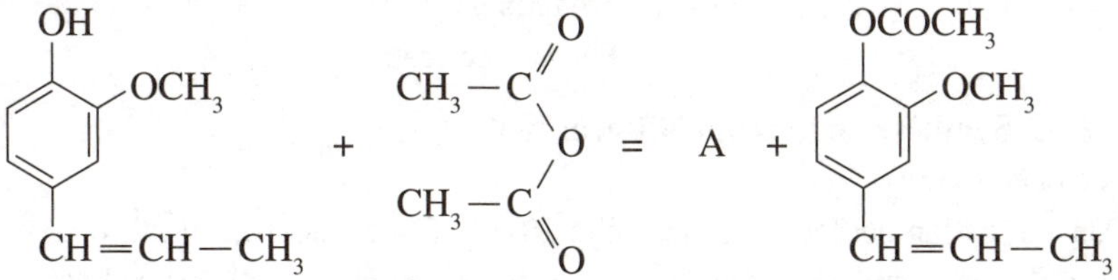

Isoeugénol — Acétate d'isoeugénol

Deuxième étape : transformation de l'acétate d'isoeugénol en acétate de vanilline.

Troisième étape : obtention de la vanilline par action de l'eau sur l'acétate de vanilline, selon une réaction schématisée ci-dessous :

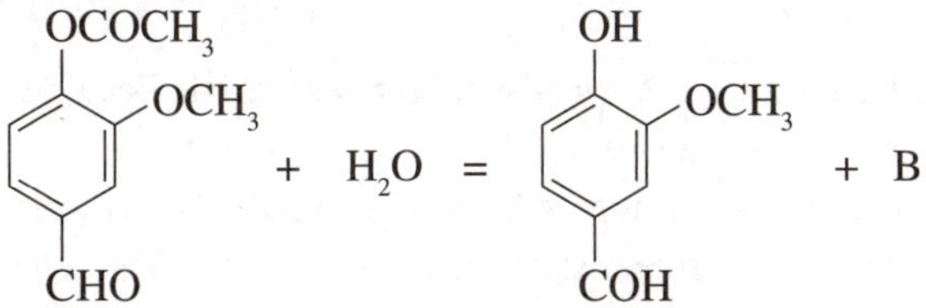

Acétate de vanilline — Vanilline

On se propose d'étudier la première et la dernière étape de ce procédé chimique conduisant à la synthèse de la vanilline.

Les parties A et B sont indépendantes.

Données.

Espèce chimique	Masse molaire ($g \cdot mol^{-1}$)	Quelques propriétés
Isoeugénol	164	Densité $d = 1{,}08$. Nocif en cas d'ingestion et irritant pour les yeux, les voies respiratoires et la peau.
Acétate d'isoeugénol	205	$T_{fusion} = 80\ °C$. Soluble dans la plupart des solvants organiques et insoluble dans l'eau glacée.
Anhydride éthanoïque	102	Densité $d = 1{,}08$. Corrosif, inflammable, provoque des brûlures. Réagit avec l'eau.

Partie A. Synthèse de l'acétate d'isoeugénol

Mode opératoire :

• Dans un ballon de 250 mL, introduire 10,0 g d'isoeugénol, 20,0 mL d'anhydride acétique (anhydride éthanoïque) et quelques gouttes d'acide orthophosphorique.

• Chauffer en utilisant un montage à reflux et maintenir une ébullition douce pendant 30 minutes.

• Refroidir jusqu'à température ambiante.

• Verser le contenu du ballon dans un bécher contenant 30 mL d'eau glacée, tout en agitant.

• Filtrer sur büchner et laver les cristaux formés avec de l'eau glacée.

1. Quel est le rôle du montage à reflux ?
2. Quelles précautions faut-il prendre pour manipuler l'anhydride éthanoïque ?
3. L'acide orthophosphorique est un catalyseur de la synthèse. Quel est son rôle ?
4. Quelle est la formule semi-développée et le nom de l'espèce A qui se forme au cours de la réaction de synthèse étudiée ?
5. Pourquoi verse-t-on le contenu du ballon dans l'eau glacée ?
6. a. Calculer la quantité de matière initiale de chacun des réactifs.

b. L'expérimentateur a obtenu 11,3 g de cristaux d'acétate d'isoeugénol. Calculer le rendement de la synthèse.

Partie B. Synthèse de la vanilline

1. Donner le nom et la formule semi-développée de l'espèce chimique B.
2. Comment peut-on déplacer l'état d'équilibre du système dans le sens favorable à la synthèse de la vanilline ?

Partie C. Analyse des étapes

Finalement l'ensemble de la synthèse peut se résumer par les équations suivantes :

Étape 1

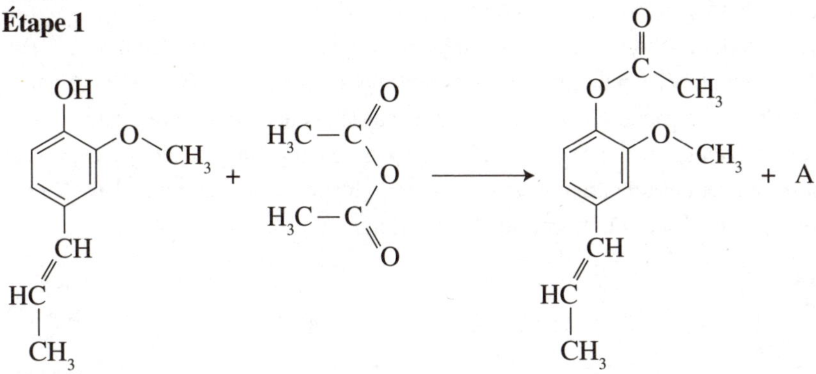

Étape 2

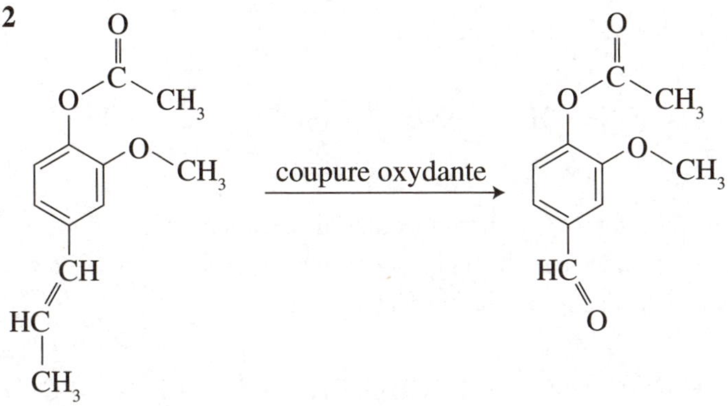

Étape 3

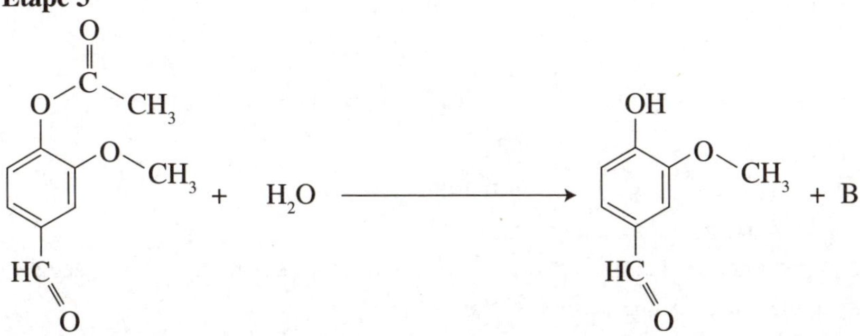

1. Entourer et nommer le groupe fonctionnel présent dans la molécule de vanilline formé dans la seconde étape. De quelle famille de composés organique est-il caractéristique ?

2. Quel est le rôle de la première étape ?

3. Que peut-on en déduire quant à la réactivité du groupe hydroxyle dans la molécule d'isoeugénol.

9 PROTECTION ET SYNTHÈSE PEPTIDIQUE ★★★ 30 min ▸ P. 371

Dans des circonstances normales, l'organisme produit de la L-glutamine dont il a besoin pour fabriquer ses protéines.
Selon certains nutritionnistes, un stress de longue durée comme celui causé par l'infection du VIH peut faire en sorte que les besoins en glutamine de l'organisme excèdent sa capacité à la produire. Il s'en suit alors une fonte musculaire.
Pour prévenir et renverser cet effet, un apport en glutamine est nécessaire. Il faut donc utiliser des préparations susceptibles de libérer de la glutamine dans l'organisme. C'est le cas du dipeptide alanine-glutamine.

> Un **dipeptide** est une molécule formée par la réaction dans laquelle deux acides aminés forment une fonction amide (qu'on appelle dans ce cas une liaison peptidique).

Formule du dipeptide alanine-glutamine :

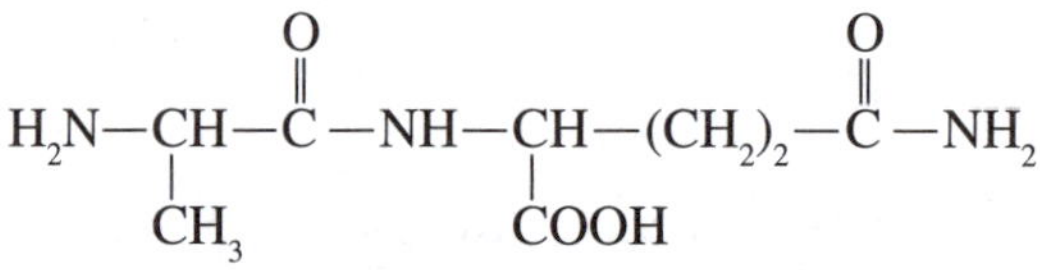

1. Nommer et entourer les quatre fonctions de cette molécule.

2. L'hydrolyse acide de ce dipeptide libère de la glutamine ainsi qu'un produit A.
L'équation de la réaction est la suivante :

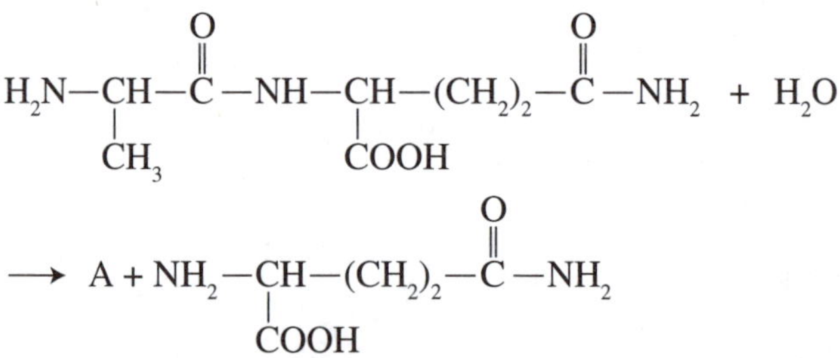

Glutamine

Donner la formule du composé A.

3. D'après cette réaction, expliquer pourquoi il est important de ne faire réagir le dipeptide que dans une verrerie sèche.

4. Malheureusement, un laborantin n'a pas respecté cette précaution et la réaction d'hydrolyse s'est produite. Il veut alors reformer le dipeptide en faisant réagir ensemble les deux acides aminés, A et la glutamine.

a. Sachant qu'une fonction amine réagit avec une fonction acide carboxylique, expliquez qu'il ne va pas obtenir uniquement le dipeptide souhaité (Ala-Gln).

b. Si on ne prend pas de précautions particulières, combien de dipeptides différents peut-on obtenir à partir de la glutamine et de l'alanine ? Représenter ces molécules.

5. La seule possibilité pour ce laborantin est de protéger deux des cinq fonctions présentes dans ces acides aminés. Lesquelles ?

6. Dans ce type de synthèse, la protection d'un groupe carboxyle consiste à le transformer en groupe ester en le faisant réagir avec un alcool, par exemple le méthanol.

Quel acide aminé doit être mis en contact avec le méthanol pour pouvoir espérer synthétiser le dipeptide alanine-glutamine dans un deuxième temps ?

10 VISION ET OXYDATION CIBLÉE ★★★ 25 min ▸ P. 373

Lire les documents suivants avant de répondre aux questions.

Doc 1 Chimie et vision

La vision nocturne est assurée grâce à un pigment contenu dans les bâtonnets de la rétine.

Celui-ci, appelé rhodopsine, est formé par l'association d'une protéine, l'opsine, et d'une molécule plus petite, le cis-rétinal.

Lorsque la rhodopsine absorbe un photon, le cis-rétinal s'isomérise en trans-rétinal (étape 1), provoquant la coupure de la liaison entre le trans-rétinal et l'opsine (étape 2) : c'est ce processus qui déclenche le signal nerveux vers le cerveau.

Dans l'obscurité, le trans-rétinal se transforme, par une réaction enzymatique, en cis-rétinal (étape 3), qui peut alors s'associer à l'opsine pour redonner la rhodopsine (étape 4) : la rhodopsine est alors prête à fonctionner de nouveau.

Certaines substances, comme les myrtilles et les carottes, sont connues pour améliorer la vision nocturne car elles contiennent du rétinal ou un de ses précurseurs.

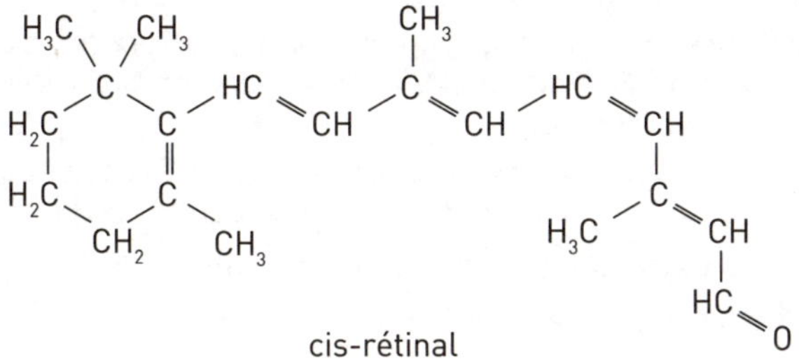

cis-rétinal

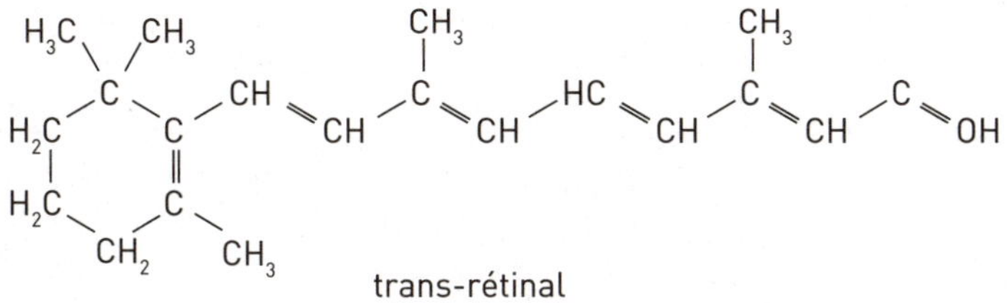

trans-rétinal

Doc 2 Réactif de Dess-Martin

L'utilisation du réactif de Dess-Martin (DMP) présente plusieurs avantages par rapport aux autres réactifs d'oxydation. Il s'agit d'un réactif *chimiosélectif de la fonction alcool* dans des conditions particulièrement douces, l'oxydation ayant lieu à la *température ambiante en milieu neutre*. Il est donc utilisé dans l'oxydation de molécules complexes présentant plusieurs groupes fonctionnels. Les temps de réaction sont généralement courts. Il est possible de contrôler le pH par ajout de pyridine. Ce dernier point est très important lorsqu'il s'agit de substrats sensibles au pH.

L'exemple suivant concerne l'oxydation du géraniol, un alcool terpénique, en géranial, un aldéhyde possédant un carbonyle conjugué avec une double liaison éthylénique sans isomérisation en néral, pourtant plus stable.

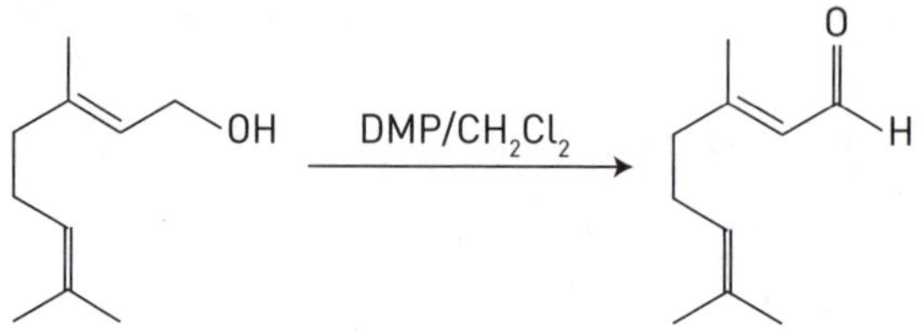

Un autre exemple est la synthèse du rétinal à partir du rétinol :

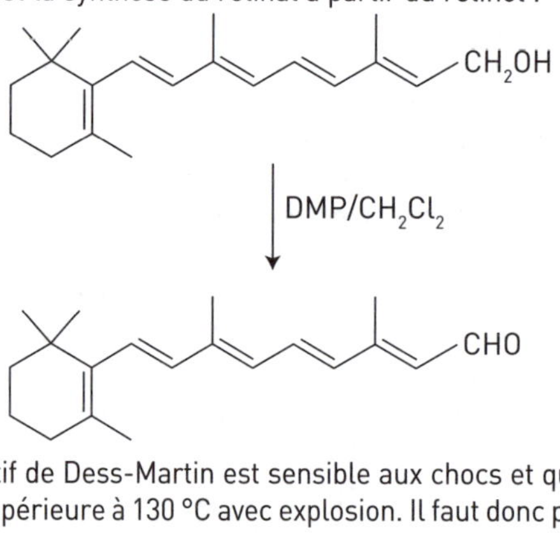

Notons que le réactif de Dess-Martin est sensible aux chocs et qu'il se décompose à une température supérieure à 130 °C avec explosion. Il faut donc prendre des précautions particulières lors de son utilisation.

G. Dupuis, « Cours de chimie organique », Lycée Faidherbe de Lille, *www.faidherbe.org/site/cours/dupuis/alcools.htm*

Doc 3 Oxydation par un oxydant fort, l'ion permanganate

• Sur une liaison double C=C, deux possibilités :

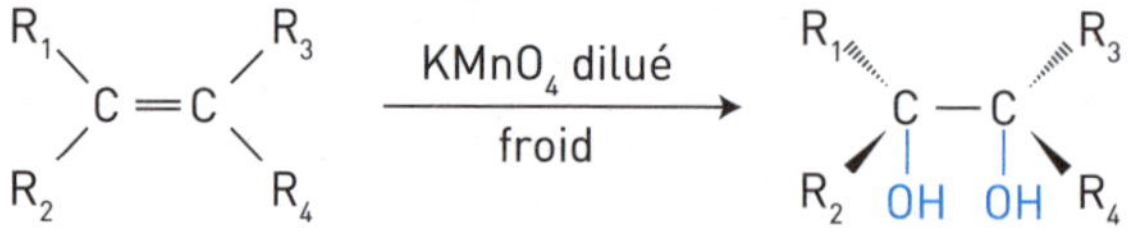

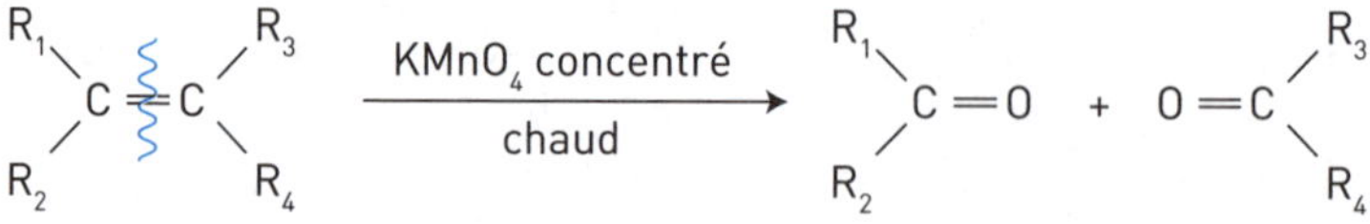

• Sur une fonction aldéhyde :

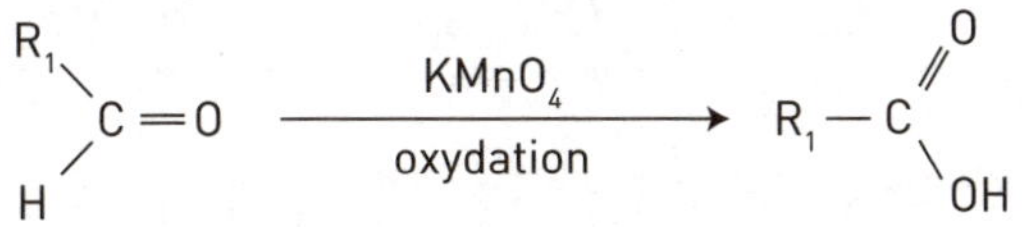

1. Le cis-rétinal et le trans-rétinal sont-ils liés par une isomérie Z/E, une énanthiomérie, ou une isomérie de fonction ?

2. Le rétinal (cis ou trans) possède des liaisons doubles C=C alternées avec des liaisons simples C—C : on dit qu'elles sont conjuguées.

À quelle famille de composé organique appartient un hydrocarbure contenant une seule liaison double C=C ?

3. Quelle propriété physique les composés ayant au moins sept liaisons doubles conjuguées possèdent-ils souvent ?

4. Quelle fonction organique possède la molécule de rétinol ? Même question pour celle de rétinal.

5. Comme le montre le document 2, l'oxydation du rétinol avec le DMP conduit au rétinal. Le document 3 montre comment le permanganate oxyde différentes fonctions organiques.

La réaction du permanganate sur une liaison double C=C est-elle une réaction avec modification de fonction ou avec modification de chaîne ?

6. En vous appuyant sur ces documents, expliquer en quoi le réactif de Dess-Martin est chimiosélectif.

7. D'après le document 1, le réactif de Dess-Martin est il chimiosélectif sur le géraniol ?

EXERCICES D'APPROFONDISSEMENT

11 L'EXTRACTION DE L'EUGÉNOL DU CLOU DE GIROFLE

★★★ 45 min ▸ P. 374

Depuis plus d'un siècle, la vanilline est essentiellement produite artificiellement. La première étape de sa synthèse consiste à extraire l'eugénol du clou de girofle. Le clou de girofle est un bouton floral séché qui contient une grande quantité d'huile essentielle très riche en eugénol et en acétyleugénol.

Données.

Nom	Formule	Solubilité			Réaction acido-basique avec l'ion hydroxyde
		Dans l'eau	Dans l'eau salée	Dans l'éther	
Eugénol	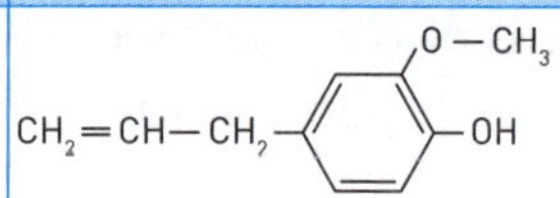 noté R—OH	Peu soluble	Insoluble	Très soluble	Oui
Ion eugénate	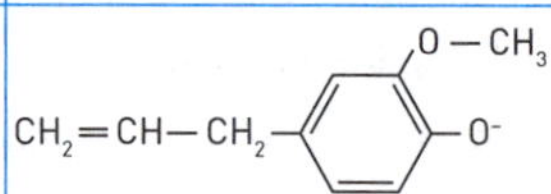 noté $R—O^-$	Très soluble	Très soluble	Insoluble	Non
Acétyleugénol	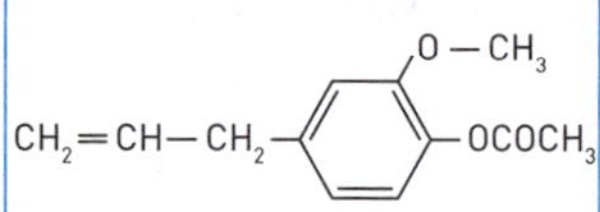	Peu soluble	Insoluble	Très soluble	Non
Chlorure de sodium	NaCl	Très soluble	....	Insoluble	Non

- Densité de l'eau : $d_{eau} = 1$.
- Éther : solvant organique non miscible à l'eau de densité $d_E = 0,71$.
- Couple acide/base : $R—OH/R—O^-$.

L'extraction de l'eugénol du clou de girofle nécessite plusieurs étapes détaillées ci-après.

1. Première étape

De la poudre de clou de girofle est introduite dans un ballon, avec 250 mL d'eau distillée et quelques grains de pierre ponce. Le ballon est ensuite placé dans le montage suivant :

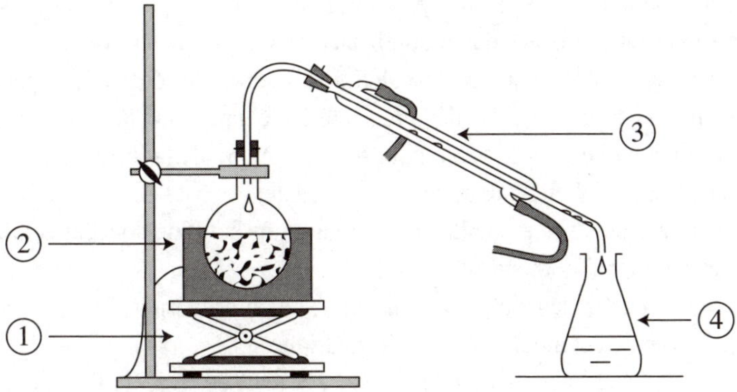

a. Quel nom porte ce montage ?

b. Nommer les éléments numérotés du montage.

c. Indiquer, sur le montage, le sens de circulation de l'eau dans la verrerie n° 3. Quel est le rôle de cette verrerie ?

d. Expliquer l'utilité de la pierre ponce.

2. Deuxième étape : le relargage

Le distillat obtenu est une émulsion d'huile essentielle de clou de girofle et d'eau. On y ajoute du chlorure de sodium solide. On agite jusqu'à dissolution complète du sel. On laisse décanter.

a. Écrire l'équation de dissolution du chlorure de sodium dans l'eau.

b. Expliquer le principe de cette opération de relargage.

3. Troisième étape : extraction liquide-liquide

Le mélange précédent est introduit dans une ampoule à décanter avec 30 mL d'éther. On agite et on laisse décanter.

Représenter l'ampoule à décanter ; indiquer les phases organique et aqueuse ; justifier la position des deux phases.

4. Quatrième étape : séparation de l'eugénol et de l'acétyleugénol

La phase organique récupérée à l'étape précédente contient un mélange d'eugénol et d'acétyleugénol dans l'éther. Cette solution organique est à nouveau mise dans une ampoule à décanter, avec une solution aqueuse d'hydroxyde de sodium de concentration 2 mol · L^{-1}. On agite, on laisse décanter et on récupère la phase aqueuse.

La phase organique restante est lavée encore deux fois par la solution d'hydroxyde de sodium.

Les phases aqueuses sont rassemblées dans un bécher propre.

a. En considérant les données physico-chimiques de l'acétyleugénol, indiquer si l'acétyleugénol se trouve dans la phase aqueuse ou la phase organique. Justifier.

b. L'eugénol, noté R—OH, possède un groupe hydroxyle (fonction alcool) qui peut céder son proton.

Comment appelle-t-on ce type d'espèce chimique ?

c. Représenter les domaines de prédominance du couple ROH / RO^-

d. En supposant que l'ajout de la solution d'hydroxyde de sodium permette d'obtenir un pH supérieur à 12, déduire l'intérêt de garder la phase aqueuse.

e. Donner une explication possible pour rendre compte de la différence de solubilité, dans l'eau, de l'eugénol et de l'ion eugénate.

f. Dans la phase aqueuse recueillie, on introduit une solution concentrée d'acide chlorhydrique jusqu'à obtenir un pH = 1.

Donner la formule de la solution aqueuse d'acide chlorhydrique.

Quel est le rôle de cet ajout d'acide chlorhydrique ?

5. Une nouvelle extraction liquide-liquide est réalisée avec l'éther, dans une ampoule à décanter. Quelle phase doit-on récupérer ? Pourquoi ?

CONTRÔLE

12 SYNTHÈSE D'UN MÉDICAMENT : LA BENZOCAÏNE

★★ | 40 min | ▸ P. 376

La benzocaïne (4-aminobenzoate d'éthyle) est le principe actif de médicaments pouvant soulager la douleur. Il est présent, par exemple, dans une pommade qui traite les symptômes de lésions cutanées (brûlures superficielles, érythèmes solaires).

Dans la suite de l'exercice, la benzocaïne sera notée E, sa formule semi-développée est :

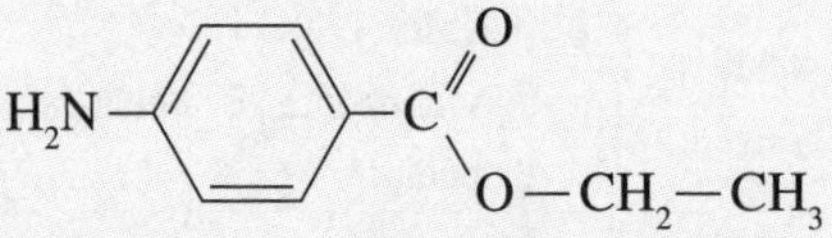

On se propose de préparer la benzocaïne en faisant réagir de l'acide 4-aminobenzoïque, noté ensuite HA, avec un composé liquide à température ambiante, l'éthanol.

L'équation de la réaction est :

$$HA + CH_3 - CH_2OH = H_2O + E$$

Mode opératoire

Première étape : estérification

• Dans un ballon de 100 mL, introduire une masse $m_{HA} = 1{,}30$ g de HA, solide constitué de cristaux blancs et un volume $V = 17{,}5$ mL d'éthanol. Agiter doucement dans un bain de glace et ajouter peu à peu 2 mL d'une solution aqueuse concentrée d'acide sulfurique.

• Chauffer à reflux pendant une heure, puis laisser revenir le mélange à température ambiante.

Deuxième étape : séparation de la benzocaïne

• Verser le mélange très acide contenu dans le ballon dans un bécher et y ajouter peu à peu une solution saturée de carbonate de sodium en mélangeant le tout jusqu'à obtenir une solution ayant un pH voisin de 9. On observe un dégagement gazeux et la formation d'un précipité (sulfate de sodium).

• Filtrer le mélange pour éliminer le précipité.

• Placer le filtrat dans une ampoule à décanter, rincer le bécher avec 15 mL d'éther que l'on ajoute au contenu de l'ampoule, agiter l'ampoule et laisser décanter.

• Récupérer la phase organique dans un erlenmeyer, rincer de nouveau la phase aqueuse avec 15 mL d'éther, laisser décanter et joindre la phase organique à celle déjà présente dans l'erlenmeyer.

• Ajouter un peu de sulfate de magnésium anhydre au contenu de l'erlenmeyer, laisser au contact quelques minutes puis filtrer.
• Évaporer le solvant de la phase organique sous hotte ; une huile apparaît qui se solidifie dans un bain de glace.
• Filtrer sur büchner ; laver le solide obtenu à l'eau puis le sécher.
• Peser le solide obtenu.

Données.
• Valeurs de pK_A à 25 °C : $pK_A\left(HA_{(aq)} / A^-{}_{(aq)}\right) = 4{,}9$; on rappelle que l'ion carbonate est une base.
• Quelques solubilités :

Solubilité dans 100 mL	HA : acide 4-aminobenzoïque	NaA : 4-aminobenzoate de sodium	E : benzocaïne	éthanol	éther
d'eau	très faible	très soluble	très faible	infinie	7,5 g
d'éthanol	11,3 g	très faible	20,0 g		infinie
d'éther	8,2 g	très faible	14,3 g	infinie	

• Masse volumique de l'eau : $1{,}0\ g \cdot cm^{-3}$; de l'éther : $0{,}79\ g \cdot cm^{-3}$.

1. a. La benzocaïne est un ester. Recopier sa formule et entourer le groupe caractéristique justifiant l'appartenance à cette famille.
b. Écrire la formule semi-développée de l'acide HA.

2. **À propos de la première étape**
a. Quel est le rôle des ions hydronium apportés par l'acide sulfurique ?
b. Pourquoi chauffer à reflux ?
c. L'éthanol est le réactif en excès. Quel est l'intérêt d'un tel excès dans ce type de transformation chimique ?

3. **À propos de la deuxième étape**
a. Pourquoi ajouter la solution de carbonate de sodium ?
b. Quelle est l'espèce prédominante du couple $HA_{(aq)}/A^-{}_{(aq)}$ présente dans le bécher après ajout de la solution de carbonate de sodium ? Justifier la réponse.
c. Pour la filtration, on utilise une filtration sous vide. Dans quelle phase se trouve cette espèce dans l'ampoule à décanter ?
d. Faire le schéma annoté de l'ampoule à décanter. Préciser sur le schéma les différentes phases.
e. Quel est le rôle du sulfate de magnésium ?

13 SYNTHÈSE D'UN ESTER | ★★ | 40 min | ▸ P. 377

L'huile essentielle de Gaulthérie autrement appelée « essence de Wintergreen » est issue d'un arbuste d'Amérique septentrionale : le palommier, également appelé « thé du Canada », « thé rouge », « thé de Terre Neuve ». Cette substance est un anti-inflammatoire remarquable. Elle est aussi utilisée en parfumerie et comme arôme dans l'alimentation. Autrefois, elle était obtenue par distillation complète de la plante.

Cette huile est constituée principalement de salicylate de méthyle. Il est possible de synthétiser cet ester au laboratoire, à partir de l'acide salicylique et du méthanol selon la réaction d'équation :

$$C_7H_6O_{3(s)} + CH_4O_{(l)} = C_8H_8O_{3(l)} + H_2O_{(l)}$$

Dans un ballon, on introduit une masse $m_1 = 27{,}6$ g d'acide salicylique, un volume V_2 d'environ 20 mL de méthanol et 1 mL d'acide sulfurique concentré. Puis on chauffe à reflux. Sur le flacon de méthanol, on peut voir les pictogrammes suivants :

R : 11 - Facilement inflammable.
R : 23/25 - Toxique par inhalation et par ingestion.
S : 7 - Conserver le récipient bien fermé.
S : 16 - Conserver à l'écart de toute flamme ou source d'étincelles - Ne pas fumer.
S : 24 - Éviter le contact avec la peau.
S : 45 - En cas d'accident ou de malaise consulter immédiatement un médecin.

Données.

Nom	Formule	Masse molaire en $g \cdot mol^{-1}$	Masse volumique en $g \cdot mL^{-1}$	Température d'ébullition en °C (pression 1 bar)
Acide salicylique	$C_7H_6O_3$	$M_1 = 138$		$\theta_1 = 211$
Méthanol	CH_4O	$M_2 = 32$	$\rho_2 = 0{,}8$	$\theta_2 = 65$
Salicylate de méthyle	$C_8H_8O_3$	$M_3 = 152$	$\rho_3 = 1{,}17$	$\theta_3 = 223$
Cyclohexane	C_6H_{12}	$M_4 = 84$	$\rho_4 = 0{,}78$	$\theta_4 = 81$

- Formule de l'ion hydrogénocarbonate : HCO_3^-.
- Masse volumique de l'eau : 1,0 g · mL^{-1}.
- Couples acide/base : $HCO^-_{3(aq)}/CO^{2-}_{3(aq)}$; CO_2, $H_2O/HCO^-_{3(aq)}$. Le dioxyde de carbone est un gaz peu soluble dans l'eau.

Aide au calcul					
$\frac{1,38}{2,76}=0,500$	$\frac{2,76}{21,38}=2,00$	$\frac{2,1}{27,6}=0,28$	$\frac{2,1}{3,04}=0,69$	$\frac{1,52}{2,71}=0,72$	$\frac{2,1}{1,52}=1,4$

Cet exercice comporte 13 affirmations concernant un mode opératoire de cette synthèse. Si l'affirmation est fausse, donner la réponse juste. À faire sans calculatrice.

1. On doit manipuler le méthanol sous la hotte.

2. Le schéma d'un chauffage à reflux est le suivant :

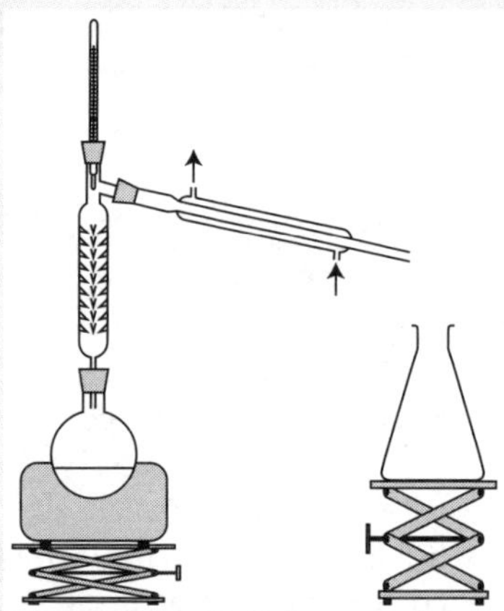

3. Pour prélever le méthanol, il faut absolument utiliser une pipette jaugée munie d'une poire à pipeter (ou propipette).

4. La quantité n_1 d'acide salicylique introduit vaut $n_1 = 2,00 \times 10^{-1}$ mol.

5. La quantité n_2 de méthanol introduit vaut environ $n_2 = 5$ mol.

6. L'équation associée à la réaction de synthèse du salicylate de méthyle s'écrit :

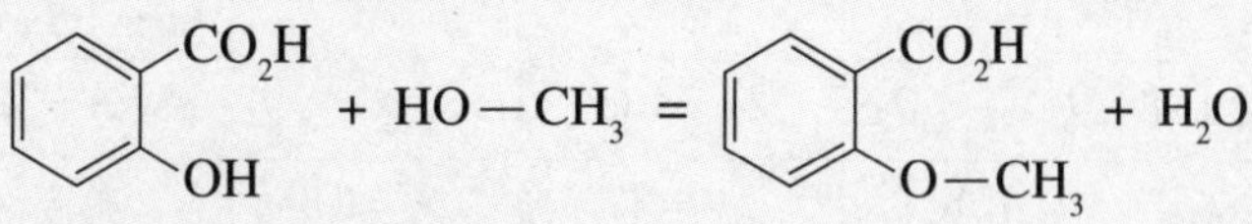

7. Le réactif introduit en excès est le méthanol.

Après plusieurs heures de chauffage, on refroidit à température ambiante. On ajoute 100 mL d'eau glacée et on verse dans une ampoule à décanter. On extrait la phase organique avec du cyclohexane. Cette phase a une masse volumique proche de celle du cyclohexane.

8. La phase organique se situe dans la partie inférieure de l'ampoule à décanter.

La phase organique contient l'ester, du méthanol, du cyclohexane et des acides. On lave ensuite plusieurs fois cette phase avec une solution aqueuse d'hydrogénocarbonate de sodium afin d'éliminer les acides restant dans la solution. Il se produit un dégagement gazeux.

9. Le gaz est du dioxyde de carbone.

On effectue à nouveau un lavage à l'eau et on sèche. On sépare les constituants de la phase organique par distillation.

10. Lors de la distillation, le salicylate de méthyle est recueilli en premier.

Après purification, on récupère une masse $m_3 = 21$ g de salicylate de méthyle.

11. Le rendement de cette synthèse est de 50 %.

12. L'ajout d'acide sulfurique a permis d'augmenter le rendement de la synthèse.

13. L'excès d'un des réactifs a permis d'augmenter le rendement de la synthèse.

CORRIGÉS

1 **1.** Les impuretés sont solides donc une filtration permet de les éliminer.
2. Les composants sont colorés, il faut donc faire une chromatographie.
3. Une cristallisation permet de purifier un solide (il faut le dissoudre dans un solvant en chauffant puis en refroidissant très lentement la température).
4. Il s'agit de la technique du relargage.
5. Si les espèces sont miscibles, une décantation n'est pas possible mais une distillation sera efficace.
6. On doit faire un chauffage à reflux.
7. En distillant le mélange, on récupérera l'ester lorsqu'on aura atteint sa température d'ébullition.

2 **1.** Faux. Il s'agit de purifier un composé solide.
2. Faux. Le solvant n'est pas forcément l'eau ; de plus, il faut faire chauffer le mélange puis le faire refroidir doucement.
3. Vrai.
4. Faux.

3 **1.** Comme l'acide benzoïque est peu soluble, l'acide est donc principalement solide. On peut le récupérer en filtrant.
2. Le degré de pureté peut être vérifié à l'aide d'un banc de Koffler ainsi qu'en faisant une chromatographie.
3. Le but d'une recristallisation est de se débarrasser des impuretés « emprisonnées » dans le solide. Il faut donc dissoudre entièrement ce dernier pour pouvoir « libérer » les impuretés et s'en débarrasser dans le solvant.
4. Il faut refroidir le mélange doucement jusqu'à observer l'apparition du solide cristallisé. Plus le refroidissement se fera lentement, plus la purification sera efficace.
5. Il s'agit d'une filtration sous Büchner.
6. Cette étape sert à sécher les cristaux, c'est-à-dire à les débarrasser du solvant.

4 **1.** La réaction de protection est l'étape 1 car elle fait réagir le groupe amine alors que ce même groupe, au même endroit, sera recréé à la fin de l'étape 3 (étape de déprotection).
2. La réaction de l'étape 4 forme un groupe ester à partir d'un carboxyle et d'un hydroxyle. Hormis la transformation de ces groupes, les deux molécules ne sont pas affectées. On peut alors symboliser la réaction comme cela :

$$\mathrm{R{-}COOH + HO{-}R' \longrightarrow R{-}COOR' + A}$$

On voit que d'après la loi de conservation de la matière, la molécule A est une molécule d'eau, H_2O.

Il s'agit d'une réaction d'estérification.

3. Cette molécule comporte donc un groupe ester et le groupe amine qui a été protégé pendant une partie de la synthèse.

5 1. Réponse **c.** L'acide sulfurique joue le rôle d'un catalyseur car il apporte des ions hydronium $H^+_{(aq)}$.

2. Réponse **c.** La température est un facteur cinétique : son élévation accélère toujours une réaction chimique.

Le chauffage ne peut jamais homogénéiser un milieu réactionnel. La réaction en question est une réaction athermique, c'est-à-dire qu'elle est indifférente à la température : elle ne dégage pas de chaleur et n'en a pas non plus besoin. L'élévation (ou la diminution) de la température est donc sans effet sur son rendement.

3. Réponse **c.** En laissant décanter deux phases liquides non miscibles, on peut les séparer.

Une filtration permet de séparer un solide d'un liquide or l'huile E est liquide « on voit aussitôt se séparer de la solution aqueuse une huile liquide légèrement jaunâtre ».

4. Réponses **a.** et **c.** D'après la formule de l'acide butanoïque, on déduit l'ion butanoate $CH_3—CH_2—CH_2—COO^-$. Le terme anhydre signifie « sans eau ». Sa chaîne carbonée composée de carbone et d'hydrogène est apolaire (électronégativité de C et H très proches donc pas d'existence de charge fictive) donc hydrophobe.

Dans le même temps, sa partie terminale COO— possède une charge renforcée par des charges fictive (car l'électronégativité de l'oxygène est supérieure à celle du carbone). Cette partie est donc polaire et donc hydrophile. L'ion est à la fois hydrophile et hydrophobe.

5. Réponse **a.** Les réactifs sont introduits dans les proportions stœchiométriques, 0,050 mol de butyrine et 0,15 mol de potasse :

$$n_i\,(\text{E}) = \frac{n_i\left(\text{K}^+\right)}{3} = \frac{n_i\left(\text{OH}^-\right)}{3}.$$

6. Réponse **a.** Nous sommes dans les conditions stœchiométriques donc on devrait former 0,15 moles de butanoate de potassium si la réaction était totale et que la manipulation se faisait sans perte.

C'est-à-dire une masse théorique égale à $0{,}15 \times 126 = 18{,}9$ g.

Or on en obtient 6,3 g, le rendement est donc :

$$r = \frac{m}{m\,(\text{th})} = \frac{6{,}3}{18{,}9} = 0{,}33 = 33\ \%.$$

6 1. a. L'étape 1 est un chauffage à reflux (reconnaissable au réfrigérant mis en position verticale) alors que l'étape 3 est une filtration sous vide (filtration sous Büchner).

b. Le but de cette synthèse est la fabrication du savon. Or, d'après le tableau de données, le savon est moins soluble dans l'eau salée que dans l'eau. En utilisant de l'eau salée, on diminue la solubilité du savon dans la solution, il va par conséquent « sortir » de ce solvant : il va précipiter.

Il s'agit du relargage.

c. (a) est un réfrigérant ;
(b) est un ballon ;
(c) est un chauffe-ballon.
Le réfrigérant sert à renvoyer les vapeurs dans le mélange réactionnel. Son but est donc de permettre un chauffage sans perte de réactif ou de produit et sans élévation de pression.

d. La pierre ponce permet de réguler la température et d'homogénéiser le mélange réactionnel.

e. Le chauffage permet ici d'accélérer la réaction : la réaction sera terminée plus rapidement.

2. a. Équation de la réaction :

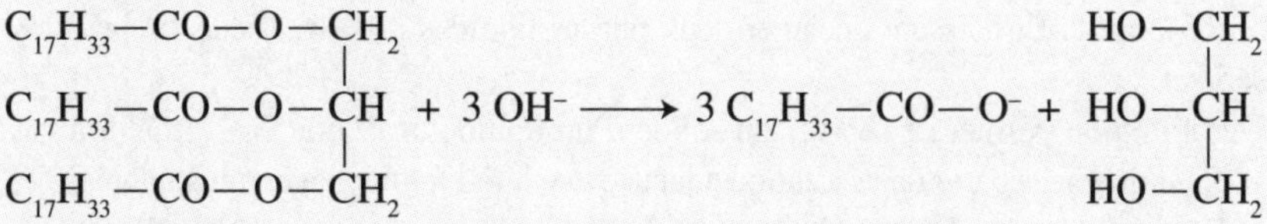

$C_{17}H_{33}COO^-$ est un ion carboxylate et la deuxième molécule est du glycérol, de nom officiel propan-1,2,3-triol.

b. tableau complété :

	Oléine	Ion hydroxyde	Produit 1	Produit 2
Quantité de matière dans l'état initial (en mol)	$2{,}0\times10^{-2}$	$5{,}0\times10^{-2}$	0	0
Quantité de matière en cours de transformation (en mol)	$2{,}0\times10^{-2}-x$	$5{,}0\times10^{-2}-3x$	$3x$	x
Quantité de matière dans l'état final (en mol)	$3{,}3\times10^{-3}$	0	$5{,}0\times10^{-2}$	$1{,}7\times10^{-2}$

Attention ! Ne pas tronquer à 1,7 dans les calculs ultérieurs !
Il faut prendre au moins1,66667 pour ne pas faire d'approximations successives.

D'après les nombres stœchiométriques et les quantités initiales, on trouve que $x_{\text{max}} = 1{,}7\times10^{-3}$ mol (car $\dfrac{5\times10^{-2}}{3} < 2\times10^{-2}$). Le réactif limitant est donc la soude.

c. Le rendement de cette transformation est donc la masse de savon obtenue divisée par la masse de savon attendue avec une réaction totale.
Ici la réaction totale et sans aucune perte nous permettrait d'obtenir $5{,}0\times10^{-2}$ mol de savon (voir question b.).
La masse correspondante est donc :

$$m_{\text{th}} = n_{\text{th}} \times M_{\text{savon}} = 5{,}0\times10^{-2} \times 304 = 15 \text{ g}.$$

Le savon solide est l'association d'un ion carboxylate et d'un ion Na^+ ou K^+ (d'où la masse molaire de $304\ g \cdot mol^{-1}$). C'est le seul solide formé ici.

Or, on a pesé, après séchage (pour éviter de peser aussi du solvant), une masse de savon $m_{exp} = 10{,}5$ g.

Le rendement est donc $r = \dfrac{m_{exp}}{m_{th}} = \dfrac{10{,}5}{15} = 0{,}7 = 70\ \%$.

On aurait pu ici faire l'inverse : déterminer la quantité n' de savon pesé et la comparer à la quantité de savon donnée par le tableau d'avancement.

7 **1.**

Formule de la glutamine :

Formule de l'alanine :

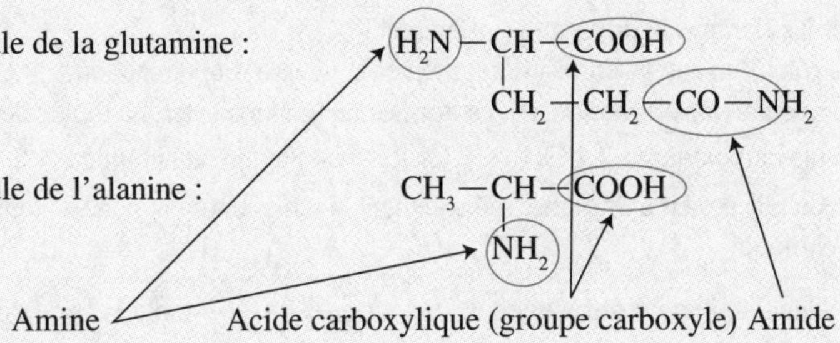

2. Équation de la réaction :

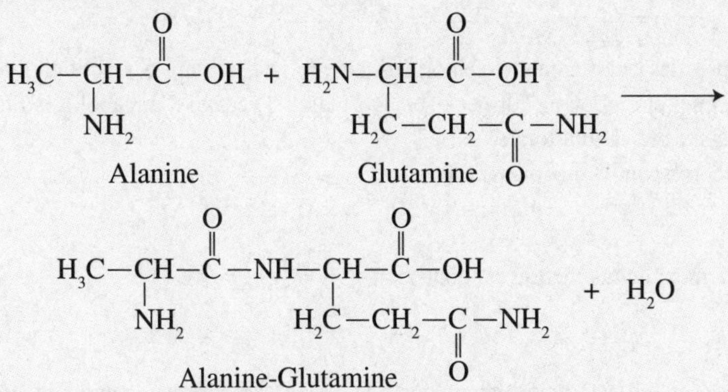

Attention ! l'ordre des acides aminés a son importance, donc il faut les écrire dans l'ordre souhaité par la synthèse, ici Ala-Gln, et ensuite les « attacher » en créant la liaison peptidique (groupe amine).

3. D'après l'équation de réaction précédente, pour une mole de dipeptide formée, il faut une mole d'alanine réagissant.

Donc la masse d'alanine nécessaire est :

$$m_{\text{ala}} = n_{\text{ala}} \times M' = n_{\text{ala-gln}} \times M' = \frac{m_{\text{ala-gln}}}{M} \times M' = \frac{100}{217} \times 89 = 41 \text{ t.}$$

4. Si le rendement de la réaction est de 35 % alors, avec les mêmes conditions initiales, on ne formera « que » 35 % × 100 t = 35 t de dipeptide.

5. On a donc dû utiliser 41 t d'alanine pour former 35 t de dipeptide. Pour cent tonnes, il faudra $\frac{41}{35} \times 100 = 117$ t d'alanine.

8 Partie A

1. Le montage à reflux est un montage permettant de chauffer un mélange réactionnel, donc d'accélérer une réaction, sans perdre de matière par évaporation et sans avoir de surpression due à l'élévation de température.

2. D'après les indications données, il faut le manipuler avec des gants et des lunettes (corrosivité) et utiliser une verrerie sèche (car il réagit avec l'eau). Il faut de plus éviter les flammes à proximité (inflammable).

3. Le rôle d'un catalyseur est d'augmenter la vitesse d'une réaction.

4. Dans cette transformation, il s'est formé une fonction ester. La molécule A est donc un acide carboxylique. Ici $CH_3—COOH$ c'est l'acide éthanoïque.

5. L'eau glacée sert à diminuer radicalement la température et donc à stopper la réaction chimique.

6. a. Quantité initiale d'isoeugénol : $n_{\text{iso}} = \frac{m_{\text{iso}}}{M_{\text{iso}}} = \frac{10}{164} = 6{,}1 \times 10^{-2}$ mol.

Quantité initiale d'anhydride :

$$n = \frac{m}{M} = \frac{\rho V}{M} = \frac{d\rho_0 V}{M} = \frac{1{,}08 \times 1 \times 20}{102} = 2{,}1 \times 10^{-1} \text{ mol.}$$

b. D'après les coefficients stœchiométriques de la réaction, le réactif limitant est l'isoeugénol et on devrait former $6{,}1 \times 10^{-2}$ mol d'acétate d'eugénol à la fin de la réaction si celle-ci était totale.

Ce qui correspond à une masse théorique

$$m_{\text{th}} = 6{,}1 \times 10^{-2} \times 205 = 12{,}5 \text{ g.}$$

Le rendement de la réaction est donc $r = \frac{m_{\text{exp}}}{m_{\text{th}}} = \frac{11{,}3}{12{,}5} = 90{,}4$ %.

Partie B

1. La molécule B est l'acide éthanoïque $CH_3—COOH$ puisque la dernière étape est l'hydrolyse d'un ester.

2. Pour déplacer un équilibre, on peut soit ajouter un des réactifs, soit retirer un des produits de la réaction. Ici, on pourrait utiliser un grand excès d'eau ce qui augmenterait le rendement et donc la production de vanilline.

Partie C

1. La vanilline est synthétisée à la fin de la troisième étape. C'est la molécule suivante :

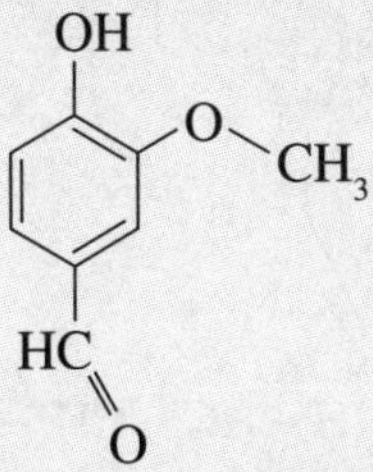

Il s'agit d'un groupe carbonyle. Il est caractéristique des composés carbonylés qui se séparent en deux familles organiques : les aldéhydes et les cétones.
Ici c'est une fonction aldéhyde car le groupe carbonyle est porté par un carbone terminal.

2. La première étape est une réaction de protection de fonction. Ici, elle sert à protéger la fonction alcool de l'isoeugénol. La troisième étape sert justement à retrouver ce groupe hydroxyle intact grâce à la protection pendant la seconde étape.

3. On ne protège que les fonctions qui risquent de réagir par la suite. Donc ici, on peut en déduire que le groupe carbonyle serait susceptible de réagir lors de la deuxième étape, donc qu'il serait oxydé par l'oxydant utilisé.

9 **1.**

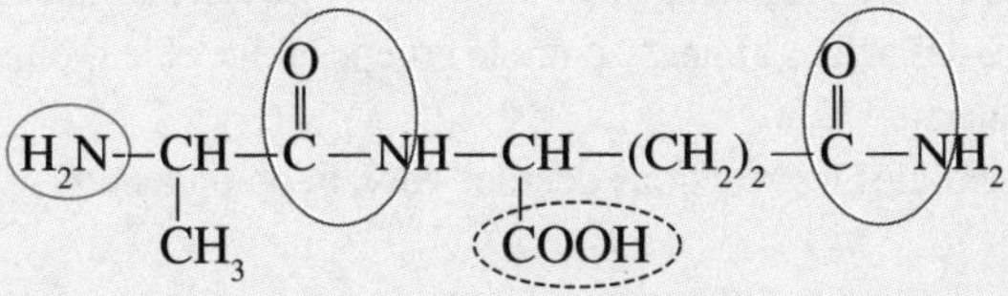

En bleu : fonction amine ; en gris : fonction amide ; en pointillés : fonction acide carboxylique (groupe carboxyle).

2. L'hydrolyse provoque toujours une rupture de liaison (préfixe « hydro » et suffixe « lyse » : rupture par l'eau). Cette rupture est schématisée ci-dessous et se fait au niveau du groupe amide. C'est la liaison peptidique qui casse :

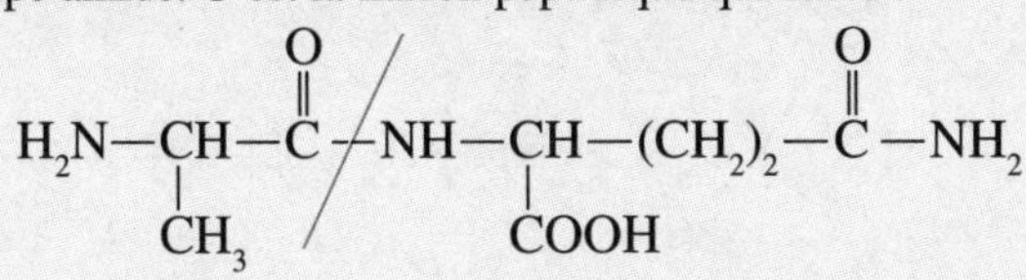

On constate que la partie droite va donner la glutamine en récupérant un hydrogène fourni par la molécule d'eau.

Cette dernière va donc fournir à la partie gauche du dipeptide un groupe —OH qui va venir sur l'atome d'azote déficitaire puisqu'il a perdu un H dans la rupture.

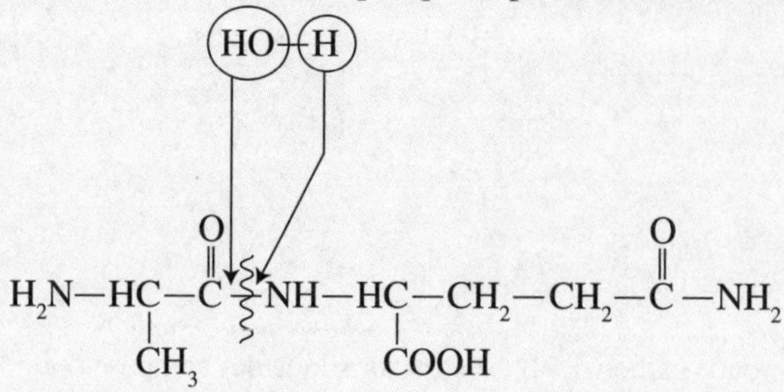

Le composé A est donc : 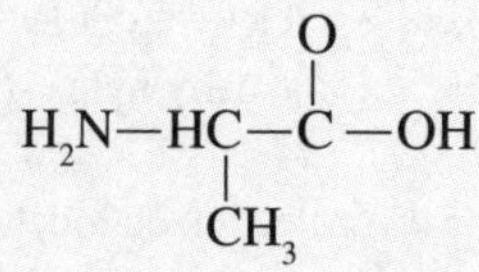

3. Cette réaction étant due à l'eau, l'utilisation d'une verrerie sèche est donc une précaution pour ne pas qu'elle puisse se produire.

4. a. En effet, les acides aminés ont chacun un groupe carboxyle et un groupe amine. Donc, la réaction de création d'un groupe amide peut se faire entre l'amine du 1er et le carboxyle du 2e mais aussi l'inverse : entre le carboxyle du 1er et l'amine du 2e.
Ce n'est pas tout : cette réaction peut se faire aussi entre deux molécules identiques de l'un ou l'autre des acides aminés : entre le groupe amine et le groupe carboxyle de la même molécule !

b. Si on envisage toutes les réactions décrites en **4. a.** on obtient quatre peptides différents :

Ala-Gln :

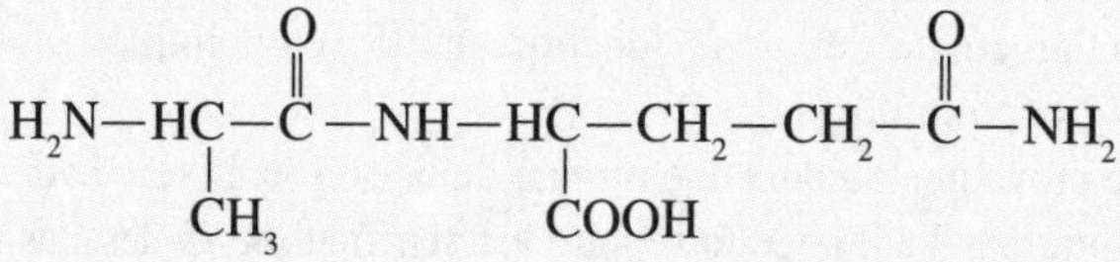

Ala-Ala :

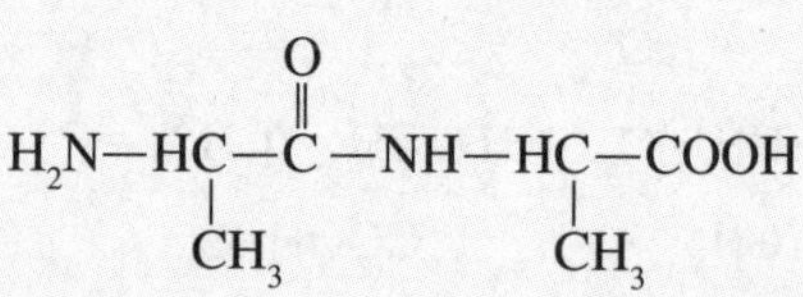

Glu-Ala :

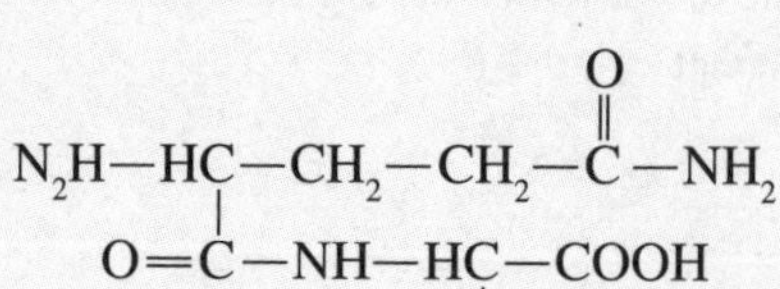

Gln-Gln :

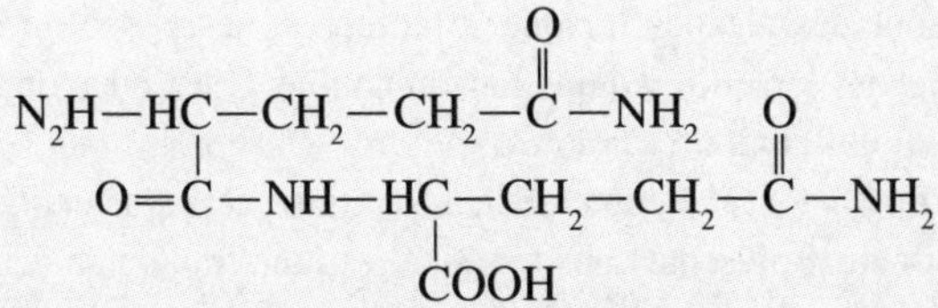

5. Pour obtenir la première possibilité, il faut protéger les groupes fonctionnels qui ne doivent pas réagir. Il faut donc protéger les groupes qui sont entourés ci-dessous sur la glutamine :

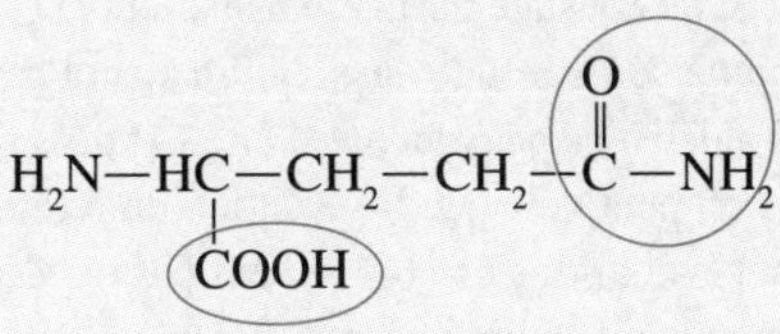

et sur l'alanine :

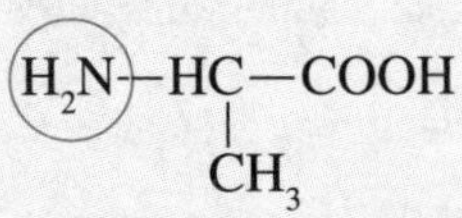

6. D'après l'énoncé, si on veut faire une protection avec le méthanol, on veut fabriquer un ester donc faire réagir un groupe carboxyle.
Or le seul groupe carboxyle qui doit être protégé est celui de la glutamine (question **5.**). Il faut donc faire réagir le méthanol sur la glutamine.

10 **1.** Ces deux isomères sont liés par une isomérie Z/E. Il s'agit d'une stéréoisomérie. Ce qui distingue ces deux molécules est la répartition spatiale des atomes. Pour l'isomère Z les deux atomes de carbone de la chaîne carbonée (en bleu) sont du même coté de l'axe de la double liaison (en pontillés) alors que pour l'isomère E, ces carbones se trouvent des deux cotés de l'axe :

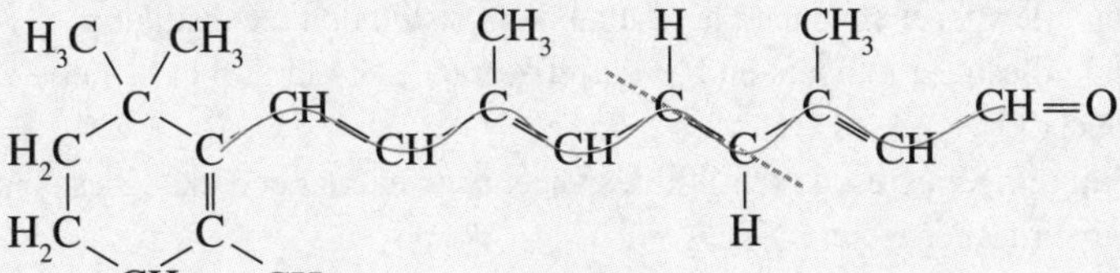

Isomère Z

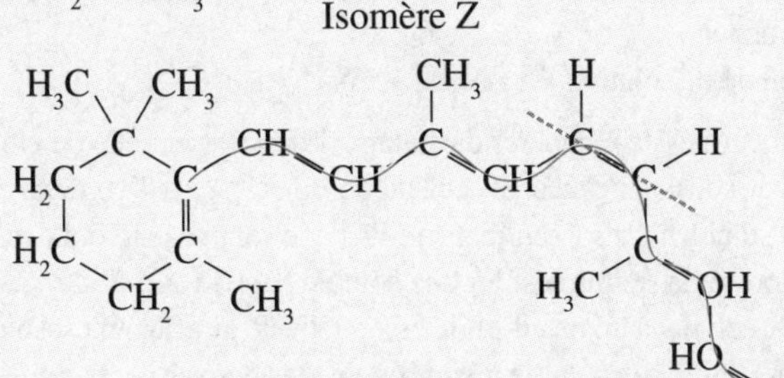

Isomère E

2. Un hydrocarbure est composé uniquement d'hydrogène (hydro-) et de carbone (-carbure). Ce sont des alcanes lorsque le composé ne possède que des liaisons simples et des alcènes lorsqu'il y a une liaison double. C'est donc un alcène.
3. Ce sont souvent des composés colorés.
4. Le groupe hydroxyle —OH, contenu dans le rétinol, est caractéristique de la fonction alcool. La fonction présente dans le rétinal est une fonction aldéhyde (présence d'un groupe carbonyle C=O sur un carbone terminal).
5. Il s'agit d'une réaction avec modification de chaîne, sous entendu « chaîne carbonée », puisque la double liaison C=C est rompue.
6. D'après le document 3, on constate qu'une liaison double C=C peut être oxydée dans une réaction chimique. On constate aussi qu'un alcool peut être oxydé en aldéhyde ou en cétone. Les aldéhydes peuvent aussi être oxydées en acide carboxylique. Or dans le document 1, on peut voir que l'oxydation du rétinol ne se fait que sur la fonction alcool. Les doubles liaisons C=C ne sont pas oxydées par le DMP.
Il s'agit donc bien d'un réactif chimiosélectif : la réaction qu'il provoque se fait sélectivement sur un site alors que d'autres sites sur la molécule ne réagissent pas.

Rappel de 1re S : les alcools primaires sont oxydés en aldéhyde et les alcools secondaire en cétones.

7. Sur le géraniol, le DMP est tout aussi chimiosélectif que pour le rétinol, puisque cette molécule peut aussi être oxydée sur les doubles liaisons alors que seule le groupe hydroxyle est effectivement attaqué (en donnant une fonction aldéhyde).

11 **1. a.** Il s'agit d'un entraînement à la vapeur, appelé aussi distillation simple ou hydrodistillation.
b. (1) est un support élévateur ;
(2) est un chauffe-ballon ;
(3) est un réfrigérant ;
(4) est un erlenmeyer contenant le résultat de la distillation : le distillat.
c. L'entrée d'eau est toujours en bas du réfrigérant (ici à droite) et la sortie en haut (ici à gauche).
Le rôle du réfrigérant est de refroidir les vapeurs en entrant et donc de les condenser pour pouvoir les récupérer ici.
d. L'utilité de la pierre ponce est d'homogénéiser la température et la composition du mélange réactionnel.
2. a. L'équation de dissolution est : $NaCl \rightarrow Na^{+}_{(aq)} + Cl^{-}_{(aq)}$.
b. Le relargage permet de récupérer davantage d'huile essentielle de clou de girofle. En effet, on peut constater grâce au tableau de données que l'eugénol et l'acétyleugénol sont peu solubles dans l'eau mais qu'ils ne le sont pas du tout dans l'eau salée. De plus, le chlorure de sodium est lui très soluble dans l'eau.
Avant l'ajout du sel, il y a un peu d'huile essentielle de girofle qui est solubilisée dans la phase aqueuse car « peu soluble » signifie que les deux espèces préfèrent la phase organique mais vont tout de même « un peu » dans la phase aqueuse.

Donc lorsque du sel est ajouté dans le distillat, celui-ci va se solubiliser dans l'eau et non dans la phase organique. L'eau devient de l'eau salée dans laquelle ni l'eugénol, ni l'acétyleugénol ne sont solubles. Ces deux espèces vont donc être « expulsées » de la phase aqueuse vers la phase organique.
Le peu qui se trouvait en phase aqueuse est donc transféré dans la phase organique : on récupère donc davantage d'huile essentielle.

3. La phase organique a une densité proche de celle de son solvant donc de celle de l'éther $(d_E = 0,71)$ alors que celle de la phase aqueuse est proche de celle de l'eau $(d = 1)$. La phase organique se retrouve donc au-dessus de la phase aqueuse car sa densité est inférieure.

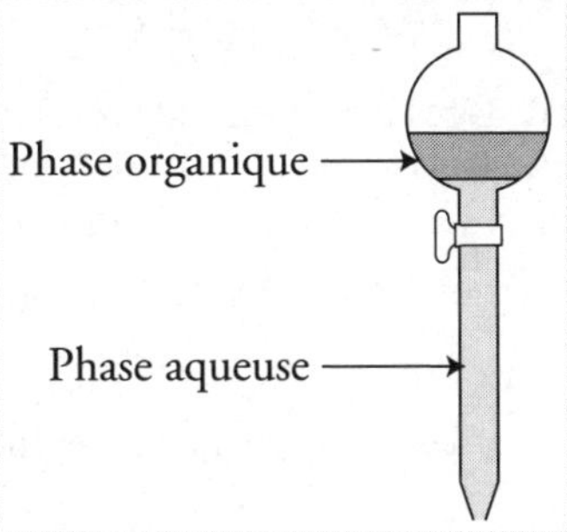

4. a. L'acétyleugénol est très soluble dans l'éther et insoluble dans l'eau salée : il ne va donc pas dans la phase aqueuse et est entièrement dans la phase organique.

b. Une espèce capable de céder un proton est un acide (définition de Brønsted).

c.

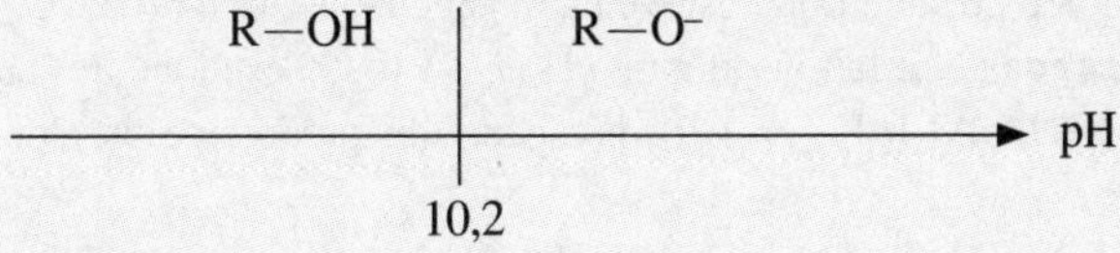

d. Si le pH est supérieur à 12 alors c'est $R-O^-$, l'ion eugénate, qui est présent dans le mélange. Or, d'après les données, cet ion est très soluble dans l'eau. Il faut donc conserver la phase aqueuse et jeter la phase organique (après plusieurs lavage tout de même).
La phase organique contient l'acétyleugénol et l'éther et la phase aqueuse la forme basique de l'eugénol : l'ion eugénate.

e. La différence essentielle entre ces deux formes est la présence de charge électrique sur l'ion eugénate alors que l'eugénol est neutre. Il s'ensuit que grâce à cette charge l'ion eugénate est une espèce polaire et est par conséquent soluble, voire très soluble, dans l'eau qui est un solvant polaire.
De la faible solubilité de l'eugénol on ne peut que supposer que sans cette charge le groupe hydroxyle de l'eugénol n'est que très peu polaire.

f. L'acide chlorhydrique en solution a pour formule $\left(H_3O^+_{(aq)} + Cl^-_{(aq)}\right)$

L'acide chlorhydrique va diminuer le pH en dessous du pK_A du couple ROH/RO^- et on va donc avoir prédominance de la forme acide de ce couple, c'est-à-dire l'eugénol. Le rôle de l'ajout d'acide est donc de retrouver l'eugenol.

5. On devra maintenant récupérer la phase aqueuse. En effet, l'espèce que l'on souhaite conserver, l'eugénol, y est très soluble car le solvant est l'éther, et n'est que peu soluble dans l'eau.

12 **1. a.**

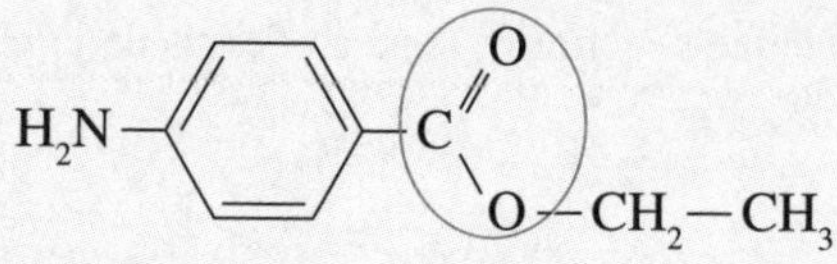

b. Étant donnée l'équation de la réaction donnant la benzocaïne, on peut déduire que la formule développée de l'acide HA est :

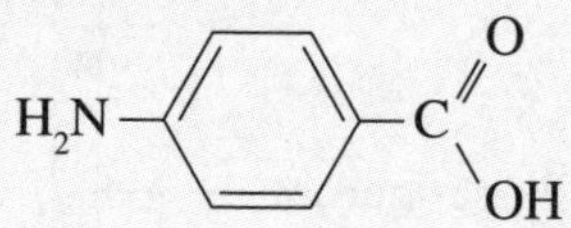

2. a. Les ions hydronium sont des catalyseurs de la réaction. Ils sont donc là pour l'accélérer.

b. Le chauffage à reflux permet d'accélérer la réaction (facteur cinétique) sans perdre de matière par évaporation.

c. L'excès d'un réactif permet de déplacer l'équilibre et donc de former davantage de produit. L'excès améliore donc le rendement de la synthèse.

3. a. L'ion carbonate est une base, il va donc réagir avec les acides HA restants. La réaction a bien lieu puisque l'on observe un dégagement gazeux (de CO_2).

b. L'ajout de carbonate se fait jusqu'à un pH égal à 9. On est donc très au-dessus du pK_A du couple HA/A^- ($pK_A = 4,9$). L'espèce qui prédomine est donc la forme basique A^-.

c. Cette espèce est très soluble dans l'eau d'après les données du tableau, donc elle sera dans la phase aqueuse.

La densité d'une phase dépend essentiellement de la densité du solvant donc la phase aqueuse a une densité proche de 1 et la phase organique a une densité très proche de celle de l'éther 0,79. La phase qui se trouve en dessous dans l'ampoule à décanter est celle qui possède la densité la plus grande donc ici c'est la phase aqueuse.

d.

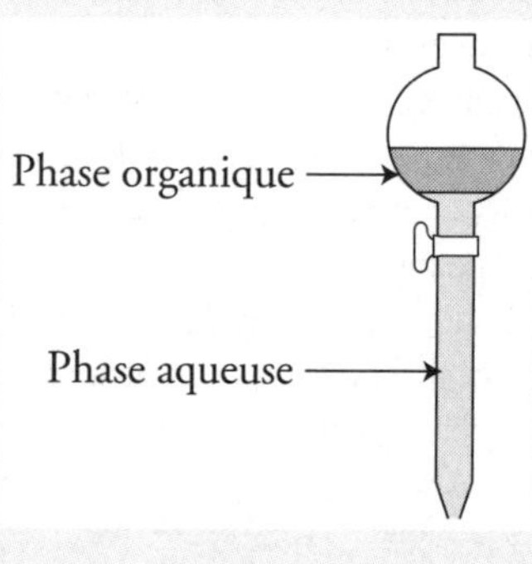

e. Le sulfate de magnésium est anhydre donc, il va être avide d'eau. Il sert donc à éliminer des traces d'eau dans la phase aqueuse.

13 1. Vrai. D'après la recommandation R 23/25 : il est toxique par inhalation.
2. Faux. Il s'agit du schéma d'un montage de distillation. Pour un chauffage à reflux, il n'y a pas de colonne à distiller mais un réfrigérant vertical.

> Attention à ne pas confondre colonne à distiller et réfrigérant voir le cours partie III.

3. Faux. L'énoncé précise qu'il faut environ 20 mL de méthanol donc il n'est pas nécessaire d'utiliser une verrerie aussi précise que la pipette jaugée (une éprouvette suffira).
4. Vrai. $n_1 = \dfrac{m_1}{M_1} = \dfrac{27,6}{138} = \dfrac{2,76\times10}{1,38\times100} = \dfrac{2,76}{1,38}\times10^{-1} = 2,00\times10^{-1}$ mol.
5. Faux. $n_2 = \dfrac{m_2}{M_2} = \dfrac{\rho_2 V_2}{M_2} = \dfrac{0,8\times20}{32} = \dfrac{16}{32} = 0,5$ mol et non pas 5 mol.
6. Faux. Il s'agit d'une réaction d'estérification (d'après le texte) donc d'une réaction dans laquelle un groupe carboxyle réagit avec un groupe hydroxyle. La réaction proposée fait réagir un groupe hydroxyle sur un autre groupe hydroxyle. Ce n'est donc pas la réaction qui se produit lors de cette transformation.
7. Vrai. D'après les quantités initiales et les coefficients de la réaction, le méthanol est bien en excès.
8. Faux. La phase inférieure dans une ampoule à décanter est la phase de plus grande densité. Or, il est dit que la phase organique « a une masse volumique proche de celle du cyclohexane ». Celle-ci étant de 0,78 et celle de l'eau étant de 1 c'est la phase aqueuse qui sera la phase inférieure.
9. Vrai. « On lave ensuite plusieurs fois cette phase avec une solution aqueuse d'hydrogénocarbonate de sodium afin d'éliminer les acides restant dans la solution. » Donc l'hydrogénocarbonate réagit avec les acides de la phase organique. D'après les données, l'hydrogénocarbonate est la base conjuguée du dioxyde de carbone : il se sera donc formé et donc dégagé du dioxyde de carbone.
10. Faux. Une distillation permet de faire évaporer successivement les espèces d'un mélange suivant leur température d'ébullition, de la plus volatile à la moins volatile. La première espèce à se volatiliser, et donc récupérée, est celle qui possède la température d'ébullition la plus basse : c'est le méthanol.
11. Faux. La quantité d'ester formée est $x_{max} = 0,2$ mol ce qui correspond à une masse maximale de $m_{ester} = 30,4$ g.

Donc le rendement est $r = \dfrac{m_3}{m_{ester}} = 69~\%$ et non 50 %.

12. Faux. L'ajout d'un catalyseur augmente la vitesse de réaction mais ne modifie jamais les quantités formées donc le rendement.
13. Vrai. L'excès d'un des réactifs permet le déplacement de l'équilibre dans le sens de la consommation de ce réactif, la quantité de produit obtenu va donc augmenter et donc le rendement également.

14 Les polymères naturels et synthétiques

I VOCABULAIRE ET DÉFINITIONS

1. Polymère

■ Un **polymère** est une **macromolécule** (molécule de très grande masse molaire) formée de l'enchaînement covalent d'un très grand nombre d'unités de répétition qui dérivent d'un ou de plusieurs **monomères**. Les polymères sont donc la répétition d'un même **motif**.

Il existe des polymères naturels, comme la cellulose, le collagène, le caoutchouc naturel, ou synthétiques comme le polyéthylène, le nylon ou le polystyrène.

■ Les polymères ne sont pas utilisables à l'état pur tout comme c'est le cas de la plupart des métaux. En effet, pour qu'ils soient utilisables comme matériaux industriels, on ajoute aux polymères certains additifs et le produit obtenu est appelé plastique.

Donc, le mot **plastique** désigne les polymères qui ont subi des modifications et des ajouts pour servir industriellement.

■ On les schématise souvent de la façon suivante :

A—A—A—A—A—A—A—A

2. Polymérisation

■ **L'indice, ou le degré de polymérisation** correspond au nombre de fois que le motif est répété dans la chaîne du polymère.

■ **Tout monomère comporte au minimum deux sites réactifs** puisqu'il doit se lier à lui-même ou à une autre molécule en deux endroits.

■ La réaction de **polymérisation** est l'ensemble des réactions menant du monomère au polymère.

■ La **dépolymérisation** est la réaction inverse : le polymère est donc « découpé » en une multitude de monomères.

II QUELQUES GÉNÉRALITÉS

1. Différentes géométries possibles

On imagine souvent les polymères comme linéaires. Il existe cependant plusieurs géométries de base.

■ Pour les **homopolymères** (faits à partir d'un seul monomère), il existe trois types d'organisations différentes :

A—A—A—A—A—A—A—A

Linéaire

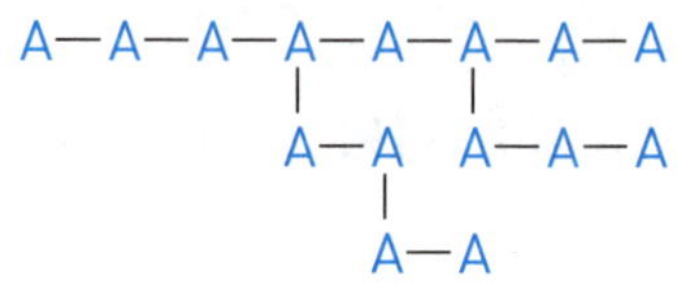

Ramifiée

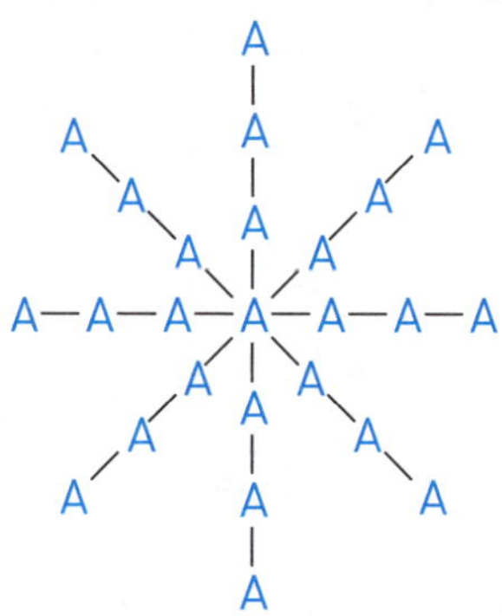

Étoilée

■ Pour les **copolymères** (faits à partir d'au moins 2 monomères différents, A et B par exemple), il existe quatre types d'organisation :

Aléatoire A—B—A—B—B—B—A—A—A—A—B—B

Alternée A—B—A—B—A—B—A—B—A—B—A—B

À blocs A—A—A—A—A—A—A—B—B—B—B—B

À greffons 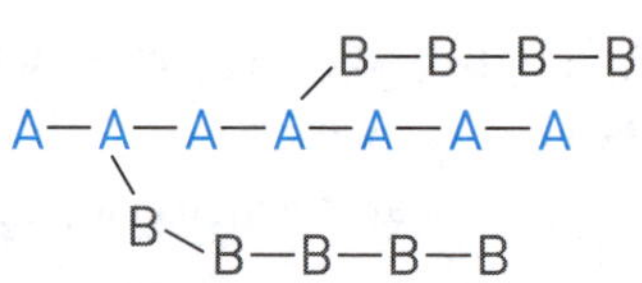

2. Propriétés macroscopiques

■ **Masse molaire**

Les polymères naturels ont une masse molaire de 10^7 g · mol^{-1} tandis que les polymères industriels les plus utilisés ont une masse molaire de 10^5 g · mol^{-1}.

On peut calculer la masse molaire moyenne d'un polymère à partir de celle du motif :

$$M_{\text{polymère}} = n \times M_{\text{motif}}$$

où n est l'indice de polymérisation.

- On néglige alors l'influence des extrémités du polymère, que l'on n'a pas dans le motif.
- Pour une polyaddition : $M_{\text{motif}} = M_{\text{monomère}}$.

■ **Rigidité – Élasticité**

Il existe des polymères souples tout comme des polymères rigides.

Au niveau microscopique, le polymère est formé par des liaisons chimiques covalentes.

À ces liaisons covalentes de base, il faut ajouter d'autres liaisons qui sont très souvent présentes au sein des macromolécules. Ce sont des liaisons de types Van der Waals ou hydrogènes qui relient une molécule avec une autre ou deux parties différentes de la même molécule. Ces liaisons sont des liaisons **physiques**, et non chimiques, qui sont dues notamment aux polarités de certains sites.

À côté de ces liaisons physiques, les polymères peuvent être **réticulés**.

Un polymère réticulé est un polymère dont certaines chaînes sont reliées entre elles par des ponts chimiques covalents. Ces liaisons sont généralement responsables de la forme d'un polymère, qui est la plupart du temps liquide sans ces liaisons.

Le monomère d'un polymère réticulé possède obligatoirement au moins 3 sites actifs : 2 pour la réaction polymérisation et 1 pour les liaisons interchaînes (pont covalent).

3. Propriétés thermomécaniques

Les polymères sont souvent classés d'après leurs propriétés thermomécaniques.

■ Les polymères **thermoplastiques** deviennent malléables quand ils sont chauffés. C'est le cas du polypropylène. Cette modification est **réversible** (en chauffant ou refroidissant). Ce sont généralement des polymères linéaires ou peu ramifiés.

■ Les polymères **thermodurcissables** durcissent de façon irréversible. Ils sont constitués de réseaux à mailles serrées. **Sous l'effet de la chaleur** (et en présence de réactifs), ils forment de nombreux liens interchaînes, durcissent et deviennent rigides et insolubles, ils sont non recyclables.

■ Les **élastomères** sont déformables de manière réversible. Ils sont constitués de réseaux tridimensionnels à mailles larges. C'est le cas du caoutchouc naturel. Ils contiennent forcément des ponts covalents qui permettent de revenir à la forme initiale après étirement.

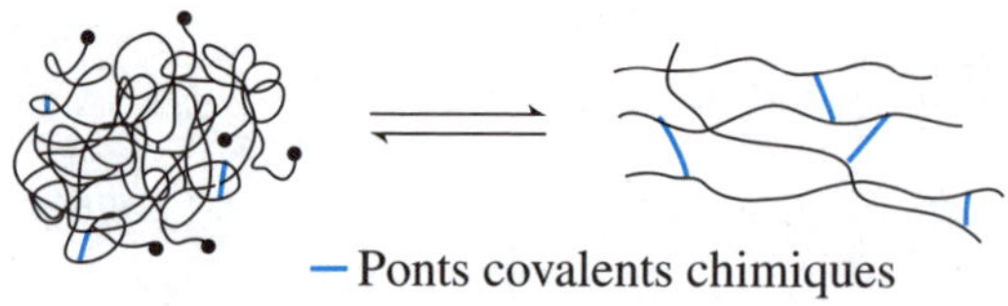

Citons aussi les élastomères thermoplastiques (TPE).

III RÉACTIONS DE POLYMÉRISATIONS

D'après la définition d'un polymère, la réaction de polymérisation est forcément un acte répétitif qui, petit à petit, « fabrique » le polymère en question.
Il existe principalement deux familles de réaction de synthèse de polymères : la **polyaddition** et la **polycondensation**.

1. La polyaddition ou polymérisation par addition

■ La polyaddition repose sur la réaction d'addition vue dans le chapitre 8.
Cette réaction tient donc à la présence d'une double liaison qui va « s'ouvrir » (étape 1) et proposer deux atomes de carbone sur lesquels vont s'additionner deux autres motifs du polymère. La molécule s'agrandit alors de deux motifs qui peuvent à leur tour proposer un atome de carbone accueillant.
Le polymère se construit petit à petit sur ses deux côtés (étape 2).

Étape 1

Étape 2

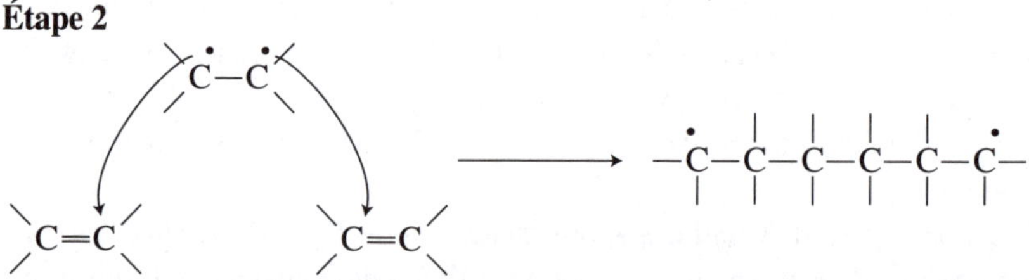

■ **Une polyaddition correspond toujours à l'ouverture d'une liaison double.**
De plus, la réaction se faisant exclusivement à partir de la double liaison, la polyaddition se fait (en théorie) avec n'importe quel monomère possédant une liaison double, quels que soient les quatre groupes liés aux carbones portant cette double liaison : ce qui permet (toujours en théorie) la synthèse d'une infinité de polymères différents.

EXEMPLES :

$$n\ H_2C{=}CH_2 \longrightarrow \left(CH_2{-}CH_2\right)_n$$

Éthène (ou **éthylène**) — Polyéthène (plus souvent appelé **polyéthylène**) **PE**

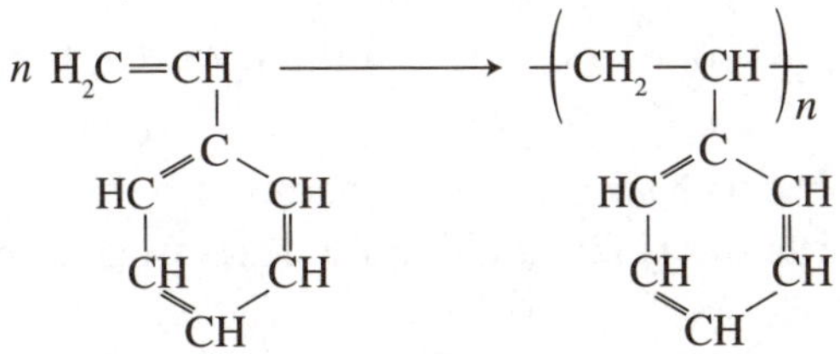

Styrène — Polystyrène **PS**

$$n\ H_2C{=}CH(CH_3) \longrightarrow \left(CH_2{-}CH(CH_3)\right)_n$$

Propylène (nom officiel propyne) — Propylène **PP**

Le polyéthylène, polymère le plus employé au monde, est utilisé pour les emballages. Le polystyrène sert aussi dans les emballages et le polypropylène, lui, est utilisé dans les canalisations et toute la plomberie.

La polyaddition n'engendre aucun sous-produit, seul le polymère est formé.

2. La polycondensation ou polymérisation par condensation

■ On parle de condensation lorsque deux molécules réagissent pour n'en former qu'une seule, avec éventuellement formation d'une autre molécule plutôt légère (souvent l'eau) :

$$A{-}R{-}A + B{-}R'{-}B \longrightarrow A{-}R{-}R'{-}B + AB$$

AB est la molécule éliminée.

■ Par exemple, la réaction ci-dessous entre le groupe carboxyle et le groupe hydroxyle de la même molécule :

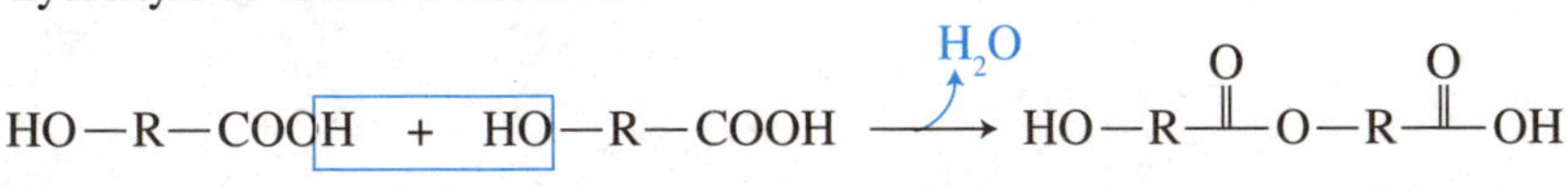

On a donc ici fabriqué un groupe ester à partir de deux molécules identiques. En répétant cette réaction sur les groupes carboxyle et hydroxyle aux extrémités de cette molécule, on va petit à petit construire le polymère : ici un polyester.

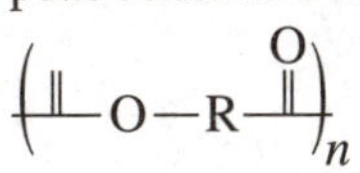

■ Une polycondensation peut aussi être faite à partir de deux molécules différentes. Par exemple, un autre polyester :

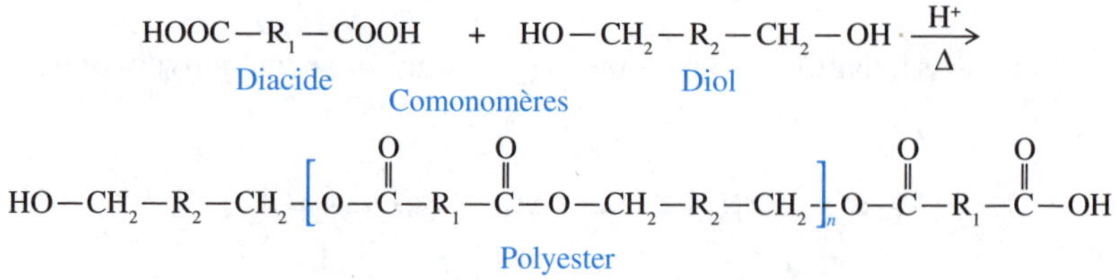

Le premier est donc un homopolymère (synthétisé à partir d'une même molécule) et le second un copolymère (synthétisé avec deux molécules différentes).

SAVOIR-FAIRE

1. Déterminer le monomère à partir de la formule du polymère

Le polymère est donc donné. Il vous faut alors identifier le motif de ce polymère, c'est-à-dire le « morceau » qui sera répété un très grand nombre de fois pour obtenir la formule du polymère entier.

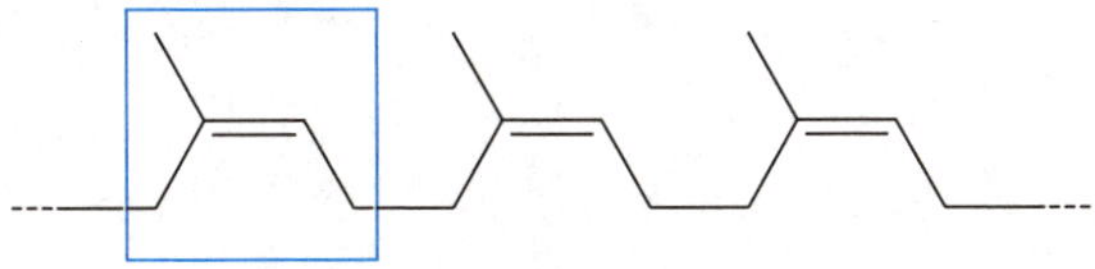

motif

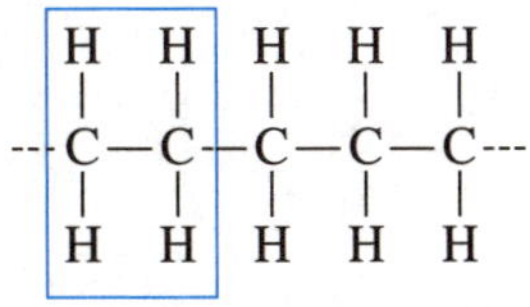

motif

Il faut ensuite savoir si la réaction de polymérisation est une polyaddition ou une polycondensation.

■ **Pour une polyaddition**, rabattez les liaisons de début et de fin du motif. Si les deux carbones sont à côté l'un de l'autre (c'est le cas le plus fréquent), une des liaisons va se rabattre entre ces carbones, ce qui entraînera le départ de la deuxième liaison à l'autre extrémité.

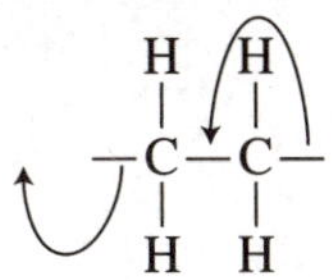

Le monomère est alors la molécule :

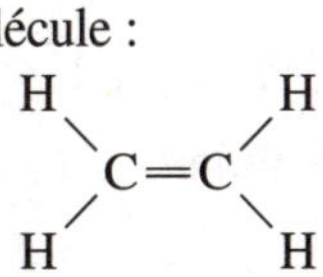

Si les deux carbones ne sont pas adjacents, il faudra faire un réarrangement électronique comme par exemple pour le butadiène :

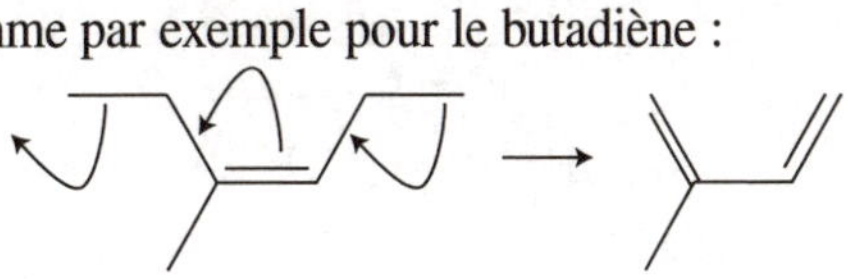

D'où le monomère :

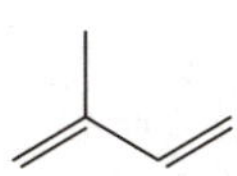

Revoir les délocalisations électroniques au chapitre 8.

■ **Pour une polycondensation**, il faut rompre la liaison liant les deux molécules monomères, puis déterminer quelles sont les fonctions chimiques ayant réagi pour être condensées. Pensez à regarder la petite molécule fabriquée en même temps pour connaître les atomes à rattacher.

EXEMPLE : Le nylon 6-6.

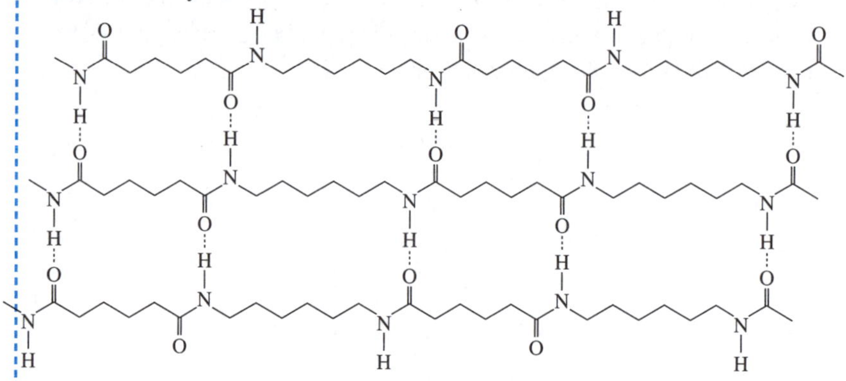

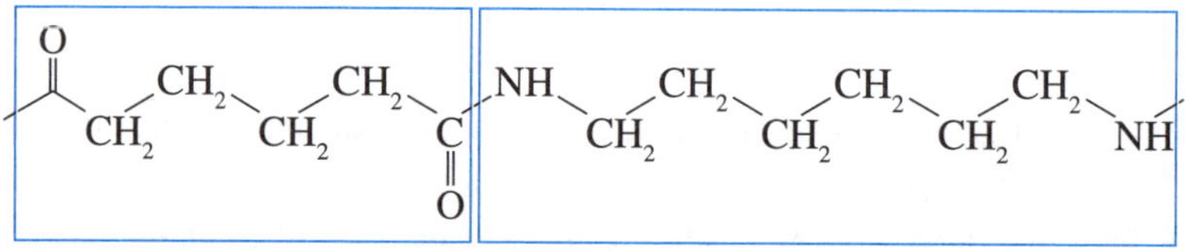

On trouve donc les deux monomères en ajoutant un groupe —OH sur l'un et un groupe —H sur l'autre :

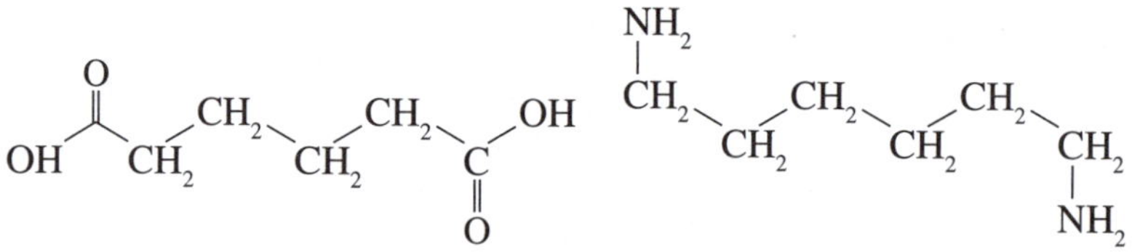

2. Déterminer le polymère à partir du monomère

■ **Pour une réaction de polyaddition**

EXEMPLE : Le polyéthylène.

Le monomère dans cet exemple est donc l'éthylène (nom officiel éthène).

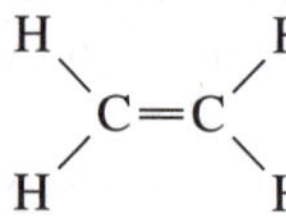

On « ouvre » la liaison double :

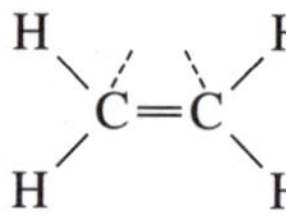

On a alors deux atomes de carbone prêts à se lier à une autre molécule.
Ces « moitiés de liaison », c'est-à-dire des électrons célibataires, vont se déplier et aller se lier avec la molécule identique d'à côté :

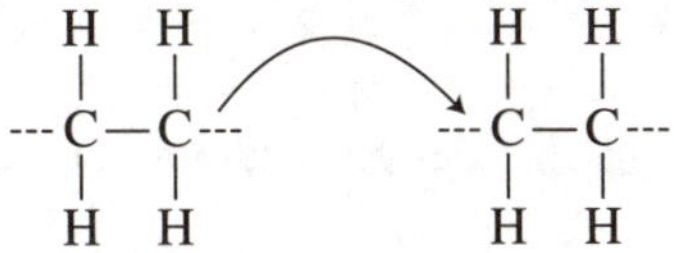

Cette réaction se fait sur les deux côtés, on arrive, petit à petit au polymère ci-dessous :

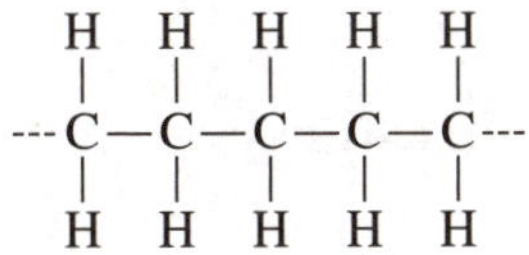

Donc le motif du polymère est :

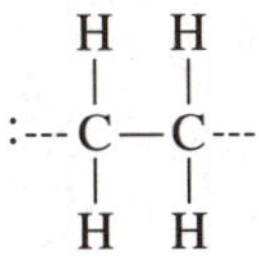

qui peut s'écrire de la façon suivante :

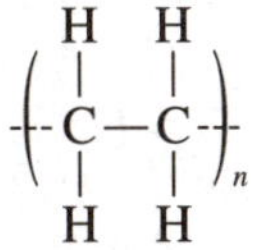

■ Pour une réaction de polycondensation

La réaction de condensation est une réaction dans laquelle viennent « fusionner » deux molécules. Elle se fait avec perte d'une petite molécule (souvent de l'eau).

Il faut donc savoir sur quels atomes la fusion aura lieu et quelles sont les molécules qui doivent se former. En général, on a une attaque électrophile sur un site déficitaire en électrons.

EXERCICES D'APPLICATION

1 POLY OU POLY ? | ★ | 5 min | ▸ P. 400

Les réactions suivantes sont-elles des polyadditions ou des polycondensations ?

a. $n\ H_2C{=}CH{-}CH_3 \longrightarrow {-}\!\left[CH_2{-}CH(H_3C)\right]_n\!{-}$

b. $HO{-}C({=}O){-}[CH_2]_4{-}C({=}O){-}OH + H_2N{-}[CH_2]_6{-}NH_2$
$\longrightarrow HO{-}C({=}O){-}[CH_2]_4{-}C({=}O){-}O{-}NH{-}[CH_2]_6{-}NH_2 + H_2O$

c. 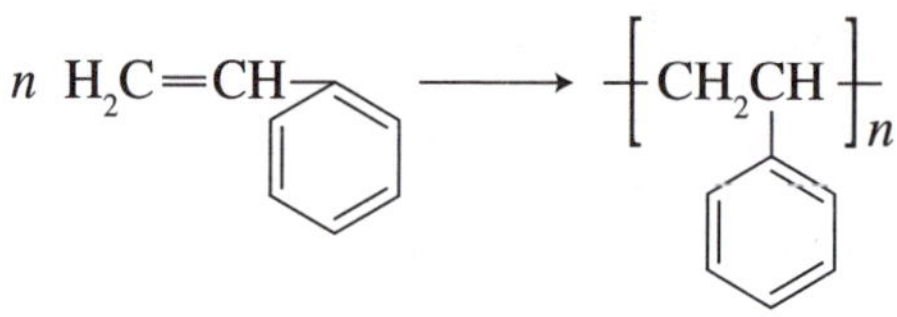

d. 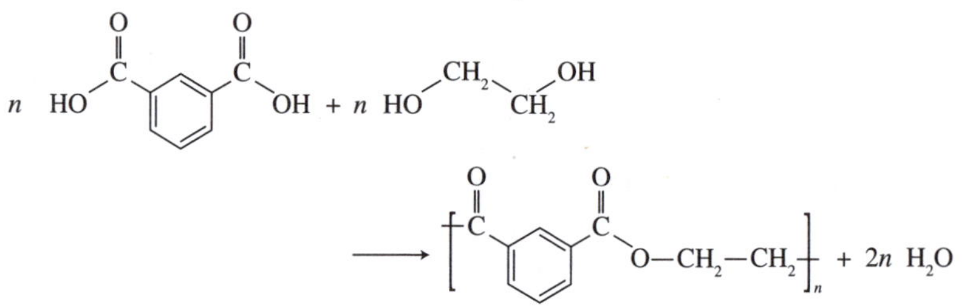

2 LE TÉFLON | ★ | 5 min | ▸ P. 400

Le polytétrafluoroéthylène (PTFE) est le nom scientifique du téflon, matériau utilisé pour élaborer des revêtements thermorésistants, des revêtements pour les poêles et les skis...

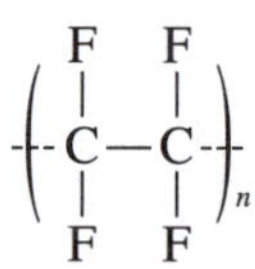

1. Déterminer le monomère correspondant sachant qu'il s'agit d'une polymérisation par addition.

2. D'après les utilisations de ce polymère, est-il plutôt thermoplastique ou thermodurcissable ?

3 LE PVC

★★ | 5 min | ▸ P. 400

Le polychlorure de vinyle (PVC) est utilisé pour fabriquer de très nombreux objets comme des gaines électriques, des adhésifs, des cadres de fenêtres, des jouets, des revêtements de sol, des pièces de voiture… Il est obtenu par polyaddition et sa formule topologique est :

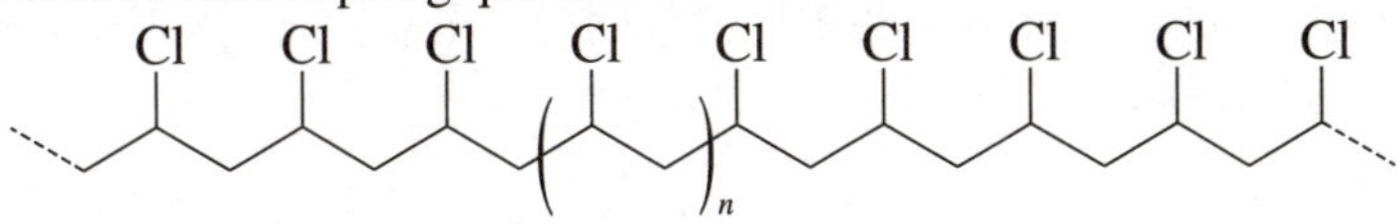

1. Donner la formule du monomère correspondant.

2. Calculer la masse molaire de ce monomère.

3. La masse molaire moyenne du polymère est $M' = 121\ \text{kg} \cdot \text{mol}^{-1}$. Calculer le degré n de polymérisation de ce polymère.

EXERCICES D'ENTRAÎNEMENT

4 LE NYLON

★★ | 20 min | ▸ P. 400

On dispose des deux composés suivants :

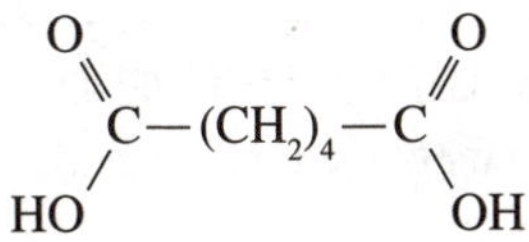 et $H_2N-(CH_2)_6-NH_2$

1. a. Écrire les formules topologiques de ces composés.

b. Entourer et nommer les groupes fonctionnels contenus dans ces deux molécules.

2. La réaction qui peut se produire entre de très nombreuses molécules de ces deux corps conduit à un polymère.

a. Sachant que cette réaction produit également de l'eau, de quel type de polymérisation s'agit-il ?

b. Écrire l'équation de la réaction de polymérisation.

c. Le motif du polymère obtenu est :

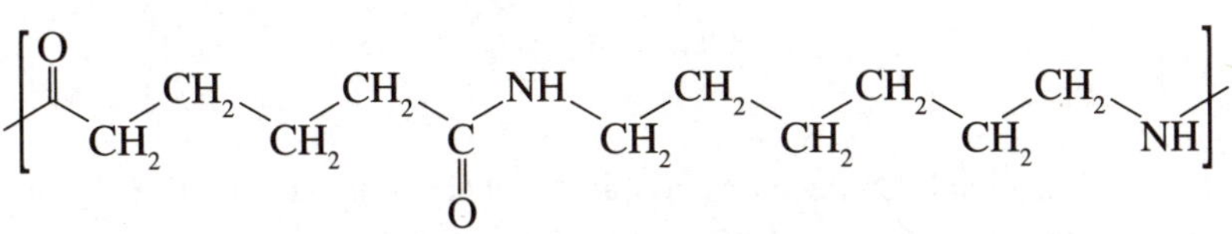

Identifier le groupe fonctionnel dans le motif du polymère.

d. À quelle famille appartient le polymère obtenu ?

3. a. Calculer la masse molaire du motif.

b. En déduire la masse molaire du polymère, le nylon 6,4, sachant que le degré de polymérisation est 140.

5 POLYMÈRE SUPER ABSORBANT | ★★ | 15 min | ▸ P. 401

La formule semi-développée de l'acide acrylique (ou acide propénoïque) est représentée ci-dessous :

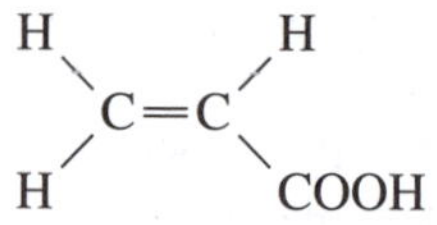

Cet acide polymérise de la même façon que l'éthène, c'est-à-dire par polyaddition pour donner un polymère très absorbant entrant dans la composition des couches pour bébés, le polyacide acrylique.

1. Écrire l'équation de la réaction de polymérisation.

2. Le degré de polymérisation moyen étant égal à 500, calculer la masse molaire moléculaire moyenne du polymère.

3. Quel groupe fonctionnel retrouve-t-on dans le polymère ? Entourer ce groupe sur la formule.

4. Le monomère possède-t-il une isomérie Z/E ? Justifier.

6 LE RILSAN | ★★ | 20 min | ▸ P. 402

La préparation des fibres de la marque Rilsan, propriété de la firme Rhône-Poulenc, nécessite l'utilisation d'un unique monomère représenté ci-dessous :

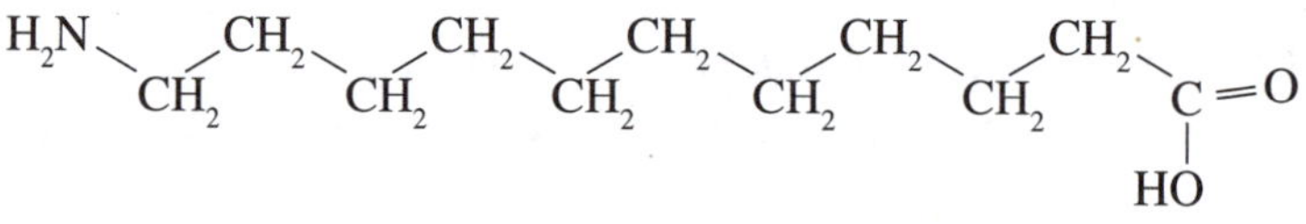

1. Le monomère

a. Entourer puis nommer les groupes fonctionnels présents dans cette molécule.

b. Donner sa formule topologique.

2. Réaction de polymérisation

Le motif du polymère peut s'écrire de la façon suivante :

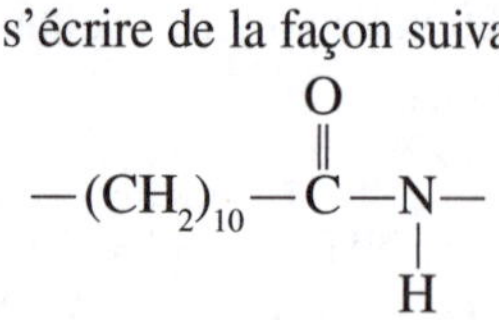

a. Écrire l'équation bilan de la réaction de polymérisation du polymère Rilsan.

b. Préciser le type de polymérisation mis en jeu.

3. Le polymère

a. Entourer et nommer le ou les groupes fonctionnels dans ce polymère.

b. En déduire la famille de polymère auquel il appartient.

c. Calculer le degré de polymérisation dans le cas d'un polymère de masse molaire 73 200 $g \cdot mol^{-1}$.

7 LES SPORTIFS

★★ | 20 min | ▸ P. 403

Dans la CEE, en 1994, les survêtements de sport étaient pour 44 % en coton, pour 25 % en polyester, pour 18 % en acrylique et pour 10 % en polyamide.

1. Le coton est constitué de cellulose, qui est un polymère naturel dans lequel le motif $C_6H_{10}O_5$ se répète *n* fois.

a. Comment nomme-t-on le nombre *n* ?

b. Calculer la masse molaire du motif.

c. Calculer la valeur de *n* si la masse molaire moyenne du polymère est de 40,5 $kg \cdot mol^{-1}$.

2. On donne la formule semi développée de l'**acrylonitrile** :

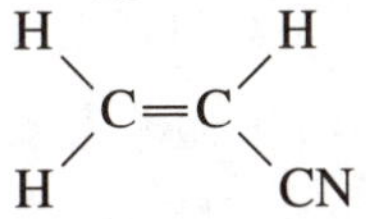

Ce composé peut se polymériser selon une réaction de polyaddition sur la double liaison C=C.

Écrire l'équation bilan correspondant à cette réaction de polymérisation.

3. Réaction de synthèse d'un composé présentant la même fonction chimique que les fibres de polyester constituant le survêtement.

a. Soit un premier composé chimique de formule semi-développée :

$$H_3C-COOH$$

Écrire sa formule développée.

Entourer et nommer son groupe fonctionnel, puis nommer cette molécule.

b. Soit un second composé chimique de formule semi-développée :

$$H_3C-CH_2-OH$$

Écrire sa formule développée.

Entourer et nommer son groupe fonctionnel, puis nommer cette molécule.

c. Les deux composés réagissent l'un sur l'autre selon la réaction d'équation :

$$H_3C-COOH + H_3C-CH_2-OH \rightleftharpoons H_3C-COO-CH_2-CH_3 + H_2O$$

Préciser s'il s'agit d'une réaction d'addition ou s'il s'agit d'une réaction de condensation.

EXERCICES D'APPROFONDISSEMENT

8 QUI SUIS-JE ?

★★★ 15 min ▸ P. 403

Les meubles de jardin sont souvent constitués d'un polymère de formule C_xH_y, issu d'une polyaddition, contenant 85,7 % en masse de carbone, le reste étant de l'hydrogène. Ce polymère ne possède aucune liaison multiple. Les macromolécules de ce polymère ont une masse molaire moyenne de $126\,000 \text{ g} \cdot \text{mol}^{-1}$ pour un degré de polymérisation $n = 3\,000$.

1. Comment appelle-t-on un tel composé, contenant uniquement carbone et hydrogène ?
2. Déterminer la masse molaire du monomère de ce plastique.
3. En déduire la formule brute, puis la formule semi-développée de ce monomère.
4. Écrire l'équation-bilan de la réaction de polyaddition et proposer un nom pour ce plastique.

9 LE SBS

★★★ 35 min ▸ P. 404

Le poly(styrène-butadiène-styrène) ou SBS est un polymère dur dont les constituants sont le polystyrène et le polybutadiène.
Comment nomme-t-on un polymère constitué de deux monomères différents ?

Partie A. Le polystyrène

Le styrène peut être représenté de la façon suivante :

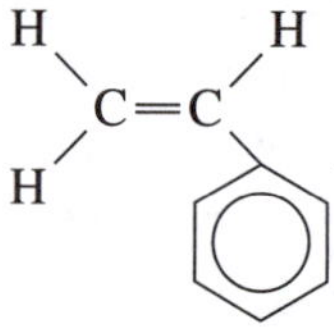

1. Représenter le polystyrène, sachant qu'il est obtenu par polyaddition.
2. Calculer la masse molaire M du monomère.
3. Il existe deux familles de polystyrène : le polystyrène basse densité et le polystyrène haute densité.
La masse molaire du polymère haute densité est $M_{HD} = 3{,}64 \text{ kg} \cdot \text{mol}^{-1}$ et celle du polymère basse densité est $M_{BD} = 1{,}144 \text{ kg} \cdot \text{mol}^{-1}$.
En déduire les deux degrés de polymérisation différents du polystyrène.

Partie B. Les polybutadiènes

Le polybutadiène a été un des premiers élastomères synthétiques, ou gomme, à être inventé. Le monomère est :

$$\underset{1}{CH_2}=\underset{2}{CH}-\underset{3}{CH}=\underset{4}{CH_2}$$

Pour former le polybutadiène, la polyaddition peut se faire de deux façons différentes :

- avec addition sur la double liaison entre le carbone 1 et le carbone 2. On produit alors le PBu 1,2 qui a pour représentation semi-développée :

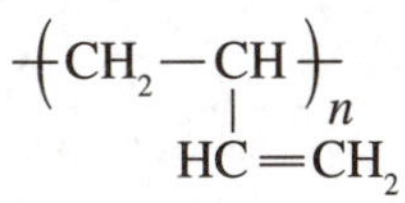

- avec addition sur les atomes de carbone 1 et 4 (après réorganisation électronique) qui donne le PBu 1,4. Celui-ci possède alors deux isomères géométriques I et II.

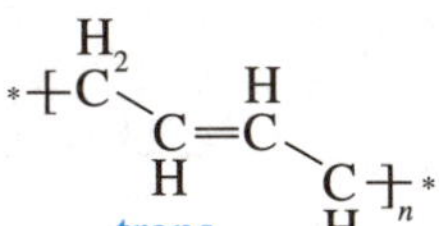

trans

I

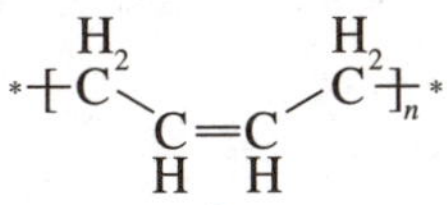

cis

II

Cette différence géométrique va entraîner deux polymères aux propriétés radicalement différentes.

Le polymère I, trans, est un élastomère utilisé dans les courroies et joints dans l'industrie automobile, tandis que le polymère II, cis, est très dur et utilisé pour les balles de golf.

1. Donner la formule topologique du polymère polybutadiène PBu 1,2.
2. Comment est nommée l'isomérie liant les composés I et II ?
3. Écrire l'équation de la réaction de polymérisation du polybutadiène PBu 1,2.
4. Écrire l'équation de la réaction de polymérisation du polybutadiène PBu 1,4.
5. Pour comprendre la polymérisation du PBu 1,4 il faut envisager un réarrangement électronique au cours de la réaction chimique.
Écrire ce mécanisme réactionnel à partir du monomère jusqu'au motif du polymère.
6. Si un seul des isomères I et II est réticulé, lequel est-ce ?

Partie C. Le SBS

1. Déduire le motif du SBS à partir des deux monomères précédents en sachant que l'association des monomères styrène et butadiène est toujours une addition.
2. Calculer l'indice de polymérisation d'un SBS dont la masse molaire est égale à 65 kg · mol^{-1}.

10 KEVLAR

★★★ | 30 min | ▸ P. 405

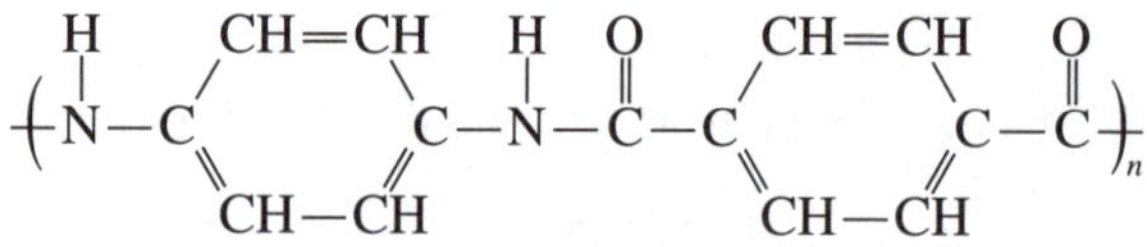

Le Kevlar fut découvert en 1965 par des chercheurs de la société DuPont mais il fallut attendre 1971 pour que les premiers kilogrammes de Kevlar soient fabriqués. Le Kevlar est un polyaramide ; sa synthèse est réalisée à partir de l'acide téréphtalique (ou acide benzène 1,4-dioïque) et le 1,4-diaminobenzène.
Voici trois molécules d'acides phtaliques.

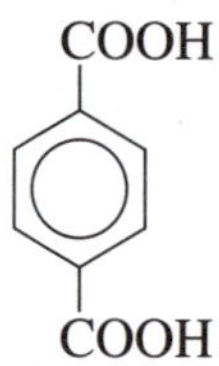

Acide téréphtalique

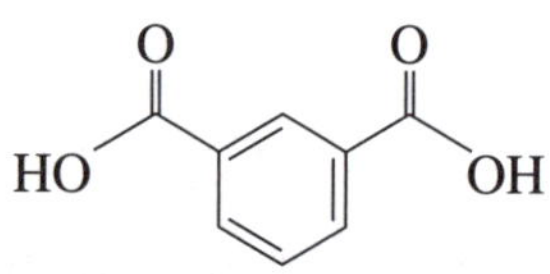

Acide isophtalique

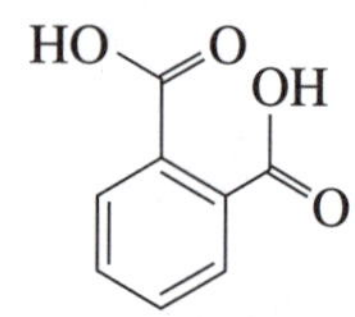

Acide phtalique

1. Comment sont appelées ces molécules ?
2. Quel est le nom du groupe fonctionnel présent sur chacun de ces isomères ?
3. Le 1,4-diaminobenzène est représenté ci-dessous :

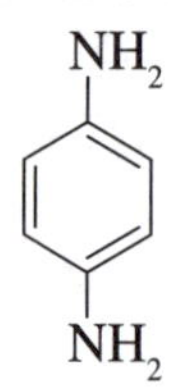

Quel est le groupe fonctionnel présent sur cette molécule ?

4. Représenter la fonction amide.
5. La fonction amide peut être obtenue par condensation d'un groupe carboxyle avec un groupe amine. Écrire l'équation chimique de la réaction qui se produit entre une molécule d'acide téréphtalique et une molécule de 1,4-diaminobenzène.
6. Écrire l'équation chimique de la réaction entre *n* molécules d'acide téréphtalique et *n* molécules de 1,4-aminobenzène.
7. S'agit-il d'une polycondensation ou d'une polyaddition ?

Le Kevlar est une fibre synthétique qui possède d'exceptionnelles qualités de résistance à la traction et à l'élongation, nous allons voir pourquoi. Les amides peuvent adopter deux conformations différentes :

- dans l'**amide cis**, les deux chaînes carbonées sont du même côté de la ligne en pointillés ;
- dans l'**amide trans**, les deux chaînes carbonnées sont de part et d'autre de la ligne en pointillés.

8. Identifier l'amide « cis » dans les deux molécules représentées ci-dessous.

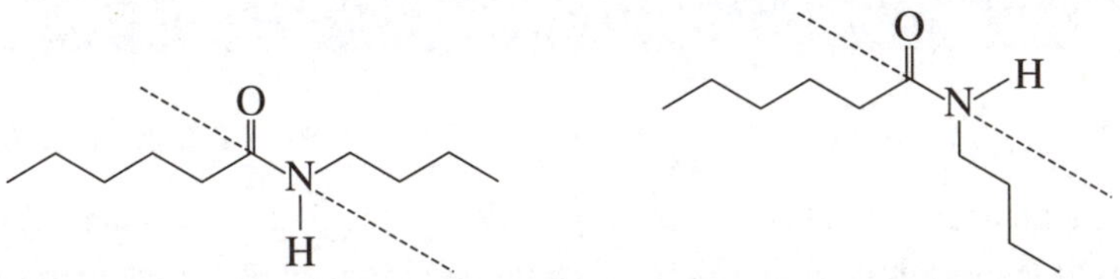

9. Représentez deux motifs successifs du Kevlar où la conformation des fonctions amides est toujours cis (attention à respecter la géométrie de chaque liaison).

10. Représentez deux motifs successifs du Kevlar où la conformation des fonctions amides est toujours trans.

11. Le Kevlar est en fait constitué par la répétition du même monomère *dans la même configuration.* Celle-ci rend toutes les macromolécules alignées et parallèles. On a alors des fibres synthétiques encore meilleures que les polyamides comme le nylon 6,6.

S'agit-il de l'amide « cis » ou de l'amide « trans » ?

CONTRÔLE

11 LE CAOUTCHOUC | ★★ | 20 min | ▸ P. 406

Le caoutchouc naturel (latex) est la sève de l'hévéa. Il est également présent dans d'autres arbres et végétaux. C'est un polyisoprène (ou polyterpène) qui est constitué de 1 000 à 5 000 motifs isopréniques. Il est extrait de l'arbre par incisions dans le tronc. Il possède de fabuleuses propriétés élastiques. Il est utilisé dans les ciments et les adhésifs. Il durcit avec le froid et se ramollit à la chaleur. Pour palier ce dernier point, on vulcanise le caoutchouc naturel pour le rendre plus résistant à la chaleur et pouvoir l'utiliser comme constituant des pneus par exemple. La vulcanisation découverte par Goodyear en 1839, consiste à créer des liaisons interchaînes par l'insertion d'atomes de soufre. Ces réticulations se font soit par combustion du caoutchouc en présence de soufre à des températures de 135 à 160 °C ou en le traitant à froid par une solution de S_2Cl_2. La vulcanisation rend le caoutchouc plus résistant à la chaleur, moins élastique, de durée de vie plus courte, et une fois moulé, il ne peut plus être modifié sans une destruction de ses propriétés chimiques.

1. De quel arbre est extrait le latex ?
2. Le latex peut être représenté de la façon suivante :

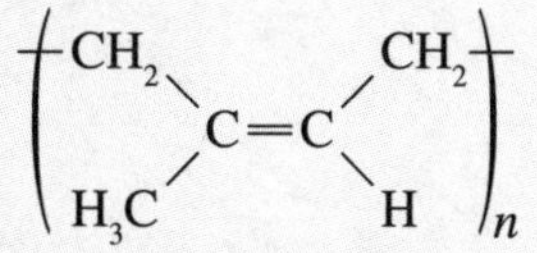

Représenter ce polymère en formule topologique.

3. Sachant qu'il est fabriqué par polyaddition à partir du monomère ci-dessous, retouver le mécanisme réactionnel de la réaction.

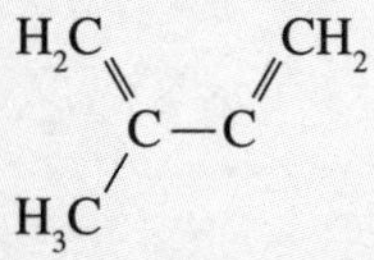

4. Quels sont les gaz produits lors de la combustion complète du caoutchouc ?
5. Si on suppose que l'hydrogène et le carbone ont des électronégativités égales, peut-on déterminer de quelle nature sont les « liaisons interchaînes » dont parle le texte ?
6. À quel défaut du caoutchouc naturel, la vulcanisation pallie-t-elle ?

12 POUR Y VOIR PLUS CLAIR

★★★ | 20 min | ▸ P. 407

Les polycarbonates tiennent leur nom des groupes carbonates de la chaîne principale. Ils ont comme particularités d'être très transparents et résistants. Ils sont ainsi utilisés dans les phares d'automobiles mais aussi pour fabriquer des vitres incassables de véranda ou des verres de lunettes (bien plus léger que le verre). Il en existe plusieurs, nous en étudions ici particulièrement deux dont le plus courant, le polycarbonate de bisphénol A.

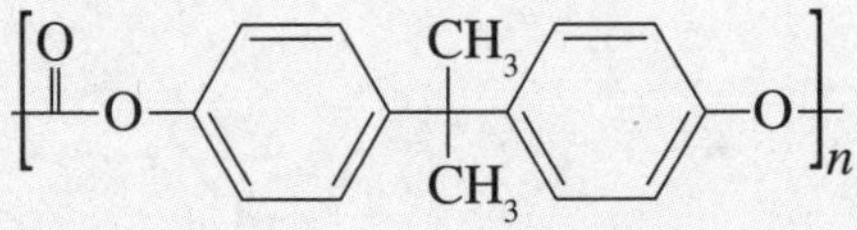

1. Le polycarbonate de bisphénol A est produit à partir du bisphénol A et de l'acide carbonique ou dihydrogénocarbonate de formule brute H_2CO_3.

a. Entourer et nommer les groupes caractéristiques de la molécule de bisphénol A ci-dessous.

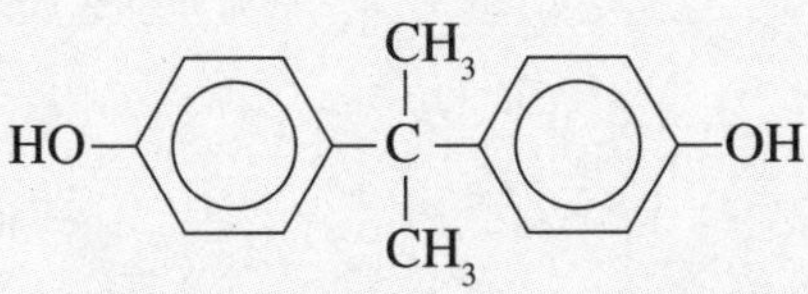

b. L'équation de la réaction à la base de la polymérisation est écrite ci-dessous :

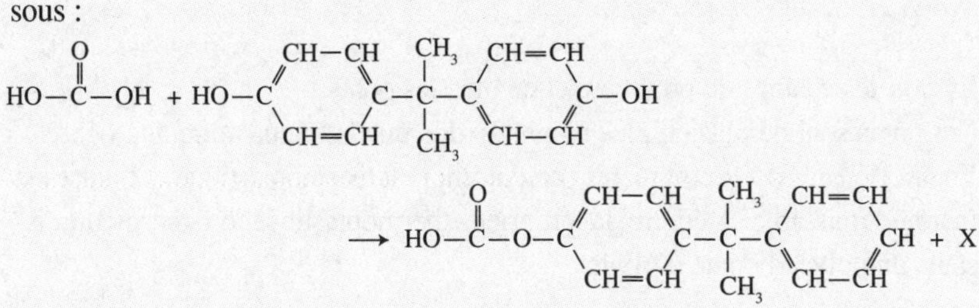

Déterminer la molécule X.

c. S'agit-il d'une réaction d'addition ou de condensation ?

d. En déduire le type de la polymérisation du polycarbonate de bisphénol A.

2. On a représenté une partie d'un autre polycarbonate, le polycarbonate d'allyle, ci-dessous :

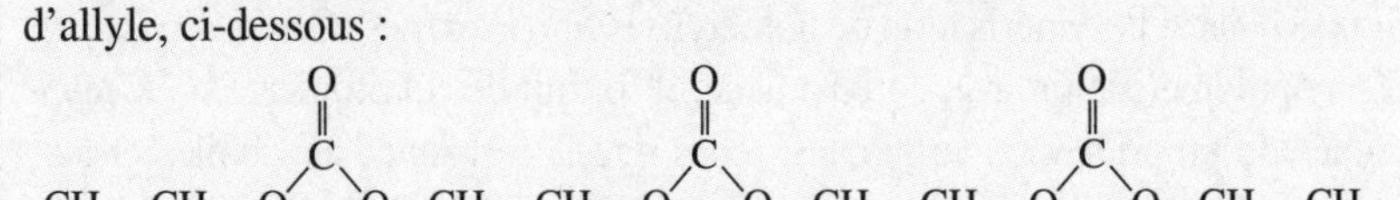

Déterminer le motif de ce polycarbonate.

3. Ce polymère est aussi fabriqué à partir de l'acide carbonique et la réaction de polymérisation est identique à celle du polycarbonate de bisphénol A.

Retrouver le second monomère nécessaire à la synthèse du polycarbonate d'allyle.

4. Ce second polycarbonate a une structure intermoléculaire qui comporte de très nombreux ponts et nœuds de réticulation comme le montre le schéma ci-après :

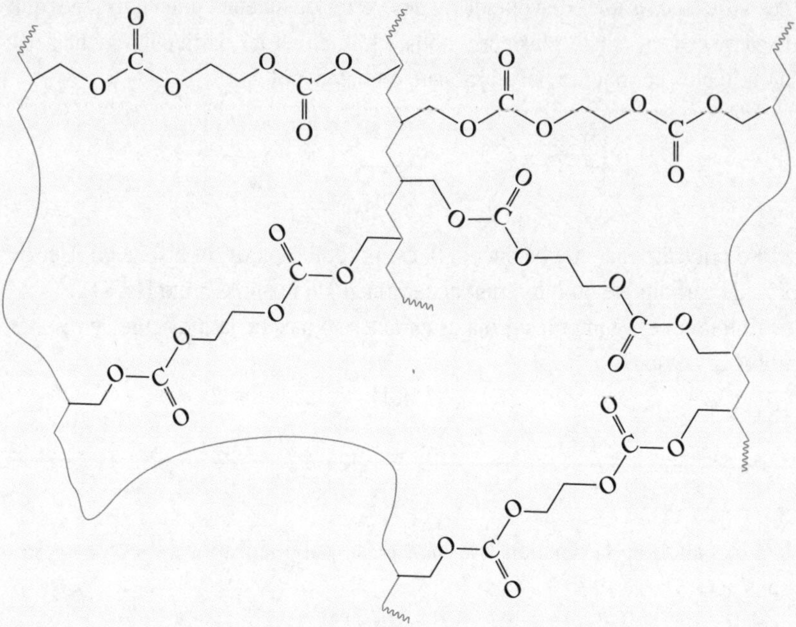

En noir les chaînes de polymère et en bleu les ponts.

Ces ponts sont de plus en plus nombreux lorsque la température augmente.

En fait l'un des deux polymères présentés ici est thermoplastique et l'autre est thermodurcissable. Déduire la propriété thermoplastique ou thermodurcissable du polycarbonate d'allyle.

13 DES VÊTEMENTS AUX RÉSINES | ★★ | 20 min | ▸ P. 408

L'**acrylonitrile** est un nitrile de formule semi-développée $H_2C{=}CHCN$. C'est un liquide hautement inflammable d'odeur âcre. Il est un monomère utilisé dans la polymérisation de nombreuses fibres textiles (Orlon, Crylor…). En copolymérisation avec le butadiène, il fournit des élastomères « azotés » doués de propriétés remarquables, telles que la résistance aux huiles et aux agents chimiques, et avec le butadiène et le styrène, il forme des résines solides de hautes performances (résines ABS).

Partie A

L'acrylonitrile est actuellement préparé par l'action d'un mélange d'ammoniac NH_3 et de dioxygène O_2 sur le propène $CH_2{=}CH{-}CH_3$, avec la formation de vapeur d'eau H_2O.

1. Écrire l'équation bilan de la réaction et l'équilibrer.
2. Calculer la masse molaire M_1 de l'acrylonitrile.
3. Calculer la masse molaire M_2 du propène.
4. Calculer la masse théorique m d'acrylonitrile obtenue à partir d'une tonne de propène, le rendement théorique étant de 100 %.
5. En réalité, le rendement est de 71 %. Calculer la masse m' d'acrylonitrile réellement obtenue.

Partie B

On veut préparer du polyacrylonitrile par polymérisation. L'acrylonitrile peut se polymériser selon une réaction de polyaddition sur la double liaison $C{=}C$.

1. Écrire l'équation bilan.
2. Donner un autre exemple de polymérisation par polyaddition.
3. Qu'appelle-t-on degré de polymérisation ?
4. Sachant que la masse molaire moyenne du polyacrylonitrile est $31{,}8\ kg \cdot mol^{-1}$, calculer son degré n de polymérisation.

CORRIGÉS

1 Les réactions **a.** et **c.** sont des polyadditions car il y a ouverture d'une double liaison et pas de molécule formée en plus du polymère.
Les réactions **b.** et **d.** sont des polycondensations pour les raisons inverses.

2 1. Si c'est une polyaddition, les liaisons entourées ci-dessous proviennent de l'ouverture de la double liaison du monomère.

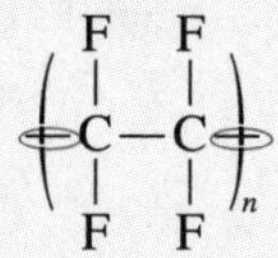

On a donc, en « refermant » ces deux liaisons, le monomère suivant :

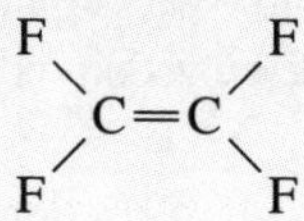

Voir le savoir-faire **2**.

2. Les revêtements thermorésistants ne peuvent pas être thermoplastiques puisqu'ils ramolliraient lors d'une augmentation de la température.

3 1. Le monomère est la molécule :

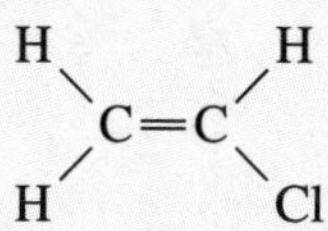

2. Sa masse molaire est :

$$M_{\text{monomère}} = 2M\,(\text{C}) + 3M\,(\text{H}) + M\,(\text{Cl}) = 62{,}5 \text{ g} \cdot \text{mol}^{-1}.$$

3. La masse molaire du motif est celle du monomère : $M_{\text{motif}} = 62{,}5 \text{ g} \cdot \text{mol}^{-1}$.
On calcule alors le degré de polymérisation :

$$n = \frac{M'}{M_{\text{motif}}} = \frac{121\,000}{62{,}5} = 1\,940.$$

4 1. a. Les formules topologiques sont :

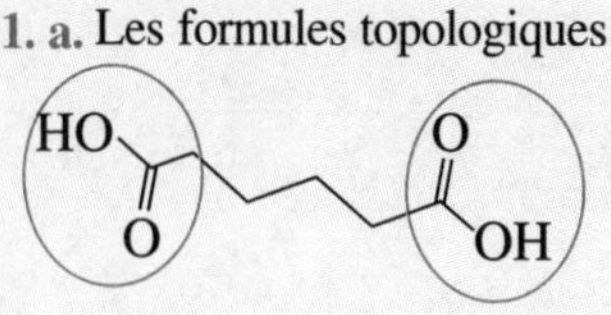

et

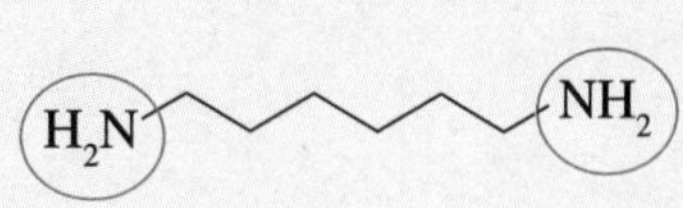

b. Les groupes carboxyle —COOH et amine —NH_2 sont deux fois présents dans ces monomères.

> Le nom des groupes fonctionnels (hydroxyle, carboxyle, amine, carbonyle...) n'est pas forcément identique au nom des familles organiques (alcool, acide carboxylique, amine, aldéhyde/cétone...).

2. a. La polyaddition se fait toujours sans autre molécule produite que la molécule du polymère. Ici de l'eau est formée donc il ne s'agit pas d'une polyaddition. Il s'agit d'une polycondensation.

b. L'équation de la réaction est :

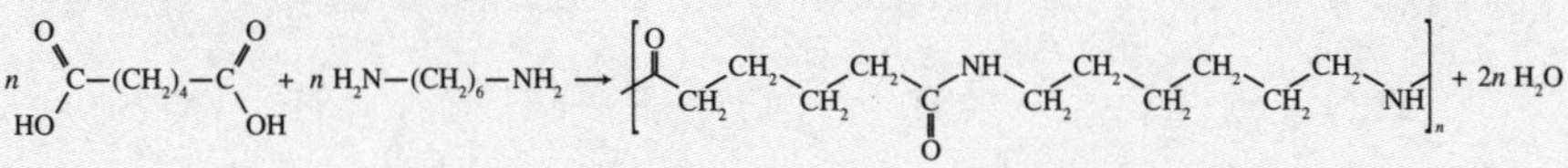

> On remarque que le groupe carboxyle a perdu le groupe —OH et que l'amine a perdu un hydrogène (ce sont ces deux parties qui vont former une molécule H_2O) et que le motif correspond effectivement à une condensation des deux monomères.

c. Le groupe fonctionnel créé est le groupe amide —CO—NH— (entouré ci-dessous).

d. La molécule créée est un polymère ne contenant uniquement que des fonctions amide, il s'agit d'un polyamide.

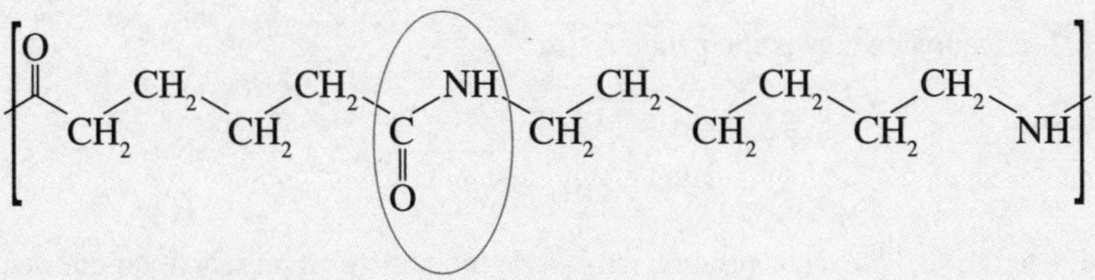

3. a. La masse molaire du motif est $M = 226\ \text{g} \cdot \text{mol}^{-1}$.

b. La masse molaire du polymère est environ égale à :

$$M_{\text{poly}} = n \times M = 140 \times 226 = 32\,000\ \text{g} \cdot \text{mol}^{-1}.$$

5 **1.** L'équation de polymérisation est :

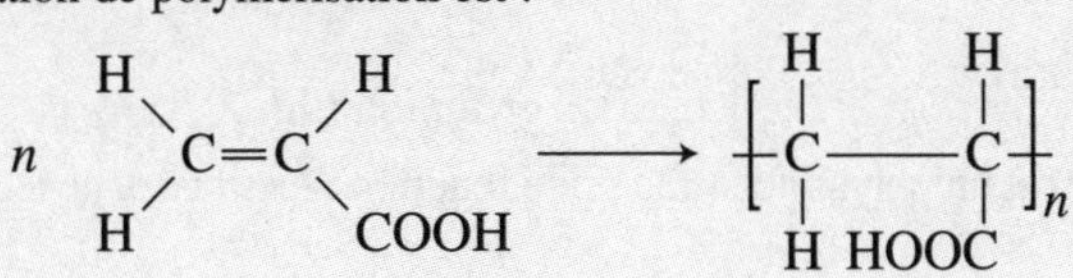

2. La masse molaire moyenne du polymère est $M' = n \times M$, où M est la masse molaire du motif :

$$M' = 500 \times 72 = 36\ \text{kg} \cdot \text{mol}^{-1}.$$

3. Le groupe fonctionnel est le groupe carboxyle.

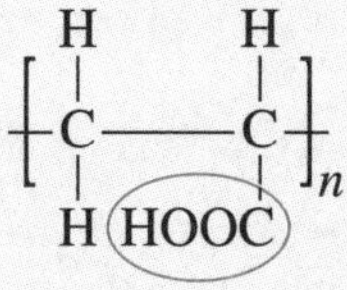

4. Le monomère ne possède pas l'isomérie Z/E car un des carbones portant la double liaison est lié à deux atomes identiques d'hydrogène.

Voir l'isomérie Z/E au chapitre 8.

6 **1. a.**

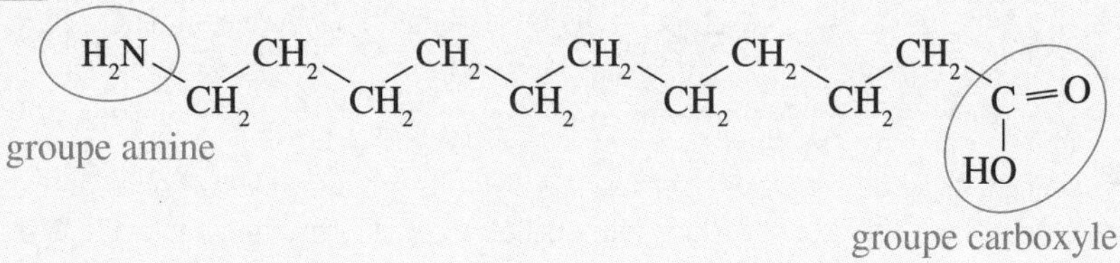

b. Formule topologique :

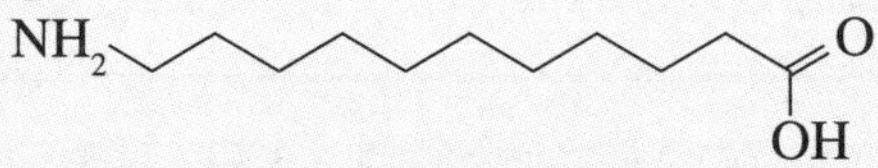

Voir le chapitre 8 pour les formules topologiques.

2. a. L'équation de la réaction peut s'écrire :

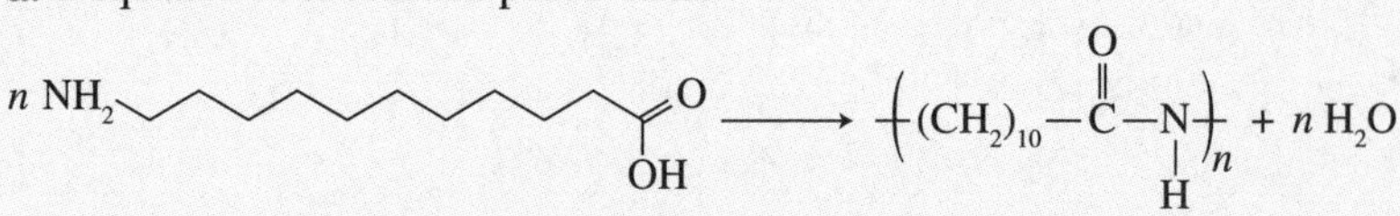

b. Il s'agit d'une polycondensation puisque le monomère ne présentait qu'une seule double liaison et que celle-ci n'a pas été modifiée lors de la réaction.

3. a.

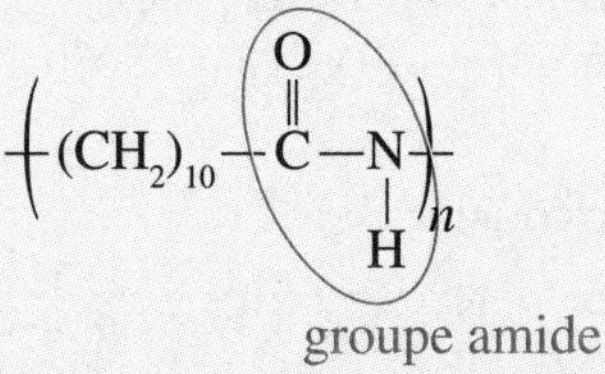

b. Le polymère est un polyamide (une seule fonction identifiée dans le motif, la fonction amide).

c. Le degré de polymérisation de ce polymère peut donc être calculé par :

$$n = \frac{M'}{M} = \frac{73\,200}{183} = 400.$$

7 **1. a.** n est appelé indice, ou degré, de polymérisation.

b. La masse molaire du motif est :

$$M_{\text{motif}} = 6 \times M(\text{C}) + 10 \times M(\text{H}) + 5 \times M(\text{O}) = 162\ \text{g} \cdot \text{mol}^{-1}.$$

c. $n = \dfrac{M_{\text{poly}}}{M_{\text{motif}}} = \dfrac{40\,500}{162} = 250.$

2. Équation bilan de la polyaddition :

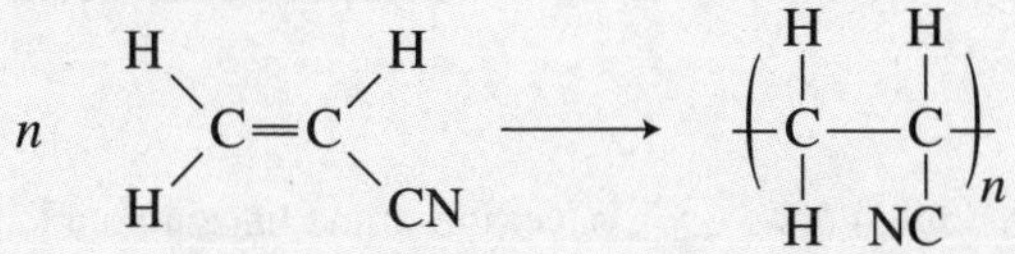

3.a. Il s'agit de l'acide éthanoïque :

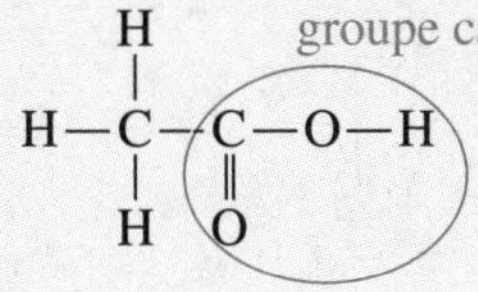

b. Il s'agit de l'éthanol :

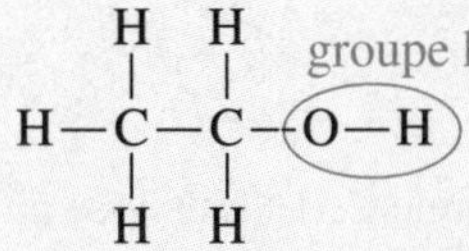

c. Il s'agit d'une réaction de condensation (création d'eau et pas d'ouverture de double liaison) :

$$H_3C-COOH + HO-CH_2-CH_3 \rightleftharpoons H_3C-COO-CH_2-CH_3 + H_2O$$

8 **1.** Il s'agit d'un hydrocarbure.

2. D'après l'énoncé, on trouve la valeur de la masse molaire du monomère :

$$M = \frac{M'}{n} = \frac{126\,000}{3\,000} = 42\ \text{g} \cdot \text{mol}^{-1}.$$

3. On sait que 85,7 % de la masse est due au carbone donc $0{,}857 \times M = 12x$, d'où $x = \dfrac{0{,}857 \times 42}{12} = 3.$

Le monomère est un alcène donc sa formule brute est C_3H_6 et il n'existe qu'un seul isomère pour cette formule brute :

$$H_2C=CH-CH_3$$

qui est le propène.

La formule générale des alcanes est C_nH_{2n+2} et celle des alcènes est C_nH_{2n}.

4. La réaction de polymérisation est :

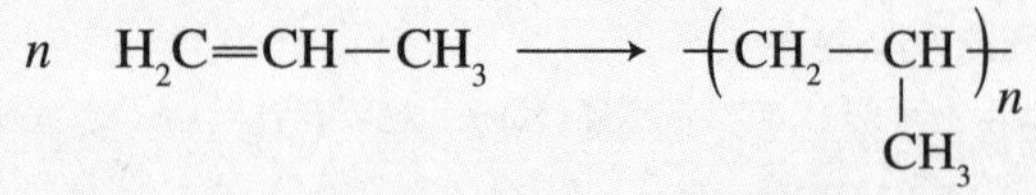

Le polymère est le polypropène, aussi appelé polypropylène.

9 Le polymère est formé à partir de deux monomères différents, il s'agit donc d'un copolymère.

Partie A

1. On a une polyaddition donc il y a ouverture d'une liaison double (la structure est très proche de celle du polyéthylène). Le polymère est donc :

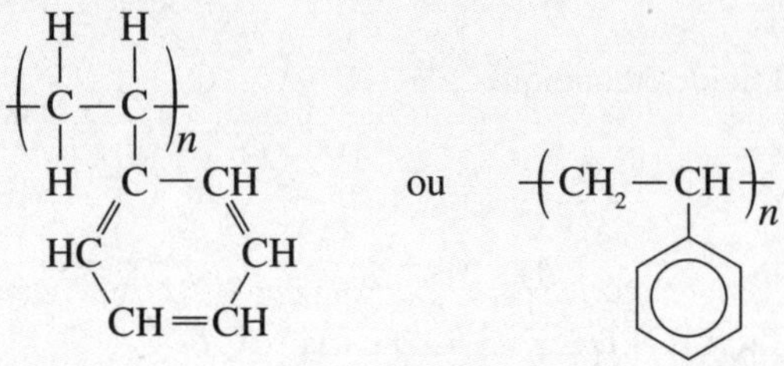

2. Ce monomère a pour formule brute C_8H_8. La masse molaire moléculaire est donc $M = 104\ g \cdot mol^{-1}$.

Voir le savoir-faire **2**.

3. Si on appelle M, la masse molaire du monomère on peut écrire :

$$n_{HD} = \frac{M_{HD}}{M} = \frac{3\,640}{104} = 35$$

$$n_{BD} = \frac{M_{BD}}{M} = \frac{1\,144}{104} = 11.$$

Partie B

Voir le savoir-faire **1**.

1. La formule topologique du polybutadiène PBu1,2 est :

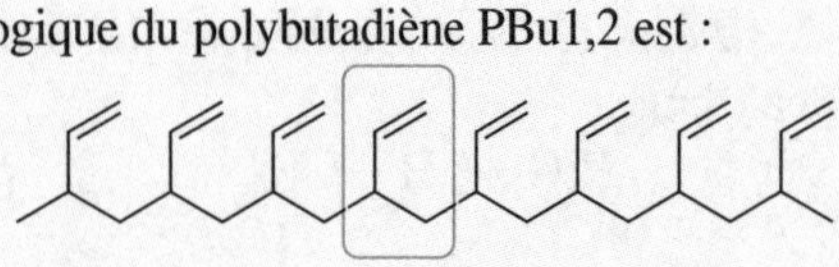

(Le motif est entouré.)

Revoir les formules topologiques au chapitre 8.

2. Il s'agit d'une isomérie Z/E. Le I est l'isomère E et le II l'isomère Z.

3. 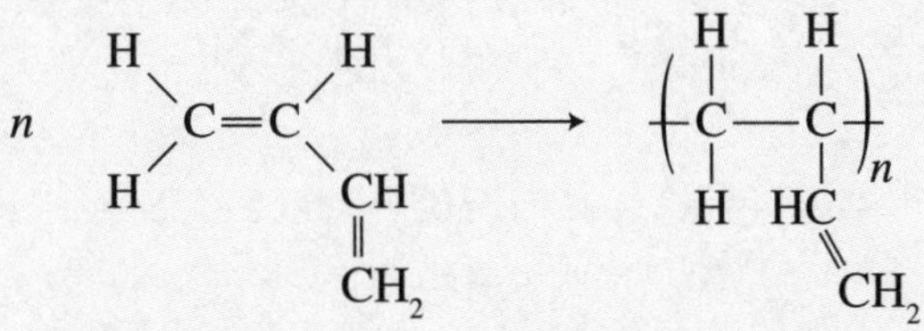

4. 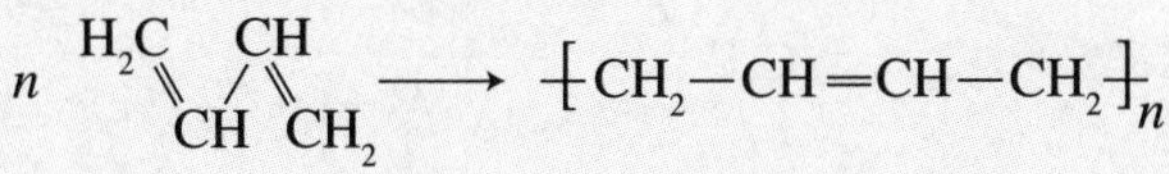

5. 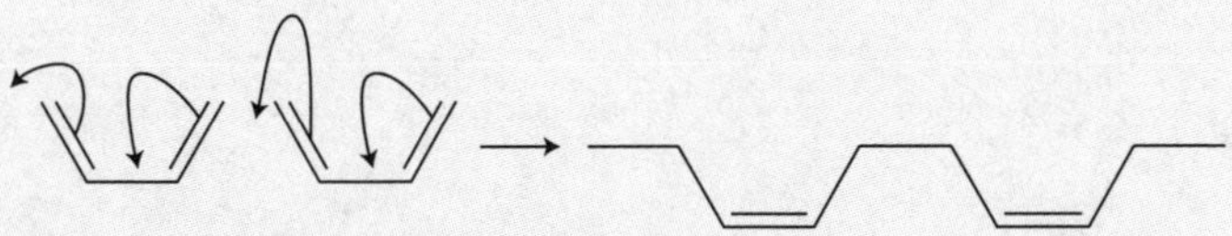

6. L'isomère cis est l'isomère réticulé puisque le polymère I est un elastomère, or les réticulations provoquent un durcissement non réversible.

Partie C

1. Le monomère est donc formé par l'addition styrène-butadiène-styrène. Il faut donc ouvrir les doubles liaisons des monomères précédents :

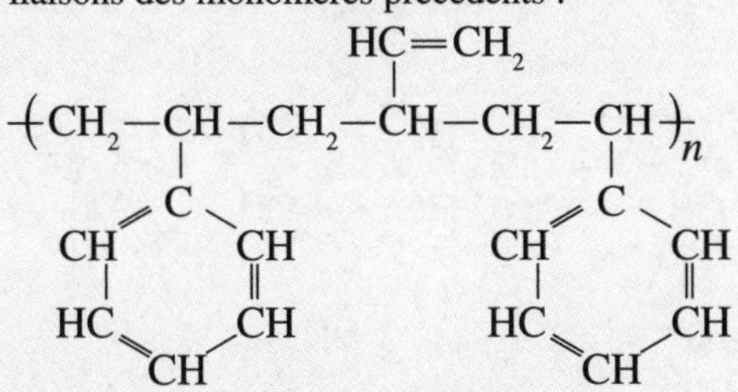

La formule brute du monomère est $C_{20}H_{22}$, on peut en déduire sa masse molaire :

$$M = 262\ \text{g} \cdot \text{mol}^{-1}.$$

2. L'indice de polymérisation est donc $n = \dfrac{M'}{M} = \dfrac{65\,000}{262} = 248$.

10 1. Ces molécules sont des isomères (de constitution).
2. Il s'agit d'un groupe carboxyle —COOH.
3. Le groupe fonctionnel est le groupe amine, en deux exemplaires.
4. La fonction amide est :

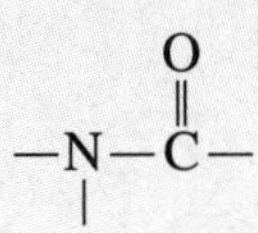

5.

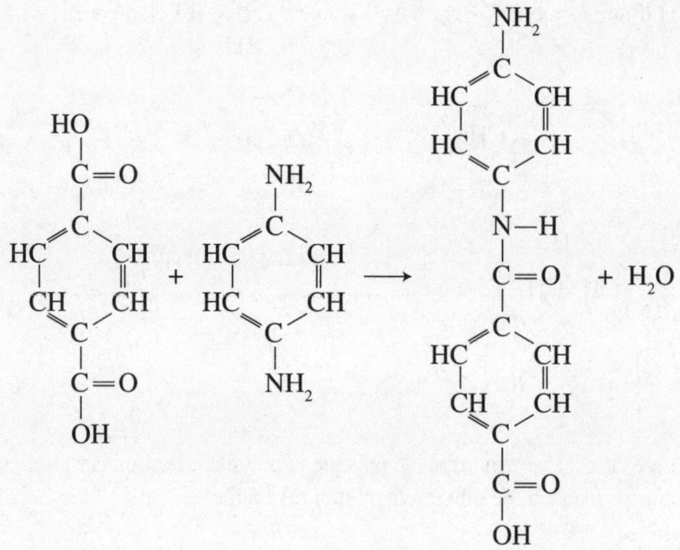

6.

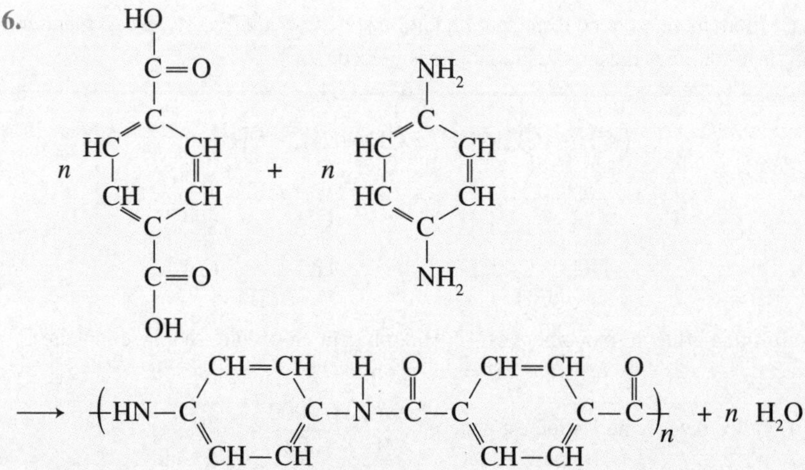

7. Il s'agit d'une polycondensation car il y a formation d'une petite molécule par la réaction, et pas d'ouverture de liaison double.

8. La première est l'amide « trans » et la seconde est l'amide « cis ».

9.

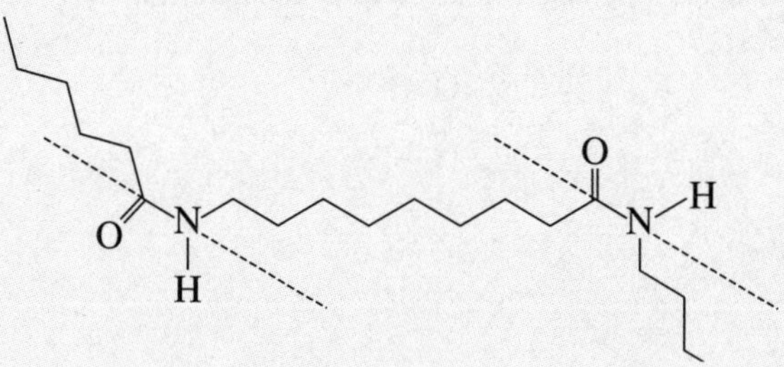

10.

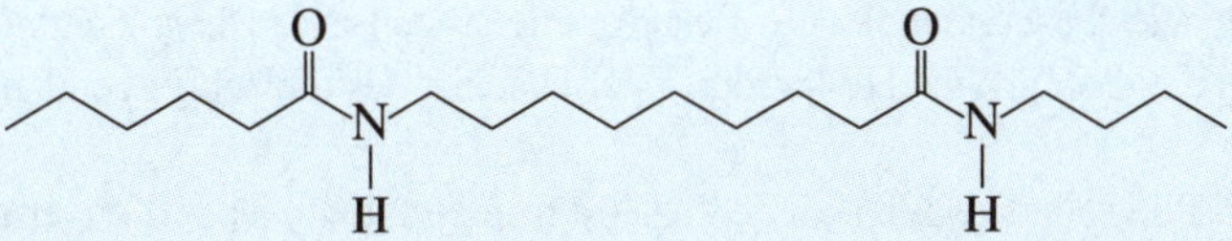

11. On le voit sur les représentations des questions **9.** et **10.**, seules l'association de l'amide « trans » conduit à des chaînes rectilignes et donc à des fibres parallèles. Le Kevlar est donc composé d'amide « trans ».

11 **1.** Le latex est extrait de l'hévéa.

2. En représentation topologique :

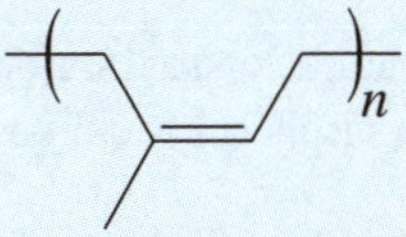

3. C'est une polyaddition donc il faut donc rabattre une liaison « sortante » du motif. Cela repousse la liaison double adjacente sur le quatrième carbone, ce qui repousse alors la liaison de ce carbone avec le motif d'à côté.

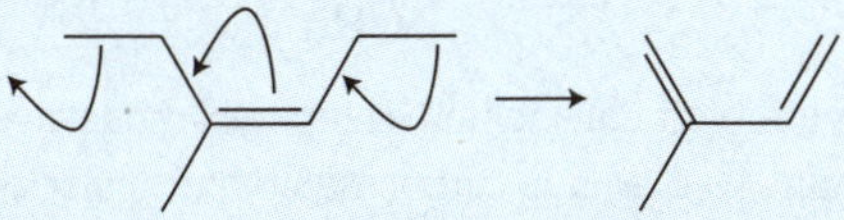

4. Le caoutchouc est un hydrocarbure, donc sa combustion complète dégage uniquement de l'eau et du dioxyde de carbone.

5. Si les atomes de carbone et d'hydrogène sont d'électronégativité identique, alors le polymère est apolaire et ne possède aucune charge fictive. Il ne peut donc pas être sujet aux forces physiques de type liaisons hydrogène ou de Van der Walls.

Les liaisons interchaînes du texte sont alors forcément des liaisons chimiques de covalence.

6. La vulcanisation permet au caoutchouc d'être plus résistant à la chaleur, et donc à l'échauffement.

12 **1. a.** Ce sont des groupes hydroxyles, caractéristiques de la famille des alcools :

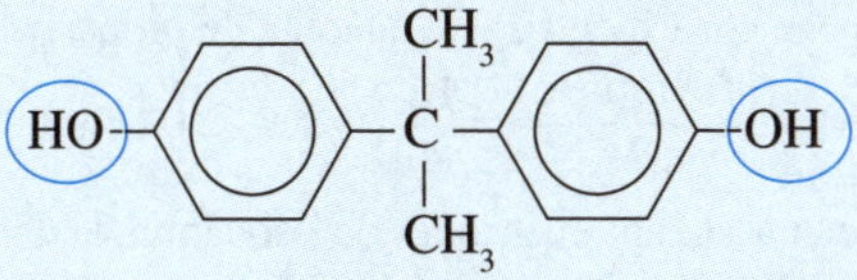

bisphénol A

Ici, le groupe —OH est lié à un carbone pris dans un cycle benzénique. On appelle souvent cet ensemble un groupe phénol. Les phénols font partie des alcools. Le groupe phénol est hors programme.

b. La molécule X est une molécule d'eau car elle est constituée de la « réunion » d'un groupe OH et d'un groupe H « perdus » par chacune des molécules pendant la réaction.

c. Il s'agit d'une condensation car de l'eau est formée et il n'y a pas d'ouverture d'une double liaison.

d. Cette polymérisation est donc une polycondensation.

2. Le motif est :

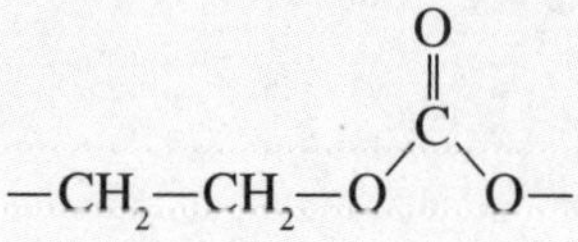

3. On remarque que la partie centrale, entre les groupes COO, a été remplacée. Or cette partie centrale provenait du bisphénol A qui possédait deux groupes hydroxyle sur les extrémités de sa chaîne.

On remplace donc le 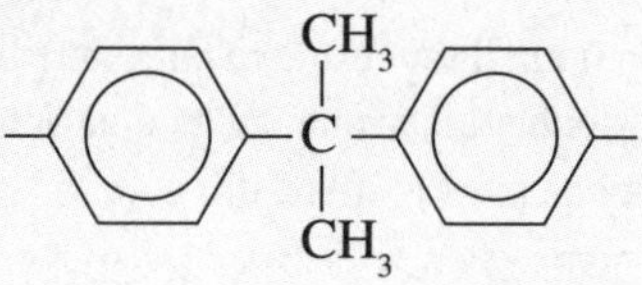 par l'enchaînement $-CH_2-CH_2-$ que l'on voit dans le nouveau polycarbonate.

Le monomère réagissant avec l'acide carbonique pour donner ce polymère est donc $HO-CH_2-CH_2-OH$.

4. Les ponts de réticulation de plus en plus nombreux lorsque la chaleur augmente ne sont pas compatibles avec la propriété thermoplastique. C'est donc un polymère thermodurcissable.

13 Partie A

1. Équation bilan :

$$2\,NH_3 + 3\,O_2 + 2\,H_2C{=}CH{-}CH_3 \longrightarrow 2\,H_2C{=}CH{-}CN + 6\,H_2O$$

2. $M_1 = 3M\,(\text{H}) + 3M\,(\text{C}) + M\,(\text{N}) = 53\ \text{g} \cdot \text{mol}^{-1}$.

3. $M_2 = 6M\,(\text{H}) + 3M\,(\text{C}) = 42\ \text{g} \cdot \text{mol}^{-1}$.

4. Une tonne de propène correspond à une quantité de propène :

$$n = \frac{m\,(\text{propène})}{M_2} = \frac{10^6}{42} = 2{,}4 \times 10^4\ \text{mol}.$$

Or d'après les coefficients stœchiométriques de l'équation, la quantité d'acrylonitrile formée est égale à la quantité de propène consommée si l'on suppose la réaction totale et le rendement égal à 100 %.

On fabriquera donc $2,4 \times 10^4$ mol d'acrylonitrile.

C'est-à-dire une masse $m = n \times M_1 = 1,3$ t.

5. Si le rendement passe de 100 % à 71 %, alors on ne pourra synthétiser que $m' = 0,71 \times m = 900$ kg d'acrylonitrile.

Partie B

1. Équation bilan :

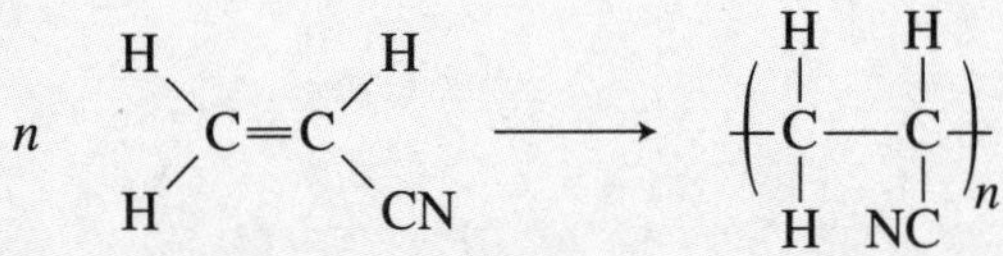

2. Le polyéthylène a une réaction de polymérisation identique :

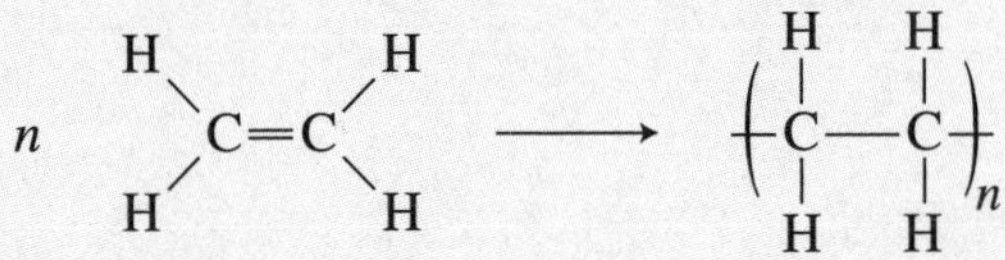

En fait, tous les composés de type 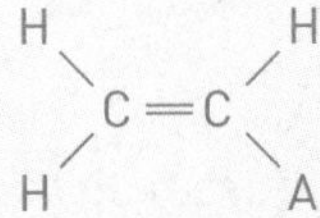 (très proches de l'éthylène) peuvent faire ce type de polyaddition sur la double liaison.

3. Le degré de polymérisation est le nombre de motifs moyen par chaîne de polymère.

4. Le degré de polymérisation est donc ici :

$$n = \frac{M'}{M_1} = \frac{31\,800}{53} = 600.$$

15 Transmettre et stocker de l'information

Suivre en direct à la télévision une compétition sportive qui se déroule à l'autre bout du monde, envoyer un mail à un ami, transporter dans la mémoire d'un baladeur MP3 des centaines d'heures de musique... tous ces gestes peuvent paraître aujourd'hui anodins, voire naturels. Mais la maîtrise par l'Homme de la transmission et du stockage de l'information ne s'est pas faite en un jour et réserve encore sans doute nombre d'innovations futures.

I CHAÎNE DE TRANSMISSION DE L'INFORMATION

1. Principe de la transmission d'information

L'acte de communiquer, c'est-à-dire transmettre une information, est au centre des activités humaines. Lorsqu'un individu veut transmettre une information à un autre en lui parlant directement, on peut schématiser la chaîne de transmission de cette information ainsi :

Source ⟶ Canal ⟶ Récepteur

La source est ici la voix de l'individu contenant l'information à transmettre, le canal de transmission est l'air, milieu matériel qui permet la propagation du son, et le récepteur est le système auditif de l'interlocuteur qui va pouvoir capter le message envoyé.

2. Codage-décodage

Le mode de communication verbale directe atteint toutefois rapidement ses limites, notamment lorsqu'il s'agit de transmettre des informations à grande distance. L'utilisation d'instruments de musique puissant (cor, tam-tam...) ou de signaux de fumée a permis il y a bien longtemps de s'affranchir de cette limite. L'introduction d'un codage (et donc d'un décodage côté récepteur) est alors devenue nécessaire afin de transmettre des messages à plusieurs kilomètres alentours.

Source ⟶ Codage ⟶ Canal ⟶ Décodage ⟶ Récepteur

EXEMPLE : Un message d'alerte est codé en une succession déterminée de coups donnés sur un tam-tam. Ce message codé transite par l'air (le canal) avant d'arriver aux oreilles du récepteur qui pourra alors le décoder (à condition de connaître le code !) afin d'acquérir l'information envoyée par la source : « alerte » !

3. Télécommunications

Les techniques de communication actuelles (téléphone, radio, Internet…) permettent de transmettre des informations encore plus loin et de façon plus efficace grâce à la modulation du signal à transmettre : ce procédé adapte le message au canal qu'il va emprunter de façon à réduire les phénomènes d'atténuation liés à la distance et à permettre le transit simultané de plusieurs signaux par le même canal. La chaîne de transmission de l'information à distance obéit donc généralement au schéma suivant :

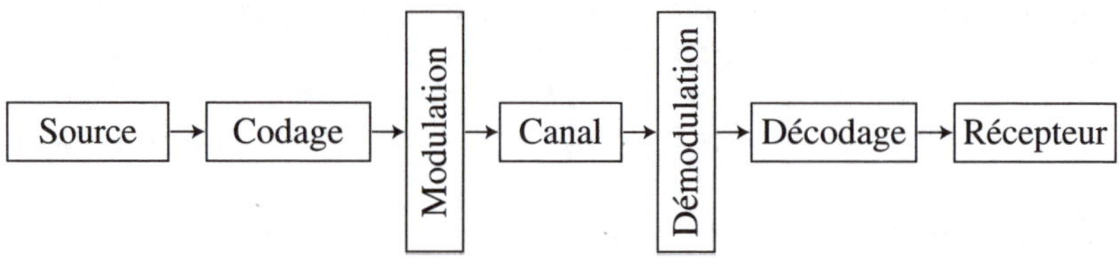

EXEMPLE : Le son (l'information à transmettre) produit par un animateur radio (la source) est tout d'abord codé en un signal électrique à l'aide d'un micro. Ce signal subit alors une modulation afin de pouvoir être émis depuis la station de radio sur de très longues distances à travers les airs (le canal), sans risque de venir interférer avec le signal émis par une autre station de radio. Chez l'auditeur qui souhaite entendre l'information transmise par l'animateur, le poste de radio effectue la démodulation du signal. Il décode alors le signal électrique résultant en le transformant en sons (par le biais d'un haut-parleur) directement exploitables par l'auditeur (le récepteur).

II NATURE DES SIGNAUX

1. Signal analogique

Un signal analogique est un signal continu dont la mesure à un instant donné peut théoriquement donner un nombre réel quelconque. Ce signal est donc mesurable à tout instant et peut prendre un nombre infini de valeurs différentes.

EXEMPLE :

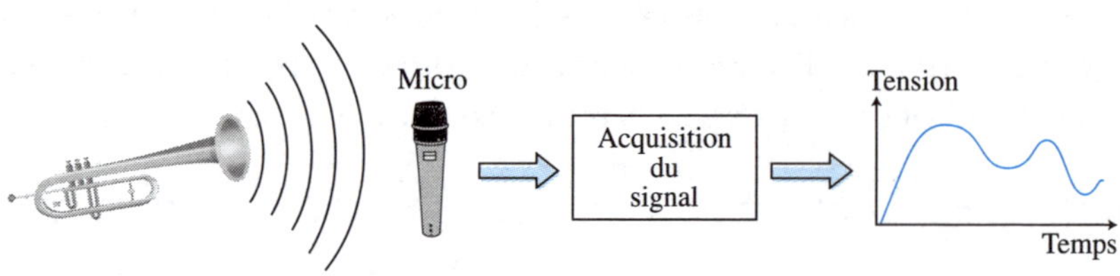

Un microphone captant un son le transforme en une tension électrique évoluant au cours du temps. La courbe représentant ce signal est continue et présente une infinité de valeurs différentes : il s'agit bien d'un signal analogique.

2. Signal numérique

Un signal numérique n'est pas continu et le nombre de valeurs qu'il peut prendre n'est pas infini. On ne peut donc pas mesurer ce signal à n'importe quel instant et cette mesure ne pourra prendre qu'un certain nombre de valeurs différentes.
Voici à quoi pourrait ressembler le signal précédemment enregistré par le micro s'il était de nature numérique (micro USB par exemple) :

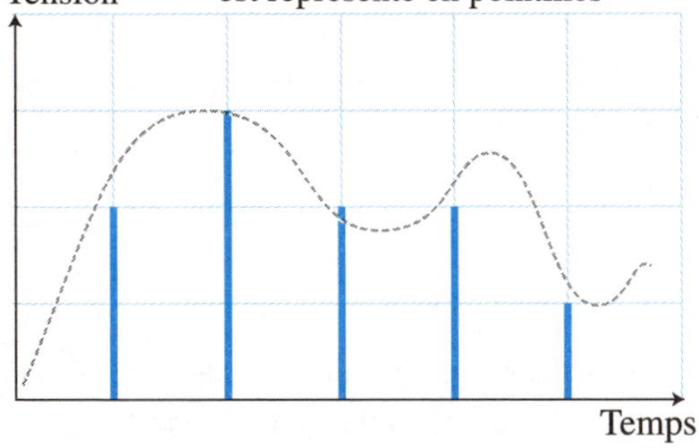

Le signal analogique équivalent est représenté en pointillés

3. Conversion analogique-numérique

■ Les signaux naturels (sons, images…) sont de nature analogique, et nos capteurs sensoriels (oreilles, yeux…) fonctionnent eux aussi de façon analogique. La numérisation des signaux est pourtant aujourd'hui omniprésente, car les signaux numérisés peuvent être manipulés de façon plus simple et plus fiable. De plus, un signal numérisé peut être transmis plus rapidement et son stockage requiert moins de place que celui d'un signal analogique.
Les convertisseurs analogique-numérique (CAN) permettent de transformer un signal analogique en signal numérique. Cette numérisation comporte deux étapes : l'échantillonnage et la quantification.

■ **Échantillonnage**

L'échantillonnage consiste à capturer les valeurs prises par un signal analogique à intervalle de temps régulier.
La fréquence d'échantillonnage, exprimée en hertz, est le nombre de valeurs capturées par le CAN par seconde. Plus cette fréquence est élevée et plus le signal numérique sera précis.

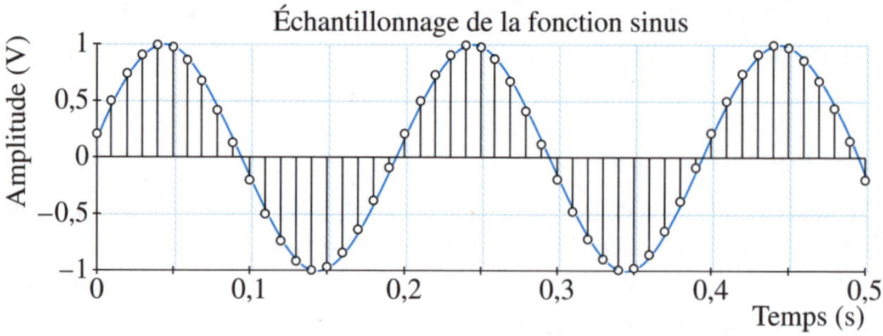

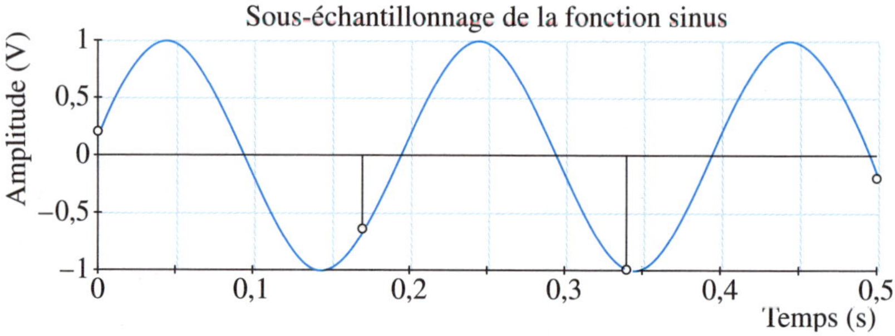

Si la fréquence d'échantillonnage est insuffisante (sous-échantillonnage), on perdra une grande partie des informations fournies par le signal analogique original.

La condition limite pour qu'un signal analogique de fréquence maximale f_{max} puisse être échantillonné sans perte d'information est définie par le **théorème de Shannon** :

$$f_{\text{échantillonnage}} \geqslant 2 \times f_{\text{max}}$$

L'intervalle de temps minimum entre deux prises de mesure correspondant à cette condition est :

$$T_{\text{échantillonage}} \leqslant \frac{1}{2 f_{\text{max}}}$$

■ Quantification

La quantification correspond au nombre de valeurs différentes que le CAN peut attribuer à chaque mesure réalisée, et s'exprime en bits.

Un bit est un nombre binaire (*binary digit* en anglais) : il ne peut prendre que les valeurs 0 et 1. Une quantification sur 1 bit permet donc d'attribuer 2 valeurs différentes à une mesure, une quantification sur 2 bits permet 4 valeurs (codées respectivement 00, 01, 10 et 11). Une quantification sur n bits permet d'attribuer 2^n valeurs différentes à chaque mesure du signal analogique à numériser.

EXEMPLE : Le signal suivant est échantillonné à une fréquence $f_e = \frac{1}{T_e}$, et quantifié sur 3 bits, ce qui permet d'attribuer $2^3 = 8$ valeurs différentes à chaque mesure effectuée.

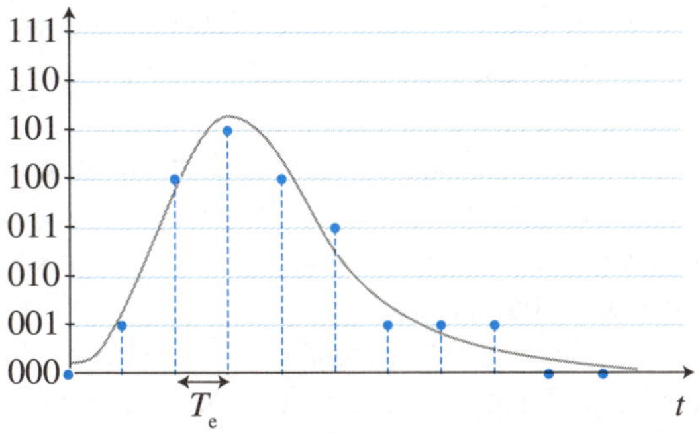

Plus la quantification s'effectue sur un grand nombre de bits et plus le signal numérique sera fidèle à son modèle analogique.

4. Images numériques

■ Contrairement aux images « réelles », constituées d'une infinité de points pouvant avoir un nombre infini de couleurs, les images manipulables à l'aide de l'informatique sont numériques.
Numériser une image nécessite un échantillonnage (découpage de l'image en un certain nombre de petits rectangles) et une quantification (attribution d'une valeur parmi un nombre fini de valeurs possibles à chaque petit rectangle).

■ **Pixel**

La surface d'une image numérique est divisée en pixels (contraction de l'anglais *picture elements*) auxquels ont attribue une valeur. Pour une image de surface donnée, plus le nombre de pixels est important, plus la résolution est grande.

Image haute résolution

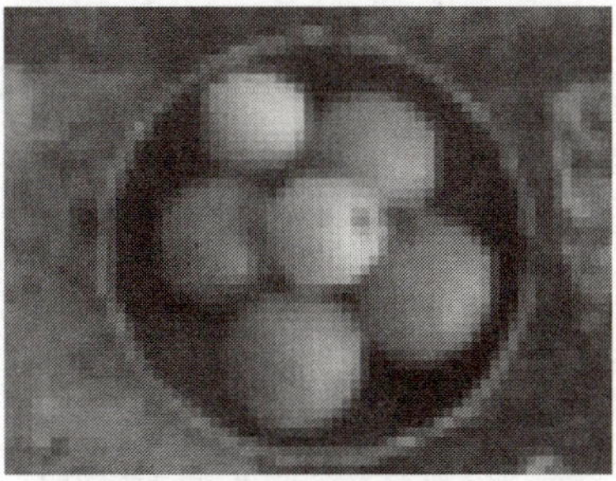

Image basse résolution

EXEMPLE : Un téléviseur HD 1080p (quelles que soient ses dimensions) affiche des images comportant 2 073 600 pixels (1 080 lignes de 1 920 pixels).

■ **Codage en niveaux de gris**

Dans ce mode de codage, on attribue à chaque pixel une valeur qui correspond à un niveau de gris. La valeur la plus basse correspondant au noir et la plus élevée au blanc. Le nombre de valeurs différentes attribuables à un pixel dépend du nombre de bits utilisés. En utilisant 1 bit par pixel, on ne peut attribuer que deux nuances de gris (noir ou blanc…), mais avec 8 bits (soit 1 octet), on peut déjà attribuer $2^8 = 256$ nuances différentes par pixel.

■ **Codage RVB**

Le codage RVB (rouge, vert, bleu) est le codage le plus utilisé pour les images numériques en couleurs. Le principe repose sur la synthèse additive des couleurs : on peut obtenir une couleur quelconque par addition de trois couleurs primaires en proportions convenables.

On attribue à chaque pixel une valeur (généralement codée sur 8 bits) pour chacune de ces 3 couleurs. Chaque pixel codé sur 3 octets prend donc une couleur parmi les 16 777 216 disponibles $\left(2^8 \times 2^8 \times 2^8\right)$.

Quelques couleurs codées en RVB :

R	V	B	Couleur
0	0	0	Noir
0	0	1	nuance de noir
255	0	0	Rouge
0	255	0	Vert
0	0	255	Bleu
128	128	128	Gris
255	255	255	Blanc

Comme la différence de nuance entre deux couleurs très proches dans ce mode de représentation est quasiment imperceptible pour l'œil humain, on considère que ce système permet une restitution exacte des couleurs, c'est pourquoi on parle souvent de « couleurs vraies ».

III PROCÉDÉS PHYSIQUES DE TRANSMISSION

1. Définitions

■ Une fois codée et modulée, l'information à transmettre se trouve sous la forme d'une onde électromagnétique. La transmission peut être guidée par un support physique (câble électrique, fibre optique) ou être libre (transmission hertzienne, ondes lumineuses).

■ Exprimé en bit · s^{-1}, le **débit binaire** mesure le nombre d'informations qu'un procédé de transmission numérique peut faire transiter en une seconde.

■ L'**atténuation** A correspond à l'affaiblissement de la tension du signal au travers du canal qu'il emprunte. Elle dépend de la dispersion et de l'absorption dans le milieu traversé.

Pour une fréquence f donnée, on a :

$$A = 10 \times \log \frac{P_s}{P_e}$$

avec P_s : puissance de sortie du signal en watts ; P_e puissance du signal avant transmission en watts.

Pour deux câbles de même conception, plus la section des conducteurs est grande, plus l'atténuation est faible.

2. Propagation guidée

■ Câbles en paire torsadée

Ce support de transmission est composé de 2 conducteurs en cuivre, isolés et enroulés l'un sur l'autre afin de limiter les phénomènes parasites. Ce type de câble permet des débits binaires allant jusqu'à 1 Gbit · s^{-1} sur des distances courtes (inférieures à 100 m). C'est aussi un matériel pratique et peu cher mais sa relative sensibilité aux interférences électromagnétiques limite son usage à de courtes distances (réseaux téléphoniques ou internet domestiques…).

■ Câbles coaxiaux

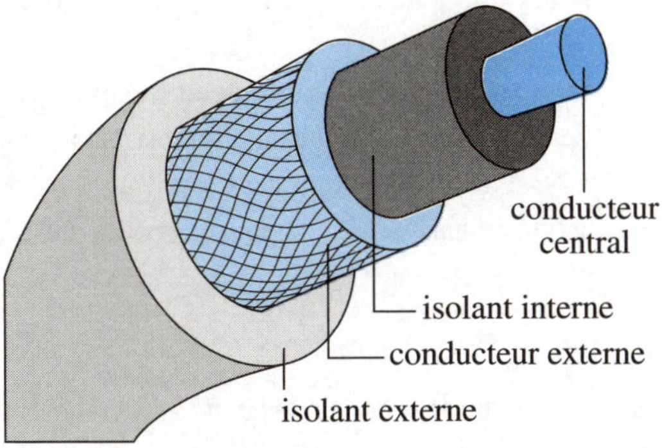

Un câble coaxial est constitué de deux conducteurs cylindriques ayant le même axe et séparés par un isolant. L'avantage de ce type de câble est sa faible sensibilité aux perturbations électromagnétiques extérieures, ce qui lui permet d'avoir un affaiblissement relativement réduit pour des débits équivalents à ceux obtenus en paire torsadée.

Son coût supérieur le limite aujourd'hui aux transmissions à longue distance (de l'ordre du kilomètre) ou aux transmissions de signaux très sensibles aux interférences (signaux vidéos ou audio…).

■ Fibre optique

Dans ce canal de transmission, les informations circulent sous la forme d'ondes lumineuses.

Les fibres optiques sont constituées d'un cœur d'indice n_1 et d'une gaine d'indice n_2, avec $n_1 > n_2$. Cette différence d'indice conduit, sous certaines conditions d'incidence, à une réflexion totale des rayons lumineux, qui vont ainsi se propager dans la fibre.

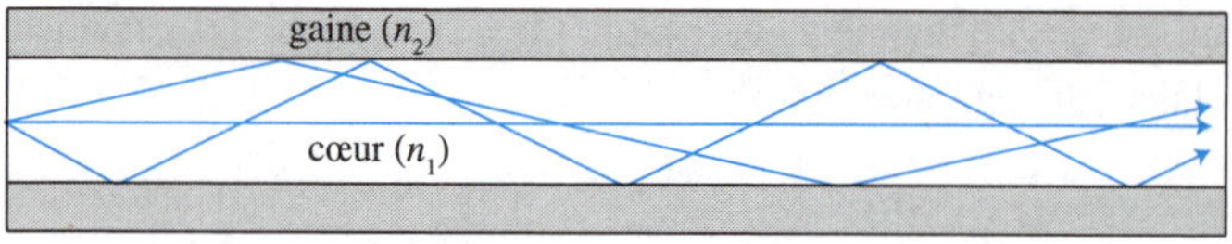

Comme le montre le schéma précédent, ce procédé a un inconvénient : les rayons lumineux incidents entrant avec un angle différent dans la fibre, ils ne parcourent pas tous la même distance (on parle de différents modes), et sur de longues distances, ils peuvent arriver décalés dans le temps.

On sait heureusement aujourd'hui limiter ce phénomène en utilisant des fibres plus sophistiquées pour les grandes distances (fibres à gradient d'indice et fibres monomodes).

Ce mode de transmission supplante les deux autres par ses performances : il est possible d'atteindre des débits de 100 Gbit · s^{-1} sur des distances de l'ordre de 50 km. En effet, dans les fibres optiques, le signal est transporté sous forme d'ondes lumineuses et devient de ce fait insensible aux perturbations électromagnétiques.

La fibre optique a toutefois quelques inconvénients : elle coûte beaucoup plus cher que les autres types de câbles, son installation est plus compliquée, et elle nécessite des émetteurs et récepteurs optiques. On l'utilise donc uniquement quand un très haut débit est nécessaire ou pour parcourir de très grandes distances.

3. Propagation libre

Ce mode de transmission correspond à la propagation libre d'ondes radios ($f < 3\,000$ GHz) ou lumineuses.

Ces dernières se propageant en ligne droite et étant stoppées par toute matière non transparente, on ne les utilise que pour des applications à très courte distance (faisceau infrarouge des télécommandes par exemple).

L'intérêt principal des liaisons hertziennes est qu'elles ne nécessitent pas de support physique entre l'émetteur et le récepteur de l'information.

Leur propagation étant libre, elle ne peut être complétement contrôlée, ce qui peut poser des problèmes de réception en raison du relief ou de la météo (radiodiffusion, télédiffusion…) ou de manque de confidentialité (réseau Wi-Fi, radiocommunications…).

Les caractéristiques des transmissions hertziennes dépendent beaucoup de la technologie utilisée (radiodiffusion, Wi-Fi, Bluetooth…), ainsi, à titre d'exemple, la télévision numérique terrestre (TNT) est diffusée en France à un débit binaire d'environ 150 Mbit · s^{-1}.

IV STOCKAGE OPTIQUE

1. Supports de stockage

■ Le stockage d'information sous forme de données numériques peut se classer en trois catégories : le stockage magnétique (disques durs mécaniques, bandes…), le stockage électronique (clés USB, SSD…) et le stockage optique. Ce dernier eut en 1982 comme premier représentant le CD audio. Bien qu'il semble vivre aujourd'hui ses dernières heures, il a depuis ouvert la voie à de nombreux supports de stockage optiques (CD-ROM, DVD, Blu-ray…).

■ Un disque optique est généralement constitué d'une surface en polycarbonate recouverte d'une fine couche d'aluminium. Les données sont moulées dans le polycarbonate sous forme de creux microscopiques (appelés « pits ») de différentes longueurs.

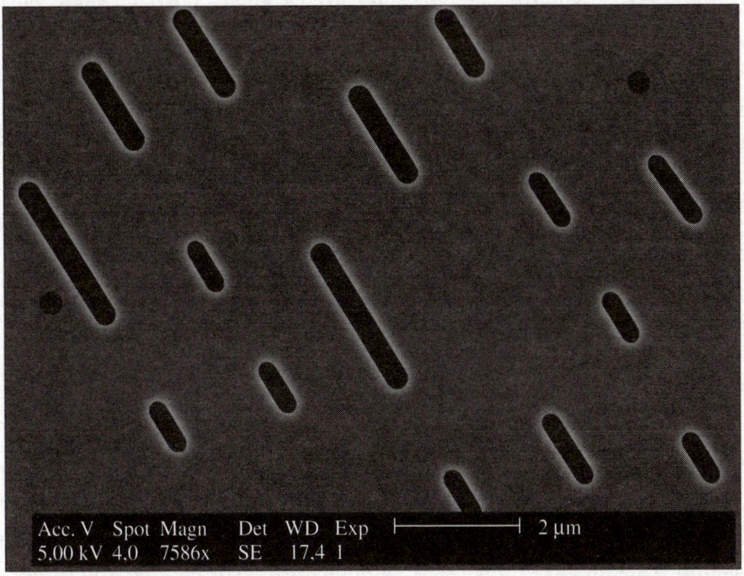

■ **Principe de lecture**

Un disque optique est lu par une diode laser. La profondeur des creux correspond précisément au quart de la longueur d'onde de la lumière émise par le laser ; ainsi, un rayon lumineux réfléchi par un creux parcourt une distance plus grande d'une demi-longueur d'onde à celle parcourue par un rayon réfléchi par une zone plane. Ce déphasage provoque une interférence destructive entre les deux rayons et leurs intensités lumineuses s'annulent. En plaçant une photodiode sur le trajet de retour des rayons lumineux, on peut facilement déterminer à quel moment le faisceau lumineux passe d'un plat à un creux ou inversement. Chaque fois que la photodiode détectera une diminution de l'intensité lumineuse, cela sera interprété comme un 1 en codage binaire, alors qu'une intensité normale sera équivalente à un 0.

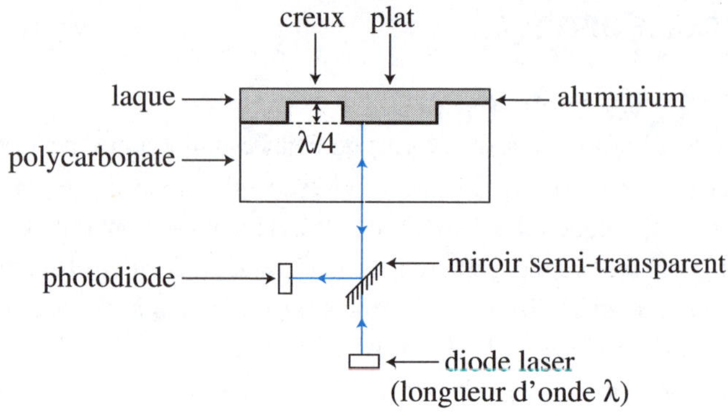

Capacité de stockage

La capacité de stockage d'un disque optique est directement liée au nombre de creux qu'il est possible d'y mouler. À surface égale, on peut augmenter ce nombre en réalisant des creux plus fins.

Cependant, même en améliorant la technique de moulage, la capacité de stockage d'un disque est limitée par le phénomène de diffraction (voir chapitre 2 : caractéristiques et propriétés des ondes) : en effet, le faisceau laser focalisé à la surface du disque traverse au préalable une lentille qui engendre sa diffraction.

Le diamètre d de la « tache » (ou *spot*) résultante à la surface du disque dépend de la longueur d'onde λ du laser, de l'indice du milieu de propagation n_0 et de l'angle du rayon de plus écarté de l'axe optique entrant dans la lentille i_0 :

$$d = 1,22 \times \frac{\lambda}{n_0 \cdot \sin i_0}$$

avec d et λ en mètres (m).

Le produit $n_0 \cdot \sin i_0$ est appelé « ouverture numérique de l'objectif » et généralement noté ON.

En gardant une surface équivalente à celle du CD audio, on peut augmenter la capacité de stockage en diminuant le diamètre du spot : il faut alors diminuer la longueur d'onde du laser utilisé et/ou augmenter l'ouverture numérique de l'objectif utilisé. C'est ce qui a été fait au cours de l'évolution des supports optiques, mais on s'approche aujourd'hui des limites de ce type d'améliorations.

Les supports optiques de demain, s'ils voient le jour, devront explorer d'autres voies (holographie, champ proche optique…).

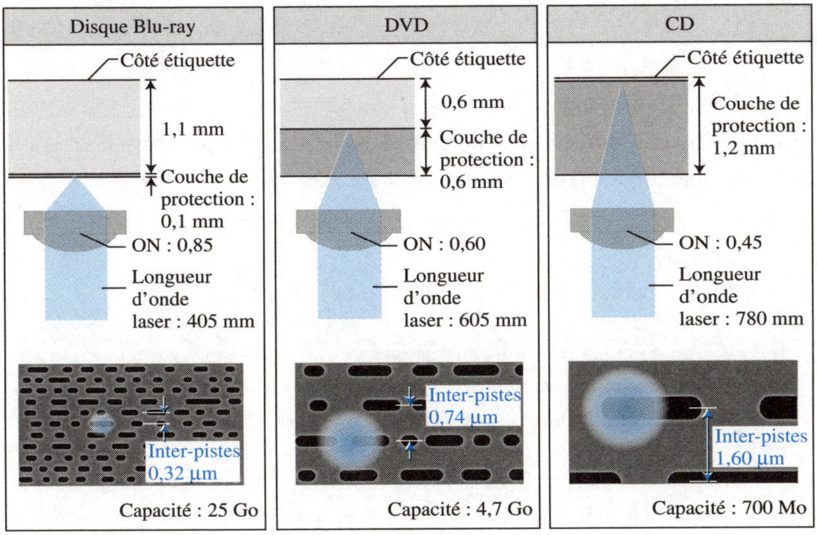
Disque Blu-ray
Côté étiquette
1,1 mm
Couche de protection : 0,1 mm
ON : 0,85
Longueur d'onde laser : 405 mm
Inter-pistes 0,32 µm
Capacité : 25 Go
DVD
Côté étiquette
0,6 mm
Couche de protection : 0,6 mm
ON : 0,60
Longueur d'onde laser : 605 mm
Inter-pistes 0,74 µm
Capacité : 4,7 Go
CD
Côté étiquette
Couche de protection : 1,2 mm
ON : 0,45
Longueur d'onde laser : 780 mm
Inter-pistes 1,60 µm
Capacité : 700 Mo

SAVOIR-FAIRE

1. Calculer un débit binaire

Le débit binaire correspond au nombre de bits d'information transmis en une seconde lors d'une transmission numérique.

EXEMPLE : Un fichier informatique de 300 Mo est téléchargé sur un ordinateur en 6 minutes.
En déduire le débit binaire D de la connexion internet utilisée.

La seule « difficulté » consiste à convertir correctement les mégaoctets en octets, puis en bits. Il existe en fait deux façon de considérer les multiples de l'octet : comme des puissances de 10 (k : $\times 10^3$; M : $\times 10^6$; G : $\times 10^9$) ou comme des puissances de 2 (k : $\times 2^{10}$; M : $\times 2^{20}$; G : $\times 2^{30}$).
Bien qu'elle ne corresponde pas aux critères du Système international d'unités, c'est l'utilisation des puissances de 2 qui s'applique en général pour des raisons pratiques.

$300 \text{ Mo} = 300 \times 2^{20} \text{ o} \approx 315 \times 10^6 \text{ o} = 315 \times 8 \times 10^6 \text{ bit} = 2,52 \times 10^9 \text{ bit}$
et $6 \text{ min} = 360 \text{ s}$.

Donc $D = \dfrac{2,52 \times 10^9}{360} = 7 \times 10^6 \text{ bit} \cdot \text{s}^{-1}$.

2. Évaluer l'affaiblissement d'un signal

L'affaiblissement A d'un signal peut généralement être calculé facilement lorsque l'on connaît le coefficient d'atténuation α du canal emprunté et la distance L parcourue par le signal.

EXEMPLE : Un câble coaxial a un coefficient d'atténuation $\alpha = -0,3 \text{ dB} \cdot \text{m}^{-1}$.
1. Quelle est l'atténuation du signal sur une distance de 10 m ?
L'atténuation du signal, en décibels (dB), est proportionnelle à la longueur L parcourue :

$$A = \alpha \times L$$
$$A = -0,3 \times 10 = -3 \text{ dB}.$$

Le coefficient d'atténuation est parfois donné en dB/10 m, voire en dB/km. Il faut alors adapter l'expression de L dans le calcul de A.

2. À cette distance, que vaut le rapport entre la puissance de sortie et la puissance d'entrée ?

La relation liant l'atténuation aux puissances d'entrée/sortie du signal est :

$$A = 10\log\frac{P_s}{P_e}.$$

Donc $-3 = 10\log\frac{P_s}{P_e}$.

On rappelle que $10^{\log a} = a$.

Soit $10^{\frac{-3}{10}} = \frac{P_s}{P_e}$, donc $\frac{P_s}{P_e} \approx 0{,}5$.

La puissance a été divisée par 2 sur une distance de 10 mètres.

EXERCICES D'APPLICATION

1 CHAÎNE DE TRANSMISSION D'INFORMATIONS | ★ | 10 min | ▸ P. 432

Pour chacune des situations suivantes, identifier les différents éléments (source, canal, codage, décodage, modulation, démodulation, récepteur…) de la chaîne de transmission de l'information :

a. Vous écoutez de la musique provenant d'un autoradio.

b. Vous envoyez un SMS à un ami.

c. Vous envoyez un mail à un ami depuis un ordinateur de bureau.

d. Un ami vous parle au téléphone (fixe).

2 ANALOGIQUE OU NUMÉRIQUE ? | ★ | 5 min | ▸ P. 432

Attribuer à chaque signal le ou les termes qui conviennent parmi les suivants : analogique, quantifié, échantillonné, numérique.

a.

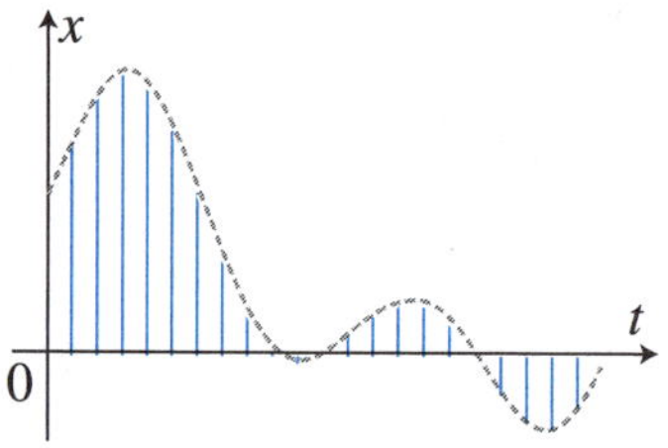

b.

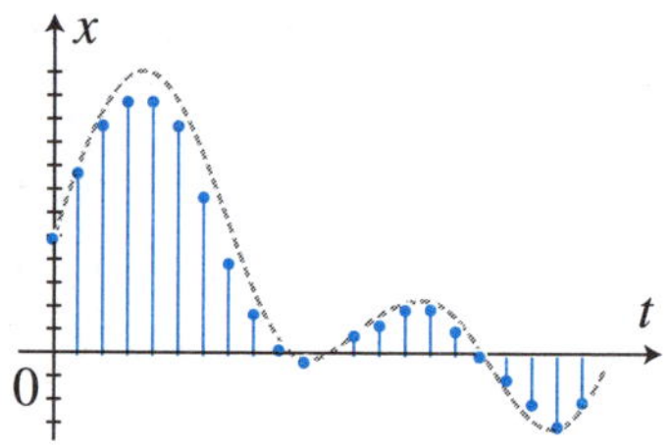

c.

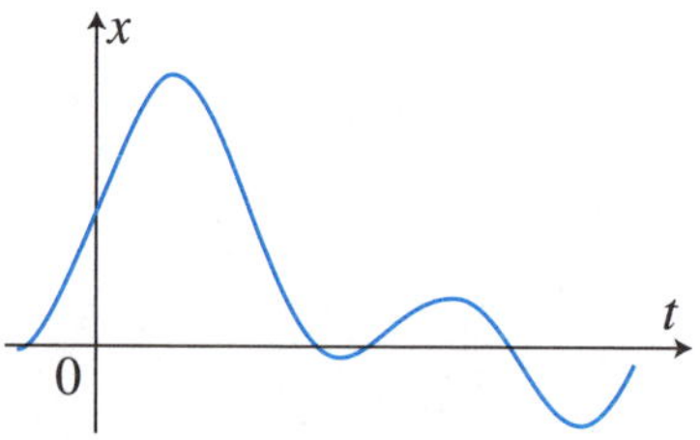

d.

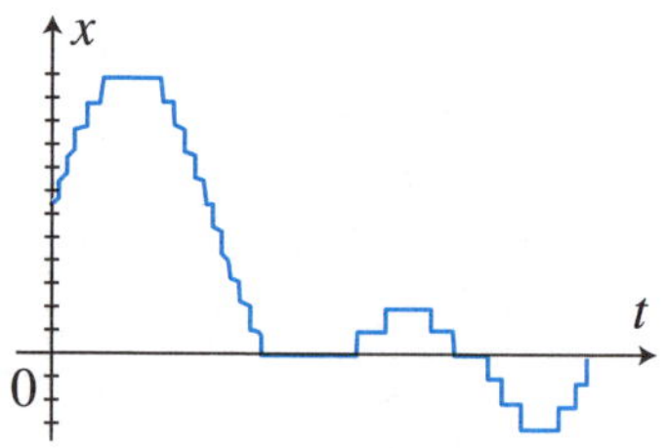

3 IMAGES NUMÉRIQUES | ★ | 5 min | ▸ P. 432

a.

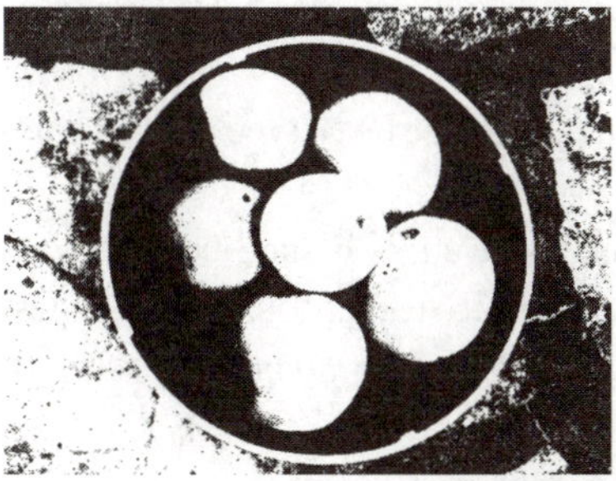

b.

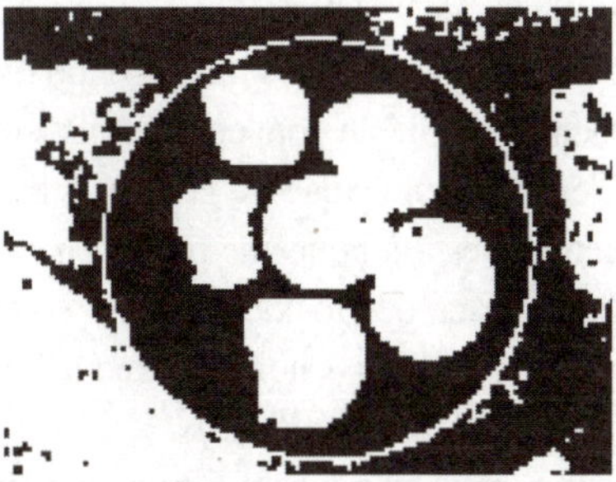

c.

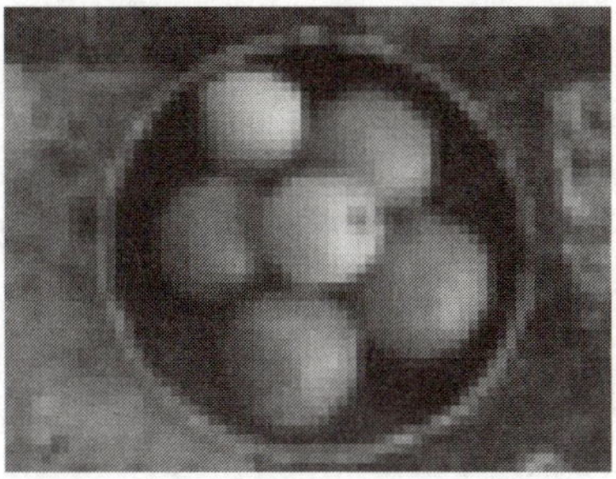

Parmi ces images numériques en niveau de gris :

1. Quelle est celle qui a été échantillonnée avec le plus grand nombre de pixels ?
2. Quelle est celle qui a été quantifiée avec le plus grand nombre de bits par pixel ?

EXERCICES D'ENTRAÎNEMENT

4 ÉCHANTILLONNAGE ET QUANTIFICATION | ★★ | 10 min | ▸ P. 432

On souhaite numériser un signal électrique alternatif sinusoïdal compris entre -3 mV et $+3$ mV obtenu à partir d'un signal sonore dont la fréquence maximale est 20 000 Hz.

1. Quelle fréquence d'échantillonnage minimale doit-on choisir pour ne pas perdre d'information sur le signal ?
2. On souhaite que l'intervalle entre 2 niveaux de quantifications successifs soit au maximum de 2 mV. Combien de bits seront nécessaires au codage des niveaux de quantification de ce signal ?

5 QUESTION DE PLACE | ★★ | 10 min | ▸ P. 433

Une image fixe provenant d'un film en haute définition (1 080 p) contient 1 080 lignes de 1 920 pixels. L'illusion de mouvement est créée par l'affichage de 24 images successives par seconde (24 Hz).

1. Quelle quantité de données, en bits, contient une image de ce type dont chaque pixel est codé en niveau de gris sur 8 bits ?
2. Même question pour une image en couleurs codée en RVB sur 3 octets.
3. Quel espace de stockage est alors nécessaire pour stocker toutes les images d'un film de 2 h en « noir et blanc » (niveaux de gris) ? *On donnera le résultat avec deux chiffres significatifs.*
4. Même question pour un film en couleurs (codage RVB).
5. Est-il possible de stocker ces films sans compression sur un disque Blu-ray d'une capacité de 50 Go ?

Données. 1 octet (o) contient 8 bits.
Dans l'acception usuelle, 1 Go $= 2^{30}$ o.

6 CAN | ★★ | 10 min | ▸ P. 433

Pour équiper les salles de travaux pratiques d'un lycée, on a besoin de cartes d'acquisition pouvant mesurer des tensions allant de 0 à 4,50 V à 10 mV près. Le modèle le plus abordable trouvé dans le commerce contient un CAN 8 bits ayant une plage de conversion comprise entre 0,00 V et 5,00 V.

1. Expliquer pourquoi ces cartes d'acquisitions ne correspondent pas aux spécifications requises.
2. Quel paramètre devrait-on changer sur le CAN pour qu'il convienne ?

7 MULTIMÈTRE NUMÉRIQUE | ★★ | 10 min | ▸ P. 433

Un multimètre numérique contient un CAN 16 bits.

1. Quelle est la valeur numérique de sortie maximale de ce CAN ?
2. Calculer la résolution du CAN quand il est utilisé sur la gamme allant de -20 V à $+20$ V (calibre 20 V du multimètre).

8 DÉBIT BINAIRE ET AFFAIBLISSEMENT | ★★ | 10 min | ▸ P. 434

On donne les caractéristiques de deux câbles de transmission dans le tableau suivant.

	Débit binaire maximal	Coefficient d'atténuation
Câble coaxial	1 Mbit/s	−0,2 dB/m
Fibre optique	1 Mbit/s	−0,03 dB/m

On souhaite transmettre de la musique en qualité CD sans compression (fréquence d'échantillonnage de 44 000 Hz et quantification sur 16 bits) en direct au sein d'un réseau domestique.

1. Les caractéristiques des câbles ci-dessus permettent-elles de faire transiter la musique en temps réel ?

2. On considère que si la puissance du signal à transmettre est divisée par 2 à sa sortie, la qualité de la transmission devient insuffisante. À partir de quelle distance le câble coaxial devra-t-il être remplacé par de la fibre optique si l'on souhaite conserver une bonne transmission des données ?

9 LES DIFFÉRENTS MODES DE RÉCEPTION DE LA TÉLÉVISION

★ | 15 min | ▸ P. 434

■ La transmission analogique hertzienne

Pour rendre cette transmission possible, on décale le signal électrique correspondant au signal vidéo autour d'une fréquence très élevée (que l'on nomme une porteuse). Cette transformation de signal s'appelle la modulation. Dans le cas de la transmission hertzienne, c'est dans l'émetteur qu'est effectuée cette modification de signal. Il en profite pour l'amplifier avant de l'envoyer vers une antenne adaptée à la fréquence de la porteuse. L'antenne convertit le signal électrique qu'elle reçoit via un câble en signal radio électrique qui va se propager dans l'air. Pour la réception, il faut une antenne. Elle a pour rôle de recevoir la porteuse ainsi que le signal qui lui est associé. Elle va convertir le signal radio électrique en signal électrique qui va être envoyé dans un câble. Le câble est relié à un tuner qui a pour rôle de sélectionner la fréquence de la porteuse qui nous intéresse parmi les différents émetteurs diffusant chacun sur une porteuse différente. Une fois le signal choisi, on utilise un démodulateur qui permet de défaire ce que le modulateur à fait. Cette opération permet de retrouver un signal électrique identique à celui que l'on avait à l'entrée du modulateur.

La suite est logique, on relie ce signal à un écran qui se chargera de convertir l'électricité en image.

■ La transmission analogique par le câble

Le câblo-opérateur dispose d'une multitude de récepteurs de divers types (analogiques, numériques, satellitaires, hertzien, etc.) qui convertissent les signaux reçus en signaux prêts à être exploités par un écran de télévision. Ensuite, le câblo-opérateur module tous ces signaux sur différentes porteuses afin de leur donner les mêmes caractéristiques qu'un signal reçu par une antenne hertzienne pour les injecter dans le câble allant chez l'abonné.

■ La transmission analogique par satellite

Malgré une mise en œuvre un peu plus complexe sur la partie émission, cette transmission repose sur les mêmes principes que la diffusion analogique hertzienne.

■ La transmission numérique par satellite

On repend exactement le même principe de fonctionnement que pour la diffusion satellitaire analogique. La seule différence, c'est que juste avant la modulation, le signal a été numérisé. Un signal numérique a déjà l'avantage d'être mieux immunisé contre les parasites. De plus, une fois numérisée, il est possible de faire en sorte qu'une image prenne moins de place sur les ondes pour être transmise. C'est ce qu'on appelle la compression numérique. Entre deux images qui se suivent, très souvent, il n'y a que peu de différence. Là où en analogique il fallait transmettre l'image entièrement, en numérique, il est possible de ne transmettre l'image qu'une fois et d'indiquer les différences d'une image à l'autre pour les images suivantes.

■ La transmission numérique par câble

La transmission du signal se fait de la même manière que le câble en analogique. La seule différence c'est que, comme pour le satellite en numérique, le signal a été numérisé avant d'être modulé et envoyé dans le câble allant chez l'abonné.

■ La transmission numérique hertzienne (TNT)

On applique le même principe de transmission que pour l'analogique hertzien en y ajoutant la numérisation du signal avant la modulation. L'utilisateur de la TNT bénéficie de la même simplicité d'emploi que la diffusion analogique hertzienne tout en bénéficiant des plus apportés par la numérisation (meilleure image, plus de chaînes).

■ La transmission par ADSL

Une fois le signal d'une image convertie en numérique, elle est tout à fait exploitable par un ordinateur car codé dans un langage qu'il connaît (binaire). À partir de là, on utilise Internet pour envoyer le signal converti en numérique vers un autre ordinateur ou un boîtier de réception de la TV par ADSL qui vont le convertir en image exploitable par un écran.

1. Classer les modes de diffusion de la télévision selon qu'ils utilisent un mode de transmission libre ou guidé.
2. Quelle est la fonction d'un tuner ?
3. Quels sont les avantages du « numérique » sur l'« analogique » en diffusion audiovisuelle ?

EXERCICES D'APPROFONDISSEMENT

10 RETARD DE TRANSMISSION

★★ | 10 min | ▸ P. 434

Le temps mis par une information pour parvenir de la source au destinataire, appelé retard, peut être un élément d'appréciation de la qualité de transmission. Il est dû essentiellement au temps de propagation des ondes électromagnétiques sur un fil ou dans l'espace libre.

L'expression de la vitesse de propagation d'une onde électromagnétique dans un milieu homogène et sans perte est donnée par l'équation suivante :

$$v = \frac{c}{\sqrt{\varepsilon_r \cdot \mu_r}}$$

avec μ_r : perméabilité magnétique relative du milieu traversé ; ε_r : permittivité relative du milieu traversé.

Le retard n'est pas critique dans une communication unilatérale (télévision, radio…), mais le devient dès qu'une réponse est attendue dans l'autre sens (conversation téléphonique, visioconférence…). Pour des raisons physiologiques, le retard dans une conversation téléphonique devient sensible dès qu'il atteint 150 ms et très pénible dès qu'il dépasse 400 ms.

1. Quel est le retard observé lors d'une conversation téléphonique entre deux personnes distantes de 1 000 km ? (On considérera que le signal est transmis pour l'essentiel au travers de fibres optiques.)

2. Quel est le retard dans le cas d'une conversation téléphonique utilisant une liaison par satellite ?

Données.

- Distance Terre/satellite de télécommunication : $D_{T/S} = 36\,000$ km.
- $c = 3{,}00 \times 10^8 \text{ m} \cdot \text{s}^{-1}$.
- Dans les matériaux non magnétiques : $\mu_r = 1{,}00$.
- Dans l'air : $\varepsilon_r = 1{,}00$; dans le verre : $\varepsilon_r = 5{,}00$.

11 ELLIPSOÏDE DE FRESNEL

★★★ 15 min ▸ P. 435

Pour qu'une onde électromagnétique soit transmise entre deux antennes sans être atténuée par un obstacle, il faut que le volume décrit par l'ellipsoïde de Fresnel entre ces deux antennes soit totalement libre.

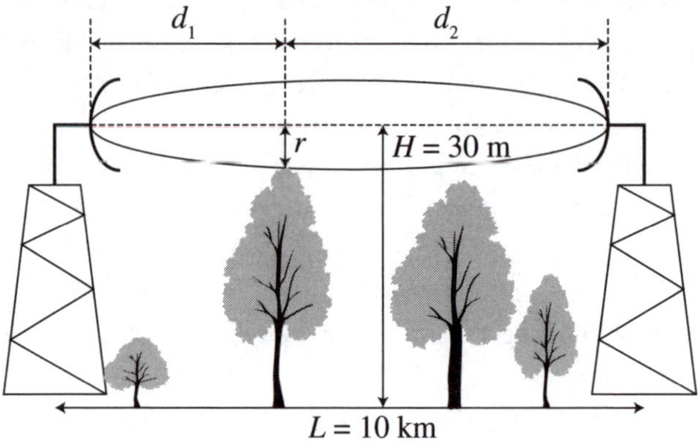

L'ellipsoïde de Fresnel est l'espace défini par la relation :

$$r = \sqrt{\frac{d_1 \cdot d_2}{d_1 + d_2} \cdot \lambda}$$

où toutes les dimensions sont exprimées en mètres.

Remarque : r est maximum pour $d_1 = d_2$.

1. L'essentiel des futures télécommunications mobiles « 4G » emprunteront la gamme de fréquences allant de 2 500 à 2 650 MHz. Quelle sera la valeur maximale de r pour les deux antennes représentées sur le schéma précédent ?

2. À 2 kilomètres de la première antenne se dresse un arbre de hauteur $h = 17$ m. En dessous de quelle fréquence sera-t-il gênant pour les transmissions du signal 4G ?

CONTRÔLE

12 LECTEUR CD

★★ | 20 min | ▸ P. 435

Un signal analogique audio Hi-Fi est caractérisé par un spectre limité par les fréquences $f_{min} = 20$ Hz et $f_{max} = 20$ kHz. Lors de l'enregistrement du CD, le signal audio est échantillonné avec une fréquence d'échantillonnage $f_e = 44{,}1$ kHz.

1. Justifier que la valeur choisie pour f_e correspond à un échantillonnage sans perte d'information.

La chaîne de restitution du signal analogique audio à partir des données numériques utilise un convertisseur numérique-analogique (CNA) 16 bits, pouvant fournir une tension comprise entre les valeurs extrêmes -5 V et $+5$ V.

2. Déterminer la valeur du quantum du CNA utilisé, ainsi que la période d'échantillonnage. (Le quantum correspond au plus petit intervalle de tension existant entre deux valeurs de quantification successives.)
3. Sachant qu'un enregistrement stéréo est constitué de deux pistes (droite et gauche) numérisées de la même façon, quelle est la durée d'enregistrement stéréo disponible en « qualité CD » sur un disque de 700 Mo ?

Les lecteurs de CD font généralement défiler une piste à la vitesse constante de $1{,}2\ \text{m} \times \text{s}^{-1}$. Sur un CD, 1 bit de données correspond à une alvéole de longueur 0,278 micromètre.

4. Quelle est la durée nécessaire pour la lecture d'une information de 2 octets.
5. Pour quelle raison cette durée doit-elle être inférieure à la période d'échantillonnage ?

Un CD est constitué de polycarbonate dont l'indice de réfraction est $n = 1{,}55$ pour la radiation lumineuse utilisée dans le lecteur CD.

6. Soit v la célérité de la radiation dans le polycarbonate, donner la relation entre les grandeurs physiques n, c et v.

Le laser utilisé pour lire les CD a une longueur d'onde $\lambda_0 = 780$ nm dans le vide.

7. Montrer que la longueur d'onde λ du laser CD dans le polycarbonate vérifie $\lambda = \dfrac{\lambda_0}{n}$.
8. Calculer λ.

Données. 1 octet (o) contient 8 bits.
Dans l'acception usuelle, 1 Mo $= 2^{20}$ o.

CORRIGÉS

1

	1.	2.	3.	4.
Source	Station radio	Vous	Vous	Votre ami
Codage	Émetteur radio	Votre téléphone portable	Ordinateur	Téléphone de votre ami
Modulation	Émetteur radio	Votre téléphone portable	Modem (box Internet)	Téléphone de votre ami
Canal	Air	Air	Réseau Internet (filaire)	Réseau téléphone (filaire)
Démodulation	Autoradio	Téléphone portable de votre ami	Modem de votre ami	Votre téléphone
Décodage	Autoradio	Téléphone portable de votre ami	Ordinateur de votre ami	Votre téléphone
Récepteur	Vous	Votre ami	Votre ami	Vous

2 a. Échantillonné.
b. Quantifié, échantillonné, numérique.
c. Analogique.
d. Quantifié.

3 1. L'image a. a clairement été échantillonnée avec davantage de pixels que les deux autres : on y distingue beaucoup plus de détails.
2. L'image c. a été quantifiée sur un plus grand nombre de bits : en effet, elle comporte visiblement de nombreuses nuances de gris, alors que les deux autres sont en noir et blanc.

4 1. La loi de Shannon (voir le cours page 414) impose :

$$f_{\text{échantillonnage}} \geqslant 2 \times f_{\text{max}}.$$

Donc :

$$f_{\text{échantillonnage}} \geqslant 40\,000 \text{ Hz}.$$

2. L'amplitude crête à crête est $+3-(-3)=6$ mV.

L'amplitude ne donne que la valeur maximale positive du signal, mais pour le quantifier dans son intégralité, il faut tenir compte de sa partie négative, c'est pourquoi on utilise ici l'amplitude « crête à crête » (valeur la plus élevée moins valeur la plus faible du signal).

Le nombre N d'intervalles de quantification à utiliser est donc tel que :

$$N \geqslant \frac{6}{2}, \quad \text{soit } N \geqslant 3.$$

Ne pas confondre le nombre de niveaux de quantification avec le nombre d'intervalles entre eux !

Un nombre N d'intervalles impose un nombre N' de niveaux tel que :

$$N' = N + 1 = 4.$$

Sachant que n bits permettent de coder 2^n niveaux, on a :

$$2^n = 4, \text{ soit } n = 2.$$

Il faut donc au minimum 2 bits pour coder les 4 niveaux de quantification nécessaires.

5 **1.** Nombre de pixels d'une image : $1\,080 \times 1\,920 = 2\,073\,600$.
Quantité de données : $2\,073\,600 \times 8 = 16\,588\,800$ bit.
2. 1 octet contient 8 bits, donc 3 o = 24 bit.
Quantité de données : $2\,073\,600 \times 24 = 49\,966\,400$ bit.
3. Nombre d'images dans un film de 2 heures : $2 \times 60 \times 60 \times 24 = 172\,800$.
Quantité de données : $172\,800 \times 16\,588\,800 = 2{,}9 \times 10^{12}$ bit.
Donc un film « noir et blanc » nécessite :
$2{,}9 \times 10^{12}$ bit $= 3{,}6 \times 10^{11}$ o $= 330$ Go.
4. Quantité de données : $172\,800 \times 49\,499\,400 = 8{,}6 \times 10^{12}$ bit.
Donc un film en couleurs nécessite :
$8{,}6 \times 10^{12}$ bit $= 1{,}1 \times 10^{12}$ o $= 1\,000$ Go.
5. Conclusion : aucune de ces vidéos ne peux être stockée telle quelle sur un disque Blu-ray (sans parler du son souvent en plusieurs langues…). Il est donc nécessaire de compresser les données pour qu'elles occupent moins d'espace.

6 **1.** Une quantification sur 8 bits permet l'attribution de $2^8 = 256$ valeurs de tension différentes, soit $256 - 1 = 255$ pas (ou intervalles) de tension.
La tension entre deux valeurs successives (ou résolution du CAN) est donc :

$$R = \frac{5{,}00}{255} = 0{,}0196 \text{ V} = 19{,}6 \text{ mV} > 10 \text{ mV}.$$

La précision demandée n'est pas respectée.
2. Avec une quantification sur un plus grand nombre de bits, l'intervalle entre deux valeurs successives de quantification sera plus faible.
Par exemple, avec une quantification sur 9 bits on a $2^9 = 512$ valeurs différentes soit 511 intervalles entre 0,00 V et 5,00 V. La résolution du CAN serait :

$$R = \frac{5{,}00}{511} = 0{,}0978 \text{ V} = 9{,}78 \text{ mV} < 10 \text{ mV}$$

ce qui conviendrait.

7 **1.** 16 bits permettent de coder $2^{16} = 65\,536$ valeurs différentes, soit de 0 (ayant pour code 0000000000000000) à 65 335 (codé 1111111111111111).

2. La plage de tension à numériser sur le calibre 20 est de $20-(-20)=40$ V.

La résolution du CAN est alors $R=\frac{40}{65\,335}=6{,}1\times10^{-4}$ V.

8 1. Le débit binaire nécessaire est :
$16\times44\,000=704\,000 \text{ bit}\cdot\text{s}^{-1}<1 \text{ Mbit}\cdot\text{s}^{-1}$.
Le débit assuré par les deux câbles proposés est suffisant.

2. On souhaite avoir $\frac{P_s}{P_e}\geqslant\frac{1}{2}$.

On sait que $A=10\log\frac{P_s}{P_e}$, donc on veut $A\geqslant10\log\frac{1}{2}$.

Soit $A\geqslant-3$ dB.

Avec le câble coaxial proposé, cette valeur d'atténuation est atteinte pour une distance :

$$D=\frac{-3}{-0{,}2}=15 \text{ m}.$$

Au-delà de 15 mètres, on choisira donc la fibre optique pour transporter le signal.

9 1.

Transmission libre	Transmission guidée
Réception hertzienne Réception par satellite	Réception par câble Réception par ADSL

2. Un tuner permet de sélectionner parmi les nombreux flux de données transitant par un même canal celui qui nous intéresse.

3. Les données numériques sont moins sensibles aux parasites, car même atténuées, elles sont faciles à remettre dans leur forme d'origine. Elles peuvent aussi être compressées, demandant un débit binaire moins important pour être transmises : cela permet d'envoyer plus de chaînes par un même canal.

10 1. Le retard pour une conversation transmise sur 1 000 km de fibre optique est :

$$\tau=\frac{d}{v}=\frac{1\,000\times10^3}{\frac{3{,}00\times10^8}{\sqrt{5{,}00\times1}}}=7{,}45\times10^{-3} \text{ s}=7{,}45 \text{ ms}.$$

Le retard passe totalement inaperçu lors d'une conversation téléphonique classique.

2. Le retard pour une conversation par satellite est :

$$\tau=\frac{d}{v}=\frac{2\times36\,000\times10^3}{\frac{3{,}00\times10^8}{\sqrt{1}}}=240\times10^{-3} \text{ s}=240 \text{ ms}$$

Dans ce cas, le retard devient sensible et peu même s'avérer gênant.

11 **1.** On choisira $d_1 = d_2 = 5\,000$ m afin d'avoir la valeur maximale de r. De plus, r est proportionnel à la racine carrée de λ. Or, $f = \frac{c}{\lambda}$. C'est donc la fréquence la plus faible de la bande de fréquences 4G (2 500 MHz) qui donnera la valeur maximale de r :

$$r = \sqrt{\frac{d_1 \cdot d_2}{d_1 + d_2} \cdot \lambda} = \sqrt{\frac{5\,000 \times 5\,000}{5\,000 + 5\,000} \times \frac{3{,}00 \times 10^8}{2\,500 \times 10^6}} = 17{,}3 \text{ m}.$$

2. L'arbre sera gênant dès lors que $r \geqslant 13$ m c'est-à-dire dès lors que :

$$\sqrt{\frac{d_1 \cdot d_2}{d_1 + d_2} \times \lambda} \geqslant 13$$

$$\lambda \geqslant 13^2 \times \frac{2\,000 + 8\,000}{2\,000 \times 8\,000}$$

$$\lambda \geqslant 0{,}11 \text{ m}.$$

Il y aura donc un problème pour toutes les fréquences telles que :

$$f \leqslant \frac{c}{0{,}11}, \quad \text{soit } f \leqslant 2\,800 \text{ MHz}.$$

Cela constitue l'ensemble du spectre 4G considéré.

12 **1.** Comme $f_e > 2 \times f_{max}$, la fréquence d'échantillonnage est donc suffisante pour ne pas perdre d'information sur le signal.

2. Le CNA utilise une plage de tension de 10 V sur laquelle il dispose de 16 bits, soit $2^{16} = 65\,536$ pas d'échantillonnage. L'intervalle de tension (ou quantum) entre chacun de ces pas est :

$$q = \frac{10}{65\,535} = 1{,}5 \times 10^{-4} \text{ V}.$$

3. La période d'échantillonnage est $T = \frac{1}{f_e} = \frac{1}{44{,}1 \times 10^3} = 2{,}28 \times 10^{-5}$ s.

Chaque piste (droite et gauche) nécessite 16 bits (soit 2 octets) de données toutes les $2{,}28 \times 10^{-5}$ s. Une seconde de musique nécessite donc :

$$\frac{2 \times 2}{2{,}28 \times 10^{-5}} = 176 \times 10^3 \text{ o}.$$

Le temps d'enregistrement disponible est :

$$t = \frac{700 \times 2^{20}}{176 \times 10^3} = 4{,}16 \times 10^3 \text{ s} = 69{,}4 \text{ min}.$$

4. 2 octets correspondent à 16 bits consécutifs, soit une longueur :

$$d = 16 \times 0{,}278 \times 10^{-6} = 4{,}45 \times 10^{-6} \text{ m}.$$

Le temps de lecture est :

$$t = \frac{d}{v} = \frac{4{,}45 \times 10^{-6}}{1{,}2} = 3{,}7 \times 10^{-6} \text{ s}.$$

5. La durée de lecture de 16 bits sur le disque est inférieure à la période d'échantillonnage, car la transformation des données brutes en signal acoustique prend un certain temps.
Si la durée de lecture était supérieure ou égale à la période d'échantillonnage, la lecture serait saccadée car il y aurait un petit temps de traitement entre chaque échantillon.

6. L'indice d'un milieu est définit par $n = \frac{c}{v}$.

7. La fréquence du laser est telle que $\lambda_0 = \frac{c}{f}$, soit $f = \frac{c}{\lambda_0}$. Elle ne dépend pas du milieu d'où :

$$\lambda = \frac{v}{f} = \frac{\frac{c}{n}}{\frac{c}{\lambda_0}} = \frac{\lambda_0}{n}.$$

8. On calcule : $\lambda = \frac{780}{1{,}55} = 503 \text{ nm}$.

Enseignement de spécialité

L'enseignement de spécialité

Le but de l'enseignement de spécialité de physique-chimie est de préparer à la poursuite d'études scientifiques. Il offre le moyen à chaque élève de tester ses goûts pour la démarche scientifique et les pratiques expérimentales, avant d'entreprendre des études plus poussées.

Comment ? En plaçant l'élève en situation de recherche et d'action. L'élève est ainsi amené à développer trois activités essentielles chez un scientifique :

- la pratique expérimentale ;
- l'analyse et la synthèse de documents scientifiques ;
- la résolution de problèmes scientifiques.

Les trois chapitres présentés ici sont donc différents de ceux de l'enseignement spécifique. Pour permettre une entrée dans des domaines récents ou en plein essor de la physique et de la chimie contemporaine, le cours de chaque chapitre est une **brève introduction** aux domaines d'étude des trois thèmes du programme :

- l'eau ;
- le son et la musique ;
- les matériaux.

Les savoir-faire relatifs à cette introduction proposent essentiellement un **lexique** des termes qui sont rencontrés dans les exercices.

Les exercices corrigés et commentés sont principalement des exercices d'**entraînement**, d'**approfondissement** et de **contrôle** dans lesquels il est fait appel au raisonnement scientifique sous tous ses aspects : lecture ou recherche documentaire, analyse et synthèse d'informations, formulation d'hypothèses, mise en œuvre de calculs, discussion des résultats obtenus, etc.

Les connaissances nouvelles introduites dans ces exercices ne sont pas exigibles au baccalauréat, toutefois, dans ces exercices, comme le recommande le programme, on fait appel à des savoir-faire et des connaissances décrites dans les chapitres de l'enseignement spécifique qui, eux, sont exigibles.

16 L'eau

I EAU ET ENVIRONNEMENT

1. État des lieux

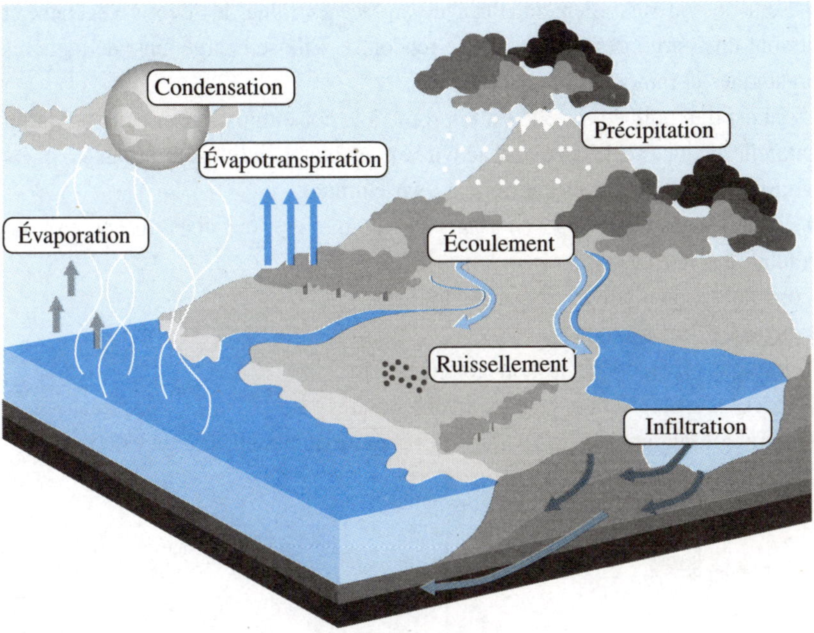

Le cycle de l'eau

■ **Quantité d'eau à la surface de la Terre :** 1 350 millions de milliards de m^3.
Répartition :
- 97 % océans et mers ;
- 2 % glaciers et calottes glacières ;
- 0,6 % eaux souterraines ;
- 0,01 % fleuves, lacs, rivières ;
- 0,001 % eau dans l'atmosphère.

■ Chaque année, environ 0,5 million de milliards de m^3 de cette eau de surface participe au cycle décrit.
Elle reste en moyenne 10 jours dans l'atmosphère.

2. Enjeux

Les océans occupent environ 70 % de la surface terrestre. L'eau douce ne représente que 3 % de l'ensemble des réserves. Plus un pays est développé plus sa consommation en eau douce est importante : il y a un siècle, seules les eaux souterraines étaient utilisées, on exploite à présent de plus en plus les eaux de surface.

II EAU ET RESSOURCES

1. Comment obtenir de l'eau potable ?

■ Lors de son ruissellement, l'eau de surface entraîne des débris végétaux et dissout une partie des roches qu'elle rencontre. Elle se charge ainsi de matières organiques et minérales.
L'eau est dite polluée car elle est impropre à la consommation. À cette pollution naturelle s'ajoute celle liée aux activités humaines : eaux usées urbaines, rejets industriels, engrais et pesticides lié à l'agriculture.

■ La législation française envisage 63 paramètres pour fixer les critères de potabilité d'une eau :
– organoleptiques (saveur, odeur, limpidité…) ;
– physique (radioactivité) ;
– chimiques (pH, concentrations ioniques…) ;
– toxicologiques (nitrate, métaux, hydrocarbure…) ;
– microbiologiques (espèces pathogènes comme salmonelles, staphylocoques…).

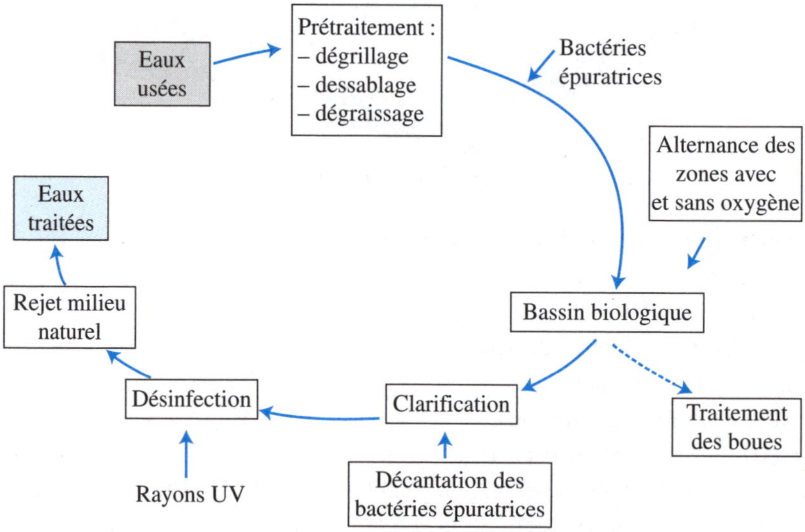

Traitement des eaux usées

■ **Les différentes étapes pour l'obtention d'une eau potable**

Tamisage : élimination des corps flottants et des particules de dimensions supérieures à 1,5 mm.

Floculation : ajout d'agents floculant qui permettent l'agglomération des particules encore en suspension.

Décantation : les particules agglomérées se déposent en formant des « boues ».

Filtration sur lit de sable : permet de retenir les « flocs » qui ne se sont pas déposés.

Oxydation par ozone : permet l'élimination des matières organiques dissoutes, des bactéries et des virus.

Filtration sur charbon actif : cette poudre de carbone très fine permet l'élimination des micropolluants (pesticides, hydrocarbures…).

Chloration : assure la désinfection de l'eau pour éviter toute contamination lors de son transport dans les canalisations.

■ **De plus en plus développée : la nanofiltration**

Il s'agit d'un autre type de traitement. Basé sur la filtration des particules de plus en plus fines, jusqu'à la dimension de 1 nm (10^{-9} m = 1 milliardième de mètre), ce procédé est très économe en substances chimiques (pas de traitement) mais les installations sont plus coûteuses car beaucoup plus récentes et basées sur des technologies de pointes.

■ En marge du traitement des eaux, on a aussi un autre cycle de traitement, celui des boues solides qui permet l'utilisation de la biomasse.

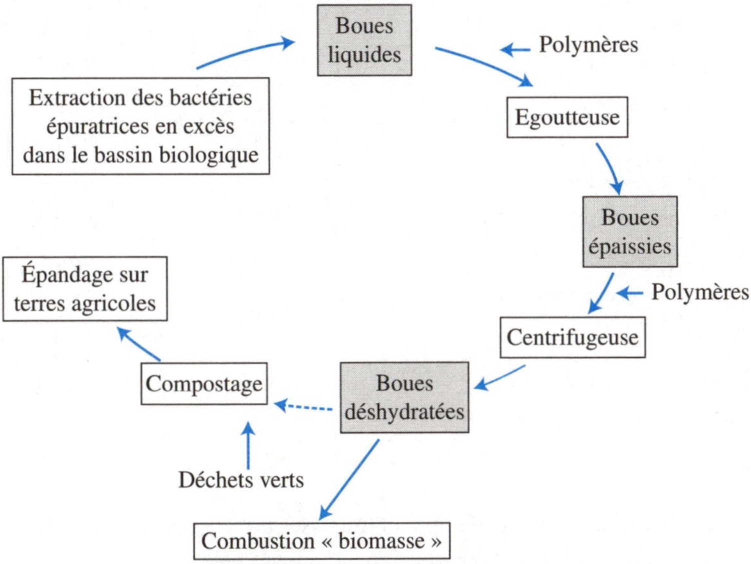

Traitement des boues d'épuration

COURS

2. L'eau et son utilisation

Ce chapitre est à rapprocher du chapitre 12 « Gérer les ressources et l'environnement ».

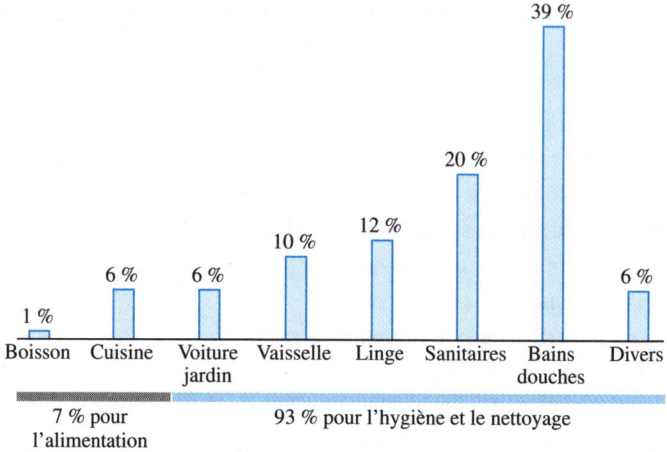

Répartition par usages des consommations d'eau dans un foyer

■ Coûts des consommations d'eau ordinaires :

Usage	Quantité d'eau utilisée	Coût unitaire
Prendre un bain	200 L	0,60 €
Prendre une douche	60 L	0,20 €
Laver la voiture	100 L	0,30 €
Faire tourner le lave-linge	80 L	0,24 €
Faire tourner le lave-vaisselle	20 L	0,06 €
Tirer la chasse d'eau	5 L	0,015 €
Faire un arrosage de pelouse	300 L	0,90 €
Remplir une piscine hors-sol ($\varnothing$ 5 m, $H = 1{,}20$ m)	25 000 L	0,75 €

Beaucoup de ces utilisations d'eau potable n'ont pas besoin que l'eau soit potable !

3. Eau et énergie

Ce thème eau et énergie se développe sur trois axes principaux : l'énergie hydraulique, la pile à hydrogène et la production de dihydrogène.
L'énergie hydraulique est déjà développée dans le tronc commun et il faut bien remarquer que dans ce processus l'eau est utilisée mais n'est pas consommée.

La pile à hydrogène

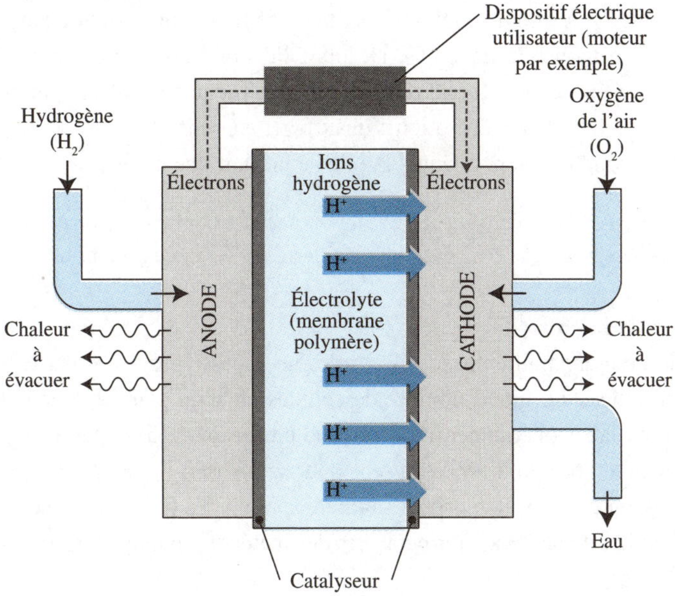

Revoir le chapitre traitant de l'oxydation, des piles et de l'électrolyse vu en classe de Première.

Le principe

Nous développons ici la pile à combustible PEMFC (*Polymer Exchange Membrane Fuel Cell*) ou pile à membrane échangeuse de protons.

Il s'agit d'une pile à combustible alimentée à la cathode par du dioxygène et à l'anode par du dihydrogène.

On alimente en hydrogène et oxygène et on constate l'apparition d'une tension électrique entre les deux électrodes.

À l'anode, on a oxydation de H_2 :

$$H_2 = 2H^+ + 2e^-$$

Les électrons sont acheminés vers la cathode où ils seront alors consommés :

$$O_2 + 4e^- + 4H^+ = 2H_2O$$

Les ions H^+ sont produits lors de l'oxydation à l'anode et acheminés par un électrolyte (membrane polymère) qui bloque le passage des électrons mais permet celui des H^+.

C'est le transfert des ions H^+ et des électrons vers la cathode qui va produire un courant électrique continu à partir de l'hydrogène.

Les avantages de cette source d'énergie

L'hydrogène est un corps très abondant sur terre (dans l'eau) donc ne pose pas à priori de problème d'approvisionnement.

Le rendement d'une pile à combustible varie selon le type de pile, mais il est de l'ordre de 50 %. À titre de comparaison, le rendement d'un moteur à combustion interne est en moyenne de 15 %. De plus, l'énergie non convertie en énergie électrique est émise sous forme de vapeur d'eau (donc de chaleur) qui peut être utilisée à des fins de cogénération : chauffage, eau chaude... Il y a absence de produits de combustion polluants : la pile ne produit que de l'eau !

Attention à ne pas conclure au caractère parfaitement propre de cette pile : il faut aussi tenir compte des ressources mises en œuvre pour la fabriquer.

Les inconvénients

La tension qui apparaît entre les électrodes ne dépasse pas 0,7 V par cellule : il faut donc utiliser un grand nombre de cellules en série pour obtenir la tension requise pour faire fonctionner un dispositif comme une voiture par exemple.
Cette réaction a besoin d'un catalyseur pour se réaliser. Le platine est le catalyseur « classique » mais son prix et sa rareté sont un des freins de la technologie. Les recherches actuelles se tournent vers des matériaux bioinspirés pour remplacer le platine.
L'hydrogène est très inflammable dans l'air ou en présence d'oxygène. De plus, il est incolore et inodore, donc c'est un gaz à manipuler avec précaution. Enfin, il occupe beaucoup de place, ce qui s'avère problématique dans le cas de piles équipant des véhicules.

Une pile à combustible est un générateur électrochimique permettant de transformer directement l'énergie chimique d'un combustible (hydrogène, hydrocarbures, alcools,...) en énergie électrique sans passer par l'énergie thermique.

La production de dihydrogène

Son intérêt est évidemment lié au développement de la pile à hydrogène.
La production de dihydrogène est assurée le plus souvent par un procédé d'extraction chimique d'hydrocarbures fossiles. Le dihydrogène peut également être extrait de l'eau via une production biologique d'hydrogène par des algues, par électrolyse, ou encore par la chaleur (thermolyse).

EXEMPLE : Dans l'électrolyse, il s'agit de faire l'inverse de la réaction qui a lieu dans la pile.

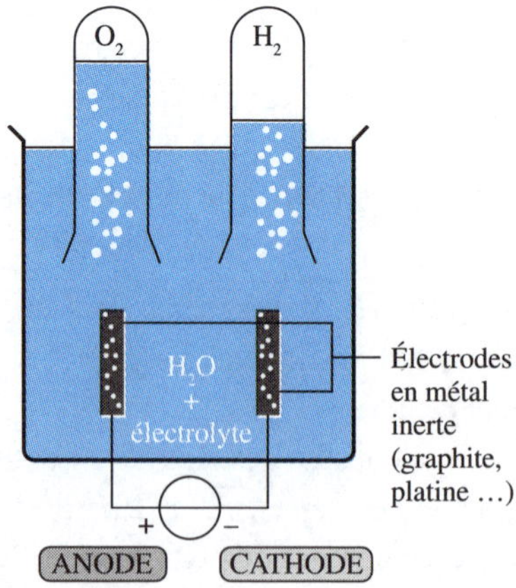

LEXIQUE

Traceur chimique

Substance chimique (colorant, produit fluorescent) mélangée à une eau pour en étudier le cheminement.

On peut aussi utiliser un traceur radioactif (l'isotope d'un élément que l'on souhaite suivre). On étudiera ce suivi à l'aide du rayonnement émis par l'isotope radioactif.

Érosion

C'est un mécanisme où les particules du sol sont détachées et déplacées de leur point d'origine. Le principal élément déclencheur de l'érosion est l'eau. Privés de leur couche protectrice naturelle qu'est la végétation, les sols deviennent vulnérables à l'érosion.

Dissolution

C'est la réaction chimique qui se produit lorsqu'un soluté est dissout dans un solvant.

Elle est souvent ionique et le solvant est très souvent l'eau. Par exemple la dissolution du chlorure de sodium dans l'eau s'écrit :

$$NaCl_{(s)} \rightarrow Na^{+}{}_{(aq)} + Cl^{-}{}_{(aq)}$$

Voir les exercices 5 et 8.

Pluie acide

Précipitation devenue acide au contact du dioxyde de soufre SO_2 et des oxydes d'azote (NO, NO_2, N_2O_5...) contenus dans l'atmosphère et émis principalement par les activités humaines.

Voir l'exercice 5.

Hydrates de carbone

Substance composée de carbone, d'hydrogène et d'oxygène, d'origine essentiellement végétale. C'est aussi l'ancien mot qui désigne les glucides.

Voir l'exercice 3.

Les hydrates de gaz

Ce sont des solides cristallins gelés composés de molécules de gaz enveloppées de molécules d'eau.

Ils sont très abondants sur, ou plutôt sous terre, puisque les études estiment que la quantité de carbone présente sous forme d'hydrate de gaz est au moins deux fois plus importante que celle contenue dans les ressources fossiles classiques. La forme d'hydrate de gaz la plus courante est l'hydrate de méthane mais on peut aussi trouver des hydrates d'éthane, de propane ou encore de dioxyde de carbone et de sulfure d'hydrogène.

Il s'agit donc d'une source d'énergie possible qui est malheureusement émettrice de gaz à effet de serre. Les gisements étudiés et recensés sont indiqués sur la carte ci-après.

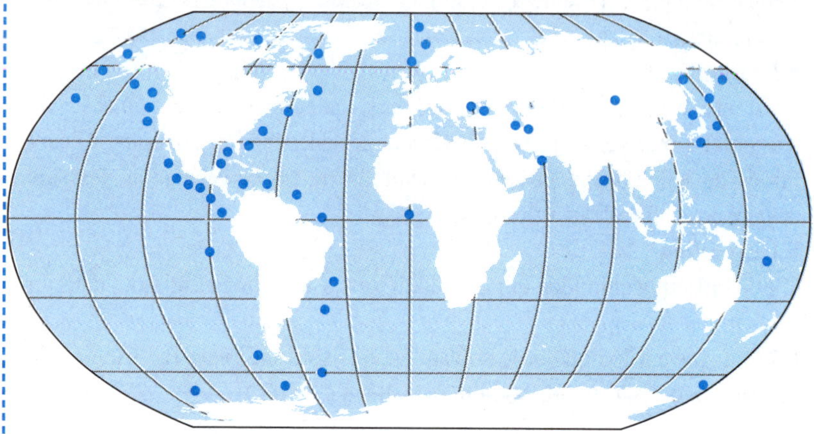

Répartition des hydrates à la surface du globe

■ Concrétion

Il s'agit d'une masse minérale formée par précipitation autour d'un fragment de matériau. Cette précipitation est un phénomène très lent (plusieurs mois, plusieurs années, voire plusieurs siècles) et les minéraux sont « déposés » à l'endroit de la concrétion par l'eau s'écoulant autour. Les stalagmites et stalactites sont des concrétions. Les impuretés contenues dans la roche, et notamment l'oxyde de fer, sont à l'origine de la coloration ocre des concrétions.

EXERCICES D'ENTRAÎNEMENT

1 LE TRAITEMENT DE L'EAU

★ | 5 min | ▸ P. 465

Doc Des eaux de surface à votre robinet

1. L'eau passe à travers une simple grille, afin d'arrêter les plus gros déchets présents dans l'eau (feuilles, insectes, particules de plus de 1 mm).

2. Elle passe ensuite dans des tamis à mailles fines retenant les déchets les plus petits. Un coagulant est ajouté à l'eau pour rassembler en flocons les déchets encore présents dans l'eau (poussières, particules de terre, œufs de poissons, etc.). Ces flocons, plus denses que l'eau, se déposent au fond d'un bassin et 90 % des matières en suspension sont ainsi éliminées.

3. L'eau traverse un filtre lit de sable fin et/ou un filtre à charbon actif.

4. L'eau est désinfectée grâce à l'ozone qui a une action bactéricide et antivirale.

5. On ajoute du chlore à la sortie de l'usine de traitement et sur différents points du réseau de distribution.

1. Comment qualifie-t-on une eau propre à la consommation ?
2. Citer les deux sortes d'endroits où est prélevée l'eau avant son traitement.
3. Donner le nom du traitement mécanique des étapes **1.** et **3.**
4. En quoi ces deux étapes diffèrent-elles ?
5. Donner le nom du traitement mécanique de l'étape **2.**
6. Quel est le rôle de l'étape **5.** ?

2 ARTÉMIA ET LES CHLORURE

★★ | 25 min | ▸ P. 465

L'Artémia est le nom scientifique d'un petit crustacé qui possède la particularité de pouvoir vivre dans des milieux très salés tels que certains lacs et marais salants. Pour se développer, les Artémia ont besoin de vivre dans un milieu marin dont la teneur (ou la concentration massique) moyenne en ions chlorure Cl^- est supérieure à 30 $g \cdot L^{-1}$. Dans ces conditions, leur développement n'est pas compromis car les prédateurs aquatiques ne supportent pas des conditions salines aussi élevées.

L'observation de la population des artémias est donc un moyen de surveiller la teneur en chlorure de ces eaux.

Avant d'implanter un élevage d'Artémia dans des marais salants du Sud de la France, on se propose de déterminer la concentration en ions chlorure d'un prélèvement d'eau d'un marais de la zone choisie. Cette eau contient exclusivement des ions sodium et des ions chlorure.

La méthode utilisée permet de doser les ions chlorure par précipitation avec les ions argent Ag^+.

La réaction de précipitation $Ag^+_{(aq)} + Cl^-_{(aq)} \rightarrow AgCl_{(s)}$ peut être considérée comme totale. Le chlorure d'argent formé est un solide blanc.

L'équivalence du dosage sera déterminée en utilisant un indicateur coloré.

Principe du titrage : l'indicateur coloré de fin de réaction est préparé en dissolvant quelques grains de dichlorofluorescéine dans un mélange eau-éthanol (méthode de Fajans). La solution obtenue a une couleur jaune. La présence d'ions sodium Na^+, chlorure Cl^- ou nitrate $\left(NO_3^-\right)$ ne modifie pas la couleur de la dichlorofluorescéine. Par contre, en présence d'ions Ag^+, la solution de dichlorofluorescéine prend une couleur rose-rouge.

Donnée. Masse molaire atomique du chlore : $M(\text{Cl}) = 35,5\ \text{g} \cdot \text{mol}^{-1}$.

1. Illustration du fonctionnement de l'indicateur coloré

On prépare deux tubes à essais, numérotés 1 et 2. Dans chaque tube, on mélange 2,0 mL de solution de chlorure de sodium $\left(Na^+_{(aq)} + Cl^-_{(aq)}\right)$ de concentration $0,10\ \text{mol} \cdot \text{L}^{-1}$ et quelques gouttes de solution de l'indicateur coloré préparé avec la dichlorofluorescéine.

Dans le tube n° 1, on ajoute $v = 0,5$ mL de solution de nitrate d'argent $\left(Ag^+{}_{(aq)} + NO_3^-{}_{(aq)}\right)$ de concentration $0,10\ \text{mol} \cdot \text{L}^{-1}$.

Dans le tube n° 2, on ajoute $v' = 2,2$ mL de solution de nitrate d'argent de concentration $0,10\ \text{mol} \cdot \text{L}^{-1}$.

a. Quel est le réactif en excès dans chacun des tubes ? Justifier.

b. Quel est l'aspect et la coloration du contenu de chaque tube ?

2. Principe du dosage

On veut doser un volume V_1 d'une solution S_1 d'ions chlorure par une solution S_2 de nitrate d'argent de concentration C_2.

a. Faire un schéma annoté du dispositif de titrage.

b. Définir l'équivalence et expliquer brièvement comment la déterminer. Préciser et justifier le changement de couleur observé.

3. Préparation de la solution à doser

En septembre 2003, après un été caniculaire, on a prélevé un échantillon d'eau dans un marais salant de la zone prévue pour implanter l'élevage d'Artémia. On dilue 10 fois cette eau pour obtenir la solution S_1 à doser.

a. On souhaite obtenir 50 mL de la solution S_1. Quel volume d'eau doit-on prélever ?

b. Quelle verrerie doit-on utiliser pour effectuer la dilution ? Expliquer brièvement le mode opératoire.

4. Exploitation du dosage

On réalise le dosage d'un volume $V_1 = 10{,}0$ mL de solution S_1 par une solution S_2 de nitrate d'argent de concentration $C_2 = 1{,}00 \times 10^{-1} \text{mol} \cdot \text{L}^{-1}$. Le volume de nitrate d'argent versé à l'équivalence est $V_E = 15{,}2$ mL.

a. Déterminer la concentration molaire des ions chlorure dans la solution S_1.

b. En déduire la concentration molaire des ions chlorure dans l'eau du marais.

c. Cette eau est-elle favorable au développement des Artémia ?

5. Utilisation des ressources organiques d'une eau

Expliquer en quelques lignes la dernière phrase du texte « L'observation de la population des artémias est donc un moyen de surveiller la teneur en chlorure de ces eaux. »

3 PRODUCTION DURABLE D'HYDROGÈNE | ★★ | 40 min | ▸ P. 468

Doc 1

En 2006, l'IEA (*Internationnal Energy Agency*) indique que la demande mondiale en énergie, toutes énergies confondues, était de 11,79 Gtep (milliards de tonnes équivalent pétrole). Comme 1 kg d'hydrogène représente 0,002 867 tep, il faudrait donc produire 4,114 milliards de tonnes d'hydrogène par an pour fournir la demande mondiale en énergie. Or notre production ne représente actuellement que 1,5 % de cette estimation.

Doc 2 Différents modes de production du H_2

La production de dihydrogène s'obtient le plus souvent par un procédé d'extraction chimique d'hydrocarbures fossiles. Le dihydrogène peut également être extrait de l'eau via la production biologique d'hydrogène par des algues (ou autres organismes) mais aussi par électrolyse, ou encore par la chaleur (thermolyse) ; ces autres méthodes sont moins propices à la production industrielle, par rapport à celle dérivée des hydrocarbures par voie chimique.

- **À partir des hydrocarbures**

Le dihydrogène peut être généré à partir du gaz naturel, avec un rendement d'environ 80 %, ou à partir d'autres hydrocarbures avec des degrés divers d'efficacité. La méthode de conversion des hydrocarbures cause des rejets de gaz à effet de serre.

Exemple de réaction de synthèse, ici la synthèse à partir du gaz naturel :

$$CH_4 + H_2O \rightarrow CO + 3H_2$$

- **Production biologique à partir de l'eau**

Le biohydrogène peut être produit dans un bioréacteur à algues. À la fin des années 1990, il a été découvert que si l'algue est privée de soufre, elle passe de la production d'oxygène, c'est-à-dire la photosynthèse normale, à la production du dihydrogène.

Il semble que la production soit à présent économiquement possible par le dépassement de la barrière des 10 % d'efficacité énergétique (la conversion de la lumière du soleil en hydrogène).

Il est possible de produire le biohydrogène dans des bioréacteurs qui utilisent des matières premières autres que les algues. Un prototype de bioréacteur à hydrogène qui utilise des déchets comme matière première est opérationnel à l'usine de jus de raisin Welch, dans le nord-est de la Pennsylvanie.

- **Production par électrolyse de l'eau**

Il est plus efficace de produire de l'hydrogène par le biais d'une voie chimique directe que par électrolyse, mais la filière chimique conduit toujours à produire de la pollution ou des sous-produits toxiques lors de l'extraction de l'hydrogène. Avec une alimentation en énergie électrique renouvelable, comme l'hydroélectricité, les éoliennes, ou des cellules photovoltaïques, l'électrolyse de l'eau permet de produire l'hydrogène sans pollution ou presque. Si cette méthode n'a pas été largement utilisée dans le passé c'est qu'en général l'électricité consommée est plus précieuse que le dihydrogène produit, mais l'importance de l'électrolyse croît à mesure que la population humaine et la pollution augmentent, que des ressources non renouvelables (composés de carbone) se réduisent et que les gouvernements suppriment les subventions des carburants à base de carbone.

Doc 3 Production totale de H_2

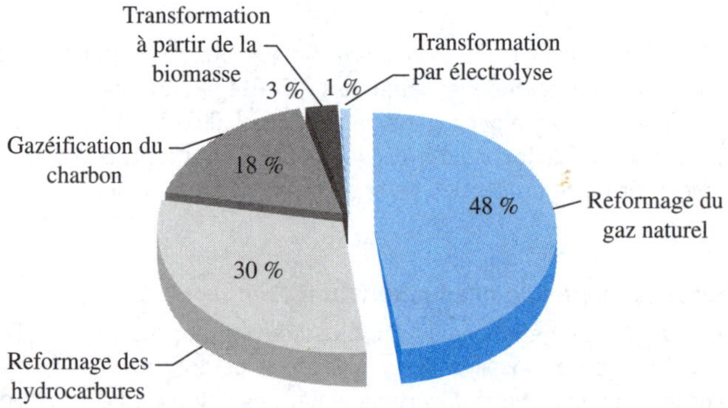

Doc 4 Utilisation du H_2

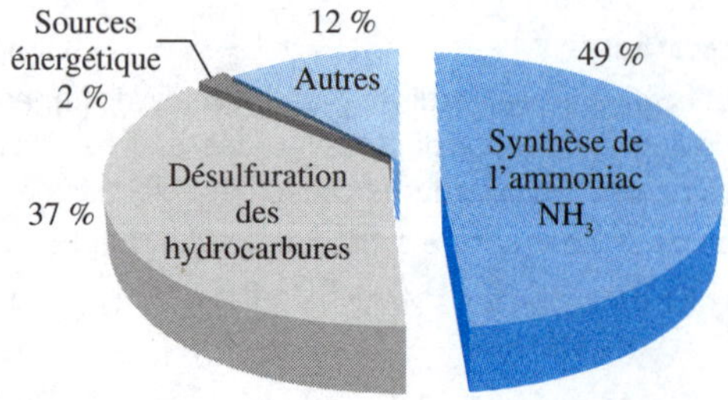

Doc 5 Le biohydrogène

La fermentation orientée vers la production d'hydrogène est un procédé qui est apparu récemment dans le domaine des biotechnologies. Plutôt considérée comme un processus de dégradation indésirable de la matière organique générant des nuisances olfactives et des sous-produits sans grand intérêt, tels que l'acétate et le butyrate, elle est devenue attrayante par sa production d'hydrogène.

D'un point de vue industriel, la filière de production d'hydrogène par fermentation sombre n'a pas encore un réel intérêt économique, mais le développement des industries de la filière du bioéthanol de seconde génération, transformant les plantes entières en sucres simples, fait naître de nouveaux espoirs via la valorisation des sous-produits de cette filière.

En effet, la production d'hydrogène par fermentation s'applique à une large gamme de substrats organiques qu'il s'agisse d'hydrates de carbone purs ou non, de déchets organiques ou autres résidus agricoles.

Néanmoins, les limites à l'industrialisation de la production de dihydrogène par fermentation restent nombreuses. Les rendements moyens de conversion des hydrates de carbone, à l'échelle pilote, et dans de bonnes conditions de productivité, restent inférieurs à 0,2 L d'hydrogène par gramme de sucre alors qu'il faudrait atteindre les 1,6 L d'hydrogène par gramme de sucre pour obtenir une conversion totale.

É. Latrille, É. Trably, C. Larroche, « Production de biohydrogène : voie fermentaire sombre », mai 2011, *www.techniques-ingenieur.fr*

1. Quel pourcentage de dihydrogène est actuellement synthétisé à partir de ressources fossiles ?

2. Faire un schéma du dispositif de l'électrolyse envisagée dans le document 2. L'équation de la réaction étant $2H_2O \rightarrow 2H_2 + O_2$.

3. En vous appuyant sur les documents ainsi que sur vos connaissances, développez un commentaire argumenté expliquant comment doit évoluer la production du dihydrogène pour devenir une énergie durable. Vous prendrez soin de faire le point sur la production actuelle (avec ses avantages et ses inconvénients) avant de développer de façon ordonnée les différentes possibilités de production « verte ». Votre développement ne devra pas excéder une trentaine de lignes.

Le dihydrogène est un vecteur énergie car on peut, grâce à lui, transporter de l'énergie.

4 DEUX PILES À COMBUSTIBLE

★★★ | 35 min | ▸ P. 469

Le moteur thermique étant très certainement appelé à disparaître, les constructeurs automobiles recourront probablement au « tout électrique » ou à une motorisation hybride mettant en jeu une pile à combustible.

Doc 1

Une pile à combustible (PAC) est un assemblage de cellules élémentaires, comprenant deux électrodes contenant un catalyseur (le plus souvent du platine), séparées par un électrolyte, dont le rôle est de permettre la migration des ions d'une électrode à l'autre.

Le comburant est du dioxygène. Le combustible est le plus souvent du dihydrogène.

Ce combustible, gazeux à température ambiante et inflammable, pose des problèmes de stockage.

Un autre combustible possible est le méthanol. Ce combustible est certes toxique, mais liquide à température ambiante. Il est principalement produit à partir de gaz naturel. On se dispense ainsi du problème de stockage du dihydrogène. Une telle pile à combustible est appelée DMFC (*Direct Methanol Fuel Cells*).

L'électrolyte utilisé est acide.

Partie A. La pile au méthanol

Nous allons nous intéresser à la réaction dans les DMFC.

La pile débite un courant à travers un dipôle ohmique de résistance R selon le schéma ci-dessous.

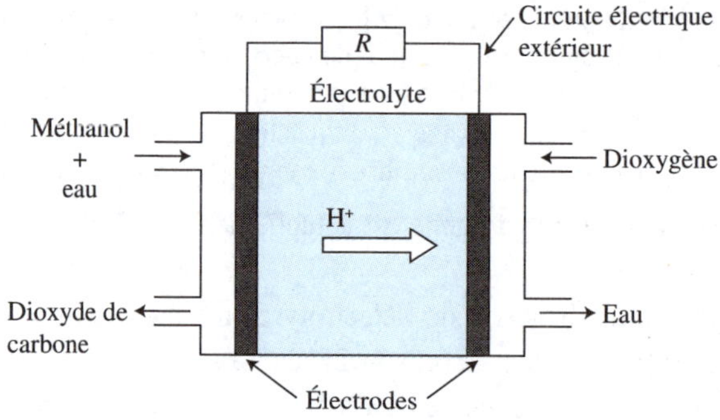

L'équation associée à la réaction lorsque la pile débite est :

$$2CH_3OH_{(aq)} + 3O_{2(g)} \rightarrow 2CO_{2(g)} + 4H_2O_{(l)}$$

1. Les couples oxydant/réducteur mis en jeu sont :

$$CO_{2(g)}/CH_3OH_{(aq)} \quad \text{et} \quad O_{2(g)}/H_2O_{(l)}.$$

a. Écrire les demi-équations électroniques rendant compte des transformations se produisant à chaque électrode.

b. Préciser à quelle électrode a lieu chaque réaction et indiquer s'il s'agit d'une oxydation ou d'une réduction.

2. Indiquer la polarité des électrodes sur le schéma de la pile à combustible ci-dessus et représenter le sens de circulation des électrons dans le circuit extérieur, lorsque la pile fonctionne.

3. Le platine est un catalyseur de la réaction. Définir la notion de catalyseur.

Partie B. La pile à hydrogène

Doc 2

Le principe des piles à combustible a été découvert par l'électrochimiste William Grove en 1839, mais leur utilisation réelle ne date que des années 1960, à l'occasion des programmes spatiaux de la NASA.

Ces piles alimentaient en électricité les ordinateurs de bord des vaisseaux Gemini et Apollo et fournissaient l'eau de consommation.

En effet, par comparaison aux piles salines et alcalines, les piles à combustible, type hydrogène-oxygène, présentent deux avantages : faire appel à des réactifs (dioxygène de l'air et dihydrogène) disponibles en grande quantité et être non polluantes car libérant de l'eau.

Le principe de fonctionnement est simple : la cellule de réaction est composée de deux électrodes séparées par un électrolyte (par exemple, l'acide phosphorique H_3PO_4). Elle est alimentée en dihydrogène et en dioxygène en continu.

Le fonctionnement de la pile repose sur une réaction d'oxydoréduction au niveau des électrodes.

Le réactif qui est réduit est appelé le « combustible » de la pile.

Données.

- Masses molaires atomiques : $M(\text{H}) = 1{,}0\ \text{g} \cdot \text{mol}^{-1}$; $M(\text{O}) = 16{,}0\ \text{g} \cdot \text{mol}^{-1}$.
- Constante d'Avogadro : $N_A = 6{,}02 \times 10^{23}\ \text{mol}^{-1}$.
- Charge électrique élémentaire : $e = 1{,}6 \times 10^{-19}$ C.
- Faraday : $F = 96\,500$ C.

1. Schéma de la pile à combustible

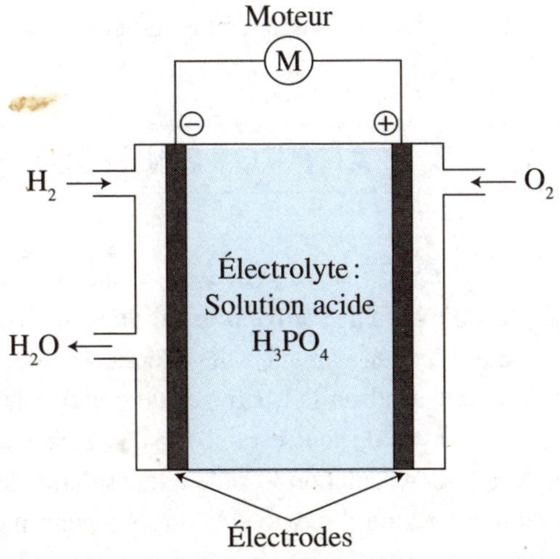

a. Quelle est la nature des porteurs de charges à l'extérieur de la pile ?

b. Légender le schéma de la pile ci-dessus en indiquant le sens conventionnel de circulation du courant électrique I et le sens de circulation des porteurs de charges, à l'extérieur de la pile (en ajoutant des flèches bien orientées).

2. Étude de la réaction

Les couples d'oxydoréduction mis en jeu dans la réaction sont :

$$H^+_{(aq)}/H_{2(g)} \quad \text{et} \quad O_{2(g)}/H_2O_{(l)}$$

a. Écrire les demi-équations électroniques pour chaque couple mis en jeu, quand la pile débite.

b. En déduire l'équation de la réaction modélisant la transformation ayant lieu dans la cellule.

c. Parmi les espèces chimiques présentes dans les couples, laquelle constitue le combustible ? Justifier la réponse en définissant la réaction de réduction.

d. Préciser le nom de l'électrode où se produit la réduction. Cette électrode est-elle le pôle positif ou le pôle négatif de la pile ?

3. Le réservoir

Dans un véhicule motorisé fonctionnant grâce à une pile à combustible, on estime à 1,5 kg la masse de dihydrogène nécessaire pour parcourir 250 km.

a. Calculer la quantité de matière de dihydrogène $n(H_2)$ correspondant à cette masse, puis le volume de dihydrogène $V(H_2)$ en m^3, dans les conditions où le volume molaire V_m est égal à $24 \text{ L} \cdot \text{mol}^{-1}$.

b. Proposer un moyen de réduire l'espace occupé par ce gaz, à température ambiante, pour la quantité de matière n de gaz calculée à la question **b.** Justifier la réponse à l'aide de la loi des gaz parfaits :

$$PV = nRT.$$

Où P est la pression du gaz ; V son volume ; n la quantité de matière de gaz ; R la constante des gaz parfaits et T la température du gaz.

EXERCICES D'APPROFONDISSEMENT

5 ATTENTION PLUIES ACIDES ! | ★★ | 25 min | ▸ P. 471

Principe du titrage du dioxyde de soufre présent dans un échantillon d'air

Le dioxyde de soufre SO_2 est un gaz qui a des propriétés réductrices et qui est présent dans l'air pollué. Quand on fait barboter un grand volume d'air pollué dans un litre d'eau, le dioxyde de soufre va se dissoudre dans l'eau. Il est possible, par la suite, de le titrer en solution à l'aide d'une solution de permanganate de potassium lors d'une réaction d'oxydoréduction. La concentration massique du dioxyde de soufre dans l'air pollué est ainsi déduite de ce titrage.

On a défini un seuil d'alerte de la population pour une teneur en dioxyde de soufre mesurée supérieure à 500 µg par m^3.

Protocole expérimental

Une solution S est préparée en faisant barboter $1{,}00 \times 10^4 \text{ m}^3$ d'air pollué dans $V_0 = 1{,}00 \text{ L}$ d'eau. Un volume $V_1 = 10{,}0 \text{ mL}$ de cette solution est placé dans un bécher de 100 mL.

La solution violette de permanganate de potassium de concentration $C_2 = 1{,}00 \times 10^{-2} \text{ mol} \cdot \text{L}^{-1}$ est ensuite versée goutte à goutte jusqu'à persistance de la coloration.

Données. Masses molaires : $M(\text{S}) = 32{,}0 \text{ g} \cdot \text{mol}^{-1}$; $M(\text{O}) = 16{,}0 \text{ g} \cdot \text{mol}^{-1}$.

1. Quelle verrerie choisiriez-vous pour prélever avec précision 10,0 mL de solution *S* ?

2. Sachant que les couples oxydant/réducteur mis en jeu sont : $SO^{2-}_{4(aq)}/SO_{2(aq)}$ et $MnO^{-}_{4\,(aq)}/Mn^{2+}_{(aq)}$, en déduire que l'équation de la réaction entre les ions permanganate et le dioxyde de soufre est :

$$2MnO^{-}_{4\,(aq)} + 5SO_{2(aq)} + 2H_2O_{(l)} = 4H^{+}_{(aq)} + 5SO^{2-}_{4(aq)} + 2Mn^{2+}_{(aq)}$$

3. Définir l'équivalence d'un titrage.

4. Donner l'expression du quotient de réaction initial, $Q_{r,i}$, de la réaction précédente. Cette transformation évoluant spontanément dans le sens direct de la réaction, comparer $Q_{r,i}$ à la constante d'équilibre K associée.

5. Donner la relation entre la quantité de matière n_1 de dioxyde de soufre initialement présente dans la solution *S* et la quantité de matière n_2 d'ions permanganate introduite pour atteindre l'équivalence. Justifier la réponse. *(On pourra éventuellement s'aider d'un tableau d'avancement.)*

6. Sachant que le volume équivalent du titrage est $V_E = 8{,}0$ mL, en déduire la concentration molaire C_1 en dioxyde de soufre dissous de la solution *S*.

7. Calculer la masse m_1 de dioxyde de soufre présente dans $V_0 = 1{,}00$ L de la solution *S*.

8. En déduire la masse m_2 de dioxyde de soufre gazeux par m³ d'air pollué.

9. Exprimer cette masse en µg. Le seuil d'alerte est-il atteint ?

6 HYDROGÈNE ET AVENIR

★★★ | 40 min | ▸ P. 473

Dans cet exercice, on étudie le principe de fonctionnement d'une cellule élémentaire et la durée d'autonomie de la pile GENEPAC.

Doc 1 L'hydrogène : une solution d'avenir ?

Depuis quelques années, les chercheurs réfléchissent à un nouveau concept de véhicule hybride. Celui-ci, qui couplera des batteries $LiFePO_4$ à une pile à combustible (PAC), existe au CEA incarné dans un cabriolet 307 Peugeot.

Ses performances sont prometteuses : vitesse de pointe de 155 km/h et autonomie de 500 km, dont un peu moins de 100 km avec la batterie et 400 km grâce aux 3 kg d'hydrogène de la PAC. Ainsi, forts de leur savoir-faire, notamment avec leur prototype GENEPAC, les chercheurs continuent d'innover.

Il y a par exemple des projets en cours qui visent les marchés de niche comme l'alimentation d'engins agricoles, de drones ou de véhicules robustes évoluant en conditions hostiles, comme dans le désert.

Plus connu est celui du voilier Zéro CO_2 autour de la Méditerranée, bateau hybride qui a initié son périple en juin 2010. Il a dans un premier temps fonctionné en tout électrique, avec une technologie de batterie lithium $LiFePO_4$, et entre actuellement en mode hybride afin que soit testée la PAC en milieu marin. Le projet Zéro CO_2 doit donc permettre de tester un bateau aux énergies renouvelables et au dihydrogène pour promouvoir un littoral économe et respectueux de l'environnement.

Malheureusement, si le nouveau concept de véhicule ne doit voir le jour qu'en 2020, son développement reste conditionné à la problématique du stockage de l'hydrogène et à la réglementation associée.

Doc 2 La pile GENEPAC

Le principe de la pile à combustible est le suivant : une réaction électrochimique contrôlée, entre du dihydrogène et le dioxygène de l'air, produit simultanément de l'électricité, de l'eau et de la chaleur.

Cette réaction s'opère au sein d'une cellule élémentaire (schéma ci-dessous) composée de deux électrodes, de forme ondulée, séparées par un électrolyte.

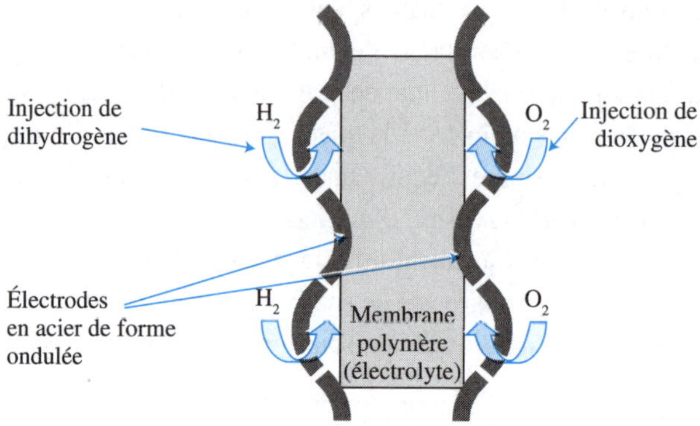

L'électrolyte est constitué d'une membrane polymère échangeuse de protons H^+ qui empêche le passage des électrons.

Cette pile est un empilement de 170 cellules élémentaires identiques.

Doc 3 Le réservoir de combustible

Le dihydrogène est stocké à bord sous forme de gaz comprimé à la pression de 700 bars ; le volume du réservoir est $V = 15{,}0$ L.

Lorsque le réservoir de dihydrogène est plein, la masse du dihydrogène disponible est de 3,0 kg.

Données.

- Loi des gaz parfaits dans les conditions normales de pression et de température : $P_0V_0 = nRT$, où n représente la quantité de matière de gaz et V_0 son volume.
- Constante des gaz parfaits : $R = 8{,}314 \text{ J} \cdot \text{K}^{-1} \cdot \text{mol}^{-1}$.
- Pression normale : $P_0 = 1{,}01 \times 10^5$ Pa.
- Température normale : $T_0 = 273$ K.
- Masses molaires atomiques : $M(\text{H}) = 1{,}0 \text{ g} \cdot \text{mol}^{-1}$; $M(\text{O}) = 16{,}0 \text{ g} \cdot \text{mol}^{-1}$.
- Constante d'Avogadro : $N_A = 6{,}0 \times 10^{23} \text{ mol}^{-1}$.
- Charge électrique élémentaire : $e = 1{,}6 \times 10^{-19}$ C.
- Couples d'oxydoréduction mis en jeu dans la réaction :

$$H^+_{(aq)}/H_{2(g)} \quad \text{et} \quad O_{2(g)}/H_2O_{(l)}.$$

Partie A. Principe de fonctionnement d'une cellule élémentaire

1. Écrire les équations des réactions à chaque électrode quand la pile débite.

2. Préciser pour chaque réaction s'il s'agit d'une oxydation ou d'une réduction.

3. Montrer que l'équation de la réaction chimique mise en jeu dans le fonctionnement de la pile est :

$$2H_{2(g)} + O_{2(g)} \rightleftharpoons 2H_2O_{(l)}$$

4. Sur la figure ci-après, indiquer (en justifiant) :
– le sens de circulation et la nature des porteurs de charges circulant à l'extérieur de la pile ;
– le sens conventionnel de circulation du courant électrique ;
– la polarité de chaque électrode ;
– le sens de circulation des protons H^+ dans la membrane polymère (électrolyte).

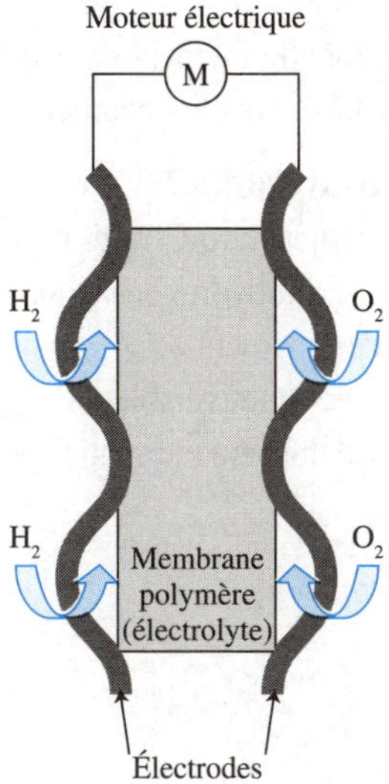

5. D'après le document 2, « L'électrolyte est constitué d'une membrane polymère… qui empêche le passage des électrons. » Pourquoi est-il important que cette membrane ne laisse pas passer les électrons ?

Partie B. Autonomie de la pile GENEPAC

Les 170 cellules élémentaires constituant la pile sont montées électriquement en série.

Dans certaines conditions d'utilisation, on peut considérer que le courant circulant dans les cellules élémentaires est constant, d'intensité $I = 120$ A.

1. En utilisant la masse de dihydrogène disponible dans le réservoir plein, calculer la quantité de matière de dihydrogène $n_R(H_2)$ correspondante.

En considérant que le dihydrogène est un gaz parfait, déterminer le volume de dihydrogène V_0, pris dans les conditions normales de pression et de température, qu'il a fallu comprimer pour remplir le réservoir.

2. On note $n_C(H_2)$ la quantité de matière de dihydrogène disponible pour chaque cellule élémentaire. Quelle est la relation entre $n_C(H_2)$ et $n_R(H_2)$?

3. La quantité totale d'électricité Q fournie par la réaction de la pile est donnée par la formule $Q = n_e \cdot N_A \cdot e$ où n_e est le nombre d'électrons échangés entre l'anode et la cathode.

L'intensité est alors définie par $I = \dfrac{Q}{\Delta t}$ où Δt est la durée de fonctionnement de cette pile.

a. Démontrer la relation $n_R(H_2) = \dfrac{n_e}{2}$ en vous appuyant sur les équations des réactions aux électrodes de la pile.

b. Calculer alors le temps de fonctionnement de cette pile.

c. Le comparer avec celui évoqué dans le document 1.

Partie C. Et les énergies renouvelables ?

D'après le document 1, « le projet Zéro CO_2 doit permettre de tester un bateau aux énergies renouvelables et au dihydrogène pour promouvoir un littoral économe et respectueux de l'environnement ».

a. Qu'appelle-t-on une « énergie renouvelable » ?

b. Citer deux énergies renouvelables que le voilier pourrait utiliser.

CONTRÔLES

7 TRAITEMENT DE L'EAU (SYNTHÈSE) | ★★ | 20 min | ▸ P. 475

Doc 1

Nos besoins en eau nous ont fait passer de l'emploi des eaux de source et de nappe à une utilisation de plus en plus poussée des eaux de surface. En France, 60 % de l'eau potable provient des eaux souterraines et 40 % est produite à partir de l'eau des fleuves, des rivières et des lacs. L'eau naturelle n'est pas directement consommable : il faut la traiter afin de la rendre potable. Avant d'arriver à nos robinets, l'eau captée dans la nature doit subir une série d'opérations dans une usine de traitement.

L'eau potable est le produit alimentaire le plus surveillé. Les normes de qualité de l'eau potable définies par le ministère de la Santé et le parlement Européen sont très rigoureuses. L'eau doit subir régulièrement une série de 63 analyses différentes qui permettront de tester 7 groupes de paramètres :

- les paramètres organoleptiques ;
- les paramètres physico-chimiques ;
- les paramètres concernant les substances « indésirables » : teneurs maîtrisées en nitrates, sulfates, chlorures, sodium, fluor...
- les paramètres concernant les substances toxiques : doses infimes en plomb, chrome, mercure, arsenic ;
- les paramètres microbiologiques : absence de parasites, de bactéries et de virus pathogènes ;
- doses infimes en pesticides et produits apparentés ;
- les paramètres concernant les eaux adoucies et déminéralisées : teneur minimale en calcium, magnésium, hydrogénocarbonates.

Doc 2 Quelques exemples de critères de potabilité :

- Le sodium est un élément vital. Les risques dus à un excès de sodium intéressent principalement les nourrissons et les personnes atteintes de troubles cardiaques, vasculaires et rénaux qui doivent suivre un régime sans sel. Valeur limite réglementaire : 150 mg/L.
- Les sulfates peuvent avoir un effet purgatif et entraîner une déshydratation et une irritation gastrique. Ils donnent mauvais goût à l'eau et peuvent entraîner des effets de corrosion des canalisations. Valeur réglementaire : 250 mg/L.
- Les chlorures interviennent dans la désinfection de l'eau. Ils ne présentent aucun risque pour la santé mais donnent à l'eau un goût fort désagréable d'eau de Javel. Valeur limite réglementaire : 200 mg/L.
- Les nitrates peuvent provoquer un mauvais transfert de l'oxygène vers le sang, surtout chez les nourrissons de moins de 6 mois. Valeur limite réglementaire : 50 m/L.
- Le fluor est un oligo-élément bénéfique pour la santé mais un excès peut entraîner des risques de fluorose dentaire (taches brunes sur l'émail des dents). Valeur limite réglementaire : 1,5 mg/L.

• Le plomb est un métal très toxique. L'organisme le stocke et cela peut provoquer, chez les enfants, un retard psychomoteur et des troubles du comportement (saturnisme). Valeur limite réglementaire : 0,05 mg/L.

Doc 3 Cycle de l'eau potable

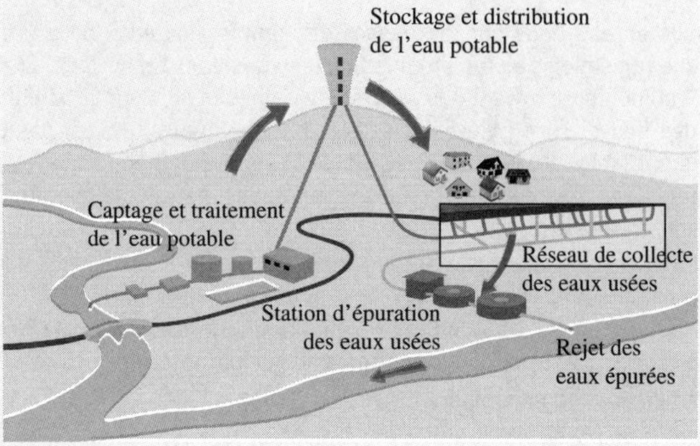

Doc 4 Composition de deux eaux minérales

Composition de l'eau de Badoit en mg/L		
calcium : 190	magnésium : 85	sodium : 150
sulfate : 40	chlorure : 40	potassium : 10
bicarbonate : 1 300	résidu sec à 180 °C : 1 200	pH = 6

Composition de l'eau de Quezac en mg/L		
calcium : 241	magnésium : 95	sodium : 255
fluor : 2,1	bicarbonate : 1 685,4	potassium : 49,7
nitrate ≤ 1	sulfate : 143	chlorure : 38

1. Donner deux exemples d'utilisation d'eau qui ne nécessite pas une eau potable.

2. D'après les documents, les eaux de Quezac et de Badoit sont-elles potables ?

3. Suite à deux étés particulièrement chauds, le maire de la commune de Paulbert-sur-Seine doit faire face à une importante diminution des ressources en eau sur sa commune.
Le conseil municipal de la commune de Paulbert-sur-Seine a ainsi voté l'installation d'une usine de captage et de traitement de l'eau potable de la commune.
Vous devez écrire la lettre du maire de cette commune souhaitant expliquer à ses administrés le fonctionnement de l'usine ainsi que le bien-fondé de cette installation.

8 ANALYSE D'UNE EAU ★★★ 30 min ▶ P. 476

Un laboratoire a la charge d'effectuer des analyses pour une association menant une étude sur la qualité d'une eau.
En plus des analyses dont les résultats sont regroupés dans le document 2, le laboratoire effectue deux dosages :
– le titrage des ions chlorure ;
– la mesure de la dureté.

Doc 1 Norme française pour les paramètres physico-chimiques

	Valeurs maximales ou limites autorisées
Chlorures (Cl^-)	200 mg/L
Sulfates (SO_4^{2-})	250 mg/L
Magnésium (Mg^{2+})	50 mg/L
Nitrates (NO_3^-)	50 mg/L
Ammonium (NH_4^+)	0,5 mg/L
Nitrites (NO_2^-)	0,1 mg/L
Sodium (Na^+)	150 mg/L
Potassium	12 mg/L
Hydrogénocarbonate	Non limité
Dureté (TH)	Supérieure à 15 °f

Doc 2 Résultats de l'eau testée

	Valeurs trouvées pour 1 litre
Potassium	3,5 mg
Sodium	63 mg
Sulfate	9 mg
Nitrates	45 mg
Hydrogénocarbonate	163 mg
pH	6,9

Document 3. Titrage par précipitation des ions chlorure

On prélève un volume $V_1 = 20{,}0\,\text{mL}$ d'eau à analyser que l'on introduit dans un grand bécher. On ajoute un volume d'environ 200 mL d'eau distillée. On plonge dans le milieu une cellule de conductimétrie. À l'aide d'une burette graduée, on ajoute progressivement une solution aqueuse de nitrate d'argent $(Ag^+_{(aq)} + NO^-_{3\,(aq)})$ de concentration molaire $c_2 = 2{,}00 \times 10^{-2}\,\text{mol} \cdot \text{L}^{-1}$.

Le mélange obtenu dans le bécher est maintenu sous une agitation régulière La figure ci-dessous donne la courbe d'évolution de la conductivité σ du mélange en fonction du volume V_2 versé de la solution de nitrate d'argent.

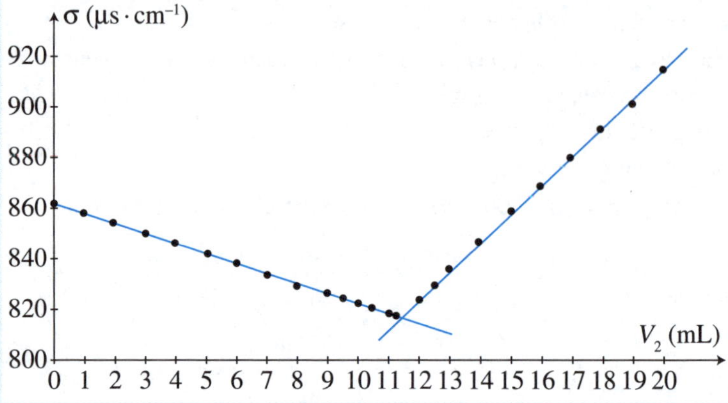

Donnée. Masse molaire atomique du chlore $M(\text{Cl}) = 35{,}5\ \text{g} \cdot \text{mol}^{-1}$.

Partie A. L'analyse « chlorure »

1. Donner deux raisons pour lesquelles l'ajout d'un grand volume d'eau distillée est nécessaire.
2. Compléter le schéma ci-dessous du dispositif utilisé lors de ce titrage.

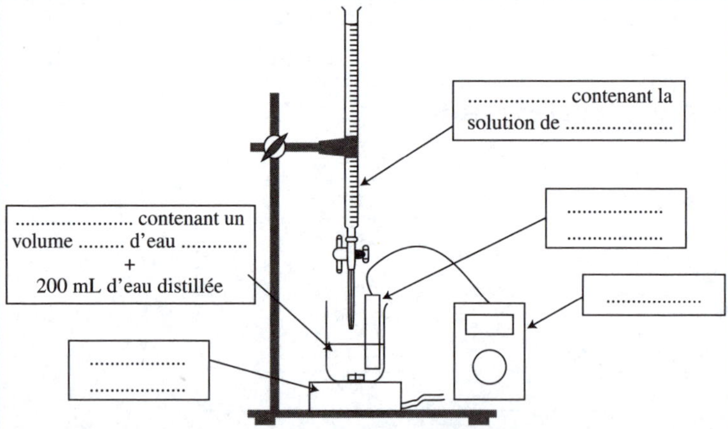

3. Lors de ce titrage, les ions chlorure $Cl^-_{(aq)}$ réagissent avec les ions argent $Ag^+_{(aq)}$ pour former un précipité blanc de chlorure d'argent $AgCl_{(s)}$. La transformation associée à la réaction est totale. L'équation de la réaction de précipitation est la suivante :

$$Ag^+_{(aq)} + Cl^-_{(aq)} \rightarrow AgCl_{(s)}$$

a. Compléter le tableau décrivant l'évolution du système à l'équivalence donné ci-après. On note $n_{2,\text{éq}}$ la quantité de matière (en mol) d'ions argent versée à l'équivalence.

Équation chimique		$Ag^+_{(aq)}$ +	$Cl^-_{(aq)}$ →	$AgCl_{(s)}$
État du système	Avancement (mol)	Quantités de matière (en mol)		
État initial	0	$n_{2,\text{éq}}$	n_1	
En cours de transformation	x			
À l'équivalence	$x_{\text{éq}}$			

b. En déduire la relation entre la quantité initiale n_1(en mol) des ions chlorure et la quantité de matière $n_{2,\text{éq}}$ (en mol) d'ions argent versée à l'équivalence.

4. En utilisant la figure du document 3, déterminer la valeur du volume $V_{2,\text{éq}}$ de la solution de nitrate d'argent versé à l'équivalence.

5. Expliquer le changement de pente de la courbe de la conductivité σ du mélange en fonction du volume V_2 qui se produit à l'équivalence.

6. En utilisant les questions précédentes, calculer la concentration molaire c_1 des ions chlorure dans l'échantillon d'eau étudiée.

7. La concentration massique t (exprimée en $g \cdot L^{-1}$) d'une espèce chimique X en solution est le produit de sa concentration molaire (exprimée en $mol \cdot L^{-1}$) par sa masse molaire moléculaire (exprimée en $g \cdot mol^{-1}$).
Calculer la concentration massique notée t_1 des ions chlorure dans cette eau. On donnera le résultat en $mg \cdot L^{-1}$.

Partie B. La dureté de l'eau

Doc 4. Titrage complexométrique des ions calcium

La dureté de l'eau ou titre hydrotimétrique (TH) est l'indicateur de la minéralisation de l'eau. Elle est surtout due aux ions calcium et magnésium.

En France, le titre hydrotimétrique (TH) s'exprime en degré français (°f) : 1 °f correspond à 10^{-4} $mol \cdot L^{-1}$ d'ions calcium (Ca^{2+}) et magnésium (Mg^{2+}).

La dureté d'une eau se détermine grâce à un titrage complexométrique par l'EDTA (acide éthylène diamine tétraacétique) en présence d'un indicateur coloré de fin de réaction et de solution tampon permettant de maintenir le pH de la solution entre 9 et 10.

On réalise le titrage d'un volume $V'_1 = 20{,}0$ mL d'eau à analyser par une solution d'EDTA de concentration $c'_2 = 5{,}0 \times 10^{-3}$ $mol \cdot L^{-1}$. À l'équivalence, le volume versé d'EDTA est $V'_{2,\text{éq}} = 10{,}8$ mL.

Données.

Masses molaires : $M(\text{Ca}) = 40{,}1\ \text{g} \cdot \text{mol}^{-1}$; $M(\text{Mg}) = 24{,}3\ \text{g} \cdot \text{mol}^{-1}$.

Le tableau ci-après permet de caractériser la dureté d'une eau en fonction de son TH :

TH (°f)	0 à 7	7 à 15	15 à 25	25 à 42	supérieur à 42
Eau	très douce	douce	moyennement dure	dure	très dure

1. En milieu basique, l'EDTA contient des ions notés Y^{4-} qui réagissent avec les ions calcium (Ca^{2+}) et magnésium (Mg^{2+}) contenus dans l'eau minérale pour former des complexes très stables selon les équations :

$$Ca^{2+}_{(aq)} + Y^{4-}_{(aq)} = [CaY]^{2-}_{(aq)}$$
$$Mg^{2+}_{(aq)} + Y^{4-}_{(aq)} = [MgY]^{2-}_{(aq)}$$

Cela signifie donc que la quantité d'EDTA versé sert à doser à la fois les quantités d'ions Ca^{2+} et celles d'ions Mg^{2+} présents dans le volume V d'eau titrée.

Soient $n_i(Ca^{2+})$ et $n_i(Mg^{2+})$ les quantités de matière initiales d'ions calcium et magnésium présents dans le volume V_1 d'eau minérale, $n'_{2,eq}$ désigne la quantité de matière d'ions Y^{4-} versée pour atteindre l'équivalence.

Quelle relation lie ces trois quantités de matière ?

2. Montrer que la somme des concentrations molaires des ions calcium et magnésium est donnée par la relation :

$$\left[Ca^{2+}\right] + \left[Mg^{2+}\right] = \frac{c'_2 V'_{2,\,\acute{e}q}}{V'_1}.$$

3. Calculer en $\text{mol} \cdot \text{L}^{-1}$ la valeur de la somme $\left[Ca^{2+}_{(aq)}\right] + \left[Mg^{2+}_{(aq)}\right]$ pour l'eau testée.

4. En déduire le TH exprimé en degrés français (°f) de l'eau testée. Comment caractérise-t-on la dureté de cette eau ?

Partie C. Est-elle potable ?

À partir de toutes les données dont vous disposez, conclure sur le caractère potable de cette eau.

CORRIGÉS

1 1. Une eau propre à la consommation est une eau potable.
2. Avant d'être traitée, l'eau peut être puisée en surface (lacs, fleuves…) ou de façon souterraine (sources).
3. Les étapes **1.** et **3.** sont des étapes de filtration : la première s'effectue sur des grilles, grillages et tamis et la seconde s'effectue sur du sable et du charbon actif.
4. Ces étapes diffèrent dans la taille de la filtration effectuée. Les tamis et grilles de l'étape **1.** retiennent des corps d'une taille supérieure à quelques centimètres alors que le sable puis le charbon actif filtrent les objets de taille bien plus petite, de l'ordre du micromètre $\left(10^{-6}\ \text{m}\right)$.
5. L'étape **2.** est une étape de décantation.

Le principe de la décantation est de laisser reposer l'eau pour que les particules solides en suspension tombent au fond de la cuve. On prélève donc préférentiellement l'eau en haut de cette cuve et non au fond comme pour l'étape **3**.

6. La chloration a pour but d'éviter les contaminations bactériennes et virales lors du transport de l'eau de l'usine de traitement aux robinets de distribution.

2 1. a. L'équation chimique de la réaction modélisant la transformation est :

$$Ag^{+}_{(aq)} + Cl^{-}_{(aq)} \rightarrow AgCl_{(s)}$$

Les conditions stœchiométriques sont donc 1 mole d'ion argent pour 1 mole d'ion chlorure. Le réactif en excès est donc le réactif pour lequel la quantité initiale est supérieure à l'autre.
Or dans le tube n° 1, $n_i\left(Ag^+\right) < n_i\left(Cl^-\right)$ et donc les ions chlorure sont en excès.
En effet : $n_i\left(Ag^+\right) = \left[Ag^{+}_{(aq)}\right]_{initiale} \times v = 5 \times 10^{-5}$ mol
et $n_i\left(Cl^-\right) = \left[Cl^{-}_{(aq)}\right]_{initiale} \times v' = 2{,}0 \times 10^{-4}$ mol.
De la même façon, dans le tube n° 2 :

$$n_i\left(Ag^+\right) = \left[Ag^{+}_{(aq)}\right]_{initiale} \times v = 2{,}2 \times 10^{-4}\ \text{mol}$$

$$n_i\left(Cl^-\right) = \left[Cl^{-}_{(aq)}\right]_{initiale} \times v' = 2{,}0 \times 10^{-4}\ \text{mol}.$$

Donc $n_i\left(Ag^+\right) > n_i\left(Cl^-\right)$ donc ce sont les ions argent qui sont en excès.

On pouvait aussi faire le calcul de l'avancement maximal et déterminer le plus petit des avancements maximaux possibles pour déterminer le réactif en défaut et déduire celui en excès. Cela peut se faire avec ou sans tableau d'avancement.

b. En fin de transformation, il reste des ions argent dans le tube n° 2 puisqu'ils sont en excès donc on observe une coloration rose-rouge (d'après le texte expliquant les teintes de l'indicateur coloré).

Par contre dans le tube n° 1, tous les ions argent ayant été consommés (ils sont en défaut), on observe une coloration jaune.

2. a. Dispositif de titrage :

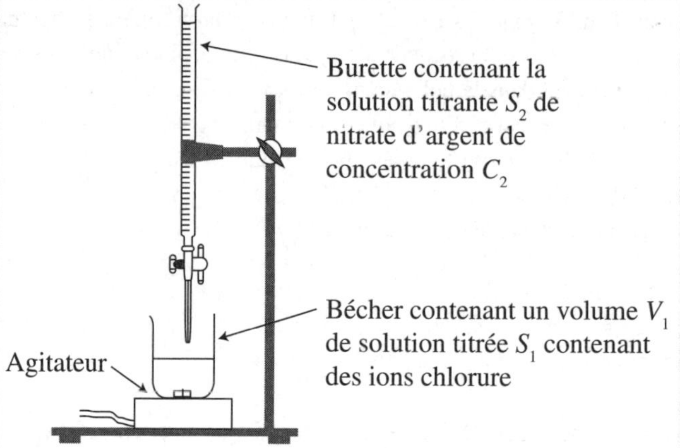

b. Par définition, à l'équivalence les réactifs ont été introduits dans les proportions stœchiométriques, ils sont donc totalement consommés.

Dans un titrage colorimétrique, la solution subit un changement de teinte (dû à la coloration d'un réactif et/ou d'un produit de la réaction ou à un indicateur coloré ajouté). Ce changement de couleur permet de déterminer l'équivalence.

Étudions ce titrage en particulier. Avant l'équivalence les ions argent versés sont immédiatement consommés et donc la solution reste jaune.

Après l'équivalence, il n'y a plus d'ion chlorure et les ions argent ajoutés sont donc en excès : la solution devient rose-rouge.

Les dosages sont forcément très présents dans ce chapitre car ils interviennent dans le contrôle physico-chimique des pollutions et les vérifications réglementaires lors du traitement de l'eau. Voir le chapitre 12.

3. a. Au cours d'une dilution, la quantité de matière de soluté se conserve. Il y a toujours autant de soluté dans la pipette de solution mère que dans toute la fiole de solution fille fabriquée.

Donc $C_0V_0 = C_1V_1$, soit $C_0V_0 = \frac{C_0}{10}V_1$.

D'où $V_0 = \frac{V_1}{10} = \frac{50}{10} = 5{,}0$ mL.

On doit donc prélever 5,0 mL d'eau du marais salant.

b. Verrerie à utiliser : pipette jaugée de 5,0 mL, fiole jaugée de 50 mL, bécher.
On verse de l'eau du marais salant dans un bécher.

- On prélève à la pipette jaugée, $V_0 = 5$ mL d'eau du marais salant.
- On verse ce volume dans une fiole jaugée de 50 mL préalablement remplie à moitié d'eau distillée.
- On agite.
- On ajoute de l'eau distillée jusqu'au trait de jauge. On bouche et on agite à nouveau.

Les dilutions et dissolutions se font toujours en utilisant une fiole jaugée. Pour les prélèvements pour les dilutions, il faut privilégier les pipettes jaugées lorsque le volume à prélever est 5 mL, 10 mL, 20 mL ou 50 mL. Sinon on pourra utiliser une pipette graduée (moins précise mais avec laquelle on peut prélever n'importe quel volume (par exemple 18 mL).

4. a. D'après l'équation chimique de la réaction support du titrage, on a à l'équivalence : $n_{\text{Ag}^+ \text{ versée}} = n_{\text{Cl}^- \text{ initiale}}$.

C'est-à-dire $C_2V_E = C_1V_1$, donc $C_1 = \dfrac{C_2V_E}{V_1}$.

Soit $C_1 = \dfrac{1{,}00 \times 10^{-1} \times 15{,}2}{10{,}0} = 1{,}52 \times 10^{-1}\ \text{mol} \cdot \text{L}^{-1}$.

b. Pour le titrage on a dilué par 10 l'eau du marais donc l'eau du marais est dix fois plus concentrée, soit $C_0 = 10 \times C_1$.
$C_0 = 1{,}52\ \text{mol} \cdot \text{L}^{-1}$.

c. Déterminons la concentration massique t_0 en ions chlorure de l'eau du marais.
$t_0 = C_0 \times M(\text{Cl})$
$t_0 = 1{,}52 \times 35{,}5 = 54{,}0\ \text{g} \cdot \text{L}^{-1}$.

La concentration massique t est toujours liée à la concentration molaire c :

$$\underset{\text{en g/L}}{t} = \underset{\text{en mol/L}}{c} \times \underset{\text{en g/mol}}{M}$$

c. D'après le texte, l'Artémia ne peut se développer que si $t > 30\ \text{g} \cdot \text{L}^{-1}$, ce marais est donc favorable à son développement.

5. Étant donné que les artémias doivent être dans une eau ayant une teneur en chlorure supérieure à 30 g/L pour se développer réellement, il suffit donc de surveiller le développement de ces crustacées pour savoir si la teneur en chlorure est supérieure ou inférieure à cette limite :
– si les artémias se développent et prolifèrent, la teneur en chlorure est supérieure à 30 g/L ;
– si les artémia ne se développent pas ou disparaissent, la teneur en chlorure est inférieure à cette limite.

3 1. D'après le document 3, la production de dihydrogène est faite à 96 % à partir de ressources fossile : gaz, charbon ou hydrocarbures (48 + 30 + 18 = 96).

2. Schéma de l'électrolyse :

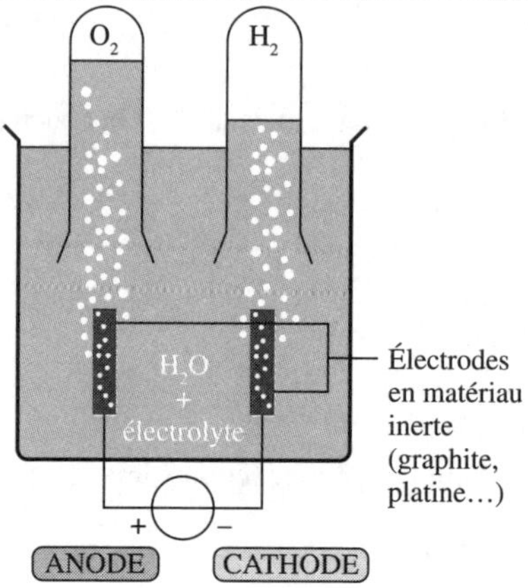

Une électrolyse est une réaction forcée donc elle demande un apport d'énergie, d'où la présence du générateur de tension.

3. Exemple de synthèse

L'hydrogène existe en très grande quantité dans l'univers et sur Terre : c'est même l'élément chimique le plus abondant dans l'univers !

Malheureusement, il n'existe pas sur Terre sous la forme H_2 qui est la forme la plus pratique pour en faire une ressource énergétique. Il faut donc produire cette forme moléculaire du dihydrogène à partir de l'hydrogène présent sur Terre.

La production actuelle se fait quasi-exclusivement (à 96 %) à partir de trois ressources : le gaz naturel, le charbon et les hydrocarbures provenant du pétrole.

Ces trois ressources étant d'origine fossile, elles sont non renouvelables, leur quantité est donc limitée et leur épuisement inévitable.

Un second inconvénient est la pollution engendrée par ces synthèses du dihydrogène à partir de ressources fossiles. Elles dégagent, en effet, toutes les trois des oxydes de carbone (CO et CO_2) qui sont des gaz à effet de serre donc nocifs pour l'environnement.

Son avantage est le coût de production : ces trois synthèses sont en effet des procédés beaucoup plus économiques que les autres modes de production.

Parmi ces autres modes de production, nous pouvons en dégager deux :

– à partir de la fermentation de la biomasse (déchets, algues, eaux usées…) ;

– à partir de l'électrolyse de l'eau.

L'inconvénient de ces deux types de synthèse est qu'elles sont, pour l'instant, soit pas assez rentables, soit peu adaptées à la production en grandes quantités de H_2. Mais les recherches sont en cours. La plus prometteuse étant l'électrolyse de l'eau.

Leurs avantages sont :
– la réaction chimique de l'électrolyse ne produit pas de déchet indésirable ou nocif et utilise de l'eau comme ressource. Or cette ressource est en quantité extrêmement importante sur Terre ;
– la fermentation permet de recycler des déchets et utilise donc des ressources renouvelables.
Il va donc falloir à l'avenir développer ces procédés pour pouvoir produire de façon durable car basés sur des ressources renouvelables.

4 Partie A. La pile au méthanol

1. a. Pour le couple $CO_{2(g)}/CH_3OH_{(aq)}$, on a la demi-équation suivante :

$$CH_3OH_{(aq)} + H_2O_{(\ell)} = CO_{2(g)} + 6e^- + 6H^+_{(aq)}$$

Pour le couple $O_{2(g)}/H_2O_{(l)}$, on a :

$$O_{2(g)} + 4e^- + 4H^+ = 2H_2O_{(l)}$$

On demande les équations des réactions se produisant aux électrodes, il faut donc les écrire dans le sens dans lequel elles se font aux électrodes. Il faut identifier les réactifs : ici méthanol et dioxygène d'après le texte ou le schéma.

b. Par définition on a réduction à la cathode et oxydation à l'anode. Par conséquent :
– l'électrode où se trouve le méthanol est l'anode car le méthanol est un réducteur donc il subit une oxydation ;
– l'électrode où se trouve le dioxygène est la cathode car O_2 est un oxydant donc il subit une réduction.

Moyen mnémotechnique pour se rappeler le nom des électrodes :
- Cathode commence par un C comme dans réduCtion ;
- Anode commence par un A comme dans oxydAtion.

2. Dans une pile, l'électrode à laquelle sont formés les électrons est l'électrode négative et celle à laquelle arrivent les électrons par le circuit extérieur est le pole positif. L'électrode du méthanol est donc le pole – et l'électrode de l'oxygène est le pole +.
À l'extérieur de la pile, les électrons migrent du pole – au pole +.

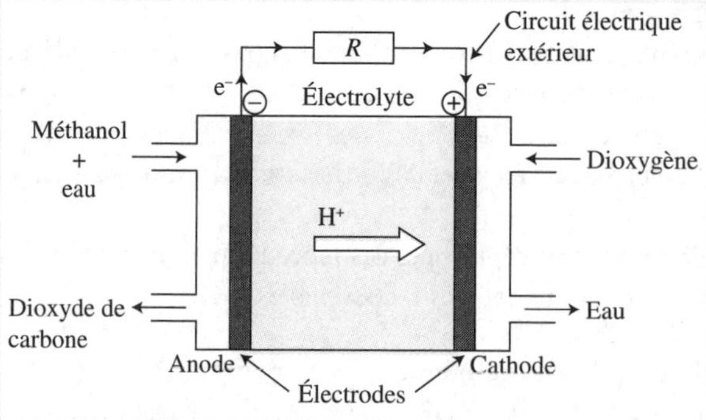

3. Un catalyseur est une espèce chimique permettant d'accélérer une réaction chimique. Il n'est ni consommé, ni formé par cette réaction.

Partie B. La pile à hydrogène

1. a. Ce sont les électrons qui sont porteurs de charge dans les métaux donc à l'extérieur de la pile.

b. Le sens conventionnel du courant va de la borne + à la borne –.
Les électrons vont de la borne – à la borne +.

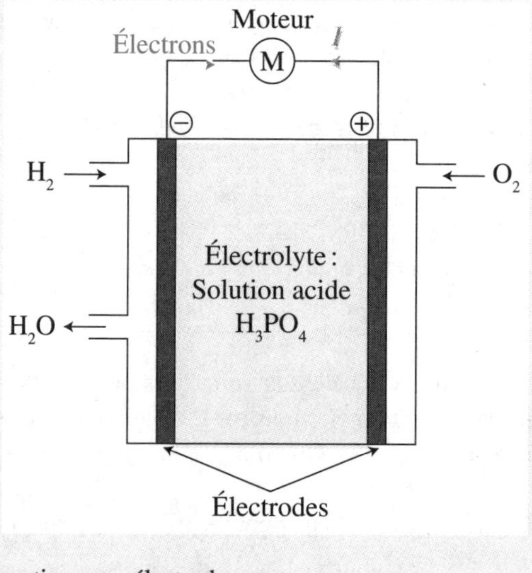

2. a. Les demi-équations aux électrodes sont :

$$H_{2(g)} = 2H^+_{(aq)} + 2e^- \qquad (1)$$

et

$$O_{2(g)} + 4H^+_{(aq)} + 4e^- = 2H_2O_{(l)} \qquad (2)$$

b. La transformation ayant lieu dans la cellule de réaction est :

$$2H_{2(g)} + O_{2(g)} \rightarrow 2H_2O_{(l)}$$

c. D'après le document 2, le combustible est le réactif qui subit une réduction, il s'agit donc de l'oxygène. En effet la réduction est un gain d'électron : il s'agit de la réaction (2).

d. La réduction se produit à la cathode ; il s'agit là de l'électrode positive (voir schéma). Le gain d'électron se produit effectivement à l'électrode positive puisque ceux-ci migrent vers la borne + de la pile.

3.a. La quantité de dihydrogène est donnée par :

$$n(H_2) = \frac{m(H_2)}{M(H_2)} = \frac{1\,500}{2{,}0} = 750 \text{ mol}.$$

b. Le volume molaire est le volume occupé par une mole de gaz, on a donc :

$$\begin{aligned} V(H_2) &= n(H_2) \times V_m \\ &= 750 \times 24 \\ &= 18\,000 \text{ L} = 18 \text{ m}^3. \end{aligned}$$

Ce volume est trop important pour être embarqué en voiture. Cependant, d'après la loi des gaz parfaits, en augmentant la pression d'un gaz on peut en diminuer le volume. Pour une quantité de matière n donnée, à température ambiante (fixe) on a :

$$P_0V_0 = P_1V_1 = nRT = \text{Cte}, \quad \text{soit } V_1 = \frac{P_0V_0}{P_1}.$$

5 **1.** Il faut choisir une pipette jaugée.

Les instruments de verrerie de précision sont les pipettes jaugées pour prélever et les fioles jaugées pour effectuer dilution et dissolution.

2. La demi-équation du couple $SO_{4\,(aq)}^{2-}/SO_{2(aq)}$ est :

$$SO_{4\,(aq)}^{2-} + 2e^- + 4H^+_{(aq)} = SO_{2(aq)} + 2H_2O_{(l)}$$

La demi-équation du couple $MnO_{4\,(aq)}^{-}/Mn^{2+}_{(aq)}$ est :

$$MnO_{4\,(aq)}^{-} + 5e^- + 8H^+_{(aq)} = Mn^{2+}_{(aq)} + 4H_2O_{(l)}$$

Pour que le transfert d'électrons entre le réducteur et l'oxydant ait lieu, il faut avoir autant d'électrons donnés que reçus donc il faut multiplier la première demi-équation par 5 et la seconde par 2 et prendre la première en sens inverse car le réactif est le dioxyde de soufre SO_2.

On obtient alors en additionnant membre à membre :

$$\begin{aligned} &2\,MnO_{4\,(aq)}^{-} + 10e^- + 16\,H^+_{(aq)} + 5\,SO_{2\,(aq)} + 10\,H_2O_{(l)} \\ &\qquad = 2\,Mn^{2+}_{(aq)} + 8\,H_2O_{(l)} + 5\,SO_{4\,(aq)}^{2-} + 10e^- + 20\,H^+_{(aq)} \end{aligned}$$

En simplifiant, on obtient bien l'équation :

$$2MnO_{4\,(aq)}^{-} + 5SO_{2\,(aq)} + 2H_2O_{(l)} = 2Mn^{2+}_{(aq)} + 5SO_{4\,(aq)}^{2-} + 4H^+_{(aq)}$$

Ne pas hésiter à revoir le cours de 1re S sur les réactions d'oxydoréduction.

3. L'équivalence d'un titrage est la situation dans laquelle les réactifs sont introduits dans les proportions stœchiométriques.

4. $$Q_{r,i} = \frac{\left[SO_{4\,(aq)}^{2-}\right]_i^5 \times \left[Mn^{2+}{}_{(aq)}\right]_i^2 \times \left[H^+{}_{(aq)}\right]_i^4}{\left[MnO^-_{4\,(aq)}\right]_i^2 \times \left[SO_{2\,(aq)}\right]_i^5}.$$

Si la réaction évolue dans le sens direct alors $Q_{r,i}$ est inférieur à K, la constante d'équilibre.

5. Étant donné que l'on se trouve dans les conditions stœchiométriques car nous sommes à l'équivalence, on a : $\frac{n_1}{5} = \frac{n_2}{2}$.

6. D'après la question précédente, on a :

$$\frac{C_1 . V_1}{5} = \frac{C_2 . V_{éq}}{2}.$$

Donc la concentration molaire C_1 en dioxyde de soufre dissous de la solution S est :

$$C_1 = \frac{5C_2 \cdot V_{éq}}{2V_1}$$

$$C_1 = \frac{5 \times 1{,}00 \times 10^{-2} \times 8{,}0}{2 \times 10{,}0} = \frac{40 \times 1{,}00 \times 10^{-2}}{20{,}0}.$$

$C_1 = 2{,}0 \times 10^{-2}$ mol $\cdot$ L^{-1} dans la solution S de volume $V_1 = 10{,}0$ mL.

7. Soit n la quantité de matière de SO_2 présente dans le volume V_0 :

$$n = \frac{m_1}{M(SO_2)} = C_1V_0.$$

D'où la masse de dioxyde de soufre présente dans $V_0 = 1{,}00$ L de la solution S est :

$$m_1 = C_1V_0M(SO_2)$$

$$m_1 = 2{,}0 \times 10^{-2} \times 1{,}00 \times (32{,}0 + 2 \times 16{,}0)$$

$$m_1 = 1{,}3 \text{ g}.$$

8. D'après le protocole, on a fait barboter un volume :

$$V_{air} = 1{,}00 \times 10^4 \text{ m}^3 = 1{,}00 \times 10^7 \text{ L}$$

d'air dans la solution S pour obtenir une masse m_1.

Donc pour $v = 1{,}00$ m^3, on aurait une masse m_2 :

$$m_2 = \frac{m_1 \times v}{V_{air}}$$

$$m_2 = \frac{1{,}3 \times 1{,}00}{1{,}00 \times 10^4}$$

$$m_2 = 1{,}3 \times 10^{-4} \text{ g de } SO_2.$$

9. $m_2 = 1{,}3 \times 10^{-4} \times 10^6$ µg $= 1{,}3 \times 10^2$ µg pour 1 m^3 d'air.

La limite autorisée est 500 µg par m^3, nous avons 130 µg par m^3, donc le seuil d'alerte n'est pas atteint.

6 Partie A

1. D'après le document 2, les réactifs sont H_2 et O_2 donc les réactions qui se produisent à chacune des électrodes sont :

$$H_{2(g)} = 2H^+_{(aq)} + 2e^- \quad (1)$$

et

$$O_{2(g)} + 4H^+_{(aq)} + 4e^- = 2H_2O_{(l)} \quad (2)$$

2. La première réaction est une oxydation car elle libère des électrons et la seconde une réduction puisqu'elle consomme des électrons.

3. Lors d'une réaction d'oxydoréduction, il y a toujours autant d'électrons libérés par le réducteur que d'électrons captés par l'oxydant, donc il faut multiplier l'équation (1) par 2 et additionner membre à membre. On obtient alors :

$$2H_{2(g)} + O_{2(g)} + 4H^+_{(aq)} + 4e^- = 4H^+_{(aq)} + 4e^- + 2H_2O_{(l)}$$

soit :

$$2H_{2(g)} + O_{2(g)} = 2H_2O_{(l)}$$

Ici la réponse est donnée donc pensez à développer le raisonnement.

4. De façon déductive : à l'extérieur de la pile, le milieu conducteur est un métal (les fils de connexion sont en cuivre) donc les porteurs de charges sont les électrons. Ils circulent donc de l'électrode à laquelle ils sont libérés, l'électrode de l'hydrogène, à celle où ils sont capturés, celle de l'oxygène.
De façon conventionnelle, le courant circule dans le sens inverse des électrons donc le courant circule ici de l'oxygène vers l'hydrogène.
Le sens conventionnel du courant à l'extérieur d'une pile est toujours du pôle positif vers le pôle négatif donc la borne positive est celle à laquelle se trouve l'oxygène et la borne négative est celle à laquelle se trouve l'hydrogène.
Enfin d'après les équations des réactions aux électrodes, les ions H^+ sont produit du côté de l'hydrogène et consommés du côté de l'oxygène donc ces ions H^+ vont traverser la membrane de l'hydrogène vers l'oxygène.

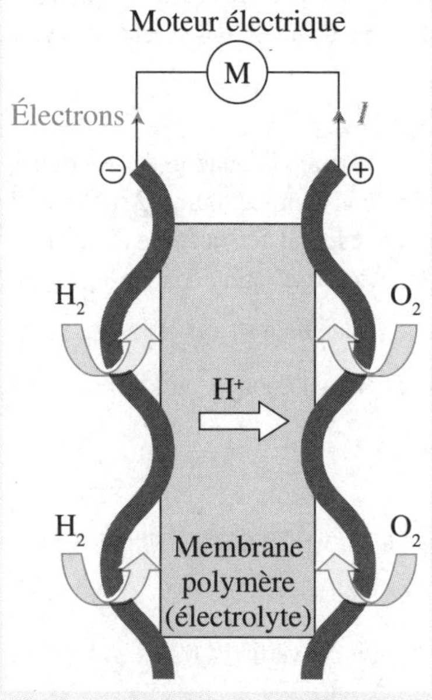

5. Le principe d'une pile est de séparer le donneur d'électrons de l'accepteur d'électrons. En effet, c'est le fait de les séparer qui permet « d'obliger » les électrons à passer par le circuit extérieur pour aller du réducteur à l'oxydant donc de produire un courant électrique.
Si les électrons peuvent passer directement par la membrane, ils ne passeraient plus par le circuit électrique : on n'aurait plus création du courant électrique souhaité.

Partie B

1. D'après le document 3, la masse de dihydrogène stockée dans le réservoir est de 3,0 kg.

Donc la quantité de dihydrogène correspondante est :

$$n_R(H_2) = \frac{m(H_2)}{M(H_2)} = \frac{3{,}0 \times 10^3}{2{,}0} = 1{,}5 \times 10^3 \text{ mol.}$$

La loi des gaz parfaits donnée dans l'énoncé nous permet de calculer le volume que le dihydrogène occuperait dans les conditions normales de température et de pression :

$$V_0 = \frac{n_R(H_2)RT_0}{P_0} = \frac{1{,}5 \times 10^3 \times 8{,}314 \times 273}{1{,}01 \times 10^5} = 34 \text{ m}^3.$$

Ce qui représente 34 000 litres de gaz !

Dans la loi des gaz parfaits, la température est toujours à mettre en kelvins et non en degrés Celsius.

2. Étant donné que la pile comporte 170 cellules, on peut déduire la quantité de dihydrogène disponible pour chaque cellule $n_C(H_2)$:

$$n_C(H_2) = \frac{n_R(H_2)}{170} = 8{,}8 \text{ mol.}$$

3. a. D'après l'équation de réaction (1) de la première question, 1 mole de dihydrogène consommée fournit 2 moles d'électrons.

n_e correspond à la quantité d'électrons formés lors de la décharge complète de la pile donc de l'oxydation de tout le dihydrogène du réservoir.

On a donc bien $n_C(H_2) = \frac{n_e}{2}$.

b. D'après l'énoncé, on a $Q = I\Delta t$ et $Q = n_e N_A e$ donc :

$$I\Delta t = n_e N_A e, \quad \text{d'où } \Delta t = \frac{n_e N_A e}{I}.$$

De plus, $n_C(H_2) = \frac{n_e}{2}$ donc $\Delta t = \frac{2 \times n_C(H_2) N_A e}{I}$, soit :

$$\Delta t = 1{,}4 \times 10^4 \text{ s.}$$

On doit convertir 14 000 s en heures. Donc $\Delta t = \frac{14\,000}{3\,600} = 3{,}9$ h.

c. Le texte du document 1 donne une vitesse de pointe à 155 km/h et une autonomie de 400 km due à la pile à hydrogène (500 km dont 100 km dus aux batteries).

Une durée de 3,9 h donne une vitesse moyenne égale à :

$$v = \frac{D}{\Delta t} = \frac{400}{3{,}9} \approx 100 \text{ km/h.}$$

La valeur trouvée est donc compatible avec la donnée du texte d'une vitesse de pointe de 155 km/h, une vitesse moyenne de 100 km/h est cohérente et dans le même ordre de grandeur.

Partie C

1. Une énergie renouvelable est une énergie dont l'utilisation, la consommation, ne diminue pas la ressource à l'échelle humaine.

Il existe plusieurs définitions d'énergie renouvelable car le concept n'est pas simple. Cette définition est la plus communément admise.

2. Les énergies éolienne et solaire peuvent être utilisées par ce voilier

7 1. L'arrosage du jardin, le nettoyage d'une voiture ou du sol ou encore le remplissage des chasse d'eau ne nécessite pas une eau potable.

2. L'eau de Quezac contient trop d'ion sodium ($255 \text{ mg/L} > 150 \text{ mg/L}$) et d'ion fluorure ($2{,}1 \text{ mg/L} > 1{,}5 \text{ mg/L}$). Elle dépasse les valeurs limite pour ces deux ions donc elle ne remplit pas les critères de potabilité.
L'eau de Badoit remplit tous les critères de potabilité du document 2.

Les critères de potabilité sont applicables aux eaux du robinet et aux eaux de sources et non aux eaux minérales.

3. Exemple de réponse :
Madame, Monsieur,
Le 21 janvier dernier, le conseil municipal a décidé l'installation d'une usine de captage et de traitement de l'eau potable sur notre commune.
Je tiens personnellement à vous expliquer les raisons de ce choix ainsi que le fonctionnement de cette nouvelle installation.
Vous devez savoir que notre commune est en pleine croissance et que la consommation d'eau potable de chacun d'entre nous est de plus en plus importante.
Ces dernières décennies, et plus encore les deux derniers étés particulièrement chauds, ont vu nos ressources d'eau diminuer de façon préoccupante. Les seules eaux de profondeur (eaux de sources et nappes phréatiques) ne suffisent plus pour satisfaire nos besoins. Il nous faut donc puiser maintenant dans les eaux de surface.
En France, 40 % de l'eau potable provient de ces eaux de surface. Notre commune n'en est pas là mais doit faire face à cette croissance de la demande en eau potable.
C'est pour cette raison de nécessité que nous avons choisi d'accueillir cette usine.
Elle aura comme mission première la récupération de l'eau, les eaux de profondeur mais aussi les eaux provenant des différents cours d'eau de la commune.
Ces eaux doivent ensuite subir différentes étapes de traitement pour être distribuées sur l'ensemble du réseau de la commune.
Parmi ces étapes, citons par exemple :
– la filtration successive de l'eau à travers des grilles et tamis de plus en plus petits mais aussi à l'aide de sable et de charbon actif afin d'éliminer des corps allant de plusieurs centimètres à quelques dixièmes de millimètres ;
– la décantation avec et sans floculant, permettant simplement de se débarrasser de polluants lourds ;

– le traitement chimique comme l'oxydation et la désinfection assurant à l'eau d'être saine et totalement débarrassée de virus, bactéries et autres parasites.
Toutes ces étapes sont non seulement des obligations sanitaires imposées par la législation européenne et française mais aussi la garantie d'avoir à nos robinets une eau propre, saine et irréprochable.
Je sais, chers administrés, que vous m'avez élu pour assurer une certaine qualité de vie que nous partageons à Paulbert-sur-seine. C'est pour défendre cette qualité de vie que nous nous devions de prendre cette décision.
Vous m'avez aussi élu pour défendre notre commune et nos emplois. Cette usine nous permettra d'y contribuer puisque le site représentera au moins une vingtaine d'emplois permanents et plusieurs dizaines d'autres lors de sa construction.
Sachez, chers administrés, que si j'ai tenu à vous écrire personnellement, c'est pour vous permettre de comprendre au mieux le bien fondé de cette installation et les raisons pour lesquelles le conseil d'administration m'a soutenu dans cette démarche et dans ce nouvel essor pour notre commune.
Veuillez agréer, Madame, Monsieur, l'expression de mes sincères salutations.

Monsieur le Maire

Dans toutes les réponses de type « synthèse », vous devez :
- dégager la problématique de ce que vous devez développer ;
- réunir les arguments en votre faveur et ceux qui ne le sont pas en prenant appui sur les documents et sur votre cours ;
- rédiger correctement ! Cela signifie que seront pris en considération la qualité du texte (respect de l'émetteur et du récepteur ; respect de la forme d'expression attendue), la qualité de la rédaction (organisation sous la forme argumentée ou d'une justification : présence de connecteurs logique – donc, et, ou, parce que...) et l'ortographe.

8 Partie A

1. La cellule du conductimètre ne fonctionne que dans un intervalle de concentration donné et notamment ne peut pas mesurer la conductance d'une solution trop concentrée, une dilution est donc souvent nécessaire.
Une deuxième raison est d'avoir un volume de solution suffisant pour plonger l'électrode du conductimètre.

2. Schéma complété :

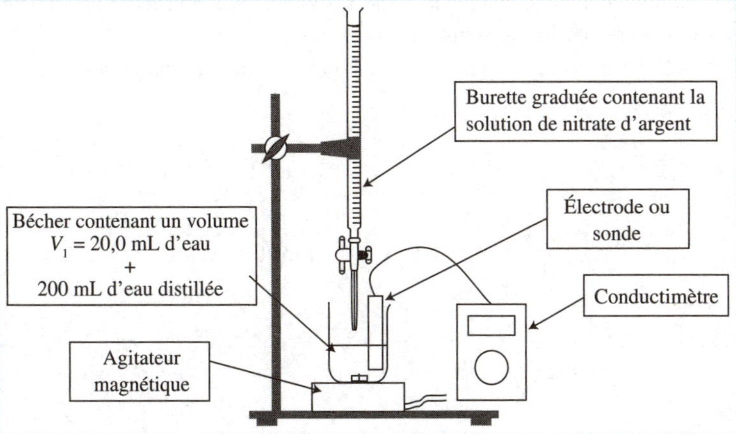

3. a. Le tableau d'avancement est :

Équation chimique		$Ag^+_{(aq)}$	+ $Cl^-_{(aq)}$	$\longrightarrow$ $AgCl_{(s)}$
État du système	Avancement (mol)	Quantités de matière (en mol)		
État initial	0	$n_{2,\,éq}$	n_1	0
En cours de transformation	x	$n_{2,\,éq} - x$	$n_1 - x$	x
À l'équivalence	$x_{éq}$	$n_{2,\,éq} - x_{éq}$	$n_1 - x_{éq}$	$x_{éq}$

b. Par définition, à l'équivalence les réactifs sont introduits dans les proportions stœchiométriques. On a donc :

$$n_{2,\,éq} = n_1 \text{ d'après l'équation de la réaction.}$$

4. Pour un titrage conductimétrique, le volume équivalent est déterminé par l'intersection des deux droites modélisant ce titrage.
On trouve ici $V_{2,\,éq} = 11{,}2$ mL.

5. L'équation de la réaction du titrage est :

$$Ag^+_{(aq)} + Cl^-_{(aq)} \rightarrow AgCl_{(s)}$$

Donc de $V_2 = 0$ mL à $V_{2,éq}$ les ions chlorure sont de plus en plus consommés dans le bécher et ils sont remplacés par le chlorure d'argent qui est neutre.
Le conductimètre mesure la capacité à conduire le courant et en solution celui-ci est conduit par les ions dissous.
Avant l'équivalence, les ions chlorure sont consommés par les ions argent versés et remplacés par du chlorure d'argent. La concentration des porteurs de charge diminue petit à petit donc la conductivité diminue.

Après l'équivalence, il n'y a plus d'ions chlorure et l'ajout de la solution de nitrate d'argent augmente donc seulement le nombre d'ions en solution et c'est pour cela que la conductivité de la solution augmente après $V_{éq}$.

6. D'après la question **3. b.** on a $n_{2,\,éq} = n_1$, donc d'après les notations de l'énoncé $C_2V_{2,\,éq} = C_1V_1$.

$$\text{D'où } C_1 = \frac{C_2V_{2,\,éq}}{V_1}$$

$$= \frac{2{,}00 \times 10^{-2} \times 11{,}2}{20{,}0} = 1{,}12 \times 10^{-2}\ \text{mol/L}.$$

Pour les calculs à l'équivalence dans les formules de titrage, vous pouvez laisser les volumes en mL et ne pas les convertir en L, uniquement si vous laissez les deux volumes du calcul dans cette unité.

7. D'après l'énoncé, on peut écrire $t = CM$ donc :

$$t_1 = C_1M(\text{Cl}^-) = C_1M(\text{Cl})$$
$$= 1{,}12 \times 10^{-2} \times 35{,}5$$
$$= 0{,}398\ \text{g/L}$$
$$= 398\ \text{mg/L}.$$

$M(\text{Cl}^-) = M(\text{Cl})$ car la masse des électrons par rapport à celle des atomes est négligeable.

Partie B

1. « La quantité d'EDTA versé sert à doser à la fois les quantités d'ions Ca^{2+} et celles d'ions Mg^{2+} présents dans le volume V d'eau titrée. » Cela signifie qu'on a :

$$n(\text{Y}^{4-}) = n(\text{Ca}^{2+}) + n(\text{Mg}^{2+}).$$

D'après les notations de l'énoncé : $n'_{2,\,éq} = n_i(\text{Ca}^{2+}) + n_i(\text{Mg}^{2+})$.

2. Les ions calcium et magnésium proviennent tous les deux de l'eau à analyser or on a prélevé un volume V'_1 de cette eau. On a donc :

$$n(\text{Ca}^{2+}) = \left[\text{Ca}^{2+}{}_{(aq)}\right] \times V'_1 \quad \text{et de même} \quad n(\text{Mg}^{2+}) = \left[\text{Mg}^{2+}{}_{(aq)}\right] \times V'_1.$$

$$\text{D'où } n(\text{Y}^{4-}) = n(\text{Ca}^{2+}) + n(\text{Mg}^{2+}) = ([\text{Ca}^{2+}] + [\text{Mg}^{2+}]) \times V_1'.$$

Les ions Y^{4-} proviennent de la solution titrante de concentration C'_2 donc $n(\text{Y}^{4-}) = C'_2 \times V'_{2,\,éq}$.

$$\text{On a donc bien } [\text{Ca}^{2+}] + [\text{Mg}^{2+}] = \frac{c'_2V'_{2,\,éq}}{V'_1}.$$

3. $$[\text{Ca}^{2+}] + [\text{Mg}^{2+}] = \frac{c'_2V'_{2,\,éq}}{V'_1} = \frac{5{,}0 \times 10^{-3} \times 10{,}8}{20{,}0} = 2{,}7 \times 10^{-3}\ \text{mol} \cdot \text{L}^{-1}.$$

4. $1\ °f = 10^{-4}\ mol \cdot L^{-1}$ donc le titre hydrotimétrique de l'eau testée est 27 °f.
D'après le tableau donné dans l'énoncé cette eau est dure.

Partie C

D'après les valeurs données dans le tableau de mesure (document 2), l'eau testée serait potable. Cependant les deux titrages effectués sur cette eau montrent deux valeurs supérieures aux limites autorisées : les ions chlorure sont trop présents, 398 mg/L alors que la limite autorisée est 250 mg/L. La dureté de l'eau est aussi trop importante : 27 °f alors que la limite est de 15 °f.
Cette eau n'est donc pas potable.

17 Son et musique

Ce thème de spécialité s'appuie essentiellement sur les connaissances de l'enseignement spécifique rencontrées dans le chapitre 2.

I LES INSTRUMENTS DE MUSIQUE

■ Qu'ils soient à cordes, à vent, ou à percussion, les instruments de musique n'ont cessé d'évoluer au fil des siècles, au gré de l'évolution de l'harmonie et de la construction de gammes.

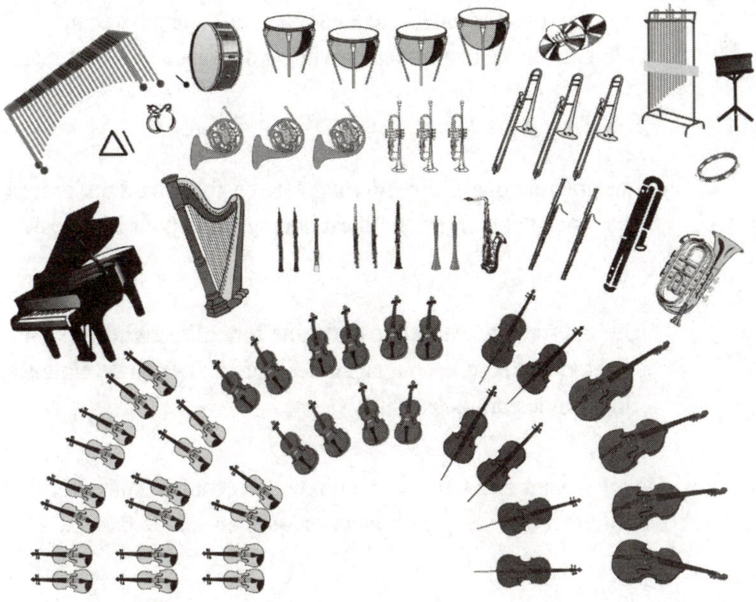

Les instruments d'un orchestre symphonique

■ Aujourd'hui, les découvertes de l'acoustique musicale, les instruments électroniques et le traitement du son offrent des possibilités infinies aux musiciens de tous horizons.

Voir les exercices 1, 2 et 3.

II ÉMETTEURS ET RÉCEPTEURS SONORES

■ Notre corps est à la fois émetteur (voix) et récepteur sonore (audition).
Les progrès techniques nous permettent depuis quelques décennies de dépasser les limites de notre corps en démultipliant par exemple la puissance de notre voix grâce à un microphone et des enceintes acoustiques, ou bien en nous permettant d'écouter confortablement notre émission de radio préférée au milieux du vacarme des transports en commun, un casque audio sur les oreilles.

EXEMPLE : La directivité d'un microphone définit sa sensibilité en fonction de la provenance d'un son.

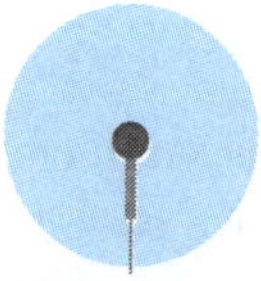

Le microphone **omnidirectionnel** ne privilégie aucune provenance. Il est idéal pour capter les ambiances sonores.

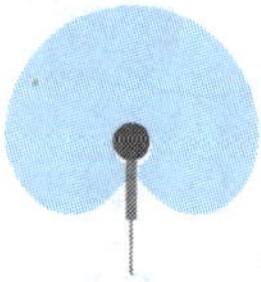

Le microphone **cardioïde** capte peu les sons provenant de l'arrière. Il est le microphone privilégié des chanteurs sur scène.

Le microphone **bidirectionnel** est sensible aux sons provenant de l'avant et de l'arrière. Il est donc indiqué pour les duos…

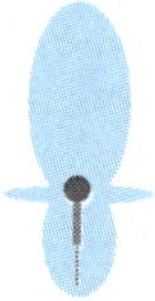

Le microphone **canon** possède une forte directivité vers l'avant. Il est donc indiqué pour capter les sons d'une source éloignée en limitant les bruits parasites.

■ D'autres domaines sont en plein essor, comme la reconnaissance vocale qui permet déjà de piloter certains appareils électroniques au son de la voix.

Voir les exercices 4, 5 et 6.

III SON ET ARCHITECTURE

■ Qu'il s'agisse de lieux dédiés à la musique (auditorium), à l'expérimentation (salle sourde) ou simplement à l'habitation, toute construction se doit aujourd'hui de prendre en compte les phénomènes liés à la propagation des sons.

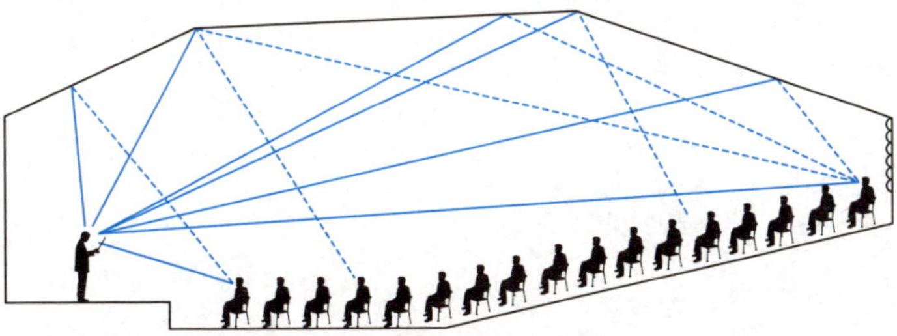

Étude acoustique de la forme d'une salle de conférence

L'acoustique d'une salle dépend de nombreux paramètres tels que son volume, sa géométrie, les matériaux sur lesquels se réfléchit le son…

■ La sensibilité de l'oreille humaine s'étend de 16 à 16 000 Hz. La perception du bruit est une notion subjective. Une variation du niveau sonore de 3 dB correspond à peu près à un doublement ou une diminution par deux du niveau de bruit.

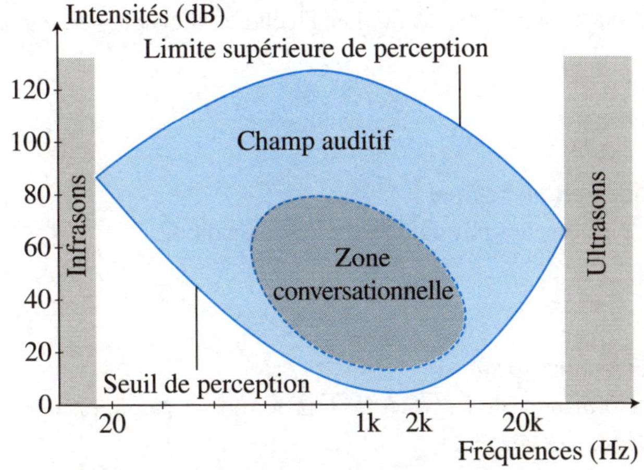

■ L'isolation phonique est ainsi désormais soumise à des réglementations de plus en plus strictes, et les salles de spectacles investissent massivement dans des solutions de pointes, comme l'acoustique active, destinées à maîtriser la réverbération.

Voir les exercices 7 et 8.

LEXIQUE

■ Acoustique musicale

Étude des phénomènes sonores culturels (musique, chant…) et de leur perception.

Voir les exercices 1 à 5.

■ Gamme

Succession de notes sur une octave.

Voir l'exercice 3.

■ Harmonie

Étude de la construction des accords et de leur enchaînement en musique.

Voir l'exercice 3.

■ Traitement du son

Le traitement du son désigne toutes les opérations de traitement du signal effectuées sur un signal audio afin d'en améliorer la qualité ou pour le compresser.

Voir l'exercice 2.

■ Acoustique physiologique

Étude des phénomènes physiologiques liés à l'audition.

Voir l'exercice 6.

■ Reconnaissance vocale

Procédé informatique qui permet de transformer la parole en information exploitable par une machine.

■ Auditorium

Salle généralement pourvue d'une acoustique de qualité et conçue pour accueillir des concerts ou des spectacles.

Voir l'exercice 7.

■ Salle sourde

Salle utilisée pour faire des mesures acoustiques à l'intérieur de laquelle la réverbération est quasiment nulle.

■ **Isolation phonique**

L'isolation phonique a pour objectif d'éviter ou de limiter la propagation du son.

Voir les exercices 7 et 8.

■ **Acoustique active**

Technique qui permet de modifier l'acoustique d'une salle grâce à des procédés électroniques liés à un ensemble de micros et d'enceintes disposés dans la salle.

■ **Réverbération**

Persistance du son dans un lieu alors que la source originale n'existe plus. Elle est liée aux réflexions de l'onde sonore sur les parois du lieu.

Voir l'exercice 7.

EXERCICES D'ENTRAÎNEMENT

1 LES GROUPES D'INSTRUMENTS DE MUSIQUE | ★★ | 30 min | ▸ P. 503

Les instruments de musiques sont divisés en trois grands groupes : les instruments à vent, les instruments à cordes et les instruments à percussion.

■ Les **instruments à vent** produisent leurs sons grâce au souffle du musicien qui met l'air en vibration.

• Ils sont subdivisés en deux catégories :

– les bois (clarinette, hautbois, basson, saxophone, flûte traversière…), le son est produit par la vibration d'un biseau (flûtes) ou d'une anche, simple (clarinette, saxophone…) ou double (hautbois, basson…) ;

– les cuivres (trombone, trompette, cor, tuba…), ce sont les lèvres du musicien qui font vibrer l'air dans une embouchure.

• Les excitateurs :

– le système lame d'air/biseau, une arête placée devant la sortie d'air fait osciller celui-ci alternativement de part et d'autre de l'obstacle, et on entend alors un léger sifflement, généralement très aigu, c'est le son de biseau ;

– le système des anches, une anche est une lamelle de métal, de bois ou autre matériau élastique, relativement étroite, longue et mince. Elle produit un son de hauteur bien définie dont la fréquence s'appelle la « fréquence propre de l'anche ».

• Les résonateurs : pour obtenir des sons intenses, les systèmes excitateurs doivent entrer en résonnance avec une colonne d'air dont la longueur fixera la hauteur du son obtenu. Pour obtenir des notes différentes, on peut utiliser plusieurs tubes de longueurs différentes (par exemple la flûte de Pan), ou bien un seul dont la longueur peut varier (par exemple le trombone à coulisse).

■ Les **instruments à cordes** fonctionnent par la vibration des cordes au-dessus d'une caisse de résonance qui amplifie le son et lui donne son timbre.

• Les cordes sont subdivisées en trois catégories :

– les cordes frottées (violon, alto, violoncelle, contrebasse…), les cordes sont frottées à l'aide d'un archet ;

– les cordes pincées (guitare, harpe, clavecin…), les cordes sont pincées, directement par les doigts du musicien ou par l'intermédiaire d'un mécanisme ;

– les cordes frappées (piano…), chaque touche de l'instrument actionne un marteau frappant une corde.

• Les excitateurs : quel que soit le système d'actionnement des cordes, le principe reste le même, c'est ici l'excitateur (une corde vibrant dans l'air) qui impose la hauteur de la note produite par un instrument à corde. La hauteur de la note obtenue est inversement proportionnelle à la longueur de la corde actionnée et à la racine carrée de sa masse linéique. On peut aussi obtenir une note plus aiguë en augmentant la tension de la corde.

• Les résonateurs : les caisses de résonnance des instruments à cordes servent essentiellement à amplifier le son, la hauteur de la note étant fixée par l'excitateur.

■ Les **instruments à percussion** émettent leur son par la frappe ou le grattage d'une membrane ou d'un matériau résonant.

• Ils sont divisés en deux groupes :

– les instruments à peau (grosse caisse, caisse claire, tambour, tambourin, timbale, djembé…), le son est produit par la vibration d'une membrane tendue sur un fût, jouant le rôle de caisse de résonnance ;

– les idiophones (guimbarde, triangle, xylophone, cymbale, castagnettes…), le son est directement produit par le matériau dont l'instrument est constitué, lors d'un impact avec une baguette ou avec une autre partie de l'instrument.

• Les excitateurs : le son est produit par la mise en vibration d'une membrane tendue ou d'un solide. Les caractéristiques physiques de l'excitateur (dimensions, masse volumique, tension s'il s'agit d'une membrane…) déterminent la hauteur de la note.

• Les résonateurs : ils sont constitués de fûts (par exemple une grosse caisse) ou de tubes (par exemple un xylophone) et servent essentiellement à amplifier le son.

1. Le didgeridoo est un instrument en bois originaire d'Australie et constitué d'un morceau de tronc d'eucalyptus creux. Pour en jouer, il faut faire vibrer ses lèvres dans une embouchure. Préciser à quel groupe d'instruments et à quelle catégorie le didgeridoo appartient.

2. Dans un instrument à cordes, la hauteur d'un son est-elle imposée par la corde ou la caisse de résonance ?

3. Parmi les propositions suivantes, laquelle correspond à la formule de la fréquence fondamentale de la note obtenue par une corde de longueur L, de masse linéique μ et de tension T ?

a. $f = \frac{L}{2} \times \sqrt{\frac{T}{\mu}}$ **b.** $f = \frac{1}{2L} \times \sqrt{\frac{T}{\mu}}$ **c.** $f = \frac{\mathrm{k}}{2L\sqrt{T\mu}}$ **d.** $f \frac{\mathrm{k}}{2L} \times T\sqrt{\mu}$

4. Une corde de guitare est accordée sur la fréquence du la_1 (110 Hz). Quelle sera la fréquence fondamentale produite par cette corde si le guitariste divise par deux la longueur pouvant vibrer en appuyant sur le milieu de la corde ?

5. L'accord des instruments à vent est très sensible à la température. Contrairement à ce que l'on pourrait penser, cela n'est pas dû à la dilatation des matériaux qui les composent, car elle ne provoque qu'un allongement négligeable de la longueur de la colonne d'air.

En effectuant une recherche sur internet, expliquez pourquoi un instrument à vent produit des sons plus aigus si la température augmente.

2 SYNTHÉTISEURS | ★★ | 20 min | ▸ P. 503

La naissance des sons synthétiques remonte au début du XXe siècle, lorsque les fabricants d'instruments de musique se rendirent compte que l'électricité pouvait être un outil de création extraordinaire. La première méthode de synthèse sonore utilisée alors, et qui reste aujourd'hui encore la plus intuitive, est la synthèse additive. Elle repose sur le théorème de Fourier, qui affirme :

« Tout signal périodique complexe se décompose en une somme de signaux périodiques sinusoïdaux appelés harmoniques, et dont les fréquences sont des multiples entiers de la fréquence la plus basse (la plus grave), appelée fondamentale. »

Les valeurs de ces multiples s'expriment en rangs harmoniques. Par exemple, pour une fondamentale à 440 Hz, la fréquence de l'harmonique de rang 2 est égale à 880 Hz (440×2), celle de l'harmonique de rang 3 est de 1 320 Hz (440×3), etc.

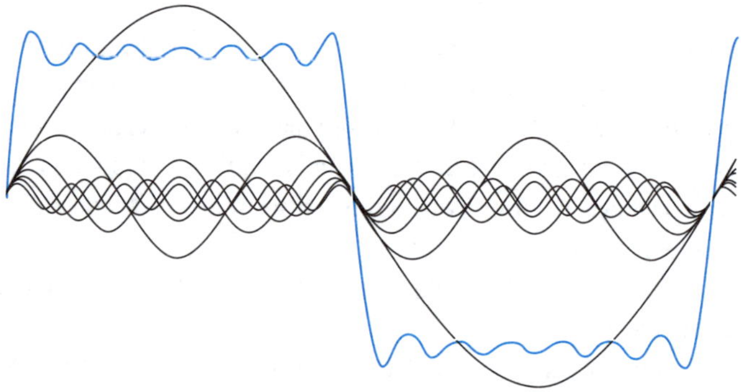

Une forme d'onde complexe (en bleu) et les harmoniques qui la composent (sinusoïdes en noir)

Toute la différence entre deux sonorités périodiques de même hauteur (déterminée par la fréquence de la fondamentale) dépend du rang des harmoniques présents et de leurs amplitudes. Il s'agit de la notion de timbre, qui fait la différence entre un *la* joué au piano et un *la* joué au violon.

Si les signaux apériodiques, comme les sons générés par les percussions, se décomposent également en un ensemble de signaux périodiques simples, leurs fréquences ne sont pas des multiples de la sinusoïde la plus grave. On parle alors de son inharmonique.

La richesse du son fourni par un synthétiseur à synthèse additive dépend du nombre d'oscillateurs dont il dispose, chaque oscillateur ne permettant de générer qu'un seul harmonique. Le son est également rendu plus réaliste en lui appliquant une enveloppe d'amplitude, reproduisant la façon dont l'amplitude d'un son musical évolue au cours du temps.

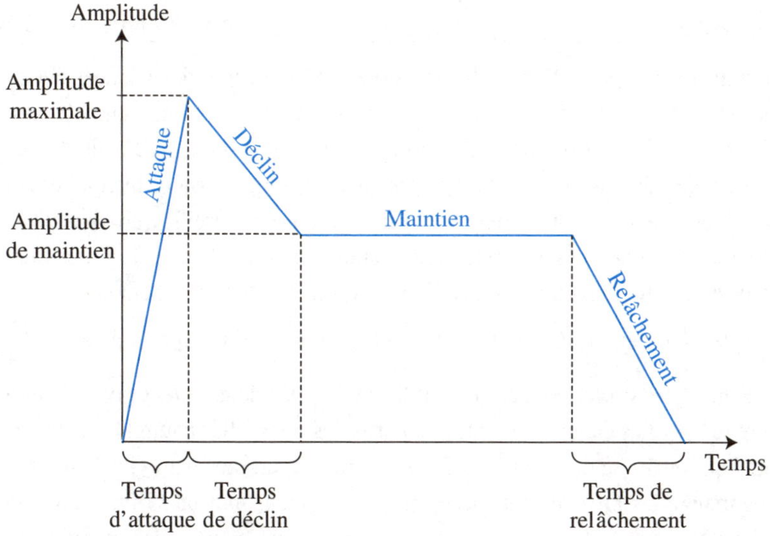

Si la synthèse additive est la synthèse la plus simple du point de vue théorique (il suffit d'ajouter les harmoniques souhaités à une fréquence fondamentale), elle est complexe à mettre en pratique en raison de la puissance de calcul nécessaire.
Depuis, d'autres méthodes de synthèse, moins gourmandes en ressources, ont vu le jour : synthèse soustractive, par modulation de fréquence… En plus de ces méthodes, on utilise aujourd'hui l'échantillonnage de sons réels, qui se développe depuis quelques années en raison de l'augmentation des capacités de stockage informatique.

1. On souhaite obtenir un sol_2, note correspondant à une fréquence sonore de 196 Hz, à l'aide d'un synthétiseur à synthèse additive comportant 4 oscillateurs. Quelle sera la fréquence f_1 de la fondamentale ?

Voir le chapitre 2, partie **I. 3**.

2. Quelles seront les fréquences f_2, f_3 et f_4 des 3 premiers harmoniques ?

3. Sur quels paramètres devra-t-on jouer si l'on souhaite modifier le timbre du son produit ?

4. Représenter, sans souci d'échelle, l'allure de la courbe exprimant l'amplitude en fonction du temps d'un son auquel aucune enveloppe d'amplitude n'aurait été appliquée.

5. À l'aide d'une recherche sur Internet, expliquer en quoi consiste l'« échantillonnage de sons réels » utilisée dans les instruments électroniques actuels.

3 GAMMES ★★★ 20 min ▸ P. 504

Une **gamme** comprend l'ensemble des notes de fréquences déterminées que l'on peut obtenir entre une fréquence donnée et son double (cet intervalle est appelé une **octave**). Le choix des notes composant une gamme provient du fait, indépendamment de l'époque et de la culture des musiciens, que certains intervalles entre deux notes jouées simultanément sont plus agréables à l'oreille que d'autres. Les intervalles harmoniques naturels sont d'autant plus évidents à l'oreille que le facteur de multiplication ou de division est un facteur premier petit.

Exemple : Un rapport de quinte $\left(\frac{3}{2}\right)$ est plus simple qu'un rapport de tierce $\left(\frac{5}{4}\right)$.

Jusqu'au XVIIe siècle, les gammes utilisées en Occident étaient des « gammes naturelles ». Elles étaient construites à partir des intervalles naturellement consonants à partir d'une note donnée. De nombreuses gammes naturelles ont été utilisées mais elles présentaient toutes un inconvénient majeur : l'intervalle entre deux notes d'une octave n'étant pas constant, on ne pouvait pas modifier d'un même intervalle la fréquence de toutes les notes d'une œuvre musicale pour la transposer dans une tonalité différente. D'autre part, les instruments à notes fixes, comme le piano, n'étaient justes que dans une tonalité donnée.

À la fin du XVIIe siècle, une gamme se rapprochant de la gamme naturelle a été construite : la gamme dite « tempérée ». Les intervalles de cette gamme sont constants et les petits défauts de justesse que cela implique sont compensés par une grande facilité d'utilisation. Cette gamme est en effet construite en divisant l'octave en 12 intervalles égaux appelés demi-tons.

Soient $f_1, f_2, \ldots, f_{12}$ les fréquences successives séparées par un intervalle d'un demi-ton, on passe d'une fréquence à la suivante en la multipliant par un même nombre q.

On a $\frac{f_2}{f_1} = q$ donc $\frac{f_{12}}{f_1} = \frac{f_{12}}{f_{11}} \times \frac{f_{11}}{f_{10}} \times \cdots \times \frac{f_2}{f_1} = q^{12}$.

Or $\frac{f_{12}}{f_1} = 2$ car il s'agit d'un intervalle d'une octave.

Par conséquent $q = 2^{\frac{1}{12}}$ et deux notes sont séparées de n demi-tons si le rapport de leur fréquence est $2^{\frac{n}{12}}$.

La gamme de *do* majeur est par exemple constituée de sept notes (*do*, *ré*, *mi*, *fa*, *sol*, *la*, *si*) séparées par des intervalles dans l'ordre suivant $\left(1 \text{ ton} = 2 \times \frac{1}{2} \text{ ton}\right)$:

$$1 \text{ ton}, 1 \text{ ton}, \frac{1}{2} \text{ ton}, 1 \text{ ton}, 1 \text{ ton}, 1 \text{ ton}, \frac{1}{2} \text{ ton}.$$

1. À partir des données du texte, remplir le tableau de fréquences suivant :

Note	Fréquence en fonction de f_1	Fréquence en hertz
do_3	f_1	
$ré_3$		
mi_3		
fa_3		
sol_3		
la_3		440,0
si_3		
do_4	$2f_1$	

2. Que vaut le rapport de fréquence entre le sol_3 et le do_3 (intervalle de quinte) ? Vous exprimerez la valeur de ce rapport avec 4 chiffres significatifs.
3. La quinte « tempérée » est-elle équivalente à la quinte « naturelle » ?
4. Même question pour l'intervalle de tierce (intervalle entre mi_3 et do_3).
5. Quel est le seul intervalle qui soit parfaitement juste dans la gamme tempérée ?

EXERCICES D'APPROFONDISSEMENT

4 LA VOIX ★★ | 15 min | ▸ P. 505

La voix est le résultat sonore d'un mécanisme physiologique relativement complexe : les poumons produisent un flux d'air suffisant pour permettre la vibration des cordes vocales, cette vibration module le débit d'air, ce qui produit un son. Les muscles du larynx permettent d'ajuster la fréquence (hauteur du son) voire le timbre du son produit. La cavité buccale fournit l'articulation, à l'aide de la langue, du palais et des lèvres. Les cavités buccales et nasales fournissent aussi un filtrage qui altère le timbre de la voix.

L'intensité de la voix d'un individu peut varier énormément : depuis la voix chuchotée (20 à 30 décibels) jusqu'au cri qui peut atteindre 110 décibels, voire 120 à 130 décibels pour certains chanteurs d'opéra. L'intensité moyenne de la voix lors d'une conversation se situe autour de 60 décibels. Au cours de la parole, les variations d'intensité sont là aussi très importantes.

La hauteur de la voix dépend de la longueur et de la tension des cordes vocales. Les caractéristiques anatomiques, héritées génétiquement, sont un premier facteur de détermination de la hauteur d'une voix. Mais chaque individu a la capacité de faire varier la hauteur de sa voix en jouant sur la longueur et la tension de ses cordes vocales. Les hauteurs utilisées dans le chant permettent un écart mélodique bien supérieur à celui de la voix parlée. On parle d'étendue vocale pour désigner l'ensemble des notes qu'un individu peut émettre, alors que la tessiture est la partie de l'étendue vocale dans laquelle le chanteur est à l'aise et le timbre homogène. Elle est en principe de 2 voire 3 octaves. La voix humaine, en tenant compte de toutes les tessitures, couvre l'étendue de cinq octaves, de *do*1 (65,41 Hz) à *do*6 (2 093 Hz). On classe ainsi les voix, des plus aiguës aux plus graves :

Chez la femme	Chez l'homme
soprano	contre-ténor
mezzo soprano	ténor
alto	baryton
	basse

Le timbre de la voix est la résultante de la transformation et du modelage du son complexe laryngé par les cavités de résonance (pharynx, cavité buccale et fosses nasales). Les harmoniques dont l'intensité est la plus importante composent, pour les voyelles, les formants significatifs permettant de les identifier. Le reste du spectre de la voix correspond à la « signature » vocale, cette coloration du son qui permet d'identifier quelqu'un uniquement en l'entendant parler.

1. Dans l'« instrument de musique » que constitue la voix humaine, qu'est-ce qui constitue l'excitateur à l'origine du son ? Quels sont les résonateurs ?

Voir l'exercice 1.

2. Classer la tessiture d'un homme qui peut chanter des notes allant de 65 Hz à 350 Hz.

3. Même question pour une femme chantant des notes comprises entre 500 Hz et 2 100 Hz ?

4. Quels sont les différents facteurs qui donnent à la voix d'un individu son caractère unique ?

5 MICROPHONE ★★★ 30 min ▸ P. 505

Le microphone (ou micro) est un appareil qui convertit les variations de pression acoustique en une tension électrique variable. Ce signal électrique, une fois amplifié, peut à nouveau donner naissance à un son s'il est appliqué aux bornes d'un haut-parleur par exemple.

Les variations de pression sont captées par une membrane, dont les caractéristiques déterminent la directivité et la sensibilité du micro. Différents procédés permettent ensuite de transformer ces variations de pression en signal électrique.

■ Directivité

En fonction de l'usage choisit pour un micro, la membrane (appelée aussi diaphragme) peut privilégier la réception de sons provenant de certaines directions, voire rejeter totalement la perception de certaines zones autour d'elle. On classe les micros dans quatre catégories principales selon la directivité de leur membrane : les omnidirectionnels, les bidirectionnels, les cardioïdes et les hypercardioïdes.

La sensibilité en fonction de la direction de provenance du son est décrite dans un graphique appelé diagramme polaire. Le centre représente le microphone et son diaphragme, alors qu'autour de celui-ci est reportée la valeur de la sensibilité dans toutes les directions. 0° correspond au point tout à fait en face du diaphragme, alors que 180° indique la position opposée, derrière le microphone. Chaque cercle concentrique, depuis celui qui est le plus à l'extérieur, indique une perte de 5 décibels par rapport au niveau sonore perçu pour des sons dont la source est exactement face au microphone.

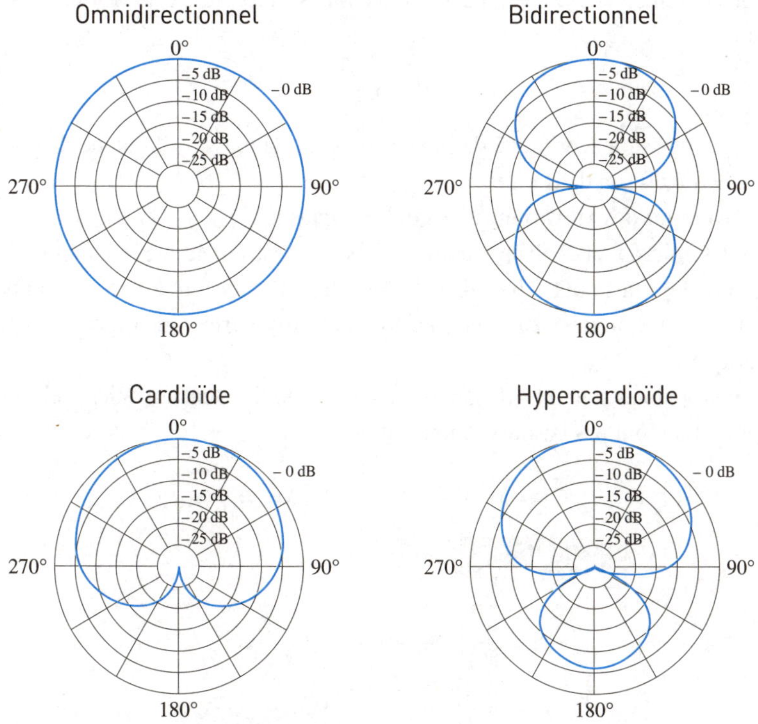

Diagrammes polaires des 4 principaux types de micros

Membrane	Angle correspondant à une atténuation de			Atténuation pour un angle de	
	−3 dB	−6 dB	−∞ dB	90°	180°
Omnidirectionnelle	–	–	–	−0 dB	−0 dB
Bidirectionnelle	45°	60°	90°	−∞ dB	−0 dB
Cardioïde	65°	90°	180°	−6 dB	−∞ dB
Hypercardioïde	52°	70°	110°	−12 dB	−6 dB

Les valeurs et les diagrammes donnés ci-dessus sont théoriques : en effet, selon la qualité du micro et la fréquence du son capté, les atténuations réelles seront plus ou moins proches des valeurs théoriques correspondant à un type de micro donné.

■ Sensibilité

La sensibilité d'un micro, c'est-à-dire sa capacité à capter et convertir en signal électrique des sons de faible amplitude, dépend essentiellement de la surface de la membrane : plus elle est grande et plus elle pourra capter des vibrations acoustiques faibles. En effet, la puissance P fournie par une onde sonore arrivant perpendiculairement à une membrane est liée à la surface S de cette dernière par la relation :

$$P = S\frac{p^2}{\rho c}$$

avec p la pression acoustique de l'onde sonore, ρ la masse volumique de l'air et c la célérité du son dans l'air.

■ Conversion des vibrations en signal électrique

Dans les microphones dynamiques, une bobine est collée à la membrane (ou diaphragme) qui la fait vibrer dans le fort champ magnétique fixe d'un aimant permanent. Le mouvement crée une force électromotrice qui génère le signal électrique.

Ces microphones sont dit « dynamiques », car contrairement aux micros électrostatiques, ils n'ont pas besoin d'alimentation.

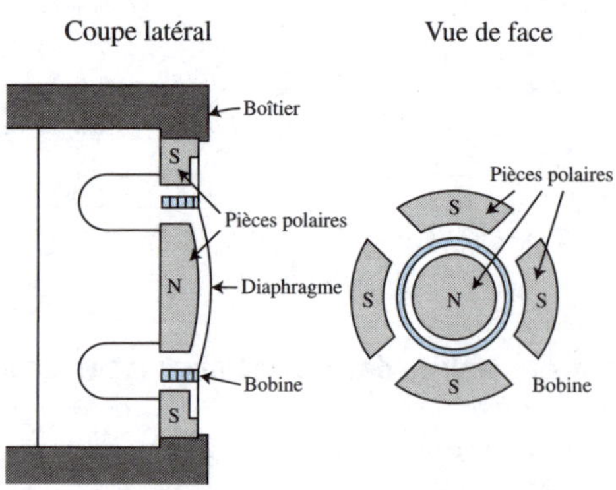

Dans les microphones électrostatiques, la membrane, couverte d'une mince couche conductrice, est l'une des armatures d'un condensateur, chargé par une tension continue, l'autre armature étant fixe. La vibration rapproche et éloigne les armatures, faisant varier la capacité. Les micros électrostatiques ont une meilleure sensibilité que leurs homologues dynamiques, mais ils nécessitent l'utilisation d'une alimentation électrique.

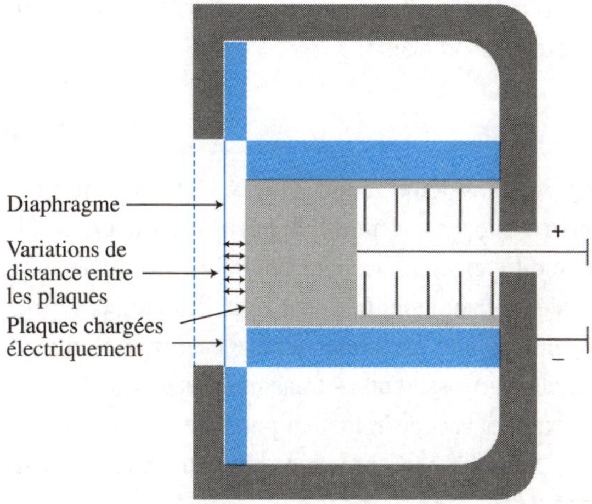

1. On souhaite enregistrer un chanteur mais l'on ne connaît pas le type de directivité du micro utilisé. Où devra se placer le chanteur par rapport à la membrane du micro pour obtenir le niveau sonore le plus élevé possible ?

2. Associer chacune des descriptions suivantes à un type de micro :

a. Le microphone est en mesure de capter de façon optimale les sons provenant de l'arrière comme du devant mais s'avère peu sensible aux sons émis sur les côtés.

b. La sensibilité du microphone est la même dans toutes les directions de l'espace.

c. Ce type de microphone est un peu plus directif que son homologue sur la partie avant ce qui implique une augmentation de la sensibilité aux sons provenant de l'arrière du microphone.

d. Les sons provenant de l'arrière du microphone ne sont pas captés.

3. On utilise maintenant un micro bidirectionnel. Le niveau sonore moyen du chant perçu par la membrane lorsque le chanteur est face à la membrane est de 80 dB. Quel sera le niveau perçu par la membrane si le chanteur se place à 60° de la membrane ?

4. Donner une position pour laquelle l'intensité sonore perçue par la membrane sera divisée par deux par rapport à la position frontale du chanteur.

Voir le savoir-faire **2** du chapitre 1 : « Utiliser la relation liant le niveau d'intensité sonore à l'intensité sonore ».

5. Dans quelles positions aucun son ne sera-t-il perçu par la membrane ?
6. On dispose désormais de deux micros omnidirectionnels dotés de membranes circulaires respectivement de 18 mm et 25 mm de diamètre. Comparer le rapport de puissance acoustique perçu par les deux microphones pour un même niveau sonore produit par le chanteur.
7. Rechercher pour quelle raison les microphones dynamiques, dont la sensibilité est plus faible que celle des micros électrostatiques, sont très majoritairement utilisés pour sonoriser les concerts

6 AUDITION HUMAINE | ★★ | 20 min | ▸ P. 506

On peut décomposer le système auditif humain en trois parties :

- **L'oreille externe :** elle est constituée du pavillon auriculaire qui guide les sons vers le conduit auditif externe, au bout duquel se trouve le tympan. Certaines fréquences sont légèrement amplifiées par l'oreille externe.
- **L'oreille moyenne :** elle est principalement constituée du tympan et de la chaîne des osselets, qui assurent la transmission des sons aériens venant du conduit auditif externe vers le milieu liquide de l'oreille interne. La trompe d'Eustache assure l'équilibre des pressions des deux côtés du tympan afin d'éviter son déchirement.
- **L'oreille interne :** l'organe vestibulaire qu'elle renferme est responsable de l'équilibre, alors que la cochlée est responsable de l'audition : une multitude de cellules ciliées tapissent cet organe et assurent la transformation des vibrations mécaniques en signaux électriques interprétables par le cerveau. Chaque cellule ciliée vibrant préférentiellement à une fréquence donnée, elles permettent notamment au cerveau d'analyser la hauteur des sons entendus.

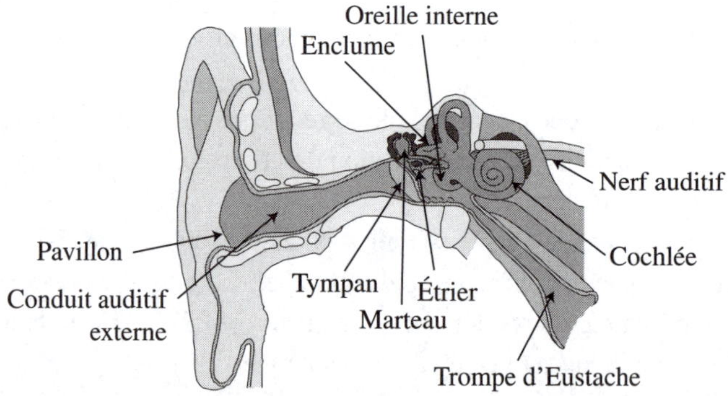

Schéma de l'oreille

L'oreille humaine a la particularité de ne pas réagir de façon linéaire aux sons qu'elle perçoit : par exemple, un son de fréquence 20 Hz s'entend généralement à partir d'un niveau de 70 dB, alors qu'un son à 16 000 Hz s'entend à partir de

13 dB environ. La courbe de perception des sons permet de définir des courbes dites isosoniques ou « d'égale sensation » pour l'oreille humaine :

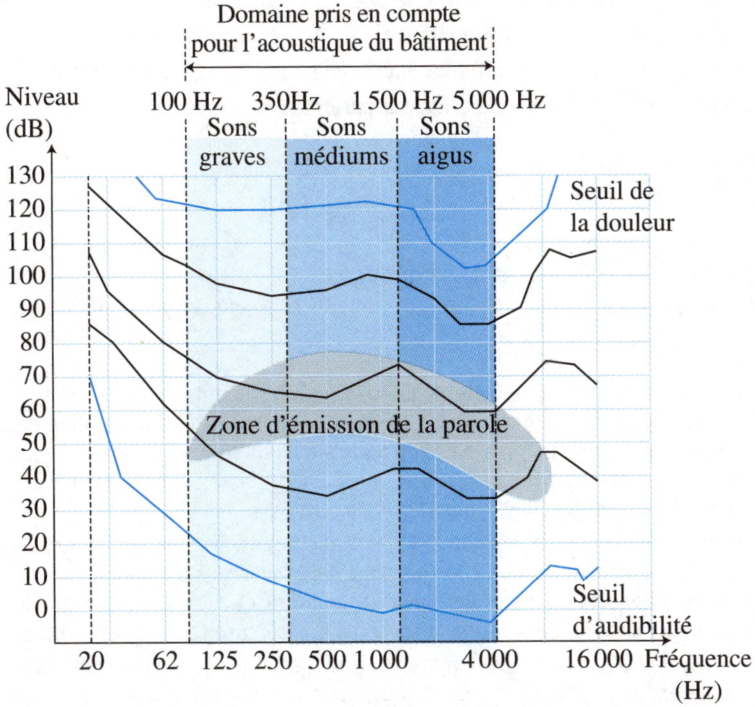

Enfin, les capacités auditives sont propres à chaque individu, mais leur détérioration avec l'âge suivent la tendance statistique suivante :

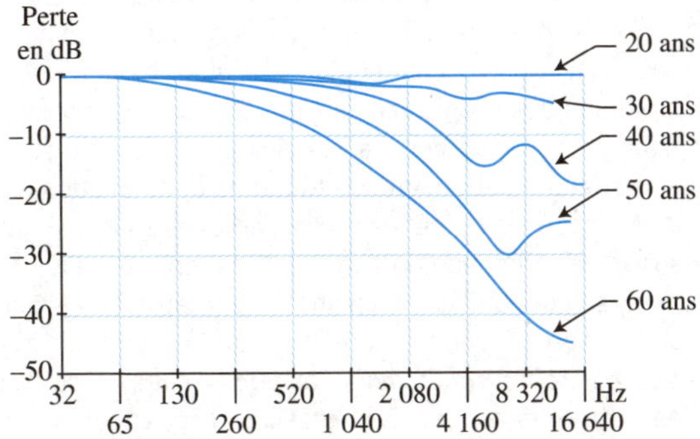

1. Résumer en une ligne le rôle que joue dans l'audition chacune des trois parties de l'oreille.

2. Dans quelle gamme de fréquences l'oreille est-elle capable de discerner un son à partir d'une dizaine de décibels ?

3. Quel peut être l'intérêt pour l'être humain de disposer d'une telle acuité auditive dans cette gamme de fréquences particulière ?

4. Pourquoi l'acoustique des bâtiments prend essentiellement en compte les fréquences de 100 Hz à 5 000 Hz ?

5. Pourquoi les discothèques, salles de concert et autres cinémas doivent respecter un niveau sonore maximal de 105 dB ?

6. Expliquer pourquoi les personnes âgées ont souvent plus de mal à comprendre les enfants ou les femmes quand ils leur parlent.

Les questions 2 à 5 peuvent être traitées uniquement en étudiant les courbes de perception des sons.

7 AUDITORIUM DU CENTRE DES CONGRÈS À MONTREUX

★★★ | 20 min | ▸ P. 506

Doc

L'acoustique naturelle d'une salle dépend en premier lieu de son volume et de sa forme. Le volume conditionne la réverbération, phénomène de prolongation du son perceptible par chacun. La réverbération optimale d'une salle symphonique requiert un volume d'environ 10 m^3 par auditeur. Aussi l'auditorium Stravinski présente-t-il un volume d'environ 18 000 m^3 pour ses 1 800 auditeurs.

La forme conditionne deux phénomènes essentiels : les premières réflexions et la diffusion du son dans la salle. La forme, donc les proportions de la salle, résulte de ces considérations et du choix de son plan (nombre et répartition des auditeurs, situation et dimensions de la scène, disposition et inclinaison des gradins, etc.).

Les premières réflexions déterminent la qualité d'écoute : un auditeur doit recevoir non seulement un son direct de chaque musicien ou chanteur, mais encore de bonnes et fortes réflexions survenant avec de tout petits retards (au plus 30 millisecondes). Si ces retards étaient plus grands, on aurait une dégradation de la qualité d'écoute, voire des échos.

Dans l'auditorium Stravinski, les acousticiens ont habillé parois et plafonds de grandes vagues de bois remplissant plusieurs fonctions : absorption des sons graves ; réflexion et diffusion des sons moyens et aigus. Grâce à leur profil soigneusement étudié, les vagues des parois procurent aux auditeurs situés dans leur voisinage de fortes premières réflexions. La conception et la réalisation des vagues (matériaux, forme, mode de fixation, etc.) ont fait l'objet de beaucoup de soins. Tous les prototypes ont été mesurés en salle réverbérante, de manière à optimiser leurs performances. La réverbération voulue dans les fréquences graves est obtenue par les effets conjoints des vagues et de caissons résonateurs logés dans les espaces entre vagues. Les abat-son suspendus dans l'auditorium ont pour but de donner de fortes réflexions aux auditeurs situés dans l'axe de la salle, donc trop éloignés des parois pour que les réflexions sur ces dernières leur parviennent assez tôt. Un autre abat-son a été placé au-dessus de la scène, de manière à permettre une bonne cohésion orchestrale par de fortes premières réflexions pour les musiciens et le chef d'orchestre.

Le plafond au-dessus de la scène devant être très haut pour satisfaire certaines exigences (grill technique), il ne pouvait en effet à lui seul remplir cette fonction acoustique. Les profils et les emplacements des vagues des parois et des abat-son ont été déterminés par des essais en ultrasons dans une maquette au vingtième de l'auditorium.

Le choix des sièges était aussi important que celui des parois et du plafond : aux fréquences moyennes et aiguës, ce sont le public et les sièges qui déterminent la réverbération. Les fauteuils devaient par conséquent présenter une absorption du son appropriée variant peu, occupés ou non. Ce choix était d'autant plus délicat qu'ils devaient être empilables en vue de leur rangement hors de la salle. Aussi ont-ils été réalisés spécialement pour l'auditorium, après études et mesures de prototypes en salle réverbérante.

Des dispositions de protection contre les bruits ont également dû être prises. L'isolation de la façade, des fenêtres et du toit protège des bruits extérieurs. Des éléments de construction appropriés pour les parois, sols, plafonds, portes, fenêtres réduisent les bruits intérieurs, aériens ou solidiens. Enfin, des dispositions antibruit ont été appliquées aux installations et équipements techniques, en particulier au système de ventilation de l'auditorium.

« Le centre de congrès à Montreux »,
Laboratoire d'électromagnétisme et d'acoustique, *www.iav.ch*

Données.

- Vitesse du son dans l'air : $c = 340\ \text{m} \cdot \text{s}^{-1}$
- Salle réverbérante : salle calibrée spécialement construite pour effectuer des tests sonores. Les parois, non parallèles entre elles, réfléchissent énormément le son et des demi-cylindres sont disposés dans la salle afin d'éviter l'établissement d'ondes stationnaires.

1. Sachant que l'auditorium Stravinski de Montreux est prévu pour accueillir 1 800 auditeurs, quel doit être approximativement son volume ?

2. Quelle est la différence de distance parcourue acceptable entre un son parvenant directement aux oreilles de l'auditeur et ce même son lui parvenant après réflexion sur une paroi de la salle ?

3. Pourquoi a-t-on utilisé des ultrasons et non des ondes sonores dans le domaine audible pour tester l'efficacité des « vagues » dans la maquette au vingtième de l'auditorium ?

> Commencer par déterminer pour quelle gamme de longueurs d'ondes les ondes sonores sont qualifiées d'« ultrasons ».

4. Quelles sont les trois principales sources de bruit que les concepteurs ont essayé de limiter au maximum dans l'auditorium ? Citer un exemple pour chaque source.

CONTRÔLE

8 ISOLATION PHONIQUE | ★★ | 20 min | ▸ P. 506

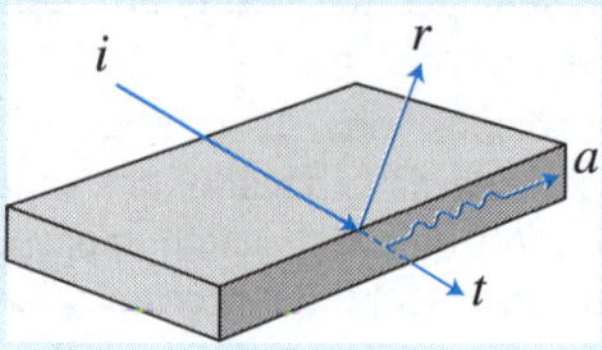

Lorsqu'une onde acoustique incidente de fréquence donnée et de puissance i rencontre une paroi :

- une partie va être réfléchie (r) ;
- une partie va être dissipée dans la paroi (a) ;
- une partie traverse la paroi (t).

Pour caractériser l'absorption α d'un produit, on mesure son coefficient de réflexion de surface R, on a : $\alpha = 1 - R$.

- Si $\alpha = 1$ ou tend vers 1, cela signifie qu'aucune énergie n'est réfléchie $(R = 0)$: le matériau est très absorbant.
- Si $\alpha = 0$ ou tend vers 0, cela signifie que l'énergie est réfléchie $(R = 1)$: le matériau est réfléchissant.

Le coefficient d'absorption des matériaux est mesuré en chambre réverbérante pour une fréquence donnée. Il est appelé coefficient d'absorption « Sabine » noté α_S.

Paramètres pouvant influer sur le coefficient d'absorption :

- influence de la résistance spécifique au passage de l'air ;

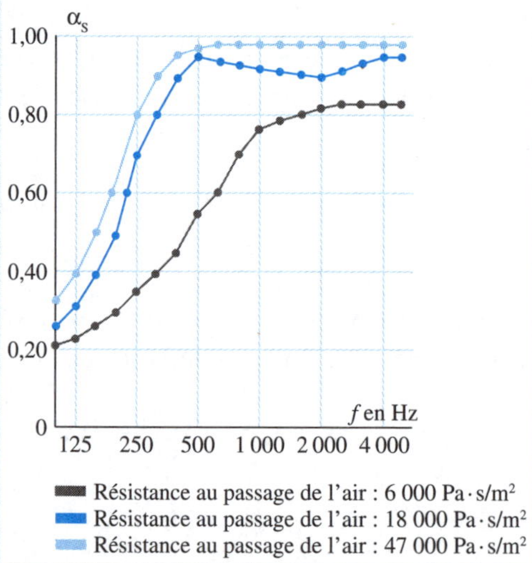

- influence de la nature de la laine minérale ;

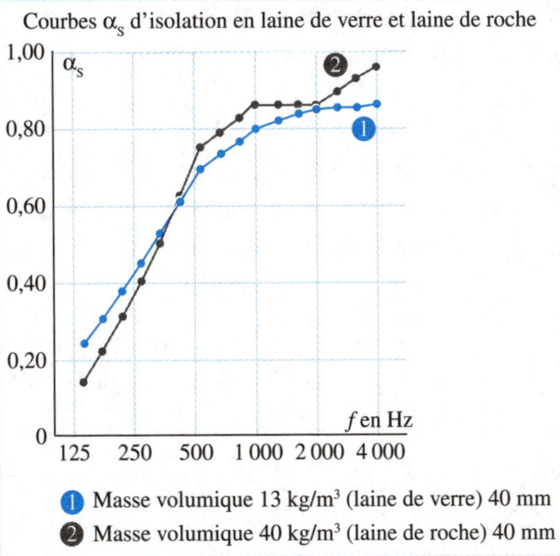

- influence de l'épaisseur de la laine minérale.

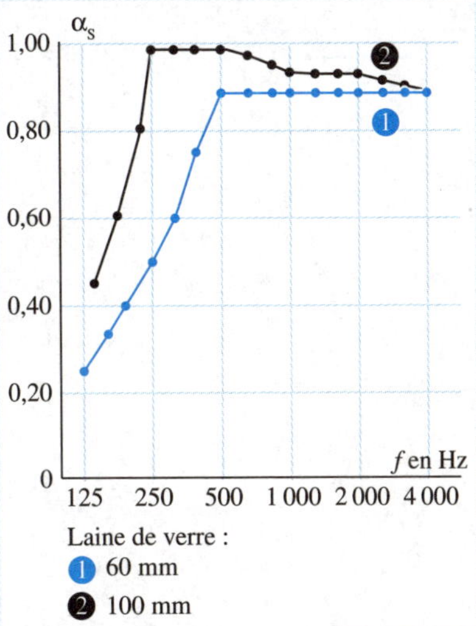

1. En vous aidant du texte et des documents, exprimer la puissance i d'une onde rencontrant une paroi en fonction de la puissance réfléchie r, de la puissance absorbée par la paroi a et de la puissance traversant la paroi t.

2. Dans le commerce, le coefficient d'absorption des matériaux est rarement associé au graphique représentant le coefficient d'absorption Sabine en fonction de la fréquence, mais est souvent donné par un seul coefficient noté α_W.

À quoi correspond ce coefficient selon vous ? Quel inconvénient présente ce type de présentation pour le consommateur ?

3. Dans quelle gamme de fréquence la laine minérale est-elle la plus absorbante ?

4. Dans le cadre de la rénovation d'une habitation, on souhaite doubler les cloisons d'une pièce avec de la laine minérale pour les rendre les plus absorbantes possible. Sachant que pour deux matériaux équivalents en absorption, le propriétaire veut privilégier la légèreté, lequel de ces isolants devrait-il choisir ?

Matériau	Épaisseur (cm)	Résistance au passage de l'air $(Pa \cdot s \cdot m^{-2})$
Laine de roche	5	40 000
Laine de roche	10	20 000
Laine de roche	10	40 000
Laine de verre	5	40 000
Laine de verre	10	20 000
Laine de verre	10	40 000

CORRIGÉS

1 1. Le didgeridoo appartient au groupe des vents et à la catégorie des cuivres.
2. Dans un instrument à corde, c'est la corde qui impose la hauteur de la note produite.
3. $f = \frac{1}{2L}\sqrt{\frac{T}{\mu}}$ car la hauteur de la note (c'est-à-dire la fréquence de la vibration sonore) est inversement proportionnelle à la longueur de la corde et à la racine carrée de sa masse linéique. De plus elle augmente quand la tension augmente.
4. D'après la formule précédente, si la longueur L est divisée par 2, la fréquence sera multipliée par deux. Donc $f = 220$ Hz.
5. La vitesse du son dans l'air augmente avec la température. Or, la fréquence produite par une colonne d'air de longueur donnée est proportionnelle à la vitesse de déplacement du son dans cette colonne. Ainsi, plus la température augmente et plus un instrument à vent émettra un son de fréquence élevée pour une même longueur de colonne d'air.

2 1. La fondamentale aura une fréquence $f_1 = 196$ Hz.
2. $f_2 = 392$ Hz ; $f_3 = 588$ Hz ; $f_4 = 784$ Hz.
3. Pour modifier le timbre du son obtenu, on jouera sur l'amplitude relative des différents harmoniques.
4. Amplitude d'un son généré sans enveloppe d'amplitude :

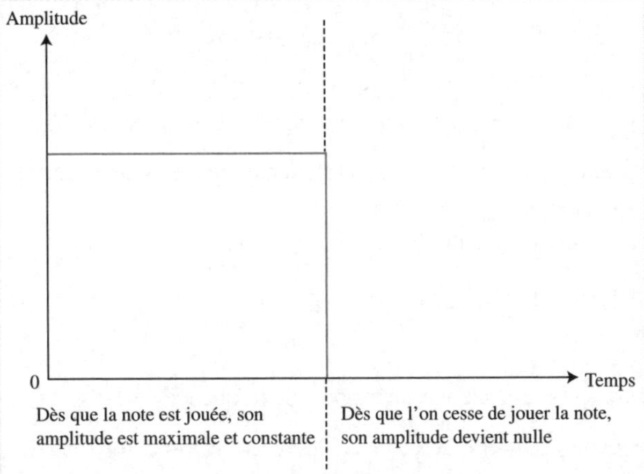

5. L'échantillonnage de sons réels consiste à enregistrer les sons joués par de vrais instruments de musique, note par note, et à les stocker dans des mémoires. Ces sons peuvent alors être attitrés à une touche de clavier par exemple et seront lus dès que l'on actionnera cette touche. Il ne s'agit donc plus de synthèse, mais de numérisation, de stockage et de manipulation de sons réels. Ces « échantillons » ne demandent que peu de calculs, mais ils sont très gourmands en mémoire.

3 **1.**

Note	Fréquence en fonction de f_1	Fréquence en hertz
do_3	f_1	261,6
$ré_3$	$2^{\frac{2}{12}} \times f_1$	293,7
mi_3	$2^{\frac{4}{12}} \times f_1$	329,6
fa_3	$2^{\frac{5}{12}} \times f_1$	349,2
sol_3	$2^{\frac{7}{12}} \times f_1$	392,0
la_3	$2^{\frac{9}{12}} \times f_1$	440,0
si_3	$2^{\frac{11}{12}} \times f_1$	493,9
do_4	$2^{\frac{12}{12}} \times f_1 = 2f_1$	523,3

On ajoute un ton $\left(\times 2^{\frac{2}{12}}\right)$ pour passer d'une note à la suivante sauf entre *mi* et *fa*, et entre *si* et *do* où l'on n'ajoute qu'un demi-ton $\left(\times 2^{\frac{1}{12}}\right)$.

2. Le rapport de fréquence entre le sol_3 et le do_3 vaut :

$$\frac{2^{\frac{7}{12}} \times f_1}{f_1} = 2^{\frac{7}{12}} \approx 1,498.$$

3. La quinte « naturelle » est donnée par un rapport de fréquence de $\frac{3}{2}$, soit 1,500. La quinte de la gamme tempérée n'est pas parfaitement juste, mais l'écart avec la quinte naturelle est extrêmement faible (0,13 %).

4. Le rapport de fréquence entre le mi_3 et le do_3 vaut :

$$\frac{2^{\frac{4}{12}} \times f_1}{f_1} = 2^{\frac{4}{12}} \approx 1,260.$$

La tierce naturelle est donnée par un rapport de fréquence de $\frac{5}{4}$, soit 1,250.

L'écart entre tierce naturelle et tierce tempérée reste modéré (0,80 %), mais l'on s'écarte un peu plus du rapport naturel que pour un quinte : la tierce sera donc moins juste que la quinte dans la gamme tempérée.

5. Le seul intervalle parfaitement juste dans la gamme tempérée est l'octave, car le rapport entre les fréquences de deux notes à l'octave l'une de l'autre est de 2, comme c'est le cas pour une octave « naturelle ».

4 **1.** L'excitateur est constitué des cordes vocales, qui sont mises en vibration par l'air expiré des poumons. Les résonateurs sont les différentes cavités placées sur le trajet du son avant sa sortie du corps : le pharynx, la cavité buccale et les fosses nasales.
2. Un homme pouvant chanter des notes aussi graves (65 Hz correspond à la note la plus grave que la voix puisse produire) appartient au groupe des « basses ».
3. Une femme pouvant chanter des notes aussi aiguës (2 100 Hz correspond à la note la plus aiguë que la voix puisse produire) appartient au groupe des « sopranos ».
4. Le timbre de la voix d'un individu est essentiellement déterminé par la forme et la taille de ses résonateurs, et dans une moindre mesure par l'action des muscles du larynx. La hauteur de la voix, qui est aussi une caractéristique permettant de différencier deux voix différentes, est liée à la longueur des cordes vocales.

5 **1.** Quel que soit le type de micro utilisé, l'atténuation est toujours minimale (– 0 dB) face à la membrane (à 0°). Le niveau sonore sera donc maximal face au micro, quel que soit son type de directivité.
2. a. bidirectionnel ; **b.** omnidirectionnel ; **c.** hypercardioïde ; **d.** cardioïde.
3. L'atténuation à 60° est de – 6 dB : le niveau sonore perçu par la membrane est alors de 74 dB.
4. On rappelle la relation entre l'intensité I et niveau sonore L d'un son :

$$L = 10 \times \log\left(\frac{I}{I_0}\right),$$

où I_0 une intensité de référence qui correspond au seuil d'audibilité $\left(I_0 = 10^{-12}\,\text{W}\cdot\text{m}^{-2}\right)$.

Soit L_1 le niveau sonore d'un son d'intensité I_1 et L_2 le niveau sonore d'un son d'intensité $I_2 = \frac{I_1}{2}$.

On a :

$$L_2 = 10 \times \log\left(\frac{I_2}{I_0}\right) = 10 \times \log\left(\frac{I_1}{2 \times I_0}\right).$$

$$L_2 = L_1 - 10 \times \log 2 \approx L_1 - 3$$

Une intensité sonore divisée par 2 correspond donc à une atténuation de 3 dB.
On se trouve dans cette configuration si le chanteur se place à 45° de la membrane. De par la symétrie du diagramme polaire, on peut ajouter que ce cas de figure se reproduit à 135°, 225° et 315°.
5. L'atténuation est infinie (– ∞ dB) à 90° et à 270°.
6. D'après la formule donnée dans l'énoncé, la puissance perçue par une membrane de micro est proportionnelle à sa surface. Donc :

$$\frac{P_1}{P_2} = \frac{S_1}{S_2} = \frac{\pi r_1^2}{\pi r_2^2} = \frac{\pi\left(9 \times 10^{-3}\right)^2}{\pi\left(12{,}5 \times 10^{-3}\right)^2} = 0{,}52.$$

La puissance perçue par le second micro sera quasiment 2 fois supérieure à celle perçue par le premier micro pour un même niveau sonore de la source.

7. La faible sensibilité des microphones dynamiques est un atout sur scène : en effet, si la sensibilité d'un micro est trop importante, il risque de capter le son émis par les enceintes qui sonorisent le concert. Ce son sera à nouveau amplifié et émis par les enceintes, puis capté par le micro et ainsi de suite… créant un effet Larsen très désagréable.

6 **1.** L'oreille externe conduit les sons jusqu'au tympan.
L'oreille moyenne transmet les sons de l'air à un milieu liquide.
L'oreille interne transforme les vibrations en signaux électriques.
2. Entre 250 Hz et 8 000 Hz, l'oreille humaine est capable de discerner un son à partir de 10 dB.
3. Cette gamme de fréquences correspond à la zone d'émission de la parole : avoir une bonne acuité auditive dans cette zone de fréquence est essentiel pour la communication des êtres humains.
4. La gestion de l'acoustique des bâtiments a pour objectif premier d'isoler un lieu des sons extérieur pour le confort de ses occupants. Il est donc normal de se préoccuper des sons les plus sensibles par l'oreille humaine.
5. Pour les sons dont la fréquence est proche de 4 000 Hz, le seuil de la douleur commence à 105 dB. Une exposition à de tels sons peut rapidement engendrer des troubles définitifs de l'audition. C'est pourquoi le niveau sonore maximal autorisé par la loi est de 105 dB.
6. Le dernier graphique de l'énoncé nous informe qu'avec l'âge, l'acuité auditive diminue dans les hautes fréquences. Ainsi, il sera plus difficile pour une personne âgée de comprendre, à volume égal, un enfant ou une femme dont les voix sont généralement plus aiguës que celle d'un homme.

7 **1.** Le volume idéal est de 10 mètres cube par auditeur, soit 18 000 m^3.
2. Le retard maximal est $\tau = 30$ ms, donc la différence de distance maximale est :

$$\Delta d = c\tau = 340 \times 30 \times 10^{-3} = 10 \text{ m}.$$

3. Dans la maquette, toutes les longueurs sont divisées par 20 par rapport au réel. Il en va de même pour les longueurs d'onde des sons à tester : ainsi, les fréquences sont, elles, multipliées par 20 (en effet, $\lambda = \frac{c}{f}$). Pour tester les fréquences supérieures à 1 000 Hz, on utilisera dans la maquette des sons de fréquence supérieure à 20 000 Hz, c'est-à-dire des ultrasons.
4. Les bruits indésirables peuvent provenir de l'extérieur du centre des congrès (voitures, sirène d'ambulance, intempéries…), de l'intérieur (conversations dans le hall, bruits de pas dans une salle voisine de l'auditorium…), voire même des éléments technique du bâtiment (ventilation).

8 **1.** D'après le premier schéma de l'énoncé, on a : $i = r + a + t$.
2. Le coefficient α_W est en fait le coefficient moyen d'absorption du matériau sur une plage de fréquences donnée (en général, entre 100 Hz et 5 000 Hz).
Il ne nous indique donc pas dans quel domaine de fréquences le matériau est le plus efficace.

3. On s'aperçoit en étudiant les différents graphiques que l'absorption de la laine minérale diminue très rapidement pour des fréquences en deçà de 500 Hz. On peut en déduire que ce type d'isolant est plus efficace pour absorber les sons médiums et aigus (de fréquences supérieures à 500 Hz).

4. Les graphiques montrant l'influence de différents paramètres nous apprennent que plus un isolant en laine minérale est épais et résistant au passage de l'air, et plus il est absorbant. On portera donc notre choix sur un isolant de 10 cm d'épaisseur ayant pour résistance 40 000 $Pa \cdot s \cdot m^{-2}$.

Le choix entre laine de roche ou laine de verre sera tranché par leur masse volumique respective : avec 13 $kg \cdot m^{-3}$, la laine de verre l'emporte devant la laine de roche et ses 40 $kg \cdot m^{-3}$.

18 Les matériaux

I CYCLE DE VIE DES MATÉRIAUX

■ Tout matériau ou objet possède un **cycle de vie**, depuis sa fabrication jusqu'à son recyclage.

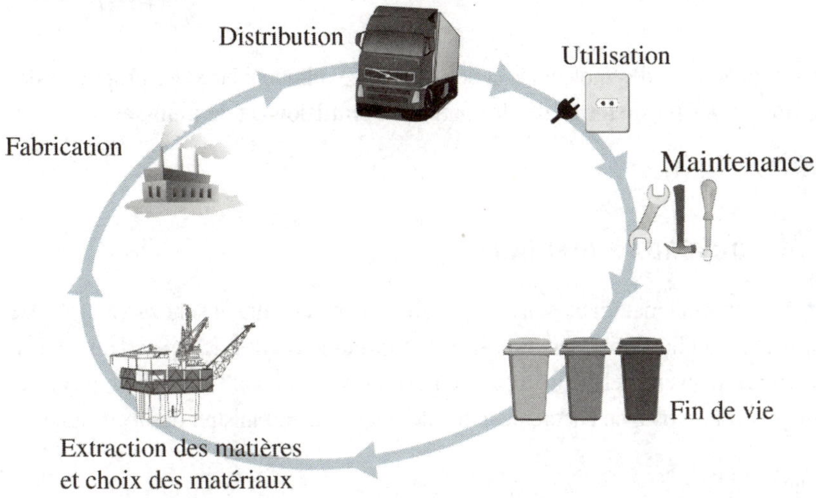

■ Prenons l'exemple d'un objet en fer. On doit d'abord élaborer le matériau le constituant, c'est-à-dire obtenir le fer dans un haut fourneau à partir du minerai d'oxyde de fer.

Une fois l'objet fabriqué, il subit un vieillissement, et une corrosion (formation à nouveau d'oxyde de fer, autrement dit de la rouille) dont on peut le protéger.

Une fois usagé, on doit recycler l'objet et le métal dans lequel il est fabriqué.

Voir les exercices 2 et 3.

II STRUCTURE ET PROPRIÉTÉS DES MATÉRIAUX

■ De nombreux objets de la vie courante ont des caractéristiques qui s'expliquent du fait de la structure et des propriétés des matériaux qui les constituent.

■ Ainsi un téléphone portable utilise des **conducteurs** et **semi-conducteurs** électroniques, et un écran basé sur la physique des **cristaux liquides**. On peut recharger sa batterie à partir d'un chargeur connecté à un système photovoltaïque. La coque est maintenue grâce à une **colle** ou un **adhésif**.

Voir l'exercice 6.

■ Les propriétés des molécules et des solvants expliquent aussi les propriétés des savons et des **tensioactifs**, des formations d'**émulsions** et de **mousses**.

Voir l'exercice 8.

III NOUVEAUX MATÉRIAUX

■ De nouveaux matériaux sont mis régulièrement au point et sont susceptibles de multiples applications : les **nanotubes** et **nanoparticules**, les matériaux nanostructurés peuvent permettre par exemple la mise aupoint de câbles légers et ultrarésistants, ou bien encore de nouvelles façons d'administrer des médicaments.

Voir l'exercice 5.

■ Les recherches sont également actives dans le domaine des **verres**, **composites** et **céramiques**, qui sont utilisables comme matériaux réfractaires à la chaleur ou comme **supraconducteurs** par exemple.

Voir les exercices 1 et 4.

■ Certains matériaux permettent des applications dans les **textiles innovants** (mémoire de forme, ou à applications thermiques), ou les matériaux biocompatibles.

LEXIQUE

■ Céramique

Une céramique est un solide obtenu en général par chauffage d'une pâte minérale humide ou sèche comprimée (on parle de **frittage** dans le cas d'une poudre sèche).

De nombreux types de céramiques industrielles sont développés : matériaux réfractaires à la chaleur, abrasifs, outils de coupe, isolants électriques…

EXEMPLES : Une poterie en terre, une porcelaine sont des exemples de céramiques.

■ Colles et adhésifs

Une colle (naturelle) ou un adhésif (synthétique) permettent de fixer deux surfaces après application et séchage (disparition du solvant). La colle est souvent un polymère.

Voir l'exercice 6.

■ Conducteur et supraconducteur

Un conducteur électrique permet le passage du courant électrique s'il existe une différence de potentiel à ses bornes. Tout conducteur possède une certaine résistance électrique R non nulle, ce qui entraîne une dissipation d'énergie par effet Joule.

Un supraconducteur est un matériaux qui, à une température suffisamment basse, est dans une phase supraconductrice : la résistance électrique est alors nulle, il n'y a plus de pertes par effet Joule.

Voir l'exercice 5.

■ Corrosion du métal

La corrosion est une réaction chimique : l'oxydation d'un métal qui mène à la formation d'un oxyde de métal (rouille pour le fer par exemple). Certains métaux, comme le cuivre, se corrodent en formant une couche protectrice d'oxyde en surface, ce qui limite la destruction du métal. D'autres, comme le fer, doivent être protégé, car l'oxyde formé n'est pas protecteur et mène à la destruction de l'objet en métal. L'oxygène est en général l'oxydant du métal pour le phénomène de corrosion.

Voir l'exercice 3.

■ **Cristal liquide**

Un cristal liquide est un état de la matière, on dit aussi une phase, qui possède des caractéristiques appartenant à la fois aux cristaux solides et aux liquides. Seuls certains corps purs possèdent une phase cristal liquide. La température est un paramètre de régulation qui permet de passer d'une phase donnée à une autre, par exemple de solide à cristal liquide.

Voir l'exercice 7.

■ **Émulsion**

Une émulsion est un mélange qui paraît homogène de deux liquides non miscibles (par exemple eau + huile). En fait, on peut dire que l'un des deux liquides se répartit en microgouttelettes dans l'autre : l'homogénéité n'est qu'apparente. Un émulsifiant (ou tensioactif) est en général utilisé pour maintenir l'émulsion.

EXEMPLE : Le jaune d'œuf peut être considéré comme un émulsifiant en cuisine.

■ **Matériau composite**

Il s'agit de l'assemblage d'au moins deux matériaux, ce qui permet à l'ensemble d'avoir des qualités mécaniques que, pris séparément, chaque matériau n'a pas. La recherche de matériaux rigides, légers, peu sensibles à la traction ou à la torsion a entraîné la mise au point de composites nouveaux. En général on décrit le composite comme formé d'une matrice et d'un renfort.

EXEMPLE : Le béton armé est un matériau composite.

■ **Membrane**

Une membrane est une couche mince de matière qui est souvent utilisée comme moyen de séparation de substances dissoutes ou en suspension dans un liquide. Une membrane est le plus souvent liquide ou solide. Les membranes sont par exemple utilisées pour purifier l'eau ou la dessaler.

EXEMPLES : Un tamis est un exemple très simple de membrane. L'enveloppe lipidique d'une cellule vivante en est un autre.

■ **Mousse**

Une mousse est un milieu qui voit la coexistence d'un gaz et d'un liquide (ou d'un solide). Une mousse aqueuse est formée de bulles d'air séparées par un film d'eau. Une mousse solide peut être obtenue par solidification du liquide contenu dans une mousse liquide.

EXEMPLE : Le pain est un exemple de mousse solide.

■ **Nanoparticule**

Il s'agit d'objets ou de corps de taille nanométrique (au plus 100 nm). Les nanoparticules peuvent être naturelles (certaines poussières) ou artificielles.

Les fullerènes sont des nanoparticules de carbone pur. Leurs propriétés sont très différentes de celles du carbone sous sa forme habituelle (graphite ou diamant).
On cherche actuellement à fabriquer des nanotubes à base de fullerène, dont les propriétés de résistance et de légèreté semblent tout à fait nouvelles.

Voir l'exercice 5.

■ **Polymérisation**

Il s'agit d'une réaction chimique qui permet la formation de molécules longues (polymères) à partir de l'assemblage de molécules courtes (monomères).

EXEMPLE : Le nylon (polyamide), dans le domaine textile, est un polymère formé à partir d'un monomère.

■ **Saponification**

La saponification est la réaction chimique qui mène à la formation d'un savon. Il s'agit d'une réaction lente avec chauffage d'un mélange de triester et de soude liquide concentrée.

Voir l'exercice 8.

■ **Semi-conducteur**

Un semi-conducteur est constitué en général d'un matériau isolant électriquement que l'on dope avec des impuretés. Cela entraîne qu'un semi-conducteur a des propriétés électriques intermédiaires entre un conducteur et un isolant. Le silicium et le germanium sont utilisés comme semi-conducteur en électronique.

EXEMPLES : Diodes, transistors.

■ **Tensioactif**

Un tensioactif change (abaisse) la tension de surface d'un liquide. En général un tensioactif est une molécule organique longue qui possède une extrémité lipophile et une extrémité hydrophile. Un tensioactif permet la solubilisation de deux liquides autrement non miscibles (voir aussi émulsion).

■ **Tension de surface**

Au voisinage de la surface d'un liquide il existe une tension interfaciale (à l'interface eau/air par exemple), c'est-à-dire une certaine énergie par unité de surface qui n'existe pas dans le liquide (effet de surface). Cette tension permet par exemple à un insecte de marcher sur l'eau. On abaisse la tension de surface à l'aide d'un tensioactif bien choisi, ce qui peut permettre de former une émulsion entre deux liquides autrement non miscibles.

■ **Transition de phase**

Une transition de phase est, pour un corps pur, le passage d'un état à un autre : de solide à gazeux (sublimation), ou bien de solide cristallin à nématique (voir aussi la notion de cristal liquide).

Voir l'exercice 7.

En général la transition de phase est commandée par un ou plusieurs paramètres : par exemple la température.

■ **Verre**

Le verre est un solide amorphe (c'est-à-dire non cristallin), obtenu par fusion puis refroidissement rapide d'un mélange adapté (silice + fondant + impureté pour un verre coloré classique). La phase vitreuse est un solide qui ne possède pas d'ordre à longue distance, contrairement aux solides cristallins.

Voir l'exercice 7.

EXERCICES D'ENTRAÎNEMENT

1 LA CÉRAMIQUE | ★★ | 20 min | ▸ P. 530

Les céramiques sont des matériaux en général isolants électriques, obtenus par chauffage d'une pâte de composition spécifique (mélange d'oxydes ou de non oxydes ou bien encore composite des deux). Ces matériaux sont de faible densité (du fait de leur porosité), de grande résistance mécanique et thermique (utilisation comme briques réfractaires à la chaleur, par exemple dans les navettes spatiales, les avions).

On obtient un bloc céramique en chauffant à haute température une masse $M = 250$ g de particules d'alumine (oxyde d'aluminium). Le produit fini est poreux et on cherche à mesurer le degré de porosité (l'espace vide dans le matériau).

Pour cela, on ferme les pores de surface à l'aide d'un enduit (de masse négligeable), et on immerge complètement la céramique dans de l'eau, en la reliant à un dynamomètre qui affiche une force résultante (dirigée vers le haut) de 1 600 mN.

On connaît par ailleurs les masses volumiques de l'eau et de l'alumine :

$$\rho_{\text{eau}} = 1{,}0 \text{ g/cm}^3 \ ; \quad \rho_{\text{alumine}} = 3{,}9 \text{ g/cm}^3.$$

En étudiant les forces qui s'exercent à l'équilibre sur le bloc de céramique, on veut calculer la fraction volumique de porosité, autrement dit le rapport :

$$T = \frac{V_{\text{céramique}} - V_{\text{alumine}}}{V_{\text{alumine}}}.$$

Ce rapport mesure la « quantité » de vide contenue dans le solide céramique.

1. Calculer le volume de l'alumine en utilisant sa masse volumique.

2. Étudier à l'aide de la seconde loi de Newton l'équilibre du bloc de céramique dans le liquide.

3. En déduire le volume de la céramique, puis la valeur du paramètre T.

> • Il faut introduire la poussée d'Archimède : cette force est verticale dirigée vers le haut, et sa valeur est égale au poids du volume de fluide déplacé. Il faut ensuite utiliser la seconde loi de Newton en projection sur un axe vertical.
>
> • On pourra aussi consulter le chapitre 4.

2 ÉLABORATION DU MÉTAL TITANE | ★★ | 10 min | ▸ P. 530

Le titane (de symbole chimique Ti) est un métal léger, extrêmement résistant et peu sujet à la corrosion. Il est utilisé en particulier dans la construction aéronautique et en formule 1.

Une fois le minerai de titane extrait, on le transforme en oxyde TiO_2.

Cet oxyde est ensuite traité, dans une première étape, à 800 °C sous atmosphère inerte (sans oxygène) par du dichlore Cl_2 en présence de carbone et on obtient du tétrachlorure de titane $TiCl_4$ ainsi que du monoxyde de carbone.
Dans une deuxième étape on réduit le tétrachlorure de titane par du magnésium sous vide et à haute température. On obtient alors du titane et du dichlorure de magnésium.
On produit en moyenne 1 600 tonnes de lingots de titane par an en France.

1. Écrire les équations d'oxydoréduction correspondant aux deux étapes.

On peut se référer au programme de 1re S.

2. Compte tenu de la production annuelle, calculer les quantités de réactifs nécessaires. Étudier sommairement la toxicité des différents réactifs (il sera nécessaire d'effectuer une recherche documentaire).
3. Le titane métal obtenu se présente sous forme poreuse, d'où son nom d'éponge de titane. Sachant que la quantité d'énergie nécessaire pour la production de 1,0 kg d'éponge est $E_1 = 40$ kWh/kg, calculer l'énergie nécessaire à la production française. Comparer (faire une recherche documentaire) à la production d'une centrale électrique de puissance moyenne.

Données.
On rappelle que le kilowattheure est une unité d'énergie : $1 \text{ kWh} = 3{,}6 \cdot 10^6$ J.
Fiche signalétique du titane

Nom	Titane
Symbole	Ti
Numéro atomique	22
Masse molaire atomique	47,88 g/mol
État du corps pur à 20 °C	solide
Nombre de masse	48
Nombre de protons	22
Nombre d'électrons	22
Nombre de neutrons	26
Point de fusion	1 933 K
Point d'ébullition	3 560 K
Masse volumique	4 540 kg/m^3 (CNTP)
Type	métal
Groupe	métal de transition, groupe IV, colonne 4
Groupe dans le tableau périodique	groupe d
Type de minerai métallique	type 3
Système cristallin	HCP, BCC
Type d'oxyde	faiblement acide

3 CORROSION ET PROTECTION DU FER

★★ | 20 min | ▸ P. 531

La corrosion touche le fer et l'acier contenant moins de 2 % de carbone. L'oxydation du fer (formation d'un oxyde de fer, autrement dit de la rouille) est accentuée dans les milieux humides et salés.

On désire étudier ce phénomène et trouver des moyens d'y pallier.

On dispose des tests suivants :

- On met en évidence les ions fer II $\left(Fe^{2+}\right)$ à l'aide du réactif hexacyanoferrate de potassium, qui forme avec les ions Fer II un complexe bleu.
- On met en évidence les ions zinc II $\left(Zn^{2+}\right)$ à l'aide du réactif hexacyanoferrate de potassium qui forme avec les ions zinc II un précipité blanc.
- On met en évidence les ions hydroxydes HO^- à l'aide de la phénolphtaléine, qui colore la solution en rose en présence d'ions hydroxyde.

1. Dans une première expérience on plonge un morceau de fer solide dans de l'eau chaude et salée dans laquelle on a ajouté de l'hexacyanoferrate de potassium et de la phénophtaléine ainsi qu'un gélifiant (agar-agar). Après quelques dizaines de minutes, lorsque l'ensemble est solidifié, on observe une coloration bleue aux deux extrémités de la tige de fer, et une coloration rose au centre.

a. Interpréter les observations.

b. On s'intéresse à la partie centrale de la tige de fer. L'eau contient du dioxygène O_2 dissous. La demi-équation électronique rendant compte du phénomène s'écrit :

$$O_2 + 2H_2O + 4e^- = 4HO^-$$

Justifier la coloration observée.

c. Quel ion est apparu aux extrémités de la tige ? Le fer a-t-il été oxydé ou réduit ?

d. Écrire l'équation de la réaction d'oxydoréduction qui permet de rendre compte de l'expérience.

e. À la lumière des questions précédentes, que peut-on dire du rôle joué par la tige de fer ? Que permet le gélifiant d'un point de vue ionique ?

2. Dans une deuxième expérience on plonge un morceau de fer solide au contact d'une plaque de zinc, dans de l'eau chaude et salée dans laquelle on a ajouté de l'hexacyanoferrate de potassium et de la phénophtaléine ainsi qu'un gélifiant. Après quelques dizaines de minutes, lorsque l'ensemble est solidifié, on observe une coloration rose tout autour de la tige de fer, et une coloration blanche autour de la plaque de zinc.

a. Préciser quelles sont les espèces oxydées et réduites.

b. Écrire les demi-équations électroniques rendant compte des phénomènes observés.

c. Déduire de la question précédente l'équation bilan qui modélise les phénomènes observés.

d. En déduire une méthode de protection du fer contre la corrosion.

3. La galvanisation est un procédé qui consiste à recouvrir de l'acier par une fine couche de zinc.

a. Justifier que la galvanisation permet de protéger l'acier contre la corrosion.

b. On dépose le zinc sur une plaque de fer par électrolyse. On suppose que la plaque de fer a une surface $S = 1,0\ \text{m}^2$ et que l'épaisseur de zinc est $e = 0,10$ mm (sur les deux faces). Expliquer simplement comment on peut réaliser cette électrolyse.

c. Écrire l'équation bilan de l'électrolyse.

d. Calculer la masse de zinc solide à déposer sur l'acier.

e. Si l'intensité du courant d'électrolyse vaut $I = 1\,000$ A, quelle sera la durée de l'électrolyse ?

Données.

- Masse volumique du zinc : 7,1 g/cm^3.
- Masse molaire du zinc : 65,4 g/mol.
- Charge de 1 mole d'électrons : $F = 1$ faraday $= 96\,500$ C.

La notion d'oxydoréduction est un préalable à la résolution de cet exercice. On peut se référer au programme de 1re S.

EXERCICES D'APPROFONDISSEMENT

4 SUPRACONDUCTEUR

★★★ 20 min ▸ P. 532

■ Un matériau supraconducteur perd toute résistance électrique si on abaisse suffisamment sa température. Ainsi le métal mercure devient supraconducteur à la pression ambiante lorsque sa température est inférieure à 4 K. Par ailleurs un supraconducteur est aussi sujet à l'effet dit « Meissner », c'est-à-dire qu'il peut « repousser » un champ magnétique que l'on cherche à lui imposer (les lignes du champ magnétique ne peuvent pas le pénétrer).

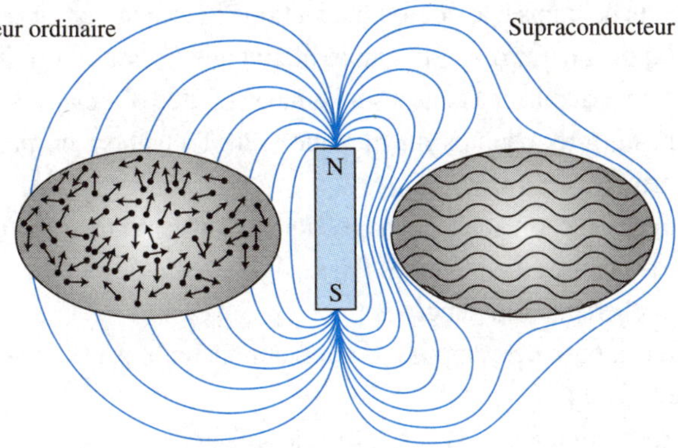

Effet Meissner

Le champ magnétique de l'aimant ne peut pénétrer le matériau supraconducteur.

■ Depuis 1911 de nombreux matériaux se sont révélés être supraconducteurs (à basse température) : métaux et alliages (plomb, zinc, nitrure de niobium…).

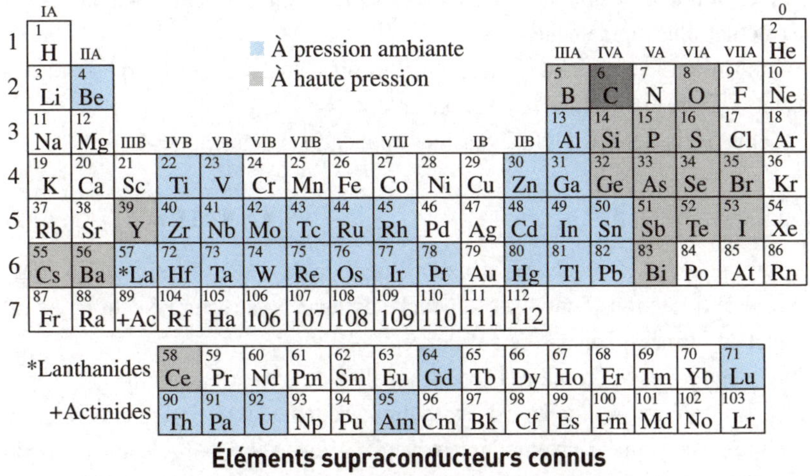

Éléments supraconducteurs connus

Le tableau montre les éléments supraconducteurs à pression atmosphérique et ceux qui le deviennent à haute pression (et basse température !).

■ Il existe une théorie (dite théorie BCS) qui explique le comportement supraconducteur de certains corps. On les nomme parfois supraconducteurs conventionnels. Ceux qui sont mal décrits par cette théorie sont dit non conventionnels. Depuis le milieu des années 1980 on a découvert des céramiques supraconductrices à plus haute température que les métaux, par exemple : $YBa_2Cu_3O_7$ supraconductrice à 92 K.

On a également découvert des supraconducteurs organiques et d'autres à base de fullerène C_{60}, par exemple : Rb_3C_{60} supraconducteur à 27 K.

Les applications des supraconducteurs sont nombreuses :

- Le LHC (Large Hadron Collider au CERN en Suisse) utilise des électroaimants supraconducteurs produisant un champ magnétique de l'ordre de 10 T.
- Les projets de trains à lévitation magnétique : sustentation sans contact avec les rails (au Japon, un train expérimental a atteint une vitesse de l'ordre de 550 km/h).
- Confinement du plasma dans les tokamaks à l'aide d'aimants supraconducteurs produisant de forts champs magnétiques (20 T et plus), en particulier pour la fusion thermonucléaire.
- IRM (imagerie par résonance magnétique) dans le domaine médical, qui nécessite de forts champs magnétiques fixes.

D'autres recherches sont en cours :

- ordinateur à base de composants supraconducteurs permettant d'augmenter la vitesse de calcul ;
- transport de courants forts sur de courtes distances.

1. En synthétisant le texte ci-dessus, définir ce qui caractérise un matériau supraconducteur. Peut-on les répartir en différentes catégories ?
2. En analysant le texte ci-dessus, expliquer quelle propriété des supraconducteurs est le plus souvent utilisée dans les applications présentes et futures.
3. Préciser pourquoi un matériau supraconducteur peut permettre à un ordinateur de calculer plus rapidement.
4. En utilisant le texte ci-dessus, définir les différentes catégories de supraconducteurs. Donner à chaque fois un exemple.
5. L'effet Meissner est-il utilisé dans les applications industrielles ?

5 NANOTUBES DE CARBONE | ★★★ | 15 min | ▸ P. 532

Le carbone est un élément de la deuxième période de la classification périodique, il possède 6 électrons dont 4 sur sa couche externe. Sa structure électronique lui permet de former 4 liaisons de covalence.

L'une des formes allotropiques sous lesquelles on trouve le carbone est le graphite. Il s'agit d'un solide noir de structure hexagonale (voir figure ci-après). Le graphite est constitué d'un empilement de plans, distants de 3,3 Å, selon un mode décalé A-B-A-B. Les interactions entre les plans sont du type van der Waals. De ce fait les plans graphènes peuvent glisser les uns sur les autres. Dans un de ces plans, les liaisons sont covalentes, donc plus solides que les liaisons interplans. Le graphite est un bon conducteur électrique et est utilisé comme électrode. On s'en sert également comme mine de crayon.

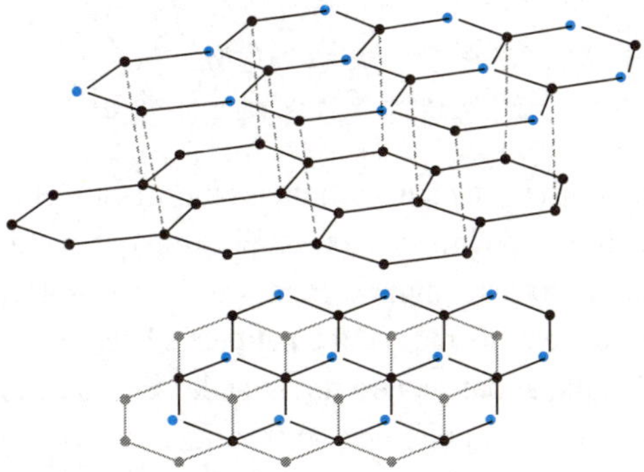

Une autre forme allotropique naturelle du carbone est le diamant. La figure ci-contre montre la structure du cristal tridimensionnel du diamant. Les liaisons de covalence entre les atomes de carbone ont une longueur moyenne de 1,5 Å. Sa structure cristalline est cubique. Le diamant est un très mauvais conducteur électrique mais possède une grande capacité thermique. Il est souvent utilisé pour sa dureté et ses propriétés abrasives (diamants synthétiques des foreuses).

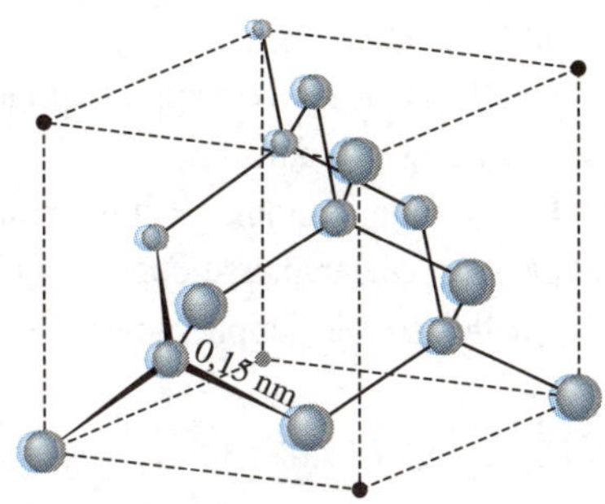

Les fullerènes ont été découverts dans les années 1980. Il s'agit d'une autre forme allotropique du carbone, synthétisée en laboratoire.

Le C_{60} est composé de 12 pentagones et 20 hexagones, formant une structure tridimensionnelle fermée (voir figure ci-dessous).

D'autres formes ont été découvertes depuis, C_{70} (25 hexagones et 12 pentagones) et C_{80} (30 hexagones et 12 pentagones) par exemple.

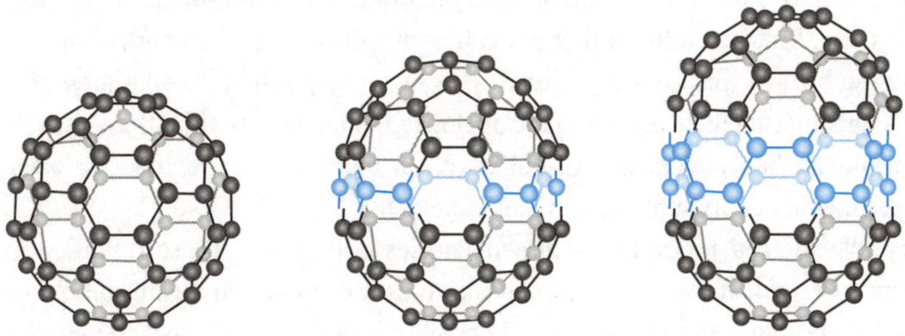

C_{60} C_{70} C_{80}

On a depuis réussi à allonger les fullerènes pour obtenir des nanotubes. Les extrémités du nanotube sont des demi-« sphères » de fullerène C_{60} ou C_{70}.

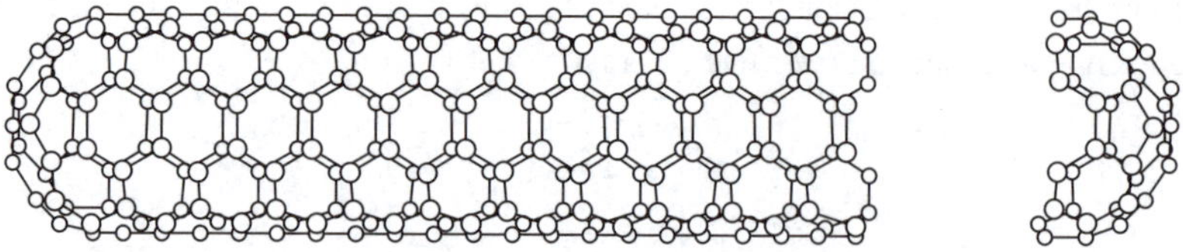

Les fullerènes sont utilisés pour leurs propriétés lubrifiantes et conductrices, dans les domaines cosmétique, pharmaceutique et électronique par exemple. On envisage d'utiliser les fullerènes comme « cage » pour des molécules médicamenteuses actives, qui seraient libérées petit à petit dans le corps.
Les nanotubes de carbone ont montré une grande résistance mécanique et sont activement étudiés tant d'un point de vue théorique que pour diverses applications à venir. Ils pourraient à l'avenir être utilisés comme fils légers et extrêmement résistants.

1. Quelles sont les principales applications du graphite ? Justifier ses propriétés du fait de sa structure.
2. Pourquoi le diamant est-il un mauvais conducteur de l'électricité ?
3. Décrire les caractéristiques et applications des fullerènes.
4. Quelles sont les applications possibles des nanotubes de carbone ?

6 COLLES ET ADHÉSIFS ★★★ 25 min ▸ P. 533

On nomme colle ou adhésif une substance qui permet de fixer deux surfaces l'une par rapport à l'autre. Une colle est un produit obtenu à partir de substances naturelles et un adhésif est synthétique.
Pour réaliser un bon collage, l'adhésif (ou la colle) doit se fixer sur les deux surfaces qui sont en vis-à-vis et, une fois « sec », il doit former un lien le plus rigide possible.
L'« accroche » sur le support se fait en général au moyen de liaisons ioniques ou covalentes. On peut aussi rencontrer des liaisons de type hydrogène : elles doivent alors être en très grand nombre pour que la fixation soit satisfaisante.
Dans tous les cas, l'adhésif doit pouvoir bien s'étaler sur le support, on dit qu'il mouille bien la surface à encoller. Si du gras où des salissures sont présents, la tension superficielle (quantité qui caractérise le pouvoir mouillant) augmente ce qui nuit au bon étalement. Au contraire, un tensioactif va abaisser la tension superficielle et permettre un meilleur étalement.
Les adhésifs (ou les colles) sont souvent des polymères : ils se rigidifient par évaporation du solvant. Dans certains cas c'est l'évaporation du solvant qui provoque la polymérisation : dans ce cas la colle est au départ formée de monomères.

Enfin, certains adhésifs présentent 2 constituants : c'est leur mélange qui provoquera la polymérisation et la rigidification.
Prenons l'exemple d'un adhésif à base de silanol (pour coller deux plaques de verre). En présence d'humidité on obtient le silanol :

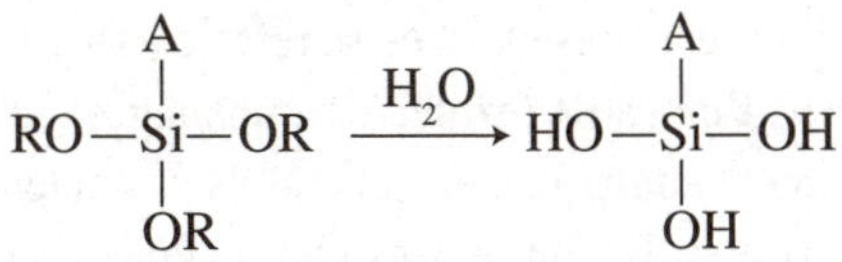

A peut être un groupe amine ou hydroxyle.
On peut décrire les différentes étapes du collage ainsi :

- adsorption de l'adhésif sur le verre au moyen de liaisons hydrogènes ;

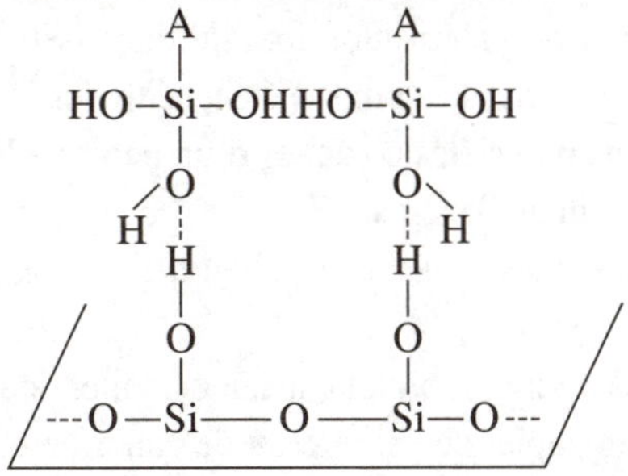

- des liaisons hydrogènes se forment entres les molécules d'adhésif ;

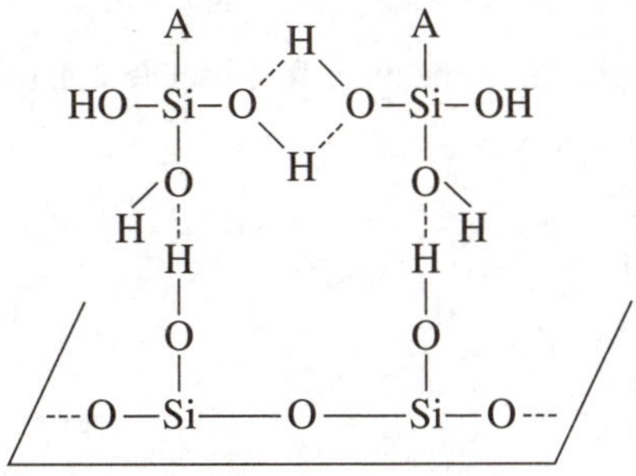

- il y a polymérisation par condensation (élimination d'eau entre chaque molécule impliquée) ;

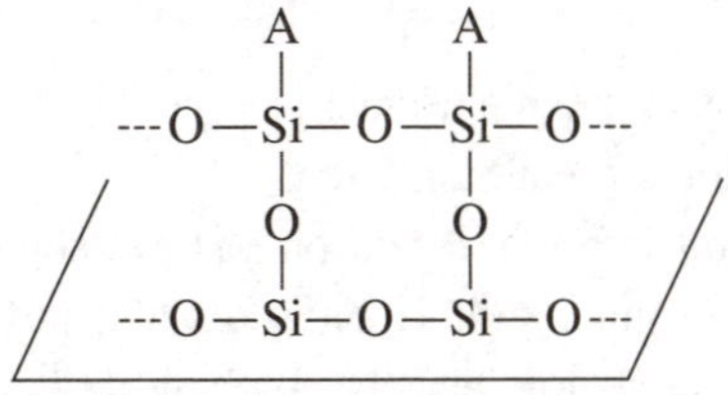

- les deux surfaces à coller ont subi le même traitement, des liaisons Si—O—Si permettent le collage des deux surfaces.

On peut classifier les différents types de colles (ou adhésifs) :

- Collage par évaporation du solvant eau : colles à base de protéines (collagène), d'amidon ou d'urée. Ces colles servent pour le papier, papier peint, certains bois.

• Collage par évaporation d'un solvant non aqueux (esters, cétones) : colles polyuréthane, polyacétate de vinyle, caoutchouc… Ces colles sont utilisées pour le bois, le cuir, le plastique ou les mousses rigides.
• Adhésifs thermoplastiques : à base de polyamides et polyesters. Le polymère est chauffé (il est mou), il est alors étalé, en se refroidissant il redevient rigide. Ce type de colles sert dans l'industrie textile, les emballages...
• Adhésifs à durcissement chimique : en général ils présentent deux composants, une résine et un durcisseur. Ils sont utilisés pour coller le verre (pare brise), certains plastiques (PVC), mais aussi la céramique, le marbre et le métal.
• Adhésifs monocomposant : de type cyanoacrylique (Super Glue par exemple) ou de type polysilane, silanol, ou bien encore à base de silicone (polysiloxanes). Dans tous les cas il y a polymérisation lors du durcissement. Cet ensemble de colles est utilisé pour le verre, les joints d'étanchéité, les joints élastiques.

1. Que peut-on dire des propriétés collantes d'un papier « Post-it » ? Cela entre-t-il dans le cadre décrit dans l'exercice ?
2. Rappeler ce que sont, dans le cas de la colle type silanol, les groupe hydroxyle et amine.
3. Quelles sont les précautions à prendre avant de coller deux surfaces ? Justifier.
4. On passe souvent du papier de verre avant de coller deux surfaces. Pourquoi ?
5. Quels sont les produits permettant la fabrication des colles à base de collagène ?
6. Quels paramètres physiques peuvent fragiliser le collage de deux surfaces ? Pourquoi ?

Certaines notions de chimie du tronc commun seront utiles : fonctions organiques, polymères (chapitre 14), paramètres cinétiques (chapitre 7).

7 CRISTAUX LIQUIDES ★★★ 25 min ▸ P. 533

En 1888, F. Reinitzer étudia certaines propriétés du benzoate de cholestéryle. Il découvrit que ce corps pur, un ester solide à température ambiante, possède deux points de fusion :
• à 145°C, l'ester forme un liquide trouble ;
• à 178°C, l'ester liquide devient transparent.

En sens inverse, lors du refroidissement on passe d'aborde de la phase fluide transparente à une phase fluide trouble, enfin il y a solidification de l'ester avec formation d'une phase cristalline blanche. Il s'agit de la première mise en évidence de l'existence des cristaux liquides.

C'est un nouvel état de la matière, séparé des états liquide et solide par ce que l'on appelle une transition de phase. On peut considérer qu'un cristal présente un ordre tridimensionnel du fait de l'arrangement de ses constituants, tandis qu'un liquide ne possède aucun ordre particulier. Le cristal liquide, lui, possède un ordre partiel, mais pas dans les 3 dimensions. On parle d'anisotropie du cristal liquide, qui présente 1 ou 2 directions selon lesquelles peuvent s'organiser, avec une certaine régularité, les molécules. Ainsi un cristal liquide peut-il couler comme un liquide, tout en présentant malgré tout des points communs avec les cristaux.

On peut classer les cristaux liquides entre lyotropes et thermotropes :

- les lyotropes changent de phase en fonction de la température et des concentrations (voire aussi du solvant) ;
- les thermotropes changent de phase en fonction de la température.

Ces cristaux liquides peuvent présenter 3 phases :

- La phase nématique : les molécules qui composent la phase nématique sont souvent allongées (molécules organiques) et s'orientent spontanément selon une certaine direction moyenne. Ces molécules étant souvent sensibles aux champs électromagnétiques, elles sont utilisées dans les applications électro-optiques (écrans LCD par exemple).
- La phase smectique : les molécules se répartissent en couches parallèles, qui peuvent glisser les unes sur les autres. Dans chaque couche, les molécules ont la même orientation moyenne.
- La phase cholestérique : les molécules s'organisent en plans successifs.

Chacun de ces plans contient des molécules s'orientant selon une direction moyenne donnée. Au passage d'un plan à l'autre cette direction tourne légèrement, ce qui permet de définir un pas dit hélicoïdal.

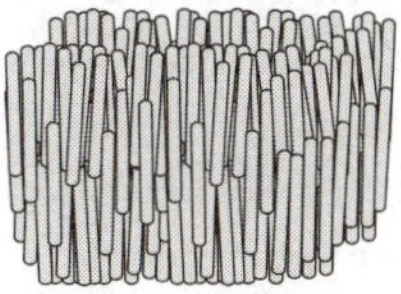

Phase nématique

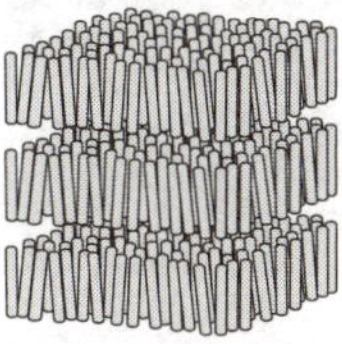

Phase smectique

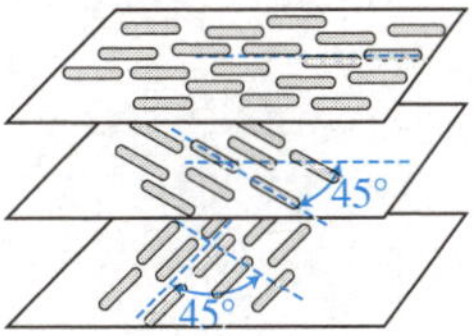

Phase cholestérique

Au final, certains corps purs (souvent des molécules organiques) peuvent présenter plus de deux phases (trois en incluant la phase gazeuse) : une phase solide cristalline, une phase liquide amorphe, mais aussi une phase smectique, une phase nématique et une éventuelle phase cholestérique.

En 1969 fut mis au point le premier corps pur présentant une phase nématique à température ambiante : le MBBA (ou le *N*-(4-méthoxybenzylidène)-4-butylaniline). Cela a permis la mise au point des premiers écrans à cristaux liquides (ACL ou LCD en anglais). Depuis cette époque, de nombreux autres types de cristaux liquides à température ambiante ont été découverts. Citons :

- les esters de cholestérol ;
- les imines diversement fonctionnalisées (MMBA par exemple) ;
- des polyaromatiques ;
- des porphyrines.

En général un LCD utilise des cristaux liquides nématiques.
L'afficheur d'un LCD est constitué dans le principe par deux lames de verre, séparées de quelques micromètres, sur une desquelles sont dessinées les formes des caractères. L'espace vide est rempli de cristal liquide.
L'application entre les deux faces d'une tension de quelques volts le rend absorbant. Les caractères apparaissent sombres sur fond clair. La tension appliquée engendre un champ électrique selon une direction perpendiculaire aux verres, et les nématiques vont s'orienter préférentiellement selon cette direction.
On peut expliquer ces propriétés optiques en disant que la différence de potentiel entre les deux électrodes qui enserrent le cristal liquide entraîne des lignes de discontinuités qui vont être suffisamment larges pour bloquer la lumière, le film de cristal liquide apparaissant alors opaque. C'est cette propriété réversible, qui est utilisée dans les dispositifs LCD.
N'émettant pas de lumière, un afficheur à cristaux liquides réflexif ne peut être utilisé qu'avec un bon éclairage ambiant. Sa lisibilité augmente avec l'éclairage.
Les modèles transmissifs fonctionnent différemment : normalement opaque au repos, le cristal liquide devient transparent lorsqu'il est excité, pour rendre un tel afficheur lisible il est nécessaire de l'éclaire par l'arrière.

Doc. 10 Principe d'une cellule LCD. Un écran est composé de nombreuses cellule de ce type

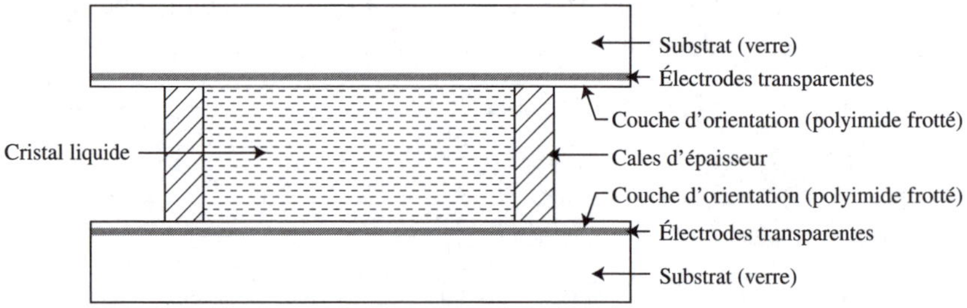

Les cristaux liquides hélicoïdaux sont utilisés comme indicateurs de température car leur couleur est amenée à varier en fonction de T.
La couleur peut aussi dépendre de l'angle d'observation, d'où leur introduction dans des documents imprimés, les rendant ainsi plus difficiles à imiter.

1. Pourquoi l'existence de deux températures de fusion pour le benzoate de cholestéryle est-elle à priori étonnante ?

2. L'ester étudié par F. Reinitzer, le benzoate de cholestéryle peut être synthétisé à partir d'un alcool et d'un acide. Les nommer.

3. En utilisant le texte, définir le plus précisément possible la notion de transition de phase.

4. Comment, en quelques mots peut-on distinguer la phase solide cristalline de la phase liquide ?

5. Comparez les propriétés de la phase nématique d'un corps pur par rapport à ses phases liquide et solide.

6. Définir la notion d'écran à cristaux liquides rétroéclairé. Quels avantages peut on en attendre ? Quelles en sont les principales applications ?

7. En faisant une recherche documentaire et en utilisant le texte ci-dessus, citez quelques applications courantes des cristaux liquides dans la vie quotidienne.

CONTRÔLE

8 SAVONS, TENSIOACTIFS ET LIPOSOMES | ★★ | 20 min | ▸ P. 534

Un savon est obtenu par saponification d'un corps gras (triester d'acide gras et de glycérol) :

$$\text{corps gras} + 3\left(Na^{+} + HO^{-}\right) = \text{glycérol} + 3\ \text{savon}$$

Exemple de corps gras : la stéarine, de formule développée :

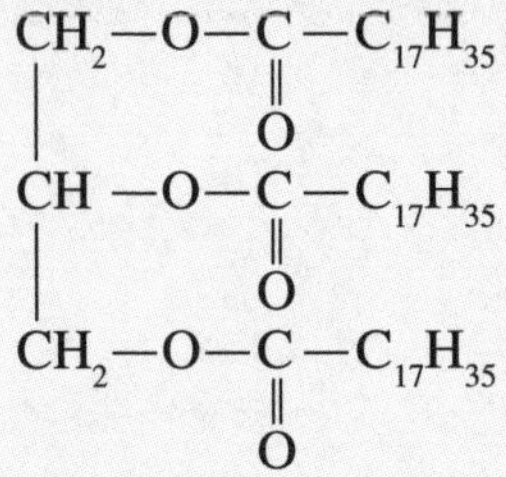

Le corps gras peut être d'origine végétale ou animale. La réaction de saponification est lente, on peut en augmenter la vitesse par élévation de la température des réactifs.

Une fois le savon recueilli par relargage à l'eau salée, on doit le relaver pour éliminer les traces de soude.

Le savon présente une chaîne carbonée longue qui est insoluble dans l'eau, mais qui présente une certaine affinité pour les graisses : on dit que cette partie est lipophile et hydrophobe.

Le groupe carboxylate présente par contre une grande affinité pour l'eau (caractère polaire) mais pas pour les graisses. On dit qu'il est lipophobe et hydrophile.

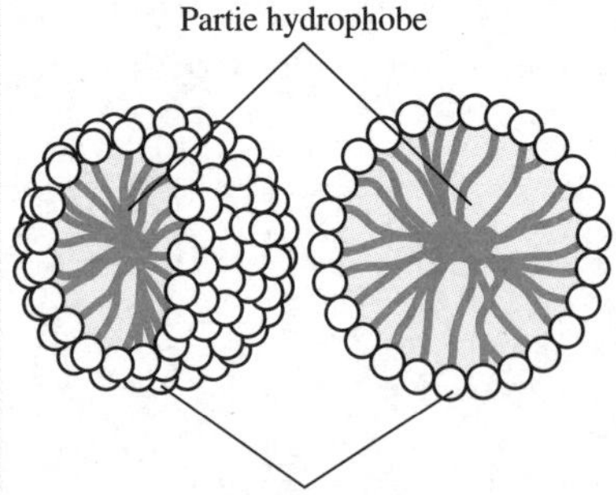

Le savon forme un film à la surface de l'eau, partie hydrophobe dans l'air, partie hydrophile dans l'eau. Le savon peut donc emprisonner de l'air : il mousse. En grande concentration le savon peut former des micelles.
L'action d'un savon est réduite dans une eau dure, contenant des ions calcium ou magnésium.
Un tensioactif peut être utilisé à la place d'un savon, pour pallier à ces défauts. On distingue les tensioactifs non ioniques, anioniques et cationiques.
Voici un exemple de tensioactif anionique : $CH_3(CH_2)_9SO_3Na$.
Les liposomes sont des sphères creuses dont la membrane est faite d'une double couche de molécules lipidiques contenant une certaine quantité de solvant. On peut préparer des liposomes pour qu'ils contiennent une substance médicamenteuse active.

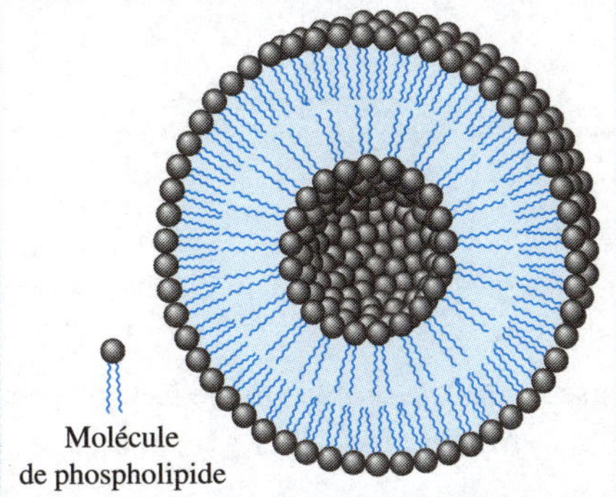

1. Expliquer comment un savon peut nettoyer un linge souillé de graisse.
2. Écrire la réaction de synthèse du savon obtenu à partir de la stéarine.
3. Pourquoi une eau dure empêche-t-elle un savon d'agir ?
4. Quels sont les avantages des tensioactifs ? leurs inconvénients ?
5. Quelle différence peut-on faire entre les tensioactifs cationique et anionique ?
6. Quelle différence entre une micelle et un liposome ? À quoi peut servir un liposome ?

- Revoir la notion de saponification de corps gras dans la fabrication des savons et savons noirs.
- On pourra consulter le chapitre 8 de cet ouvrage en ce qui concerne la fonction ester.
- On rappelle aussi que la molécule glycérol est le trialcool suivant :

$$CH_2OH—CHOH—CH_2OH$$

- On rappelle aussi qu'un savon est en général un carboxylate de sodium ou de potassium, donc de la forme $RCOO^- + Na^+$ ou $RCOO^- + K^+$.

CORRIGÉS

1 **1.** On peut facilement calculer le volume de l'alumine en utilisant sa masse volumique :

$$V_{\text{alumine}} = \frac{M}{\rho} = \frac{250}{3,9} = 64 \text{ cm}^3.$$

2. On étudie la céramique en équilibre, immergée dans l'eau : le bloc subit son propre poids, la poussée d'Archimède et la force de rappel du ressort.

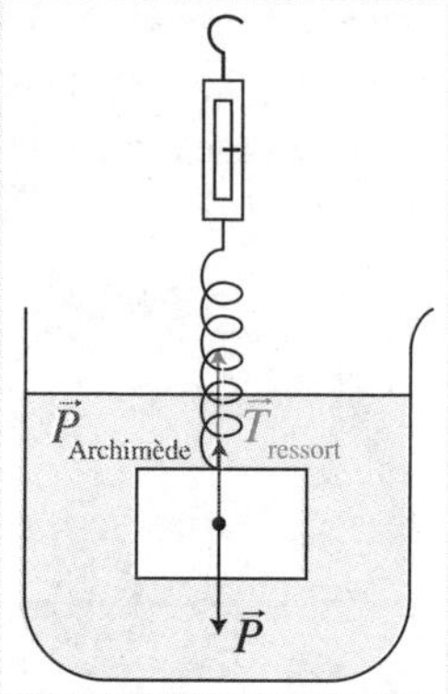

En projection sur un axe vertical, la seconde loi de Newton permet d'écrire :

$$Mg - P_{\text{archimède}} - T_{\text{ressort}} = 0.$$

Soit encore : $Mg - \rho_{\text{eau}} V_{\text{céramique}}\, g - T_{\text{ressort}} = 0.$

3. D'où :

$$V_{\text{céramique}} = \frac{M - \dfrac{T_{\text{ressort}}}{g}}{\rho_{\text{eau}}} = \frac{0,250 - \dfrac{1,6}{10}}{1,0 \times 10^3} = 9,0 \times 10^{-5} \text{ m}^3 = 90 \text{ cm}^3.$$

On en déduit la valeur du paramètre recherché : $T = 0,41$ (soit 41 %).

2 **1.** La première étape mène au chlorure de titane :

$$TiO_2 + 2Cl_2 + 2C = TiCl_4 + 2CO$$

La réduction s'écrit ensuite :

$$TiCl_4 + 2Mg = Ti + 2MgCl_2$$

2. Une production de 1 600 t de titane par an correspond à :

$$n = \frac{1\,600 \times 10^6}{47,88} = 3,34 \times 10^7 \text{ mol de titane.}$$

Les équations de la question **1.** montrent qu'alors il est nécessaire de disposer de :

$2n = 6,68 \times 10^7$ mol de Cl_2 ;

$6,68 \times 10^7$ mol de carbone ;

$6,68 \times 10^7$ mol de magnésium.

Le dichlore est un gaz jaune très toxique, il convient de prendre des précautions pour son stockage, son déplacement et son utilisation. Les autres réactifs (C et Mg) ne présentent pas de dangerosité particulière.

3. On fabrique chaque année en France $1\,600 \times 10^3$ kg d'éponge de titane, ce qui correspond à une énergie électrique consommée de :

$$E = mE_1 = 6,4 \times 10^7 \text{ kWh}.$$

4. La puissance moyenne d'une centrale électrique est $P = 900$ MW $= 900 \times 10^6$ W, ce qui correspond à une production d'énergie annuelle :

$$E_T = Pt = 900 \times 10^6 \times (365 \times 24 \times 3\,600) = 2,84 \times 10^{16} \text{ J} = 7,9 \times 10^9 \text{ kWh}.$$

La production de l'éponge de titane consomme annuellement 0,81 % de la production électrique annuelle d'une centrale de 900 MW.

3 **1. a.** La coloration bleue est due au complexe et signale la présence d'ions fer II. La coloration rose signale la présence d'ions hydroxyde HO^- (réactif phénolphtaléine) .

b. La demi-équation $O_2 + 2H_2O + 4e^- = 4HO^-$ montre la présence d'ions HO^- qui se forment au milieu de la tige, l'indicateur coloré sera donc rose. Ici le dioxygène dissous O_2 est réduit.

c. Aux extrémités de la tige, la coloration bleue indique que le fer métal est oxydé : $Fe = Fe^{2+} + 2e^-$, les ions Fe^{2+} sont apparus et se sont complexés avec le réactif hexacyanoferrate de potassium (complexe bleu).

d. On doit faire le bilan des deux demi-équations :

$$O_2 + 2H_2O + 4e^- = 4HO^- \quad (\times 1)$$
$$Fe = Fe^{2+} + 2e^- \quad (\times 2)$$
$$\overline{2Fe + O_2 + 2H_2O = 2Fe^{2+} + 4HO^-}$$

e. La tige de fer se comporte comme une pile, avec un pôle où se produit une réduction et un pôle (en fait deux : les deux extrémités !) où se produit une oxydation. Le gélifiant permet la migration des ions, ce qui permet la conservation de la charge électrique.

2. a. L'expérience montre clairement que le métal zinc est oxydé (précipité blanc, du fait de la présence du réactif hexacyanoferrate de potassium) et que le dioxygène est réduit comme précédemment.

b. On retrouve la première demi-équation :

$$O_2 + 2H_2O + 4e^- = 4HO^-$$

Ainsi que : $Zn = Zn^{2+} + 2e^-$

c. On en déduit : $2Zn + O_2 + 2H_2O = 2Zn^{2+} + 4HO^-$.

d. Les deux expériences proposées montrent que le zinc est oxydé préférentiellement au fer dans de l'eau salée chaude en présence de dioxygène dissous. Cela signifie que si on recouvre du fer par une fine couche de zinc le fer sera protégé de la corrosion car c'est d'abord le zinc qui sera entièrement oxydé.

3. a. Comme on vient de le voir, des deux métaux c'est le zinc qui sera oxydé en premier. Sa présence empêche donc l'oxydation du fer.

b. On peut utiliser la plaque de fer comme électrode dans une solution contenant des ions Zn^{2+} (par exemple du sulfate de zinc $ZnSO_4$) et une tige de zinc comme seconde électrode. On branche un générateur aux deux électrodes, l'électrolyse permettra alors le zingage. On veut zinguer la plaque de fer (dépôt de zinc solide) cela implique que l'électrode de fer sera le siège de la réduction :

$$Zn^{2+} + 2e^- = Zn$$

L'autre électrode verra l'oxydation du zinc :

$$Zn = Zn^{2+} + 2e^-.$$

L'électrode de fer sera donc le pôle (–) (réduction) et l'électrode de zinc sera le pôle (+) : oxydation. On peut dire aussi que l'électrode de fer sera la cathode (réduction) et l'électrode de zinc l'anode (oxydation).

c. L'équation bilan est : $Zn + Zn^{2+} = Zn^{2+} + Zn$ (transfert de matière d'une électrode à l'autre).

d. À la fin de l'électrolyse on aura déposé une masse de zinc $m = \rho_{Zn} V$, avec $V = 2eS = 200 \text{ cm}^3$ soit $m = 1,4 \times 10^3$ g de zinc.

e. Les demi-équations montrent que 1 mole de zinc réduite (ou oxydée) nécessite 2 moles d'électrons. La charge électrique totale permettant le zingage sera donc :

$$Q = \frac{2m}{M_{Zn}} F = \frac{2 \times 1,4 \times 10^3}{65,4} \times 96\,500 = 4,2 \times 10^6 \text{C}.$$

Ce qui correspond à une intensité moyenne de $I = \frac{Q}{t}$, d'où :

$$t = \frac{Q}{I} = 4,2 \times 10^3 \text{ s} = 70 \text{ min}.$$

4 1. Un matériau supraconducteur perd toute résistance électrique et est le siège de l'effet Meissner en dessous d'une température critique qui lui est propre. On distingue les supraconducteurs conventionnels (décrits par la théorie BCS) et les autres (non conventionnels).

2. Dans les applications présentées dans le texte, la principale propriété utilisée est l'absence de résistance électrique : cela permet de faire passer un très fort courant électrique qui engendre un très fort champ magnétique (et cela sans perte d'énergie puisqu'il n'y a pas d'effet Joule). Les champs magnétiques obtenus sont de l'ordre de 10 T.

3. La principale limitation à la miniaturisation des processeurs est la perte par effet Joule, qui peut augmenter dangereusement leur température. Les intensités électriques mises en jeu sont faibles, mais les composants sont petits, d'où des températures qui peuvent atteindre et dépasser les 60 °C. Si on utilise des connections supraconductrices on peut limiter les pertes par effet Joule, et donc miniaturiser encore plus les composants, c'est-à-dire augmenter la vitesse de calcul.

4. On peut ranger les supraconducteurs dans différentes catégories :

- supraconducteurs basses températures (mercure) ;
- supraconducteur hautes températures (céramiques de type $YBa_2Cu_3O_7$) ;
- supraconducteur basse température et basse pression (titane) ;
- supraconducteur basse température et haute pression (par exemple l'arsenic As).

5. L'effet Meissner est une caractéristique des supraconducteurs, mais il n'existe pas d'application industrielle qui l'utilise pour le moment.

5 **1.** Le graphite peut servir de mine de crayon car sa structure en plans de graphène lui permet de laisser une trace sur une feuille lorsqu'on le frotte. Il conduit par ailleurs l'électricité car sa structure plane (en feuillets de graphène) permet l'existence d'électrons mobiles (les porteurs de charges).
2. La structure tétraédrique du diamant ne permet pas l'existence de porteurs de charges libres, ce qui rend le diamant isolant électrique.
3. Les fullerènes ne sont composés que d'atomes de carbone, dans une structure tridimensionnelle qui est pavée de polygones. Les fullerènes apparaissent comme une sorte de « cage » qui peut donc enserrer des composés actifs. On peut également les utiliser comme lubrifiants.
4. Les nanotubes de carbone sont des dérivés de fullerène qui, en plus des propriétés des fullerènes, présentent également des caractéristiques mécaniques nouvelles : celles de fils ductiles, légers et résistants.

6 **1.** Un Post-it est un papier enduit d'un adhésif mais que l'on peut décoller et recoller plusieurs fois. C'est donc un adhésif qui ne colle pas définitivement deux surfaces qui d'ailleurs sont différentes (papier/métal par exemple). La problématique est donc légèrement différente de celle présentée dans l'exercice.
2. Le groupe hydroxyle est le groupe chimique alcool —OH, et le groupe amine est le groupe $—NH_2$.
3. L'adhésif doit d'abord être étalé correctement, on doit donc nettoyer (au savon par exemple) les deux surfaces en regard. On diminue ainsi la tension superficielle et l'adhésif s'étalera d'autant mieux. Ensuite on peut aussi poncer avant de nettoyer, ce qui va augmenter le nombre de microcavités, ce qui permettra à la colle de mieux adhérer au niveau microscopique.
4. L'usage du papier de verre augmente le nombre de microcavités, et cela accroît l'adhésion sur la surface à encoller.
5. Les protéines animales (issues de peau et d'os) permettent la fabrication de colle à base de collagène.
6. Une augmentation de température peut fragiliser le polymère ou changer ses propriétés, réduisant ainsi le pouvoir collant. L'humidité peut aussi dans certains cas altérer le collage en changeant le polymère.

7 **1.** La plupart des corps purs ont une seule température de fusion, c'est même en la mesurant sur un banc que l'on peut les identifier et caractériser leur degré de pureté. La découverte que certains corps peuvent posséder deux températures de fusion, tel le benzoate de cholestéryle est tout à fait remarquable, et montre bien que l'on est en présence d'un nouvel état de la matière.

2. L'ester benzoate de cholestéryle peut être formé par estérification d'un alcool : le cholestérol et d'un acide : l'acide benzoïque.
3. Un corps pur subit une transition de phase (souvent sous l'effet d'un changement de température, mais pas seulement) lorsqu'il passe d'un état physique à un autre. Par exemple le passage de l'état solide à l'état liquide est une transition de phase. De même le passage de la phase solide cristalline à la phase nématique est une autre transition de phase.
4. La phase liquide se caractérise par l'absence d'ordre et d'interaction forte entre les molécules, le liquide peut couler, et ses constituants peuvent s'orienter et se placer sans ordre particulier. Un cristal présente un ordre important, les constituants s'organisent géométriquement les uns par rapport aux autres, et ne peuvent se déplacer, juste vibrer autour d'une position moyenne.
5. La phase nématique est d'une certaine façon intermédiaire entre la phase liquide et la phase cristalline. Un certain ordre prévaut, mais pas aussi important que pour le cristal : une direction ou une orientation peut être privilégiée mais pas l'ensemble tridimensionnel. Par ailleurs, tout comme un liquide, un cristal liquide peut couler et prendre la forme de son contenant.
6. Un écran à cristaux liquides est constitué de multiples cellules. Chaque cellule peut être commandée afin de laisser passer plus ou moins de lumière, ce qui permet de former des images. Le modèle réflexif doit être éclairé pour être lisible. Le modèle transmissif doit être traversé par de la lumière issue d'une source située derrière lui : on parle de rétroéclairage. Les écrans d'ordinateurs fonctionnent selon ce principe.
7. Les principales applications des cristaux liquides (à température ambiante) sont :
- les afficheurs (téléphones, ordinateurs, téléviseurs LCD) ;
- la sécurisation des documents imprimés (billets de banques, passeports…) ;
- la thermométrie ;
- des indicateurs de pression ou de tension électrique ;
- des vitres polarisantes et verres protecteurs pour la soudure (film de cristal liquide).

8 1. Si un tissu est couvert de graisse en surface (tache) et mis dans une eau savonneuse, la tache se trouve entourée d'ions carboxylates (partie lipophile dans la salissure et partie hydrophile dans l'eau). Une action mécanique adaptée (mouvement de la machine à laver) permet alors d'arracher plus facilement la graisse du tissu qu'en l'absence de savon.
2. L'équation peut s'écrire :

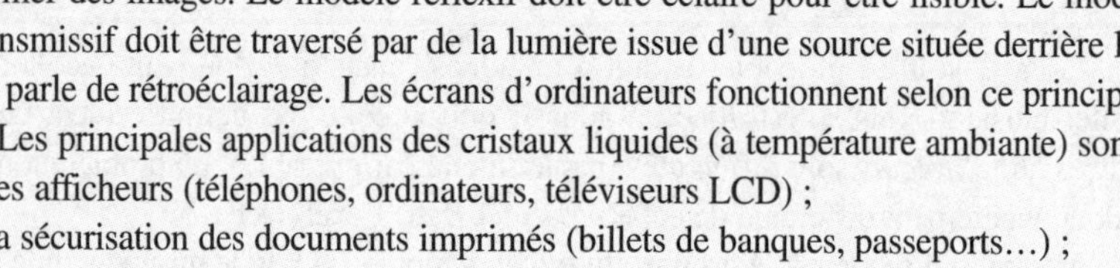

Triglycéride — Ion carboxyle — Glycérol

où R— représente le groupement alkyle $C_{17}H_{35}$—.

3. Une eau dure, c'est-à-dire chargée en ions magnésium ou calcium, va favoriser la précipitation du savon (ion carboxylate) sous la forme $(RCOO)_2$ Mg ou $(RCOO)_2$ Ca qui sont des composés très peu solubles dans l'eau.
4. Les tensioactifs ont un pouvoir détergent ou dispersant, même dans une eau dure. Ils peuvent donc remplacer les savons dans ce cas. Certains tensioactifs ne sont pas biodégradables, à la différence du savon.
5. Un tensioactif anionique présente une partie hydrophile négative, tandis qu'un tensioactif cationique présente une partie hydrophile positive.
Par exemple dans le cas anionique proposé : $CH_3\,(CH_2)_9\,SO_3^-$, on reconnait la partie hydrophile anionique.
6. Un liposome est constitué d'une double couche de molécules lipidiques, alors qu'une micelle n'est formée que d'une simple couche (de forme sphérique). Le liposome peut donc emprisonner en son centre une molécule active. On commence à utiliser les liposomes dans les produits cosmétiques et capillaires, et peut être, dans le futur, dans les produits médicaux.

Annexes

Index

F

G, H

I

K, L

M, N

O

P

Classification périodique des éléments chimiques

Numéro atomique → Z ; **X** ← symbole ; nom ; Masse molaire ($g \cdot mol^{-1}$) → M

Période	I	II	III	IV	V	VI	VII	VIII	IX
1	1 **H** hydrogène 1,0								
2	3 **Li** lithium 6,9	4 **Be** béryllium 9,0							
3	11 **Na** sodium 23,0	12 **Mg** magnésium 24,3							
4	19 **K** potassium 39,1	20 **Ca** calcium 40,1	21 **Sc** scandium 45,0	22 **Ti** titane 47,9	23 **V** vanadium 50,9	24 **Cr** chrome 52,0	25 **Mn** manganèse 54,9	26 **Fe** fer 55,8	27 **Co** cobalt 58,9
5	37 **Rb** rubidium 85,5	38 **Sr** strontium 87,6	39 **Y** yttrium 88,9	40 **Zr** zirconium 91,2	41 **Nb** niobium 92,9	42 **Mo** molybdène 95,9	43 **Tc** technétium [*]	44 **Ru** ruthénium 101,1	45 **Rh** rhodium 102,9
6	55 **Cs** césium 132,9	56 **Ba** baryum 137,3	57-71 lanthanides	72 **Hf** hafnium 178,5	73 **Ta** tantale 180,9	74 **W** tungstène 183,9	75 **Re** rhénium 186,2	76 **Os** osmium 190,2	77 **Ir** iridium 192,2
7	87 **Fr** francium [*]	88 **Ra** radium [*]	89-103 actinides	104 **Rf** rutherfordium [*]	105 **Db** dubnium [*]	106 **Sg** seaborgium [*]	107 **Bh** bohrium [*]	108 **Hs** hassium [*]	109 **Mt** meitnerium [*]

Lanthanides →	57 **La** lanthane 138,9	58 **Ce** cérium 140,1	59 **Pr** praséodyme 140,9	60 **Nd** néodyme 144,2	61 **Pm** prométhium [*]	62 **Sm** samarium 150,4	63 **Eu** europium 152,0
Actinides →	89 **Ac** actinium 227 [*]	90 **Th** thorium 232,0 [*]	91 **Pa** protactinium 231,0 [*]	92 **U** uranium 238,0 [*]	93 **Np** neptunium [*]	94 **Pu** plutonium [*]	95 **Am** américium [*]

[*] pas d'isotope stable.

X	XI	XII	XIII	XIV	XV	XVI	XVII	XVIII	Période
								2 **He** hélium 4,0	1
			5 **B** bore 10,8	6 **C** carbone 12,0	7 **N** azote 14,0	8 **O** oxygène 16,0	9 **F** fluor 19,0	10 **Ne** néon 20,2	2
			13 **Al** aluminium 27,0	14 **Si** silicium 28,1	15 **P** phosphore 31,0	16 **S** soufre 32,1	17 **Cl** chlore 35,5	18 **Ar** argon 39,9	3
28 **Ni** nickel 58,7	29 **Cu** cuivre 63,5	30 **Zn** zinc 65,4	31 **Ga** gallium 69,7	32 **Ge** germanium 72,6	33 **As** arsenic 74,9	34 **Se** sélénium 79,0	35 **Br** brome 79,9	36 **Kr** krypton 83,8	4
46 **Pd** palladium 106,4	47 **Ag** argent 107,9	48 **Cd** cadmium 112,4	49 **In** indium 114,8	50 **Sn** étain 118,7	51 **Sb** antimoine 121,7	52 **Te** tellure 127,6	53 **I** iode 126,9	54 **Xe** xénon 131,3	5
78 **Pt** platine 195,1	79 **Au** or 197,0	80 **Hg** mercure 200,6	81 **Tl** thallium 204,4	82 **Pb** plomb 207,2	83 **Bi** bismuth 209,0	84 **Po** polonium [*]	85 **At** astate [*]	86 **Rn** radon [*]	6
110 **Ds** darmstadtium [*]	111 **Rg** roentgenium [*]	112 **Uub** ununbium [*]	113 **Uut** ununoctium [*]	114 **Fl** Flérovium [*]	115 **Uup** ununpentium [*]	116 **Lv** Livermorium [*]	117 **Uus** ununseptium [*]	118 **Uuo** ununoctium [*]	7

64 **Gd** gadolinium 157,3	65 **Tb** terbium 158,9	66 **Dy** dysprosium 162,5	67 **Ho** holmium 164,9	68 **Er** erbium 167,3	69 **Tm** thulium 168,9	70 **Yb** ytterbium 173,0	71 **Lu** lutétium 175,0
96 **Cm** curium [*]	97 **Bk** berkélium [*]	98 **Cf** californium [*]	99 **Es** einsteinium [*]	100 **Fm** fermium [*]	101 **Md** mendélévium [*]	102 **No** nobélium [*]	103 **Lr** lawrencium [*]

PAPIER À BASE DE FIBRES CERTIFIÉES

Hatier s'engage pour l'environnement en réduisant l'empreinte carbone de ses livres. Celle de cet exemplaire est de :
1.4 Kg éq. CO_2
Rendez-vous sur www.hatier-durable.fr

Achevé d'imprimer par Normandie Roto Impression s.a.s., à Lonrai (Orne) – France
N° d'impression : 12-2523 – Dépôt légal : 96269-1/01 – août 2012